普通高等教育“十二五”规划教材

应用多变量统计分析

孙尚拱　编著

科学出版社
北　京

内容简介

本书介绍了多变量统计分析的基本理论及其各种常用模型. 全书共有11章, 内容包括绪言, 矩阵的某些补充知识, 多元正态分布, 假设检验, 多元线性模型, 实用多元线性回归与典则相关分析, 判别分析, 主成分分析与因子分析, 隐变量分析, 聚类分析, 生存分析. 书中配有大量例题、习题, 并且例题都写出了 SAS 计算程序. 随书配的光盘中提供了书中大量数据的电子版, 以方便读者使用.

本书可供普通高等院校数学、应用数学、统计学等各专业高年级本科生及研究生作为教材使用, 也可供相关专业研究人员参考使用.

图书在版编目(CIP)数据

应用多变量统计分析/孙尚拱编著. —北京：科学出版社, 2011

普通高等教育“十二五”规划教材

ISBN 978-7-03-032175-6

Ⅰ. ①应… Ⅱ. ①孙… Ⅲ. ①多变量-统计分析-应用软件, SAS-高等学校-教材 Ⅳ. ①C812

中国版本图书馆 CIP 数据核字(2011) 第 172730 号

责任编辑: 姚莉丽　房　阳 / 责任校对: 陈玉凤

责任印制: 张　伟 / 封面设计: 陈　敬

科学出版社出版

北京东黄城根北街 16 号

邮政编码: 100717

http://www.sciencep.com

北京虎彩文化传播有限公司印刷

科学出版社发行　各地新华书店经销

*

2011 年 8 月第　一　版　开本: 720 × 1000 1/16

2022 年 5 月第二次印刷　印张: 22

字数: 440 000

定价: 69.00 元

(如有印装质量问题, 我社负责调换)

前　言

自然、社会及经济生活中的各种变量之间往往有很大的相关性或依赖性. 它们的变化也常常是彼此关联的, 因此我们应该使用多变量的统计分析法去分析这些统计数据. 但多变量统计分析法的复杂性又使得我们很难用手工或普通计算器进行分析. 因此该学科虽然在一百多年前就已诞生, 但在实际应用上迟迟跟不上理论的发展. 直到 20 世纪 70 年代, 计算机技术的大发展, 国内外多变量统计分析应用软件的诞生, 才使得多变量统计分析法得到了广泛的应用及推广. 在国内, 对此做出了最大贡献的是中国科学院应用数学所方开泰教授, 他不仅在该领域做了很多理论工作, 更重要的是他首先开办了全国范围内的学习班去推广多变量统计分析方法, 笔者也积极地参与了他发起的推广工作.

从应用角度看, 多变量统计分析不是很难学的学科, 实际应用工作者不一定都必须懂得高深的理论内容才能作统计分析. 但能尽量多地了解理论内容对于理解统计软件的输出结果及进一步做统计分析是极有帮助的.

本书的重点是介绍多变量统计的分析方法, 但书内有大量的实例及练习题, 它对初学者是极有帮助的. 书内的这些数据不仅可用于验证本书的例子, 也可进一步用于做各种统计分析工作.

本书原是与方开泰教授合写, 且以方开泰为主. 只是方教授实在太忙, 才要求笔者主稿. 本书就是在方教授已出版的书上加工而成, 方开泰教授在百忙中仔细阅读了初稿, 对初稿中的理论部分作了极为认真细致的阅读, 提出了许多宝贵而详细的建议, 笔者已都反映在书中了. 显然, 由于方教授的宝贵建议而大大地充实及提高了本书的质量. 笔者非常感谢方开泰教授的指正, 在此深表谢意.

笔者从事多变量统计分析的应用与方法研究已数十年, 本书是笔者的教学及统计方法研究的总结, 同时借本书出版的机会指出笔者发现的某些教科书及国际知名统计软件中的不当之处. 书中如有不妥之处敬请读者批评指正.

孙尚拱

2011 年

目　　录

第1章 绪 言

统计学是收集及分析统计数据的学科. 随着社会及科技的快速发展, 特别是统计软件的发展, 对统计数据的分析工作已变得越来越容易, 但对统计分析的要求也越来越高及深入. 统计分析工具在日新月异地进步, 可是人们的思想常带有一定的惯性, 不一定都与技术的进步同步. 自然或社会现象及经济生活中的各种变量之间往往存在很大的相关性或依赖性. 它们的变化往往是彼此相关联的, 而人们习惯的分析总是把相关的变量割裂开来, 彼此独立地去分析每一个变量, 这就是“多变量问题的单变量分析法”. 为了提示这种分析法存在的问题, 现举例说明如下:

例 1.1 20 世纪 70 年代初, 北京市高血压防治组发现: 北京炊事员的高血压患病率很高, 觉得不可思议, 于是重新设计了一个方案, 于 1974 年抽查了北京市 916 名炊事员, 调查 15 个变量: 性别、年龄、工种、工龄、做炊事工作前的工种、一天工作的时间、班次、常在高温下工作、食量、嗜咸、素食、肾炎史、家族史、超重及是否发胖. 指标是舒张压[1].

先用多重回归分析法找出对舒张压有显著影响的变量为

年龄, 体胖, 肾炎史, 性别, 工种, 家族史, 嗜咸.

再用单变量分析法, 即把每一个变量与舒张压作统计分析. 与上述回归分析不一致的是: “超重、工龄、素食” 在单变量分析法中对舒张压有显著的影响; 而在多重回归分析法中有显著影响的 “家族史” 在单变量分析法中对舒张压没有显著的影响. 文献 [1] 逐一分析了它们发生不一致的原因. 举几例说明如下:

(1) **工龄对于血压的影响**. 在单变量分析法中, 可以把工龄与血压的关系作成表 1.1 的形式. 从表 1.1 可见: 高血压患病率随工龄的增高而升高. 使用单因素统计的 2×4 列联表中的独立性检验公式, 可算得 $\chi^2 = 33.9$, 自由度为 3, 查表可得 $p \leqslant 0.0001$. 说明高血压患病率在不同工龄的群体中有非常显著的差别 ($p \leqslant 0.0001$).

表 1.1 1974 年北京市炊事员调查资料

工龄/年	高血压人数	检查人数	高血压患病率/%
< 4	20	151	13.2
4~8	10	61	16.4
9~12	13	73	17.8
$\geqslant 13$	133	383	34.7

$\chi^2 = 33.9$, df $= 3$, $p_r \leqslant 0.0001$ (由于资料有漏失, 所以总数仅 668 人).

若同时对此数据作另一形式的处理, 如表 1.2 所示, 其中限定工人的年龄在 40 岁以上, 则由于例数减少, 只好对工龄分得粗一些, 作成两水平: 15 年及以下与 15 年以上.

表 1.2 1974 年北京市炊事员 40 岁以上者资料

工龄/年	高血压人数	检查人数	高血压患病率/%
$\leqslant 15$	26	106	24.5
> 15	63	242	26.0

$\chi^2 = 0.088$, df = 31, $p_r > 0.75$.

从表 1.2 可见. 不同工龄段的高血压患病率 (24.5%与 26.0%) 相差很小 ($\chi^2 = 0.088, p_r > 0.75$). 这就说明, 表 1.1 中 “工龄增加时高血压患病率也随之增加” 的结果实际是一种假象. 造成这种假象的根本原因是未把隐藏在工龄背后更本质的因素 (年龄) 控制住. 也就是说, 对同一批数据, 即使使用同一形式的统计法, 也可得出完全相反的结论. 但表 1.2 的方法已包含有多因素分析的思想, 所以表 1.2 自然比表 1.1 合理一些.

(2) **体重与体胖对于血压的影响**. 从表 1.3 的表面上来看, 表中仅考察超重与不超重. 但实际上, 表 1.3 中未把另外的因素 (如年龄、体胖等) 对于血压的影响扣除. 表 1.4 和表 1.5 仅是扣除了体胖的影响. 结果说明, 表 1.3 中超重对高血压的影响实际上是体胖的影响结果.

表 1.3 超重与不超重者的高血压患病率

分组	检查人数	高血压人数	高血压患病率/%
超重	215	60	27.9
不超重	415	54	13.0
合计	630	114	18.1

$\chi^2 = 21.18$, df = 1, $p_r < 0.001$.

注: 当时的计算机内存不足, 所以只取用 630 例.

表 1.4 体胖组: 超重与不超重者的高血压患病率

分组	检查人数	高血压人数	高血压患病率/%
超重	152	52	34.2
不超重	28	8	28.6
合计	180	60	33.3

$\chi^2 = 0.34$, df = 1, $p_r > 0.70$.

表 1.5 不胖组: 超重与不超重者的高血压患病率

分组	检查人数	高血压人数	高血压患病率/%
超重	63	8	12.7
不超重	387	46	11.9
合计	450	54	12.0

$\chi^2 = 0.034$, df $= 1$, $p_r > 0.95$.

(3) **家族史对高血压的影响**. 表 1.6 是单因素下家族史对高血压的影响列联表. 结果是非常不显著的, 这与线性回归的结果不一致. 但表 1.6 中未把另外 14 个因素对血压可能的影响扣除, 即由于这些因素的相互干扰 (如比例分配不匀等) 也可能造成了表 1.6 的假象. 而高血压有遗传性, 这一点在目前也早有定论了.

表 1.6 家族史与高血压患病率

家族史	检查人数	高血压人数	高血压患病率/%
有	149	30	20.1
无	481	85	17.7
合计	630	115	18.2

$\chi^2 = 0.046$.

对素食变量的情况的分析也有类似的问题. 把有相关性的变量割裂开来, 把多变量问题简单地拆成很多单变量的分析法绝不限于中国. 1978 年 8 月 9 日, 光明日报刊登一则科技信息: 某单位对美国 20 个城市作饮水氟化研究, 10 个城市的饮水进化氟化处理, 而另外 10 个城市未氟化作为对照, 得到结论: "**饮水氟化有致癌作用**". 但过了一个时期, 光明日报又登载了相反的文章. 原来前述论文发表后, 受到了美国癌肿协会和英国皇家统计协会的怀疑. 他们派人对该批数据重新作统计分析, 得到结论: **饮水氟化没有发现有致癌作用, 相反地, 却略有保护作用**. 两个结论差别如此之大, 根源在于第一分析法完全是类似于表 1.1 的单因素分析法, 而后一个结论则把两组城市中种族、生活环境上的不同所产生的影响尽可能地扣除, 再去比较两组城市的癌症的患病率. 上述两例虽发生在 20 世纪 70 年代, 但至今, 国内外的刊物、报刊上单纯用单因素分析法公布结论仍是相当普遍. 也就是说, 多变量统计分析的知识在很多人的头脑中仍是相当缺乏.

多变量统计分析所使用的数据远比单变量分析法所用的数据更易取得, 只要在相同的条件下把与问题有关或可能有关的变量尽可能多地记录即可. 它远比单因素分析法必须控制 (或固定) 其他因素而去记录某个因素 (或对它做试验) 要容易得多, 因为其他因素应控制或固定在什么水平上, 不同的控制或固定法对结果可能会有很大的影响. 但多变量分析也有其缺点即必须使用计算机统计软件; 理解计算结果要有一定的抽象思维能力; 它不及单因素分析法那样直观、明了. 这些大概是为什么不是每一个实际工作者都在使用或懂得多变量统计法的原因吧.

统计数据的收集常需要一定时间的周密设计再去抽样或做试验. 在过去相当长的时间内, 对统计资料的分析大多停留在计算均值、百分比或加一点简单的组间比较. 我们花了大量的精力、财力 (有时达几十亿人民币) 去调查或做试验, 为什么只仅仅去计算几个均值及百分比? 根据作者几十年的工作经验, 我们认为 "**一年取样, 十年分析**". 也就是说, 如果样本的取得用了一年时间, 但真正要对一批合格的大样本资料作较为全面、认真而细致的分析工作, 用十年的时间是不算多的. 这主要是因为 "变量与变量", "人与变量" 及 "人与人" 之间的关系实在是相当复杂, 要充分揭露它们之间的各种内在的统计联系, 绝不可能在几天或几个月就可以完成. 特别地, 人的认识总是在不断地进步, 因此, 对资料的内在信息的提取也随时间在不断地提高. 可惜的是, 即使在目前计算机高度普及的情况下, 人们对资料中信息的提取仍然是普遍地提取不足. 这种对统计信息的提取不足的根源是实际工作者对多变量统计的内容了解很少, 自然也就应用得少了. 例如, 对中医理论的解析问题. 应该说, 中医理论的实质应该是几千年以来中医大夫 "经验性的多变量统计分析" 的结果. 现在, 高度计算机化了的现代多变量统计法自然比古代中医大夫的经验分析法强多了. 但在中医领域, 现代统计方法的应用仍不很充分.

统计学有极强的两重性: 既具体又抽象、既实用又理论、既易学又难学.《不列颠百科全书》中对**统计学的定义**是 "收集和分析数据的**艺术**". 我们非常赞成 "统计学是艺术" 的提法. 作者的体会是, 统计分析实在是一门极有灵性的学科. 对统计分析缺少了解的人, 总以为有了数据后, 在计算机中选一个方法, 经过几秒钟或几分钟, 计算结果就出来了, 似乎这个分析工作也就完成了, 这实在是一种非常粗浅或外行的看法或做法. 作者的经验是: 真正要完成一个内在关系较为复杂的统计分析工作, 没有几天或几个月是不可能把此工作完成得好的. 统计分析工作, 特别是多变量统计分析, 是极具灵活性的, 其结果常有多个答案. 我们能用 "少数服从多数" 的原则确定一种答案吗? 表 6.2.1 就说明这种做法是错误的.

统计学中大量地使用数学工具, 统计学的发展离不开现代数学工具, 但统计学不是数学. 完全用数学的思维去理解或推论统计公式是要犯错误的, 附录 1 中给出了一个例子. 从这个例子可以明显地看出, "**不能简单地把统计公式看成数学公式**". 问题的严重性在于 "把统计公式简单地看成数学公式" 的人及 "统计" 专家实在是太多了, 按此思想而制定了大量的 "食品营养、药品、毒品、环境" 及各种标准. 又有多少人去考察过这些标准的实际效果呢? 许多这类害人又害己的统计标准何时才能取消或重订? 这只有请了解此问题的严重性的同行们一起努力去纠正了.

本书共 11 章. 第 2 章是矩阵的某些补充知识. 因为高年级学生在线性代数中虽已学了初步的矩阵知识, 但多变量统计学中的一些矩阵知识, 如广义特征根、叉积、矩阵微商等常不在线性代数的范围之内, 需要补充. 第 3~5 章介绍多变量统计的一些最基本的知识及理论. 第 2~5 章总的来说比较抽象, 对于偏重统计理论的读者是必须要掌握的, 而对于主要从事实际应用的读者, 只需要大概了解就可以了. 第 6~11 章介绍实用的统计方法, 并且写出用 SAS 统计软件的编程及输出的主要结果, 其中第 9 章的隐变量分析在目前的众多教科书中还属少见, 但它是近几十年内飞速发展起来且特别有用的统计方法. 最近飞速发展的还有第 11 章的多变量生存分析, 它除了介绍生存分析中一些最基本的及经本书稍有发展了的基本术语外, 还介绍了多变量的 "对数线性模型" 与 "Cox 比例危险率模型", 这两个模型及统计软件也是近二十来年才问世且已经成熟了的.

第 2 章　矩阵的某些补充知识

统计学是建立在统计数据上的. 多变量统计分析是建立在用矩阵表示样本的基础上的. 因此, 矩阵也就成为多变量统计学的基础, 但本章仅对已有矩阵一般知识的读者补充某些必要的内容.

2.1　矩阵的某些基本知识

2.1.1　投影矩阵

对称幂等矩阵称为投影矩阵, 即

$$\boldsymbol{A}^{\mathrm{T}}=\boldsymbol{A}, \quad \boldsymbol{A}^2=\boldsymbol{A},$$

其中

$$\boldsymbol{A}^2 \triangleq \boldsymbol{A}\boldsymbol{A}.$$

一般地, 定义 $\boldsymbol{A}$ 的 k 次幂为

$$\boldsymbol{A}^k \triangleq \boldsymbol{A}\boldsymbol{A}\cdots\boldsymbol{A}\ (k \text{ 个 } \boldsymbol{A} \text{ 的乘积}).$$

投影矩阵的某些简单性质如下:

(1) 若 $\boldsymbol{A}$ 是投影矩阵, 则 $\mathrm{tr}(\boldsymbol{A})=\mathrm{rank}(\boldsymbol{A})$.

(2) 若 $\boldsymbol{A}$ 是投影矩阵, 则 $\boldsymbol{I}-\boldsymbol{A}$ 也是投影矩阵.

(3) 若 $\boldsymbol{A}$ 是秩为 r 的投影矩阵, 则 $\boldsymbol{A}$ 必有 r 个特征根为 1, 而其他的特征根 (定义见后) 全是 0. 因此, 满秩的投影矩阵必是单位矩阵 $\boldsymbol{I}$.

(4) 若 $\boldsymbol{A}$ 与 $\boldsymbol{B}$ 都是投影矩阵, 并且 $\boldsymbol{A}+\boldsymbol{B}=\boldsymbol{I}$, 则 $\boldsymbol{A}\boldsymbol{B}=\boldsymbol{B}\boldsymbol{A}=\boldsymbol{0}$.

(5) 若 $\boldsymbol{X}$ 是 $n\times p$ 矩阵, $n\geqslant p$, $\mathrm{rank}(\boldsymbol{X})=p$, 则 $\boldsymbol{P}_x=\boldsymbol{X}(\boldsymbol{X}^{\mathrm{T}}\boldsymbol{X})^{-1}\boldsymbol{X}^{\mathrm{T}}$, $\boldsymbol{I}-\boldsymbol{X}(\boldsymbol{X}^{\mathrm{T}}\boldsymbol{X})^{-1}\boldsymbol{X}^{\mathrm{T}}$ 都是投影矩阵.

(6) $\boldsymbol{P}\triangleq \boldsymbol{I}_{n\times n}-\dfrac{1}{n}\boldsymbol{J}_{n\times n}$, 其中 $\boldsymbol{J}_{n\times n}$ 的定义见 2.1.2 节, 则 $\boldsymbol{P}$ 是投影矩阵 (即 $\boldsymbol{P}^2=\boldsymbol{P}$). 在一些文献中也称为中心化算子矩阵.

2.1.2　常用记号

$\boldsymbol{e}_i(n)=(0,\cdots,1,0,\cdots,0)^{\mathrm{T}}$ 表示 n 维列向量中仅第 i 个分量为 1, 其他元素都为 0; $\boldsymbol{E}_{ij}(m,n)=\boldsymbol{e}_i(m)\boldsymbol{e}_j^{\mathrm{T}}(n)$ 表示 $m\times n$ 矩阵中仅第 (i,j) 位置上的元素值为 1, 其他都为 0; $\boldsymbol{1}_n=(1,\cdots,1)^{\mathrm{T}}$;

$$\boldsymbol{J}_{n\times m}=\boldsymbol{1}_{n\times 1}\boldsymbol{1}_{1\times m}^{\mathrm{T}}=\begin{pmatrix}1&\cdots&1\\ \vdots&&\vdots\\ 1&\cdots&1\end{pmatrix}_{n\times m}.$$

显然, $\boldsymbol{e}_i^{\mathrm{T}}\boldsymbol{e}_j=\delta_{ij}$,

$$\begin{aligned}&\boldsymbol{E}_{ij}\boldsymbol{e}_r=\delta_{jr}\boldsymbol{e}_i,\quad \boldsymbol{e}_i^{\mathrm{T}}=\delta_{ri}\boldsymbol{e}_j^{\mathrm{T}},\\ &\boldsymbol{E}_{ij}\boldsymbol{E}_{rs}=\delta_{jr}\boldsymbol{E}_{is},\\ &\boldsymbol{I}=\sum_i\boldsymbol{E}_{ii}=\sum_i\boldsymbol{e}_i\boldsymbol{e}_i^{\mathrm{T}},\\ &\boldsymbol{E}_{ij}^{\mathrm{T}}(m,n)=\boldsymbol{E}_{ij}(n,m).\end{aligned}$$

一个如下的 $n\times p$ 矩阵 $\boldsymbol{A}$ 可以用它的行向量或列向量形式表示:

$$\boldsymbol{A}=\begin{pmatrix}a_{11}&\cdots&a_{1p}\\ \vdots&&\vdots\\ a_{n1}&\cdots&a_{np}\end{pmatrix}\triangleq(\boldsymbol{a}_{(1)},\cdots,\boldsymbol{a}_{(p)})\triangleq\begin{pmatrix}\boldsymbol{a}_1^{\mathrm{T}}\\ \vdots\\ \boldsymbol{a}_n^{\mathrm{T}}\end{pmatrix},\tag{2.1.1}$$

其中 $\boldsymbol{a}_{(1)},\cdots,\boldsymbol{a}_{(p)}$ 分别为 $\boldsymbol{A}$ 中的列向量, $\boldsymbol{a}_1,\cdots,\boldsymbol{a}_n$ 分别为 $\boldsymbol{A}$ 中的行构成的列向量, 则可以简单地求出下面很有用的公式:

(1) $\boldsymbol{A}=\sum\limits_{ij}a_{ij}\boldsymbol{E}_{ij}=\sum\limits_{ij}a_{ij}\boldsymbol{e}_i\boldsymbol{e}_j^{\mathrm{T}}=\sum\limits_j\boldsymbol{a}_{(j)}\boldsymbol{e}_j^{\mathrm{T}}=\sum\limits_i\boldsymbol{e}_i\boldsymbol{a}_{(i)}^{\mathrm{T}}$; (2.1.2)

(2) $\boldsymbol{a}_{(j)}=\boldsymbol{A}\boldsymbol{e}_j=\sum\limits_i a_{ij}\boldsymbol{e}_i,\boldsymbol{a}_i=\boldsymbol{A}^{\mathrm{T}}\boldsymbol{e}_i=\sum\limits_j a_{ij}\boldsymbol{e}_j$; (2.1.3)

(3) $a_{ij}=\boldsymbol{e}_i^{\mathrm{T}}\boldsymbol{A}\boldsymbol{e}_j$; (2.1.4)

(4) $\mathrm{tr}(\boldsymbol{E}_{rs}^{\mathrm{T}}\boldsymbol{A})=a_{rs}$.

2.1.3 方块阵的逆矩阵与行列式

设 $\boldsymbol{A}$ 是非退化方阵, 并且被分成如下 4 块:

$$\boldsymbol{A}=\begin{pmatrix}\boldsymbol{A}_{11}&\boldsymbol{A}_{12}\\ \boldsymbol{A}_{21}&\boldsymbol{A}_{22}\end{pmatrix},\tag{2.1.5}$$

其中 $\boldsymbol{A}_{11}$ 与 $\boldsymbol{A}_{22}$ 为方阵. 记

$$\boldsymbol{A}_{11.2}=\boldsymbol{A}_{11}-\boldsymbol{A}_{12}\boldsymbol{A}_{22}^{-1}\boldsymbol{A}_{21},\quad \boldsymbol{A}_{22.1}=\boldsymbol{A}_{22}-\boldsymbol{A}_{21}\boldsymbol{A}_{11}^{-1}\boldsymbol{A}_{12}.\tag{2.1.6}$$

(1) 若 $|\boldsymbol{A}_{11}|\neq 0$, 则

$$\boldsymbol{A}^{-1}=\begin{pmatrix}\boldsymbol{A}_{11}^{-1}+\boldsymbol{A}_{11}^{-1}\boldsymbol{A}_{12}\boldsymbol{A}_{22.1}^{-1}\boldsymbol{A}_{21}\boldsymbol{A}_{11}^{-1}&-\boldsymbol{A}_{11}^{-1}\boldsymbol{A}_{12}\boldsymbol{A}_{22.1}^{-1}\\ -\boldsymbol{A}_{22.1}^{-1}\boldsymbol{A}_{21}\boldsymbol{A}_{11}^{-1}&\boldsymbol{A}_{22.1}^{-1}\end{pmatrix}.\tag{2.1.7}$$

式 (2.1.7) 可以改写为另一形式

$$\boldsymbol{A}^{-1}=\begin{pmatrix}\boldsymbol{A}_{11}^{-1} & \boldsymbol{0}\\ \boldsymbol{0} & \boldsymbol{0}\end{pmatrix}+\begin{pmatrix}\boldsymbol{A}_{11}^{-1}\boldsymbol{A}_{12}\\ -\boldsymbol{I}\end{pmatrix}\boldsymbol{A}_{22.1}^{-1}\left(\boldsymbol{A}_{21}\boldsymbol{A}_{11}^{-1},-\boldsymbol{I}\right).$$

(2) 若 $|\boldsymbol{A}_{22}|\neq 0$, 则

$$\boldsymbol{A}^{-1}=\begin{pmatrix}\boldsymbol{A}_{11.2}^{-1} & -\boldsymbol{A}_{11.2}^{-1}\boldsymbol{A}_{12}\boldsymbol{A}_{22}^{-1}\\ -\boldsymbol{A}_{22}^{-1}\boldsymbol{A}_{21}\boldsymbol{A}_{11.2}^{-1} & \boldsymbol{A}_{22}^{-1}+\boldsymbol{A}_{22}^{-1}\boldsymbol{A}_{21}\boldsymbol{A}_{11.2}^{-1}\boldsymbol{A}_{12}\boldsymbol{A}_{22}^{-1}\end{pmatrix}. \tag{2.1.8}$$

式 (2.1.8) 也可写成下式：

$$\boldsymbol{A}^{-1}=\begin{pmatrix}\boldsymbol{0} & \boldsymbol{0}\\ \boldsymbol{0} & \boldsymbol{A}_{22}^{-1}\end{pmatrix}+\begin{pmatrix}-\boldsymbol{I}\\ \boldsymbol{A}_{22}^{-1}\boldsymbol{A}_{21}\end{pmatrix}\boldsymbol{A}_{11.2}^{-1}\left(-\boldsymbol{I},\boldsymbol{A}_{12}\boldsymbol{A}_{22}^{-1}\right).$$

(3) 若 $|\boldsymbol{A}_{11}|\neq 0$, $|\boldsymbol{A}_{22}|\neq 0$, 则

$$\boldsymbol{A}^{-1}=\begin{pmatrix}\boldsymbol{A}_{11.2}^{-1} & -\boldsymbol{A}_{11}^{-1}\boldsymbol{A}_{12}\boldsymbol{A}_{22.1}^{-1}\\ -\boldsymbol{A}_{22}^{-1}\boldsymbol{A}_{21}\boldsymbol{A}_{11.2}^{-1} & \boldsymbol{A}_{22.1}^{-1}\end{pmatrix}. \tag{2.1.9}$$

式 (2.1.9) 称为分块求逆公式.

证明　仅证 (2.1.7). 设 $|\boldsymbol{A}_{11}|\neq 0$, 显然,

$$\begin{pmatrix}\boldsymbol{I} & \boldsymbol{0}\\ -\boldsymbol{A}_{21}\boldsymbol{A}_{11}^{-1} & \boldsymbol{I}\end{pmatrix}\begin{pmatrix}\boldsymbol{A}_{11} & \boldsymbol{A}_{12}\\ \boldsymbol{A}_{21} & \boldsymbol{A}_{22}\end{pmatrix}\begin{pmatrix}\boldsymbol{I} & -\boldsymbol{A}_{11}^{-1}\boldsymbol{A}_{12}\\ \boldsymbol{0} & \boldsymbol{I}\end{pmatrix}=\begin{pmatrix}\boldsymbol{A}_{11} & \boldsymbol{0}\\ \boldsymbol{0} & \boldsymbol{A}_{22.1}\end{pmatrix}. \tag{2.1.10}$$

式 (2.1.10) 两边求逆得

$$\begin{pmatrix}\boldsymbol{I} & -\boldsymbol{A}_{11}^{-1}\boldsymbol{A}_{12}\\ \boldsymbol{0} & \boldsymbol{I}\end{pmatrix}^{-1}\begin{pmatrix}\boldsymbol{A}_{11} & \boldsymbol{A}_{12}\\ \boldsymbol{A}_{21} & \boldsymbol{A}_{22}\end{pmatrix}^{-1}\begin{pmatrix}\boldsymbol{I} & \boldsymbol{0}\\ -\boldsymbol{A}_{21}\boldsymbol{A}_{11}^{-1} & \boldsymbol{I}\end{pmatrix}^{-1}=\begin{pmatrix}\boldsymbol{A}_{11}^{-1} & \boldsymbol{0}\\ \boldsymbol{0} & \boldsymbol{A}_{22.1}^{-1}\end{pmatrix}.$$

用 $\begin{pmatrix}\boldsymbol{I} & -\boldsymbol{A}_{11}^{-1}\boldsymbol{A}_{12}\\ \boldsymbol{0} & \boldsymbol{I}\end{pmatrix}$, $\begin{pmatrix}\boldsymbol{I} & \boldsymbol{0}\\ -\boldsymbol{A}_{21}A_{11}^{-1} & \boldsymbol{I}\end{pmatrix}$ 分别左乘及右乘上式得

$$\begin{pmatrix}\boldsymbol{A}_{11} & \boldsymbol{A}_{12}\\ \boldsymbol{A}_{21} & \boldsymbol{A}_{22}\end{pmatrix}^{-1}=\begin{pmatrix}\boldsymbol{I} & -\boldsymbol{A}_{11}^{-1}\boldsymbol{A}_{12}\\ \boldsymbol{0} & \boldsymbol{I}\end{pmatrix}\begin{pmatrix}\boldsymbol{A}_{11}^{-1} & \boldsymbol{0}\\ \boldsymbol{0} & \boldsymbol{A}_{22.1}^{-1}\end{pmatrix}\begin{pmatrix}\boldsymbol{I} & \boldsymbol{0}\\ -\boldsymbol{A}_{21}\boldsymbol{A}_{11}^{-1} & \boldsymbol{I}\end{pmatrix}.$$

右式三矩阵相乘, 即为 (2.1.7). 类似地可证 (2.1.8). 将上面两种做法相结合, 可证得 (2.1.9).

(4) 设 $\boldsymbol{A}$ 分成 4 块如式 (2.1.5), $\boldsymbol{A}_{11.2}$ 与 $\boldsymbol{A}_{22.1}$ 如式 (2.1.6), 则

若 $|\boldsymbol{A}_{22}|\neq 0$, 则

$$|\boldsymbol{A}|=|\boldsymbol{A}_{22}|\times|\boldsymbol{A}_{11.2}|; \tag{2.1.11}$$

若 $|\boldsymbol{A}_{11}| \neq 0$, 则

$$|\boldsymbol{A}| = |\boldsymbol{A}_{11}| \times |\boldsymbol{A}_{22.1}|. \tag{2.1.12}$$

显然, (2.1.12) 可从 (2.1.10) 得出, 用类似的方法可得 (2.1.11).

由式 (2.1.11), (2.1.12), 即可推得

$$\begin{vmatrix} \boldsymbol{I}_p & \boldsymbol{A} \\ -\boldsymbol{B} & \boldsymbol{I}_q \end{vmatrix} = |\boldsymbol{I}_p + \boldsymbol{AB}| = |\boldsymbol{I}_q + \boldsymbol{BA}|, \tag{2.1.13}$$

其中 $\boldsymbol{A}$ 为 $p \times q$ 矩阵, $\boldsymbol{B}$ 为 $q \times p$ 矩阵;

$$\begin{vmatrix} 1 & -\boldsymbol{a}^{\mathrm{T}} \\ \boldsymbol{b} & \boldsymbol{A} \end{vmatrix} = |\boldsymbol{A} + \boldsymbol{b}\boldsymbol{a}^{\mathrm{T}}|, \tag{2.1.14}$$

其中 $\boldsymbol{a}$, $\boldsymbol{b}$ 为 p 维列向量, $\boldsymbol{A}$ 为 p 阶方阵.

上述几个公式对于行列式的计算很有用.

2.1.4 广义特征向量

(1) 设 $\boldsymbol{A}$ 是 p 阶方阵, 记 λ 是下面方程的根:

$$|\boldsymbol{A} - \lambda \boldsymbol{I}| = 0,$$

与上述等价的是: 若存在常数 λ 及向量 $\boldsymbol{\alpha}$, 满足

$$\boldsymbol{A\alpha} = \lambda \boldsymbol{\alpha},$$

则称 λ (有时记为 $\lambda(\boldsymbol{A})$) 及与它对应的 $\boldsymbol{\alpha}$ 为 $\boldsymbol{A}$ 矩阵的特征根和特征向量. 在本书中, 规定 $||\boldsymbol{\alpha}|| = 1$.

(2) 广义特征向量. 设 $\boldsymbol{A}$ 与 $\boldsymbol{B}$ 是 p 阶对称矩阵, $\boldsymbol{B}> 0$, 方程

$$|\boldsymbol{A} - \lambda \boldsymbol{B}| = 0 \tag{2.1.15}$$

的根称为**$\boldsymbol{A}$ 相对于 $\boldsymbol{B}$ 的特征根**, 或称为**广义特征根**. 而若对应于 λ 的向量 $\boldsymbol{\beta}$ 满足 $\boldsymbol{A\beta} = \lambda \boldsymbol{B\beta}$, 则称 $\boldsymbol{\beta}$ 为 **$\boldsymbol{A}$ 相对于 $\boldsymbol{B}$ 的特征向量**. 显然, 上述求特征问题可以化为求 $\boldsymbol{B}^{-1}\boldsymbol{A\beta} = \lambda\boldsymbol{\beta}$ 的特征问题. 换一个形式, (2.1.15) 的根必是下面方程的根:

$$|\boldsymbol{B}^{1/2}(\boldsymbol{B}^{-1/2}\boldsymbol{A}\boldsymbol{B}^{-1/2} - \lambda \boldsymbol{I})\boldsymbol{B}^{1/2}| = 0,$$

又等价于求下面的根:

$$|\boldsymbol{B}^{-1/2}\boldsymbol{A}\boldsymbol{B}^{-1/2} - \lambda \boldsymbol{I}| = 0, \tag{2.1.16}$$

其中 $\boldsymbol{B}^{-1/2}$ 表示 $\boldsymbol{B}^{1/2}$ (定义见后面的式 (2.1.20) 的逆. 方程 (2.1.16) 是对称矩阵求特征根, 所以 p 个根全是实数, 记为 $\lambda_1 \geqslant \lambda_2 \geqslant \cdots \geqslant \lambda_p$, 对应的标准化特征向量记为 $\boldsymbol{\beta}_1, \boldsymbol{\beta}_2, \cdots, \boldsymbol{\beta}_p$. 于是有

$$\boldsymbol{B}^{-1/2}\boldsymbol{A}\boldsymbol{B}^{-1/2}\boldsymbol{\beta}_i = \lambda_i \boldsymbol{\beta}_i.$$

上式可改写为

$$\boldsymbol{A}(\boldsymbol{B}^{-1/2}\boldsymbol{\beta}_i) = \lambda_i \boldsymbol{B}^{1/2}\boldsymbol{\beta}_i = \lambda_i \boldsymbol{B}\boldsymbol{B}^{-1}\boldsymbol{B}^{1/2}\boldsymbol{\beta}_i = \lambda_i \boldsymbol{B}(\boldsymbol{B}^{-1/2}\boldsymbol{\beta}_i).$$

记

$$\boldsymbol{\alpha}_i = \boldsymbol{B}^{-1/2}\boldsymbol{\beta}_i, \tag{2.1.17}$$

显然, $\boldsymbol{A}\boldsymbol{\alpha}_i = \lambda_i \boldsymbol{B}\boldsymbol{\alpha}_i$. 它说明 $\boldsymbol{\alpha}_i = \boldsymbol{B}^{-1/2}\boldsymbol{\beta}_i$ 就是 $\boldsymbol{A}$ 相对于 $\boldsymbol{B}$ 的特征向量. 不难看出,

$$\boldsymbol{\alpha}_j^{\mathrm{T}}\boldsymbol{\alpha}_i = (\boldsymbol{B}^{-1/2}\boldsymbol{\beta}_j)^{\mathrm{T}}\boldsymbol{B}^{-1/2}\boldsymbol{\beta}_i = \boldsymbol{\beta}_j^{\mathrm{T}}\boldsymbol{B}\boldsymbol{\beta}_i.$$

也就是说, $\boldsymbol{A}$ 相对于 $\boldsymbol{B}$ 的特征向量 $\{\boldsymbol{\alpha}_i\}$ 之间彼此不一定正交 (虽然 $\boldsymbol{\beta}_i$ 之间彼此正交).

2.1.5　迹与特征根

设 $\boldsymbol{A}$ 和 $\boldsymbol{B}$ 均为 p 阶方阵, 则有

(1) $\mathrm{tr}(a\boldsymbol{A}+b\boldsymbol{B}) = a \times \mathrm{tr}(\boldsymbol{A}) + b \times \mathrm{tr}(\boldsymbol{B})$, 其中 a 与 b 为常数;

(2) $\mathrm{tr}(\boldsymbol{A}\boldsymbol{B}) = \mathrm{tr}(\boldsymbol{B}\boldsymbol{A})$;

(3) 设 p 阶方阵 $\boldsymbol{A}$ 的特征根为 $\lambda_1, \lambda_2, \cdots, \lambda_p$, 则

(i) $\mathrm{tr}(\boldsymbol{A}) = \sum\limits_{i=1}^{p} \lambda_i$, 即 $\boldsymbol{A}$ 的迹是其特征根之和;

(ii) $|\boldsymbol{A}| = \prod\limits_{i=1}^{p} \lambda_i$, 即 $\boldsymbol{A}$ 的行列式是其特征根之积;

(iii) $|\boldsymbol{I}_p \pm \boldsymbol{A}| = \prod\limits_{i=1}^{p} (1 \pm \lambda_i)$, 显然, 此式可由上式得出.

2.1.6　矩阵的因式分解与乘方

(1) 若 $\boldsymbol{A}$ 为 p 阶**对称矩阵**, 则存在正交矩阵 $\boldsymbol{\Gamma}$ 及对角矩阵 $\boldsymbol{\Lambda} = \mathrm{diag}(\lambda_1, \cdots, \lambda_p)$, 使得

$$\boldsymbol{A} = \boldsymbol{\Gamma}\boldsymbol{\Lambda}\boldsymbol{\Gamma}^{\mathrm{T}}. \tag{2.1.18}$$

记 $\boldsymbol{\Gamma} = (\boldsymbol{\alpha}_1, \cdots, \boldsymbol{\alpha}_p)$, 其中每个 $\boldsymbol{\alpha}_i$ 为 $\boldsymbol{\Gamma}$ 的列向量, 则式 (2.1.18) 可化为

$$\boldsymbol{A} = \sum_{i=1}^{p} \lambda_i \boldsymbol{\alpha}_i \boldsymbol{\alpha}_i^{\mathrm{T}}. \tag{2.1.19}$$

式 (2.1.19) 称为 $\boldsymbol{A}$ 矩阵的**谱分解**. 当 $\boldsymbol{A}$ 是非负定矩阵时, 必有每个 $\lambda_i \geqslant 0$, 这时可定义 $\boldsymbol{A}$ 矩阵的平方根为

$$\boldsymbol{A}^{1/2} = \sum_{i=1}^{p} \lambda_i^{1/2} \boldsymbol{\alpha}_i \boldsymbol{\alpha}_i^{\mathrm{T}}. \tag{2.1.20}$$

显然可以看出 $\boldsymbol{A}=\boldsymbol{A}^{1/2}\boldsymbol{A}^{1/2}$.

特别地, 当 $\boldsymbol{A}$ 是秩为 r 的投影阵时, 由于 $\lambda_1=\cdots=\lambda_r=1$ 及 $\lambda_{r+1}=\cdots=\lambda_p=0$, 式 (2.1. 19) 变为

$$\boldsymbol{A}=\sum_{i=1}^{r}\boldsymbol{\alpha}_i\boldsymbol{\alpha}_i^{\mathrm{T}}=(\boldsymbol{\alpha}_1,\cdots,\boldsymbol{\alpha}_r)(\boldsymbol{\alpha}_1,\cdots,\boldsymbol{\alpha}_r)^{\mathrm{T}}.$$

(2) 对于非负定矩阵 $\boldsymbol{A}$, 特征根都是非负的. 在 (2.1.18) 中, 记 $\boldsymbol{B}=\boldsymbol{\Gamma}\boldsymbol{\Lambda}^{1/2}\boldsymbol{\Gamma}^{\mathrm{T}}$, 其中 $\boldsymbol{\Lambda}^{1/2}=\mathrm{diag}(\lambda_1^{1/2},\cdots,\lambda_p^{1/2})$, 显然, $\boldsymbol{B}$ 矩阵即是 (2.1.20) 中的 $\boldsymbol{A}^{1/2}$. 同样可以定义正定矩阵的任何次乘方如下：记 k 为任意正数, 记

$$\boldsymbol{\Lambda}^{1/k}=\mathrm{diag}(\lambda_1^{1/k},\cdots,\lambda_p^{1/k}),\quad \boldsymbol{A}^{1/k}=\boldsymbol{\Gamma}\boldsymbol{\Lambda}^{1/k}\boldsymbol{\Gamma}^{\mathrm{T}},\tag{2.1.21}$$

则

$$\boldsymbol{A}=(\boldsymbol{A}^{1/k})^k.$$

2.1.7 特征根的极值性质

设 $\boldsymbol{A}$ 为 p 阶对称矩阵, 其特征根为 $\lambda_1\geqslant\lambda_2\geqslant\cdots\geqslant\lambda_p$, $\boldsymbol{\beta}_1,\boldsymbol{\beta}_2,\cdots,\boldsymbol{\beta}_p$ 为相对应的标准化特征向量, 则

$$\sup_{\boldsymbol{x}\neq\boldsymbol{0}}\frac{\boldsymbol{x}^{\mathrm{T}}\boldsymbol{A}\boldsymbol{x}}{\boldsymbol{x}^{\mathrm{T}}\boldsymbol{x}}=\sup_{\|\boldsymbol{x}\|=1}\boldsymbol{x}^{\mathrm{T}}\boldsymbol{A}\boldsymbol{x}=\lambda_1,\tag{2.1.22}$$

$$\inf_{\boldsymbol{x}\neq\boldsymbol{0}}\frac{\boldsymbol{x}^{\mathrm{T}}\boldsymbol{A}\boldsymbol{x}}{\boldsymbol{x}^{\mathrm{T}}\boldsymbol{x}}=\inf_{\|\boldsymbol{x}\|=1}\boldsymbol{x}^{\mathrm{T}}\boldsymbol{A}\boldsymbol{x}=\lambda_p.\tag{2.1.23}$$

证明 由对称矩阵可知, 它的分解公式为

$$\boldsymbol{A}=\lambda_1\boldsymbol{\beta}_1\boldsymbol{\beta}_1^{\mathrm{T}}+\cdots+\lambda_p\boldsymbol{\beta}_p\boldsymbol{\beta}_p^{\mathrm{T}}.$$

记 $\boldsymbol{x}^{\mathrm{T}}\boldsymbol{x}=\|\boldsymbol{x}\|^2$. 由于 $\boldsymbol{\beta}_1,\boldsymbol{\beta}_2,\cdots,\boldsymbol{\beta}_p$ 组成了 $\mathbf{R}^p$ 空间中的一组标准正交基, 因此, 对任意向量 $\boldsymbol{x}$, 必存在一组 $\{a_i\}$, 使得 $\boldsymbol{x}=a_1\boldsymbol{\beta}_1+\cdots+a_p\boldsymbol{\beta}_p$. 于是把 $\boldsymbol{A}$ 及 $\boldsymbol{x}$ 代入下式：

$$\boldsymbol{x}^{\mathrm{T}}\boldsymbol{A}\boldsymbol{x}=\lambda_1a_1^2+\cdots+\lambda_pa_p^2,$$

即得

$$\sup_{\boldsymbol{x}\neq\boldsymbol{0}}\frac{\boldsymbol{x}^{\mathrm{T}}\boldsymbol{A}\boldsymbol{x}}{\boldsymbol{x}^{\mathrm{T}}\boldsymbol{x}}=\sup_{\|\boldsymbol{x}\|=1}\boldsymbol{x}^{\mathrm{T}}\boldsymbol{A}\boldsymbol{x}=\sup_{\|\boldsymbol{a}\|=1}(\lambda_1a_1^2+\cdots+\lambda_pa_p^2)=\lambda_1.$$

同理可得 (2.1.23).

若 $\boldsymbol{A}^{\mathrm{T}}=\boldsymbol{A},\boldsymbol{B}>0,\mu_1\geqslant\mu_2\geqslant\cdots\geqslant\mu_p$ 为 $\boldsymbol{A}$ 相对于 $\boldsymbol{B}$ 的特征根, 则

$$\sup_{\boldsymbol{x}\neq\boldsymbol{0}}\frac{\boldsymbol{x}^{\mathrm{T}}\boldsymbol{A}\boldsymbol{x}}{\boldsymbol{x}^{\mathrm{T}}\boldsymbol{B}\boldsymbol{x}}=\mu_1,\tag{2.1.24}$$

与 (2.1.22) 的证法相同.

2.1.8 矩阵的拉直运算

所谓拉直运算, 就是把矩阵拉成一个长的列向量, 从而可以把矩阵运算转变成向量间的运算. 例如, 令 $\boldsymbol{A}$ 是一个 $n \times p$ 矩阵, 记 $\boldsymbol{a}_{(1)}, \cdots, \boldsymbol{a}_{(p)}$ 是由 $\boldsymbol{A}$ 中的列构成的列向量, $\boldsymbol{a}_1, \cdots, \boldsymbol{a}_n$ 是由 $\boldsymbol{A}$ 的行构成的列向量. 可以把 $\boldsymbol{A}$ 按列向量组成一个 np 维的列向量, 并且记为

$$\operatorname{vec}(\boldsymbol{A}) = \begin{pmatrix} \boldsymbol{a}_{(1)} \\ \vdots \\ \boldsymbol{a}_{(p)} \end{pmatrix},$$

有的书中记为 $\overrightarrow{\boldsymbol{A}}$, 称 “vec” 为**拉直运算**.

也可以把 $\boldsymbol{A}$ 的行构成的列向量 $\boldsymbol{a}_1, \cdots, \boldsymbol{a}_n$ 拉直为 np 维向量

$$\begin{pmatrix} \boldsymbol{a}_1 \\ \vdots \\ \boldsymbol{a}_n \end{pmatrix},$$

它恰好是 $\operatorname{vec}(\boldsymbol{A}^{\mathrm{T}})$. 由上述定义可直接验证下面的**性质**:

(1) 若 c, d 是实数, $\boldsymbol{A}, \boldsymbol{B}$ 是大小相同的矩阵, 则

$$\operatorname{vec}(c\boldsymbol{A} + d\boldsymbol{B}) = c \times \operatorname{vec}(\boldsymbol{A}) + d \times \operatorname{vec}(\boldsymbol{B});$$

(2) 若 $\boldsymbol{A}, \boldsymbol{B}$ 是大小相同的矩阵, 则

$$\operatorname{tr}(\boldsymbol{AB}) = \sum_{ij} a_{ij} b_{ji} = (\operatorname{vec}(\boldsymbol{A}^{\mathrm{T}}))^{\mathrm{T}}(\operatorname{vec}(\boldsymbol{B}))$$

或

$$\operatorname{tr}(\boldsymbol{A}^{\mathrm{T}}\boldsymbol{B}) = \operatorname{tr}(\boldsymbol{B}^{\mathrm{T}}\boldsymbol{A}) = \sum_{ij} a_{ij} b_{ij} = (\operatorname{vec}(\boldsymbol{A}))^{\mathrm{T}}(\operatorname{vec}(\boldsymbol{B})).$$

由此可见, 两个矩阵的内积可以看成是对应矩阵拉直运算后的内积, 即可以定义矩阵的模为

$$\|\boldsymbol{A}\| = \left(\sum_{i,j} a_{ij}^2\right)^{1/2} = (\operatorname{tr}(\boldsymbol{A}^{\mathrm{T}}\boldsymbol{A}))^{1/2}.$$

由此可得如下矩阵的施瓦茨 (Schwarz) 不等式:

$$(\operatorname{tr}(\boldsymbol{A}^{\mathrm{T}}\boldsymbol{B}))^2 \leqslant (\operatorname{tr}(\boldsymbol{A}^{\mathrm{T}}\boldsymbol{A}))(\operatorname{tr}(\boldsymbol{B}^{\mathrm{T}}\boldsymbol{B})).$$

对称矩阵的拉直运算 在多元统计分析中经常遇到对称矩阵. 由于 p 阶对称矩阵中只有 $p(p+1)/2$ 个独立元素, 因此, 把它拉成 p^2 维向量是不应该的, 即应把对称

矩阵拉成 $p(p+1)/2$ 维向量. 设 $\boldsymbol{A}$ 是 p 阶对称矩阵, 称

$$\mathrm{svec}(\boldsymbol{A})=(a_{11},\cdots,a_{1p},a_{22},\cdots,a_{2p},\cdots,a_{pp})^{\mathrm{T}}$$

为对称矩阵 $\boldsymbol{A}$ 的拉直, 它是 $p(p+1)/2$ 维向量. 这时, 必存在一个 $p^2\times p(p+1)/2$ 维矩阵 $\boldsymbol{S}_p$, 使得

$$\mathrm{vec}(\boldsymbol{A})=\boldsymbol{S}_p\mathrm{svec}(\boldsymbol{A}).$$

借助 $\boldsymbol{S}_p$, 可以建立 "vec" 与 "svec" 之间的关系. 文献 [2], [3] 讨论了这个关系:

矩阵的拉直运算与叉积 (Kronecker 积) 很有关系.

2.1.9 矩阵的叉积及其性质

定义 2.1.1 若 $\boldsymbol{A}$ 为 $m\times p$ 矩阵, $\boldsymbol{B}$ 为 $n\times q$ 矩阵, 它们的叉积 (也称**克罗内克 (Kronecker) 积**) 定义为如下的 $mn\times pq$ 矩阵:

$$\boldsymbol{A}\otimes\boldsymbol{B}=(a_{ij}\boldsymbol{B})=\begin{pmatrix}a_{11}\boldsymbol{B}&\cdots&a_{1p}\boldsymbol{B}\\\vdots&&\vdots\\a_{n1}\boldsymbol{B}&\cdots&a_{np}\boldsymbol{B}\end{pmatrix}.\tag{2.1.25}$$

可直接验证如下公式:

(1) 若 α,β 是任意两个实数, 则

$$(\alpha\boldsymbol{A})\otimes(\beta\boldsymbol{B})=\alpha\beta(\boldsymbol{A}\otimes\boldsymbol{B}),$$

特别地,

$$\boldsymbol{0}\otimes\boldsymbol{A}=\boldsymbol{A}\otimes\boldsymbol{0}=\boldsymbol{0}.$$

(2) $\boldsymbol{A}\otimes(\boldsymbol{B}+\boldsymbol{C})=\boldsymbol{A}\otimes\boldsymbol{B}+\boldsymbol{A}\otimes\boldsymbol{C}$, $(\boldsymbol{B}+\boldsymbol{C})\otimes\boldsymbol{A}=\boldsymbol{B}\otimes\boldsymbol{A}+\boldsymbol{C}\otimes\boldsymbol{A}$.

(3) $(\boldsymbol{A}\otimes\boldsymbol{B})\otimes\boldsymbol{C}=\boldsymbol{A}\otimes(\boldsymbol{B}\otimes\boldsymbol{C})$.

(4) $\boldsymbol{I}_{mn}=\boldsymbol{I}_m\otimes\boldsymbol{I}_n=\boldsymbol{I}_n\otimes\boldsymbol{I}_m$.

(5) $(\boldsymbol{A}\otimes\boldsymbol{B})^{\mathrm{T}}=\boldsymbol{A}^{\mathrm{T}}\otimes\boldsymbol{B}^{\mathrm{T}}$.

(6) $(\boldsymbol{A}_1\otimes\boldsymbol{B}_1)(\boldsymbol{A}_2\otimes\boldsymbol{B}_2)=(\boldsymbol{A}_1\boldsymbol{A}_2)\otimes(\boldsymbol{B}_1\boldsymbol{B}_2)$. (2.1.26)

(7) 若 $\boldsymbol{A}$ 和 $\boldsymbol{B}$ 为非退化方阵, 则

$$(\boldsymbol{A}\otimes\boldsymbol{B})^{-1}=\boldsymbol{A}^{-1}\otimes\boldsymbol{B}^{-1}.$$

这是因为

$$(\boldsymbol{A}\otimes\boldsymbol{B})(\boldsymbol{A}^{-1}\otimes\boldsymbol{B}^{-1})=(\boldsymbol{A}\boldsymbol{A}^{-1})\otimes(\boldsymbol{B}\boldsymbol{B}^{-1})=\boldsymbol{I}\otimes\boldsymbol{I}=\boldsymbol{I}.$$

(8) 设 $\boldsymbol{A}$ 为 $n\times m$ 矩阵, $\boldsymbol{X}$ 为 $m\times p$ 矩阵, $\boldsymbol{B}$ 为 $p\times q$ 矩阵, 则

$$\mathrm{vec}(\boldsymbol{A}\boldsymbol{X}\boldsymbol{B})=(\boldsymbol{B}^{\mathrm{T}}\otimes\boldsymbol{A})\mathrm{vec}(\boldsymbol{X}).$$

这个公式很有用. 特例:

$$\mathrm{vec}(\boldsymbol{AX}) = (\boldsymbol{I}_p \otimes \boldsymbol{A})\mathrm{vec}(\boldsymbol{X}). \tag{2.1.27}$$

(9) $\mathrm{tr}(\boldsymbol{A} \otimes \boldsymbol{B}) = (\mathrm{tr}(\boldsymbol{A}))(\mathrm{tr}(\boldsymbol{B}))$.

(10) 若 $\boldsymbol{x}$ 和 $\boldsymbol{y}$ 为向量, 则

$$\boldsymbol{x}\boldsymbol{y}^{\mathrm{T}} = \boldsymbol{x} \otimes \boldsymbol{y}^{\mathrm{T}} = \boldsymbol{y}^{\mathrm{T}} \otimes \boldsymbol{x}.$$

(11) 若 $\boldsymbol{A}$ 为 $n \times n$ 矩阵, 其特征根及对应的特征向量为

$$\{(\lambda_i, \boldsymbol{x}_i), i = 1, \cdots, n\},$$

$\boldsymbol{B}$ 为 $m \times m$ 矩阵, 其特征根及对应的特征向量为

$$\{(\mu_j, \boldsymbol{y}_j), j = 1, \cdots, m\},$$

则 $\boldsymbol{A} \otimes \boldsymbol{B}$ 的特征根及对应的特征向量分别为

$$(\lambda_i \mu_j, i = 1, \cdots, n, j = 1, \cdots, m), \quad (\boldsymbol{x}_i \otimes \boldsymbol{y}_j, i = 1, \cdots, n, j = 1, \cdots, m).$$

(12) 设 $\boldsymbol{A}$ 为 $n \times n$ 矩阵, $\boldsymbol{B}$ 为 $m \times m$ 矩阵, 则

$$|\boldsymbol{A} \otimes \boldsymbol{B}| = |\boldsymbol{A}|^m |\boldsymbol{B}|^n. \tag{2.1.28}$$

(13) 定义 $\boldsymbol{A}^{[1]} = \boldsymbol{A}, \boldsymbol{A}^{[2]} = \boldsymbol{A} \otimes \boldsymbol{A}, \cdots, \boldsymbol{A}^{[k]} = \boldsymbol{A} \otimes \cdots \otimes \boldsymbol{A}$, 则

$$\begin{aligned} &\boldsymbol{A}^{[k+l]} = \boldsymbol{A}^{[k]} \otimes \boldsymbol{A}^{[l]}, \\ &(\boldsymbol{AB})^{[k]} = \boldsymbol{A}^{[k]}\boldsymbol{B}^{[k]} = (\boldsymbol{A} \otimes \cdots \otimes \boldsymbol{A})(\boldsymbol{B} \otimes \cdots \otimes \boldsymbol{B}). \end{aligned}$$

2.2 矩阵的微商

(1) 如果 $\boldsymbol{Y} = (y_{ij}(x))$ 是一个矩阵, 而 x 是标量 (一维), 则定义 $\boldsymbol{Y}$ 对 x 的微商为与 $\boldsymbol{Y}$ 有相同大小的矩阵, 其 (i, j) 上的元素为

$$\left(\frac{\partial \boldsymbol{Y}}{\partial x}\right)_{ij} = \frac{\partial y_{ij}}{\partial x}, \quad \text{或记为 } \frac{\partial \boldsymbol{Y}}{\partial x} = \left(\frac{\partial y_{ij}}{\partial x}\right).$$

(2) 如果 $y = y(\boldsymbol{X})$ 是标量, 而 $\boldsymbol{X}$ 是向量或矩阵 $\boldsymbol{X} = (x_{ij})$, 则定义 y 对 $\boldsymbol{X}$ 的微商为与 $\boldsymbol{X}$ 有相同大小的矩阵, 即

$$\frac{\partial y}{\partial \boldsymbol{X}} = \left(\frac{\partial y}{\partial x_{ij}}\right).$$

(3) 如果 $\boldsymbol{Y} = (y_{ij}(\boldsymbol{X}))$ 是矩阵, 而 $\boldsymbol{X}$ 为 $p \times q$ 矩阵, 即两者都是矩阵. 则定义

$$\frac{\partial \boldsymbol{Y}}{\partial \boldsymbol{X}} = \nabla_{\boldsymbol{X}} \otimes \boldsymbol{Y},$$

其中 $\nabla_{\boldsymbol{X}} = \left(\dfrac{\partial}{\partial x_{kl}}\right)_{p\times q}$.

例 2.2.1 如果 $\boldsymbol{Y} = (y_1(\boldsymbol{X}), y_2(\boldsymbol{X})), \boldsymbol{X} = (x_1, x_2, x_3)^{\mathrm{T}}$, 则

$$\frac{\partial \boldsymbol{Y}}{\partial \boldsymbol{X}} = \nabla_{\boldsymbol{X}} \otimes \boldsymbol{Y} = \begin{pmatrix} \dfrac{\partial}{\partial x_1} \\ \dfrac{\partial}{\partial x_2} \\ \dfrac{\partial}{\partial x_3} \end{pmatrix} \otimes \boldsymbol{Y} = \begin{pmatrix} \dfrac{\partial \boldsymbol{Y}}{\partial x_1} \\ \dfrac{\partial \boldsymbol{Y}}{\partial x_2} \\ \dfrac{\partial \boldsymbol{Y}}{\partial x_3} \end{pmatrix} = \begin{pmatrix} \dfrac{\partial y_1}{\partial x_1} & \dfrac{\partial y_2}{\partial x_1} \\ \dfrac{\partial y_1}{\partial x_2} & \dfrac{\partial y_2}{\partial x_2} \\ \dfrac{\partial y_1}{\partial x_3} & \dfrac{\partial y_2}{\partial x_3} \end{pmatrix}.$$

由定义即得下面的关系式:

(1) **当自变量为标量时**,

$$\frac{\partial(\boldsymbol{X}+\boldsymbol{Y})}{\partial t} = \frac{\partial \boldsymbol{X}}{\partial t} + \frac{\partial \boldsymbol{Y}}{\partial t},$$

$$\frac{\partial(\boldsymbol{X}\boldsymbol{Y})}{\partial t} = \frac{\partial \boldsymbol{X}}{\partial t}\boldsymbol{Y} + \boldsymbol{X}\frac{\partial \boldsymbol{Y}}{\partial t} \quad (\text{利用 } \boldsymbol{A} = \sum_{ij} a_{ij}\boldsymbol{E}_{ij}),$$

$$\frac{\partial(\boldsymbol{X}\otimes\boldsymbol{Y})}{\partial t} = \frac{\partial \boldsymbol{X}}{\partial t}\otimes\boldsymbol{Y} + \boldsymbol{X}\otimes\frac{\partial \boldsymbol{Y}}{\partial t},$$

$$\left(\frac{\partial \boldsymbol{X}}{\partial t}\right)^{\mathrm{T}} = \frac{\partial \boldsymbol{X}^{\mathrm{T}}}{\partial t},$$

$$\frac{\partial \boldsymbol{X}}{\partial x_{ij}} = \boldsymbol{E}_{ij}(\boldsymbol{E}_{ij}\text{的定义见前}), \tag{2.2.1}$$

$$\frac{\partial(\boldsymbol{A}\boldsymbol{X}\boldsymbol{B})}{\partial x_{ij}} = \boldsymbol{A}\boldsymbol{E}_{ij}\boldsymbol{B} \quad (\text{利用 } \boldsymbol{X} = \sum_{i,j} x_{ij}\boldsymbol{E}_{ij} \text{ 即可求得}), \tag{2.2.2}$$

$$\frac{\partial \boldsymbol{X}^{-1}}{\partial t} = -\boldsymbol{X}^{-1}\frac{\partial \boldsymbol{X}}{\partial t}\boldsymbol{X}^{-1} \quad (\text{对 } \boldsymbol{X}\boldsymbol{X}^{-1} = \boldsymbol{I} \text{ 两边求导, 移项即得}), \tag{2.2.3}$$

$$\frac{\partial \boldsymbol{X}^{-1}}{\partial x_{ij}} = -\boldsymbol{X}^{-1}\boldsymbol{e}_i\boldsymbol{e}_j^{\mathrm{T}}\boldsymbol{X}^{-1}. \tag{2.2.4}$$

(2) **当自变量 $\boldsymbol{x}$ 为向量时**,

$$\frac{\partial(\boldsymbol{a}^{\mathrm{T}}\boldsymbol{x})}{\partial \boldsymbol{x}} = \frac{\partial(\boldsymbol{x}^{\mathrm{T}}\boldsymbol{a})}{\partial \boldsymbol{x}} = \boldsymbol{a}, \tag{2.2.5}$$

$$\frac{\partial(\boldsymbol{x}^{\mathrm{T}}\boldsymbol{A}\boldsymbol{x})}{\partial \boldsymbol{x}} = (\boldsymbol{A}+\boldsymbol{A}^{\mathrm{T}})\boldsymbol{x}, \tag{2.2.6}$$

$$\frac{\partial(\boldsymbol{A}\boldsymbol{x})}{\partial \boldsymbol{x}} = \mathrm{vec}(\boldsymbol{A}^{\mathrm{T}}), \quad \frac{\partial(\boldsymbol{A}\boldsymbol{x})^{\mathrm{T}}}{\partial \boldsymbol{x}} = \boldsymbol{A}^{\mathrm{T}}. \tag{2.2.7}$$

特例: 对 n 维向量 $\boldsymbol{x}$,

$$\frac{\partial \boldsymbol{x}^{\mathrm{T}}}{\partial \boldsymbol{x}} = \frac{\partial \boldsymbol{x}}{\partial \boldsymbol{x}^{\mathrm{T}}} = \boldsymbol{I}_{n\times n}.$$

(3) **当自变量 $\boldsymbol{X}$ 为方阵时**,

(i) 若 $\boldsymbol{F}(\boldsymbol{X}) = \boldsymbol{C}$ (常数矩阵), 则 $\dfrac{\mathrm{d}\boldsymbol{F}}{\mathrm{d}\boldsymbol{X}} = \boldsymbol{0}$;

(ii) $\dfrac{\mathrm{d}(\boldsymbol{F}(\boldsymbol{X}) + \boldsymbol{G}(\boldsymbol{X}))}{\mathrm{d}\boldsymbol{X}} = \dfrac{\mathrm{d}\boldsymbol{F}}{\mathrm{d}\boldsymbol{X}} + \dfrac{\mathrm{d}\boldsymbol{G}}{\mathrm{d}\boldsymbol{X}}$;

(iii) 若 $\boldsymbol{F}(\boldsymbol{X})$ 为 $p\times q$ 矩阵, $\boldsymbol{G}(\boldsymbol{X})$ 为 $q\times r$ 矩阵, $\boldsymbol{X}$ 为 $m\times n$ 矩阵, 则

$$\frac{\mathrm{d}(\boldsymbol{F}(\boldsymbol{X})\boldsymbol{G}(\boldsymbol{X}))}{\mathrm{d}\boldsymbol{X}} = \frac{\mathrm{d}\boldsymbol{F}(\boldsymbol{X})}{\mathrm{d}\boldsymbol{X}}(\boldsymbol{I}_n \otimes \boldsymbol{G}(\boldsymbol{X})) + (\boldsymbol{I}_m \otimes \boldsymbol{F}(\boldsymbol{X}))\frac{\mathrm{d}\boldsymbol{G}}{\mathrm{d}\boldsymbol{X}^{\mathrm{T}}};$$

(iv) 若 $f(\boldsymbol{B})$ 为一维函数, $\boldsymbol{A}$ 和 $\boldsymbol{B}$ 为矩阵, 则

$$\frac{\mathrm{d}[f(\boldsymbol{B})\boldsymbol{A}]}{\mathrm{d}\boldsymbol{B}} = \frac{\mathrm{d}f}{\mathrm{d}\boldsymbol{B}} \otimes \boldsymbol{A} + f(\boldsymbol{B})\frac{\mathrm{d}\boldsymbol{A}}{\mathrm{d}\boldsymbol{B}^{\mathrm{T}}};$$

(v) 设 $\boldsymbol{A}$ 为 $p\times q$ 矩阵, $\boldsymbol{B}$ 为 $m\times n$ 矩阵, $\boldsymbol{C}$ 为 $s\times l$ 矩阵, 则

$$\frac{\mathrm{d}(\boldsymbol{A}\otimes\boldsymbol{C})}{\mathrm{d}\boldsymbol{B}} = \frac{\mathrm{d}\boldsymbol{A}}{\mathrm{d}\boldsymbol{B}} \otimes \boldsymbol{C} + \left(\boldsymbol{A} \otimes \frac{\mathrm{d}\boldsymbol{C}}{\mathrm{d}b_{kl}}\right)_{m\times n};$$

(vi) 若 $\boldsymbol{A}^{-1}$ 存在, $\boldsymbol{A}$ 为 $n\times n$ 矩阵, $\boldsymbol{B}$ 为 $p\times q$ 矩阵, 则

$$\frac{\mathrm{d}\boldsymbol{A}^{-1}}{\mathrm{d}\boldsymbol{B}} = -(\boldsymbol{I}_p \otimes \boldsymbol{A}^{-1})\frac{\mathrm{d}\boldsymbol{A}}{\mathrm{d}\boldsymbol{B}}(\boldsymbol{I}_q \otimes \boldsymbol{A}^{-1}),$$

特例: $\boldsymbol{B} = x$ (一维变量), 由于 $p = q = 1$, 则 (vi) 简化为

$$\frac{\mathrm{d}\boldsymbol{A}^{-1}(x)}{\mathrm{d}x} = -\boldsymbol{A}^{-1}(x)\frac{\mathrm{d}\boldsymbol{A}(x)}{\mathrm{d}x}\boldsymbol{A}^{-1}(x);$$

(vii) 若 $\boldsymbol{Y} = \boldsymbol{A}\boldsymbol{X}\boldsymbol{B}$, 则

$$\frac{\partial(\mathrm{vec}(\boldsymbol{Y}))^{\mathrm{T}}}{\partial(\mathrm{vec}(\boldsymbol{X}))} = \boldsymbol{B} \otimes \boldsymbol{A}^{\mathrm{T}}; \tag{2.2.8}$$

(viii)

$$\frac{\partial|\boldsymbol{X}|}{\partial\boldsymbol{X}} = |\boldsymbol{X}|(\boldsymbol{X}^{-1})^{\mathrm{T}}; \tag{2.2.9}$$

(ix)

$$\frac{\partial \log|\boldsymbol{X}|}{\partial\boldsymbol{X}} = (\boldsymbol{X}^{\mathrm{T}})^{-1}. \tag{2.2.10}$$

证明略.

例 2.2.2 若 $\boldsymbol{A}=\boldsymbol{A}(\boldsymbol{y})$ 为 2×2 矩阵, $\boldsymbol{y}=\boldsymbol{y}(\boldsymbol{x})=(y_1,y_2)^{\mathrm{T}}$, $\boldsymbol{x}=(x_1,x_2)^{\mathrm{T}}$, 则

$$
\begin{aligned}
\frac{\mathrm{d}\boldsymbol{A}}{\mathrm{d}\boldsymbol{X}}&=\left(\frac{\mathrm{d}}{\mathrm{d}x_1}\boldsymbol{A}(\boldsymbol{y}(\boldsymbol{x})),\frac{\mathrm{d}}{\mathrm{d}x_2}\boldsymbol{A}(\boldsymbol{y}(\boldsymbol{x}))\right)^{\mathrm{T}}\\
&=\begin{pmatrix}
\frac{\partial a_{11}}{\partial y_1}\frac{\partial y_1}{\partial x_1}+\frac{\partial a_{11}}{\partial y_2}\frac{\partial y_2}{\partial x_1} & \frac{\partial a_{12}}{\partial y_1}\frac{\partial y_1}{\partial x_1}+\frac{\partial a_{12}}{\partial y_2}\frac{\partial y_2}{\partial x_1}\\
\frac{\partial a_{21}}{\partial y_1}\frac{\partial y_1}{\partial x_1}+\frac{\partial a_{21}}{\partial y_2}\frac{\partial y_2}{\partial x_1} & \frac{\partial a_{22}}{\partial y_1}\frac{\partial y_1}{\partial x_1}+\frac{\partial a_{22}}{\partial y_2}\frac{\partial y_2}{\partial x_2}\\
\frac{\partial a_{11}}{\partial y_1}\frac{\partial y_1}{\partial x_1}+\frac{\partial a_{11}}{\partial y_2}\frac{\partial y_2}{\partial x_2} & \frac{\partial a_{12}}{\partial y_1}\frac{\partial y_1}{\partial x_2}+\frac{\partial a_{12}}{\partial y_2}\frac{\partial y_2}{\partial x_2}\\
\frac{\partial a_{21}}{\partial y_1}\frac{\partial y_1}{\partial x_2}+\frac{\partial a_{21}}{\partial y_2}\frac{\partial y_2}{\partial x_2} & \frac{\partial a_{22}}{\partial y_1}\frac{\partial y_1}{\partial x_2}+\frac{\partial a_{22}}{\partial y_2}\frac{\partial y_2}{\partial x_2}
\end{pmatrix}.
\end{aligned}
$$

2.3 雅可比行列式

在多变量统计分析中, 常遇到随机变量函数的分布密度问题.

设 $\boldsymbol{X}=(x_1,\cdots,x_p)^{\mathrm{T}}$ 有密度函数 $f_x(\boldsymbol{X})=f_x(X_1,\cdots,X_p)^{\mathrm{T}}$, $\boldsymbol{Y}$ 是 $\boldsymbol{X}$ 的函数,

$$
\begin{aligned}
&\boldsymbol{Y}=(Y_1,\cdots,Y_p)^{\mathrm{T}}=g(\boldsymbol{X}),\\
&Y_i=g_i(X_1,\cdots,X_p),\quad i=1,\cdots,p,
\end{aligned}
$$

而 $\boldsymbol{Y}$ 与 $\boldsymbol{X}$ 有一一对应关系

$$
\begin{aligned}
&\boldsymbol{X}=g^{(-1)}(\boldsymbol{Y})=g^{(-1)}(Y_1,\cdots,Y_p),\\
&X_i=g_i^{(-1)}(Y_1,\cdots,Y_p),\quad i=1,\cdots,p.
\end{aligned}
$$

这时, $\boldsymbol{Y}$ 的密度函数为

$$
f_y(\boldsymbol{Y})=f_y(Y_1,\cdots,Y_p)=f_x(g^{(-1)}(\boldsymbol{Y}))|J(Y_1,\cdots,Y_p)|, \tag{2.3.1}
$$

其中

$$
J(Y_1,\cdots,Y_p)=J(\boldsymbol{X}\to\boldsymbol{Y})=\left|\frac{\partial\mathrm{vec}(\boldsymbol{X}^{\mathrm{T}})}{\partial\mathrm{vec}(\boldsymbol{Y})}\right|_+=\left|\frac{\partial\boldsymbol{X}^{\mathrm{T}}}{\partial\boldsymbol{Y}}\right|_+=\begin{vmatrix}\frac{\partial X_1}{\partial Y_1} & \cdots & \frac{\partial X_p}{\partial Y_1}\\ \vdots & & \vdots\\ \frac{\partial X_1}{\partial Y_p} & \cdots & \frac{\partial X_p}{\partial Y_p}\end{vmatrix} \tag{2.3.2}
$$

为雅可比行列式, $|\boldsymbol{A}|_+$ 表示 $\boldsymbol{A}$ 的行列式的绝对值.

在多元统计分析中, 常用下面的雅可比行列式:

(1) 若 $\boldsymbol{Y}=\boldsymbol{AXB}$, 其中 $\boldsymbol{Y}$ 为 $n\times p$ 矩阵, $\boldsymbol{X}$ 为 $n\times p$ 矩阵, $\boldsymbol{A}$ 为 $n\times n$ 矩阵, $\boldsymbol{B}$ 为 $p\times p$ 矩阵, 并且 $\boldsymbol{A}$ 与 $\boldsymbol{B}$ 是非退化的, 则由 (2.2.7) 及 (2.1.30) 得

$$J(\boldsymbol{X}\to\boldsymbol{Y})=|\boldsymbol{A}|_+^p|\boldsymbol{B}|_+^n, \tag{2.3.3}$$

其中定义 $J(\boldsymbol{X}\to\boldsymbol{Y})=J(\mathrm{vec}(\boldsymbol{X})\to\mathrm{vec}(\boldsymbol{Y}))$.

(2) 若 $\boldsymbol{Y}=\boldsymbol{B}^{\mathrm{T}}\boldsymbol{X}\boldsymbol{B}$, 其中 $\boldsymbol{X},\boldsymbol{Y}$ 和 $\boldsymbol{B}$ 均为 $n\times n$ 矩阵, $|\boldsymbol{B}|\neq 0$, 则

(i) 若 $\boldsymbol{X}^{\mathrm{T}}=\boldsymbol{X}$, 则

$$J(\boldsymbol{X}\to\boldsymbol{Y})=|\boldsymbol{B}|_+^{n+1}=|\boldsymbol{B}^{\mathrm{T}}\boldsymbol{B}|^{(n+1)/2};$$

(ii) 若 $\boldsymbol{X}^{\mathrm{T}}=-\boldsymbol{X}$, 则

$$J(\boldsymbol{X}\to\boldsymbol{Y})=|\boldsymbol{B}|_+^{n-1}=|\boldsymbol{B}^{\mathrm{T}}\boldsymbol{B}|^{(n-1)/2}.$$

(3) 若 $\boldsymbol{Y}=\boldsymbol{A}\boldsymbol{X}$, 其中 $\boldsymbol{Y},\boldsymbol{X},\boldsymbol{A}$ 都是同阶三角矩阵,

(i) 当它们同是下三角矩阵时,

$$J(\boldsymbol{X}\to\boldsymbol{Y})=\prod_{i=1}^n|a_{ii}|^i;$$

(ii) 当它们同是上三角矩阵时,

$$J(\boldsymbol{X}\to\boldsymbol{Y})=\prod_{i=1}^n|a_{ii}|^{n+1-i}.$$

注意: (2), (3) 涉及对称矩阵及三角矩阵中的拉直运算, 参见文献 [2], 证略.

2.4 线性子空间

设 H 是 $\mathbf{R}^n$ 的一个子集, 若 $\boldsymbol{a}\in H,\boldsymbol{b}\in H$, 则必有 $\boldsymbol{a}+\boldsymbol{b}\in H$. 又对任何实数 c 都有 $c\boldsymbol{a}\in H$, 则称 H 为 $\mathbf{R}^n$ 上的一个线性子空间, 或称为线性空间. 设 $\boldsymbol{a}_1,\cdots,\boldsymbol{a}_h$ 是 $\mathbf{R}^n$ 中的 h 个非零向量, 令

$$\mathcal{L}(\boldsymbol{a}_1,\cdots,\boldsymbol{a}_h)=\{c_1\boldsymbol{a}_1+\cdots+c_h\boldsymbol{a}_h|(c_1,\cdots,c_h)^{\mathrm{T}}\in\mathbf{R}^h\} \tag{2.4.1}$$

是由 $\boldsymbol{a}_1,\cdots,\boldsymbol{a}_h$ 的一切线性组合组成的集合, 显然, 它是一个线性空间.

设 $\boldsymbol{A}$ 是 $n\times p$ 矩阵 $(p\leqslant n)$, 今后总记 $\mathcal{L}(\boldsymbol{A})$ 为 $\boldsymbol{A}$ 的列向量生成的线性空间. 于是 $\mathcal{L}(\boldsymbol{A}^{\mathrm{T}})$ 即是由 $\boldsymbol{A}$ 的行向量生成的线性空间. 显然,

$$\mathrm{rank}(\boldsymbol{A})=\dim(\mathcal{L}(\boldsymbol{A})).$$

设 $\boldsymbol{A}$ 是 $n\times p$ 矩阵, 由 $\boldsymbol{A}$ 可产生下述两个空间:

(1) $\boldsymbol{A}$ 的零空间

$$O(\boldsymbol{A})=\{\boldsymbol{X}|\boldsymbol{A}\boldsymbol{X}=\boldsymbol{0}\}, \tag{2.4.2}$$

其中 $\boldsymbol{X}$ 为 p 维向量;

(2) $\boldsymbol{A}$ 的值域

$$R(\boldsymbol{A})=\{\boldsymbol{X}|\text{存在向量}\boldsymbol{u},\text{使得}\boldsymbol{A}\boldsymbol{u}=\boldsymbol{X}\},$$

其中 $\boldsymbol{X}$ 为 n 维向量.

显然, 它们分别是 $\mathbf{R}^p$ 和 $\mathbf{R}^n$ 上的线性子空间. 当 $p\leqslant n$ 时,

$$n=\dim R(\boldsymbol{A})+\dim O(\boldsymbol{A}).$$

设 Ω 是 $\mathbf{R}^n$ 中的一个子空间, 对于 $\mathbf{R}^n$ 中任一给定的 $\boldsymbol{a}$, $\boldsymbol{a}$ 到子空间 Ω 上的投影是指, 若存在向量 $\boldsymbol{b}\in\Omega$, 使得

$$(\boldsymbol{a}-\boldsymbol{b})^{\mathrm{T}}(\boldsymbol{a}-\boldsymbol{b})=\inf_{\boldsymbol{x}\in\Omega}(\boldsymbol{a}-\boldsymbol{x})^{\mathrm{T}}(\boldsymbol{a}-\boldsymbol{x}).$$

可以直接证明, $\boldsymbol{a}$ 到 Ω 上的投影总是存在且唯一.

设 $\boldsymbol{X}$ 为 $n\times p$ 矩阵 $(p<n)$. 为简单起见, 设 $\operatorname{rank}(\boldsymbol{X})=p$, 令 $\Omega=R(\boldsymbol{X})$, 即它是由 $\boldsymbol{X}$ 张成的 $\mathbf{R}^n$ 中的子空间. 记

$$\boldsymbol{P}_\Omega=\boldsymbol{X}(\boldsymbol{X}^{\mathrm{T}}\boldsymbol{X})^{-1}\boldsymbol{X}^{\mathrm{T}},\tag{2.4.3}$$

可验证 $\boldsymbol{P}_\Omega$ 有如下性质:

(1) $\boldsymbol{P}_\Omega^2=\boldsymbol{P}_\Omega,\boldsymbol{P}_\Omega=\boldsymbol{P}_\Omega^{\mathrm{T}}$;

(2) $\operatorname{rank}(\boldsymbol{P}_\Omega)=\operatorname{rank}(\boldsymbol{X}(\boldsymbol{X}\boldsymbol{X}^{\mathrm{T}})^{-1}\boldsymbol{X}^{\mathrm{T}})=p$;

(3) $\boldsymbol{P}_\Omega\boldsymbol{X}=\boldsymbol{X}$;

(4) 任一 $\boldsymbol{c}\in\Omega$, 则 $\boldsymbol{P}_\Omega\boldsymbol{c}=\boldsymbol{c}$;

(5) 任一 $\boldsymbol{a}\in\mathbf{R}^n$, 则总有 $\boldsymbol{a}=\boldsymbol{b}+\boldsymbol{c}$, 其中

$$\boldsymbol{b}\in\Omega,\quad \boldsymbol{c}\notin\Omega,\quad \boldsymbol{P}_\Omega\boldsymbol{b}=\boldsymbol{b},\quad \boldsymbol{P}_\Omega\boldsymbol{c}=\boldsymbol{0}.$$

令

$$\Omega^{\perp}=\{(\boldsymbol{I}-\boldsymbol{P}_\Omega)\boldsymbol{a}|\boldsymbol{a}\in\mathbf{R}^n\},$$

它是 Ω 的正交补空间, 因为对任何 $\boldsymbol{a}\in\Omega$ 及任何 $\boldsymbol{b}\in\Omega^{\perp}$, 必有 $\boldsymbol{a}^{\mathrm{T}}\boldsymbol{b}=0$.

习　题　2

2.1　设 $\boldsymbol{y}$ 是向量, $\boldsymbol{A}$ 可逆, 证明

$$\boldsymbol{y}^{\mathrm{T}}(\boldsymbol{A}+\boldsymbol{y}\boldsymbol{y}^{\mathrm{T}})^{-1}\boldsymbol{y}=\frac{\boldsymbol{y}^{\mathrm{T}}\boldsymbol{A}^{-1}\boldsymbol{y}}{1+\boldsymbol{y}^{\mathrm{T}}\boldsymbol{A}^{-1}\boldsymbol{y}}.$$

2.2　(1) 若 $\boldsymbol{A}$ 是对称矩阵且 $\operatorname{rank}(\boldsymbol{A})=1$, 则 $|\boldsymbol{I}+\boldsymbol{A}|=1+\operatorname{tr}(\boldsymbol{A})$;

(2) 若 $\boldsymbol{c}$ 是向量, $\boldsymbol{B}$ 是非奇异矩阵, 则

$$|\boldsymbol{B}+\boldsymbol{c}\boldsymbol{c}^{\mathrm{T}}|=|\boldsymbol{B}|(1+\boldsymbol{c}^{\mathrm{T}}\boldsymbol{B}^{-1}\boldsymbol{c});$$

(3) 设 $\boldsymbol{X}$ 是 $p\times q$ 矩阵, $\boldsymbol{S}$ 是 $p\times p$ 的非奇异矩阵, 则

$$|\boldsymbol{X}\boldsymbol{X}^{\mathrm{T}}+\boldsymbol{S}|=|\boldsymbol{S}||\boldsymbol{I}+\boldsymbol{X}^{\mathrm{T}}\boldsymbol{S}^{-1}\boldsymbol{X}|.$$

2.3 若 $\boldsymbol{A}$ 和矩阵 $\boldsymbol{B}$ 均为非退化矩阵 (不必同阶), 则

$$\begin{pmatrix}\boldsymbol{A} & \boldsymbol{0}\\ \boldsymbol{C} & \boldsymbol{B}\end{pmatrix}^{-1}=\begin{pmatrix}\boldsymbol{A}^{-1} & \boldsymbol{0}\\ -\boldsymbol{B}^{-1}\boldsymbol{C}\boldsymbol{A}^{-1} & \boldsymbol{B}^{-1}\end{pmatrix},$$

$$\begin{pmatrix}\boldsymbol{A} & \boldsymbol{D}\\ \boldsymbol{0} & \boldsymbol{B}\end{pmatrix}^{-1}=\begin{pmatrix}\boldsymbol{A}^{-1} & -\boldsymbol{A}^{-1}\boldsymbol{D}\boldsymbol{B}^{-1}\\ \boldsymbol{0} & \boldsymbol{B}^{-1}\end{pmatrix}.$$

2.4 设 $\boldsymbol{A},\boldsymbol{B}$ 分别是 p 阶及 q 阶方阵, $\boldsymbol{C}$ 是 $p\times q$ 矩阵, $\boldsymbol{D}$ 是 $q\times p$ 矩阵, 则

$$(\boldsymbol{A}+\boldsymbol{C}\boldsymbol{B}\boldsymbol{D})^{-1}=\boldsymbol{A}^{-1}-\boldsymbol{A}^{-1}\boldsymbol{C}\boldsymbol{B}(\boldsymbol{B}+\boldsymbol{B}\boldsymbol{D}\boldsymbol{A}^{-1}\boldsymbol{C}\boldsymbol{B})^{-1}\boldsymbol{B}\boldsymbol{D}\boldsymbol{A}^{-1}.$$

特例：若 $\boldsymbol{B}=\boldsymbol{I},\boldsymbol{C}=\boldsymbol{c}$, $\boldsymbol{D}=\boldsymbol{d}^{\mathrm{T}}$ (即 $\boldsymbol{C}$, $\boldsymbol{D}$ 为向量), 则

$$(\boldsymbol{A}+\boldsymbol{c}\boldsymbol{d}^{\mathrm{T}})^{-1}=\boldsymbol{A}^{-1}-\boldsymbol{A}^{-1}\boldsymbol{c}\boldsymbol{d}^{\mathrm{T}}\boldsymbol{A}^{-1}/(1+\boldsymbol{d}^{\mathrm{T}}\boldsymbol{A}^{-1}\boldsymbol{c}).$$

2.5 设 p 阶对称方阵 $\boldsymbol{A}$ 可剖分为

$$\boldsymbol{A}=\begin{pmatrix}\boldsymbol{A}_{11} & \boldsymbol{A}_{12}\\ \boldsymbol{A}_{21} & \boldsymbol{A}_{22}\end{pmatrix},$$

其中 $\boldsymbol{A}_{11}$, $\boldsymbol{A}_{22}$ 分别为 q 阶及 $p-q$ 阶方阵, 并且设 $\boldsymbol{A}_{22}$ 非奇异, 则

(1) $\boldsymbol{A}_{11}-\boldsymbol{A}_{12}\boldsymbol{A}_{22}^{-1}\boldsymbol{A}_{21}$ 是秩为 $r-(p-q)$ 的对称矩阵, 其中 $r=\mathrm{rank}(\boldsymbol{A})$;

(2) 当且仅当 $\boldsymbol{A}_{22}$ 及 $\boldsymbol{A}_{11}-\boldsymbol{A}_{12}\boldsymbol{A}_{22}^{-1}\boldsymbol{A}_{21}$ 都正定时, $\boldsymbol{A}$ 是正定的.

2.6 当 $\boldsymbol{A}$ 为 $p\times p$ 可逆矩阵, $\boldsymbol{B}$ 为 $q\times q$ 可逆矩阵, 而 $\boldsymbol{C}$ 为 $p\times q$ 矩阵, $\boldsymbol{D}$ 为 $q\times p$ 矩阵时, 试证下面的公式：

(1) $(\boldsymbol{A}+\boldsymbol{C}\boldsymbol{B}\boldsymbol{D})^{-1}=\boldsymbol{A}^{-1}-\boldsymbol{A}^{-1}\boldsymbol{C}(\boldsymbol{B}^{-1}+\boldsymbol{D}\boldsymbol{A}^{-1}\boldsymbol{C})^{-1}\boldsymbol{D}\boldsymbol{A}^{-1}$;

(2) $(\boldsymbol{A}+\boldsymbol{C}\boldsymbol{B}\boldsymbol{D})^{-1}\boldsymbol{C}\boldsymbol{B}=\boldsymbol{A}^{-1}\boldsymbol{C}(\boldsymbol{B}^{-1}+\boldsymbol{D}\boldsymbol{A}^{-1}\boldsymbol{C})^{-1}$.

2.7 利用 $\mathrm{d}f/\mathrm{d}\boldsymbol{\beta}=(\partial f/\partial\beta_i)$, 其中 $\boldsymbol{\beta}$ 为向量. 证明下面的公式：

(1) $\dfrac{\mathrm{d}(\boldsymbol{\beta}^{\mathrm{T}}\boldsymbol{x})}{\mathrm{d}\boldsymbol{x}}=\boldsymbol{\beta}$, 其中 $\boldsymbol{x}$ 为向量;

(2) $\dfrac{\mathrm{d}(\boldsymbol{\beta}^{\mathrm{T}}\boldsymbol{A}\boldsymbol{\beta})}{\mathrm{d}\boldsymbol{\beta}}=2A\boldsymbol{\beta}$, 其中 $\boldsymbol{A}$ 为对称矩阵.

2.8 若 $\boldsymbol{Y}=\boldsymbol{A}\boldsymbol{X}\boldsymbol{B}$, 证明

$$\frac{\partial(\mathrm{vec}(\boldsymbol{Y}))^{\mathrm{T}}}{\partial(\mathrm{vec}(\boldsymbol{X}))}=\boldsymbol{B}\otimes\boldsymbol{A}^{\mathrm{T}},$$

其中 $\boldsymbol{A},\boldsymbol{X},\boldsymbol{B}$ 均为矩阵.

2.9 证明

$$\frac{\partial \log|\boldsymbol{X}|}{\partial \boldsymbol{X}} = (\boldsymbol{X}^{\mathrm{T}})^{-1},$$

其中 $\boldsymbol{X}$ 为矩阵.

2.10 利用已有结果 $\dfrac{\partial|\boldsymbol{X}|}{\partial \boldsymbol{X}} = |\boldsymbol{X}|(\boldsymbol{X}^{-1})^{\mathrm{T}}$, 其中 $\boldsymbol{X}$ 为矩阵, 证明

(1) $\dfrac{\partial \ln|\boldsymbol{X}^{\mathrm{T}}\boldsymbol{A}\boldsymbol{X}|}{\partial \boldsymbol{X}} = (\boldsymbol{A}^{\mathrm{T}}+\boldsymbol{A})\boldsymbol{X}(\boldsymbol{X}^{\mathrm{T}}\boldsymbol{A}\boldsymbol{X})^{-1}$;

(2) $\dfrac{\partial \ln|\boldsymbol{A}\boldsymbol{X}\boldsymbol{B}|}{\partial \boldsymbol{X}} = \boldsymbol{A}^{\mathrm{T}}(\boldsymbol{B}^{\mathrm{T}}\boldsymbol{X}^{\mathrm{T}}\boldsymbol{A}^{\mathrm{T}})^{-1}\boldsymbol{B}^{\mathrm{T}}$.

2.11 设 $\boldsymbol{A}(t) = \begin{pmatrix} \cos t & \sin t \\ -\sin t & \cos t \end{pmatrix}$, 其中 t 为标量, 求 $\dfrac{\mathrm{d}\boldsymbol{A}}{\mathrm{d}t}, \dfrac{\mathrm{d}\boldsymbol{A}^{-1}(t)}{\mathrm{d}t}, \dfrac{\mathrm{d}|\boldsymbol{A}(t)|}{\mathrm{d}t}, \left|\dfrac{\mathrm{d}\boldsymbol{A}(t)}{\mathrm{d}t}\right|$.

2.12 对于如下的 p 阶方阵:

$$\boldsymbol{A} = \begin{pmatrix} a & b & \cdots & b \\ b & a & \cdots & b \\ \vdots & \vdots & & \vdots \\ b & b & \cdots & a \end{pmatrix},$$

求证:

(1) $|\boldsymbol{A}| = (a-b)^{p-1}(a+a(p-1)b)$;

(2) $\boldsymbol{A}$ 的逆矩阵 $\boldsymbol{A}^{-1} = (a^{ij})$ 为

$$a^{ii} = \frac{a+(p-2)b}{[a+(p-1)b](a-b)}, \quad a^{ij} = \frac{-b}{[a+(p-1)b](a-b)}, \quad i \neq j;$$

(3) $\boldsymbol{A}$ 的特征根为 $a+(p-1)b$, 与它对应的特征向量为 $(1,1,\cdots,1)^{\mathrm{T}}$; $\boldsymbol{A}$ 具有 $p-1$ 重特征值 $(a-b)$, 并且它具有任意一组 $p-1$ 个正交于 $(1,1,\cdots,1)^{\mathrm{T}}$ 的特征向量.

2.13 试证明 $\lambda = \max\limits_{\|\boldsymbol{a}\|=1} \dfrac{\boldsymbol{a}^{\mathrm{T}}\boldsymbol{\Sigma}\boldsymbol{a}}{\boldsymbol{a}^{\mathrm{T}}\boldsymbol{a}}$ 中的 λ 及向量 $\boldsymbol{a}$ 必满足下面的等式:

$$\boldsymbol{\Sigma}\boldsymbol{a} = \lambda\boldsymbol{a},$$

其中 $\boldsymbol{\Sigma}$ 为对称矩阵.

第 3 章　多元正态分布

"多变量" 也常称为 "多元" 或 "多维", 多元正态分布就是多变量正态分布. 由于正态分布是统计学的基础, 所以多元正态分布自然也是多元统计分析理论及方法的基础.

3.1　定义及基本定理

多元正态分布是一元正态分布的直接拓广, 它的一些基本原理及思想常来源于一元正态分布. 但由于是 "多元", 所以其复杂性也就大大地增加. 首先考虑多元正态分布的定义. 在一元 $X \sim N(\mu, \sigma^2)$ 中, 显然, $Y = (X - \mu)/\sigma$ 是标准化正态分布, 即 $Y \sim N(0,1)$, 可以把它们记为 $X \overset{\mathrm{d}}{=} \mu + \sigma Y$. 这个关系式很有启发性, 即任一正态随机变量等价地可由某个标准化的正态随机变量产生. 下面将其拓广到多元正态随机变量的定义, 它被公认为是多元正态随机变量最好的定义法. 另外, 还有两个常用的正态随机变量的定义法, 也一起列于后面.

定义 3.1.1　若随机向量 $\boldsymbol{X} = (X_1, \cdots, X_p)^{\mathrm{T}}$ 符合下面几个定义 (相互等价) 之一, 则称 $\boldsymbol{X}$ 服从多元正态分布, 并且常记为 $\boldsymbol{X} \sim N_p(\boldsymbol{\mu}, \boldsymbol{\Sigma})$:

设 $\boldsymbol{\Sigma} > \boldsymbol{0}$,

(1) 若存在 $\boldsymbol{Y} = (Y_1, \cdots, Y_p)^{\mathrm{T}}$, 其中 $Y_1, \cdots, Y_p$ 彼此独立且有相同的分布 $N(0,1)$; 若存在 $\boldsymbol{\mu}$(p 维常数向量) 及 $p \times p$ 维的常数矩阵 $\boldsymbol{A}$, 使得 $\boldsymbol{X}$ 可表示为

$$\boldsymbol{X} \overset{\mathrm{d}}{=} \boldsymbol{\mu} + \boldsymbol{A}^{\mathrm{T}} \boldsymbol{Y}, \tag{3.1.1}$$

记 $\boldsymbol{A}^{\mathrm{T}} \boldsymbol{A} = \boldsymbol{\Sigma}$ (注意: $\overset{\mathrm{d}}{=}$ 表示左右两边有相同分布);

(2) 记 $\boldsymbol{X}$ 的密度函数为

$$f(\boldsymbol{X}) = (2\pi)^{-p/2} |\boldsymbol{\Sigma}|^{-1/2} \exp\left[-\frac{1}{2}(\boldsymbol{X} - \boldsymbol{\mu})^{\mathrm{T}} \boldsymbol{\Sigma}^{-1} (\boldsymbol{X} - \boldsymbol{\mu})\right]; \tag{3.1.2}$$

(3) $\boldsymbol{X}$ 的特征函数为

$$\Phi_{\boldsymbol{x}}(\boldsymbol{t}) = \exp\left(\mathrm{i}\boldsymbol{t}^{\mathrm{T}} \boldsymbol{\mu} - \frac{1}{2}\boldsymbol{t}^{\mathrm{T}} \boldsymbol{\Sigma} \boldsymbol{t}\right). \tag{3.1.3}$$

下面分别证明它们之间的等价性.

由定义 3.1.1(1) 推导 (3), 即是下面的定理.

定理 3.1.1 设 (3.1.1) 成立, 则 $\boldsymbol{X}$ 的特征函数为

$$\Phi_{\boldsymbol{x}}(\boldsymbol{t})=\exp\left(\mathrm{i}\boldsymbol{t}^{\mathrm{T}}\boldsymbol{\mu}-\frac{1}{2}\boldsymbol{t}^{\mathrm{T}}\boldsymbol{\Sigma}\boldsymbol{t}\right).$$

证明 由条件知, $\boldsymbol{Y}=(Y_1,\cdots,Y_p)^{\mathrm{T}}$ 的特征函数为

$$\begin{aligned}\Phi_{\boldsymbol{y}}(\boldsymbol{s})&=E(\exp(\mathrm{i}\boldsymbol{s}^{\mathrm{T}}\boldsymbol{y}))=E\left(\exp\left(\mathrm{i}\sum_1^p s_i y_i\right)\right)\left(\text{利用}\int_{-\infty}^{+\infty}\mathrm{e}^{-x^2}\mathrm{d}x=\sqrt{\pi}\right)\\&=\prod_{j=1}^p\exp\left(-\frac{1}{2}s_j^2\right)=\exp\left(-\frac{1}{2}\boldsymbol{s}^{\mathrm{T}}\boldsymbol{s}\right),\end{aligned}$$

其中 $\boldsymbol{s}=(s_1,\cdots,s_p)^{\mathrm{T}}$. 由特征函数的性质知, $\boldsymbol{X}=\boldsymbol{\mu}+\boldsymbol{A}^{\mathrm{T}}\boldsymbol{Y}$ 的特征函数为

$$\begin{aligned}\Phi_{\boldsymbol{x}}(\boldsymbol{t})&=\exp(\mathrm{i}\boldsymbol{t}^{\mathrm{T}}\boldsymbol{\mu})\Phi_{\boldsymbol{y}}(\boldsymbol{A}\boldsymbol{t})\quad(\text{令 }\boldsymbol{s}=\boldsymbol{A}\boldsymbol{t})\\&=\exp(\mathrm{i}\boldsymbol{t}^{\mathrm{T}}\boldsymbol{\mu})\exp\left(-\frac{1}{2}\boldsymbol{t}^{\mathrm{T}}\boldsymbol{A}^{\mathrm{T}}\boldsymbol{A}\boldsymbol{t}\right).\end{aligned}$$

令 $\boldsymbol{A}^{\mathrm{T}}\boldsymbol{A}=\boldsymbol{\Sigma}$, 即得定理 3.1.1. 此即由定义 3.1.1(1) 推出 (3).

由特征函数与分布函数的一一对应关系可以知道, 这时的多元随机变量 $\boldsymbol{X}$ 必与 $\boldsymbol{\mu}+\boldsymbol{A}^{\mathrm{T}}\boldsymbol{Y}$ 等价, 此即证明定义 3.1.1(3) 与 (1) 等价.

由定义 3.1.1(3) 可见, 多元正态分布仅依赖于 $\boldsymbol{\mu}$ 及 $\boldsymbol{A}^{\mathrm{T}}\boldsymbol{A}=\boldsymbol{\Sigma}$. 因此, 对称矩阵 $\boldsymbol{\Sigma}$ 的任一分解 $\boldsymbol{\Sigma}=\boldsymbol{P}^{\mathrm{T}}\boldsymbol{P}$ 中 ($\boldsymbol{P}$ 为方阵), $\boldsymbol{P}$ 的作用是等价于 $\boldsymbol{A}$. 在后面的一些叙述或证明中, 不妨假定 $\boldsymbol{A}$ 是与 $\boldsymbol{X}$ 有相同维数的方阵, 而且假设 $\boldsymbol{\Sigma}$ 可逆. 这时, (2.1.1) 中 $\boldsymbol{Y}\sim N_p(\boldsymbol{0},\boldsymbol{I})$.

若定义 3.1.1(2) 成立, 则由 (3) 可见, 多元正态分布仅依赖于 $\boldsymbol{\mu}$ 及 $\boldsymbol{A}^{\mathrm{T}}\boldsymbol{A}=\boldsymbol{\Sigma}$. 因此, 对称矩阵 $\boldsymbol{\Sigma}$ 的任一分解 $\boldsymbol{\Sigma}=\boldsymbol{P}^{\mathrm{T}}\boldsymbol{P}$ 中 ($\boldsymbol{P}$ 为方阵), $\boldsymbol{P}$ 的作用是等价于 $\boldsymbol{A}$. 在后面的一些叙述或证明中, 不妨假定 $\boldsymbol{A}$ 是与 $\boldsymbol{X}$ 有相同维数的方阵, 而且假设 $\boldsymbol{\Sigma}$ 可逆. 当 (2) 成立时, 即 (3.1.2) 成立, 这时已有 $\boldsymbol{\Sigma}$, 令

$$\boldsymbol{A}=\boldsymbol{\Sigma}^{-1/2}\quad\text{及}\quad\boldsymbol{Y}=\boldsymbol{\Sigma}^{-1/2}(\boldsymbol{X}-\boldsymbol{\mu}),$$

这时雅可比行列式 $J(\boldsymbol{X}\to\boldsymbol{Y})=\boldsymbol{\Sigma}^{1/2}$. 由随机函数的变换得 $\boldsymbol{Y}$ 的分布为 $N_p(\boldsymbol{0},\boldsymbol{I})$, 即 (1) 成立.

若 (1) 成立, 则由 $\boldsymbol{A}^{\mathrm{T}}\boldsymbol{A}=\boldsymbol{\Sigma}$ 知, 由

$$\boldsymbol{Y}=\boldsymbol{A}(\boldsymbol{X}-\boldsymbol{\mu}),\quad\boldsymbol{A}=\boldsymbol{\Sigma}^{-1/2}$$

得

$$\boldsymbol{X}=\boldsymbol{\mu}+\boldsymbol{\Sigma}^{1/2}\boldsymbol{Y}.$$

由 $\boldsymbol{Y}$ 的分布即可求出 $\boldsymbol{X}$ 的分布必为 (2).

这样就证明了定义 3.1.1(1)~(3) 是彼此等价的.

在三种定义中, (3.1.2) 是最常见的, 使用也最多. 而 (3.1.1) 揭示出多元正态与一元正态变量间的关系：多元正态变量实质上是由多个彼此独立的一元正态变量的线性组合形成的, 分量间的相关性是由不同组合的系数所决定的. (3.1.3) 主要用于逻辑推理.

于是有下面的常用定理.

定理 3.1.2　$\boldsymbol{X} \sim N_p(\boldsymbol{\mu}, \boldsymbol{\Sigma})$, 则

$$E(\boldsymbol{X}) = \boldsymbol{\mu}, \quad \mathrm{Var}(\boldsymbol{X}) = \boldsymbol{\Sigma}.$$

证明　利用 (3.1.1), 若 $\boldsymbol{Y} = (Y_1, \cdots, Y_q)^{\mathrm{T}} \sim N_q(\boldsymbol{0}, \boldsymbol{I}_q)$, 由一元正态分布知识知,

$$E(\boldsymbol{Y}) = \boldsymbol{0}, \quad \mathrm{Var}(\boldsymbol{Y}) = \boldsymbol{I}_p.$$

又因为可以把 $\boldsymbol{X}$ 表示成 $\boldsymbol{X} = \boldsymbol{\mu} + \boldsymbol{A}^{\mathrm{T}}\boldsymbol{Y}$, 所以有

$$E(\boldsymbol{X}) = \boldsymbol{\mu} + \boldsymbol{A}^{\mathrm{T}}E(\boldsymbol{Y}) = \boldsymbol{\mu}, \quad \mathrm{Var}(\boldsymbol{X}) = \mathrm{Var}(\boldsymbol{A}^{\mathrm{T}}\boldsymbol{Y}) = \boldsymbol{A}^{\mathrm{T}}\mathrm{Var}(\boldsymbol{Y})\boldsymbol{A} = \boldsymbol{A}^{\mathrm{T}}\boldsymbol{A} = \boldsymbol{\Sigma}.$$

定理 3.1.3　设 $\boldsymbol{X} \sim N_p(\boldsymbol{\mu}, \boldsymbol{\Sigma})$, $\boldsymbol{Z} = \boldsymbol{B}^{\mathrm{T}}\boldsymbol{X} + \boldsymbol{d}$, 其中 $\boldsymbol{B}$ 为 $p \times s$ 矩阵, $\boldsymbol{d}$ 为 $s \times 1$ 矩阵, 则

$$\boldsymbol{Z} \sim N_s(\boldsymbol{B}^{\mathrm{T}}\boldsymbol{\mu} + \boldsymbol{d}, \boldsymbol{B}^{\mathrm{T}}\boldsymbol{\Sigma}\boldsymbol{B}). \tag{3.1.4}$$

证明　由定义 3.1.1(2), 可设 $\boldsymbol{X} \stackrel{\mathrm{d}}{=} \boldsymbol{\mu} + \boldsymbol{A}^{\mathrm{T}}\boldsymbol{Y}, \boldsymbol{\Sigma} = \boldsymbol{A}^{\mathrm{T}}\boldsymbol{A}$, 于是

$$\boldsymbol{Z} \stackrel{\mathrm{d}}{=} \boldsymbol{d} + \boldsymbol{B}^{\mathrm{T}}(\boldsymbol{\mu} + \boldsymbol{A}^{\mathrm{T}}\boldsymbol{Y}) = (\boldsymbol{B}^{\mathrm{T}}\boldsymbol{\mu} + \boldsymbol{d}) + (\boldsymbol{A}\boldsymbol{B})^{\mathrm{T}}\boldsymbol{Y}.$$

由定义 3.1.1(2) 得 $\boldsymbol{Z} \sim N_s(\boldsymbol{B}^{\mathrm{T}}\boldsymbol{\mu}+\boldsymbol{d}, (\boldsymbol{A}\boldsymbol{B})^{\mathrm{T}}(\boldsymbol{A}\boldsymbol{B}))$, 再利用 $(\boldsymbol{A}\boldsymbol{B})^{\mathrm{T}}(\boldsymbol{A}\boldsymbol{B}) = \boldsymbol{B}^{\mathrm{T}}\boldsymbol{A}^{\mathrm{T}}\boldsymbol{A}\boldsymbol{B} = \boldsymbol{B}^{\mathrm{T}}\boldsymbol{\Sigma}\boldsymbol{B}$, 即得

$$\boldsymbol{Z} \sim N_s(\boldsymbol{B}^{\mathrm{T}}\boldsymbol{\mu} + \boldsymbol{d}, \boldsymbol{B}^{\mathrm{T}}\boldsymbol{\Sigma}\boldsymbol{B}).$$

定理 3.1.4　$\boldsymbol{X} \sim N_p(\boldsymbol{\mu}, \boldsymbol{\Sigma})$, 将 $\boldsymbol{X}$ 剖分为

$$\boldsymbol{X} = \begin{pmatrix} \boldsymbol{X}^{(1)} \\ \boldsymbol{X}^{(2)} \end{pmatrix},$$

其中 $\boldsymbol{X}^{(1)}$ 为 $p_1 \times 1$ 矩阵, $\boldsymbol{X}^{(2)}$ 为 $p_2 \times 1$ 矩阵, $p_1 + p_2 = p$, $\boldsymbol{\mu}$ 及 $\boldsymbol{\Sigma}$ 相应地自然要剖分为

$$\boldsymbol{\mu} = \begin{pmatrix} \boldsymbol{\mu}^{(1)} \\ \boldsymbol{\mu}^{(2)} \end{pmatrix}, \quad \boldsymbol{\Sigma} = \begin{pmatrix} \boldsymbol{\Sigma}_{11} & \boldsymbol{\Sigma}_{12} \\ \boldsymbol{\Sigma}_{21} & \boldsymbol{\Sigma}_{22} \end{pmatrix},$$

则

$$\boldsymbol{X}^{(1)} \sim N_{p_1}(\boldsymbol{\mu}^{(1)}, \boldsymbol{\Sigma}_{11}), \quad \boldsymbol{X}^{(2)} \sim N_{p_2}(\boldsymbol{\mu}^{(2)}, \boldsymbol{\Sigma}_{22}).$$

证明 在定理 3.1.2 中, 取 $\boldsymbol{d}=\boldsymbol{0}$, $\boldsymbol{B}^{\mathrm{T}}=(\boldsymbol{I}_{p_1},\boldsymbol{0})$ 为 $p_1\times p$ 矩阵, 由定理 3.1.2 即得

$$\boldsymbol{X}^{(1)}=\boldsymbol{B}^{\mathrm{T}}\boldsymbol{X}\sim N_{p_1}(\boldsymbol{\mu}^{(1)},\boldsymbol{\Sigma}_{11}).$$

类似地可证

$$\boldsymbol{X}^{(2)}\sim N_{p_2}(\boldsymbol{\mu}^{(2)},\boldsymbol{\Sigma}_{22}).$$

定理 3.1.4 说明, **多元正态分布中任何的边缘分布都是正态分布**, 但反之不成立.

定理 3.1.5 设 $\boldsymbol{X}$ 是 p 元随机向量, 则 $\boldsymbol{X}$ 是 p 元正态分布的充要条件是它的任何线性函数 $\boldsymbol{a}^{\mathrm{T}}\boldsymbol{X}(\boldsymbol{a}\in\mathbf{R}^p)$ 都是一元正态分布变量.

证明 必要性是很明显的. 下面证充分性.

设对任何 $\boldsymbol{a}\in\mathbf{R}^p$, $\boldsymbol{a}^{\mathrm{T}}\boldsymbol{X}$ 都是一元正态分布变量. 记

$$E(\boldsymbol{X})=\boldsymbol{\mu},\quad \mathrm{Var}(\boldsymbol{X})=\boldsymbol{\Sigma},$$

由 $\boldsymbol{a}^{\mathrm{T}}\boldsymbol{X}\sim N(\boldsymbol{a}^{\mathrm{T}}\boldsymbol{\mu},\boldsymbol{a}^{\mathrm{T}}\boldsymbol{\Sigma}\boldsymbol{a})$ 得 $\boldsymbol{a}^{\mathrm{T}}\boldsymbol{X}$ 的特征函数为

$$\Phi_{\boldsymbol{a}^{\mathrm{T}}\boldsymbol{x}}(\theta)=E(\exp(\mathrm{i}\theta\boldsymbol{a}^{\mathrm{T}}\boldsymbol{x}))=\exp\left(\mathrm{i}\theta\boldsymbol{a}^{\mathrm{T}}\boldsymbol{\mu}-\frac{1}{2}\theta^2\boldsymbol{a}^{\mathrm{T}}\boldsymbol{\Sigma}\boldsymbol{a}\right),$$

而 $\boldsymbol{X}$ 的特征函数为 $\Phi_{\boldsymbol{x}}(\boldsymbol{t})=E(\mathrm{e}^{\mathrm{i}\boldsymbol{t}^{\mathrm{T}}\boldsymbol{x}})$, 这恰是在上式中取 $\theta=1$. 于是

$$\Phi_{\boldsymbol{x}}(\boldsymbol{t})=E(\mathrm{e}^{\mathrm{i}\boldsymbol{t}^{\mathrm{T}}\boldsymbol{x}})=\Phi_{\boldsymbol{t}^{\mathrm{T}}\boldsymbol{x}}(1)=\exp\left(\mathrm{i}\boldsymbol{t}^{\mathrm{T}}\boldsymbol{\mu}-\frac{1}{2}\boldsymbol{t}^{\mathrm{T}}\boldsymbol{\Sigma}\boldsymbol{t}\right).$$

这就证明了 $\boldsymbol{X}\sim N_p(\boldsymbol{\mu},\boldsymbol{\Sigma})$.

注意: 实际上, 定理 3.1.5 是定理 3.1.3 的特例.

在文献 [6] 中把此定理 3.1.5 作为多元正态分布的定义, 此定理也是多元统计分析中投影思想的理论基础.

设 $\boldsymbol{X}\sim N_p(\boldsymbol{\mu},\boldsymbol{\Sigma})\,(p>2)$, 将 $\boldsymbol{X},\boldsymbol{\mu},\boldsymbol{\Sigma}$ 用定理 3.1.4 的方式剖分如下:

$$\boldsymbol{X}=\begin{pmatrix}\boldsymbol{X}^{(1)}\\ \boldsymbol{X}^{(2)}\end{pmatrix},\quad \boldsymbol{\mu}=\begin{pmatrix}\boldsymbol{\mu}^{(1)}\\ \boldsymbol{\mu}^{(2)}\end{pmatrix},\quad \boldsymbol{\Sigma}=\begin{pmatrix}\boldsymbol{\Sigma}_{11} & \boldsymbol{\Sigma}_{12}\\ \boldsymbol{\Sigma}_{21} & \boldsymbol{\Sigma}_{22}\end{pmatrix}.$$

下面在给定 $\boldsymbol{X}^{(2)}=\boldsymbol{x}^{(2)}$ 的条件下找 $\boldsymbol{X}^{(1)}$ 的分布, 即求 $(\boldsymbol{X}^{(1)}|\boldsymbol{x}^{(2)})$ 的条件分布. 于是有下面的定理:

定理 3.1.6 (条件分布与独立性) $\boldsymbol{X}\sim N_p(\boldsymbol{\mu},\boldsymbol{\Sigma})$, $\boldsymbol{\Sigma}>0$, 则

$$(\boldsymbol{X}^{(1)}|\boldsymbol{x}^{(2)})\sim N_{p_1}(\boldsymbol{\mu}_{1.2},\boldsymbol{\Sigma}_{11.2}),$$

其中

$$\boldsymbol{\mu}_{1.2}=\boldsymbol{\mu}^{(1)}+\boldsymbol{\Sigma}_{12}\boldsymbol{\Sigma}_{22}^{-1}(\boldsymbol{x}^{(2)}-\boldsymbol{\mu}^{(2)})\quad (\text{称为}\textbf{条件均值}), \tag{3.1.5}$$

$$\boldsymbol{\Sigma}_{11.2} = \boldsymbol{\Sigma}_{11} - \boldsymbol{\Sigma}_{12}\boldsymbol{\Sigma}_{22}^{-1}\boldsymbol{\Sigma}_{21} \quad (\text{称为}\textbf{条件协方差阵}), \tag{3.1.6}$$

而

$$\tilde{\boldsymbol{\mu}}_{1.2} = \boldsymbol{\mu}^{(1)} - \boldsymbol{\Sigma}_{12}\boldsymbol{\Sigma}_{22}^{-1}\boldsymbol{\mu}^{(2)} \quad (\text{称为}\textbf{独立条件均值}).$$

注意：独立条件均值、条件协方差不依赖于 $\boldsymbol{X}^{(2)}$ 的固定值, 但条件均值却与固定值有关.

证明　由 $\boldsymbol{\Sigma} > 0$ 推知 $\boldsymbol{\Sigma}_{11} > 0, \boldsymbol{\Sigma}_{22} > 0$. 令

$$\begin{aligned}\boldsymbol{Z} \triangleq \boldsymbol{B}\boldsymbol{X} &\triangleq \begin{pmatrix} \boldsymbol{I}_{p_1} & -\boldsymbol{\Sigma}_{12}\boldsymbol{\Sigma}_{22}^{-1} \\ \boldsymbol{0} & \boldsymbol{I}_{p_2} \end{pmatrix} \begin{pmatrix} \boldsymbol{X}^{(1)} \\ \boldsymbol{X}^{(2)} \end{pmatrix} \\ &= \begin{pmatrix} \boldsymbol{X}^{(1)} - \boldsymbol{\Sigma}_{12}\boldsymbol{\Sigma}_{22}^{-1}\boldsymbol{X}^{(2)} \\ \boldsymbol{X}^{(2)} \end{pmatrix} \triangleq \begin{pmatrix} \boldsymbol{Z}^{(1)} \\ \boldsymbol{Z}^{(2)} \end{pmatrix},\end{aligned}$$

即

$$\begin{aligned}\boldsymbol{Z}^{(1)} &= \boldsymbol{X}^{(1)} - \boldsymbol{\Sigma}_{12}\boldsymbol{\Sigma}_{22}^{-1}\boldsymbol{X}^{(2)}, \\ \boldsymbol{Z}^{(2)} &= \boldsymbol{X}^{(2)}\end{aligned} \tag{3.1.7}$$

($\boldsymbol{Z}^{(1)}$ 实是 $\boldsymbol{X}^{(1)}$ 中扣去在 $\boldsymbol{X}^{(2)}$ 上回归部分后的部分). 由定理 3.1.3 知, $\boldsymbol{Z}$ 服从 p 维正态分布, 并且有

$$\begin{aligned}E(\boldsymbol{Z}) &= \boldsymbol{B}E(\boldsymbol{X}) = \begin{pmatrix} \boldsymbol{\mu}^{(1)} - \boldsymbol{\Sigma}_{12}\boldsymbol{\Sigma}_{22}^{-1}\boldsymbol{\mu}^{(2)} \\ \boldsymbol{\mu}^{(2)} \end{pmatrix} = \begin{pmatrix} \tilde{\boldsymbol{\mu}}_{1.2} \\ \boldsymbol{\mu}^{(2)} \end{pmatrix}, \\ \mathrm{Var}(\boldsymbol{Z}) &= \boldsymbol{B}\mathrm{Var}(\boldsymbol{X})\boldsymbol{B}^{\mathrm{T}} = \begin{pmatrix} \boldsymbol{\Sigma}_{11} - \boldsymbol{\Sigma}_{12}\boldsymbol{\Sigma}_{22}^{-1}\boldsymbol{\Sigma}_{21} & \boldsymbol{0} \\ \boldsymbol{0} & \boldsymbol{\Sigma}_{22} \end{pmatrix} = \begin{pmatrix} \boldsymbol{\Sigma}_{11.2} & \boldsymbol{0} \\ \boldsymbol{0} & \boldsymbol{\Sigma}_{22} \end{pmatrix}.\end{aligned} \tag{3.1.8}$$

于是 $\mathrm{Var}(\boldsymbol{Z}^{(1)}) = \boldsymbol{\Sigma}_{11.2}$. 下面证明 $\boldsymbol{\Sigma}_{11.2} > 0$.

$$\begin{pmatrix} \boldsymbol{I} & -\boldsymbol{\Sigma}_{12}\boldsymbol{\Sigma}_{22}^{-1} \\ \boldsymbol{0} & \boldsymbol{I} \end{pmatrix} \begin{pmatrix} \boldsymbol{\Sigma}_{11} & \boldsymbol{\Sigma}_{12} \\ \boldsymbol{\Sigma}_{21} & \boldsymbol{\Sigma}_{22} \end{pmatrix} \begin{pmatrix} \boldsymbol{I} & \boldsymbol{0} \\ -\boldsymbol{\Sigma}_{22}^{-1}\boldsymbol{\Sigma}_{21} & \boldsymbol{I} \end{pmatrix} = \begin{pmatrix} \boldsymbol{\Sigma}_{11.2} & \boldsymbol{0} \\ \boldsymbol{0} & \boldsymbol{\Sigma}_{22} \end{pmatrix},$$

两边取行列式得 $0 < |\boldsymbol{\Sigma}| = |\boldsymbol{\Sigma}_{11.2}||\boldsymbol{\Sigma}_{22}|$, 于是得 $\boldsymbol{\Sigma}_{11.2} > 0$, 即逆矩阵存在.

由式 (3.1.8) 可直接写出 $\boldsymbol{Z}$ 的分布密度. 它可以写成如下两个正态密度之积：

$$\boldsymbol{Z} \sim N_{p_1}(\tilde{\boldsymbol{\mu}}_{1.2}, \boldsymbol{\Sigma}_{11.2}) \times N_{p_2}(\boldsymbol{\mu}^{(2)}, \boldsymbol{\Sigma}_{22}),$$

其密度具体写出为

$$\begin{aligned}&(2\pi)^{-p_1/2}|\boldsymbol{\Sigma}_{11.2}|^{-1/2}\exp\left[-\frac{1}{2}(\boldsymbol{z}^{(1)} - \tilde{\boldsymbol{\mu}}_{1.2})^{\mathrm{T}}\boldsymbol{\Sigma}_{11.2}^{-1}(\boldsymbol{z}^{(1)} - \tilde{\boldsymbol{\mu}}_{1.2})\right] \\ &\quad \times (2\pi)^{-p_2/2}|\boldsymbol{\Sigma}_{22}|^{-1/2}\exp\left[-\frac{1}{2}(\boldsymbol{z}^{(2)} - \boldsymbol{\mu}^{(2)})^{\mathrm{T}}\boldsymbol{\Sigma}_{22}^{-1}(\boldsymbol{z}^{(2)} - \boldsymbol{\mu}^{(2)})\right].\end{aligned}$$

由式 (3.1.7) 可以看出, 上述 $\boldsymbol{X}$ 对 $\boldsymbol{Z}$ 变换的雅可比行列式为 $|\boldsymbol{B}|=1$. 用 (3.1.7) 代入上式即得 $\boldsymbol{X}$ 的密度函数为

$$\begin{aligned}f(\boldsymbol{x})&=f(\boldsymbol{x}^{(1)},\boldsymbol{x}^{(2)})\\&=(2\pi)^{-p_1/2}|\boldsymbol{\Sigma}_{11.2}|^{-1/2}\exp\left[-\frac{1}{2}(\boldsymbol{x}^{(1)}-\boldsymbol{\mu}_{1.2})^{\mathrm{T}}\boldsymbol{\Sigma}_{11.2}^{-1}(\boldsymbol{x}^{(1)}-\boldsymbol{\mu}_{1.2})\right]\\&\quad\times(2\pi)^{-p_2/2}|\boldsymbol{\Sigma}_{22}|^{-1/2}\exp\left[-\frac{1}{2}(\boldsymbol{x}^{(2)}-\boldsymbol{\mu}^{(2)})^{\mathrm{T}}\boldsymbol{\Sigma}_{22}^{-1}(\boldsymbol{x}^{(2)}-\boldsymbol{\mu}^{(2)})\right].\end{aligned}$$

此即定理 3.1.6.

从上述证明也可见下面的系成立.

系 3.1.1 在定理 3.1.6 的情况下, $\boldsymbol{X}^{(2)}$ 与 $\boldsymbol{X}^{(1)}-\boldsymbol{\Sigma}_{12}\boldsymbol{\Sigma}_{22}^{-1}\boldsymbol{X}^{(2)}$ **相互独立**. 类似地, 可证得 $\boldsymbol{X}^{(1)}$ 与 $\boldsymbol{X}^{(2)}-\boldsymbol{\Sigma}_{21}\boldsymbol{\Sigma}_{11}^{-1}\boldsymbol{X}^{(1)}$ 相互独立.

从直观上来理解, $\boldsymbol{X}^{(2)}$ 与 $\boldsymbol{X}^{(1)}$ 存在着相互依赖的关系, 而 $\boldsymbol{X}^{(1)}$ 在 $\boldsymbol{X}^{(2)}$ 上的投影就是 $\boldsymbol{\Sigma}_{12}\boldsymbol{\Sigma}_{22}^{-1}\boldsymbol{X}^{(2)}$ (不计常数项), 所以在 $\boldsymbol{X}^{(1)}$ 中把这部分 (下面定义中的回归部分) 扣除后 (即为 $\boldsymbol{Z}^{(1)}$), 它们之间 (即 $\boldsymbol{Z}^{(1)}$ 与 $\boldsymbol{X}^{(2)}$) 自然就不再有相关关系了.

另外, 也可以看出, $\boldsymbol{X}^{(2)}$ 与 $\boldsymbol{X}^{(1)}$ 间的相关性主要取决于 $\boldsymbol{\Sigma}_{12}$(或$\boldsymbol{\Sigma}_{21}$). 如果 $\boldsymbol{\Sigma}_{12}$(或$\boldsymbol{\Sigma}_{21}$) $=\boldsymbol{0}$ 则 $\boldsymbol{X}^{(1)}$ 与 $\boldsymbol{X}^{(2)}$ 就一定是独立的了, 反之也成立. 由于多元正态分布中变量间的独立性取决于协方差阵, 也就是取决于相关阵, 所以**在正态变量之间, 独立性与不相关性是等价的**.

定义 3.1.2 称 $\boldsymbol{\Sigma}_{12}\boldsymbol{\Sigma}_{22}^{-1}$ 为 $\boldsymbol{X}^{(1)}$ 对 $\boldsymbol{X}^{(2)}$ 的**回归系数**(或称 $\boldsymbol{X}^{(2)}$ 在 $\boldsymbol{X}^{(1)}$ 上的 (理论) 回归系数); 称 $\boldsymbol{\Sigma}_{11.2}=\boldsymbol{\Sigma}_{11}-\boldsymbol{\Sigma}_{12}\boldsymbol{\Sigma}_{22}^{-1}\boldsymbol{\Sigma}_{21}$ 为条件协方差阵; 用条件协方差构造的相关系数称为 (理论)**偏相关系数**.

记 $\boldsymbol{\Sigma}_{11.2}=(\sigma_{ij.2})$, $\boldsymbol{X}_{(1)}=(x_1,\cdots,x_q)^{\mathrm{T}}$, 其中 $q<p$, 则在固定 $\boldsymbol{X}^{(2)}$ 的条件下, x_i 与 x_j 间的偏相关系的定义为

$$\rho_{ij.2}=\frac{\sigma_{ij.2}}{\sqrt{\sigma_{ii.2}\sigma_{jj.2}}}. \tag{3.1.9}$$

例 3.1.1 对于二元正态分布变量 (X_1,X_2), 相当于上述 $p_1=p_2=1$,

$$\mu^{(1)}=\mu_1,\quad \mu^{(2)}=\mu_2,\quad \Sigma_{11}=\sigma_1^2,\quad \Sigma_{22}=\sigma_2^2,\quad \Sigma_{12}=\rho\sigma_1\sigma_2. \tag{3.1.10}$$

$X^{(1)}$ 对 $X^{(2)}$ 的回归系数为

$$\beta_{1.2}=\Sigma_{12}\Sigma_{22}^{-1}=\frac{\rho\sigma_1\sigma_2}{\sigma_2^2}=\frac{\rho\sigma_1}{\sigma_2}, \tag{3.1.11}$$

条件均值为

$$\mu_{1.2}=\mu_1+\rho\sigma_1\frac{\sigma_2}{\sigma_2^2}(x_2-\mu_2)=\mu_1+\rho\frac{\sigma_1}{\sigma_2}(x_2-\mu_2),$$

条件方差为

$$\begin{aligned}\sigma_{1.2} &= \Sigma_{11.2} = \Sigma_{11} - \Sigma_{12}\Sigma_{22}^{-1}\Sigma_{21} \\ &= \sigma_1^2 - \frac{\sigma_1^2\sigma_2^2\rho^2}{\sigma_2^2} = \sigma_1^2(1-\rho^2).\end{aligned}$$

从上面两式可见

(1) 条件均值依赖于 X_2 的固定值 x_2, 但 $\tilde{\mu}_{1.2} = \mu_1 - \rho\dfrac{\sigma_1}{\sigma_2}\mu_2$ 不依赖于固定值 x_2 的值;

(2) $\sigma_{1.2} = \sigma_1^2(1-\rho^2) \leqslant \sigma_1^2$, 即条件方差常小于一般方差. 这在直观上很容易理解.

从例 3.1.1 的结果知, 二元正态分布变量的条件密度为

$$f(x_1|x_2) = \frac{1}{\sqrt{2\pi\sigma_{1.2}}}\exp\left[-\frac{1}{2\sigma_{1.2}^2}(x_1-\mu_{1.2})^2\right]$$

或

$$f(x_1|x_2) = \frac{1}{\sigma_1\sqrt{2\pi(1-\rho^2)}}\exp\left(-\frac{\{x_1-[\mu_1+\rho\sigma_1\sigma_2^{-1}(x_2-\mu_2)]\}^2}{2\sigma_1^2(1-\rho^2)}\right). \tag{3.1.12}$$

定理 3.1.7　设 $\boldsymbol{X} \sim N_p(\boldsymbol{0}, \boldsymbol{I})$, 而令

$$\boldsymbol{Y} = \boldsymbol{AX} + \boldsymbol{\mu}, \quad \boldsymbol{Z} = \boldsymbol{BX} + \boldsymbol{\nu},$$

则 $\boldsymbol{Y}$ 与 $\boldsymbol{Z}$ 独立的充分必要条件为 $\boldsymbol{AB}^{\mathrm{T}} = \boldsymbol{0}$, 其中 $\boldsymbol{A}$ 为 $p_1 \times p$ 矩阵, $\boldsymbol{B}$ 为 $p_2 \times p$ 矩阵.

证明　令

$$\boldsymbol{W} = \begin{pmatrix}\boldsymbol{A}\\ \boldsymbol{B}\end{pmatrix}\boldsymbol{X} + \begin{pmatrix}\boldsymbol{\mu}\\ \boldsymbol{\nu}\end{pmatrix} = \begin{pmatrix}\boldsymbol{Y}\\ \boldsymbol{Z}\end{pmatrix},$$

显然,

$$\boldsymbol{W} \sim N_{p_1+p_2}\left(\begin{pmatrix}\boldsymbol{\mu}\\ \boldsymbol{\nu}\end{pmatrix}, \begin{pmatrix}\boldsymbol{AA}^{\mathrm{T}} & \boldsymbol{AB}^{\mathrm{T}}\\ \boldsymbol{BA}^{\mathrm{T}} & \boldsymbol{BB}^{\mathrm{T}}\end{pmatrix}\right).$$

于是 $\boldsymbol{Y}$ 与 $\boldsymbol{Z}$ 独立的充要条件是 $\boldsymbol{AB}^{\mathrm{T}} = \boldsymbol{0}$ (等价于 $\boldsymbol{\Sigma}_{12} = \boldsymbol{0}$).

推论 3.1.1　设 $\boldsymbol{X} \sim N_p(\boldsymbol{\mu}, \boldsymbol{\Sigma})$, $\boldsymbol{Y} = \boldsymbol{AX} + \boldsymbol{\mu}, \boldsymbol{Z} = \boldsymbol{BX} + \boldsymbol{\nu}$, 则 $\boldsymbol{Y}$ 与 $\boldsymbol{Z}$ 独立的条件为 $\boldsymbol{A\Sigma B}^{\mathrm{T}} = \boldsymbol{0}$; 若 $\boldsymbol{A\Sigma B}^{\mathrm{T}} = \boldsymbol{0}$, 则 $\boldsymbol{Y}$ 与 $\boldsymbol{X}$ 独立.

3.2　矩阵正态分布

在实际问题中, 常假定研究对象是多元正态变量, 但它的参数 $\boldsymbol{\mu}$ 及 $\boldsymbol{\Sigma}$ 是未知而需要用样本数据来估计的, 即设 n 组样品 $\boldsymbol{X}_1, \cdots, \boldsymbol{X}_n$ 都是从同一总体 $N_p(\boldsymbol{\mu}, \boldsymbol{\Sigma})$ 中

抽取的. 令

$$\boldsymbol{X} = \begin{pmatrix} \boldsymbol{X}_1^{\mathrm{T}} \\ \vdots \\ \boldsymbol{X}_n^{\mathrm{T}} \end{pmatrix} = \begin{pmatrix} X_{11} & \cdots & X_{1p} \\ \vdots & & \vdots \\ X_{n1} & \cdots & X_{np} \end{pmatrix} = (\boldsymbol{X}_{(1)}, \cdots, \boldsymbol{X}_{(p)}), \tag{3.2.1}$$

这个 $n \times p$ 矩阵常称为**数据矩阵或观察值矩阵**. 当样本未实际得到时, 它应该是一个随机矩阵. 要从这个矩阵出发去估计总体的参数. 在一般抽样中, 假定这 n 组观察值是彼此独立且同分布的, 但大量的实际问题 (如不同年份的经济收入) 中, 这 n 组观察值不一定彼此独立, 分布类型虽同但参数不一定相同, 所以下面先引进比独立抽样更拓广的有关矩阵正态的知识.

定义 3.2.1 设 $\boldsymbol{Y} = (Y_{ij})$ 是 $m \times q$ 的随机矩阵, 其 $m \times q$ 中每个元素都是独立地服从 $N(0,1)$ 分布, 并且存在下列三个常数矩阵:

$\boldsymbol{M}$ 为 $n \times p$ 矩阵, $\boldsymbol{A}$ 为 $p \times q$ 矩阵, $\boldsymbol{B}$ 为 $n \times m$ 矩阵,

则称

$$\boldsymbol{X} = \boldsymbol{M} + \boldsymbol{B}\boldsymbol{Y}\boldsymbol{A}^{\mathrm{T}} \tag{3.2.2}$$

服从**矩阵正态分布**, 记作

$$\boldsymbol{X} \sim N_{n\times p}(\boldsymbol{M}, (\boldsymbol{B}\boldsymbol{B}^{\mathrm{T}}) \otimes (\boldsymbol{A}\boldsymbol{A}^{\mathrm{T}})), \tag{3.2.3}$$

其中 “$\otimes$” 为叉积 (Kronecker 积).

理解 定义 3.2.1 中 n 为样本量, p 为变量数. 该定义认为, 任何一个矩阵正态变量都是由少数独立标准化正态变量的线性组合再排列成矩阵的结果. 又因为 $\boldsymbol{B}\boldsymbol{B}^{\mathrm{T}}$ 为 $n \times n$ 矩阵, 如 $\boldsymbol{B}\boldsymbol{B}^{\mathrm{T}} \neq \boldsymbol{I}_n$, 它说明 n 组观察值之间可以有相关性或有不同的权重; 而 $\boldsymbol{A}\boldsymbol{A}^{\mathrm{T}}$ 为 $p \times p$ 矩阵, 它主要描述 p 个分量之间的相关性.

与正态随机向量类似的有如下相应的定理:

定理 3.2.1 设 $\boldsymbol{X} \sim N_{n\times p}(\boldsymbol{M}, (\boldsymbol{B}\boldsymbol{B}^{\mathrm{T}}) \otimes (\boldsymbol{A}\boldsymbol{A}^{\mathrm{T}}))$, 则 $\boldsymbol{X}$ 的特征函数为

$$\varPhi_{\boldsymbol{x}}(\boldsymbol{T}) = \mathrm{etr}\left(\mathrm{i}\boldsymbol{T}^{\mathrm{T}}\boldsymbol{M} - \frac{1}{2}\boldsymbol{T}^{\mathrm{T}}\boldsymbol{W}\boldsymbol{T}\boldsymbol{V}\right), \tag{3.2.4}$$

其中 $\mathrm{etr}(\boldsymbol{U}) = \exp(\mathrm{tr}(\boldsymbol{U}))$, $\boldsymbol{W}_{n\times n} = \boldsymbol{B}\boldsymbol{B}^{\mathrm{T}}, \boldsymbol{V}_{p\times p} = \boldsymbol{A}\boldsymbol{A}^{\mathrm{T}}$, 而 $\boldsymbol{T}_{n\times p}$ 为参数矩阵.

证明 所谓矩阵 $\boldsymbol{X} = (x_{ij})$ 的特征函数就是把 $\boldsymbol{X}$ 看成拉长的向量, 再求向量的特征函数, 即

$$E\left(\exp\left(\mathrm{i}\sum_j\sum_h t_{jh}x_{jh}\right)\right) = E(\mathrm{etr}(\mathrm{i}\boldsymbol{T}^{\mathrm{T}}\boldsymbol{X})),$$

因此,

$$\varPhi_{\boldsymbol{x}}(\boldsymbol{T}) = E(\mathrm{etr}(\mathrm{i}\boldsymbol{T}^{\mathrm{T}}\boldsymbol{X}))$$

$$= E(\text{etr}(\text{i}\boldsymbol{T}^{\text{T}}\boldsymbol{M} + \text{i}\boldsymbol{T}^{\text{T}}\boldsymbol{BYA}^{\text{T}})) \quad (\text{利用 etr}(\boldsymbol{MN}) = \text{etr}(\boldsymbol{NM}) \text{ 的性质})$$
$$= \text{etr}(\text{i}\boldsymbol{T}^{\text{T}}\boldsymbol{M}) \times E(\text{etr}(\text{i}(\boldsymbol{B}^{\text{T}}\boldsymbol{TA})^{\text{T}}\boldsymbol{Y})).$$

下面求 $E(\text{etr}(\text{i}(\boldsymbol{B}^{\text{T}}\boldsymbol{TA})^{\text{T}}\boldsymbol{Y}))$.

记 $\boldsymbol{B}^{\text{T}}\boldsymbol{TA}$ 为 $\boldsymbol{U}$, 由于 $\boldsymbol{Y}$ 中的元素是独立同分布的, 并且每个元素 (y) 都独立地服从 $N(0,1)$ 分布 $\left(\text{其特征函数为 } \exp\left(-\frac{1}{2}u^2\right)\right)$, 因此有

$$E(\text{etr}(\text{i}\boldsymbol{U}^{\text{T}}\boldsymbol{Y})) = E\left(\exp\left(\text{i}\sum_i\sum_h u_{ih}y_{ih}\right)\right)$$
$$= \exp\left(-\frac{1}{2}\sum_i\sum_j u_{ih}^2\right) = \exp\left(-\frac{1}{2}\text{tr}(\boldsymbol{U}^{\text{T}}\boldsymbol{U})\right) = \text{etr}\left(-\frac{1}{2}\boldsymbol{U}^{\text{T}}\boldsymbol{U}\right).$$

用 $\boldsymbol{B}^{\text{T}}\boldsymbol{TA}$ 代回 $\boldsymbol{U}$, 并代入上面 $\Phi_{\boldsymbol{x}}(\boldsymbol{T})$ 的表达式中得

$$\Phi_{\boldsymbol{x}}(\boldsymbol{T}) = \text{etr}(\text{i}\boldsymbol{T}^{\text{T}}\boldsymbol{M})\text{etr}\left(-\frac{1}{2}\boldsymbol{A}^{\text{T}}\boldsymbol{T}^{\text{T}}\boldsymbol{BB}^{\text{T}}\boldsymbol{TA}\right)$$
$$= \text{etr}(\text{i}\boldsymbol{T}^{\text{T}}\boldsymbol{M})\text{etr}\left(-\frac{1}{2}\boldsymbol{T}^{\text{T}}\boldsymbol{BB}^{\text{T}}\boldsymbol{TAA}^{\text{T}}\right) = \text{etr}\left(\text{i}\boldsymbol{T}^{\text{T}}\boldsymbol{M} - \frac{1}{2}\boldsymbol{T}^{\text{T}}\boldsymbol{WTV}\right).\text{证毕.}$$

定理 3.2.1 说明, 矩阵正态变量 $\boldsymbol{X}$ 的分布是唯一由 $\boldsymbol{M}$, $\boldsymbol{W}(=\boldsymbol{BB}^{\text{T}})$ 和 $\boldsymbol{V}(=\boldsymbol{AA}^{\text{T}})$ 所决定的, 以后记为 $N_{n\times p}(\boldsymbol{M}, \boldsymbol{W}\otimes\boldsymbol{V})$.

定理 3.2.2　设 $\boldsymbol{X}$ 的分布是 $N_{n\times p}(\boldsymbol{M}, \boldsymbol{W}\otimes\boldsymbol{V})$, 其中 $\boldsymbol{W}>\boldsymbol{0}$, $\boldsymbol{V}>\boldsymbol{0}$, 则 $\boldsymbol{X}$ 的密度函数为

$$f(\boldsymbol{X}) = (2\pi)^{-np/2}|\boldsymbol{W}|^{-p/2}|\boldsymbol{V}|^{-n/2}\text{etr}\left(-\frac{1}{2}\boldsymbol{W}^{-1}(\boldsymbol{X}-\boldsymbol{M})\boldsymbol{V}^{-1}(\boldsymbol{X}-\boldsymbol{M})^{\text{T}}\right). \tag{3.2.5}$$

证明　由条件知, 可取 $\boldsymbol{B}=\boldsymbol{W}^{1/2}$, $\boldsymbol{A}=\boldsymbol{V}^{1/2}$. 由 $\boldsymbol{X}$ 的正态性定义知, 可以把 $\boldsymbol{X}$ 表示成

$$\boldsymbol{X} = \boldsymbol{M} + \boldsymbol{BYA}^{\text{T}}, \tag{3.2.6}$$

其中 $\boldsymbol{Y}\sim N_{n\times p}(\boldsymbol{0}, \boldsymbol{I}_n\otimes\boldsymbol{I}_p)$, 而 $\boldsymbol{B}$ 为 $n\times n$ 矩阵, $\boldsymbol{A}$ 为 $p\times p$ 矩阵, 由条件知, $\boldsymbol{B}$ 及 $\boldsymbol{A}$ 都是非奇异矩阵, 易见 $\boldsymbol{Y}$ 的分布密度为

$$f_y(\boldsymbol{Y}) = (2\pi)^{-np/2}\text{etr}\left(-\frac{1}{2}\boldsymbol{Y}^{\text{T}}\boldsymbol{Y}\right).$$

由 (3.2.6) 得

$$\boldsymbol{Y} = \boldsymbol{B}^{-1}(\boldsymbol{X}-\boldsymbol{M})(\boldsymbol{A}^{-1})^{\text{T}}. \tag{3.2.7}$$

在 (3.2.7) 的变换中, 雅可比行列式为 (此处 $\boldsymbol{A}$ 及 $\boldsymbol{B}$ 正定)

$$J(\boldsymbol{Y}\to\boldsymbol{X})=|\boldsymbol{B}^{-1}|^p|\boldsymbol{A}^{-1}|^n=|\boldsymbol{W}|^{-p/2}|\boldsymbol{V}|^{-n/2}\quad(\text{因为 }\boldsymbol{B}=\boldsymbol{W}^{1/2},\boldsymbol{A}=\boldsymbol{V}^{1/2}),\tag{3.2.8}$$

而

$$\begin{aligned}\boldsymbol{Y}^{\mathrm{T}}\boldsymbol{Y}&=\boldsymbol{A}^{-1}(\boldsymbol{X}-\boldsymbol{M})^{\mathrm{T}}(\boldsymbol{B}^{\mathrm{T}})^{-1}\boldsymbol{B}^{-1}(\boldsymbol{X}-\boldsymbol{M})(\boldsymbol{A}^{-1})^{\mathrm{T}}\\&=(\boldsymbol{A}^{-1})^{\mathrm{T}}\boldsymbol{A}^{-1}(\boldsymbol{X}-\boldsymbol{M})^{\mathrm{T}}\boldsymbol{W}^{-1}(\boldsymbol{X}-\boldsymbol{M})\\&=\boldsymbol{V}^{-1}(\boldsymbol{X}-\boldsymbol{M})^{\mathrm{T}}\boldsymbol{W}^{-1}(\boldsymbol{X}-\boldsymbol{M})\\&=\boldsymbol{W}^{-1}(\boldsymbol{X}-\boldsymbol{M})\boldsymbol{V}^{-1}(\boldsymbol{X}-\boldsymbol{M})^{\mathrm{T}}.\end{aligned}$$

把 $f_y(\boldsymbol{Y})$ 及 (3.2.8) 代入 $f(\boldsymbol{X})=f_y(\boldsymbol{Y})J(\boldsymbol{Y}\to\boldsymbol{X})$, 即得 $\boldsymbol{X}$ 的密度函数为式 (3.2.5).

定理 3.2.3 设

$$\boldsymbol{X}\sim N_{n\times p}(\boldsymbol{M},\boldsymbol{W}\otimes\boldsymbol{V}),\quad \boldsymbol{Z}=\boldsymbol{C}\boldsymbol{X}\boldsymbol{D}^{\mathrm{T}}+\boldsymbol{\Delta},$$

其中 $\boldsymbol{C}_{m\times n},\boldsymbol{D}_{q\times p},\boldsymbol{\Delta}_{m\times q}$ 均为常数矩阵, 则

$$\boldsymbol{Z}\sim N_{m\times q}(\boldsymbol{C}\boldsymbol{M}\boldsymbol{D}^{\mathrm{T}}+\boldsymbol{\Delta},(\boldsymbol{C}\boldsymbol{W}\boldsymbol{C}^{\mathrm{T}})\otimes(\boldsymbol{D}\boldsymbol{V}\boldsymbol{D}^{\mathrm{T}})),\tag{3.2.9}$$

其中 $\boldsymbol{C}$ 矩阵把 n 组个体重新组合变成了 m 组个体, 而 $\boldsymbol{D}$ 矩阵则把原来的 p 个分量修改为 q 个分量.

证明 只要把 $\boldsymbol{X}=\boldsymbol{M}+\boldsymbol{B}\boldsymbol{Y}\boldsymbol{A}^{\mathrm{T}}$ 代入 $\boldsymbol{Z}$, 再利用矩阵正态性的定义即得.

定理 3.2.4 设 $\boldsymbol{X}$ 是 $n\times p$ 的随机矩阵, 则 $\boldsymbol{X}$ 的分布是 $N_{n\times p}(\boldsymbol{M},\boldsymbol{W}\otimes\boldsymbol{V})$ 的充要条件是

$$\mathrm{vec}(\boldsymbol{X}^{\mathrm{T}})\sim N_{np}(\boldsymbol{\mu},\boldsymbol{W}\otimes\boldsymbol{V}),$$

其中

$$\boldsymbol{\mu}=\mathrm{vec}(\boldsymbol{M}^{\mathrm{T}}),\quad \mathrm{vec}(\boldsymbol{X}^{\mathrm{T}})=\begin{pmatrix}\boldsymbol{x}_1\\\boldsymbol{x}_2\\\vdots\\\boldsymbol{x}_n\end{pmatrix}_{np\times 1}.$$

证明 **必要性** 利用矩阵正态的定义, 存在 $\boldsymbol{Y}$, $m\times q$ 中每个元素都独立地服从 $N(0,1)$ 分布, 并且 $\boldsymbol{X}=\boldsymbol{M}+\boldsymbol{B}\boldsymbol{Y}\boldsymbol{A}^{\mathrm{T}}$. 于是

$$\mathrm{vec}(\boldsymbol{X}^{\mathrm{T}})=\mathrm{vec}(\boldsymbol{M}^{\mathrm{T}})+\mathrm{vec}(\boldsymbol{A}\boldsymbol{Y}^{\mathrm{T}}\boldsymbol{B}^{\mathrm{T}})=\mathrm{vec}(\boldsymbol{M}^{\mathrm{T}})+(\boldsymbol{B}\otimes\boldsymbol{A})\mathrm{vec}(\boldsymbol{Y}^{\mathrm{T}}).\tag{3.2.10}$$

利用 $\mathrm{vec}(\boldsymbol{Y}^{\mathrm{T}})\sim N_{nq}(\boldsymbol{0},\boldsymbol{I}_{nq})$ 及叉积性质 (8) 得

$$\mathrm{vec}(\boldsymbol{X}^{\mathrm{T}})\sim N_{np}(\boldsymbol{\mu},(\boldsymbol{B}\otimes\boldsymbol{A})(\boldsymbol{B}\otimes\boldsymbol{A})^{\mathrm{T}})=N_{np}(\boldsymbol{\mu},(\boldsymbol{B}\boldsymbol{B}^{\mathrm{T}})\otimes(\boldsymbol{A}\boldsymbol{A}^{\mathrm{T}})),$$

即得必要性.

充分性　利用 (3.2.10), 这时 $\mathrm{vec}(\boldsymbol{Y}^{\mathrm{T}})$ 前的矩阵是已知的, 把它拆成两个矩阵的叉积即得 $\boldsymbol{A}$ 及 $\boldsymbol{B}$.

实际上, 矩阵的拉直只是把原始矩阵内分量的位置作了一些变化, 它不会改变任何两个分量间的相关性, 也不会改变任何一组分量内在的正态性. 改变位置后的分量均值及协方差自然也不变 (只是所在的位置与原来不同而已).

定理 3.2.5　设 $\boldsymbol{X}$ 的分布是 $N_{n\times p}(\boldsymbol{M}, \boldsymbol{W}\otimes\boldsymbol{V})$, 记

$$\boldsymbol{W}_{n\times n} = (w_{ij}), \quad \boldsymbol{V}_{p\times p} = (v_{ij}),$$

$$\boldsymbol{X} = \begin{pmatrix} \boldsymbol{x}_1^{\mathrm{T}} \\ \vdots \\ \boldsymbol{x}_n^{\mathrm{T}} \end{pmatrix} = (\boldsymbol{x}_{(1)}, \cdots, \boldsymbol{x}_{(p)}), \quad \boldsymbol{M} = \begin{pmatrix} \boldsymbol{\mu}_1^{\mathrm{T}} \\ \vdots \\ \boldsymbol{\mu}_n^{\mathrm{T}} \end{pmatrix} = (\boldsymbol{\mu}_{(1)}, \cdots, \boldsymbol{\mu}_{(p)}), \qquad (3.2.11)$$

则

(1) $\boldsymbol{x}_i \sim N_p(\boldsymbol{\mu}_i, w_{ii}\boldsymbol{V})$, $i = 1, \cdots, n$;

(2) $\boldsymbol{x}_{(j)} \sim N_n(\boldsymbol{\mu}_{(j)}, v_{jj}\boldsymbol{W})$, $j = 1, \cdots, p$;

(3) $\mathrm{Cov}(\boldsymbol{x}_i, \boldsymbol{x}_j) = w_{ij}\boldsymbol{V}$, $i, j = 1, \cdots, n$;

(4) $\mathrm{Cov}(\boldsymbol{x}_{(i)}, \boldsymbol{x}_{(j)}) = v_{ij}\boldsymbol{W}$, $i, j = 1, \cdots, p$.

定理 3.2.5 说明:

在 (1) 与 (3) 中, 不同的观察个体 (i 不同) 可以有不同的理论均值 ($\boldsymbol{\mu}_i$), 而且它们的分量之间的相关性是由两个因素构成的: 与个体序号 (i) 无关的分量间的内在相关性 ($\boldsymbol{V}$) 及仅与个体序号 (i, j) 有关的权 (w_{ij}) 组成.

在 (2) 与 (4) 中, 即使同一个变量 (j 不变), 在不同的个体中也可以有不同的相关性 (由 n 阶方阵 $\boldsymbol{W}$ 所反映).

证明　由矩阵正态的定义 $\boldsymbol{X} = \boldsymbol{M} + \boldsymbol{B}\boldsymbol{Y}\boldsymbol{A}^{\mathrm{T}}$, 记 $\boldsymbol{B} = \begin{pmatrix} \boldsymbol{b}_1^{\mathrm{T}} \\ \vdots \\ \boldsymbol{b}_n^{\mathrm{T}} \end{pmatrix}$, 并且知道 $\boldsymbol{G}^{\mathrm{T}}\boldsymbol{e}_i$ 表示 $\boldsymbol{G}$ 的第 i 行, 于是 $(\boldsymbol{B}\boldsymbol{Y}\boldsymbol{A}^{\mathrm{T}})$ 的第 i 行为 $(\boldsymbol{B}\boldsymbol{Y}\boldsymbol{A}^{\mathrm{T}})^{\mathrm{T}}\boldsymbol{e}_i = \boldsymbol{A}\boldsymbol{Y}^{\mathrm{T}}\boldsymbol{B}^{\mathrm{T}}\boldsymbol{e}_i = \boldsymbol{A}\boldsymbol{Y}^{\mathrm{T}}\boldsymbol{b}_i$, 于是 $\boldsymbol{X}$ 的第 i 行变为

$$\begin{aligned} \boldsymbol{x}_i &= \boldsymbol{A}\boldsymbol{Y}^{\mathrm{T}}\boldsymbol{b}_i + \boldsymbol{\mu}_i \sim N_{p\times 1}(\boldsymbol{\mu}_i, \boldsymbol{A}\boldsymbol{A}^{\mathrm{T}} \otimes \boldsymbol{b}_i^{\mathrm{T}}\boldsymbol{b}_i) \quad (\text{利用了矩阵正态定义}) \\ &= N_p(\boldsymbol{\mu}_i, \boldsymbol{V}\otimes w_{ii}) = N_p(\boldsymbol{\mu}_i, w_{ii}\boldsymbol{V}) \quad (\text{因为}\boldsymbol{W} = \boldsymbol{B}\boldsymbol{B}^{\mathrm{T}}, \boldsymbol{V} = \boldsymbol{A}\boldsymbol{A}^{\mathrm{T}}), \end{aligned}$$

即得 (1).

下面证明 (3).

$$\mathrm{Cov}(\boldsymbol{x}_i, \boldsymbol{x}_j) = \mathrm{Cov}(\boldsymbol{A}\boldsymbol{Y}^{\mathrm{T}}\boldsymbol{b}_i, \boldsymbol{A}\boldsymbol{Y}^{\mathrm{T}}\boldsymbol{b}_j)$$

$$
\begin{aligned}
&= \mathrm{Cov}(\mathrm{vec}(\boldsymbol{A}\boldsymbol{Y}^{\mathrm{T}}\boldsymbol{b}_i), \mathrm{vec}(\boldsymbol{A}\boldsymbol{Y}^{\mathrm{T}}\boldsymbol{b}_j)) \\
&= \mathrm{Cov}((\boldsymbol{b}_i^{\mathrm{T}} \otimes \boldsymbol{A})\mathrm{vec}(\boldsymbol{Y}^{\mathrm{T}}), (\boldsymbol{b}_j^{\mathrm{T}} \otimes \boldsymbol{A})\mathrm{vec}(\boldsymbol{Y}^{\mathrm{T}})) \\
&= (\boldsymbol{b}_i^{\mathrm{T}} \otimes \boldsymbol{A})\mathrm{Var}(\mathrm{vec}(\boldsymbol{Y}^{\mathrm{T}}))(\boldsymbol{b}_j \otimes \boldsymbol{A}^{\mathrm{T}}) \\
&= (\boldsymbol{b}_i^{\mathrm{T}} \otimes \boldsymbol{A})(\boldsymbol{b}_j \otimes \boldsymbol{A}^{\mathrm{T}}) = (\boldsymbol{b}_i^{\mathrm{T}}\boldsymbol{b}_j) \otimes (\boldsymbol{A}\boldsymbol{A}^{\mathrm{T}}) \\
&= w_{ij}\boldsymbol{V} \quad (\text{利用了}\boldsymbol{W} = \boldsymbol{B}\boldsymbol{B}^{\mathrm{T}}, \boldsymbol{V} = \boldsymbol{A}\boldsymbol{A}^{\mathrm{T}}).
\end{aligned}
$$

类似地可证 (2),(4).

特例 当数据矩阵 $\boldsymbol{X}$ 是从有相同正态分布的总体中独立地抽取所构成时, $\boldsymbol{X}$ 的任第 i 行向量 $(\boldsymbol{X}_i)$ 的分布都是 $N_p(\boldsymbol{\mu}, \boldsymbol{\Sigma})$, 或写为

$$\boldsymbol{X}_i \sim N_p(\boldsymbol{\mu}, \boldsymbol{\Sigma}), \quad i = 1, \cdots, n.$$

这时由 (3.1.1) 知, 存在 $\boldsymbol{Y}_i \sim N_q(\boldsymbol{0}, \boldsymbol{I}_q)$ 及矩阵 $\boldsymbol{A}$, 使下式成立 (独立同分布保证了 $\boldsymbol{A}$ 与 i 无关): $\boldsymbol{X}_i = \boldsymbol{\mu} + \boldsymbol{A}^{\mathrm{T}}\boldsymbol{Y}_i$. 令 $\boldsymbol{A}^{\mathrm{T}}\boldsymbol{A} = \boldsymbol{\Sigma}$, 记 $\boldsymbol{Y} = (\boldsymbol{Y}_1, \cdots, \boldsymbol{Y}_n)^{\mathrm{T}}$, 显然, $\boldsymbol{Y} = (\boldsymbol{Y}_1, \cdots, \boldsymbol{Y}_n)^{\mathrm{T}} \sim N_{n\times p}(\boldsymbol{0}, \boldsymbol{I}_n \otimes \boldsymbol{I}_p)$, 由此

$$\boldsymbol{X} \overset{\mathrm{d}}{=} \boldsymbol{1}_n\boldsymbol{\mu}^{\mathrm{T}} + \boldsymbol{Y}\boldsymbol{A} \sim N_{n\times p}(\boldsymbol{1}_n\boldsymbol{\mu}^{\mathrm{T}}, \boldsymbol{I}_n \otimes \boldsymbol{\Sigma}). \tag{3.2.12}$$

因此, 以后凡具有上述分布的随机矩阵, 与它等价的就是行向量都从 $N_p(\boldsymbol{\mu}, \boldsymbol{\Sigma})$ 独立抽取的样本. 这时, $\boldsymbol{X}$ 的特征函数为

$$\mathrm{etr}\left(\mathrm{i}\boldsymbol{T}^{\mathrm{T}}\boldsymbol{1}_n\boldsymbol{\mu}^{\mathrm{T}} - \frac{1}{2}\boldsymbol{T}^{\mathrm{T}}\boldsymbol{T}\boldsymbol{\Sigma}\right), \tag{3.2.13}$$

其密度函数为

$$(2\pi)^{-np/2}|\boldsymbol{\Sigma}|^{-n/2}\mathrm{etr}\left(-\frac{1}{2}\boldsymbol{\Sigma}^{-1}\sum_{j=1}^{n}(\boldsymbol{x}_i - \boldsymbol{\mu})(\boldsymbol{x}_i - \boldsymbol{\mu})^{\mathrm{T}}\right), \tag{3.2.14}$$

并且

(1) $\boldsymbol{X}_i \sim N_p(\boldsymbol{\mu}, \boldsymbol{\Sigma})$, $i = 1, \cdots, n$;

(2) $\boldsymbol{X}_{(j)} \sim N_n(\boldsymbol{\mu}_j\boldsymbol{1}_n, \sigma_{jj}\boldsymbol{I}_n)$, $j = 1, \cdots, p$;

(3) $\mathrm{Cov}(\boldsymbol{X}_i, \boldsymbol{X}_j) = \delta_{ij}\boldsymbol{\Sigma}$, $i, j = 1, \cdots, n$;

(4) $\mathrm{Cov}(\boldsymbol{X}_{(i)}, \boldsymbol{X}_{(j)}) = \sigma_{ij}\boldsymbol{I}_n$, $i, j = 1, \cdots, p$.

其中 $\boldsymbol{\mu} = (\mu_1, \cdots, \mu_p)^{\mathrm{T}}, \boldsymbol{\Sigma} = (\sigma_{ij})$, 而 $\delta_{ij} = 1$ 或 0.

(5) $\mathrm{vec}(\boldsymbol{X}^{\mathrm{T}}) \sim N_{np}(\boldsymbol{1}_n \otimes \boldsymbol{\mu}, \boldsymbol{I}_n \otimes \boldsymbol{\Sigma})$.

3.3 信 息 矩 阵

分布函数中常含有参数, 如正态分布中就有 "均值、方差" 两个参数. 在实际工作中, 抽查到样本后, 人们需要去估计分布函数, 也要去估计参数. 而按实际问题的性质

(如人的身高、投掷钱币的正反面等), 人们常可以猜测出分布函数的类型, 但参数却必须是要估计的. 常用最大似然法去估计参数, 但如何估计估计量的方差呢? 信息矩阵即用于考察参数估计的方差, 特别在总体分布未知时更是如此. 本节介绍的是 Fisher 信息测度.

3.3.1 参数 θ 是一元时

设 $\boldsymbol{X}$ 是取值于概率空间 Ω 上的随机变量 (或向量), 概率密度为 $P(\boldsymbol{x},\theta)$, ν 为 σ 有限测度. $P(\boldsymbol{x},\theta)$ 对 θ 可微, 并且对于任何可测集 $c\subset\Omega$, 恒有

$$\frac{\mathrm{d}}{\mathrm{d}\theta}\int_c P(\boldsymbol{x},\theta)\mathrm{d}\nu=\int_c\frac{\mathrm{d}}{\mathrm{d}\theta}P(\boldsymbol{x},\theta)\mathrm{d}\nu. \tag{3.3.1}$$

密度函数中参数 θ 的**Fisher 信息测度**定义为

$$\Psi=E\left(\frac{\mathrm{d}}{\mathrm{d}\theta}\log P\right)^2=\mathrm{Var}\left(\frac{\mathrm{d}}{\mathrm{d}\theta}\log P\right)\geqslant 0. \tag{3.3.2}$$

下面证明式 (3.3.2) 中后面的等式. 利用

$$E\left(\frac{\mathrm{d}}{\mathrm{d}\theta}\log P\right)=E\left(\frac{P'}{P}\right)=\int\frac{P'}{P}P\mathrm{d}\nu=\int P'\mathrm{d}\nu=\frac{\mathrm{d}}{\mathrm{d}\theta}\int P\mathrm{d}\nu=0 \tag{3.3.3}$$

得

$$\mathrm{Var}\left(\frac{\mathrm{d}}{\mathrm{d}\theta}\log P\right)=E\left(\frac{\mathrm{d}}{\mathrm{d}\theta}\log P\right)^2-\left[E\left(\frac{\mathrm{d}}{\mathrm{d}\theta}\log P\right)\right]^2=E\left(\frac{\mathrm{d}}{\mathrm{d}\theta}\log P\right)^2.$$

例 3.3.1 求正态随机变量 $N(\mu,\sigma^2)$ 的信息测度.

这时, X 的密度函数为

$$f(x)=\frac{1}{\sigma\sqrt{2\pi}}\exp\left[-\frac{1}{2}\frac{(x-\mu)^2}{\sigma^2}\right].$$

显然,

$$\ln f(x)=-\ln\sqrt{2\pi}-\frac{1}{2}\ln\sigma^2-\frac{(x-\mu)^2}{2}\times(\sigma^2)^{-1},$$

于是

$$\frac{\partial\ln f(x)}{\partial\mu}=\frac{x-\mu}{\sigma^2},$$

$$\frac{\partial\ln f(x)}{\partial\sigma}=\frac{(x-\mu)^2-\sigma^2}{2\sigma^4},$$

$$\Psi_\mu=E\left(\frac{\partial\ln f(x)}{\partial\mu}\right)^2=E\left(\frac{x-\mu}{\sigma^2}\right)^2=\frac{1}{\sigma^2},$$

$$\Psi_{\sigma^2}=E\left(\frac{\partial\ln f(x)}{\partial\sigma^2}\right)^2=\frac{1}{4\sigma^8}E[(x-\mu)^2-\sigma^2]^2$$
$$=\frac{1}{4\sigma^8}E(x-\mu)^4+\sigma^4-2\sigma^4]=\frac{1}{2\sigma^4}$$

(利用了 $E(x-\mu)^4=3\sigma^4$), 即得正态 $N(\mu,\sigma^2)$ 中, μ 与 σ^2 的信息测度分别为

$$\Psi_\mu=\frac{1}{\sigma^2},\quad \Psi_{\sigma^2}=\frac{1}{2\sigma^4}. \tag{3.3.4}$$

可以发现, 它们都不依赖于均值 μ, 而仅与方差 σ^2 有关.

几个基本公式

(1) 记 Ψ_1,Ψ_2 分别为独立变量 $\boldsymbol{X}_1,\boldsymbol{X}_2$ 的信息测度, 则 $(\boldsymbol{X}_1,\boldsymbol{X}_2)$ 的信息测度为 $\Psi_1+\Psi_2$.

证明 记 $P_i(\boldsymbol{x},\theta)$ 为 X_i 的密度, 于是 $(\boldsymbol{X}_1,\boldsymbol{X}_2)$ 的密度为 $P_1(\boldsymbol{x},\theta)P_2(\boldsymbol{x},\theta)$. 由定义,

$$\begin{aligned}\Psi&=E\left(\frac{\mathrm{d}}{\mathrm{d}\theta}\log(P_1P_2)\right)^2\\&=E\left(\frac{\mathrm{d}}{\mathrm{d}\theta}\log P_1\right)^2+E\left(\frac{\mathrm{d}}{\mathrm{d}\theta}\log P_2\right)^2+2E\left(\frac{\mathrm{d}}{\mathrm{d}\theta}\log P_1\times\frac{\mathrm{d}}{\mathrm{d}\theta}\log P_2\right)\\&=E\left(\frac{\mathrm{d}}{\mathrm{d}\theta}\log P_1\right)^2+E\left(\frac{\mathrm{d}}{\mathrm{d}\theta}\log P_2\right)^2+2E\left(\frac{\mathrm{d}}{\mathrm{d}\theta}\log P_1\right)\times E\left(\frac{\mathrm{d}}{\mathrm{d}\theta}\log P_2\right)\\&=\Psi_1+\Psi_2.\end{aligned}$$

(2) 设 $\boldsymbol{X}_1,\cdots,\boldsymbol{X}_n$ 为独立同分布的变量, 每个 $\boldsymbol{X}_i$ 的信息测度为 Ψ, 则 $(\boldsymbol{X}_1,\cdots,\boldsymbol{X}_n)$ 的信息测度为 $n\Psi$.

3.3.2 参数 $\boldsymbol{\theta}$ 是多元时

记 $\boldsymbol{\theta}=(\theta_1,\cdots,\theta_q)$,

$$\Psi_{rs}=E\left(\frac{\partial\log P}{\partial\theta_r}\times\frac{\partial\log P}{\partial\theta_s}\right),\quad r,s=1,\cdots,q. \tag{3.3.5}$$

定义 3.3.1 称 (3.3.5) 中的 $\boldsymbol{\Psi}=(\Psi_{rs})$ 为 $\boldsymbol{X}$ 的**信息矩阵**.

式 (3.3.5) 也可以表示成下式:

$$\Psi_{rs}=-E\left(\frac{\partial^2\log P}{\partial\theta_r\partial\theta_s}\right),\quad r,s=1,\cdots,q. \tag{3.3.6}$$

证明 $E\left(\frac{\partial^2\log P}{\partial\theta_r\partial\theta_s}\right)=E\left(\frac{\partial}{\partial\theta_s}\left(\frac{P_r'}{P}\right)\right)=E\left(\frac{P_{rs}''P-P_r'P_s'}{P^2}\right)$

$$
\begin{aligned}
&= \int \frac{P''_{rs}P - P'_r P'_s}{P^2} P\mathrm{d}v = \int P''_{rs}\mathrm{d}v - \int \frac{P'_r P'_s}{P^2} P\mathrm{d}v \\
&= \frac{\partial^2}{\partial\theta_r \partial\theta_s}\int P\mathrm{d}v - \int \left(\frac{\partial \log P}{\partial\theta_r}\frac{\partial \log P}{\partial\theta_s}\right) P\mathrm{d}v \\
&= 0 - E\left(\frac{\partial \log P}{\partial\theta_r}\frac{\partial \log P}{\partial\theta_r}\right) \\
&= -\Psi_{rs} \quad (\text{此式在 } q=1 \text{ 时也成立}).
\end{aligned}
$$

一元时的三个基本公式在多元时同样成立. 信息矩阵中两个最有用的结果见 3.4 节.

例 3.3.2　正态随机变量中两元 (μ, σ^2) 的信息测度.

现在用二阶导数法可求得

$$
\frac{\partial^2 \ln f(x)}{\partial \mu^2} = \frac{-1}{\sigma^2}, \quad \frac{\partial^2 \ln f(x)}{\partial (\sigma^2)^2} = \frac{1}{2\sigma^4} - \frac{(x-\mu)^2}{\sigma^6}, \quad \frac{\partial^2 \ln f(x)}{\partial \mu \partial \sigma^2} = \frac{-(x-\mu)}{\sigma^4}.
$$

由式 (3.3.6) 即得 (μ, σ^2) 的信息测度矩阵为

$$
\boldsymbol{\Psi} = \begin{pmatrix} 1/\sigma^2 & 0 \\ 0 & 1/(2\sigma^4) \end{pmatrix}. \tag{3.3.7}
$$

3.4　参数的极大似然估计

3.4.1　极大似然估计

在正态分布 $N_p(\boldsymbol{\mu}, \boldsymbol{\Sigma})$ 中, $(\boldsymbol{\mu}, \boldsymbol{\Sigma})$ 一般是未知的, 常需要用样本估计, 而估计参数可以用不同的准则及不同的方法, 最常用的是**极大似然估计** (maximum likelihood, ML). 一个随机向量, 它的密度函数记为 $f(x_1, \cdots, x_p; \theta_1, \cdots, \theta_q)$, 其中 $(\theta_1, \cdots, \theta_q)' \triangleq \boldsymbol{\theta}$ 为未知参数, 简记为 $f(\boldsymbol{X}; \boldsymbol{\theta})$. 在相同的条件下, 从该总体中独立随机地抽得 n 个个体 (如 n 个人) $\boldsymbol{X}_1, \cdots, \boldsymbol{X}_n$ (未得到这组样本时, 它们是随机样本), 由样本组成的密度函数 (或概率) 为

$$
f(\boldsymbol{X}_1; \boldsymbol{\theta}) f(\boldsymbol{X}_2; \boldsymbol{\theta}) \cdots f(\boldsymbol{X}_n; \boldsymbol{\theta}) \triangleq L(\boldsymbol{X}; \boldsymbol{\theta}), \tag{3.4.1}
$$

称 $L(\boldsymbol{X}; \boldsymbol{\theta})$ 为样本的**似然函数**.

可以如此理解 $L(\boldsymbol{X}; \boldsymbol{\theta})$: 若有两个样本 $\boldsymbol{Y}, \boldsymbol{X}$, 使得

$$
L(\boldsymbol{Y}; \boldsymbol{\theta}) > L(\boldsymbol{X}; \boldsymbol{\theta}),
$$

则认为在抽样 (或称观察) 时, 抽得 $\boldsymbol{Y}$ 的概率要大于抽得 $\boldsymbol{X}$ 的概率; 换言之, 在同一 $\boldsymbol{X}$ 观察值下, 若两组不同的参数 $(\boldsymbol{\theta}_{(1)}, \boldsymbol{\theta}_{(2)})$ 有如下关系: $L(\boldsymbol{X}; \boldsymbol{\theta}_{(1)}) > L(\boldsymbol{X}; \boldsymbol{\theta}_{(2)})$, 则

认为未知参数 $\boldsymbol{\theta}$ 取值为 $\boldsymbol{\theta}_{(1)}$ 的可能性要超过取值为 $\boldsymbol{\theta}_{(2)}$ 的可能性. 如果构造 $L(\boldsymbol{X};\boldsymbol{\theta})$ 的目的是求未知参数, 则称 (3.4.1) 的 $L(\boldsymbol{X};\boldsymbol{\theta})$ 为**似然函数**.

最大似然函数估计参数法是在 $\boldsymbol{\theta}$ 的研究范围 Ω 内, 找一参数 $\boldsymbol{\theta}^* = (\theta_1^*, \cdots, \theta_q^*)^{\mathrm{T}}$, 以使

$$L(\boldsymbol{X};\boldsymbol{\theta}^*) = \max_{\boldsymbol{\theta}\in\Omega} L(\boldsymbol{X};\boldsymbol{\theta}),$$

其中称 Ω 为参数空间, 称 $\boldsymbol{\theta}^* = (\theta_1^*, \cdots, \theta_q^*)^{\mathrm{T}}$ 为 $\boldsymbol{\theta}$ 的**极大似然估计**, 而极大值 $L(\boldsymbol{X};\boldsymbol{\theta}^*)$ 称为最大似然.

求最大似然估计的通用方法 先求对数线性函数

$$l(\boldsymbol{X};\boldsymbol{\theta}) = \log L(\boldsymbol{X};\boldsymbol{\theta}) = \sum_{i=1}^{n} \log f(\boldsymbol{X}_i;\boldsymbol{\theta}), \tag{3.4.2}$$

再从非线性方程组

$$\frac{\partial l(\boldsymbol{X};\boldsymbol{\theta})}{\partial \boldsymbol{\theta}_i} = 0, \quad i = 1, \cdots, q \tag{3.4.3}$$

中求解参数 $\boldsymbol{\theta}$, 记其解为 $\boldsymbol{\theta}^*$. 但在正态分布条件下, 常使用简单的方法求参数解.

3.4.2 正态分布下的极大似然估计

对于 3.4.1 小节中的数据矩阵 $\boldsymbol{X}_{n\times p}$, 设它的第 i 行数据 (相当于第 i 个人的数据) 为正态分布, 则由 (3.2.10), $\boldsymbol{X}$ 的密度函数即为下式, 它也是 $\boldsymbol{X}$ 的似然函数:

$$L(\boldsymbol{\mu}, \boldsymbol{\Sigma}) = (2\pi)^{-np/2}|\boldsymbol{\Sigma}|^{-n/2}\mathrm{etr}\left(-\frac{1}{2}\boldsymbol{\Sigma}^{-1}\sum_{j=1}^{n}(\boldsymbol{x}_i - \boldsymbol{\mu})(\boldsymbol{x}_i - \boldsymbol{\mu})^{\mathrm{T}}\right). \tag{3.4.4}$$

下面要从式 (3.4.4) 出发估计参数 $(\boldsymbol{\mu}, \boldsymbol{\Sigma})$. 最大似然估计的做法就是求使 (3.4.4) 达到最大值的 $(\boldsymbol{\mu}, \boldsymbol{\Sigma})$, 其中参数空间 $\Omega = \{(\boldsymbol{\mu}, \boldsymbol{\Sigma}) | \boldsymbol{\mu} \in \mathbf{R}^p, \boldsymbol{\Sigma}_{p\times p} > 0\}$.

令样本随机矩阵为 $\boldsymbol{X}_{n\times p} = \begin{pmatrix} \boldsymbol{X}_1^{\mathrm{T}} \\ \vdots \\ \boldsymbol{X}_n^{\mathrm{T}} \end{pmatrix}$, 其中 $\boldsymbol{X}_i = (X_{i1}, \cdots, X_{ip})^{\mathrm{T}}\ (i = 1, \cdots, n)$.

记

$$\bar{\boldsymbol{X}} = \frac{1}{n}\sum_{i=1}^{n}\boldsymbol{X}_i, \tag{3.4.5}$$

$$\boldsymbol{A} = \sum_{j=1}^{n}(\boldsymbol{X}_j - \bar{\boldsymbol{X}})(\boldsymbol{X}_j - \bar{\boldsymbol{X}})^{\mathrm{T}}, \tag{3.4.6}$$

称 $\boldsymbol{A}$ 为样本离差阵.

引理 3.4.1 在上述记号下有

(1) $\bar{\boldsymbol{X}}$ 与 $\boldsymbol{A}$ 独立, $\bar{\boldsymbol{X}} \sim N_p\left(\boldsymbol{\mu}, \dfrac{1}{n}\boldsymbol{\Sigma}\right)$,

$$\boldsymbol{A} \stackrel{\mathrm{d}}{=} \sum_{i=1}^{n-1} \boldsymbol{Z}_i \boldsymbol{Z}_i^{\mathrm{T}}, \tag{3.4.7}$$

其中 $\boldsymbol{Z}_1, \cdots, \boldsymbol{Z}_{n-1}$ 独立同分布于 $N_p(\boldsymbol{0}, \boldsymbol{\Sigma})$;

(2) $\Pr(\boldsymbol{A} > 0) = 1$ 的充要条件是 $n > p$.

证明　(1) 令 $\boldsymbol{\Gamma}_{n\times n} = (\gamma_{ij})$ 为正交矩阵但其末行为

$$\left(\frac{1}{\sqrt{n}}, \cdots, \frac{1}{\sqrt{n}}\right).$$

作变换

$$\boldsymbol{Z} = \boldsymbol{\Gamma}\boldsymbol{X}, \quad \boldsymbol{Z} = \begin{pmatrix} \boldsymbol{Z}_1^{\mathrm{T}} \\ \vdots \\ \boldsymbol{Z}_n^{\mathrm{T}} \end{pmatrix},$$

由 $\boldsymbol{X} \sim N_{n\times p}(\boldsymbol{1}_n\boldsymbol{\mu}^{\mathrm{T}}, \boldsymbol{I}_n \otimes \boldsymbol{\Sigma})$ 得 $\boldsymbol{Z} \sim N_{n\times p}(\boldsymbol{\Gamma}\boldsymbol{1}_n\boldsymbol{\mu}^{\mathrm{T}}, \boldsymbol{I}_n \otimes \boldsymbol{\Sigma})$. 由于 $\boldsymbol{\Gamma}_{n\times n}$ 的末行是 $\boldsymbol{1}_n^{\mathrm{T}}/\sqrt{n}$, 下面计算 $\boldsymbol{Z}$ 的均值 $\boldsymbol{\Gamma}\boldsymbol{1}_n\boldsymbol{\mu}^{\mathrm{T}}$:

$$E(\boldsymbol{Z}_n) = E(\boldsymbol{Z}^{\mathrm{T}}\boldsymbol{e}_n) = E(\boldsymbol{X}^{\mathrm{T}}\boldsymbol{\Gamma}^{\mathrm{T}}\boldsymbol{e}_n) = \sum_{i=1}^{n} \frac{1}{\sqrt{n}} E(\boldsymbol{X}_i) = n\frac{1}{\sqrt{n}}\boldsymbol{\mu} = \sqrt{n}\boldsymbol{\mu},$$

同理

$$E(\boldsymbol{Z}_h) = \sum_{i=1}^{n} \gamma_{hi} E(\boldsymbol{X}_i) = \sqrt{n}\boldsymbol{\mu}\sum_{i=1}^{n} \gamma_{hi}\frac{1}{\sqrt{n}} = 0, \quad h < n \quad (\text{正交矩阵的性质}),$$

即得 $\boldsymbol{Z}$ 的均值为

$$\boldsymbol{\Gamma}\boldsymbol{1}_n\boldsymbol{\mu}^{\mathrm{T}} = (0, \cdots, 0, \sqrt{n})^{\mathrm{T}}\boldsymbol{\mu}^{\mathrm{T}} = \begin{pmatrix} 0 \\ \vdots \\ 0 \\ \boldsymbol{\mu}^{\mathrm{T}}\sqrt{n} \end{pmatrix}.$$

利用抽样的独立性得 $\mathrm{Cov}(\boldsymbol{x}_h, \boldsymbol{x}_k) = \delta_{hk}\boldsymbol{\Sigma}$, 于是

$$\mathrm{Cov}(\boldsymbol{z}_i, \boldsymbol{z}_j) = \sum_{h=1}^{n} \gamma_{ih}\gamma_{jh}\mathrm{Cov}(\boldsymbol{x}_h, \boldsymbol{x}_h) = \delta_{ij}\boldsymbol{\Sigma}, \quad i, j = 1, \cdots, n.$$

这表明 $\boldsymbol{Z}_1, \cdots, \boldsymbol{Z}_n$ 相互独立, 并且

$$\boldsymbol{Z}_1, \cdots, \boldsymbol{Z}_{n-1} \sim N_p(\boldsymbol{0}, \boldsymbol{\Sigma}), \quad \boldsymbol{Z}_n \sim N_p(\sqrt{n}\boldsymbol{\mu}, \boldsymbol{\Sigma}).$$

注意: $\boldsymbol{Z}=\boldsymbol{\Gamma X}$, $\boldsymbol{X}=\boldsymbol{\Gamma}^{\mathrm{T}}\boldsymbol{Z}$, 利用行的正交性得

$$\bar{\boldsymbol{X}}=\frac{1}{n}\boldsymbol{X}^{\mathrm{T}}\mathbf{1}_n=\frac{1}{n}\boldsymbol{Z}^{\mathrm{T}}\boldsymbol{\Gamma}\mathbf{1}_n=\frac{1}{n}\boldsymbol{Z}^{\mathrm{T}}\begin{pmatrix}0\\ \vdots\\ 0\\ \sqrt{n}\end{pmatrix}=\frac{1}{\sqrt{n}}\boldsymbol{Z}_n\sim N_p\left(\boldsymbol{\mu},\frac{1}{n}\boldsymbol{\Sigma}\right),$$

可以把式 (3.4.6) 表示成

$$\begin{aligned}\boldsymbol{A}&=\boldsymbol{X}^{\mathrm{T}}\left(\boldsymbol{I}_n-\frac{1}{n}\mathbf{1}_n\mathbf{1}_n^{\mathrm{T}}\right)\boldsymbol{X}\\&=\boldsymbol{Z}^{\mathrm{T}}\boldsymbol{\Gamma}\left(\boldsymbol{I}_n-\frac{1}{n}\mathbf{1}_n\mathbf{1}_n^{\mathrm{T}}\right)\boldsymbol{\Gamma}^{\mathrm{T}}\boldsymbol{Z}=\boldsymbol{Z}^{\mathrm{T}}\boldsymbol{Z}-\frac{1}{n}(\boldsymbol{Z}^{\mathrm{T}}\boldsymbol{\Gamma}\mathbf{1}_n)(\boldsymbol{Z}^{\mathrm{T}}\boldsymbol{\Gamma}\mathbf{1}_n)^{\mathrm{T}}\\&=\sum_{k=1}^{n}\boldsymbol{Z}_k\boldsymbol{Z}_k^{\mathrm{T}}-\boldsymbol{Z}_n\boldsymbol{Z}_n^{\mathrm{T}}=\sum_{k=1}^{n-1}\boldsymbol{Z}_k\boldsymbol{Z}_k^{\mathrm{T}}.\end{aligned}$$

由 $\bar{\boldsymbol{X}}=\dfrac{1}{\sqrt{n}}\boldsymbol{Z}_n$, $\boldsymbol{Z}_1,\cdots,\boldsymbol{Z}_n$ 相互独立, 即得 (1).

(2) $\Pr(\boldsymbol{A}>0)=1$ 的充要条件的证明参见文献 [7, P87], 此处略.

引理 3.4.2 考察矩阵函数 f:

$$f(\boldsymbol{\Sigma})=\log|\boldsymbol{\Sigma}|+\mathrm{tr}(\boldsymbol{\Sigma}^{-1}\boldsymbol{B}).$$

对于给定的常数矩阵 $\boldsymbol{B}>0$ 及正定矩阵 $\boldsymbol{\Sigma}$, 使得 $f(\boldsymbol{\Sigma})$ 达到最小值的唯一解为 $\boldsymbol{\Sigma}=\boldsymbol{B}$.

证明 由式 (2.1.15) 与 (2.1.16) 可以知道, $|\boldsymbol{\Sigma}^{-1}\boldsymbol{B}-\lambda\boldsymbol{I}|=0$ 与 $|\boldsymbol{\Sigma}^{-1/2}\boldsymbol{B}\boldsymbol{\Sigma}^{-1/2}-\lambda\boldsymbol{I}|=0$ 有相同的特征根, 即 $\boldsymbol{\Sigma}^{-1}\boldsymbol{B}$ 的特征根中每个特征根均为正. 于是

$$\begin{aligned}f(\boldsymbol{\Sigma})-f(B)&=\log|\boldsymbol{\Sigma}|+\mathrm{tr}(\boldsymbol{\Sigma}^{-1}\boldsymbol{B})-[\log|\boldsymbol{B}|+\mathrm{tr}(\boldsymbol{B}^{-1}\boldsymbol{B})]\\&=\log|\boldsymbol{\Sigma}\boldsymbol{B}^{-1}|+\mathrm{tr}(\boldsymbol{\Sigma}^{-1}\boldsymbol{B})-\mathrm{tr}(\boldsymbol{I})\\&=-\log|\boldsymbol{\Sigma}^{-1}\boldsymbol{B}|+\mathrm{tr}(\boldsymbol{\Sigma}^{-1}\boldsymbol{B})-p\\&=-\log\left(\prod_i\lambda_i\right)+\sum_i\lambda_i-p\\&=\sum_i(-\log\lambda_i+\lambda_i-1)\geqslant 0.\end{aligned}$$

因为当 $x>0$ 时有 $\log x\leqslant x-1$, 所以上式的最小值仅当每个 $\lambda_i=1$ 时成立. 这等价于 $\boldsymbol{\Sigma}^{-1}\boldsymbol{B}=\boldsymbol{I}$, 此即 $\boldsymbol{\Sigma}=\boldsymbol{B}$.

定理 3.4.1 设 $\boldsymbol{X}_1,\cdots,\boldsymbol{X}_n$ 是从总体 $N_p(\boldsymbol{\mu},\boldsymbol{\Sigma})$ 中随机独立抽取的一组样本, 则 $\boldsymbol{\mu}$ 和 $\boldsymbol{\Sigma}$ 的极大似然估计是

$$\hat{\boldsymbol{\mu}}=\bar{\boldsymbol{x}},\quad \hat{\boldsymbol{\Sigma}}=\frac{1}{n}\boldsymbol{A},\tag{3.4.8}$$

其中 $\boldsymbol{A}=\sum\limits_{j=1}^{n}(\boldsymbol{X}_j-\bar{\boldsymbol{X}})(\boldsymbol{X}_j-\bar{\boldsymbol{X}})^{\mathrm{T}}$, 此时, 极大似然为

$$L\left(\bar{\boldsymbol{x}},\frac{1}{n}\boldsymbol{A}\right)=(2\pi)^{-np/2}|\boldsymbol{A}|^{-n/2}n^{np/2}\exp\left(-\frac{np}{2}\right)$$

或

$$\max_{(\boldsymbol{\mu},\boldsymbol{\Sigma})\in\Omega}L(\boldsymbol{X};\boldsymbol{\mu},\boldsymbol{\Sigma})=(2\pi)^{-np/2}|\hat{\boldsymbol{\Sigma}}|^{-n/2}\exp\left(-\frac{np}{2}\right), \tag{3.4.9}$$

其中参数 Ω 见前面定义, $\hat{\boldsymbol{\Sigma}}=\dfrac{1}{n}\boldsymbol{A}$.

证明

$$\begin{aligned}\sum_{j=1}^{n}(\boldsymbol{X}_j-\boldsymbol{\mu})(\boldsymbol{X}_j-\boldsymbol{\mu})^{\mathrm{T}}&=\sum_{j=1}^{n}(\boldsymbol{X}_j-\bar{\boldsymbol{X}}+\bar{\boldsymbol{X}}-\boldsymbol{\mu})(\boldsymbol{X}_j-\bar{\boldsymbol{X}}+\bar{\boldsymbol{X}}-\boldsymbol{\mu})^{\mathrm{T}}\\&=\sum_{j=1}^{n}(\boldsymbol{X}_j-\bar{\boldsymbol{X}})(\boldsymbol{X}_j-\bar{\boldsymbol{X}})^{\mathrm{T}}\\&\quad+n(\boldsymbol{X}_j-\boldsymbol{\mu})(\boldsymbol{X}_j-\boldsymbol{\mu})^{\mathrm{T}}\quad(\text{利用了交叉项}=0),\end{aligned}$$

于是

$$\begin{aligned}&\mathrm{tr}\left[-\frac{1}{2}\boldsymbol{\Sigma}^{-1}\sum_{j=1}^{n}(\boldsymbol{X}_j-\boldsymbol{\mu})(\boldsymbol{X}_j-\boldsymbol{\mu})^{\mathrm{T}}\right]\quad(\text{插入}-\bar{\boldsymbol{X}}+\bar{\boldsymbol{X}})\\=&\mathrm{tr}\left(-\frac{1}{2}\boldsymbol{\Sigma}^{-1}\boldsymbol{A}\right)-\frac{1}{2}n(\bar{\boldsymbol{X}}-\boldsymbol{\mu})^{\mathrm{T}}\boldsymbol{\Sigma}^{-1}(\bar{\boldsymbol{X}}-\boldsymbol{\mu})\\\leqslant&\mathrm{tr}\left(-\frac{1}{2}\boldsymbol{\Sigma}^{-1}\boldsymbol{A}\right).\end{aligned} \tag{3.4.10}$$

式 (3.4.10) 等号成立的条件为 $\boldsymbol{\mu}=\bar{\boldsymbol{X}}$ (对任何 $\boldsymbol{\Sigma}$), 因此, (3.4.4) 可改写为

$$\begin{aligned}\max_{\boldsymbol{\mu},\boldsymbol{\Sigma}>0}L(\boldsymbol{\mu},\boldsymbol{\Sigma})&=\max_{\boldsymbol{\Sigma}>0}L(\bar{\boldsymbol{X}},\boldsymbol{\Sigma})\\&=(2\pi)^{-np/2}\max_{\boldsymbol{\Sigma}>0}|\boldsymbol{\Sigma}|^{-n/2}\mathrm{etr}\left(-\frac{1}{2}\boldsymbol{\Sigma}^{-1}\boldsymbol{A}\right).\end{aligned}$$

令 $l=\log L$, 则上式等价于

$$\begin{aligned}\max_{\boldsymbol{\mu},\boldsymbol{\Sigma}>0}l(\boldsymbol{\mu},\boldsymbol{\Sigma})&=\max_{\boldsymbol{\Sigma}>0}l(\bar{\boldsymbol{X}},\boldsymbol{\Sigma})=-\frac{np}{2}\log(2\pi)-\frac{n}{2}\max_{\boldsymbol{\Sigma}>0}\left[\log|\boldsymbol{\Sigma}|+\frac{1}{n}\mathrm{tr}(\boldsymbol{\Sigma}^{-1}\boldsymbol{A})\right]\\&=-\frac{np}{2}\log(2\pi)-\frac{n}{2}\max_{\boldsymbol{\Sigma}>0}\left[\log|\boldsymbol{\Sigma}|+\mathrm{tr}\left(\frac{\boldsymbol{\Sigma}^{-1}\boldsymbol{A}}{n}\right)\right].\end{aligned}$$

令 $f(\boldsymbol{\Sigma})=\log|\boldsymbol{\Sigma}|+\mathrm{tr}(\boldsymbol{\Sigma}^{-1}\boldsymbol{A}/n)$. 显然, 求上式的最大值, 即求 $f(\boldsymbol{\Sigma})$ 的极小值. 由引理 3.4.2 即得 (3.4.8) 的极大似然估计为 $\hat{\boldsymbol{\Sigma}}=\boldsymbol{A}/n$, 即得出式 (3.4.9).

在前面可以看出, 已定义的相关系数、条件均值、条件协方差及回归系数等实际都是 $(\boldsymbol{\mu}, \boldsymbol{\Sigma})$ 的函数. 问题是: 可否用 $(\boldsymbol{\mu}, \boldsymbol{\Sigma})$ 的估计 $(\bar{\boldsymbol{x}}, \hat{\boldsymbol{\Sigma}})$ 代入上述函数中的 $(\boldsymbol{\mu}, \boldsymbol{\Sigma})$, 从而得出上述相应函数的最大似然估计? 下面的定理告诉我们, 在一般情况下是可以的.

定理 3.4.2 设参数 $\boldsymbol{\theta}$ 的变化范围 Ω 是 $\mathbf{R}^k$ 中的一个区域, 似然函数 $L(\boldsymbol{\theta})$ 是 Ω 到 $\mathbf{R}$ 的映象. 设 $\hat{\boldsymbol{\theta}}$ 是 $\boldsymbol{\theta}$ 的最大似然估计, 并且 $\hat{\boldsymbol{\theta}}$ 的值域是 Ω; 而 $f(\boldsymbol{\theta})$ 是 Ω 到 Ω^* 上的一个变换, Ω^* 是 $\mathbf{R}^l(l \leqslant k)$ 中的一个区域, 则 $f(\boldsymbol{\theta})$ 的最大似然估计为 $f(\hat{\boldsymbol{\theta}})$.

证明 对于 Ω^* 中的任一元素 $\boldsymbol{\omega}^*$, 考虑集合

$$F(\boldsymbol{\omega}^*) = \{\boldsymbol{\theta} | \boldsymbol{\theta} \in \Omega, f(\boldsymbol{\theta}) = \boldsymbol{\omega}^*\}.$$

令

$$M(\boldsymbol{\omega}^*) = \sup_{\boldsymbol{\theta} \in F(\boldsymbol{\omega}^*)} L(\boldsymbol{\theta}),$$

显然, $M(\boldsymbol{\omega}^*)$ 在 Ω^* 上有定义, 并且它就是由 $f(\boldsymbol{\theta})$ 导出的似然函数 (应该看出, $\boldsymbol{\theta}$ 与 $f(\boldsymbol{\theta})$ 的似然函数是相同的, 只是前者参数 $\boldsymbol{\theta}$ 的变化与 $f(\boldsymbol{\theta})$ 的变化 $F(\boldsymbol{\omega}^*)$ 仅有表面的差异). 对 Ω^* 中的任意两点 $\boldsymbol{\omega}_1^*, \boldsymbol{\omega}_2^*$, 只要 $\boldsymbol{\omega}_1^* \neq \boldsymbol{\omega}_2^*$, 集合 $F(\boldsymbol{\omega}_1^*)$ 与 $F(\boldsymbol{\omega}_2^*)$ 就不会相交 (即没有共同点). 因此, $\{F(\boldsymbol{\omega}^*) | \boldsymbol{\omega}^* \in \Omega^*\}$ 就是对 Ω 的一种分割. 于是 $\hat{\boldsymbol{\theta}}$ 一定属于某一个 $F(\boldsymbol{\omega}^*)$ 之中, 并且也只能属于一个 $F(\boldsymbol{\omega}^*)$. 不妨设 $\hat{\boldsymbol{\theta}} \in F(\hat{\boldsymbol{\omega}})$, 其中 $\hat{\boldsymbol{\omega}} \in \Omega^*$ 为一个确定的元素, 于是

$$L(\hat{\boldsymbol{\theta}}) = \sup_{\boldsymbol{\theta} \in \Omega} L(\boldsymbol{\theta}) = \sup_{\boldsymbol{\theta} \in F(\hat{\boldsymbol{\omega}})} L(\boldsymbol{\theta}) = M(\hat{\boldsymbol{\omega}}) \geqslant L(\boldsymbol{\theta}), \quad \text{对一切 } \boldsymbol{\theta} \in \Omega,$$

因此

$$M(\hat{\boldsymbol{\omega}}) \geqslant \sup_{\boldsymbol{\theta} \in F(\boldsymbol{\omega}^*)} L(\boldsymbol{\theta}) = M(\boldsymbol{\omega}^*), \quad \text{对一切 } \boldsymbol{\omega}^* \in \Omega^*.$$

证毕.

极大似然估计的定理 3.4.2 极其有用, 这也可从下面的例子中看出.

例 3.4.1 把 $\boldsymbol{X}$ 向量剖分为两组,

$$\boldsymbol{X} = \begin{pmatrix} \boldsymbol{X}^{(1)} \\ \boldsymbol{X}^{(2)} \end{pmatrix},$$

把 (3.4.6) 中的 $\boldsymbol{A}$ 作对应的剖分,

$$\boldsymbol{A} = (a_{ij}) = \begin{pmatrix} \boldsymbol{A}_{11} & \boldsymbol{A}_{12} \\ \boldsymbol{A}_{21} & \boldsymbol{A}_{22} \end{pmatrix},$$

在给定 $\boldsymbol{X}^{(2)} = \boldsymbol{x}^{(2)}$ 的条件下, $\boldsymbol{X}^{(1)}$ 在 $\boldsymbol{x}^{(2)}$ 上的理论回归系数的极大似然估计为

$$\hat{\boldsymbol{\beta}}_{1.2} = \boldsymbol{A}_{12} \boldsymbol{A}_{22}^{-1},$$

而理论条件协方差阵 ($\boldsymbol{\Sigma}_{11.2} = \boldsymbol{\Sigma}_{11} - \boldsymbol{\Sigma}_{12}\boldsymbol{\Sigma}_{22}^{-1}\boldsymbol{\Sigma}_{21}$) 的极大似然估计为

$$\hat{\boldsymbol{\Sigma}}_{11.2} = \frac{\boldsymbol{A}_{11} - \boldsymbol{A}_{12}\boldsymbol{A}_{22}^{-1}\boldsymbol{A}_{21}}{n},$$

理论相关系数的极大似然估计为

$$\hat{r}_{ij} = \frac{a_{ij}/n}{\sqrt{a_{ii}/n}\sqrt{a_{jj}/n}} = \frac{a_{ij}}{\sqrt{a_{ii}}\sqrt{a_{jj}}}.$$

上述公式的合理性如下：理论回归系数、理论条件协方差阵及理论相关系数都是理论协方差阵及理论均值的函数, 因此, 对理论协方差阵及理论均值用其对应的极大似然估计代入上述公式, 这就是它们的极大似然估计.

3.4.3 无偏性估计

如果参数 $\boldsymbol{\theta}$ 的某个估计 $\hat{\boldsymbol{\theta}}$ 满足 $E(\hat{\boldsymbol{\theta}}) = \boldsymbol{\theta}$, 则称 $\hat{\boldsymbol{\theta}}$ 为无偏估计. 显然, 可以看出

$$\hat{\boldsymbol{\mu}} = \bar{\boldsymbol{X}} = \frac{1}{n}\sum_{i=1}^{n}\boldsymbol{X}_i \sim N_p\left(\boldsymbol{\mu}, \frac{1}{n}\boldsymbol{\Sigma}\right),$$

这说明这个估计是无偏的. 式 (3.4.7) 说明

$$\hat{\boldsymbol{\Sigma}} = \frac{1}{n}\boldsymbol{A} \overset{\mathrm{d}}{=} \frac{1}{n}\sum_{i=1}^{n-1}\boldsymbol{Z}_i\boldsymbol{Z}_i^{\mathrm{T}},$$

而 $\boldsymbol{Z}_1, \cdots, \boldsymbol{Z}_{n-1}$ 独立同分布于 $N_p(\boldsymbol{0}, \boldsymbol{\Sigma})$, 于是

$$E(\hat{\boldsymbol{\Sigma}}) = \frac{1}{n}\sum_{i=1}^{n-1}E(\boldsymbol{Z}_i\boldsymbol{Z}_i^{\mathrm{T}}) = \frac{n-1}{n}\boldsymbol{\Sigma}.$$

这说明 $\hat{\boldsymbol{\Sigma}}$ 不是无偏估计, 但可以修正, 下面即把它改成无偏估计.

$$\boldsymbol{S} = \frac{1}{n-1}\boldsymbol{A} = \frac{1}{n-1}\sum_{i=1}^{n}(\boldsymbol{X}_i - \bar{\boldsymbol{X}})(\boldsymbol{X}_i - \bar{\boldsymbol{X}})^{\mathrm{T}}, \tag{3.4.11}$$

显然, $\boldsymbol{S}$ 是 $\boldsymbol{\Sigma}$ 的无偏估计.

下面指出, 这两个估计都具有渐近正态性.

定理 3.4.3 设 $\boldsymbol{X}_1, \boldsymbol{X}_2, \cdots, \boldsymbol{X}_n$ 是 p 维独立同分布密度的随机向量序列, 有二阶矩存在, 记

$$\boldsymbol{\mu} = E(\boldsymbol{X}_1), \quad \boldsymbol{V} = \mathrm{Var}(\boldsymbol{X}_1),$$

则当 $n \to \infty$ 时, $\dfrac{1}{\sqrt{n}}\sum_{\alpha=1}^{n}(\boldsymbol{X}_\alpha - \boldsymbol{\mu})$ 的极限分布是 $N_p(\boldsymbol{0}, \boldsymbol{V})$.

证明 记

$$\begin{aligned}\phi_n(\boldsymbol{t},u) &= E\left(\exp\left[\mathrm{i}u\boldsymbol{t}^{\mathrm{T}}\sum_{\alpha=1}^{n}(\boldsymbol{x}_\alpha-\boldsymbol{\mu})\Big/\sqrt{n}\right]\right)\\ &= E\left(\exp\left[\mathrm{i}u\sum_{\alpha=1}^{n}(\boldsymbol{t}^{\mathrm{T}}\boldsymbol{x}_\alpha-\boldsymbol{t}^{\mathrm{T}}\boldsymbol{\mu})\Big/\sqrt{n}\right]\right),\end{aligned}$$

其中 u 为标量, $\boldsymbol{t}$ 为 p 维向量. 上式可看成独立同分布的一维随机变量序列 $\{\boldsymbol{t}^{\mathrm{T}}\boldsymbol{x}_\alpha,\alpha=1,2,\cdots\}$ 的 n 项和的特征函数 (u 的函数), 由独立同分布一维随机变量的中心极限定理得

$$\lim_{n\to\infty}\phi_n(\boldsymbol{t},u)=\exp\left(-\frac{1}{2}u^2\boldsymbol{t}^{\mathrm{T}}\boldsymbol{v}\boldsymbol{t}\right),\quad \forall u\in\mathbf{R}^1,\boldsymbol{t}\in\mathbf{R}^p.$$

特别地, 取 $u=1$ 得

$$\lim_{n\to\infty}\phi_n(\boldsymbol{t},1)=\lim_{n\to\infty}E\left(\exp\left[\mathrm{i}\boldsymbol{t}^{\mathrm{T}}\sum_{\alpha=1}^{n}(\boldsymbol{x}_\alpha-\boldsymbol{\mu})\Big/\sqrt{n}\right]\right)=\exp\left(-\frac{1}{2}\boldsymbol{t}^{\mathrm{T}}\boldsymbol{v}\boldsymbol{t}\right).$$

这就是所要的正态分布的特征函数. 证毕.

定理 3.4.3 证明了相当广泛的分布都是以正态分布作为极限, 这也说明了正态分布应用的广泛性. 利用定理 3.4.3 还可以证明样本协方差阵也是渐近正态的.

定理 3.4.4 设 $\boldsymbol{X}_1,\boldsymbol{X}_2,\cdots,\boldsymbol{X}_n$ 是 p 维独立同分布的随机向量序列, 服从 $N_p(\boldsymbol{\mu},\boldsymbol{\Sigma})$. 令

$$\boldsymbol{A}_n=\sum_{j=1}^{n}(\boldsymbol{X}_j-\bar{\boldsymbol{X}})(\boldsymbol{X}_j-\bar{\boldsymbol{X}})^{\mathrm{T}},\quad \bar{\boldsymbol{X}}=\frac{1}{n}\sum_{i=1}^{n}\boldsymbol{X}_i,$$

则当 $n\to\infty$ 时,

$$\boldsymbol{B}_n=(b_{ij}(n))=\frac{1}{\sqrt{n-1}}[\boldsymbol{A}_n-(n-1)\boldsymbol{\Sigma}] \tag{3.4.12}$$

的极限分布是正态分布 (这是指将 $\boldsymbol{B}_n$ 中的独立元素拉成一个长向量的极限分布, 而不是指矩阵正态分布), 均值为 $\mathbf{0}$, 协方差阵为

$$E(b_{ij}(n)b_{hl}(n))=\sigma_{ih}\sigma_{jl}+\sigma_{il}\sigma_{jh}. \tag{3.4.13}$$

在定理 3.4.3 中取 $\boldsymbol{X}_j$ 为定理 3.4.4 中的 $(\boldsymbol{X}_j-\bar{\boldsymbol{X}})(\boldsymbol{X}_j-\bar{\boldsymbol{X}})^{\mathrm{T}}$ 即可, 证明也可参见文献 [4, P81].

设样本 $\boldsymbol{X}$ 是由 n 个独立同分布的观察向量 $\boldsymbol{X}_1,\cdots,\boldsymbol{X}_n$ 组成的, $\boldsymbol{X}_i$ 的概率密度函数为 $p(\boldsymbol{x},\boldsymbol{\theta})$. 显然, 样本的概率密度即为似然函数 L. 这时

$$l(\boldsymbol{X},\boldsymbol{\theta})=\ln L=\sum_{i=1}^{n}\ln p(\boldsymbol{x}_i,\boldsymbol{\theta})$$

为对数似然函数; 而称

$$\phi_i(\boldsymbol{\theta}) = \frac{1}{\sqrt{n}}\frac{\partial l(\boldsymbol{X},\boldsymbol{\theta})}{\partial \boldsymbol{\theta}_i} = \frac{1}{\sqrt{n}}\sum_{j=1}^{n}\frac{1}{p(\boldsymbol{x}_j,\boldsymbol{\theta})}\frac{\partial}{\partial \boldsymbol{\theta}_i}p(\boldsymbol{x}_j,\boldsymbol{\theta}) \tag{3.4.14}$$

为对数似然函数的第i个记分.

定理 3.4.5 记上述记分为向量 $\boldsymbol{v} = (\phi_1,\cdots,\phi_q)^{\mathrm{T}}$, 则 $\boldsymbol{v}$ 的渐近分布为 $N_q(\boldsymbol{0},\boldsymbol{\varPsi})$, 其中 $\boldsymbol{\varPsi} = (\boldsymbol{\varPsi}_{ij})$ 为 $\boldsymbol{X}_i$ 的信息矩阵.

证明 只要证明任何线性函数 $\boldsymbol{b}^{\mathrm{T}}\boldsymbol{v} = \sum_{i=1}^{q} b_i\phi_i$ 的渐近分布均为 $N(0,\boldsymbol{b}^{\mathrm{T}}\boldsymbol{\varPsi}\boldsymbol{b})$ 即可. 令

$$y_i = \sum_{s=1}^{q}\frac{b_s}{p(\boldsymbol{x}_i,\boldsymbol{\theta})}\frac{\partial}{\partial \boldsymbol{\theta}_s}p(\boldsymbol{x}_i,\boldsymbol{\theta}), \quad i = 1,\cdots,n,$$

显然 $E(y_i) = 0\,(i = 1,\cdots,n)$, 并且

$$\mathrm{Var}(y_i) = \sum_r\sum_s b_r b_s E\left(\frac{1}{p(\boldsymbol{x}_i,\boldsymbol{\theta})}\frac{\partial p}{\partial \boldsymbol{\theta}_r}\frac{1}{p(\boldsymbol{x}_i,\boldsymbol{\theta})}\frac{\partial p}{\partial \boldsymbol{\theta}_s}\right) = \sum_r\sum_s b_r b_s\boldsymbol{\varPsi}_{rs} = \boldsymbol{b}^{\mathrm{T}}\boldsymbol{\varPsi}\boldsymbol{b}.$$

由 $\{\boldsymbol{X}_i\}$ 的独立性知, $\{y_i\}$ 彼此独立, 即 $\{y_i\}$ 是 n 个独立同分布的随机变量. 由大数定理知 $\frac{1}{\sqrt{n}}\sum_{i=1}^{n}y_i \to N(0,\boldsymbol{b}^{\mathrm{T}}\boldsymbol{\varPsi}\boldsymbol{b})$, 即得定理. 证毕.

设 $\boldsymbol{X}$ 是一维随机变量, 它有概率密度 $p(\boldsymbol{x},\theta)$. 对于离散变量 $\boldsymbol{X}$, 则记 $p(\boldsymbol{y},\theta)$ 为 $\boldsymbol{X} = \boldsymbol{y}$ 时的概率. 当 θ 是一维时, 下面假设

假设 1 对于 θ 的取值区域 A, 导数 $\frac{\mathrm{d}\ln p}{\mathrm{d}\theta}, \frac{\mathrm{d}^2\ln p}{\mathrm{d}\theta^2}, \frac{\mathrm{d}^3\ln p}{\mathrm{d}\theta^3}$ 都存在.

假设 2 在 θ 的真值处有

$$E\left(\frac{p'_\theta(x,\theta)}{p(x,\theta)}\bigg|\theta\right) = 0, \quad E\left(\frac{p''_\theta(x,\theta)}{p(x,\theta)}\bigg|\theta\right) = 0, \quad E\left(\frac{(p'_\theta(x,\theta))^2}{p(x,\theta)}\bigg|\theta\right) > 0.$$

假设 3 对于一切 $\theta \in A$, 恒有

$$\left|\frac{\mathrm{d}^3\ln p}{\mathrm{d}\theta^3}\right| < M(x),$$

而 $E(M(x)) < K$, K 与 θ 无关.

上述假设称为正则性条件. 当参数是向量时, 也可类似地定义.

定理 3.4.6 如 $p(\boldsymbol{x},\boldsymbol{\theta})$ 满足正则性条件, 记 $\hat{\boldsymbol{\theta}}$ 为 $\boldsymbol{\theta}$ 的最大似然估什, 设 $\boldsymbol{X}_i$ 点上的信息矩阵 $\boldsymbol{\varPsi} = (\boldsymbol{\varPsi}_{ij})$ 非奇异, 则

(1) $\boldsymbol{D} = \sqrt{n}(\boldsymbol{\theta} - \hat{\boldsymbol{\theta}})$ 的渐近分布为 $N_q(\boldsymbol{0},\boldsymbol{\varPsi}^{-1})$;

(2) $2[l(\hat{\boldsymbol{\theta}}) - l(\boldsymbol{\theta})]$ 与 $\boldsymbol{D}^{\mathrm{T}}\boldsymbol{\varPsi}\boldsymbol{D}$ 有相同的渐近分布 (即 χ^2_q).

证明参见文献 [6, §6e1].

定理 3.4.6 非常有用. (1) 可以改写为 $\hat{\boldsymbol{\theta}} \sim N_q(\boldsymbol{\theta}, (n\boldsymbol{\Psi})^{-1})$. $n\boldsymbol{\Psi}$ 恰是有相同分布的 n 个独立观察组成的样本 ($\boldsymbol{X}$) 的信息矩阵. 由此可以看出, $\hat{\boldsymbol{\theta}}$ 的渐近方差即是样本信息矩阵 ($n\boldsymbol{\Psi}$) 的逆矩阵. 而 (2) 说明了似然比统计量 (见第 5 章) 的渐近性质, 定理 3.4.6(2) 就是今后常用的似然比统计量的理论基础.

在用样本检验 H_0: $\boldsymbol{\theta} = \boldsymbol{\theta}_0$ 时, 一般有三个渐近的卡方公式, 它们是

(1) Wald 检验

$$(\hat{\boldsymbol{\theta}} - \boldsymbol{\theta}_0)^{\mathrm{T}}(n\boldsymbol{\Psi})^{-1}(\hat{\boldsymbol{\theta}} - \boldsymbol{\theta}_0) \sim \chi_q^2, \tag{3.4.15}$$

它的原理是从定理 3.4.6(2) 出发的.

(2) 似然比检验

$$2[l(\hat{\boldsymbol{\theta}}) - l(\boldsymbol{\theta}_0)] \sim \chi_q^2, \tag{3.4.16}$$

它的原理是从定理 3.4.6(2) 出发的.

(3) 记分检验

$$\left[\frac{1}{\sqrt{n}}\frac{\partial l(\boldsymbol{X}, \boldsymbol{\theta})}{\partial \boldsymbol{\theta}}\right]^{\mathrm{T}}\Bigg|_{\boldsymbol{\theta}=\boldsymbol{\theta}_0} \boldsymbol{\Psi}^{-1}\left[\frac{1}{\sqrt{n}}\frac{\partial l(\boldsymbol{X}, \boldsymbol{\theta})}{\partial \boldsymbol{\theta}}\right]\Bigg|_{\boldsymbol{\theta}=\boldsymbol{\theta}_0} \sim \chi_q^2, \tag{3.4.17}$$

它的原理是从定理 3.4.6(1) 出发的.

下面从例子中考察信息矩阵的实际意义及用处. 从例 3.3.2 中的 (3.3.7) 出发.

例 3.4.2 在例 3.3.2 中, 已求得在一个点 x 上 (μ, σ^2) 的信息矩阵为

$$\boldsymbol{\Psi} = \begin{pmatrix} 1/\sigma^2 & 0 \\ 0 & 1/(2\sigma^4) \end{pmatrix},$$

于是得

$$(n\boldsymbol{\Psi})^{-1} = \begin{pmatrix} \sigma^2/n & 0 \\ 0 & 2\sigma^4/n \end{pmatrix}.$$

从逆矩阵公式可以得出如下信息:

(1) 由 $(n\boldsymbol{\Psi})_{12}^{-1} = 0$, 按照定理 3.4.6(1) 的公式, 可以认为均值 μ 与方差 σ^2 的样本估计量是渐近无关的. 这显然与已知的估计量 $\bar{x}, s^2$ 的独立性一致.

(2) 由 $(n\boldsymbol{\Psi})_{11}^{-1} = \sigma^2/n$ 可以知道, μ 的最大似然估计为 $\bar{x}$. 由定理 3.4.6(1), 它的渐近方差为 σ^2/n, 这也与已知 $\bar{x}$ 的方差为 σ^2/n 一致.

(3) 由 $(n\boldsymbol{\Psi})_{22}^{-1} = 2\sigma^4/n$ 可以知道, σ^2 的最大似然估计为 $\boldsymbol{A}_{22}/n$. 而由 (3.4.7) 知

$$\boldsymbol{A}_{22} \overset{\mathrm{d}}{=} \sum_{i=1}^{n-1} \boldsymbol{Z}_i \boldsymbol{Z}_i^{\mathrm{T}} = \sum_{i=1}^{n-1} \boldsymbol{Z}_i^2 \sim \sigma^2 \chi_{n-1}^2.$$

其卡方统计量的方差为 $2(n-1)$ 知

$$\mathrm{Var}(\boldsymbol{A}_{22}/n) = 2 \times \frac{n-1}{n^2}\sigma^4 \approx \frac{2}{n}\sigma^4 = (n\boldsymbol{\Psi})_{22}^{-1}.$$

由此可见, 从信息矩阵出发引出的渐近性质与已知的理论结果是完全一致的. 但从信息矩阵出发时, 对总体并没有正态性要求. 从例 3.4.2 可见, 信息矩阵的结果在小样本时似乎也不坏.

3.5　Wishart 分布

已经知道, 对正态分布中参数 $\boldsymbol{\mu}, \boldsymbol{\Sigma}$ 的最大似然估计分别为 $\bar{\boldsymbol{X}}$ 及

$$\hat{\boldsymbol{\Sigma}} = \frac{1}{n}\sum_{j=1}^{n}(\boldsymbol{X}_j - \bar{\boldsymbol{X}})(\boldsymbol{X}_j - \bar{\boldsymbol{X}})^{\mathrm{T}}. \tag{3.5.1}$$

要研究这两个估计量, 就应知道它们的分布. 已经知道 $\bar{\boldsymbol{X}} \sim N_p\left(\boldsymbol{\mu}, \dfrac{1}{n}\boldsymbol{\Sigma}\right)$, 本节研究 $\sum\limits_{j=1}^{n}(\boldsymbol{X}_j - \bar{\boldsymbol{X}})(\boldsymbol{X}_j - \bar{\boldsymbol{X}})^{\mathrm{T}}$ 的分布.

定义 3.5.1　设

$$\boldsymbol{X} = \begin{pmatrix} \boldsymbol{X}_1^{\mathrm{T}} \\ \vdots \\ \boldsymbol{X}_n^{\mathrm{T}} \end{pmatrix} = \begin{pmatrix} X_{11} & \cdots & X_{1p} \\ \vdots & & \vdots \\ X_{n1} & \cdots & X_{np} \end{pmatrix} = (\boldsymbol{X}_{(1)}, \cdots, \boldsymbol{X}_{(p)}) \sim N_{n\times p}(\boldsymbol{M}, \boldsymbol{I}_n \otimes \boldsymbol{\Sigma}), \tag{3.5.2}$$

其中 n 组随机向量 $\boldsymbol{X}_1, \cdots, \boldsymbol{X}_n$ 是彼此独立的, 分布为 $\boldsymbol{X}_i \sim N_p(\boldsymbol{\mu}_i, \boldsymbol{\Sigma})$, 则称

$$\boldsymbol{W} = \sum_{i=1}^{n}\boldsymbol{X}_i\boldsymbol{X}_i^{\mathrm{T}} = \boldsymbol{X}^{\mathrm{T}}\boldsymbol{X} \sim W_p(n, \boldsymbol{\Sigma}, \boldsymbol{\tau}), \quad \boldsymbol{\tau} = \boldsymbol{M}^{\mathrm{T}}\boldsymbol{M}, \quad \boldsymbol{M} = E(\boldsymbol{X}) \tag{3.5.3}$$

是自由度为 n 的**非中心 Wishart(威沙特) 分布**, 非中心参数为 $\boldsymbol{\tau} = \boldsymbol{M}^{\mathrm{T}}\boldsymbol{M}$. 当 $\boldsymbol{\tau} = \boldsymbol{0}$ 时, 称 $\boldsymbol{W}$ 为**中心 Wishart 分布**, 记为 $\boldsymbol{W} \sim W_p(n, \boldsymbol{\Sigma})$. 显然, 当 $p = 1$ 时, $W \sim \sigma^2\chi^2$.

Wishart 分布的密度函数为 (在 $n > p, \boldsymbol{\Sigma} > 0$ 的条件下)

$$f(\boldsymbol{W}) = \begin{cases} c|\boldsymbol{W}|^{\frac{1}{2}(n-p-1)}\mathrm{etr}\left(-\dfrac{1}{2}\boldsymbol{\Sigma}^{-1}\boldsymbol{W}\right), & \boldsymbol{W} > 0, \\ 0, & \text{其他}, \end{cases}$$

而 c 是使 $\displaystyle\int f(\boldsymbol{W})\mathrm{d}\boldsymbol{W} = 1$ 的常数, 可求得

$$c^{-1} = 2^{np/2}\pi^{p(p-1)/4}|\boldsymbol{\Sigma}|^{n/2}\prod_{i=1}^{p}\Gamma\left(\frac{n-i+1}{2}\right)$$

(证略).

Wishart 分布有很多性质, 这里仅介绍**最基本的一些性质**.

(1) 若 $\boldsymbol{W} \sim W_p(n, \boldsymbol{\Sigma})$, 则 $\boldsymbol{W}$ 的特征函数为

$$\Phi_{\boldsymbol{x}}(\boldsymbol{T}) = E\left(\exp\left(\mathrm{i}\sum_{j\leqslant h}^{p} t_{jh} w_{jh}\right)\right) = |\boldsymbol{I}_p - \mathrm{i}\boldsymbol{\Gamma}\boldsymbol{\Sigma}|^{-\frac{1}{2}n},$$

其中 $\boldsymbol{T} = \boldsymbol{T}^{\mathrm{T}} = (t_{ij})$ 及 $\boldsymbol{\Gamma} = (\gamma_{ij})$ 都是 p 阶方阵, 并且

$$\gamma_{ij} = (1+\delta_{ij})t_{ij}, \quad \delta_{ii} = 1, \quad \delta_{ij} = 0, i \neq j.$$

对于 $\boldsymbol{W}$ 的逆矩阵有

$$E(\boldsymbol{W}^{-1}) = \frac{\boldsymbol{\Sigma}^{-1}}{n-p-1}. \tag{3.5.4}$$

(2) 若 $\boldsymbol{W} \sim W_p(n, \boldsymbol{\Sigma})$, 则

$$E(\boldsymbol{W}) = n\boldsymbol{\Sigma},$$

$$\mathrm{Var}(\mathrm{vec}(\boldsymbol{W})) = n(\boldsymbol{I}_{k^2} + \boldsymbol{K})(\boldsymbol{\Sigma} \otimes \boldsymbol{\Sigma}),$$

其中 $\boldsymbol{K} = \sum_{i,j=1}^{p} (\boldsymbol{E}_{ij} \otimes \boldsymbol{E}_{ij}^{\mathrm{T}})$, $\boldsymbol{E}_{ij}$ 为 p 阶方阵, 仅 (i,j) 为 1. 特别地,

$$\mathrm{Cov}(w_{ij}, w_{kl}) = n(\sigma_{ik}\sigma_{jl} + \sigma_{il}\sigma_{jk}), \quad \boldsymbol{\Sigma} = (\sigma_{ij}).$$

(3) 若 $\boldsymbol{W} \sim W_p(n, \boldsymbol{\Sigma}, \boldsymbol{\Delta}), \boldsymbol{B}$ 为 $q \times p$ 的常数矩阵, 则

$$\boldsymbol{B}\boldsymbol{W}\boldsymbol{B}^{\mathrm{T}} \sim W_q(n, \boldsymbol{B}\boldsymbol{\Sigma}\boldsymbol{B}^{\mathrm{T}}, \boldsymbol{B}\boldsymbol{\Delta}\boldsymbol{B}^{\mathrm{T}}). \tag{3.5.5}$$

证明 与 $\boldsymbol{W}$ 对应的有 $\boldsymbol{X} \sim N_{n\times p}(\boldsymbol{M}, \boldsymbol{I} \otimes \boldsymbol{\Sigma})$, 使得

$$\boldsymbol{W} \overset{\mathrm{d}}{=} \boldsymbol{X}^{\mathrm{T}}\boldsymbol{X}, \quad \boldsymbol{\Delta} = \boldsymbol{M}^{\mathrm{T}}\boldsymbol{M},$$

于是

$$\boldsymbol{X}\boldsymbol{B}^{\mathrm{T}} \sim N_{n\times q}(\boldsymbol{M}\boldsymbol{B}^{\mathrm{T}}, \boldsymbol{I} \otimes (\boldsymbol{B}\boldsymbol{\Sigma}\boldsymbol{B}^{\mathrm{T}})).$$

使用 Wishart 定义得

$$\boldsymbol{B}\boldsymbol{W}\boldsymbol{B}^{\mathrm{T}} \overset{\mathrm{d}}{=} \boldsymbol{B}\boldsymbol{X}^{\mathrm{T}}\boldsymbol{X}\boldsymbol{B}^{\mathrm{T}} = (\boldsymbol{X}\boldsymbol{B}^{\mathrm{T}})^{\mathrm{T}}\boldsymbol{X}\boldsymbol{B}^{\mathrm{T}} \sim W_q(n, \boldsymbol{B}\boldsymbol{\Sigma}\boldsymbol{B}^{\mathrm{T}}, \boldsymbol{B}\boldsymbol{\Delta}\boldsymbol{B}^{\mathrm{T}}).$$

特例 取 $\boldsymbol{B} = \boldsymbol{l}^{\mathrm{T}}, \boldsymbol{l} \in \mathbf{R}^p$, 则

$$\boldsymbol{l}^{\mathrm{T}}\boldsymbol{W}\boldsymbol{l} \sim \sigma_l^2 \chi_{n,\lambda}^2,$$

其中 $\sigma_l^2=\boldsymbol{l}^{\mathrm{T}}\boldsymbol{\Sigma}\boldsymbol{l},\lambda=\boldsymbol{l}^{\mathrm{T}}\boldsymbol{\Delta}\boldsymbol{l}/\sigma_l^2$.

(4) 若 $\boldsymbol{W}_j\sim W_p(n_j,\boldsymbol{\Sigma},\boldsymbol{\Delta}_j)\,(j=1,\cdots,m)$ 相互独立, 则

$$\sum_{j=1}^m\boldsymbol{W}_j\sim W_p(n,\boldsymbol{\Sigma},\boldsymbol{\Delta}),$$

其中 $n=\sum_{i=1}^m n_i,\boldsymbol{\Delta}=\sum_{i=1}^m\boldsymbol{\Delta}_i$.

(5) $\boldsymbol{W}\sim W_p(n,\boldsymbol{\Sigma},\boldsymbol{\Delta})$, 按同样方式剖分 $\boldsymbol{W},\boldsymbol{A},\boldsymbol{\Sigma}$ 如下:

$$\boldsymbol{W}=\begin{pmatrix}\boldsymbol{W}_{11}&\boldsymbol{W}_{12}\\\boldsymbol{W}_{21}&\boldsymbol{W}_{22}\end{pmatrix},\quad\boldsymbol{\Sigma}=\begin{pmatrix}\boldsymbol{\Sigma}_{11}&\boldsymbol{\Sigma}_{12}\\\boldsymbol{\Sigma}_{21}&\boldsymbol{\Sigma}_{22}\end{pmatrix},\quad\boldsymbol{\Delta}=\begin{pmatrix}\boldsymbol{\Delta}_{11}&\boldsymbol{\Sigma}_{12}\\\boldsymbol{\Sigma}_{21}&\boldsymbol{\Sigma}_{22}\end{pmatrix},$$

其中 $\boldsymbol{W}_{11}$ 为 $q\times q$ 矩阵, $\boldsymbol{W}_{22}$ 为 $(p-q)\times(p-q)$ 矩阵, 则

$$\boldsymbol{W}_{11}\sim W_q(n,\boldsymbol{\Sigma}_{11},\boldsymbol{\Delta}_{11}),\quad\boldsymbol{W}_{22}\sim W_{p-q}(n,\boldsymbol{\Sigma}_{22},\boldsymbol{\Sigma}_{22}),\tag{3.5.6}$$

$\boldsymbol{W}_{11}$ 和 $\boldsymbol{W}_{22}$ 相互独立的充要条件是 $\boldsymbol{\Sigma}_{12}=\boldsymbol{0}$.

证明 这时数据矩阵每行的 p 个分量都分成两部分, 分别记为 1, 2. 于是第 i 行向量形为

$$\boldsymbol{X}_i^{\mathrm{T}}=(\boldsymbol{X}_{i1}^{\mathrm{T}},\boldsymbol{X}_{i2}^{\mathrm{T}}),\quad i=1,\cdots,n,$$

从而

$$\boldsymbol{W}=\boldsymbol{X}^{\mathrm{T}}\boldsymbol{X}=\sum_{i=1}^n\boldsymbol{X}_i\boldsymbol{X}_i^{\mathrm{T}}=\sum_{i=1}^n\begin{pmatrix}\boldsymbol{X}_{i1}\boldsymbol{X}_{i1}^{\mathrm{T}}&\boldsymbol{X}_{i1}\boldsymbol{X}_{i2}^{\mathrm{T}}\\\boldsymbol{X}_{i2}\boldsymbol{X}_{i1}^{\mathrm{T}}&\boldsymbol{X}_{i2}\boldsymbol{X}_{i2}^{\mathrm{T}}\end{pmatrix}=\begin{pmatrix}\boldsymbol{W}_{11}&\boldsymbol{W}_{12}\\\boldsymbol{W}_{21}&\boldsymbol{W}_{22}\end{pmatrix},$$

即

$$\boldsymbol{W}_{11}=\sum_{i=1}^n\boldsymbol{X}_{i1}\boldsymbol{X}_{i1}^{\mathrm{T}},\quad\boldsymbol{W}_{22}=\sum_{i=1}^n\boldsymbol{X}_{i2}\boldsymbol{X}_{i2}^{\mathrm{T}}.$$

由 Wishart 分布的定义知

$$\boldsymbol{W}_{11}\sim W_q(n,\boldsymbol{\Sigma}_{11},\boldsymbol{\Delta}_{11}),\quad\boldsymbol{W}_{22}\sim W_{p-q}(n,\boldsymbol{\Sigma}_{22},\boldsymbol{\Sigma}_{22}).$$

另外, 由正态分布的性质知

$$\boldsymbol{\Sigma}_{12}=\boldsymbol{0}\Leftrightarrow\boldsymbol{X}_{i1}\text{ 与 }\boldsymbol{X}_{i2}\text{ 彼此独立 }\Leftrightarrow\boldsymbol{W}_{11}\text{ 与 }\boldsymbol{W}_{22}\text{ 独立}.$$

(6) $\boldsymbol{W}\sim W_p(n,\boldsymbol{\Sigma})$, 将 $\boldsymbol{W}$ 按性质 (5) 剖分, 则

$$\boldsymbol{W}_{22.1}=\boldsymbol{W}_{22}-\boldsymbol{W}_{21}\boldsymbol{W}_{11}^{-1}\boldsymbol{W}_{12}\sim W_{p-q}(n-q,\boldsymbol{\Sigma}_{22.1}),$$

其中 $\boldsymbol{\Sigma}_{22.1} = \boldsymbol{\Sigma}_{22} - \boldsymbol{\Sigma}_{21}\boldsymbol{\Sigma}_{11}^{-1}\boldsymbol{\Sigma}_{12}$, 并且 $\boldsymbol{W}_{22.1}$ 与 $(\boldsymbol{W}_{11}, \boldsymbol{W}_{12})$ 相互独立.

(7) (i) 设 $\boldsymbol{X} \sim N_{n\times p}(\boldsymbol{M}, \boldsymbol{I}_n \otimes \boldsymbol{\Sigma})$, $\boldsymbol{C}$ 为任一 n 阶对称矩阵, 则 $\boldsymbol{X}^{\mathrm{T}}\boldsymbol{C}\boldsymbol{X} \sim W_p(r, \boldsymbol{\Sigma}, \boldsymbol{G})$ 的充要条件为

$$\boldsymbol{C}^2 = \boldsymbol{C}, \quad \mathrm{rank}(\boldsymbol{C}) = r, \quad \boldsymbol{G} = \boldsymbol{M}^{\mathrm{T}}\boldsymbol{C}\boldsymbol{M};$$

(ii) 设 $\boldsymbol{X} \sim N_{n\times p}(\boldsymbol{M}, \boldsymbol{I}_n \otimes \boldsymbol{\Sigma})$, $\boldsymbol{C}$ 和 $\boldsymbol{D}$ 为任意 n 阶对称矩阵, 则 $\boldsymbol{X}^{\mathrm{T}}\boldsymbol{C}\boldsymbol{X}$ 与 $\boldsymbol{X}^{\mathrm{T}}\boldsymbol{D}\boldsymbol{X}$ 独立的充要条件为 $\boldsymbol{C}\boldsymbol{D} = \boldsymbol{0}$.

(8) (3.5.2) 的数据矩阵中, $\boldsymbol{X} \sim N_{n\times p}(\boldsymbol{1}_n\boldsymbol{\mu}^{\mathrm{T}}, \boldsymbol{I}_n \otimes \boldsymbol{\Sigma})$, 记

$$\boldsymbol{A} = \sum_{j=1}^{n}(\boldsymbol{X}_j - \bar{\boldsymbol{X}})(\boldsymbol{X}_j - \bar{\boldsymbol{X}})^{\mathrm{T}},$$

则 $\boldsymbol{A}$ 的分布为 $W_p(n-1, \boldsymbol{\Sigma})$, 并且 $\boldsymbol{A}$ 与 $\bar{\boldsymbol{X}}$ 独立.

证明 $\boldsymbol{A} = \sum_{i=1}^{n}(\boldsymbol{X}_i - \bar{\boldsymbol{X}})^{\mathrm{T}}(\boldsymbol{X}_i - \bar{\boldsymbol{X}}) = \boldsymbol{X}^{\mathrm{T}}\left(\boldsymbol{I} - \frac{1}{n}\boldsymbol{1}_n\boldsymbol{1}_p^{\mathrm{T}}\right)\boldsymbol{X}$, $\boldsymbol{P} = \boldsymbol{I} - \frac{1}{n}\boldsymbol{1}_n\boldsymbol{1}_p^{\mathrm{T}}$, 显然 $\boldsymbol{P}^2 = \boldsymbol{P}$, 即 $\boldsymbol{P}$ 是投影矩阵, $\mathrm{rank}(\boldsymbol{P}) = n-1$. 利用性质 (7)(i) 知 $\boldsymbol{A} \sim W_p(n-1, \boldsymbol{\Sigma})$. 关于 $\boldsymbol{A}$ 与均值向量的独立性, 前面已证.

(9) (3.5.2) 的数据矩阵中, $\boldsymbol{X} \sim N_{n\times p}(\boldsymbol{0}, \boldsymbol{I}_n \otimes \boldsymbol{\Sigma})\,(n > p)$, $\boldsymbol{A} = \boldsymbol{X}^{\mathrm{T}}\boldsymbol{X} \sim W_p(n, \boldsymbol{\Sigma})$. 记 $\boldsymbol{A} = (a_{ij})$,

$$\boldsymbol{A}^{-1} = (a^{ij}), \quad \boldsymbol{\Sigma} = (\sigma_{ij}), \quad \boldsymbol{\Sigma}^{-1} = (\sigma^{ij}),$$

则

(i) 对 p 个变量中的任一个, 如第 i 个有

$$\frac{\sigma^{(ii)}}{a^{(ii)}} \sim \chi^2_{n-p+1}; \tag{3.5.7}$$

(ii) 对任意的 p 维常数非零向量 $\boldsymbol{l} \neq \boldsymbol{0}$, 总有

$$\frac{\boldsymbol{l}^{\mathrm{T}}\boldsymbol{\Sigma}^{-1}\boldsymbol{l}}{\boldsymbol{l}^{\mathrm{T}}\boldsymbol{A}^{-1}\boldsymbol{l}} \sim \chi^2_{n-p+1}, \tag{3.5.8}$$

其中比值与非零向量 $\boldsymbol{l}$ 的取值无关.

习 题 3

3.1 $\boldsymbol{X} \sim N_p(\boldsymbol{\mu}, \boldsymbol{\Sigma})$, $\boldsymbol{Y} = \boldsymbol{\mu} + \boldsymbol{A}\boldsymbol{X}$, $\boldsymbol{Z} = \boldsymbol{\nu} + \boldsymbol{B}\boldsymbol{X}$, 证明: $\boldsymbol{Y}$ 与 $\boldsymbol{Z}$ 独立的充分必要条件是 $\boldsymbol{A}\boldsymbol{\Sigma}\boldsymbol{B}^{\mathrm{T}} = \boldsymbol{0}$.

3.2 利用习题 3.1 的结果, 证明: 在定理 3.1.6 情况下, $\boldsymbol{X}^{(2)}$ 与 $\boldsymbol{X}^{(1)} - \boldsymbol{\Sigma}_{12}\boldsymbol{\Sigma}_{22}^{-1}\boldsymbol{X}^{(2)}$ 相互独立.

3.3 设 $\boldsymbol{X} \sim N_{n\times p}(\boldsymbol{0}, \boldsymbol{I} \otimes \boldsymbol{\Sigma})$, 其中 $\boldsymbol{\Gamma}$ 为任一正交矩阵, 证明: $\boldsymbol{X} \overset{\mathrm{d}}{=} \boldsymbol{\Gamma}\boldsymbol{X}$.

3.4　设 $\boldsymbol{X}_1, \cdots, \boldsymbol{X}_n$ 是从 $\boldsymbol{X} \sim N_p(\boldsymbol{\mu}, \boldsymbol{\Sigma})$ 中独立抽取的一个样本, 若 μ 已知, 求证 $\boldsymbol{\Sigma}$ 的极大似然估计为

$$\hat{\boldsymbol{\Sigma}} = \frac{1}{n}\sum_{i=1}^{n}(\boldsymbol{X}_i - \boldsymbol{\mu})(\boldsymbol{X}_i - \boldsymbol{\mu})^{\mathrm{T}}.$$

3.5　设 $(x_1, y_1), \cdots, (x_n, y_n)$ 是来自二元正态总体

$$N_2\left(\begin{pmatrix} \mu_1 \\ \mu_2 \end{pmatrix}, \quad \sigma^2\begin{pmatrix} 1 & \rho \\ \rho & 1 \end{pmatrix}\right)$$

的一个样本, 其样本离差阵为 $\boldsymbol{A} = \begin{pmatrix} a_{11} & a_{12} \\ a_{21} & a_{22} \end{pmatrix}$. 试证明:

(1) σ^2 的极大似然估计为 $\hat{\sigma}^2 = (a_{11} + a_{22})/2n$;

(2) ρ 的极大似然估计为 $\hat{\rho} = 2a_{12}/(a_{11} + a_{22})$.

3.6(对称正态分布)　设 $\boldsymbol{X} \sim N_p(\boldsymbol{\mu}, \boldsymbol{\Sigma})$, 其中 $\boldsymbol{\mu} = (\mu_0, \cdots, \mu_0)^{\mathrm{T}}$, $\boldsymbol{\Sigma} = \sigma^2\begin{pmatrix} 1 & \rho & \cdots & \rho \\ \rho & 1 & \cdots & \rho \\ \vdots & \vdots & & \vdots \\ \rho & \rho & \cdots & 1 \end{pmatrix}$, 则称 $\boldsymbol{X}$ 为对称正态分布. 试证明: $\boldsymbol{X}$ 有如下性质: 记 $\boldsymbol{\Gamma}$ 为任一正交矩阵, 但它的第一行为 $(1/\sqrt{p}, \cdots, 1/\sqrt{p})$. 作变换 $\boldsymbol{Y} = \boldsymbol{\Gamma X}$, 则 p 维正态分布 $\boldsymbol{Y} = (y_1, \cdots, y_p)^{\mathrm{T}}$ 中的分量彼此独立, 并且

$$y_1 \sim N(\mu_0\sqrt{p}, [1 + (p-1)\rho]\sigma^2), \quad y_i \sim N(0, (1-\rho)\sigma^2), \quad i > 1$$

(提示: 利用习题 2.12 的结果).

3.7　设 $\boldsymbol{V} \sim W_p(n, \boldsymbol{\Sigma}), \boldsymbol{W} \sim W_p(n, \boldsymbol{I})$, 则 $|\boldsymbol{V}|/|\boldsymbol{\Sigma}| \stackrel{\mathrm{d}}{=} |\boldsymbol{W}|$.

3.8　设 $\boldsymbol{X}_1, \cdots, \boldsymbol{X}_n$ 是从 $\boldsymbol{X} \sim N_p(\boldsymbol{\mu}, \boldsymbol{\Sigma})$ 中独立抽取的一个样本, $c_i \geqslant 0, \sum\limits_{i=1}^{n} c_i = 1$. 令 $\boldsymbol{M} = c_1\boldsymbol{X}_1 + \cdots + c_n\boldsymbol{X}_n$. 试证明:

(1) $\boldsymbol{M}$ 是 $\boldsymbol{\mu}$ 的无偏估计;

(2) $\boldsymbol{M} \sim N_p(\boldsymbol{\mu}, \boldsymbol{c}^{\mathrm{T}}\boldsymbol{c}\boldsymbol{\Sigma})$, 其中 $\boldsymbol{c} = (c_1, \cdots, c_n)^{\mathrm{T}}$.

3.9　设 $\boldsymbol{X} \sim N_{n\times p}(\boldsymbol{M}, \boldsymbol{W} \otimes \boldsymbol{V})$, 记 $\boldsymbol{W} = (w_{ij}), \boldsymbol{V} = (v_{ij})$, 记

$$\boldsymbol{X} = (\boldsymbol{X}_{(1)}, \cdots, \boldsymbol{X}_{(p)}),$$

其中 $\boldsymbol{X}_{(i)}$ 为 $n \times 1$ 向量, 代表 $\boldsymbol{X}$ 的第 i 列元素,

$$\boldsymbol{\mu} = (\boldsymbol{\mu}_{(1)}, \cdots, \boldsymbol{\mu}_{(p)}),$$

其中 $\boldsymbol{\mu}_{(i)}$ 为 $n \times 1$ 向量, 代表 $\boldsymbol{M}$ 的第 i 列元素. 证明:

(1) $\boldsymbol{X}_{(i)} \sim N_n(\boldsymbol{\mu}_{(i)}, v_{ii}\boldsymbol{W})\ (i = 1, \cdots, p)$;

(2) $\mathrm{Cov}(\boldsymbol{X}_{(i)}, \boldsymbol{X}_{(j)}) = v_{ij}\boldsymbol{W}\ (i, j = 1, \cdots, p)$.

3.10　设 $\boldsymbol{X}_1, \cdots, \boldsymbol{X}_n$ 是 p 维彼此独立同分布的样本, 均值是 $\boldsymbol{\mu}$, 协方差阵为 $\boldsymbol{\Sigma}$. 试证明: $\sqrt{n}(\bar{\boldsymbol{X}} - \boldsymbol{\mu})$ 的渐近分布为 $N_p(\boldsymbol{0}, \boldsymbol{\Sigma})$.

3.11 设 $\sqrt{n}(\boldsymbol{y}-\boldsymbol{\theta})$ 的渐近分布为 $N_p(\boldsymbol{0},\boldsymbol{\Sigma})$, 记 $\boldsymbol{f}=(f_1,\cdots,f_q)^{\mathrm{T}}=\boldsymbol{f}(\boldsymbol{y})$ 是 q 维实值函数且对 $\boldsymbol{\theta}$ 可微. 记 $\boldsymbol{F}=(F_{ij})$, 其中 $F_{ij}=\left.\dfrac{\partial f_i(\boldsymbol{y})}{\partial y_j}\right|_{\boldsymbol{y}=\boldsymbol{\theta}}=\theta$, 则

$$\sqrt{n}(\boldsymbol{f}(\boldsymbol{y})-\boldsymbol{f}(\boldsymbol{\theta}))\text{ 的渐近分布为 } N_q(\boldsymbol{0},\boldsymbol{F\Sigma F}^{\mathrm{T}}).$$

3.12 在正态分布条件下, 试用对 $\boldsymbol{\mu}$ 及 $\boldsymbol{\Sigma}$ 求微商法, 求出用样本估计总体参数 $\boldsymbol{\mu}$ 及 $\boldsymbol{\Sigma}$ 的最大似然估计.

3.13 如果 $\boldsymbol{X}_1$ 独立于 $\boldsymbol{X}_2$ 且有相同分布 $N_p(\boldsymbol{0},\boldsymbol{\Sigma})$, 什么样的 a 及 b 值能使下式:

$$a\boldsymbol{X}_1\boldsymbol{X}_1^{\mathrm{T}}+b\boldsymbol{X}_1\boldsymbol{X}_2^{\mathrm{T}}+b\boldsymbol{X}_2\boldsymbol{X}_1^{\mathrm{T}}+a\boldsymbol{X}_2\boldsymbol{X}_2^{\mathrm{T}}$$

具有 Wishart 分布?

3.14 记 $\boldsymbol{X}=(\boldsymbol{X}_1,\boldsymbol{X}_2,\cdots,\boldsymbol{X}_n)^{\mathrm{T}}$, 每个 $\boldsymbol{X}_i$ 都服从 $N_p(\boldsymbol{0},\boldsymbol{\Sigma})$. 如果 $\boldsymbol{X}^{\mathrm{T}}\boldsymbol{A}_j\boldsymbol{X}\sim W_p(m_j,\boldsymbol{\Sigma})\ (j=1,\cdots,r)$ 且 $\boldsymbol{A}_j\boldsymbol{A}_k=\boldsymbol{0}$ (对一切 $j\neq k=1,\cdots,r$). 试证明: $\{\boldsymbol{X}^{\mathrm{T}}\boldsymbol{A}_j\boldsymbol{X}\}$ 之间彼此独立.

第 4 章　假设检验

4.1　马氏距离、T^2 及 Wilks 统计量

例 4.1.1　联合国粮农组织公布 2004 年世界各国的农业生产指数 (以 1999~2000 年时的结果为基数, 取为 100), 部分数据如表 4.1.1 所示.

如果对某一个指标 (如畜牧业) 在某两个洲之间作比较, 常用的方法是对该指标 (畜牧业) 在两大洲之间做 t 检验, 考察两大洲之间的均值是否有显著的差异, 如果把表 4.1.1 中的三个指标看成是衡量农业生产的一个整体, 要在某两个洲之间比较它们的农业生产整体之间是否有显著的差异, 这就应当使用多元统计学的 Hotelling T^2 检验, 它是单指标统计 t 检验的直接拓广. 如要在三大洲之间比较某一个指标在三大洲之间是否有显著的差异, 常用单指标的 F 检验公式. 如果在农业生产整体上比较三大洲是否有显著的差异, 这就应当使用多元方差分析中的 Wilks(威尔克斯) 统计量.

表 4.1.1　2004 年三大洲各国农业生产指数

国家和地区		农业 x_1	种植业 x_2	畜牧业 x_3
亚洲	1. 中国	122.1	117.2	129.6
	2. 孟加拉国	104.7	105.0	102.6
	3. 印度	104.6	102.1	111.2
	4. 印度尼西亚	114.6	113.1	125.8
	5. 伊朗	111.1	116.6	103.1
	6. 以色列	103.0	94.2	117.2
	7. 日本	97.8	95.8	99.6
	8. 哈萨克斯坦	100.8	98.0	112.0
	9. 朝鲜	109.0	110.0	113.6
	10. 韩国	92.2	90.5	98.7
	11. 马来西亚	116.9	117.1	116.7
	12. 蒙古	92.3	105.0	92.1
	13. 缅甸	116.6	116.6	122.8
	14. 巴基斯坦	109.0	105.2	112.5
	15. 菲律宾	113.2	109.5	123.2
	16. 新加坡	66.6	100.0	70.7
	17. 斯里兰卡	96.5	94.4	106.0
	18. 泰国	102.4	105.3	89.4
	19. 土耳其	104.7	104.6	106.8
	20. 越南	118.6	118.3	118.9

续表

国家和地区		农业 x_1	种植业 x_2	畜牧业 x_3
美洲	1. 加拿大	101.8	102.8	103.5
	2. 墨西哥	107.5	105.6	108.6
	3. 美国	107.3	110.5	102.0
	4. 阿根廷	101.1	105.0	94.4
	5. 巴西	125.4	126.7	123.6
	6. 委内瑞拉	99.4	93.4	103.4
欧洲	1. 白俄罗斯	114.9	129.6	107.7
	2. 保加利亚	99.1	106.0	95.9
	3. 捷克	104.1	109.8	95.3
	4. 法国	100.0	104.3	97.3
	5. 德国	102.8	105.5	101.0
	6. 意大利	95.4	95.6	98.1
	7. 荷兰	93.0	98.7	90.9
	8. 波兰	107.0	95.8	106.2
	9. 罗马尼亚	125.2	132.6	119.1
	10. 俄罗斯	114.2	117.0	107.7
	11. 西班牙	103.4	103.0	111.0
	12. 乌克兰	116.1	125.6	107.8
	13. 英国	97.9	99.3	97.2

Hotelling T^2 及 Wilks 统计量是多元统计学中最重要的两个基本统计量. 而马哈拉诺比斯距离 (Mahalanobis distance, 简称马氏距离) 则是对欧几里得距离 (简称欧氏距离) 的修正, 它是多元统计学中常用的距离.

4.1.1 马氏距离

设两个 p 维向量 $\boldsymbol{x},\boldsymbol{y}$ 是来自均值为 $\boldsymbol{\mu}$, 协方差阵为 $\boldsymbol{\Sigma}$ 的总体 G, 它们之间的马氏 (也称广义) 平方距离定义为

$$D^2(\boldsymbol{x},\boldsymbol{y})=(\boldsymbol{x}-\boldsymbol{y})^{\mathrm{T}}\boldsymbol{\Sigma}^{-1}(\boldsymbol{x}-\boldsymbol{y}), \tag{4.1.1}$$

而任一点 $\boldsymbol{x}$ 到总体 G 的马氏 (平方) 距离定义为

$$D^2(\boldsymbol{x},G)=(\boldsymbol{x}-\boldsymbol{\mu})^{\mathrm{T}}\boldsymbol{\Sigma}^{-1}(\boldsymbol{x}-\boldsymbol{\mu}). \tag{4.1.2}$$

可以证明：马氏距离满足一般距离的要求, 即

(1) $D(\boldsymbol{x},\boldsymbol{y})\geqslant 0,\forall \boldsymbol{x},\boldsymbol{y}\in \mathbf{R}^p, D(\boldsymbol{x},\boldsymbol{y})=0\Leftrightarrow \boldsymbol{x}=\boldsymbol{y}$;

$$D^2(\boldsymbol{x},G)\geqslant 0,\quad D^2(\boldsymbol{x},G)=0\Leftrightarrow \boldsymbol{x}=\boldsymbol{\mu};$$

(2) $D(\boldsymbol{x},\boldsymbol{y})=D(\boldsymbol{y},\boldsymbol{x})$;

(3) $D(\boldsymbol{x},\boldsymbol{y})\leqslant D(\boldsymbol{x},\boldsymbol{z})+D(\boldsymbol{z},\boldsymbol{y}),\forall \boldsymbol{x},\boldsymbol{y},\boldsymbol{z}\in \mathbf{R}^p$.

证明　只证明 (3).

$$\boldsymbol{u} \triangleq \boldsymbol{\Sigma}^{-1/2}(\boldsymbol{x}-\boldsymbol{y}) = \boldsymbol{\Sigma}^{-1/2}(\boldsymbol{x}-\boldsymbol{z}) + \boldsymbol{\Sigma}^{-1/2}(\boldsymbol{z}-\boldsymbol{y}) \triangleq \boldsymbol{v}+\boldsymbol{w},$$

由闵可夫斯基不等式得

$$D(\boldsymbol{x},\boldsymbol{y}) = \sqrt{\boldsymbol{u}^{\mathrm{T}}\boldsymbol{u}} \leqslant \sqrt{\boldsymbol{v}^{\mathrm{T}}\boldsymbol{v}} + \sqrt{\boldsymbol{w}^{\mathrm{T}}\boldsymbol{w}} = D(\boldsymbol{x},\boldsymbol{z}) + D(\boldsymbol{z},\boldsymbol{y}).$$

这三条性质说明, 马氏距离满足距离的一般性公理. 当 $\boldsymbol{\Sigma} = \boldsymbol{I}$ 时, 它就是通常用的欧氏距离. 但马氏距离与普通欧氏距离有如下一些根本性的区别:

(1) 马氏距离是没有量纲的, 即对 G 总体作非退化的线性变换 $\boldsymbol{z} = \boldsymbol{F}\boldsymbol{x}$ (方阵 $\boldsymbol{F} > \boldsymbol{0}$), 则对任何两点 $\boldsymbol{x}^{(1)}, \boldsymbol{x}^{(2)}$, 作变换 $\boldsymbol{z}^{(1)} = \boldsymbol{F}\boldsymbol{x}^{(1)}$, $\boldsymbol{z}^{(2)} = \boldsymbol{F}\boldsymbol{x}^{(2)}$, 总有

$$D^2(\boldsymbol{z}^{(1)}, \boldsymbol{z}^{(2)}) = D^2(\boldsymbol{x}^{(1)}, \boldsymbol{x}^{(2)}). \tag{4.1.3}$$

但在欧氏空间内不具有这种不变性, 而在欧氏空间内对不同量纲的量作加法运算也太不合理.

(2) 马氏距离把变量内的相关性程度也考察在内, 而在欧氏距离中, 变量间的关系都用不相关的直角坐标系表示, 这也是不大合理的.

欧氏距离虽有上述缺点, 但由于它在计算上简单, 所以在多元统计学中仍然被广泛地采用. 在实际工作中, 使用它时则要特别注意应该去掉每个指标的单位, 以使 “加法” 有合理性.

4.1.2　T^2 统计量

定义 4.1.1　下面 T^2 的两种定义是等价的, 并且称之为 **Hotelling** T^2:

(1) 设 $\boldsymbol{A} \sim W_p(n, \boldsymbol{I})$ 与 $\boldsymbol{u} \sim N_p(\boldsymbol{\mu}, \boldsymbol{I})$ 独立, 并且 $n > p$, 称

$$T^2 = n\boldsymbol{u}^{\mathrm{T}}\boldsymbol{A}^{-1}\boldsymbol{u} = \boldsymbol{u}^{\mathrm{T}}\left(\frac{\boldsymbol{A}}{n}\right)^{-1}\boldsymbol{u} \tag{4.1.4}$$

为**非中心 T^2 分布**, 记为 $T^2 \sim T^2_{p,n,\boldsymbol{\nu}}$, 其中 $\boldsymbol{\nu} = \boldsymbol{\mu}^{\mathrm{T}}\boldsymbol{\mu}$ 称为非中心参数.

当 $\boldsymbol{\mu} = \boldsymbol{0}$ 时, 称 T^2 为中心 T^2 分布, 常记为 $T_0^2 \sim T^2_{p,n}$.

(2) 设 $\boldsymbol{A} \sim W_p(n, \boldsymbol{\Sigma})$ 与 $\boldsymbol{u} \sim N_p(\boldsymbol{\mu}, c\boldsymbol{\Sigma})$ 独立, 并且 $n > p$, 其中 c 为任一正常数, 称

$$T^2 = n\boldsymbol{u}'(c\boldsymbol{A})^{-1}\boldsymbol{u} = \boldsymbol{u}^{\mathrm{T}}\left(\frac{c\boldsymbol{A}}{n}\right)^{-1}\boldsymbol{u}, \quad \lambda = \boldsymbol{\mu}^{\mathrm{T}}(c\boldsymbol{\Sigma})^{-1}\boldsymbol{\mu} \tag{4.1.5}$$

为非中心 T^2 分布, 记为 $T^2 \sim T^2_{p,n,\lambda}$.

等价性证明　利用正态性及 Wishart 分布的性质, 若 (2) 成立, 则有

$$\boldsymbol{A}^* \triangleq \boldsymbol{\Sigma}^{-1/2}\boldsymbol{A}\boldsymbol{\Sigma}^{-1/2} \sim W_p(n, \boldsymbol{I}),$$

$$\boldsymbol{u}^* = (c\boldsymbol{\Sigma})^{-1/2}\boldsymbol{u} \sim N_p((c\boldsymbol{\Sigma})^{-1/2}\boldsymbol{\mu}, \boldsymbol{I}),$$

于是得

$$\begin{aligned} n\boldsymbol{u}^{*\mathrm{T}}\boldsymbol{A}^{*-1}\boldsymbol{u}^* &= n[c\boldsymbol{\Sigma})^{-1/2}\boldsymbol{u}]^{\mathrm{T}}(\boldsymbol{\Sigma}^{-1/2}\boldsymbol{A}\boldsymbol{\Sigma}^{-1/2})^{-1}[(c\boldsymbol{\Sigma})^{-1/2}\boldsymbol{u}] \\ &= n\boldsymbol{u}^{\mathrm{T}}(c\boldsymbol{A})^{-1}\boldsymbol{u}, \end{aligned}$$

反之也成立. 非中心参数为 $(E\boldsymbol{u}^{*\mathrm{T}})(E\boldsymbol{u}^*) = \boldsymbol{\mu}^{\mathrm{T}}(c\boldsymbol{\Sigma})^{-1}\boldsymbol{\mu}$.

中心 T^2 的分布已列成表, 参见文献 [7] 的附表, 但实用及统计软件中常利用下面的性质把 T^2 改造成 F 或近似的 F 统计量, 再计算 T^2 的上侧百分位点.

T^2 的简单性质

(1) T^2 与 F 统计量的关系. 设 $\boldsymbol{A} \sim W_p(n, \boldsymbol{\Sigma})$ 与 $\boldsymbol{u} \sim N_p(\boldsymbol{\mu}, c\boldsymbol{\Sigma})$, 则

$$F_{p,n-p+1,\lambda} = \frac{n-p+1}{np}T^2_{p,n,\boldsymbol{\nu}}, \tag{4.1.6}$$

其中 $\lambda = \boldsymbol{\mu}^{\mathrm{T}}(c\boldsymbol{\Sigma})^{-1}\boldsymbol{\mu}$ 为非中心 F 分布的非中心参数, $\boldsymbol{\nu} = \boldsymbol{\mu}^{\mathrm{T}}\boldsymbol{\mu}$.

证明 因为

$$T_2 = n\boldsymbol{u}^{\mathrm{T}}(c\boldsymbol{A})^{-1}\boldsymbol{u} = n\frac{\boldsymbol{u}^{\mathrm{T}}\boldsymbol{A}^{-1}\boldsymbol{u}}{\boldsymbol{u}^{\mathrm{T}}\boldsymbol{\Sigma}^{-1}\boldsymbol{u}}[\boldsymbol{u}^{\mathrm{T}}(c\boldsymbol{\Sigma})^{-1}\boldsymbol{u}],$$

记

$$T_1 = \frac{\boldsymbol{u}^{\mathrm{T}}\boldsymbol{A}^{-1}\boldsymbol{u}}{\boldsymbol{u}^{\mathrm{T}}\boldsymbol{\Sigma}^{-1}\boldsymbol{u}}, \quad T_2 = \boldsymbol{u}^{\mathrm{T}}(c\boldsymbol{\Sigma})^{-1}\boldsymbol{u},$$

于是 $T^2 = nT_1T_2$,

$$\frac{n-p+1}{np}T^2 = \frac{n-p+1}{p} \times \frac{T_2}{1/T_1}.$$

由式 (3.5.7) 知, 当向量 $\boldsymbol{u}$ 给定时, $1/T_1 \sim \chi^2_{n-p+1}$, 并且与给定的向量 $\boldsymbol{u}$ 取值无关, 因此, $1/T_1$ 也是无条件地服从 $1/T_1 \sim \chi^2_{n-p+1}$, 并且与向量 $\boldsymbol{u}$ 独立. 也就是说, $1/T_1$ 与 $T_2 = \boldsymbol{u}^{\mathrm{T}}(c\boldsymbol{\Sigma})^{-1}\boldsymbol{u}$ 独立. 显然,

$$T_2 = \boldsymbol{u}^{\mathrm{T}}(c\boldsymbol{\Sigma})^{-1}\boldsymbol{u} \sim \chi^2_p(\lambda), \quad \lambda = \boldsymbol{\mu}^{\mathrm{T}}(c\boldsymbol{\Sigma})^{-1}\boldsymbol{\mu}.$$

由 F 分布统计量的定义即得 (4.1.6). 证毕.

由于非中心 $F(v_1, v_2, \lambda)$(其中 λ 为非中心参数) 分布有如下性质:

$$E(F_{v_1,v_2,\lambda}) = \frac{(v_1+\lambda)v_2}{(v_2-2)v_1}, \quad v_2 > 2, \tag{4.1.7}$$

$$\mathrm{Var}(F_{v_1,v_2,\lambda}) = 2\left(\frac{v_2}{v_1}\right)^2 \frac{(v_1+\lambda)^2 + (v_1+2\lambda)(v_2-2)}{(v_2-2)^2(v_2-4)}, \tag{4.1.8}$$

由此得 $T^2_{p,n,\boldsymbol{\nu}} = \dfrac{np}{n-p+1}F_{p,n-p+1,\lambda}$ 的均值及方差分别为

$$E(T^2_{p,n,\lambda}) = \frac{n(p+\lambda)}{n-p-1}, \tag{4.1.9}$$

$$\mathrm{Var}(T^2_{p,n,\lambda}) = 2n^2 \times \frac{(p+\lambda)^2 + (p+2\lambda)(n-p-1)}{(n-p-1)^2(n-p-3)}. \tag{4.1.10}$$

(2) 当 $D^2(\bar{\boldsymbol{x}}, G)$ 中的 $\boldsymbol{\Sigma}$ 用无偏性 $\boldsymbol{S}$ 估计时, T^2 与马氏距离 (定义见上面) 成正比,

$$T^2 = nD^2(\bar{\boldsymbol{x}}, G) \tag{4.1.11}$$

(这时 $\bar{\boldsymbol{x}} - \boldsymbol{\mu} \sim N_p(\boldsymbol{0}, \boldsymbol{\Sigma}/n), \boldsymbol{A} \sim W_p(n-1, \boldsymbol{\Sigma})$ 代入 (4.1.5) 即得上式).

(3) 令 G 为任一个 p 阶非退化矩阵, 对数据作如下变换:

$$\boldsymbol{y}_i = \boldsymbol{G}\boldsymbol{x}_i, \quad i = 1, \cdots, n,$$

即 $\boldsymbol{Y} = \boldsymbol{G}\boldsymbol{X}$, 则

$$T^2_{\boldsymbol{y}} = T^2_{\boldsymbol{x}},$$

即 T^2 具有不变性. 这特别适用于对变量的量纲作改变. 这个性质说明 T^2 统计量的数值是不变的.

4.1.3　Wilks 统计量

定义 4.1.2　设 $\boldsymbol{A} \sim W_p(n_A, \boldsymbol{\Sigma})$ 与 $\boldsymbol{B} \sim W_p(n_B, \boldsymbol{\Sigma})$ 独立, $n_A > p, n_B > p$, $\boldsymbol{\Sigma} > 0$, 则称

$$\Lambda = \frac{|\boldsymbol{A}|}{|\boldsymbol{A}+\boldsymbol{B}|} \tag{4.1.12}$$

服从 **Wilks 分布**, 记为 $\Lambda \sim \Lambda_{p,n_A,n_B}$. $\Lambda \sim \Lambda_{p,n_A,n_B}$ 的上侧百分位点已有表可查, 但实用及统计软件中常利用下面的性质把它改造成 F 或近似的 F 统计量, 再计算它的上侧百分位点.

下面列举 **Wilks 分布的一些基本性质**.

(1) 若 $n_B < p$, 则 Λ_{p,n_A,n_B} 的分布与 $\Lambda_{n_B,p,n_A+n_B-p}$ 相同. 因此, 一般应用时, 常设 $n_B > p$.

(2) 若 $n_A > p, T^2 \sim T^2_{p,n_A}, \Lambda \sim \Lambda_{p,n_A,1}$, 则

$$\Lambda^{-1} \overset{\mathrm{d}}{=} 1 + \frac{T^2}{n_A}, \quad T^2 \overset{\mathrm{d}}{=} n_A \frac{1-\Lambda}{\Lambda}. \tag{4.1.13}$$

式 (4.1.13) 表明, 当 $n_B = 1$ 时, Wilks 统计量可以用 T^2 表示. 这时

$$\frac{n_A - p + 1}{p} \times \frac{1-\Lambda}{\Lambda} \sim F_{p,n_A-p+1}.$$

(3) Wilks 统计量与 F 分布的关系. 可以证明, 在某些特例下, Wilks 统计量有精确的 F 分布, 如表 4.1.2 所示.

表 4.1.2 在某些特殊情形下, Wilks 统计量 Λ_{p,n_A,n_B} 的精确 F 分布

特例	Λ_{p,n_A,n_B} 的精确 F 分布
$n_B=1$	$\dfrac{n_A-p+1}{p}\times\dfrac{1-\Lambda}{\Lambda}\sim F_{p,n_A-p+1}$
$n_B=2$	$\dfrac{n_A-p+1}{p}\times\dfrac{1-\sqrt{\Lambda}}{\sqrt{\Lambda}}\sim F_{2p,2(n_A-p+1)}$
$p=1$	$\dfrac{n_A}{n_B}\times\dfrac{1-\Lambda}{\Lambda}\sim F_{n_B,n_A}$
$p=2$	$\dfrac{n_A-1}{n_B}\times\dfrac{1-\sqrt{\Lambda}}{\sqrt{\Lambda}}\sim F_{2n_A,2(n_B-1)}$

(4) Wilks 统计量一般有如下两种近似分布：

(i) Rao[6] 的精细近似公式.

若 $\Lambda\sim\Lambda_{p,n_A,n_B}$, 则

$$\frac{1-\Lambda^{1/s}}{\Lambda^{1/s}}\times\frac{ts-2\lambda}{pn_B}\sim F_{pn_B,ts-2\lambda}, \tag{4.1.14}$$

其中

$$t=n_A+n_B-\frac{p+n_B+1}{2},\quad \lambda=\frac{pn_B-2}{4},$$

$$s=\left(\frac{p^2n_B^2-4}{p^2+n_B^2-5}\right)^{1/2}\quad (\text{或 } s=0, \text{当上式分母为 0 时}).$$

可以看出, 当 p=1, 2 或 $n_B=1,2$ 时, Rao 的近似式是精确成立的. 式 (4.1.14) 中的自由度都应取整.

(ii) 对 $\Lambda\sim\Lambda_{p,n_A,n_B}$, 它的大样本近似式为

$$V\triangleq-\left(n_A-\frac{p-n_B+1}{2}\right)\ln\Lambda\sim\chi^2_{pn_B}. \tag{4.1.15}$$

(5) 设 $\boldsymbol{A}\sim W_p(n_A,\boldsymbol{\Sigma})$ 和 $\boldsymbol{B}\sim W_p(n_B,\boldsymbol{\Sigma})$ 独立, $\Lambda\overset{\mathrm{d}}{=}\dfrac{|\boldsymbol{A}|}{|\boldsymbol{A}+\boldsymbol{B}|}$. 将 $\boldsymbol{A}$ 与 $\boldsymbol{B}$ 按相同方式剖分如下：

$$\boldsymbol{A}=\begin{pmatrix}\boldsymbol{A}_{11} & \boldsymbol{A}_{12}\\ \boldsymbol{A}_{21} & \boldsymbol{A}_{22}\end{pmatrix},\quad \boldsymbol{C}=\boldsymbol{A}+\boldsymbol{B}=\begin{pmatrix}\boldsymbol{C}_{11} & \boldsymbol{C}_{12}\\ \boldsymbol{C}_{21} & \boldsymbol{C}_{22}\end{pmatrix},$$

其中 $\boldsymbol{A}_{11}$ 为 $s\times s$ 矩阵, $\boldsymbol{A}_{22}$ 为 $t\times t$ 矩阵, $p=s+t$. 用分块矩阵的运算知

$$|\boldsymbol{A}|=|\boldsymbol{A}_{11}||\boldsymbol{A}_{22}-\boldsymbol{A}_{21}\boldsymbol{A}_{11}^{-1}\boldsymbol{A}_{12}|=|\boldsymbol{A}_{11}||\boldsymbol{A}_{22.1}|,$$

$$|\boldsymbol{C}|=|\boldsymbol{C}_{11}||\boldsymbol{C}_{22}-\boldsymbol{C}_{21}\boldsymbol{C}_{11}^{-1}\boldsymbol{C}_{12}|=|\boldsymbol{C}_{11}||\boldsymbol{C}_{22.1}|,$$

从而

$$\varLambda \overset{\mathrm{d}}{=} \frac{|\boldsymbol{A}_{11}|}{|\boldsymbol{C}_{11}|}\frac{|\boldsymbol{A}_{22.1}|}{|\boldsymbol{C}_{22.1}|} \triangleq \varLambda_{11}\varLambda_{22.1}, \tag{4.1.16}$$

其中

$$\boldsymbol{A}_{22.1} = \boldsymbol{A}_{22} - \boldsymbol{A}_{21}\boldsymbol{A}_{11}^{-1}\boldsymbol{A}_{12}, \quad \boldsymbol{C}_{22.1} = \boldsymbol{C}_{22} - \boldsymbol{C}_{21}\boldsymbol{C}_{11}^{-1}\boldsymbol{C}_{12}.$$

再由 Wishart 分布的性质 (5), (6) 得

$$\varLambda_{11} \sim \varLambda_{s,n_A,n_B}, \quad \varLambda_{22.1} \sim \varLambda_{t,n_A-s,n_B}. \tag{4.1.17}$$

$\varLambda_{22.1}$ 是固定前 s 个变量而求另外 t 个变量的 Wilks 统计量, 称它为**条件 Wilks**, 并且 $\varLambda_{11}$ 与 $\varLambda_{22.1}$ 独立.

在第 7 章中对变量作逐步筛选时, 相当于在上式中取 $s=1, t=p-1$ (固定 x_1), 这时要对条件 Wilks 统计量 $\varLambda_{22.1}$ 作统计检验, 剔除不显著变量, 一直筛选到保留的每个变量都有统计学的显著性为止.

4.1.4 似然比检验及其 χ^2 性质

这是多元统计分析中使用非常普遍的一个统计量. 设 $L(\boldsymbol{X},\boldsymbol{\theta})$ 是数据矩阵 $\boldsymbol{X}$ 的联合概率密度, 即似然函数; $\boldsymbol{\theta}$ 是参数 (可以是向量), 其变化范围为 $\varOmega$. 如果无效假设 H_0 中限定参数允许变化的范围是 ω, 则这时检验 H_0 的检验可以写成

$$H_0: \boldsymbol{\theta} \in \omega, \quad H_1: \ \boldsymbol{\theta} \notin \omega,$$

称下式为**似然比统计量**:

$$\lambda = \frac{\max\limits_{\boldsymbol{\theta}\in\omega} L(\boldsymbol{X},\boldsymbol{\theta})}{\max\limits_{\boldsymbol{\theta}\in\varOmega} L(\boldsymbol{X},\boldsymbol{\theta})}. \tag{4.1.18}$$

检验的否定域为 $\{\lambda < \lambda_\alpha\}$, 其中 λ_α 为 λ 分布的下侧分位点. 大样本时有两个非常有用的渐近性质.

(1) **简单假设的检验**. 设 $\boldsymbol{\theta} = (\theta_1, \cdots, \theta_q)^{\mathrm{T}}$ 是似然函数中 q 个待估的参数, 其零假设为

$$H_0: \boldsymbol{\theta} = \boldsymbol{\theta}_0, \quad H_1: \boldsymbol{\theta} \neq \boldsymbol{\theta}_0, \tag{4.1.19}$$

记 $\hat{\boldsymbol{\theta}}$ 为 $\boldsymbol{\theta} = (\theta_1, \cdots, \theta_q)$ 的最大似然估计量, 记

$$l(\boldsymbol{\theta}) = \ln L(\boldsymbol{X},\boldsymbol{\theta}),$$

则

$$-2\ln\lambda = 2[l(\hat{\boldsymbol{\theta}}) - l(\boldsymbol{\theta}_0)] \sim \chi_q^2, \tag{4.1.20}$$

即为定理 3.4.6(2), 而定理 3.4.6(1) 就给出了 $\hat{\boldsymbol{\theta}}$ 的渐近方差估计.

(2) **复合假设的检验**. 复合假设可以有两种叙述法:

(i) 设 $\boldsymbol{\theta}=(\theta_1,\cdots,\theta_q)^{\mathrm{T}}$ 是 $\boldsymbol{\beta}=(\beta_1,\cdots,\beta_s)^{\mathrm{T}}$ 的函数, 其中 $s<q$, 即

$$H_0:\theta_i=g_i(\beta_1,\cdots,\beta_s),\quad i=1,\cdots,q;$$

(ii) 对 $\boldsymbol{\theta}=(\theta_1,\cdots,\theta_q)$ 上有 $q-s$ 个限制,

$$H_0:R_i(\boldsymbol{\theta})=0,i=1,\cdots,q-s,\quad H_1:\text{至少一个 } R_i(\boldsymbol{\theta})\neq 0,$$

其中 g_i, R_i 都是连续函数且其偏导数也连续. 记 $\hat{\boldsymbol{\theta}}$ 与 $\boldsymbol{\theta}^*$ 分别为没有限制及有限制(即 H_0) 下 $\boldsymbol{\theta}$ 的最大似然函数估计量, $\hat{\boldsymbol{\beta}}$ 为 $\boldsymbol{\beta}$ 的不受限制下的最大似然估计量, 则有如下关系式:

$$\theta_i^*=g_i(\hat{\beta}_1,\cdots,\hat{\beta}_s),\quad i=1,\cdots,q,$$

这时

$$\lambda=\frac{\max\limits_{H_0:R_i(\boldsymbol{\theta})=0}L(\boldsymbol{X},\boldsymbol{\theta})}{\max\limits_{\boldsymbol{\theta}\in\Omega}L(\boldsymbol{X},\boldsymbol{\theta})}\tag{4.1.21}$$

的渐近性质为

$$-2\ln\lambda=2[l(\hat{\boldsymbol{\theta}})-l(\boldsymbol{\theta}^*)]=2[l(\hat{\boldsymbol{\theta}})-l(\hat{\boldsymbol{\beta}})]\sim\chi^2_{q-s},\tag{4.1.22}$$

其中 $l(\boldsymbol{\beta})=\log L$ 为 $\boldsymbol{\beta}$ 的函数, 证明参见文献 [6, §6e.3].

4.2 总体均值的检验与似然比统计量

4.2.1 一元情况的回顾

设从总体 $N(\mu,\sigma^2)$ 中独立随机抽取一个样本 $X_1,\cdots,X_n$, 要检验

$$H_0:\mu=\mu_0,\quad H_1:\mu\neq\mu_0,$$

其中 μ_0 为已知数. 若 σ 已知, 则常用的统计量为

$$u=\frac{\bar{X}-\mu_0}{\sigma}\sqrt{n},$$

其中 $\bar{X}=\dfrac{1}{n}\sum\limits_{j=1}^{n}X_j$. 当假设成立时, $u\sim N(0,1)$, 于是无效假设的否定域 $|u|>u_{\alpha/2}$ (双侧). 若 σ 未知, 则常用的统计量用 $s=\left[\sum\limits_{i=1}^{n}(X_i-\bar{X})^2/(n-1)\right]^{1/2}$ 代替 σ, 这时上述公式改为

$$t=\frac{\bar{X}-\mu_0}{s}\sqrt{n}\sim t_{n-1},$$

双侧否定域 $|t| \geqslant t_{n-1}(\alpha/2), t_{n-1}(\alpha/2)$ 为 t 分布的上侧 $\alpha/2$ 分位点. 上述统计量等价于

$$t^2 = n(\bar{x}-\mu_0)(s^2)^{-1}(\bar{x}-\mu_0) \sim F_{1,n-1}.$$

上述两个统计量在统计检验中的等价是指其中一个统计量接受 (或否定) H_0 时, 另一个统计量也有相同的结论. 若 T 是一个统计量, 而 $T^* = g(T)$ 是 T 的严格单调函数, 则显然 T 与 T^* 是等价的.

4.2.2 多元均值的检验

设从总体 $N_p(\boldsymbol{\mu}, \boldsymbol{\Sigma})$ 中独立随机抽取样本 $\boldsymbol{X}_1, \cdots, \boldsymbol{X}_n$, 要检验

$$H_0: \boldsymbol{\mu} = \boldsymbol{\mu}_0, \quad H_1: \boldsymbol{\mu} \neq \boldsymbol{\mu}_0, \tag{4.2.1}$$

也分 $\boldsymbol{\Sigma}$ 已知及未知两种情况.

1. $\boldsymbol{\Sigma}$ 已知

类似于上面的 u 统计量有

$$T_0^2 = n(\bar{\boldsymbol{X}} - \boldsymbol{\mu}_0)^{\mathrm{T}} \boldsymbol{\Sigma}^{-1} (\bar{\boldsymbol{X}} - \boldsymbol{\mu}_0). \tag{4.2.2}$$

当无效假设成立时, $\bar{\boldsymbol{X}} - \boldsymbol{\mu}_0 \sim N_p\left(\boldsymbol{0}, \dfrac{1}{n}\boldsymbol{\Sigma}\right)$, 从而有

$$z \cong \left(\frac{1}{n}\boldsymbol{\Sigma}\right)^{-1/2} (\bar{\boldsymbol{X}} - \boldsymbol{\mu}_0) \sim N_p(\boldsymbol{0}, \boldsymbol{I}),$$

于是

$$T_0^2 = \boldsymbol{z}^{\mathrm{T}} \boldsymbol{z} \sim \chi_p^2.$$

否定域是 $T_0^2 > \chi_p^2(\alpha)$, 后者是 χ_p^2 的上侧 α 分位点.

2. $\boldsymbol{\Sigma}$ 未知

这时, $\boldsymbol{\Sigma}$ 的无偏估计为 $\boldsymbol{S} = \boldsymbol{A}/(n-1)$, 类似于 (4.2.2) 的统计量即为

$$T^2 = n(\bar{\boldsymbol{X}} - \boldsymbol{\mu}_0)^{\mathrm{T}} \boldsymbol{S}^{-1} (\bar{\boldsymbol{X}} - \boldsymbol{\mu}_0) \tag{4.2.3}$$

或

$$T^2 = n(n-1)(\bar{\boldsymbol{X}} - \boldsymbol{\mu}_0)^{\mathrm{T}} \boldsymbol{A}^{-1} (\bar{\boldsymbol{X}} - \boldsymbol{\mu}_0). \tag{4.2.4}$$

这就是 4.1 节的 Hotelling T^2 统计量. 在零假设下, 即成立下式:

$$F = \frac{n-p}{p(n-1)} T^2 \sim F(p, n-p). \tag{4.2.5}$$

若 $F > F_\alpha(p, n-p)$, 则在 α 水平上拒绝 H_0. 模拟研究表明, 当数据中的总体分布虽非正态但对称性好时, (4.2.5) 的检验稳健性是好的; 但对于倾斜分布 (如负指数分布), 则 (4.2.5) 检验常偏离真实的显著性水平.

4.2.3 T^2 统计量与似然比统计量

T_0^2 和 T^2 统计量是单元统计中 u 和 t 统计量的直接拓广, 它们的合理性也可以从下面均值的检验中看出. 对于本节的多维均值检验问题, 似然函数 $L(\boldsymbol{X},\boldsymbol{\theta})$ 应写成 $L(\boldsymbol{X};\boldsymbol{\mu},\boldsymbol{\Sigma})$, 由式 (3.4.4) 有

$$L(\boldsymbol{X};\boldsymbol{\mu},\boldsymbol{\Sigma})=(2\pi)^{-np/2}|\boldsymbol{\Sigma}|^{-n/2}\mathrm{etr}\left(-\frac{1}{2}\boldsymbol{\Sigma}^{-1}\sum_{i=1}^{n}(\boldsymbol{x}_i-\boldsymbol{\mu})(\boldsymbol{x}_i-\boldsymbol{\mu})^{\mathrm{T}}\right), \tag{4.2.6}$$

参数空间为

$$\Omega=\{(\boldsymbol{\mu},\boldsymbol{\Sigma})|\boldsymbol{\mu}\in\mathbf{R}^p,\boldsymbol{\Sigma}>0\},$$

$$\omega=\{(\boldsymbol{\mu},\boldsymbol{\Sigma})|\boldsymbol{\mu}=\boldsymbol{\mu}_0,\boldsymbol{\Sigma}>0\}.$$

这时的似然比统计量为

$$\lambda=\frac{\max\limits_{(\boldsymbol{\mu},\boldsymbol{\Sigma})\in\omega}L(\boldsymbol{X};\boldsymbol{\mu},\boldsymbol{\Sigma})}{\max\limits_{(\boldsymbol{\mu},\boldsymbol{\Sigma})\in\Omega}L(\boldsymbol{X};\boldsymbol{\mu},\boldsymbol{\Sigma})}.$$

由式 (3.4.9), 上式的分母为

$$\max_{(\boldsymbol{\mu},\boldsymbol{\Sigma})\in\Omega}L(\boldsymbol{X};\boldsymbol{\mu},\boldsymbol{\Sigma})=(2\pi)^{-np/2}|\boldsymbol{A}|^{-n/2}n^{np/2}\exp\left(-\frac{np}{2}\right).$$

用类似求上式的方法, 可求出分子为

$$\max_{(\boldsymbol{\mu},\boldsymbol{\Sigma})\in\omega}L(\boldsymbol{X};\boldsymbol{\mu},\boldsymbol{\Sigma})=(2\pi)^{-np/2}|\boldsymbol{B}|^{-n/2}n^{np/2}\exp\left(-\frac{np}{2}\right),$$

其中

$$\begin{aligned}\boldsymbol{A}&=\sum_{\alpha=1}^{n}(\boldsymbol{X}_\alpha-\bar{\boldsymbol{X}})(\boldsymbol{X}_\alpha-\bar{\boldsymbol{X}})^{\mathrm{T}},\\ \boldsymbol{B}&=\sum_{\alpha=1}^{n}(\boldsymbol{X}_\alpha-\boldsymbol{\mu}_0)(\boldsymbol{X}_\alpha-\boldsymbol{\mu}_0)^{\mathrm{T}}\\ &=\sum_{\alpha=1}^{n}(\boldsymbol{X}_\alpha-\bar{\boldsymbol{X}}+\bar{\boldsymbol{X}}-\boldsymbol{\mu}_0)(\boldsymbol{X}_\alpha-\bar{\boldsymbol{X}}+\bar{\boldsymbol{X}}-\boldsymbol{\mu}_0)^{\mathrm{T}},\end{aligned}$$

即

$$\boldsymbol{B}=\boldsymbol{A}+n(\bar{\boldsymbol{X}}-\boldsymbol{\mu}_0)(\bar{\boldsymbol{X}}-\boldsymbol{\mu}_0)^{\mathrm{T}},$$

分别代入似然比公式 (4.1.18) 得

$$\lambda=\frac{|\boldsymbol{A}|^{n/2}}{|\boldsymbol{A}+n(\bar{\boldsymbol{X}}-\boldsymbol{\mu}_0)(\bar{\boldsymbol{X}}-\boldsymbol{\mu}_0)^{\mathrm{T}}|^{n/2}}.$$

利用 (2.1.13), (2.1.10) 得

$$|\boldsymbol{A}+n(\bar{\boldsymbol{X}}-\boldsymbol{\mu}_0)(\bar{\boldsymbol{X}}-\boldsymbol{\mu}_0)^{\mathrm{T}}| = \begin{vmatrix} 1 & -(\bar{\boldsymbol{X}}-\boldsymbol{\mu}_0)^{\mathrm{T}} \\ n(\bar{\boldsymbol{X}}-\boldsymbol{\mu}_0) & \boldsymbol{A} \end{vmatrix}$$
$$= |\boldsymbol{A}||1+n(\bar{\boldsymbol{X}}-\boldsymbol{\mu}_0)^{\mathrm{T}}\boldsymbol{A}^{-1}(\bar{\boldsymbol{X}}-\boldsymbol{\mu}_0)|,$$

代入上式得

$$\begin{aligned}\lambda &= [1+n(\bar{\boldsymbol{X}}-\boldsymbol{\mu}_0)^{\mathrm{T}}\boldsymbol{A}^{-1}(\bar{\boldsymbol{X}}-\boldsymbol{\mu}_0)]^{-n/2} \\ &= \left[1+\frac{T^2}{n-1}\right]^{-n/2}.\end{aligned}$$

由于 $1/(1+x)$ 是 x 的严格单调下降函数 $(x>0)$, 故 λ 统计量与 T^2 等价. 这样, λ 的否定域就可转化为 T^2 的否定域, 进而可化为 F 的否定域. 这说明建立在 T^2 上的检验与似然比检验在对一个总体的均值检验上是一致的.

4.3 交 并 原 则

本节从另一角度来考察. 把多元统计检验转变为一元统计检验问题. 例如, 对一个有 5 个指标的均值作 T^2 检验如何与计算 5 次的单变量 t 检验发生联系? 简单的回答是: 它们应该服从交并原则.

4.3.1 交并原则的基本原理

设 H_0 是多元统计分析中的无效假设, 假设它可以分解为多个 (也可以是无限个) 一元的无效假设 (记 $H_a, a\in\mathcal{L}$), 即

$$H_0 = \bigcap_{a\in\mathcal{L}} H_a, \tag{4.3.1}$$

记 R_{a,α^*} 为第 a 个零假设及 a^* 显著性水平下无效假设 H_a 的否定域, 即

$$\Pr(R_{a,\alpha^*}) = \alpha^*. \tag{4.3.2}$$

式 (4.3.1) 也可理解如下: **要同时检验多个 “单一无效假设”, 则总体的无效假设的接受域就应该是落在 “每一个单一无效假设” 的接受域上**. 因此, 这个检验也称为 “**同时检验**” 或 “**齐性检验**”, 它就是交并原则的理论基础.

(4.3.1) 中, H_0 的**否定域为**

$$R_\alpha = \bigcup_{a\in\mathcal{L}} R_{a,\alpha^*}, \tag{4.3.3}$$

其中 α 为多元统计 (或称最终) 中的显著性水平. 也就是说,

$$\alpha = \Pr(R_\alpha) = \Pr\left(\bigcup_{a\in\mathcal{L}} R_{a,\alpha^*}\right). \tag{4.3.4}$$

也可以把 (4.3.4) 改为**接受域**. 记 C_{a,α^*} 为无效假设 H_a 的接受域, 即 $\Pr(C_{a,\alpha^*}) = 1-\alpha^*$, 则 H_0 的接受域为

$$C_\alpha = \bigcap_{a\in\mathcal{L}} C_{a,\alpha^*},$$

即

$$1-\alpha = \Pr(C_\alpha) = \Pr\left(\bigcap_{a\in\mathcal{L}} C_{a,\alpha^*}\right). \tag{4.3.5}$$

这种把多个一元统计中的否定域合并为多元统计分析中的否定域的做法, 称为**交并原则**.

4.3.2 多个单变量检验的显著性水平与多变量检验显著性水平的关系

设 p 维指标向量为 $\boldsymbol{x} = (x_1,\cdots,x_p)^{\mathrm{T}}$. 设 C_{i,α^*} 为变量 x_i 无效假设 H_i 的接受域, 即

$$\Pr(C_{i,\alpha^*}) = 1-\alpha^*, \quad i=1,\cdots,p,$$

则 H_0 的接受域为 $C_\alpha = \bigcap\limits_{i=1}^{p} C_{i,\alpha^*}$, 于是有

$$\Pr(C_\alpha) = \Pr\left(\bigcap_{i=1}^{p} C_{i,\alpha^*}\right). \tag{4.3.6}$$

如果 $x_1,\cdots,x_p$ 彼此独立, 则式 (4.3.6) 变为

$$\Pr(C_\alpha) = \prod_{i=1}^{p}\Pr(C_{i,\alpha^*}) = (1-\alpha^*)^p,$$

即

$$1-\alpha = (1-\alpha^*)^p \approx 1-p\alpha^*,$$

$$\alpha^* \approx \frac{\alpha}{p}. \tag{4.3.7}$$

如对总体检验设立的显著性水平为 $\alpha = 0.05$, 而有 10 个分量 ($p=10$), 则对每个分量的显著性水平应该用 $\alpha^* = 0.05/10 = 0.005$, 才能保证对 10 个指标 (总体) 的检验有 0.05 的显著性水平. 即按式 (4.3.6), **在对 p 个分量的检验中, 按 α^* 标准, 只要有一个指标的检验否定了无效假设, 则也就否定了总体检验的无效假设 H_0.**

如果 $x_1,\cdots,x_p$ 彼此不独立, 在概率论中的 Bonferroni 不等式中,

$$\Pr\left(\bigcap_i E_i\right) \geqslant 1-\sum_i \Pr(\bar{E}_i).$$

取 $E_i = C_{i,\alpha^*}$ (接受域), 即 $\Pr(C_{i,\alpha^*}) = 1 - \alpha^*$, 则由 (4.3.6), (4.3.5) 变为

$$1 - \alpha \geqslant 1 - p\alpha^*.$$

上式改写为

$$\alpha^* \geqslant \frac{\alpha}{p} \quad 或 \quad \alpha \leqslant p\alpha^*. \tag{4.3.8}$$

也就是说, 如指定总体显著性水平为 0.05, 现在按 (4.3.7) 标准取单变量的显著性水平 α^* (即取 $\alpha^* = 0.05/p$), 即当有一个单变量无效假设被否定时, 由式 (4.3.8) 可见, 实际的 H_0 更容易被否定, 因为总有

$$\alpha \leqslant p \times \frac{0.05}{p} = 0.05.$$

从 C_α 与 C_{a,α^*} 的关系式 (4.3.3) 或 (4.3.5) 可见, **总体的接受域常比使用单变量时的接受域要窄, 或者说, 总体的拒绝域比单变量时的拒绝域要宽**.

4.4　均值检验的线性约束

4.4.1　一般性公式

一个总体时, 对均值分量间的一般性约束的零假设检验可以写为

$$H_0 : \boldsymbol{A\mu} = \boldsymbol{b}, \tag{4.4.1}$$

其中 $\boldsymbol{A}$ 为 $q \times p$ 矩阵, $\boldsymbol{b}$ 为 $q \times 1$ 矩阵. 例如, 在 $p = 2$ 的气候的连续观察中, $X = (X_1, X_2)$. 记第 i 个地区 3 月份时的平均气温为 X_{i1} (均值为 μ_1, 方差为 σ_1^2), 记该地区 4 月份时的平均气温为 X_{i2} (均值为 μ_2, 方差为 σ_2^2). n 个地区 3 月份及 4 月份的平均气温记为

$$\boldsymbol{X}_i = (X_{i1}, X_{i2})^{\mathrm{T}}, i = 1, \cdots, n, \quad \boldsymbol{\mu} = (\mu_1, \mu_2)^{\mathrm{T}},$$

记 $Y_i = X_{i1} - X_{i2}$. 检验 $H_0 : \mu_1 = \mu_2$, 这是有名的**配对检验**. 显然, 它是 (4.4.1) 的特例, $\boldsymbol{A} = (1, -1), b = 0$. 假定

$$Y_i \sim N_1(\mu_y, \sigma_y^2),$$

其中

$$\mu_y = \mu_1 - \mu_2, \quad \sigma^z = \sigma_1^2 + \sigma_2^2 - 2\mathrm{Cov}(X_1, X_2).$$

零假设变为

$$H_0 : \mu_y = 0,$$

它的检验公式为

$$t = \frac{\sqrt{n}\bar{Y}}{\left[\sum_i (Y_i - \bar{Y})^2/(n-1)\right]^{1/2}}, \quad 自由度为\ n-1.$$

对 (4.4.1) 的检验法. 令

$$\boldsymbol{Y}_i = \boldsymbol{A}\boldsymbol{X}_i,$$

显然, $\boldsymbol{Y}_i \sim N_q(\boldsymbol{\mu}_y, \boldsymbol{\Sigma}_y)$, 其中 $\boldsymbol{\mu}_y = \boldsymbol{A}\boldsymbol{\mu}$, $\boldsymbol{\Sigma}_y = \boldsymbol{A}\boldsymbol{\Sigma}\boldsymbol{A}^{\mathrm{T}}$. 这时, (4.4.1) 的检验就化为 $H_0 : \boldsymbol{\mu}_y = \boldsymbol{b}$. 由

$$T^2 = n(\bar{\boldsymbol{Y}} - \boldsymbol{b})^{\mathrm{T}}\boldsymbol{S}_y^{-1}(\bar{\boldsymbol{Y}} - \boldsymbol{b}),$$

即

$$T^2 = n(\boldsymbol{A}\bar{\boldsymbol{X}} - \boldsymbol{b})^{\mathrm{T}}(\boldsymbol{A}\boldsymbol{S}_x\boldsymbol{A}^{\mathrm{T}})^{-1}(\boldsymbol{A}\bar{\boldsymbol{X}} - \boldsymbol{b}), \tag{4.4.2}$$

其中 $\boldsymbol{S}_x$ 及 $\boldsymbol{S}_y$ 分别为 $\boldsymbol{\Sigma}$ 及 $\boldsymbol{\Sigma}_y$ 的无偏估计. 由 Hotelling T^2 性质知, 它容易转化为 F 检验公式

$$F_{q,n-q} = \frac{T^2}{n-1}\frac{n-q}{q}. \tag{4.4.3}$$

例 4.4.1 数据如表 4.1.1 所示, 仅取亚洲的 20 个国家作为总体, 此时

$$x_1 = \text{农业指数}, \quad x_2 = \text{种植业指数}, \quad x_3 = \text{畜牧业指数}, \quad p = 3, \quad n = 20.$$

此数据可认为是 $N_3(\boldsymbol{\mu}, \boldsymbol{\Sigma})$. 零假设为

$$H_0 : \mu_1 = \mu_2 = \mu_3,$$

改为

$$H_0 : \mu_1 - \mu_2 = \mu_2 - \mu_3 = 0.$$

在 (4.4.1) 中, 取

$$\boldsymbol{A} = \begin{pmatrix} 1 & -1 & 0 \\ 0 & 1 & -1 \end{pmatrix}, \quad \boldsymbol{b} = \begin{pmatrix} 0 \\ 0 \end{pmatrix},$$

可算得

$$\bar{\boldsymbol{x}} = (104.835, 105.925, 108.625)^{\mathrm{T}}.$$

令 $\boldsymbol{y}_i = \boldsymbol{A}\boldsymbol{x}_i$, 则得

$$\bar{\boldsymbol{y}} = \boldsymbol{A}\bar{\boldsymbol{x}} = (-1.090, -2.700)^{\mathrm{T}},$$

$$\boldsymbol{S}_x = \begin{pmatrix} 154.428 & 76.988 & 155.028 \\ 76.988 & 75.874 & 59.821 \\ 155.028 & 59.821 & 199.388 \end{pmatrix},$$

$$\boldsymbol{S}_y = \boldsymbol{A}\boldsymbol{S}_x\boldsymbol{A}^{\mathrm{T}} = \begin{pmatrix} 76.326 & -94.093 \\ -94.093 & 155.620 \end{pmatrix}.$$

这时, (4.4.2) 及 (4.4.3) 变为

$$T^2 = n\bar{\boldsymbol{y}}^{\mathrm{T}}\boldsymbol{S}_y^{-1}\bar{\boldsymbol{y}} = 8.565,$$

$$F = \frac{T^2}{n-1} \times \frac{n-q}{q} = \frac{8.565}{19} \times \frac{18}{2} = 4.057,$$

而 $F_{0.05}(2,18) = 3.55$, $F > F_{0.05}$, 所以拒绝零假设, 即认为亚洲农业生产的三个指数不是均匀增长的.

基于上述结果, 可以对每两个指标之间的均值差作多重比较.

4.4.2 置信区域

在一元统计中使用双侧否定域时, 由 t 或 F 统计量可以求出理论均值 μ 的置信区域 $\left|\frac{\bar{x}-\mu}{s}\sqrt{n}\right| \leqslant t_{n-1}(\alpha/2)$, 其中 s 为 σ 的无偏估计. 上式可改写为

$$\bar{x} - \frac{t_{n-1}(\alpha/2)s}{\sqrt{n}} \leqslant \mu \leqslant \bar{x} + \frac{t_{n-1}(\alpha/2)s}{\sqrt{n}}, \tag{4.4.4}$$

μ 落在上述置信区间出现的概率为 $1-\alpha$, $t_{n-1}(\alpha/2)$ 为单侧的 t 分位数.

在多元情况时, 类似于一元时情况的讨论, 上式的直接拓广为 $\boldsymbol{\mu}$ **的置信区域**

$$n(n-1)(\boldsymbol{\mu} - \bar{\boldsymbol{X}})^{\mathrm{T}}\boldsymbol{A}^{-1}(\boldsymbol{\mu} - \bar{\boldsymbol{X}}) \leqslant T^2_{p,n-1}(\alpha). \tag{4.4.5}$$

这个区域是以 $\boldsymbol{\mu}$ 为中心的椭球, 其椭球体积是 $1-\alpha$, 也称为**置信椭球**.

在很多情况下, 需要知道 $\boldsymbol{\mu}$ 的线性函数 $\boldsymbol{a}^{\mathrm{T}}\boldsymbol{\mu}(\boldsymbol{a} \in \mathbf{R}^p, \boldsymbol{a} \neq \mathbf{0})$ 的置信区域. 这时 $\boldsymbol{a}^{\mathrm{T}}(\bar{\boldsymbol{X}} - \boldsymbol{\mu}) \sim N(0, \boldsymbol{a}^{\mathrm{T}}\boldsymbol{\Sigma}\boldsymbol{a}/n)$. $\boldsymbol{\Sigma}$ 用 $\boldsymbol{S} = \boldsymbol{A}/(n-1)$ 代入, 与 (4.4.4) 相似, 即得 $\boldsymbol{a}^{\mathrm{T}}\boldsymbol{\mu}$ 的置信区间为

$$\boldsymbol{a}^{\mathrm{T}}\bar{\boldsymbol{X}} - t_{n-1}(\alpha/2)\sqrt{\frac{\boldsymbol{a}^{\mathrm{T}}\boldsymbol{A}\boldsymbol{a}}{n(n-1)}} \leqslant \boldsymbol{a}^{\mathrm{T}}\boldsymbol{\mu} \leqslant \boldsymbol{a}^{\mathrm{T}}\bar{\boldsymbol{X}} + t_{n-1}(\alpha/2)\sqrt{\frac{\boldsymbol{a}^{\mathrm{T}}\boldsymbol{A}\boldsymbol{a}}{n(n-1)}}. \tag{4.4.6}$$

式 (4.4.6) 对任何不为零的 $\boldsymbol{a}$ 都成立. 实用中常选部分的 $\boldsymbol{a}$ 向量, 从而构造 k 个线性函数: $\{\boldsymbol{a}_i^{\mathrm{T}}\boldsymbol{\mu}, i=1,\cdots,k\}$. 求 k 个线性函数同时成立的置信区间时, 应把上式中的显著性水平 α 改为 α/k, 取双侧但两边各一半, 这时 $t_{n-1}(\alpha/2)$ 改为 $t_{n-1}(\alpha/2k)$, 上式改称为 Bonferrni 法,

$$\boldsymbol{a}_i^{\mathrm{T}}\bar{\boldsymbol{X}} - t_{n-1}(\alpha/2k)\sqrt{\frac{\boldsymbol{a}_i^{\mathrm{T}}\boldsymbol{A}\boldsymbol{a}_i}{n(n-1)}} \leqslant \boldsymbol{a}_i^{\mathrm{T}}\boldsymbol{\mu} \leqslant \boldsymbol{a}_i^{\mathrm{T}}\bar{\boldsymbol{X}} + t_{n-1}(\alpha/2k)\sqrt{\frac{\boldsymbol{a}_i^{\mathrm{T}}\boldsymbol{A}\boldsymbol{a}_i}{n(n-1)}},$$

$$i = 1, \cdots, k. \tag{4.4.7}$$

例 4.4.2 血压理论均值的置信区域. 在北京某大学随机抽取正常大学生 165 人, 计算得他们的血压指标如下:

收缩压 (x_1), 均值 106.3(mmHg), 标准差 9.99;

舒张压 (x_2), 均值 76.2(mmHg), 标准差 7.19,

相关系数为 0.663. 如何找出他们的均值的置信区域?

用单变量法, 用 (4.4.4) 时, (x_1, x_2) 中两个变量, 取 $k = 2$, $\alpha = 0.05$, 则对每个单变量的双侧显著性水平应当取 $\alpha^* = 0.05/(2 \times 2)$, 这时, t 的临界值为 $t_{0.05/4,164} \approx 2.30, n = 165$, 由

$$\bar{x}_i - \frac{2.30 s_i}{\sqrt{n}} \leqslant \mu_i \leqslant \bar{x}_i + \frac{2.30 s_i}{\sqrt{n}}$$

得

$$104.5 \leqslant \mu_1 \leqslant 108.1, \quad 74.9 \leqslant \mu_2 \leqslant 77.5, \tag{4.4.8}$$

其范围如图 4.4.1 中的长方形所示.

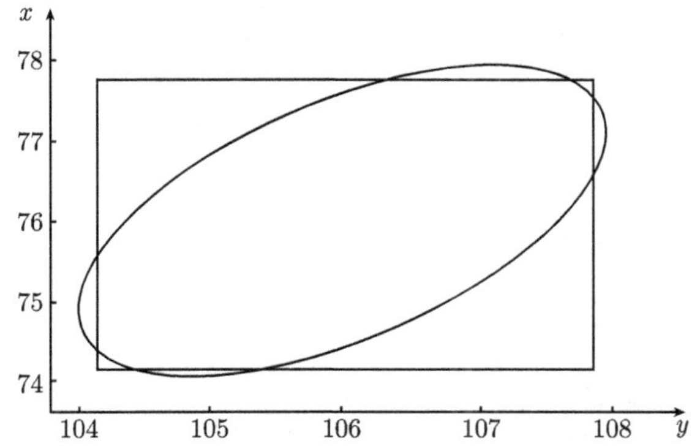

图 4.4.1 收缩压理论均值 (横轴) 与舒张压理论均值 (纵轴) 的置信区域

从上面的数据可得样本协方差阵及其逆矩阵如下:

$$\boldsymbol{S} = \begin{pmatrix} 99.800 & 47.622 \\ 47.622 & 51.696 \end{pmatrix}, \quad \boldsymbol{S}^{-1} = \begin{pmatrix} 0.01788 & -0.01647 \\ -0.01647 & 0.03452 \end{pmatrix}.$$

由 (4.4.5), 查表 $T^2_{2,164}(0.05) = 6.155$, 从而得方程

$$165(\boldsymbol{\mu} - \bar{\boldsymbol{x}})^{\mathrm{T}} \boldsymbol{S}^{-1} (\boldsymbol{\mu} - \bar{\boldsymbol{x}}) \leqslant 6.155,$$

而 $\bar{\boldsymbol{x}}^{\mathrm{T}} = (106.3, 76.2)$, 即得

$$2.9502\mu_1^2 + 5.6958\mu_2^2 - 5.4351\mu_1\mu_2 - 213.0579\mu_1 - 2.9029\mu_2 + 22377.88 = 0,$$

这是一个椭圆 (图 4.4.1 中的椭圆).

图 4.4.1 中的两个结果并不完全一致, 显然, 在交并原则中, 缺乏对变量间的相关性的考虑. 长方形区域的范围存在不合理范围: 长方体的顶角内常不合理 (多变量法的椭圆内无此情形).

4.5　两总体均值差异的显著性检验

4.5.1　协方差阵相等时

设有两总体 $N_p(\boldsymbol{\mu}^{(1)},\boldsymbol{\Sigma}), N_p(\boldsymbol{\mu}^{(2)},\boldsymbol{\Sigma})$, 它们有相同的协方差矩阵, 但均值可能不同. 例如, 在表 4.1.1 中, 可以用后面将要介绍的 M 检验法知, 在农业生产指数 $\boldsymbol{X}=(x_1,x_2)^{\mathrm{T}}$ 上, 亚洲 (记为 $N_2(\boldsymbol{\mu}^{(1)},\boldsymbol{\Sigma}_1)$) 与欧洲 (记为 $N_2(\boldsymbol{\mu}^{(3)},\boldsymbol{\Sigma}_3)$) 在农业生产指数 $\boldsymbol{X}=(x_1,x_2)^{\mathrm{T}}$ 上的协方差阵并没有显著性的差别, 即可以认为它们之间是等协方差阵 ($\boldsymbol{\Sigma}_1=\boldsymbol{\Sigma}_2$), 而要检验它们的均值是否有差异.

分别独立地从上面两个正态等协方差阵的总体中随机抽取两个样本,

$$\boldsymbol{X}_1^{(i)},\cdots,\boldsymbol{X}_{n_i}^{(i)},\quad i=1,2,$$

要求 $n_1>p, n_2>p$.

1. 检验

$$H_0:\boldsymbol{\mu}^{(1)}=\boldsymbol{\mu}^{(2)},\quad H_1:\boldsymbol{\mu}^{(1)}\neq\boldsymbol{\mu}^{(2)}. \tag{4.5.1}$$

$\boldsymbol{\Sigma}$ 一般是未知的, 常用的统计检验公式为下面的 T^2:

$$\begin{aligned}T^2&=\frac{n_1n_2}{n_1+n_2}(\bar{\boldsymbol{X}}^{(1)}-\bar{\boldsymbol{X}}^{(2)})^{\mathrm{T}}\boldsymbol{S}^{-1}(\bar{\boldsymbol{X}}^{(1)}-\bar{\boldsymbol{X}}^{(2)})\\&=\frac{n_1n_2}{n_1+n_2}D^2(\bar{\boldsymbol{X}}^{(1)},\bar{\boldsymbol{X}}^{(2)}),\end{aligned} \tag{4.5.2}$$

其中

$$\bar{\boldsymbol{X}}^{(i)}=\frac{1}{n_i}\sum_{j=1}^{n_i}\boldsymbol{X}_j^{(i)},\quad i=1,2,$$

$$\boldsymbol{S}=\frac{\boldsymbol{A}_1+\boldsymbol{A}_2}{n_1+n_2-2},$$

这是联合两个样本估计公共 $\boldsymbol{\Sigma}$,

$$\boldsymbol{A}_i=\sum_{j=1}^{n_i}(\boldsymbol{X}_j^{(i)}-\bar{\boldsymbol{X}})(\boldsymbol{X}_j-\bar{\boldsymbol{X}}^{(i)})^{\mathrm{T}},\quad i=1,2. \tag{4.5.3}$$

当假设成立时, 由

$$\boldsymbol{u}=\bar{\boldsymbol{X}}^{(1)}-\bar{\boldsymbol{X}}^{(2)}\sim N_p(\boldsymbol{\mu}^{(1)}-\boldsymbol{\mu}^{(2)},(1/n_1+1/n_2)\boldsymbol{\Sigma}),$$

$$\boldsymbol{A}=\boldsymbol{A}_1+\boldsymbol{A}_2\sim W_p(n_1+n_2-2,\boldsymbol{\Sigma}).$$

于是知 (4.5.2) 为 Hotelling $T^2\sim T^2_{p,n_1+n_2-2}$, 从而得检验公式为

$$\frac{n_1+n_2-p-1}{(n_1+n_2-2)p}T^2\sim F_{p,n_1+n_2-p-1}. \tag{4.5.4}$$

2. 均值差异的任何线性组合的置信区间

考察 $\boldsymbol{a}^{\mathrm{T}}(\boldsymbol{\mu}_x-\boldsymbol{\mu}_y)$ 的 $1-\alpha$ 置信区间 (常数向量 $\boldsymbol{a}\neq\mathbf{0}$). 显然,

$$\boldsymbol{a}^{\mathrm{T}}(\bar{\boldsymbol{X}}^{(1)}-\bar{\boldsymbol{X}}^{(2)})\sim N_1(\boldsymbol{a}^{\mathrm{T}}(\boldsymbol{\mu}^{(1)}-\boldsymbol{\mu}^{(2)}),(1/n_1+1/n_2)\boldsymbol{a}^{\mathrm{T}}\boldsymbol{\Sigma}\boldsymbol{a}),$$

于是

$$t=\frac{\boldsymbol{a}^{\mathrm{T}}(\bar{\boldsymbol{X}}^{(1)}-\bar{\boldsymbol{X}}^{(2)})-\boldsymbol{a}^{\mathrm{T}}(\boldsymbol{\mu}^{(1)}-\boldsymbol{\mu}^{(2)})}{\sqrt{(1/n_1+1/n_2)\boldsymbol{a}^{\mathrm{T}}\boldsymbol{S}\boldsymbol{a}}}\sim t_{n_1+n_2-2},$$

即得置信区间

$$\begin{aligned}&\boldsymbol{a}^{\mathrm{T}}(\bar{\boldsymbol{X}}^{(1)}-\bar{\boldsymbol{X}}^{(2)})-t_{n_1+n_2-2}(\alpha/2)\sqrt{\frac{n_1+n_2}{n_1n_2}\boldsymbol{a}^{\mathrm{T}}\boldsymbol{S}\boldsymbol{a}}\\ \leqslant&\boldsymbol{a}^{\mathrm{T}}(\boldsymbol{\mu}^{(1)}-\boldsymbol{\mu}^{(2)})\\ \leqslant&\boldsymbol{a}^{\mathrm{T}}(\bar{\boldsymbol{X}}^{(1)}-\bar{\boldsymbol{X}}^{(2)})+t_{n_1+n_2-2}(\alpha/2)\sqrt{\frac{n_1+n_2}{n_1n_2}\boldsymbol{a}^{\mathrm{T}}\boldsymbol{S}\boldsymbol{a}}.\end{aligned}\tag{4.5.5}$$

4.5.2 协方差阵不相等时

设从两总体$N_p(\boldsymbol{\mu}^{(1)},\boldsymbol{\Sigma}_1),N_p(\boldsymbol{\mu}^{(2)},\boldsymbol{\Sigma}_2)$ 中分别独立随机抽取两个样本. $\{\boldsymbol{X}_1^{(i)},\cdots,\boldsymbol{X}_{n_i}^{(i)}\}$ $(i=1,2)$, 要求 $n_1>p,n_2>p$. 在两个协方差阵未知时检验 (4.5.1), 这是著名的 Behrens-Fisher 问题. 下面分两种情形讨论此问题.

1. 等样本大小

此即当 $n_1=n_2=n$ 时, 令

$$\boldsymbol{Y}_i=\boldsymbol{X}_i^{(1)}-\boldsymbol{X}_i^{(2)},\quad i=1,\cdots,n,$$

记

$$\bar{\boldsymbol{Y}}=\frac{1}{n}\sum_{i=1}^{n}\boldsymbol{Y}_i=\bar{\boldsymbol{X}}^{(1)}-\bar{\boldsymbol{X}}^{(2)},$$

$$\boldsymbol{S}_y=\frac{1}{n-1}\sum_{i=1}^{n}(\boldsymbol{Y}_i-\bar{\boldsymbol{Y}})(\boldsymbol{Y}_i-\bar{\boldsymbol{Y}})^{\mathrm{T}},$$

显然, 由 $\boldsymbol{Y}_i\sim N_p(\boldsymbol{\mu}^{(1)}-\boldsymbol{\mu}^{(2)},\boldsymbol{\Sigma}_1+\boldsymbol{\Sigma}_2)$ 知, 当 (4.5.1) 成立时,

$$T^2=n\bar{\boldsymbol{Y}}^{\mathrm{T}}\boldsymbol{S}_y^{-1}\bar{\boldsymbol{Y}}\sim T^2_{p,n-1},\tag{4.5.6}$$

对应的 F 检验为

$$\frac{n-p}{(n-1)p}T^2\approx F_{p,n-p}.\tag{4.5.7}$$

当等协方差阵 $\boldsymbol{\Sigma}_1=\boldsymbol{\Sigma}_2$ 时, 比较式 (4.5.4) 及 (4.5.7) 可见, 在不等协方差阵时, (4.5.6) 的 T^2 统计量中自由度损失了 $n-1$ 个, 这自然减少了检验的精度及功效.

2. 不等样本大小

设 $n_1 < n_2$, 令

$$\boldsymbol{Y}_j = \boldsymbol{X}_j^{(1)} - \sqrt{\frac{n_1}{n_2}}\boldsymbol{X}_j^{(2)} + \frac{1}{\sqrt{n_1 n_2}}\sum_{\gamma=1}^{n_1}\boldsymbol{X}_\gamma^{(2)} - \frac{1}{n_2}\sum_{\gamma=1}^{n_2}\boldsymbol{X}_\gamma^{(2)}, \quad j=1,\cdots,n_1,$$

可以看出

$$\bar{\boldsymbol{Y}} = \bar{\boldsymbol{X}}^{(1)} - \bar{\boldsymbol{X}}^{(2)},$$

$$E(\boldsymbol{Y}_j) = \boldsymbol{\mu}^{(1)} - \sqrt{\frac{n_1}{n_2}}\boldsymbol{\mu}^{(2)} + \frac{n_1}{\sqrt{n_1 n_2}}\boldsymbol{\mu}^{(2)} - \frac{n_2}{n_2}\boldsymbol{\mu}^{(2)} = \boldsymbol{\mu}^{(1)} - \boldsymbol{\mu}^{(2)}.$$

可直接证明

$$E(\boldsymbol{Y}_i - E\boldsymbol{Y}_i)(\boldsymbol{Y}_j - E\boldsymbol{Y}_j)^{\mathrm{T}} = \delta_{ij}\left(\boldsymbol{\Sigma}_1 + \frac{n_1}{n_2}\boldsymbol{\Sigma}_2\right),$$

即

$$E(\boldsymbol{Y} - E\boldsymbol{Y})(\boldsymbol{Y} - E\boldsymbol{Y})^{\mathrm{T}} = \boldsymbol{\Sigma}_1 + \frac{n_1}{n_2}\boldsymbol{\Sigma}_2.$$

这说明 $\{\boldsymbol{Y}_j, j=1,\cdots,n_1\}$ 是正态等协方差阵的随机样本.

令

$$\boldsymbol{U}_\alpha = \boldsymbol{X}_\alpha^{(1)} - \sqrt{\frac{n_1}{n_2}}\boldsymbol{X}_\alpha^{(2)}, \quad \alpha=1,\cdots,n_1,$$

显然, $\boldsymbol{U}_\alpha$ 与 $\boldsymbol{Y}_\alpha$ 有相同的样本离差阵, 于是可构造如下的 Hotelling T^2:

$$T^2 = n_1\bar{\boldsymbol{Y}}^{\mathrm{T}}\boldsymbol{S}_y^{-1}\bar{\boldsymbol{Y}} \sim T^2_{p,n_1-1}, \tag{4.5.8}$$

其中

$$(n_1-1)\boldsymbol{S}_y = \sum_{\alpha=1}^{n_1}(\boldsymbol{U}_\alpha - \bar{\boldsymbol{U}})(\boldsymbol{U}_\alpha - \bar{\boldsymbol{U}})^{\mathrm{T}}.$$

显然, (4.5.8) 比 (4.5.1) 少 n_2-1 个自由度. 对 (4.5.1) 的假设作 F 检验, 只要把 (4.5.7) 中的 n 改为 n_1 即可.

(4.5.6) 及 (4.5.8) 的做法是 Scheffe 于 1943 年在研究一维变量时提出的, 他还证明了一维时由此构造的 t 检验具有最短的置信区间. Bennett 于 1955 年把它拓广到多维[8]. 上述方法的主要缺点是浪费了 n_2 个观察值中部分的信息.

另一个公式[7] 如下：令

$$\boldsymbol{S}_* = \frac{\boldsymbol{A}^{(1)}}{n_1(n_1-1)} + \frac{\boldsymbol{A}^{(2)}}{n_2(n_2-1)},$$

$$T^2 = (\bar{\boldsymbol{X}}^{(1)} - \bar{\boldsymbol{X}}^{(2)})^{\mathrm{T}}\boldsymbol{S}_*^{-1}(\bar{\boldsymbol{X}}^{(1)} - \bar{\boldsymbol{X}}^{(2)}), \tag{4.5.9}$$

再令

$$f^{-1} = (n_1^3 - n_1^2)^{-1}[(\bar{\boldsymbol{X}}^{(1)} - \bar{\boldsymbol{X}}^{(2)})^{\mathrm{T}}\boldsymbol{S}_*^{-1}\boldsymbol{S}_1\boldsymbol{S}_*^{-1}(\bar{\boldsymbol{X}}^{(1)} - \bar{\boldsymbol{X}}^{(2)})]^2T^{-4}$$

$$+(n_2^3-n_2^2)^{-1}[(\bar{\boldsymbol{X}}^{(1)}-\bar{\boldsymbol{X}}^{(2)})^{\mathrm{T}}\boldsymbol{S}_*^{-1}\boldsymbol{S}_2\boldsymbol{S}_*^{-1}(\bar{\boldsymbol{X}}^{(1)}-\bar{\boldsymbol{X}}^{(2)})]^2T^{-4},$$

其中 $\boldsymbol{S}_i=\boldsymbol{A}_i/(n_i-1)$ 是 $\boldsymbol{\Sigma}_i$ 的无偏估计. 当 (4.5.1) 的零假设成立时有

$$\frac{f-p+1}{fp}T^2\approx F_{p,f-p+1}. \tag{4.5.10}$$

另检验法利用当 $\min\{n_1,n_2\}\to\infty$ 时, (4.5.8) 的 T^2 近似于 χ_p^2.

例 4.5.1 对表 4.1.1 中的农业生产指数 $\boldsymbol{X}=(x_1,x_3)^{\mathrm{T}}$, 亚洲与欧洲之间有没有显著性的差别?

解 表 4.1.1 中的数据基本上可以认为是服从多元正态及等协方差阵, 于是可计算得

$$\bar{\boldsymbol{X}}^{(1)}=\begin{pmatrix}104.8350\\108.6250\end{pmatrix},\quad \bar{\boldsymbol{X}}^{(2)}=\begin{pmatrix}105.6231\\102.7077\end{pmatrix},$$

离差阵如下：

$$\text{亚洲：}n=20,\quad \boldsymbol{A}^{(1)}=\begin{pmatrix}2934.1255&2945.5325\\2945.5325&3788.3775\end{pmatrix},$$

$$\text{欧洲：}m=13,\quad \boldsymbol{A}^{(2)}=\begin{pmatrix}1067.4431&779.3777\\779.3777&749.8092\end{pmatrix}.$$

协方差阵的无偏估计 $\boldsymbol{S}=(\boldsymbol{A}^{(1)}+\boldsymbol{A}^{(2)})/(n_1+n_2-2)$ 为

$$\boldsymbol{S}=\begin{pmatrix}125.2019&115.2553\\115.2553&150.4393\end{pmatrix},\quad \boldsymbol{S}^{-1}=\begin{pmatrix}0.02710&-0.02076\\-0.02076&0.02255\end{pmatrix},$$

从而得 Hotelling T^2 值为

$$T^2=\frac{n_1n_2}{n_1+n_2}(\bar{\boldsymbol{X}}^{(1)}-\bar{\boldsymbol{X}}^{(2)})\boldsymbol{S}^{-1}(\bar{\boldsymbol{X}}^{(1)}-\bar{\boldsymbol{X}}^{(2)})^{\mathrm{T}}=7.8790.$$

代入 (4.5.4) 得 $F_{2,30}=3.81$, 而 $F_{2,30}(0.05)=3.32<F_{2,30}$. 由此可见, 2004 年, 亚洲与欧洲在 (农业、畜牧业) 生产指数上有显著性差异 (Pr<0.05).

4.6 多总体均值的检验 (多元方差分析)

多元方差分析是一元方差分析的直接推广. 为了易于理解本节内容, 先回顾一元方差分析.

4.6.1　一元方差分析

设有 k 个总体, 它们的分布分别为

$$N(\mu^{(1)},\sigma^2),\cdots,N(\mu^{(k)},\sigma^2),$$

即认为 k 个正态总体中仅均值可能有差异.

下面分别从中独立随机地抽出样本如下:

$$\begin{aligned}&X_1^{(1)},\cdots,X_{n_1}^{(1)}\sim N(\mu^{(1)},\sigma^2),\\&X_1^{(2)},\cdots,X_{n_2}^{(2)}\sim N(\mu^{(2)},\sigma^2),\\&\qquad\cdots\cdots\\&X_1^{(k)},\cdots,X_{n_k}^{(k)}\sim N(\mu^{(k)},\sigma^2).\end{aligned}$$

检验假设

$$H_0:\mu^{(1)}=\cdots=\mu^{(k)},\quad H_1:\text{ 至少存在 } i\neq j,\text{使得 }\mu^{(i)}\neq\mu^{(j)}.$$

这个检验的似然比统计量中依赖于下列平方和:

$$\begin{aligned}\mathrm{SS}(B)&=\sum_{i=1}^{k}n_i(\bar{X}^{(i)}-\bar{X})^2,\quad\text{组 (总体) 间平方和;}\\\mathrm{SS}(E)&=\sum_{i=1}^{k}\sum_{j=1}^{n_i}(X_j^{(i)}-\bar{X}_i)^2,\quad\text{组 (总体) 内平方和;}\\\mathrm{SS}(T)&=\sum_{i=1}^{k}\sum_{j=1}^{n_i}(X_j^{(i)}-\bar{X})^2,\quad\text{总平方和,}\end{aligned}$$

其中

$$\begin{aligned}&\bar{X}=\frac{1}{n}\sum_{i=1}^{k}\sum_{j=1}^{n_i}X_j^{(i)},\quad\text{样本总平均;}\\&\bar{X}^{(i)}=\frac{1}{n_i}\sum_{j=1}^{n_i}X_j^{(i)},\quad\text{第 } i \text{ 组 (总体) 样本的均值;}\\&n=n_1+\cdots+n_k.\end{aligned}$$

检验的统计量为

$$F=\frac{\mathrm{SS}(B)/(k-1)}{\mathrm{SS}(E)/(n-k)}\sim F_{k-1,n-k}(H_0\text{ 成立时}),$$

否定域为 $F>F_{k-1,n-k}(\alpha)$.

目前还没有超过两个总体而方差不齐性的均值检验公式.

4.6.2 多元方差分析

设有 k 个总体 $\pi_1,\cdots,\pi_k$, 从它们中分别独立随机地抽出样本如下:

$$\begin{aligned}
&\boldsymbol{X}_1^{(1)},\cdots,\boldsymbol{X}_{n_1}^{(1)}\sim N_p(\boldsymbol{\mu}^{(1)},\boldsymbol{\Sigma}),\\
&\boldsymbol{X}_1^{(2)},\cdots,\boldsymbol{X}_{n_2}^{(2)}\sim N_p(\boldsymbol{\mu}^{(2)},\boldsymbol{\Sigma}),\\
&\cdots\cdots\\
&\boldsymbol{X}_1^{(k)},\cdots,\boldsymbol{X}_{n_k}^{(k)}\sim N_p(\boldsymbol{\mu}^{(k)},\boldsymbol{\Sigma}).
\end{aligned}$$

在有相同协方差阵的条件下, 检验假设

$$H_0:\boldsymbol{\mu}^{(1)}=\cdots=\boldsymbol{\mu}^{(k)},\quad H_1:\text{至少存在 } i\neq j,\text{使得 }\boldsymbol{\mu}^{(i)}\neq\boldsymbol{\mu}^{(j)}. \tag{4.6.1}$$

类似于一元情况, 令

$$\begin{aligned}
\boldsymbol{B}&=\sum_{i=1}^{k}n_i(\bar{\boldsymbol{X}}^{(i)}-\bar{\boldsymbol{X}})(\bar{\boldsymbol{X}}^{(i)}-\bar{\boldsymbol{X}})^{\mathrm{T}}, &&\text{组 (总体) 间离差阵},\\
\boldsymbol{E}&=\sum_{i=1}^{k}\sum_{j=1}^{n_i}(\boldsymbol{X}_j^{(i)}-\bar{\boldsymbol{X}}_i)(\boldsymbol{X}_j^{(i)}-\bar{\boldsymbol{X}}_i)^{\mathrm{T}}\\
&=\sum_{i=1}^{k}\boldsymbol{A}_i=\boldsymbol{A}, &&\text{组 (总体) 内离差阵},\\
\boldsymbol{T}&=\sum_{i=1}^{k}\sum_{j=1}^{n_i}(\boldsymbol{X}_j^{(i)}-\bar{\boldsymbol{X}})(\boldsymbol{X}_j^{(i)}-\bar{\boldsymbol{X}})^{\mathrm{T}}, &&\text{总离差阵}.
\end{aligned}$$

容易证明

$$\boldsymbol{T}=\boldsymbol{B}+\boldsymbol{E}.$$

与一元时类似, 欲求检验 (4.6.1) 的似然比统计量, 这时的似然函数为

$$L(\boldsymbol{\mu}^{(1)},\cdots,\boldsymbol{\mu}^{(k)};\boldsymbol{\Sigma})=(2\pi)^{-n/2}|\boldsymbol{\Sigma}|^{-n/2}\mathrm{etr}\left(-\frac{1}{2}\boldsymbol{\Sigma}^{-1}\sum_{i=1}^{k}\sum_{j=1}^{n_i}(\boldsymbol{x}_j^{(i)}-\boldsymbol{\mu}^{(i)})(\boldsymbol{x}_j^{(i)}-\boldsymbol{\mu}^{(i)})^{\mathrm{T}}\right),$$

其中 $n=n_1+\cdots+n_k$. 用类似于 3.4 节中求 $\boldsymbol{\mu}$ 及 $\boldsymbol{\Sigma}$ 极大似然估计的办法可得

$$\max_{H_0}L(\boldsymbol{\mu},\cdots,\boldsymbol{\mu};\boldsymbol{\Sigma})=(2\pi\mathrm{e})^{-np/2}\left|\frac{1}{n}\boldsymbol{T}\right|^{-n/2}, \tag{4.6.2}$$

$$\max_{\boldsymbol{\mu}^{(1)},\cdots,\boldsymbol{\mu}^{(k)};\boldsymbol{\Sigma}}L(\boldsymbol{\mu}^{(1)},\cdots,\boldsymbol{\mu}^{(k)};\boldsymbol{\Sigma})=(2\pi\mathrm{e})^{-np/2}\left|\frac{1}{n}\boldsymbol{E}\right|^{-n/2}. \tag{4.6.3}$$

上面两式相除得, 似然比统计量为

$$\lambda_1 = \frac{|\boldsymbol{E}|^{n/2}}{|\boldsymbol{T}|^{n/2}} \quad 或 \quad \lambda_1 = \frac{|\boldsymbol{A}/n|^{n/2}}{|\boldsymbol{T}/n|^{n/2}},$$

或等价地

$$\Lambda = \frac{|\boldsymbol{E}|}{|\boldsymbol{T}|} = \frac{|\boldsymbol{E}|}{|\boldsymbol{E}+\boldsymbol{B}|}. \tag{4.6.4}$$

下面的定理将表明, (4.6.4) 服从 Wilks 分布.

定理 4.6.1　在 k 个正态等协方差阵 $N_p(\boldsymbol{\mu}^{(i)}, \boldsymbol{\Sigma})\,(i=1,\cdots,k)$ 中, 当

$$H_0: \boldsymbol{\mu}^{(1)} = \cdots = \boldsymbol{\mu}^{(k)}, \quad H_1: 至少存在\ i \neq j, 使得\ \boldsymbol{\mu}^{(i)} \neq \boldsymbol{\mu}^{(j)}$$

中 H_0 成立时有

$$\boldsymbol{T} \sim W_p(n-1, \boldsymbol{\Sigma}), \quad \boldsymbol{E} \sim W_p(n-k, \boldsymbol{\Sigma}), \quad \boldsymbol{B} \sim W_p(k-1, \boldsymbol{\Sigma}),$$

并且 $\boldsymbol{E}$ 与 $\boldsymbol{B}$ 彼此独立, 从而得 (4.6.4) 的统计量为 $\Lambda \sim \Lambda_{p,n-k,k-1}$.

证明　可以计算得总离差阵 $\boldsymbol{T}$ 可以改写为

$$\boldsymbol{T} = \boldsymbol{X}^{\mathrm{T}}\boldsymbol{C}\boldsymbol{X}, \tag{4.6.5}$$

其中

$$\boldsymbol{C} = \boldsymbol{I_n} - \frac{1}{n}\boldsymbol{1}_n\boldsymbol{1}_n^{\mathrm{T}}, \quad \boldsymbol{X} = (\boldsymbol{X}_1^{\mathrm{T}}, \cdots, \boldsymbol{X}_k^{\mathrm{T}})^{\mathrm{T}},$$
$$\boldsymbol{X}_\alpha = (\boldsymbol{x}_1^{(\alpha)}, \cdots, \boldsymbol{x}_{n_\alpha}^{(\alpha)})^{\mathrm{T}}, \quad \alpha = 1, \cdots, k.$$

令

$$\boldsymbol{M}_\alpha = \boldsymbol{1}_{n_\alpha}\boldsymbol{\mu}_\alpha^{\mathrm{T}}, \quad \boldsymbol{M} = (\boldsymbol{M}_1^{\mathrm{T}}, \cdots, \boldsymbol{M}_k^{\mathrm{T}})^{\mathrm{T}},$$

由本节的正态性假定可知

$$\begin{aligned}
&E(\boldsymbol{X}) = \boldsymbol{M}, \quad \boldsymbol{X} \sim N_{n\times p}(\boldsymbol{M}, \boldsymbol{I}_n \otimes \boldsymbol{\Sigma}),\\
&\boldsymbol{C}^2 = \boldsymbol{C}, \quad \mathrm{rank}(\boldsymbol{C}) = n-1,\\
&\boldsymbol{M}^{\mathrm{T}}\boldsymbol{C}\boldsymbol{M} = \boldsymbol{0} \quad (在\ H_0\ 条件下, \boldsymbol{M} = \boldsymbol{1}_n\boldsymbol{\mu}_0^{\mathrm{T}}\ 代入得).
\end{aligned}$$

由 Wishart 统计量的性质 (9)(i) 可知 $\boldsymbol{T} \sim W_p(n-1, \boldsymbol{\Sigma})$.

类似地有

$$\boldsymbol{E} = \sum_{\alpha=1}^{k} \boldsymbol{X}_\alpha^{\mathrm{T}}\boldsymbol{C}_\alpha\boldsymbol{X}_\alpha, \quad \boldsymbol{C}_\alpha = \boldsymbol{I}_{n_\alpha} - \frac{1}{n_\alpha}\boldsymbol{1}_{n_\alpha}\boldsymbol{1}_{n_\alpha}^{\mathrm{T}}$$

或

$$\boldsymbol{E} = \boldsymbol{X}^{\mathrm{T}}\boldsymbol{C}^*\boldsymbol{X}, \quad \boldsymbol{C}^* = \mathrm{diag}(\boldsymbol{C}_1, \cdots, \boldsymbol{C}_k) \quad (分块对角矩阵),$$

可以验证

$$(\boldsymbol{C}^*)^2 = \boldsymbol{C}^* \ (\text{因为}\ \boldsymbol{C}_\alpha^2 = \boldsymbol{C}_\alpha), \quad \operatorname{rank}(\boldsymbol{C}^*) = n - k \ (\text{因为}\ \operatorname{rank}(\boldsymbol{C}_\alpha) = n_\alpha - 1),$$

$$\boldsymbol{M}^{\mathrm{T}}\boldsymbol{C}^*\boldsymbol{M} = \boldsymbol{0},$$

因此, $\boldsymbol{E} \sim W_p(n-k, \boldsymbol{\Sigma})$. 令

$$\boldsymbol{C}^{**} = \boldsymbol{C} - \boldsymbol{C}^*, \quad \boldsymbol{B} = \boldsymbol{T} - \boldsymbol{E} = \boldsymbol{X}^{\mathrm{T}}\boldsymbol{C}^{**}\boldsymbol{X}, \tag{4.6.6}$$

可以验证

$$\boldsymbol{C}^{**} = \begin{pmatrix} \left(\dfrac{1}{n_1} - \dfrac{1}{n}\right)\mathbf{1}_{n_1}\mathbf{1}_{n_1}^{\mathrm{T}} & -\dfrac{1}{n}\mathbf{1}_{n_1}\mathbf{1}_{n_2}^{\mathrm{T}} & \cdots & -\dfrac{1}{n}\mathbf{1}_{n_1}\mathbf{1}_{n_k}^{\mathrm{T}} \\ -\dfrac{1}{n}\mathbf{1}_{n_2}\mathbf{1}_{n_1}^{\mathrm{T}} & \left(\dfrac{1}{n_2} - \dfrac{1}{n}\right)\mathbf{1}_{n_2}\mathbf{1}_{n_2}^{\mathrm{T}} & \cdots & -\dfrac{1}{n}\mathbf{1}_{n_2}\mathbf{1}_{n_k}^{\mathrm{T}} \\ \vdots & \vdots & & \vdots \\ -\dfrac{1}{n}\mathbf{1}_{n_k}\mathbf{1}_{n_1}^{\mathrm{T}} & -\dfrac{1}{n}\mathbf{1}_{n_k}\mathbf{1}_{n_2}^{\mathrm{T}} & \cdots & \left(\dfrac{1}{n_k} - \dfrac{1}{n}\right)\mathbf{1}_{n_k}\mathbf{1}_{n_k}^{\mathrm{T}} \end{pmatrix}.$$

可以证得 $\boldsymbol{C}^{**}$ 也是投影矩阵, 于是

$$\operatorname{rank}(\boldsymbol{C}^{**}) = \operatorname{tr}(\boldsymbol{C}^{**}) = \operatorname{tr}(\boldsymbol{C}) - \operatorname{tr}(\boldsymbol{C}^*) = k - 1,$$

$$\boldsymbol{M}^{\mathrm{T}}\boldsymbol{C}^{**}\boldsymbol{M} = \boldsymbol{M}^{\mathrm{T}}\boldsymbol{C}\boldsymbol{M} - \boldsymbol{M}^{\mathrm{T}}\boldsymbol{C}^*\boldsymbol{M} = \boldsymbol{0},$$

因此,

$$\boldsymbol{B} \sim W_p(k-1, \boldsymbol{\Sigma}).$$

由 $\boldsymbol{C} = \boldsymbol{C}^* + \boldsymbol{C}^{**}$ 及它们均为投影矩阵可知 $\boldsymbol{C}^*\boldsymbol{C}^{**} = \boldsymbol{0}$, 由 Wishart 的性质 (5) 得 $\boldsymbol{B}$ 与 $\boldsymbol{E}$ 独立.

例 4.6.1 在某地的勘探中共测量了 16 个土壤样品, 它们分属三个类别 (group). 对每个土样化验三个元素 (FeO, Al_2O_3, MgO) 的含量 (地质单位), 如表 4.6.1 所示. 此处, $n_1 = n_2 = n_3 = 5$.

表 4.6.1 地质例

FeO	0.87	0.67	0.87	0.57	0.15	0.54	0.23	0.31
Al_2O_3	2.34	2.29	1.52	1.47	1.91	14.43	14.03	13.31
MgO	4.00	3.20	1.57	1.08	2.40	2.27	1.64	2.68
类别	1	1	1	1	1	2	2	2
FeO	0.13	0.39	4.00	3.68	4.46	3.98	4.08	
Al_2O_3	13.91	12.64	12.10	14.42	14.49	12.30	12.00	
MgO	1.20	3.05	1.01	1.28	1.40	1.48	2.50	
类别	2	2	3	3	3	3	3	

计算每个类别的样本均值、组内总离差及总离差阵如下：

$$\bar{\boldsymbol{X}}^{(1)} = \begin{pmatrix} 0.626 \\ 1.906 \\ 2.450 \end{pmatrix}, \quad \bar{\boldsymbol{X}}^{(2)} = \begin{pmatrix} 0.320 \\ 13.664 \\ 2.168 \end{pmatrix},$$

$$\bar{\boldsymbol{X}}^{(3)} = \begin{pmatrix} 4.040 \\ 13.062 \\ 1.534 \end{pmatrix}, \quad \bar{\boldsymbol{X}} = \begin{pmatrix} 1.662 \\ 9.544 \\ 2.051 \end{pmatrix},$$

$$\boldsymbol{E} = \begin{pmatrix} 0.761 & 0.224 & 0.706 \\ 0.224 & 9.147 & -0.557 \\ 0.706 & -0.557 & 9.178 \end{pmatrix}, \quad \boldsymbol{T} = \begin{pmatrix} 43.407 & 53.974 & -8.294 \\ 53.974 & 447.596 & -22.479 \\ -8.294 & -22.479 & 11.379 \end{pmatrix},$$

$$\boldsymbol{B} = \begin{pmatrix} 42.646 & 53.749 & -9.000 \\ 53.749 & 438.449 & -21.922 \\ -9.000 & -21.922 & 2.201 \end{pmatrix}.$$

要检验三组样本中的均值是否有显著性差异. 首先计算 Wilks 统计量, 其中 $n_A = 15-3=12$, $n_B = k-1 = 2$. 于是得

$$\Lambda = \frac{|\boldsymbol{E}|}{|\boldsymbol{T}|} = 0.0003764 \sim \Lambda_{3,12,2}.$$

此处, 可用精确的 F 公式得

$$F = \frac{n_A - p + 1}{p} \times \frac{1-\sqrt{\Lambda}}{\sqrt{\Lambda}} = \frac{12-3+1}{3} \times \frac{1-\sqrt{0.0003764}}{\sqrt{0.0003764}} = 185.3,$$

自由度 $\mathrm{df}_1 = 2\times 3 = 6$, $\mathrm{df}_2 = 2(12-3+1) = 20$, 从而得 Pr<0.0001(SAS 软件输出). 这说明三个类别之间的均值存在非常显著的差别. 用 Rao 的近似式估计, F 值及两个自由度也完全同上.

如果对例 4.6.1 中的每一指标分别用一元方差分析, 由 $\boldsymbol{E}$ 及 $\boldsymbol{B}$ 的对角线元素可算得

$$F_1 = \frac{42.946/2}{0.761/12} = 338.6,$$

$$F_2 = \frac{438.449/2}{9.147/12} = 287.6,$$

$$F_3 = \frac{2.201/2}{9.178/12} = 1.44.$$

当零假设成立时, 它们服从 $F_{2,12}$ 的分布. 实际工作中的学者常用 $F_{2,12}(0.05) = 3.88$ 作为显著性界, 但从式 (4.3.7) 知, 此时应取 $\alpha^* = \alpha/3 = 0.05/3 = 0.0167$ 作为对每一

指标的显著性水平. $F_{2,12}(0.0167) \approx F_{2,57}(0.01) = 6.9$, 上述三个 F 值中有两个超过此界, 所以从交并原则也认为三组之间有显著的差异 ($p < 0.05$).

上述对每一个变量考察在三组之间是否有显著性差异的方法仍然是单变量统计思想及方法. 多变量思想是多个变量之间可能存在相关或共生关系, 因此, 在考察 FeO 元素在三组之间是否有显著性差异时, 应把 Al_2O_3 及 MgO 元素固定不变. 但这种考察法在单变量的方差分析中是难以实现的, 该方法见第 7 章.

4.7 特征根统计量

对 (4.6.1) $H_0 : \boldsymbol{\mu}^{(1)} = \cdots = \boldsymbol{\mu}^{(k)}$ 的检验中, 另一个使用较多的统计量是最大特征根统计量, 它是使用交并原则推出的. 记 $\boldsymbol{a}$ 为任一非零向量,

$$H_a : \boldsymbol{a}^{\mathrm{T}}\boldsymbol{\mu}^{(1)} = \cdots = \boldsymbol{a}^{\mathrm{T}}\boldsymbol{\mu}^{(k)}. \tag{4.7.1}$$

于是 (4.7.1) 的零假设可以分解为

$$H_0 = \bigcap_{\boldsymbol{a}} H_{\boldsymbol{a}}, \tag{4.7.2}$$

其中 $H_{\boldsymbol{a}}$ 为一元统计问题的假设, 对应的数据为

$$\begin{aligned}
&\boldsymbol{a}^{\mathrm{T}}\boldsymbol{X}_1^{(1)}, \cdots, \boldsymbol{a}^{\mathrm{T}}\boldsymbol{X}_{n_1}^{(1)} \sim N(\boldsymbol{a}^{\mathrm{T}}\boldsymbol{\mu}^{(1)}, \boldsymbol{a}^{\mathrm{T}}\boldsymbol{\Sigma}\boldsymbol{a}),\\
&\boldsymbol{a}^{\mathrm{T}}\boldsymbol{X}_1^{(2)}, \cdots, \boldsymbol{a}^{\mathrm{T}}\boldsymbol{X}_{n_2}^{(2)} \sim N(\boldsymbol{a}^{\mathrm{T}}\boldsymbol{\mu}^{(2)}, \boldsymbol{a}^{\mathrm{T}}\boldsymbol{\Sigma}\boldsymbol{a}),\\
&\cdots\cdots\\
&\boldsymbol{a}^{\mathrm{T}}\boldsymbol{X}_1^{(k)}, \cdots, \boldsymbol{a}^{\mathrm{T}}\boldsymbol{X}_{n_k}^{(k)} \sim N(\boldsymbol{a}'\boldsymbol{\mu}^{(k)}, \boldsymbol{a}^{\mathrm{T}}\boldsymbol{\Sigma}\boldsymbol{a}),
\end{aligned}$$

这时有

$$\mathrm{SS}(\boldsymbol{B}) = \boldsymbol{a}^{\mathrm{T}}\boldsymbol{B}\boldsymbol{a}, \quad \mathrm{SS}(\boldsymbol{E}) = \boldsymbol{a}^{\mathrm{T}}\boldsymbol{E}\boldsymbol{a}, \quad \mathrm{SS}(\boldsymbol{T}) = \boldsymbol{a}^{\mathrm{T}}\boldsymbol{T}\boldsymbol{a},$$

相应的 F 统计量为

$$F_a = \frac{\boldsymbol{a}^{\mathrm{T}}\boldsymbol{B}\boldsymbol{a}/(k-1)}{\boldsymbol{a}^{\mathrm{T}}\boldsymbol{E}\boldsymbol{a}/(n-k)}, \tag{4.7.3}$$

其否定域为 $\{F_a > F_{k-1,n-k}(\alpha^*)\}$. 由交并原则得检验 (4.7.1) 的零假设的否定域为

$$R_\alpha = \bigcup_{\boldsymbol{a}} \{F_{\boldsymbol{a}} > F_{k-1,n-k}(\alpha^*)\}.$$

选择 α^*, 使得 $\Pr(R_\alpha) = \alpha$. 若存在一个 $\boldsymbol{a} \in \mathbf{R}^p$, 使得 $H_{\boldsymbol{a}}$ 被拒绝, 则就拒绝 H_0. 于是否定域为

$$R_\alpha = \{F_{a_0} > F_{k-1,n-k}(\alpha^*)\},$$

其中 $F_{a_0}=\max\limits_{\boldsymbol{a}} F_{\boldsymbol{a}}$. 与 (4.7.3) 等价, 即求 (忽略比例常数)

$$\lambda_{\max}=\max_{\boldsymbol{a}\neq 0}\frac{\boldsymbol{a}^{\mathrm{T}}\boldsymbol{B}\boldsymbol{a}}{\boldsymbol{a}^{\mathrm{T}}\boldsymbol{E}\boldsymbol{a}}. \tag{4.7.4}$$

由式 (2.1.22) 知, $\lambda_{\max}$ 就是 $|\boldsymbol{B}-\lambda\boldsymbol{E}|=0$ 的最大的特征根, 记 $\boldsymbol{a}_0$ 是其对应的标准化特征向量, 于是 (4.7.1) 的否定域可表示为

$$R_\alpha=\{\lambda_{\max}>\lambda_\alpha\},$$

其中 λ_α 的选择应满足 $\Pr(R_\alpha)=\alpha$. 也就是说, 可以用最大特征根统计量 $\lambda_{\max}$ 去检验 (4.7.1), 显然, 它不同于 Wilks 统计量. 令 $\theta_{\max}$ 是 $|\boldsymbol{B}-\theta(\boldsymbol{E}+\boldsymbol{B})|=|\boldsymbol{B}-\theta T|=0$ 的最大的特征根, 由特征根的定义, 不难看出

$$\theta_{\max}=\frac{\lambda_{\max}}{1+\lambda_{\max}}. \tag{4.7.5}$$

当 $x>0$ 时, 由于 $x/(1+x)$ 是 x 的严格单调上升函数, 所以 $\theta_{\max}$ 与 $\lambda_{\max}$ 等价. $\lambda_{\max}$ 或 $\theta_{\max}$ 是统计软件中普遍使用的统计量.

与 Wilks 统计量的关系为

$$\Lambda=\frac{|\boldsymbol{B}|}{|\boldsymbol{E}+\boldsymbol{B}|}=\frac{1}{|\boldsymbol{I}+\boldsymbol{B}^{-1}\boldsymbol{E}|}=\prod_{i=1}^{p}\frac{\lambda_i}{1+\lambda_i}, \tag{4.7.6}$$

即 Wilks 统计量可以表示成特征根$\{\lambda_i\}$的函数. 此外, 还可以用另外的方法求得不同的统计量, 它们都可以表示为特征根的函数. 这说明一元方差分析中的 F 统计量推广到多元时, 可以产生很多统计检验公式, 即结果不唯一. 比较谁优谁劣不是简单的事, 但习惯上人们常用的是 Λ 及 $\theta_{\max}$, 它们都有表可查.

特征根统计量之间的关系归结如下[4]: 设 λ_i,θ_i,μ_i 分别是下面各式的根:

$$|\boldsymbol{B}-\lambda\boldsymbol{E}|=0,\quad |\boldsymbol{B}-\theta(\boldsymbol{E}+\boldsymbol{B})|=0,\quad |\boldsymbol{E}-\mu(\boldsymbol{E}+\boldsymbol{B})|=0. \tag{4.7.7}$$

设 $\{\lambda_i\},\{\theta_i\},\{\mu_i\}$ 分别从大到小排序, 则可以证明有下面的关系:

$$\lambda_i=\frac{\theta_i}{1-\theta_i}=\frac{1-\mu_{p-i+1}}{\mu_{p-i+1}},$$

$$\theta_i=\frac{\lambda_i}{1+\lambda_i}=1-\mu_{p-i+1},$$

$$\mu_{p-i+1}=\frac{1}{1+\lambda_i}=1-\theta_i.$$

记 $s=\min\{p,k-1\}$, 其中 $k-1$ 为组间离差阵 $\boldsymbol{B}$ 的自由度, 在统计软件中常用的是下述 4 个统计量, 其中 $\boldsymbol{T}=\boldsymbol{E}+\boldsymbol{B}$:

Willk 统计量

$$\Lambda = \frac{|\boldsymbol{E}|}{|\boldsymbol{T}|} = \prod_{i=1}^{s} \frac{1}{1+\lambda_i} = \prod_{i=1}^{s}(1-\theta_i) = \prod_{i=1}^{s}\mu_i; \tag{4.7.8}$$

Pillai 统计量

$$V^{(s)} = \mathrm{tr}(\boldsymbol{B}\boldsymbol{T}^{-1}) = \sum_{i=1}^{s}\theta_i = \sum_{i=1}^{s}\frac{\lambda_i}{1+\lambda_i} = \sum_{i=1}^{s}(1-\mu_i); \tag{4.7.9}$$

Lawley-Hotelling 统计量

$$U^{(s)} = \mathrm{tr}(\boldsymbol{B}\boldsymbol{E}^{-1}) = \sum_{i=1}^{s}\lambda_i = \sum_{i=1}^{s}\frac{\theta_i}{1-\theta_i}; \tag{4.7.10}$$

Roy 的最大特征根统计量

$$\theta_{\max} = \frac{\lambda_{\max}}{1+\lambda_{\max}} = 1-\mu_{\min}. \tag{4.7.11}$$

在一般情况下, 上述 4 个统计量作检验时都有表可查, 也分别可用 F 分布近似, 近似公式可参见文献 [19].

当 $s=1$ 时 ($k=2$ 或 $p=1$), 上述 4 个统计检验彼此等价,

$$\begin{aligned}
\Lambda &= 1-\theta, \\
V^{(1)} &= \theta, \\
U^{(1)} &= \lambda_1 = \frac{\theta}{1-\theta}.
\end{aligned}$$

这时, 它们都可变成精确的 F 统计量,

$$F = \frac{v_E - p + 1}{p}U^{(1)} \sim F_{p,v_E-p+1}, \tag{4.7.12}$$

其中 $v_E = n-k$ 为误差阵 $\boldsymbol{E}$ 的自由度.

4.8 协方差阵的检验

4.8.1 检验 $\boldsymbol{\Sigma} = \boldsymbol{\Sigma}_0$

设 n 个样品 $\boldsymbol{X}_1, \cdots, \boldsymbol{X}_n$ 是从 $N_p(\boldsymbol{\mu}, \boldsymbol{\Sigma})$ 总体中随机独立抽取的样本, $\boldsymbol{\Sigma}_0 > 0$ 为已知矩阵, 要检验

$$H_0: \boldsymbol{\Sigma} = \boldsymbol{\Sigma}_0, \quad H_1: \boldsymbol{\Sigma} \neq \boldsymbol{\Sigma}_0, \tag{4.8.1}$$

其似然比统计量为

$$\lambda_1 = \left(\frac{\mathrm{e}}{n}\right)^{pn/2} |\boldsymbol{A}\boldsymbol{\Sigma}_0^{-1}|^{n/2} \mathrm{etr}\left(-\frac{1}{2}\boldsymbol{A}\boldsymbol{\Sigma}_0^{-1}\right), \tag{4.8.2}$$

其中

$$\boldsymbol{A} = \sum_{i=1}^{n} (\boldsymbol{X}_i - \bar{\boldsymbol{X}})(\boldsymbol{X}_i - \bar{\boldsymbol{X}})^{\mathrm{T}}, \quad \bar{\boldsymbol{X}} = \frac{1}{n}\sum_{i=1}^{n} \boldsymbol{X}_i.$$

记 $\boldsymbol{S} = \boldsymbol{A}/(n-1)$ 为协方差阵的无偏估计.

证明 (1) 先假定 $\boldsymbol{\Sigma}_0 = \boldsymbol{I}$. 假设有数据矩阵

$$\boldsymbol{Y} \sim N_{n\times p}(\boldsymbol{1}_n\boldsymbol{\mu}^{\mathrm{T}}, \boldsymbol{I}_n \otimes \boldsymbol{I}_p),$$

用似然比法. 从 (3.4.4) 可知, 数据矩阵的一般性的似然函数为

$$L(\boldsymbol{\mu}, \boldsymbol{\Sigma}) = (2\pi)^{-np/2} |\boldsymbol{\Sigma}|^{-n/2} \mathrm{etr}\left(-\frac{1}{2}\boldsymbol{\Sigma}^{-1}\sum_{j=1}^{n}(\boldsymbol{Y}_i - \boldsymbol{\mu})(\boldsymbol{Y}_i - \boldsymbol{\mu})^{\mathrm{T}}\right),$$

似然比统计量为

$$\lambda_1 \triangleq \frac{\max\limits_{\boldsymbol{\mu}} L(\boldsymbol{Y}; \boldsymbol{\mu}, \boldsymbol{I})}{\max\limits_{(\boldsymbol{\mu}, \boldsymbol{\Sigma})\in\Omega} L(\boldsymbol{Y}; \boldsymbol{\mu}, \boldsymbol{\Sigma})}, \tag{4.8.3}$$

式 (4.8.3) 的分母即为 (3.4.9), 类似的方式可求出分子为

$$\max_{\boldsymbol{\mu}} L(\boldsymbol{Y}; \boldsymbol{\mu}, \boldsymbol{I}) = (2\pi)^{-np/2} \exp\left(-\frac{\mathrm{tr}(\boldsymbol{A})}{2}\right),$$

代入 (4.8.3) 得

$$\lambda_1 = \left(\frac{\mathrm{e}}{n}\right)^{pn/2} |\boldsymbol{A}|^{n/2} \mathrm{e}^{-\frac{1}{2}\mathrm{tr}(\boldsymbol{A})}, \tag{4.8.4}$$

此即 (4.8.2).

(2) 当 $\boldsymbol{\Sigma} = \boldsymbol{\Sigma}_0$, $\boldsymbol{\Sigma}_0 \neq \boldsymbol{I}$ 时, 显然, $\boldsymbol{Y} \overset{\mathrm{d}}{=} \boldsymbol{X}\boldsymbol{\Sigma}_0^{-1/2}$, $\boldsymbol{Y}$ 中的第 i 个样品 $\boldsymbol{y}_i : p \times 1$ 的协方差阵必是 $\boldsymbol{I}$. $\boldsymbol{Y}$ 数据矩阵中相当于 $\boldsymbol{A}$ 的矩阵为

$$\boldsymbol{A}_y = \boldsymbol{\Sigma}_0^{-1/2}\boldsymbol{A}\boldsymbol{\Sigma}_0^{-1/2}.$$

将其代入 (4.6.4) 中的 $\boldsymbol{A}$, 注意

$$|\boldsymbol{A}_y| = |\boldsymbol{A}\boldsymbol{\Sigma}_0^{-1}|, \quad \mathrm{tr}(\boldsymbol{A}_y) = \mathrm{tr}(\boldsymbol{A}\boldsymbol{\Sigma}_0^{-1}),$$

即证得有

$$\lambda_1 = \left(\frac{\mathrm{e}}{n}\right)^{pn/2} |\boldsymbol{A}\boldsymbol{\Sigma}_0^{-1}|^{n/2} \mathrm{etr}\left(-\frac{1}{2}\boldsymbol{A}\boldsymbol{\Sigma}_0^{-1}\right).$$

与 (4.8.2) 等价的无偏性的 (指 $n-1$ 代 n) 统计量为

$$L = -2\ln\lambda_1 = (n-1)[\ln|\boldsymbol{\Sigma}_0| - p - \ln|\boldsymbol{S}| + \mathrm{tr}(\boldsymbol{S}\boldsymbol{\Sigma}_0^{-1})]. \tag{4.8.5}$$

当样本数不大时, 对此 L 检验的 α 分位点可参见文献 [7, P399].

而对大的变量数或大样本, 可以用近似的卡方检验. 记

$$f_1 = \frac{1}{2}p(p+1),$$
$$D_1 = \frac{2p+1-2/(p+1)}{6(n-1)},$$

当 n 大, H_0 为真时,

$$L \sim \chi^2_{f_1}; \tag{4.8.6}$$

当 n 中等大小时,

$$L' = (1-D_1)L \sim \chi^2_{f_1}. \tag{4.8.7}$$

(4.8.5) 统计量 L 也可用特征根表示. 记 $\lambda_1, \lambda_2, \cdots, \lambda_p$ 为 $\boldsymbol{S}\boldsymbol{\Sigma}_0^{-1}$ 的特征根. 这时

$$\mathrm{tr}(\boldsymbol{S}\boldsymbol{\Sigma}_0^{-1}) = \lambda_1 + \cdots + \lambda_p,$$

$$\ln|\boldsymbol{\Sigma}_0| - \ln|\boldsymbol{S}| = -\ln|\boldsymbol{\Sigma}_0|^{-1} - \ln|\boldsymbol{S}| = -\ln|\boldsymbol{S}\boldsymbol{\Sigma}_0^{-1}| = -\ln\left(\prod_{i=1}^{p}\lambda_i\right),$$

所以 (4.8.5) 中的 L 变为

$$L = (n-1)\left[\sum_{i=1}^{p}(\lambda_i - \ln\lambda_i) - p\right]. \tag{4.8.5$'$}$$

4.8.2 检验 $\boldsymbol{\Sigma} = \sigma^2\boldsymbol{\Sigma}_0$

有些实际问题中, 协方差阵的形状不会变化, 但数值大小会随时间而成比例地变化, 这一类问题可等价于对下面的假设作检验:

$$H_0: \boldsymbol{\Sigma} = \sigma^2\boldsymbol{\Sigma}_0, \quad H_1: \boldsymbol{\Sigma} \neq \sigma^2\boldsymbol{\Sigma}_0, \tag{4.8.8}$$

其中 σ 可以未知而 $\boldsymbol{\Sigma}_0$ 已知. 当 $\boldsymbol{\Sigma}_0 = \boldsymbol{I}$ 时, 称为球性检验.

检验 (4.8.8) 的似然比统计量为

$$\lambda_2 = \frac{|\boldsymbol{\Sigma}_0^{-1}\boldsymbol{A}|^{n/2}}{[\mathrm{tr}(\boldsymbol{\Sigma}_0^{-1}\boldsymbol{A})/p]^{pn/2}}, \tag{4.8.9}$$

或与之等价的是

$$W = (\lambda_2)^{2/n} = \frac{p^p|\boldsymbol{\Sigma}_0^{-1}\boldsymbol{A}|}{[\mathrm{tr}(\boldsymbol{\Sigma}_0^{-1}\boldsymbol{A})]^p}. \tag{4.8.10}$$

当 n 较小时, 可查表[7,P401]; 当 n 较大时, 可用下面的近似式:

$$[(n-1) - (2p^2+p+2)/6p]\ln W \approx \chi^2_{p(p+1)/2-1}. \tag{4.8.11}$$

4.8.3　检验 $\boldsymbol{\Sigma}_1 = \cdots = \boldsymbol{\Sigma}_k$

设有 k 个总体, 独立随机抽取样本如下:

$$\begin{aligned}&\boldsymbol{X}_1^{(1)}, \cdots, \boldsymbol{X}_{n_1}^{(1)} \sim N_p(\boldsymbol{\mu}^{(1)}, \boldsymbol{\Sigma}_1),\\&\boldsymbol{X}_1^{(2)}, \cdots, \boldsymbol{X}_{n_2}^{(2)} \sim N_p(\boldsymbol{\mu}^{(2)}, \boldsymbol{\Sigma}_2),\\&\qquad\cdots\cdots\\&\boldsymbol{X}_1^{(k)}, \cdots, \boldsymbol{X}_{n_k}^{(k)} \sim N_p(\boldsymbol{\mu}^{(k)}, \boldsymbol{\Sigma}_k),\\&n = n_1 + \cdots + n_k,\end{aligned}$$

检验假设

$$H_0 : \boldsymbol{\Sigma}_1 = \cdots = \boldsymbol{\Sigma}_k = \boldsymbol{\Sigma}, \quad H_1 : \{\boldsymbol{\Sigma}_i\}\text{不全相同}. \tag{4.8.12}$$

下面用似然比统计量. 由 (4.6.3) 知, 当 H_0 成立时的最大似然函数为

$$\max_{\boldsymbol{\mu}^{(1)}, \cdots, \boldsymbol{\mu}^{(k)}, \boldsymbol{\Sigma}} L(\boldsymbol{\mu}^{(1)}, \cdots, \boldsymbol{\mu}^{(k)}; \boldsymbol{\Sigma}) = (2\pi \mathrm{e})^{-np/2} \left|\frac{1}{n}\boldsymbol{E}\right|^{-n/2}, \tag{4.8.13}$$

而当 H_1 成立时的似然函数为

$$L(\boldsymbol{\mu}^{(1)}, \cdots, \boldsymbol{\mu}^{(k)}; \boldsymbol{\Sigma}_1, \cdots, \boldsymbol{\Sigma}_k) = L(\boldsymbol{\mu}^{(1)}, \boldsymbol{\Sigma}_1) \times \cdots \times L(\boldsymbol{\mu}^{(k)}, \boldsymbol{\Sigma}_k), \tag{4.8.14}$$

其中

$$L(\boldsymbol{\mu}^{(i)}, \boldsymbol{\Sigma}_i) = (2\pi)^{-n_i p/2} |\boldsymbol{\Sigma}_i|^{-n_i/2} \mathrm{etr}\left(-\frac{1}{2}\boldsymbol{\Sigma}_i^{-1} \sum_{j=1}^{n_i} (\boldsymbol{x}_j^{(i)} - \boldsymbol{\mu}^{(i)})(\boldsymbol{x}_j^{(i)} - \boldsymbol{\mu}^{(i)})^{\mathrm{T}}\right).$$

由式 (3.4.9) 知, 上式的极值为

$$\max_{\boldsymbol{\mu}^{(i)}; \boldsymbol{\Sigma}_i} L(\boldsymbol{\mu}^{(i)}, \boldsymbol{\Sigma}_i) = (2\pi)^{-n_i p/2} |\boldsymbol{A}_i|^{-n_i/2} n_i^{n_i p/2} \exp\left(-\frac{n_i p}{2}\right), \quad i = 1, \cdots, k.$$

由此得式 (4.8.14) 的极值为

$$\max_{\boldsymbol{\mu}^{(i)}; \boldsymbol{\Sigma}_1} L(\boldsymbol{\mu}^{(1)}, \cdots, \boldsymbol{\mu}^{(k)}; \boldsymbol{\Sigma}_1, \cdots, \boldsymbol{\Sigma}_k) = (2\pi \mathrm{e})^{-np/2} \prod_{i=1}^{k} |\boldsymbol{A}_i|^{-n_i/2} n_i^{n_i p/2}. \tag{4.8.15}$$

将 (4.8.14) 与 (4.8.15) 相除, 得到对 (4.8.12) 检验的似然比公式为

$$\lambda_3 = \frac{n^{np/2} \prod_{i=1}^{k} |\boldsymbol{A}_i|^{n_i/2}}{\left(\prod_{i=1}^{k} n_i^{pn_i/2}\right) |\boldsymbol{A}|^{n/2}} = \frac{\prod_{i=1}^{k} |\boldsymbol{A}_i/n_i|^{n_i/2}}{|\boldsymbol{A}/n|^{n/2}}, \tag{4.8.16}$$

其中

$$\begin{aligned}
\boldsymbol{A}_\alpha &= \sum_{i=1}^{n_\alpha}(\boldsymbol{X}_i^{(\alpha)}-\bar{\boldsymbol{X}}_\alpha)(\boldsymbol{X}_i^{(\alpha)}-\bar{\boldsymbol{X}}_\alpha)^{\mathrm{T}},\\
\bar{\boldsymbol{X}}_\alpha &= \frac{1}{n_\alpha}\sum_{i=1}^{n_\alpha}\boldsymbol{X}_i^{(\alpha)}, \quad i=1,\cdots,k,\\
\boldsymbol{A} &= \sum_{i=1}^{k}\boldsymbol{A}_i.
\end{aligned}$$

记

$$\boldsymbol{S}_i=\frac{\boldsymbol{A}_i}{n_i-1}, \quad \boldsymbol{S}=\frac{\boldsymbol{A}}{n-k},$$

根据无偏性的要求, 将 λ_3 中的 n_i 换成 n_i-1, n 换成 $n-k$, 然后取对数 (称为 $\boldsymbol{M}$ **检验**), 得到统计量 $(-2\ln\lambda_3)$ 为

$$M=(n-k)\ln\left|\frac{\boldsymbol{A}}{n-k}\right|-\sum_{i=1}^{k}(n_i-1)\ln\left|\frac{\boldsymbol{A}_i}{n_i-1}\right| \tag{4.8.17}$$

或

$$M=(n-k)\ln|\boldsymbol{S}|-\sum_{i=1}^{k}(n_i-1)\ln|\boldsymbol{S}_i|. \tag{4.8.18}$$

当 k,p,n 较小且等样本时, 附录 3 中列出 M 的上 α 分位点; 当 k,p,n 较大时, 可用卡方统计量近似[19],

$$M'=(1-c_1)M\sim\chi^2_{f_1}, \tag{4.8.19}$$

其中

$$\begin{aligned}
f_1 &= \frac{1}{2}(k-1)p(p+1),\\
c_1 &= \left(\sum_{i=1}^{k}\frac{1}{n_i-1}-\frac{1}{n-k}\right)\left[\frac{2p^2+3p-1}{6(p+1)(k-1)}\right].
\end{aligned}$$

若 $n_1=\cdots=n_k=n_0$, 则

$$c_1=\frac{(k+1)(2p^2+3p-1)}{6k(n_0-1)(p+1)}.$$

当 k=2 时, 人们用交并原则获得其他一些统计量, 它们都是 $\boldsymbol{A}_1\boldsymbol{A}_2^{-1}$ 的特征根的函数, 但此处不介绍.

例 4.8.1 使用表 4.1.1 中的数据, 检验三大洲在三个农业指数 $\boldsymbol{X}$ 上的协方差阵是否相同. 可计算得协方差阵:

$\boldsymbol{S}_1 = \boldsymbol{A}_1/(n_1 - 1)$:

	x_1	x_2	x_3
x_1　农业	154.4277	76.9875	155.0280
x_2　种植业	76.9875	75.8736	59.8214
x_3　畜牧业	155.0280	59.8214	199.3883

$\boldsymbol{S}_2 = \boldsymbol{A}_2/(n_2 - 1)$:

	x_1	x_2	x_3
x_1　农业	91.6937	99.9327	85.0363
x_2　种植业	99.9327	121.6467	79.6613
x_3　畜牧业	85.0363	79.6613	96.0097

$\boldsymbol{S}_3 = \boldsymbol{A}_3/(n_3 - 1)$:

	x_1	x_2	x_3
x_1　农业	88.9536	107.2830	64.9481
x_2　种植业	107.2830	162.6877	66.7496
x_3　畜牧业	64.9481	66.7496	62.4841

$\boldsymbol{S} = (\boldsymbol{A}_1 + \boldsymbol{A}_2 + \boldsymbol{A}_3)/(n - 3)$:

	x_1	x_2	x_3
x_1　农业	123.8899	90.2728	115.2803
x_2　种植业	90.2728	111.1690	64.8864
x_3　畜牧业	115.2803	64.8864	139.3954

$\boldsymbol{S}_T = \boldsymbol{T}/(n - 1)$:

	x_1	x_2	x_3
x_1　农业	117.9999	86.1025	108.1485
x_2　种植业	86.1025	107.8888	57.1503
x_3　畜牧业	108.1485	57.1503	139.3368

由此得

$$\begin{aligned}&\ln|\boldsymbol{S}_1| = 12.23682, \quad \ln|\boldsymbol{S}_2| = 8.40934, \quad \ln|\boldsymbol{S}_3| = 10.39470,\\&\ln|\boldsymbol{S}| = 11.81603,\end{aligned}$$

代入式 (4.8.18), 此处 $n_1 = 20$, $n_2 = 6$, $n_3 = 13$, $n = 39$, $p = 3$, $k = 3$, 于是得

$$\begin{aligned}M &= (n-k)\ln|\boldsymbol{S}| - \sum_{i=1}^{k}(n_i - 1)\ln|\boldsymbol{S}_i|\\&= (39-3)\times 11.81603 - [(20-1)\times 12.23682\\&\quad + (6-1)\times 8.40934 + (13-1)\times 10.39470],\end{aligned}$$

所以

$$M = 26.0944, \quad c_1 = 0.1669,$$

$$M' = (1 - c_1)M = (1 - 0.1669)\times 26.0944 = 21.7384 \sim \chi^2_{f_1},$$

$$f_1 = \frac{1}{2}(k-1)p(p+1) = 12, \quad \chi^2_{12}(0.05) = 21.03,$$

故否定三大洲是等协方差阵的零假设.

在 SAS 统计软件中用如下语句:

```
proc discrim pool=test;(用于检验多个正态总体的协方差阵是否有显著性差
                       异的语句)
  class type;   (type是分类变量, 此处用type=1, 2, 3代表洲号)
   var x1-x3;    (把x1 x2 x3当成自变量)
```

可计算得检验协方差齐性的卡方值=21.7383, Pr=0.0406. 若用 $\log x_i$ 代 x_i, 则检验的卡方值=23.9224, Pr=0.0208, 即对原始变量作变换后可改变变量的分布类型及协方差阵. 在后面的章中将说明, 在均值问题的检验中, 正态性条件不是很重要的, 但等协方差性的条件却对上述统计检验相当敏感. 因此, 在实际工作中, 如何把数据变换成具有等协方差性是很重要的.

4.8.4 多个均值及协方差阵相等的同时检验

这时, 零假设为

$$H_0: \boldsymbol{\Sigma}_1 = \cdots = \boldsymbol{\Sigma}_k = \boldsymbol{\Sigma}, \quad \boldsymbol{\mu}^{(1)} = \cdots = \boldsymbol{\mu}^{(k)},$$

显然,

$$\begin{aligned}\lambda_4 &= \frac{\max\limits_{H_0:\boldsymbol{\mu},\boldsymbol{\Sigma}} L(\boldsymbol{\mu},\cdots,\boldsymbol{\mu};\boldsymbol{\Sigma},\cdots,\boldsymbol{\Sigma})}{\max\limits_{\boldsymbol{\mu}^{(i)};\boldsymbol{\Sigma}_i} L(\boldsymbol{\mu}^{(1)},\cdots,\boldsymbol{\mu}^{(k)};\boldsymbol{\Sigma}_1,\cdots,\boldsymbol{\Sigma}_k)} \\ &= \frac{\max\limits_{H_0:\boldsymbol{\mu},\boldsymbol{\Sigma}} L(\boldsymbol{\mu},\cdots,\boldsymbol{\mu};\boldsymbol{\Sigma},\cdots,\boldsymbol{\Sigma})}{\max\limits_{\boldsymbol{\mu}^{(i)},\boldsymbol{\Sigma}} L(\boldsymbol{\mu}^{(1)},\cdots,\boldsymbol{\mu}^{(k)};\boldsymbol{\Sigma},\cdots,\boldsymbol{\Sigma})} \times \frac{\max\limits_{\boldsymbol{\mu}^{(i)},\boldsymbol{\Sigma}} L(\boldsymbol{\mu}^{(1)},\cdots,\boldsymbol{\mu}^{(k)};\boldsymbol{\Sigma},\cdots,\boldsymbol{\Sigma})}{\max\limits_{\boldsymbol{\mu}^{(i)};\boldsymbol{\Sigma}_i} L(\boldsymbol{\mu}^{(1)},\cdots,\boldsymbol{\mu}^{(k)};\boldsymbol{\Sigma}_1,\cdots,\boldsymbol{\Sigma}_k)}. \\ &= \lambda_1 \times \lambda_3.\end{aligned}$$

由式 (4.6.4) 及 (4.8.16) 即得

$$\lambda_4 = \frac{\prod\limits_{i=1}^{k} |\boldsymbol{A}_i/n_i|^{n_i/2}}{|\boldsymbol{T}/n|^{n/2}}. \tag{4.8.20}$$

将 n_i 换成 n_i-1, n 换成 $n-1$, 所得的统计量记为 λ_4', 即

$$\lambda_4 = \frac{\prod\limits_{i=1}^{k} |\boldsymbol{S}_i|^{(n_i-1)/2}}{|\boldsymbol{S}_T|^{(n-1)/2}}, \tag{4.8.21}$$

其中

$$\boldsymbol{S}_i = \frac{\boldsymbol{A}_i}{n_i - 1}, \quad \boldsymbol{S}_T = \frac{\boldsymbol{T}}{n-1},$$

则

$$-2\ln\lambda_4 \text{ 可用 } \chi_f^2 \text{ 分布近似,} \tag{4.8.22}$$

自由度为

$$f = \frac{(k-1)p(p+1)}{2}.$$

但 Box 对它作修正, 可得更细致的公式, 参见文献 [7, P136].

习 题 4

4.1 设人体中某个系统是由 p 个指标所描述的, 记为 $\boldsymbol{x} = (x_1, \cdots, x_p)^{\mathrm{T}}$, 并且假定其分布为 $N_p(\boldsymbol{\mu}, \boldsymbol{\Sigma})$. 现从一个大的总体中抽取关于 $\boldsymbol{x}$ 的 n 个个体, 设 $\bar{\boldsymbol{x}}$ 及 $\boldsymbol{S}$ 是对应的样本均值及无偏性样本协方差阵. 要构造这个总体中 $\boldsymbol{x}$ 的 95% 正常变动范围, 如何构造?

假定 $\boldsymbol{x}$ 的非正常比例是很低的 (如肺病、胃癌等), 这时可认为在 $\boldsymbol{x}$ 的变动范围中, 以均值为中心、包含 95% 个体的区域即为 $\boldsymbol{x}$ 的 95% 正常范围. 在单变量问题中, x 的正常值范围是由 $x - \bar{x} \sim N\left(0, \left(1 + \dfrac{1}{n}\right)\sigma^2\right)$ 出发的, 可算得所求为

$$\bar{x} - t_{0.025,n-1} s\sqrt{1 + \frac{1}{n}} \leqslant x \leqslant \bar{x} + t_{0.025,n-1} s\sqrt{1 + \frac{1}{n}},$$

大样本时, 近似式为

$$\bar{x} - 2s \leqslant x \leqslant \bar{x} + 2s.$$

4.2 从两个正态总体 $N_p(\boldsymbol{\mu}^{(i)}, \boldsymbol{\Sigma}_i)(i = 1, 2)$ 中独立随机地抽得两个样本 $\boldsymbol{X}_1^{(1)}, \cdots, \boldsymbol{X}_{n_1}^{(1)}$ 和 $\boldsymbol{X}_1^{(2)}, \cdots, \boldsymbol{X}_{n_2}^{(2)}$. 两个协方差阵 $(\boldsymbol{\Sigma}_1, \boldsymbol{\Sigma}_2)$ 已知, 欲检验

$$H_0 : \boldsymbol{\mu}^{(1)} = \boldsymbol{\mu}^{(2)}, \quad H_1 : \boldsymbol{\mu}^{(1)} \neq \boldsymbol{\mu}^{(2)}.$$

试导出这个检验的统计量.

4.3 设 $\boldsymbol{G}$ 为任一 $p \times p$ 非退化矩阵, 试证明: Wilks 统计量 Λ 和 (4.7.5) 中的 $\theta_{\max}$ 在 $\boldsymbol{G}$ 作用下不变. 也就是说, 将样本 $\{\boldsymbol{X}_j^{(\alpha)}, j = 1, \cdots, n_\alpha, \alpha = 1, \cdots, k\}$ 改变为 $\{\boldsymbol{G}\boldsymbol{X}_j^{(\alpha)}\}$, 同时将假设 $H_0 : \boldsymbol{\mu}_1 = \cdots = \boldsymbol{\mu}_k$ 变为 $H_0 : \boldsymbol{G}\boldsymbol{\mu}_1 = \cdots = \boldsymbol{G}\boldsymbol{\mu}_k$, 则相应的 Wilks 统计量 Λ 和 $\theta_{\max}$ 与变换前是一样的.

4.4 设 $\boldsymbol{X}_1, \cdots, \boldsymbol{X}_n$ 是从正态总体 $N_p(\boldsymbol{\mu}, \boldsymbol{\Sigma})$ 中独立随机抽取的一个样本, $\boldsymbol{\mu} = (\mu_1, \cdots, \mu_p)^{\mathrm{T}}$. 欲检验

$$H_0 : \mu_1 = \cdots = \mu_p, \quad H_1 : \text{存在 } i \neq j, \text{使得 } \mu_i \neq \mu_j.$$

令

$$\boldsymbol{C} = \begin{pmatrix} 1 & -1 & 0 & \cdots & 0 \\ 1 & 0 & -1 & \cdots & 0 \\ \vdots & \vdots & \vdots & & \vdots \\ 1 & 0 & 0 & \cdots & -1 \end{pmatrix},$$

则上面的假设成为

$$H_0: \boldsymbol{C}\boldsymbol{\mu} = \boldsymbol{0}, \quad H_1: \boldsymbol{C}\boldsymbol{\mu} \neq \boldsymbol{0}.$$

试证它的似然比统计量为

$$T^2 = n(n-1)(\boldsymbol{C}\bar{\boldsymbol{X}})^{\mathrm{T}}(\boldsymbol{C}\boldsymbol{A}\boldsymbol{C}^{\mathrm{T}})^{-1}(\boldsymbol{C}\bar{\boldsymbol{X}}),$$

并求它的否定域.

4.5 在地质勘探中, 在三个不同地区 (记为 A, B 及 C) 分别采集了一些岩石, 测其部分化学成分如下表所示:

习题 4.5 表

地区	SiO_2	FeO	K_2O
	47.22	5.06	0.10
	47.45	4.35	0.15
A	47.52	6.85	012
	47.86	4.19	0.17
	47.31	7.57	0.18
	54.33	6.22	0.12
B	56.17	3.31	0.15
	48.40	2.43	0.22
	52.62	5.92	1.12
	43.12	10.33	0.05
C	42.05	9.67	0.08
	42.50	9.62	0.02
	40.77	9.68	0.04

假定这三个地区岩石的三个成分服从 $N_3(\boldsymbol{\mu}_i, \boldsymbol{\Sigma}_i)\,(i=1,2,3)$, 试求

(1) 检验

$$H_0: \boldsymbol{\Sigma}_1 = \boldsymbol{\Sigma}_2 = \boldsymbol{\Sigma}_3, \quad H_1: \text{某个 } \boldsymbol{\Sigma}_i \neq \boldsymbol{\Sigma}_j;$$

(2) 检验

$$H_{01}: \boldsymbol{\mu}^{(1)} = \boldsymbol{\mu}^{(2)}, \quad H_1: \boldsymbol{\mu}^{(1)} \neq \boldsymbol{\mu}^{(2)};$$

(3) 检验

$$H_0: \boldsymbol{\mu}^{(1)} = \boldsymbol{\mu}^{(2)} = \boldsymbol{\mu}^{(3)}, \quad H_1: \text{某个 } \boldsymbol{\mu}^{(i)} \neq \boldsymbol{\mu}^{(j)}\,(i \neq j);$$

(4) 给出 $\boldsymbol{\mu}^{(1)} - \boldsymbol{\mu}^{(2)}$ 的置信区间.

4.6 试证明: 具有正态等协方差阵的两个总体 $N_p(\boldsymbol{\mu}_i, \boldsymbol{\Sigma})\,(i=1,2)$, 由检验 $H_0: \boldsymbol{\mu}^{(1)} = \boldsymbol{\mu}^{(2)}$ 而构造的 Hotteling T^2 与 Wilks 统计量有如下关系式 (其中 n_i 为第 i 个总体的样本数):

$$T^2 = (n_1 + n_2 - 2)\frac{1-\Lambda}{\Lambda}.$$

4.7(变量的独立性检验) 设 $\boldsymbol{X} \sim N_p(\boldsymbol{\mu}, \boldsymbol{\Sigma})$, 将 $\boldsymbol{X}, \boldsymbol{\mu}$ 及 $\boldsymbol{\Sigma}$ 按相似方式剖分如下:

$$\boldsymbol{X}=\begin{pmatrix}\boldsymbol{X}^{(1)}\\ \vdots\\ \boldsymbol{X}^{(k)}\end{pmatrix}\begin{matrix}p_1\\ \vdots\\ p_k\end{matrix},\quad \boldsymbol{\mu}=\begin{pmatrix}\boldsymbol{\mu}^{(1)}\\ \vdots\\ \boldsymbol{\mu}^{(k)}\end{pmatrix}\begin{matrix}p_1\\ \vdots\\ p_k\end{matrix},\quad \boldsymbol{\Sigma}=\begin{pmatrix}\boldsymbol{\Sigma}_{11} & \cdots & \boldsymbol{\Sigma}_{1k}\\ \vdots & & \vdots\\ \boldsymbol{\Sigma}_{k1} & \cdots & \boldsymbol{\Sigma}_{kk}\end{pmatrix}\begin{matrix}p_1\\ \vdots\\ p_k\end{matrix},$$

其中 $p_1+\cdots+p_k=p$. 从该总体中独立随机地抽取 n 个观察向量 $\{\boldsymbol{X}_1,\cdots,\boldsymbol{X}_n\}$, 欲检验

$$H_0:\boldsymbol{\Sigma}_{ij}=\boldsymbol{0}\,(\forall i\neq j),\quad H_1:\boldsymbol{\Sigma}_{ij}\neq\boldsymbol{0}\quad (\text{至少有一组 } i\neq j).$$

试证明：其似然比统计量为

$$\lambda_5=\left(\frac{|\boldsymbol{A}|}{\prod\limits_{i=1}^{k}|\boldsymbol{A}_{ii}|}\right)^{n/2},$$

其中 $\boldsymbol{A}=\sum\limits_{i=1}^{n}(\boldsymbol{X}_i-\bar{\boldsymbol{X}})(\boldsymbol{X}_i-\bar{\boldsymbol{X}})^{\mathrm{T}}$, 而 $\boldsymbol{A}$ 有与 $\boldsymbol{\Sigma}$ 相对应的剖分.

4.8　在表 4.1.1 中, 用`type=1, 2, 3`分别代表三大洲. 对 (x_1, x_3), 试检验三大洲的农业生产指数的协方差阵是否有显著性差异.

4.9　在表 4.1.1 中, 用`type=1, 2, 3`分别代表三大洲. 对 (x_1, x_3), 试同时检验三大洲的农业生产指数的均值及协方差阵是否有显著性差异 (可利用例 4.8.1 中已有的数值).

第 5 章　多元线性模型

线性模型一般是指应变量 y (或它的函数) 与自变量 (可以有多个) $\boldsymbol{x}$ 之间呈线性关系的模型. 一般可以有以下三种模型:

下面记样本为 $\{y_i, x_{i1}, \cdots, x_{ip}\}(i=1,\cdots,n)$, $\boldsymbol{x}_i=(x_{i1},\cdots,x_{ip})^{\mathrm{T}}$.

(1) 一般线性模型

$$y_i=\boldsymbol{x}_i^{\mathrm{T}}\boldsymbol{\beta}+e_i,\quad i=1,\cdots,n,$$

其中 $\boldsymbol{x}_i^{\mathrm{T}}\boldsymbol{\beta}$ 为应变量中的固定效应部分, e_i 为误差, 或称为残差, 它是随机项.

(2) 混合线性模型

$$y_i=\boldsymbol{x}_i^{\mathrm{T}}\boldsymbol{\beta}+\boldsymbol{z}_i^{\mathrm{T}}\boldsymbol{\gamma}+e_i,\quad i=1,\cdots,n,$$

其中 $\boldsymbol{x}_i^{\mathrm{T}}\boldsymbol{\beta}$ 仍为应变量的固定效应部分, 但 $\boldsymbol{z}_i^{\mathrm{T}}\boldsymbol{\gamma}$ 为应变量中均值为零的随机效应部分, e_i 为误差随机项.

(1) 及 (2) 中的应变量常假定为连续型的正态变量.

(3) 广义线性模型. 记 y_i 的均值为 μ_i, 其模型为

$$g(\mu_i)=\boldsymbol{x}_i^{\mathrm{T}}\boldsymbol{\beta},\quad i=1,\cdots,n,$$

其中 g 为已知函数, 称之为联系函数. 此时, y 可以是多项分布、泊松分布等, 观察值 $\{y_i\}$ 之间可以有相关性及有不相同的权.

本章及第 6 章主要介绍一般线性模型, 本书后面章节中介绍的 Logistic 回归及有协变量的生存分析模型则是广义线性模型的特例. 一般线性模型包括多元回归分析、多元方差分析模型及多元协方差分析模型, 它是多元统计分析的基础, 应用十分广泛, 专著很多, 本章仅介绍实用上最重要的基本内容.

5.1　一元线性回归模型

一般记 $\boldsymbol{x}=(x_1,\cdots,x_p)^{\mathrm{T}}$ 为有 p 个自变量的向量, 而 y 是应变量, 它是随机变量, $\boldsymbol{x}$ 可以是随机或非随机向量. 它们之间可能存在某种未知的函数关系

$$y=f(\boldsymbol{x})+e,\quad E(e)=0,$$

其中 e 为用某个 $f(\boldsymbol{x})$ 拟合 y 后的误差. 如何求拟合函数 $f(\boldsymbol{x})$, 使得下述误差的方差 (等价于最小二乘方) 最小? 即求 $f(\boldsymbol{x})$, 使得

$$E(y-f(\boldsymbol{x}))^2=\min_{f(\boldsymbol{x})}$$

等价地有

$$\begin{aligned}E(y-f(\boldsymbol{x}))^2&=\mathrm{Var}(y-f(\boldsymbol{x}))\\&=E_{\boldsymbol{x}}[\mathrm{Var}(y-f(\boldsymbol{x}))|\boldsymbol{x}]+\mathrm{Var}_{\boldsymbol{x}}[E(y-f(\boldsymbol{x}))|\boldsymbol{x}].\end{aligned}$$

求上式的最小值为

$$\begin{aligned}&\mathrm{Var}_{\boldsymbol{x}}[E(y-f(\boldsymbol{x}))|\boldsymbol{x}]=\min\\ \Leftrightarrow&[E(y-f(\boldsymbol{x}))|\boldsymbol{x}]=0\\ \Leftrightarrow&f(\boldsymbol{x})=E(y|\boldsymbol{x}).\end{aligned}$$

上式说明

(1) 理想的未知函数 $f(\boldsymbol{x})$ 应是 y 的条件期望;

(2) 即使 $\boldsymbol{x}$ 是随机向量, 但在用最小二乘方法求拟合公式时, 总可以把 $\boldsymbol{x}$ 当成非随机变量处理;

(3) 如果样本数据中有大量的重复观察, 用曲线拟合应当可以找出 $f(\boldsymbol{x})$, 但这种情形也只能在变量数 p 少时才有可能.

由此可见, 在曲线拟合的回归问题中总可以假设自变量已知且是非随机变量 (或向量). 由于一般情形下都没有大量重复观察, 因此, 人们常主观地先假定 $f(\boldsymbol{x})$ 的函数形式, 再去估计其中的参数. 显然, $f(\boldsymbol{x})$ 的线性形式是最简单的形式, 而其他的形式也常在线性形式的基础上再加发展.

下面讨论有 n 组观察数据下的线性模型. 记

$$\boldsymbol{y}=\begin{pmatrix}y_1\\\vdots\\y_n\end{pmatrix},\quad \boldsymbol{X}=\begin{pmatrix}x_{11}&\cdots&x_{1p}\\\vdots&&\vdots\\x_{n1}&\cdots&x_{np}\end{pmatrix}\triangleq\begin{pmatrix}\boldsymbol{x}_1^{\mathrm{T}}\\\vdots\\\boldsymbol{x}_n^{\mathrm{T}}\end{pmatrix},$$

$$\boldsymbol{\beta}=\begin{pmatrix}\beta_1\\\vdots\\\beta_p\end{pmatrix},\quad \boldsymbol{e}=\begin{pmatrix}e_1\\\vdots\\e_n\end{pmatrix},\tag{5.1.1}$$

样本线性模型

$$\boldsymbol{y}=\boldsymbol{X}\boldsymbol{\beta}+\boldsymbol{e},\tag{5.1.2}$$

其中假定

$$E(\boldsymbol{e})=\mathbf{0},\quad \mathrm{Var}(\boldsymbol{e})=\sigma^2\boldsymbol{I}_n.$$

(5.1.2) 也常写成

$$y_i=\boldsymbol{x}_i^{\mathrm{T}}\boldsymbol{\beta}+e_i,\quad i=1,\cdots,n, \tag{5.1.3}$$

其中

$$\boldsymbol{x}_i^{\mathrm{T}}=\{x_{i1},\cdots,x_{ip}\},$$

式 (5.1.2) 中, $\boldsymbol{y}$ 为 n 维观察值的随机向量, $\boldsymbol{X}$ 为 $n\times p$ 的已知数值的矩阵, 即不当成随机矩阵, 一般要求 rank($\boldsymbol{X}$)=$p<n$, $\boldsymbol{\beta}$ 为 p 维未知参数向量, 称为偏回归系数, 简称为回归系数, $\boldsymbol{e}$ 为 n 维非观察的随机向量, 代表随机误差. 一般假定 $\boldsymbol{Y}$ 中的 n 个观察值是独立随机抽取的, 并且认为具有相同的方差 σ^2.

常用的特例如下：

(1) 线性回归模型. 如果 $\boldsymbol{X}$ 的第一列全是 1, 而其他变量为定量的数值, 则上式也常写成如下回归模型：

$$y_i=\beta_0+\beta_1x_{i1}+\cdots+\beta_{p-1}x_{i,p-1}+e_i,\quad i=1,\cdots,n, \tag{5.1.4}$$

这时

$$\boldsymbol{Y}=\begin{pmatrix}y_1\\ \vdots\\ y_n\end{pmatrix},\quad \boldsymbol{\beta}=\begin{pmatrix}\beta_0\\ \vdots\\ \beta_{p-1}\end{pmatrix},\quad \boldsymbol{e}=\begin{pmatrix}e_1\\ \vdots\\ e_n\end{pmatrix},\quad \boldsymbol{X}=\begin{pmatrix}1 & x_{11} & \cdots & x_{1,p-1}\\ \vdots & \vdots & & \vdots\\ 1 & x_{n1} & \cdots & x_{n,p-1}\end{pmatrix}.$$

当不涉及样本数据时, 线性模型的理论表达法为

$$y=\beta_0+\beta_1x_1+\cdots+\beta_{p-1}x_{p-1}+e, \tag{5.1.5}$$

其中 e 为随机项,

$$E(e)=0,\quad \mathrm{Var}(e)=\sigma^2.$$

(2) 方差分析模型 (ANOVA). 如果 (5.1.1) 中 $\boldsymbol{X}$ 内元素的取值非 1 即 0, 则该模型就是方差分析模型, 这时常称 $\boldsymbol{X}$ 为设计矩阵. 例如, 在有 k 个处理组的单因素方差分析中, 记 n_i 为第 i 个处理中的试验次数, 令 $n=n_1+\cdots+n_k, y_{ij}$ 为第 j 个处理中的第 i 个试验结果, 这时方差分析模型常写成下式：

$$y_{ij}=\mu+\tau_j+e_{ij},\quad i=1,\cdots,n_j, j=1,\cdots,k, \tag{5.1.6}$$

其中 μ 表示 n 次试验的平均水平, τ_j 表示第 j 种处理的效应, e_{ij} 表示随机误差. 用下述记号, 模型 (5.1.6) 可写成 (5.1.2) 形式的线性模型:

$$\boldsymbol{y}=\begin{pmatrix} y_{11}\\ \vdots\\ y_{n_1 1}\\ y_{12}\\ \vdots\\ y_{n_2 2}\\ \vdots\\ y_{1k}\\ \vdots\\ y_{n_k k}\end{pmatrix},\quad \boldsymbol{X}=\begin{pmatrix} 1 & 1 & 0 & \cdots & 0\\ \vdots & \vdots & \vdots & & \vdots\\ 1 & 1 & 0 & \cdots & 0\\ 1 & 0 & 1 & \cdots & 0\\ \vdots & \vdots & \vdots & & \vdots\\ 1 & 0 & 1 & \cdots & 0\\ 1 & 0 & 0 & \cdots & 1\\ \vdots & \vdots & \vdots & & \vdots\\ 1 & 0 & 0 & \cdots & 1\end{pmatrix},\quad \boldsymbol{\beta}=\begin{pmatrix}\mu\\ \tau_1\\ \vdots\\ \tau_k\end{pmatrix},\quad \boldsymbol{e}=\begin{pmatrix} e_{11}\\ \vdots\\ e_{n_1 1}\\ e_{12}\\ \vdots\\ e_{n_2 2}\\ \vdots\\ e_{1k}\\ \vdots\\ e_{n_k k}\end{pmatrix}.$$

要检验 k 个处理中是否有显著性差异, 就是检验

$$H_0: \tau_1=\cdots=\tau_k,\quad H_1: \text{至少有一对 } (i,j), \text{使得 } \tau_i\neq\tau_j.$$

这就是一个指标时多母体均值的相等性检验.

在 (5.1.6) 中, 如果 k 个组是从一个大的总体中随机抽取的, 则这时的 τ_j 表示第 j 组的随机效应, 人们不关心 τ_j 的具体效应 (因为它是随机的). 这时, 常假设 $\tau_j\sim N(0,\sigma_k^2)$ 且独立于 $e_{ij}\sim N(0,\sigma^2)$, 其中 σ_k^2 为 k 个组所代表总体内组间的变异, 而 σ^2 为组内方差. 上述是单向方差分析的随机效应模型, 这时关心的零假设是 $H_0:\sigma_k^2=0$. 但随机效应模型不在本书的范围之内, 有兴趣的读者可参见文献 [10, P528).

其他还有很多试验设计中的模型都可表示为线性模型.

(3) 协方差分析. 当 $\boldsymbol{X}$ 中的变量既有定量又有定性变量 (但也用数值表示) 时, 常称它为协方差分析模型. 经典例子是要求小猪的原始体重, 在不同的情况下, 考察各种饲料对小猪生长发育的影响. 这里原始体重常称为 "协变量", 而不同饲料则是设计的变量.

在线性模型中, 一些**基本问题**如下:

(1) 要估计回归系数 ($\boldsymbol{\beta}$) 及误差方差 (σ^2);

(2) 要检验每一个 (或几个) 自变量的效应 (等价于对偏回归系数是否显著不为零的检验), 即如何选择自变量, 也称为变量的选择问题;

(3) 要考察用自变量 (也常称为回归变量、预测变量、独立变量等) 拟合应变量向量的能力;

(4) 要考察所用的线性模型的合理性问题, 若不合理应如何修改模型;

(5) 要考察当 $\text{rank}(\boldsymbol{X}) < p$(称为有共线性问题、病态问题) 时参数的估计问题.

5.2 多元线性回归模型

例 5.2.1 53 例某工厂男性成年砂轮工的肺功能问题. 数据见数据盘. 变量如下:

x_1 为年龄;

x_2 为工龄;

x_3 为身高 (cm);

x_4 为体重 (kg);

y_1 为肺活量 (ml);

y_2 为时间肺活量 (一秒通气量);

y_3 为 $\dfrac{y_2}{y_1} \times 100$;

y_4 为呼气中期时间 (呼出 25%～75%所需要的时间);

y_5 为按 y_4 指标换算的时间肺活量;

y_6 为最大通气量 (15s 内尽力呼吸, 呼出的气体总量);

y_7 为最大呼气时间 (用力吸气后, 慢慢呼出所需的时间, 单位: s).

砂轮工肺功能的整体指标是由 7 个指标 $\boldsymbol{y} = (y_1, \cdots, y_7)^{\mathrm{T}}$ 衡量的, 而年龄、工龄、身高及体重是可能对肺功能有影响的自变量, 可记为 $\boldsymbol{x} = (x_1, \cdots, x_4)^{\mathrm{T}}$. 试问: 这 4 个自变量的整体 $\boldsymbol{x}$ 与 7 个肺功能指标的整体 $\boldsymbol{y}$ 存在线性关系吗? 哪些自变量对哪些肺功能指标有显著性影响?

一般情况下, 总是先假设应变量 $\boldsymbol{y}$ 与自变量 $\boldsymbol{x}$ 存在线性关系, 求出线性关系, 再对各种关系作统计检验. 当有 q 个应变量 $\boldsymbol{y} = (y_1, \cdots, y_q)^{\mathrm{T}}$ 时, 记第 j 个应变量的分量 y_j 与 $\boldsymbol{x} = (x_1, x_2, \cdots, x_p)^{\mathrm{T}}$ (回归问题中, 常设 $x_1 \equiv 1$) 有如下理论线性关系:

$$y_j = \beta_{1j}x_1 + \beta_{2j}x_2 + \cdots + \beta_{pj}x_p + e_j \triangleq \boldsymbol{x}^{\mathrm{T}}\boldsymbol{\beta}_j + e_j, \quad j = 1, \cdots, q, \tag{5.2.1}$$

其中

$$\boldsymbol{\beta}_j = (\beta_{1j}, \cdots, \beta_{pj})^{\mathrm{T}}.$$

当用样本表示式 (5.2.1) 时, 可以写成

$$y_{ij} = x_{i1}\beta_{1j} + x_{i2}\beta_{2j} + \cdots + x_{ip}\beta_{pj} + e_{ij} \triangleq \boldsymbol{x}_i^{\mathrm{T}}\boldsymbol{\beta}_j + e_{ij}, \quad i = 1, \cdots, n, j = 1, \cdots, q,$$

$$\boldsymbol{x}_i^{\mathrm{T}} = \{x_{i1}, \cdots, x_{ip}\}. \tag{5.2.2}$$

式 (5.2.2) 左边用向量表示, 把它写成 (5.1.2) 的形式为

$$\boldsymbol{y}_j = \boldsymbol{X}\boldsymbol{\beta}_j + \boldsymbol{e}_j, \quad j = 1, \cdots, q, \tag{5.2.3}$$

其中

$$\boldsymbol{y}_j = \begin{pmatrix} y_{1j} \\ \vdots \\ y_{nj} \end{pmatrix}, \quad \boldsymbol{\beta}_j = \begin{pmatrix} \beta_{1j} \\ \vdots \\ \beta_{pj} \end{pmatrix}, \quad \boldsymbol{e}_j = \begin{pmatrix} e_{1j} \\ \vdots \\ e_{nj} \end{pmatrix},$$

$$\boldsymbol{X} \triangleq \begin{pmatrix} \boldsymbol{x}_1^{\mathrm{T}} \\ \vdots \\ \boldsymbol{x}_n^{\mathrm{T}} \end{pmatrix} = \begin{pmatrix} x_{11} & \cdots & x_{1p} \\ \vdots & & \vdots \\ x_{n1} & \cdots & x_{np} \end{pmatrix}, \quad \boldsymbol{x}_i^{\mathrm{T}} = (x_{i1}, \cdots, x_{ip}).$$

若令

$$\boldsymbol{Y} \triangleq (\boldsymbol{y}_1, \cdots, \boldsymbol{y}_q) = \begin{pmatrix} y_{11} & \cdots & y_{1q} \\ \vdots & & \vdots \\ y_{n1} & \cdots & y_{nq} \end{pmatrix}, \quad \boldsymbol{E} = \begin{pmatrix} e_{11} & \cdots & e_{1q} \\ \vdots & & \vdots \\ e_{n1} & \cdots & e_{nq} \end{pmatrix},$$

$$\boldsymbol{\beta} = \begin{pmatrix} \beta_{11} & \cdots & \beta_{1q} \\ \vdots & & \vdots \\ \beta_{p1} & \cdots & \beta_{pq} \end{pmatrix} \triangleq (\boldsymbol{\beta}_1, \cdots, \boldsymbol{\beta}_q), \tag{5.2.4}$$

则多元的**样本线性模型**常写成

$$\boldsymbol{Y} = \boldsymbol{X\beta} + \boldsymbol{E}, \tag{5.2.5}$$

其中常假定

$$E(\boldsymbol{E}) = \boldsymbol{0}, \quad \mathrm{Var}(\mathrm{vec}(\boldsymbol{E}^{\mathrm{T}})) = \boldsymbol{I}_n \otimes \boldsymbol{\Sigma}, \quad \boldsymbol{\Sigma} > 0,$$

$\boldsymbol{Y}_{n\times q}$ 为应变量的 n 组随机独立抽样的观察值矩阵;

$\boldsymbol{X}_{n\times p}$ 为用于拟合 $\boldsymbol{Y}$ 的自变量的观察值矩阵;

$\boldsymbol{\beta}_{p\times q}$ 为未知的 (偏) 回归系数矩阵;

$\boldsymbol{E}_{n\times q}$ 为未知的随机误差矩阵, 它的每一行的协方差阵为 $\boldsymbol{\Sigma}$;

$\boldsymbol{\Sigma}_{q\times q}$ 为 q 个应变量残差的理论协方差阵.

由于

$$\mathrm{Vec}(\boldsymbol{E}^{\mathrm{T}}) = (e_{11},\ \cdots,\ e_{1q},\ \cdots,\ e_{n1},\ \cdots,\ e_{nq})^{\mathrm{T}},$$

所以条件 $\mathrm{Var}(\mathrm{vec}(\boldsymbol{E}^{\mathrm{T}})) = \boldsymbol{I}_n \otimes \boldsymbol{\Sigma}$ 等价于认为这 n 个个体彼此不相关, 但个体内的 q 个应变量之间具有相同协方差阵

$$\mathrm{Var}(\boldsymbol{e}_j) = \boldsymbol{\Sigma}, \quad 对 \quad j = 1, \cdots, q.$$

与一元线性模型一样, (5.2.5) 概括了多元回归分析、多元方差分析及多元协方差分析.

一般地, 在线性模型中常有下述假设:

$$\boldsymbol{E} \sim N_{n\times q}(\boldsymbol{0}, \boldsymbol{I}_n \otimes \boldsymbol{\Sigma}), \quad \boldsymbol{\Sigma} > 0, \tag{5.2.6}$$

与假设 (5.2.6) 等价的写法为

$$\boldsymbol{Y} \sim N_{n\times q}(\boldsymbol{X\beta}, \boldsymbol{I}_n \otimes \boldsymbol{\Sigma}), \quad \boldsymbol{\Sigma} > 0.$$

下面分别考察线性模型需考察的问题.

5.2.1 回归系数 $\boldsymbol{\beta}$ 与协方差阵 $\boldsymbol{\Sigma}$ 的极大似然估计

这时, (5.2.6) 的正态性假设是需要的. 由式 (3.4.4) 得模型中样本的似然函数就是 $\boldsymbol{Y}$ 的分布密度

$$L(\boldsymbol{\beta}, \boldsymbol{\Sigma}) = |2\pi\boldsymbol{\Sigma}|^{-n/2} \exp\left[-\frac{1}{2}\mathrm{tr}(\boldsymbol{Y} - \boldsymbol{X\beta})\boldsymbol{\Sigma}^{-1}(\boldsymbol{Y} - \boldsymbol{X\beta})^{\mathrm{T}}\right],$$

对它取对数得

$$\ln L(\boldsymbol{\beta}, \boldsymbol{\Sigma}) \triangleq l(\boldsymbol{\beta}, \boldsymbol{\Sigma}) = -\frac{1}{2}n\ln|2\pi\boldsymbol{\Sigma}| - \frac{1}{2}\mathrm{tr}[(\boldsymbol{Y} - \boldsymbol{X\beta})\boldsymbol{\Sigma}^{-1}(\boldsymbol{Y} - \boldsymbol{X\beta})^{\mathrm{T}}]. \tag{5.2.7}$$

定理 5.2.1 模型 (5.2.1) 在式 (5.2.6) 的条件下, 记 $\hat{\boldsymbol{\beta}}^*$ 和 $\hat{\boldsymbol{\Sigma}}^*$ 为 $\boldsymbol{\beta}$ 与 $\boldsymbol{\Sigma}$ 的最大似然估计量, 则

$$\hat{\boldsymbol{\beta}}^* = (\boldsymbol{X}^{\mathrm{T}}\boldsymbol{X})^{-1}\boldsymbol{X}^{\mathrm{T}}\boldsymbol{Y}, \tag{5.2.8}$$

$$\hat{\boldsymbol{\Sigma}}^* = \frac{1}{n}(\boldsymbol{Y} - \boldsymbol{X}\hat{\boldsymbol{\beta}}^*)^{\mathrm{T}}(\boldsymbol{Y} - \boldsymbol{X}\hat{\boldsymbol{\beta}}^*) = \frac{1}{n}\boldsymbol{Y}^{\mathrm{T}}\boldsymbol{PY}, \quad \boldsymbol{P} = \boldsymbol{I} - \boldsymbol{X}(\boldsymbol{X}^{\mathrm{T}}\boldsymbol{X})^{-1}\boldsymbol{X}^{\mathrm{T}}, \tag{5.2.9}$$

这时对数似然函数的极大值为

$$l(\hat{\boldsymbol{\beta}}^*, \hat{\boldsymbol{\Sigma}}^*) = -\frac{1}{2}n\left(\ln|2\pi\hat{\boldsymbol{\Sigma}}^*| + q\right). \tag{5.2.10}$$

证明

$$\begin{aligned}
&\mathrm{tr}[(\boldsymbol{Y} - \boldsymbol{X\beta})\boldsymbol{\Sigma}^{-1}(\boldsymbol{Y} - \boldsymbol{X\beta})^{\mathrm{T}}] = \mathrm{tr}[\boldsymbol{\Sigma}^{-1}(\boldsymbol{Y} - \boldsymbol{X\beta})^{\mathrm{T}}(\boldsymbol{Y} - \boldsymbol{X\beta})]\\
=&\mathrm{tr}[\boldsymbol{\Sigma}^{-1}(\boldsymbol{Y} - \boldsymbol{X}\hat{\boldsymbol{\beta}}^* + \boldsymbol{X}\hat{\boldsymbol{\beta}}^* - \boldsymbol{X\beta})^{\mathrm{T}}(\boldsymbol{Y} - \boldsymbol{X}\hat{\boldsymbol{\beta}}^* + \boldsymbol{X}\hat{\boldsymbol{\beta}}^* - \boldsymbol{X\beta})]\\
&\qquad (\text{利用} \quad (\boldsymbol{Y} - \boldsymbol{X}\hat{\boldsymbol{\beta}}^*)^{\mathrm{T}}\boldsymbol{X} = 0)\\
=&\mathrm{tr}[\boldsymbol{\Sigma}^{-1}(\boldsymbol{Y} - \boldsymbol{X}\hat{\boldsymbol{\beta}}^*)^{\mathrm{T}}(\boldsymbol{Y} - \boldsymbol{X}\hat{\boldsymbol{\beta}}^*)] + \mathrm{tr}[\boldsymbol{\Sigma}^{-1}(\hat{\boldsymbol{\beta}}^* - \boldsymbol{\beta})^{\mathrm{T}}\boldsymbol{X}^{\mathrm{T}}\boldsymbol{X}(\hat{\boldsymbol{\beta}}^* - \boldsymbol{\beta})]\\
=&\mathrm{tr}[\boldsymbol{\Sigma}^{-1}(\boldsymbol{Y} - \boldsymbol{X}\hat{\boldsymbol{\beta}}^*)^{\mathrm{T}}(\boldsymbol{Y} - \boldsymbol{X}\hat{\boldsymbol{\beta}}^*)] + \mathrm{tr}[\boldsymbol{X}(\hat{\boldsymbol{\beta}}^* - \boldsymbol{\beta})\boldsymbol{\Sigma}^{-1}(\hat{\boldsymbol{\beta}}^* - \boldsymbol{\beta})^{\mathrm{T}}\boldsymbol{X}^{\mathrm{T}}]\\
\geqslant&\mathrm{tr}[\boldsymbol{\Sigma}^{-1}(\boldsymbol{Y} - \boldsymbol{X}\hat{\boldsymbol{\beta}}^*)^{\mathrm{T}}(\boldsymbol{Y} - \boldsymbol{X}\hat{\boldsymbol{\beta}}^*)] \quad (\text{利用了 } \boldsymbol{\Sigma}^{-1} \text{ 的正定性})\\
=&\mathrm{tr}[\boldsymbol{\Sigma}^{-1}\boldsymbol{Y}^{\mathrm{T}}\boldsymbol{PY}] = n\mathrm{tr}[\boldsymbol{\Sigma}^{-1}\hat{\boldsymbol{\Sigma}}^*],
\end{aligned}$$

上式中等号成立的充要条件是 $\boldsymbol{\beta}=\hat{\boldsymbol{\beta}}^*$, 于是由 (5.2.7) 得

$$\begin{aligned}\max_{\boldsymbol{\Sigma}>0,\boldsymbol{\beta}} l(\boldsymbol{\beta},\boldsymbol{\Sigma}) &= \max_{\boldsymbol{\Sigma}>0} l(\hat{\boldsymbol{\beta}}^*,\boldsymbol{\Sigma}) \\ &= \max_{\boldsymbol{\Sigma}>0}\left[-\frac{1}{2}n\ln|\boldsymbol{\Sigma}|-\frac{1}{2}n\mathrm{tr}(\boldsymbol{\Sigma}^{-1}\hat{\boldsymbol{\Sigma}}^*)\right]-\frac{1}{2}nq\ln(2\pi).\end{aligned}$$

这时求最大值问题又归结为引理 3.4.2. 由引理 3.4.2 即得当 $\boldsymbol{\Sigma}=\hat{\boldsymbol{\Sigma}}^*$ 时, 上式达到极大. 证毕.

系 5.2.1　残差阵 $\boldsymbol{E}$ 和 $\boldsymbol{E}^{\mathrm{T}}\boldsymbol{E}$ 的极大似然估计分别为

$$\hat{\boldsymbol{E}}^*=\boldsymbol{Y}-\boldsymbol{X}\hat{\boldsymbol{\beta}}^*=\boldsymbol{P}\boldsymbol{Y}, \tag{5.2.11}$$

$$\widehat{\boldsymbol{E}^{*\mathrm{T}}\boldsymbol{E}^*}=\boldsymbol{Y}^{\mathrm{T}}\boldsymbol{P}\boldsymbol{Y}. \tag{5.2.12}$$

只要利用定理 3.4.2 即可证明式 (5.2.11) 和 (5.2.12).

5.2.2　$\boldsymbol{\beta}$ 与 $\boldsymbol{\Sigma}$ 的最小二乘方估计

在一元线性模型中, (5.1.3) 为

$$y_i=\boldsymbol{x}_i^{\mathrm{T}}\boldsymbol{\beta}+e_i,\quad i=1,\cdots,n,$$

记 $\boldsymbol{\beta}$ 的最小二乘估计为 $\hat{\boldsymbol{\beta}}$, 记对应的 $\hat{y}_i$ 为 y_i 的估计, 则

$$Q(\hat{\boldsymbol{\beta}})=\sum_{i=1}^n(y_i-\hat{y}_i)^2=(\boldsymbol{y}-\hat{\boldsymbol{y}})^{\mathrm{T}}(\boldsymbol{y}-\hat{\boldsymbol{y}})=\min_{\boldsymbol{\beta}\in\mathbf{R}^p}Q(\boldsymbol{\beta}). \tag{5.2.13}$$

而在多个应变量时, 与上述 $Q(\boldsymbol{\beta})$ 相似地应为

$$\boldsymbol{Q}(\boldsymbol{\beta})=(\boldsymbol{Y}-\boldsymbol{X}\boldsymbol{\beta})^{\mathrm{T}}(\boldsymbol{Y}-\boldsymbol{X}\boldsymbol{\beta}),\quad \boldsymbol{\beta}\in\mathbf{R}^{p\times q}, \tag{5.2.14}$$

其中 $\boldsymbol{Q}(\boldsymbol{\beta})$ 为 q 阶方阵. 关于如何定义 $\min \boldsymbol{Q}$ 而求参数 $\hat{\boldsymbol{\beta}}$, 有多种方法:

(1) $\mathrm{tr}\boldsymbol{Q}(\hat{\boldsymbol{\beta}})=\min\limits_{\boldsymbol{\beta}\in\mathbf{R}^{p\times q}}\mathrm{tr}\boldsymbol{Q}(\boldsymbol{\beta})$;

(2) $\boldsymbol{Q}(\hat{\boldsymbol{\beta}})\leqslant\boldsymbol{Q}(\boldsymbol{\beta})\ (\forall\boldsymbol{\beta}\in\mathbf{R}^{p\times q})$　($\boldsymbol{A}\leqslant\boldsymbol{B}$ 意为 $\boldsymbol{B}-\boldsymbol{A}\geqslant 0$);

(3) $|\boldsymbol{Q}(\hat{\boldsymbol{\beta}})|\leqslant|\boldsymbol{Q}(\boldsymbol{\beta})|\ (\forall\boldsymbol{\beta}\in\mathbf{R}^{p\times q})$;

(4) $\lambda_1(\boldsymbol{Q}(\hat{\boldsymbol{\beta}}))\leqslant\lambda_1(\boldsymbol{Q}(\boldsymbol{\beta}))\ (\forall\boldsymbol{\beta}\in\mathbf{R}^{p\times q})$, 其中 λ_1 为 $\boldsymbol{Q}$ 的最大的特征根.

张尧庭和方开泰[4] 证明了上述 4 种方法的等价性, 所以此处仅使用最常用的 $\mathrm{tr}(\boldsymbol{Q})$ 法. 求 $\hat{\boldsymbol{\beta}}$, 使下式为最小:

$$\mathrm{tr}(\boldsymbol{Q}(\hat{\boldsymbol{\beta}}))=\min_{\boldsymbol{\beta}\in\mathbf{R}^{p\times q}}\mathrm{tr}(\boldsymbol{Q}(\boldsymbol{\beta})).$$

记 $\hat{\boldsymbol{\beta}}^*=(\boldsymbol{X}^{\mathrm{T}}\boldsymbol{X})^{-1}\boldsymbol{X}^{\mathrm{T}}\boldsymbol{Y}$, 则

$$\mathrm{tr}(\boldsymbol{Q}(\boldsymbol{\beta}))=\mathrm{tr}(\boldsymbol{Y}-\boldsymbol{X}\boldsymbol{\beta})^{\mathrm{T}}(\boldsymbol{Y}-\boldsymbol{X}\boldsymbol{\beta})$$

$$
\begin{aligned}
&= \mathrm{tr}(\boldsymbol{Y}-\boldsymbol{X}\hat{\boldsymbol{\beta}}^*+\boldsymbol{X}\hat{\boldsymbol{\beta}}^*-\boldsymbol{X}\boldsymbol{\beta})^{\mathrm{T}}(\boldsymbol{Y}-\boldsymbol{X}\hat{\boldsymbol{\beta}}^*+\boldsymbol{X}\hat{\boldsymbol{\beta}}^*-\boldsymbol{X}\boldsymbol{\beta})\\
&= \mathrm{tr}(\boldsymbol{Y}-\boldsymbol{X}\hat{\boldsymbol{\beta}}^*)^{\mathrm{T}}(\boldsymbol{Y}-\boldsymbol{X}\hat{\boldsymbol{\beta}}^*)+\mathrm{tr}(\hat{\boldsymbol{\beta}}^*-\boldsymbol{\beta})^{\mathrm{T}}\boldsymbol{X}^{\mathrm{T}}\boldsymbol{X}(\hat{\boldsymbol{\beta}}^*-\boldsymbol{\beta})\\
&\geqslant \mathrm{tr}(\boldsymbol{Y}-\boldsymbol{X}\hat{\boldsymbol{\beta}}^*)^{\mathrm{T}}(\boldsymbol{Y}-\boldsymbol{X}\hat{\boldsymbol{\beta}}^*)\quad (\text{因为上式后一项总可以变为}\\
&\qquad \sum_i((\hat{\boldsymbol{\beta}}^*-\boldsymbol{\beta})^{\mathrm{T}}\boldsymbol{x}_i)^{\mathrm{T}}((\hat{\boldsymbol{\beta}}^*-\boldsymbol{\beta})^{\mathrm{T}}\boldsymbol{x}_i),\ \text{都是平方和})\\
&= \mathrm{tr}(\boldsymbol{Q}(\hat{\boldsymbol{\beta}}^*)).
\end{aligned}
$$

上式对一切 $\boldsymbol{\beta}$ 都成立, 于是取 $\hat{\boldsymbol{\beta}}=\hat{\boldsymbol{\beta}}^*$, 此时

$$
\begin{aligned}
\boldsymbol{Q}(\hat{\boldsymbol{\beta}}) &= (\boldsymbol{Y}-\boldsymbol{X}\hat{\boldsymbol{\beta}})^{\mathrm{T}}(\boldsymbol{Y}-\boldsymbol{X}\hat{\boldsymbol{\beta}})=(\boldsymbol{Y}-\boldsymbol{X}(\boldsymbol{X}^{\mathrm{T}}\boldsymbol{X})^{-1}\boldsymbol{X}^{\mathrm{T}}\boldsymbol{Y})^{\mathrm{T}}(\boldsymbol{Y}-\boldsymbol{X}(\boldsymbol{X}^{\mathrm{T}}\boldsymbol{X})^{-1}\boldsymbol{X}^{\mathrm{T}}\boldsymbol{Y})\\
&= \boldsymbol{Y}^{\mathrm{T}}(\boldsymbol{I}-\boldsymbol{X}(\boldsymbol{X}^{\mathrm{T}}\boldsymbol{X})^{-1}\boldsymbol{X}^{\mathrm{T}})\boldsymbol{Y}=\boldsymbol{Y}^{\mathrm{T}}\boldsymbol{P}\boldsymbol{Y}. \qquad (5.2.15)
\end{aligned}
$$

定理 5.2.2 模型 (5.2.5) 的最小二乘方估计为

$$
\hat{\boldsymbol{\beta}}=(\boldsymbol{X}^{\mathrm{T}}\boldsymbol{X})^{-1}\boldsymbol{X}^{\mathrm{T}}\boldsymbol{Y}, \qquad (5.2.16)
$$

它是无偏的, 而 $\boldsymbol{\Sigma}$ 的无偏估计为

$$
\hat{\boldsymbol{\Sigma}}\triangleq\frac{1}{n-p}\boldsymbol{Q}(\hat{\boldsymbol{\beta}})=\frac{1}{n-p}\boldsymbol{Y}^{\mathrm{T}}\boldsymbol{P}\boldsymbol{Y}, \qquad (5.2.17)
$$

其中

$$
\boldsymbol{P}=\boldsymbol{I}-\boldsymbol{X}(\boldsymbol{X}\boldsymbol{X}^{\mathrm{T}})^{-1}\boldsymbol{X}^{\mathrm{T}}.
$$

注意：定理 5.2.2 中没有正态性的要求.

证明 利用 $E(\boldsymbol{E})=\boldsymbol{0}$ 得

$$
E(\hat{\boldsymbol{\beta}})=(\boldsymbol{X}^{\mathrm{T}}\boldsymbol{X})^{-1}\boldsymbol{X}^{\mathrm{T}}E(\boldsymbol{Y})=(\boldsymbol{X}^{\mathrm{T}}\boldsymbol{X})^{-1}\boldsymbol{X}^{\mathrm{T}}\boldsymbol{X}\boldsymbol{\beta}=\boldsymbol{\beta},
$$

证明了无偏性.

记

$$
\boldsymbol{\Sigma}=(\sigma_{ij}),
$$

使用 (5.2.4) 中的记号, 即

$$
\boldsymbol{Y}=(\boldsymbol{y}_1,\cdots,\boldsymbol{y}_q),\quad \boldsymbol{\beta}=(\boldsymbol{\beta}_1,\cdots,\boldsymbol{\beta}_q), \qquad (5.2.18)
$$

显然, $\boldsymbol{y}_i$ 为 $n\times 1$ 矩阵, $\boldsymbol{\beta}_j$ 为 $p\times 1$ 矩阵, 由模型 (5.2.1) 知

$$
E(\boldsymbol{y}_i)=\boldsymbol{X}\boldsymbol{\beta}_i,
$$

$$
E(\boldsymbol{y}_i-\boldsymbol{X}\boldsymbol{\beta}_i)(\boldsymbol{y}_j-\boldsymbol{X}\boldsymbol{\beta}_j)^{\mathrm{T}}=\sigma_{ij}\boldsymbol{I}_n. \qquad (5.2.19)
$$

用 (5.2.16) 直接计算可得

$$\boldsymbol{Q}(\hat{\boldsymbol{\beta}}) = (\boldsymbol{Y} - \boldsymbol{X}\hat{\boldsymbol{\beta}})^{\mathrm{T}}(\boldsymbol{Y} - \boldsymbol{X}\hat{\boldsymbol{\beta}}) = \boldsymbol{Y}^{\mathrm{T}}\boldsymbol{P}\boldsymbol{Y}.$$

利用 $\boldsymbol{X}^{\mathrm{T}}\boldsymbol{P} = \boldsymbol{P}\boldsymbol{X} = \mathbf{0}$ 得

$$(\boldsymbol{Y} - \boldsymbol{X}\boldsymbol{\beta})^{\mathrm{T}}\boldsymbol{P}(\boldsymbol{Y} - \boldsymbol{X}\boldsymbol{\beta}) = \boldsymbol{Y}^{\mathrm{T}}\boldsymbol{P}\boldsymbol{Y} = \boldsymbol{Q}(\hat{\boldsymbol{\beta}}),$$

于是

$$E(\boldsymbol{Q}(\hat{\boldsymbol{\beta}})) = E[(\boldsymbol{Y} - \boldsymbol{X}\boldsymbol{\beta})^{\mathrm{T}}\boldsymbol{P}(\boldsymbol{Y} - \boldsymbol{X}\boldsymbol{\beta})].$$

考察上式中 (i,j) 上的元素; 即左乘 $\boldsymbol{e}_i^{\mathrm{T}}$, 右乘 $\boldsymbol{e}_j$ 得

$$\begin{aligned}(E\boldsymbol{Q}(\hat{\boldsymbol{\beta}}))_{ij} &= E[(\boldsymbol{y}_i - \boldsymbol{X}\boldsymbol{\beta}_i)^{\mathrm{T}}\boldsymbol{P}(\boldsymbol{y}_j - \boldsymbol{X}\boldsymbol{\beta}_j)]\\ &= \mathrm{tr}\left(\boldsymbol{P}E[(\boldsymbol{y}_j - \boldsymbol{X}\boldsymbol{\beta}_j)(\boldsymbol{y}_i - \boldsymbol{X}\boldsymbol{\beta}_i)^{\mathrm{T}}]\right) \quad (\text{用式 (5.2.19)})\\ &= \sigma_{ij}\mathrm{tr}(\boldsymbol{P}\boldsymbol{I}_n) = (n-p)\sigma_{ij}\end{aligned}$$

(上式利用了投影矩阵的性质, $\mathrm{rank}(\boldsymbol{X}(\boldsymbol{X}^{\mathrm{T}}\boldsymbol{X})^{-1}\boldsymbol{X}^{\mathrm{T}}) = p$, 所以 $\mathrm{tr}(\boldsymbol{P}) = n - p$), 于是

$$E[\boldsymbol{Q}(\hat{\boldsymbol{\beta}})] = (n-p)\boldsymbol{\Sigma},$$

即 $\hat{\boldsymbol{\Sigma}} = \boldsymbol{Q}(\hat{\boldsymbol{\beta}})/(n-p)$ 是 $\boldsymbol{\Sigma}$ 的无偏估计量.

从证明过程可以看出, 由 (5.2.18) 表达法

$$\hat{\boldsymbol{\beta}} = (\hat{\boldsymbol{\beta}}_1, \cdots, \hat{\boldsymbol{\beta}}_q) = (\boldsymbol{X}^{\mathrm{T}}\boldsymbol{X})^{-1}\boldsymbol{X}^{\mathrm{T}}\boldsymbol{Y} = (\boldsymbol{X}^{\mathrm{T}}\boldsymbol{X})^{-1}\boldsymbol{X}^{\mathrm{T}}(\boldsymbol{y}_1, \cdots, \boldsymbol{y}_q),$$

从中可以看出

$$\hat{\boldsymbol{\beta}}_i = (\boldsymbol{X}^{\mathrm{T}}\boldsymbol{X})^{-1}\boldsymbol{X}^{\mathrm{T}}\boldsymbol{y}_i, \quad i = 1, \cdots, q,$$

即如果把 q 个应变量拆成 q 个一元应变量的线性模型, 分别估计 q 个线性模型的参数及误差项的方差, 其结果与同时一次性作多元线性模型估计是相同的. 这也是为什么有多个应变量时, 实际工作中 (几乎所有的统计软件) 都把它转变成多个一元应变量的多元回归去计算回归系数及作统计检验. 但这时要注意交并原则, 即在否定一个应变量的多元回归的假设检验时 (如显著性水平定为 α), 在每一个一元应变量的多元回归的线性检验中应该用显著性水平 α/q, 即有一个一元应变量的多元回归的线性检验被否定时, 才能否定多元的假设检验.

例 5.2.2　在例 5.2.1 中, q=7, p=4+1=5, 样本数为 n=53. 用 SAS 软件中的下述语句计算:

```
proc reg;
model y1-y7=x1-x4 / all;
```

一些结果如下：

```
Model Crossproducts  X'X  X'Y  Y'Y
```

Variable	Intercept	x1	x2	x3	x4	y1
Intercept	53	1985	488	8840	3090.5	199052.6
x1	1985	78695	18576	331224	116650	7343170.3
x2	488	18576	5612	81109.5	28656.5	1828954.3
x3	8840	331224	81109.5	1476153	516103	33297786.45
x4	3090.5	116650	28656.5	516103	182509.75	11635216.7
y1	199053	7343170	1828954	33297786	11635217	770453544
y2	171947.5	6295530	1566918	28765095.7	10049226.7	67512671.18
y3	4568.9	169566.8	41727.3	762045.6	266390.5	17209085.88
y4	24.02	920.22	227.68	4010.76	1406.77	89535.156
y5	242841.5	8710012.5	2123737.7	40509064.0	14069179.7	937208367.9
y6	6000.3	218217.7	54616.1	1003304.2	349817.75	23222405.42
y7	122	4645	1142	20339	7148	455460.5

Model Crossproducts X'X X'Y Y'Y

Variable	y2	y3	y4	y5	y6	y7
Intercept	171947.5	4568.9	24.02	242841.5	6000.3	122
x1	6295530.1	169566.8	920.22	8710012.5	218217.7	4645
x2	1566917.9	41727.3	227.68	2123737.7	54616.1	1142
x3	28765095.7	762045.6	4010.76	40509063.95	1003304.2	20339
x4	10049226.65	266390.5	1406.77	14069179.7	349817.75	7148
y1	667512671.2	17209085.9	89535.2	937208367.9	23222405.4	455460.5
y2	585879913.0	15068561.2	74601.3	833909286.2	20239982.2	385688.1
y3	15068561.18	399521.59	1997.718	21574641.3	522222.92	10306
y4	74601.276	1997.718	12.2716	97385.378	2628.41	58.26
y5	833909286.2	21574641.3	97385.4	1284961612.7	28866153.8	529637.2
y6	20239982.15	522222.92	2628.41	28866153.75	716821.99	13591.6
y7	385688.1	10306	58.26	529637.2	13591.6	300

X'X Inverse

Variable	Intercept	x1	x2	x3	x4
Intercept	17.77031	-0.00452	-0.03575	-0.1065	0.00876
x1	-0.00452	0.00025	-0.00005	0.00001	-0.00010
x2	-0.03575	-0.00005	0.00099	0.00021	-0.00014

```
x3          -0.10650   0.00001   0.00021   0.00067  -0.00021
x4           0.00876  -0.00010  -0.00014  -0.00021   0.00054
```

用 (5.2.16), 可求得每一个应变量的回归方程的估计式为

```
y1=-5719.35478-30.20129x1+19.01994x2+60.49227x3+5.85489x4+e1
y2=-4433.36076-37.36585x1+6.48641x2+50.52466x3+10.12246x4+e2
y3=106.48140-0.37338x1-0.25954x2-0.08657x3+0.18071x4+e3
y4=-0.28818+0.00433x1+0.00559x2+0.00331x3-0.00042969x4+e4
y5=9008.47113-83.11849x1-79.24127x2-3.81192x3+0.88976x4+e5
y6=-101.58812-1.59311x1+0.23946x2+1.58331x3+0.14025x4+e6
y7=2.62084+0.01490x1+0.00835x2-0.00951x3+0.01083x4+e7
```

由上述结果可以看出, 各个自变量对肺功能不同指标的影响是各不相同的:

年龄 (x1) 越大者, y4(呼气中期时间), y7(最大呼气时间) 是增加的 (因为符号为正), 但在另外 5 个肺功能指标上都是减少的 (与本例都是成年人有关);

工龄大者 (x2), y3(=y1/y2) 及 y5(按 y4 指标换算的时间肺活量) 是减少的, 但在另外 5 个肺功能指标上都是增加的;

身高 (x3) 与体重 (x4) 对 7 个肺功能指标的影响有同向的 (对 y1,y2,y6), 也有反向的 (对 y3, y4, y5, y7).

注意: 这个结果与每个自变量分别与 7 个应变量的简单回归结果是不一致的, 原因在于这里的结果是固定其他变量下的结果. 一般来说, 这个结果更可信. 但即使抽样代表性很好, 多元回归结果也不一定都能符合客观事实. 可能的原因很多: ① 随机误差 (包括个体间差异) 的存在可能造成回归系数出现波动或出现反常符号. ② 计算回归系数的最小二乘方法不合理, 这可以通过其他方法去识别. 例如, 岭回归法、偏最小二乘方法、绝对值回归法等. ③ 线性模型不合适等.

如果要检验下面的假设:

$$H_0: \text{所有自变量对肺功能都没有影响},$$

则这时 SAS 的 Reg 语句可对每一个肺功能指标作检验, 结果如下 (理论公式见第 6 章):

接受所有自变量对 y1 没有影响的概率为 <0.0001;
接受所有自变量对 y2 没有影响的概率为 0.0003;
接受所有自变量对 y3 没有影响的概率为 0.1908;
接受所有自变量对 y4 没有影响的概率为 0.2748;
接受所有自变量对 y5 没有影响的概率为 0.0102;
接受所有自变量对 y6 没有影响的概率为 0.0001;
接受所有自变量对 y7 没有影响的概率为 0.3223.

如果对 7 个肺功能指标的总体检验显著水平定为 0.05, 则每一个肺功能指标的检验显著水平应定为 0.007. 上述 7 个回归公式中只要有一个的检验概率值小于 0.007, 就可以否定对总体的假设检验. 而从上面的计算结果可见, 有三个指标 (y1, y2, y6) 的概率值低于 0.007. 也就是说, 在此例中, 应否定上述的 H_0. 在多元问题中, 要否定总体假设常要比单元问题容易得多.

5.2.3 最小二乘方 (OLS, LS) 估计的性质

定理 5.2.3 模型

$$\boldsymbol{Y} = \boldsymbol{X\beta} + \boldsymbol{E}$$

在条件

$$\boldsymbol{E} \sim N_{n\times q}(\boldsymbol{0}, \boldsymbol{I}_n \otimes \boldsymbol{\Sigma}), \quad \boldsymbol{\Sigma} > 0$$

下, 参数 $\boldsymbol{\beta}$ 的最小二乘方估计 $\hat{\boldsymbol{\beta}}$ 有如下性质:

(1) $\hat{\boldsymbol{\beta}} \sim N_{p\times q}(\boldsymbol{\beta}, (\boldsymbol{X}^{\mathrm{T}}\boldsymbol{X})^{-1} \otimes \boldsymbol{\Sigma})$; 当 $q = 1$ 时, $\hat{\boldsymbol{\beta}} \sim N_p(\boldsymbol{\beta}, (\boldsymbol{X}^{\mathrm{T}}\boldsymbol{X})^{-1}\sigma^2)$;

(2) $\hat{\boldsymbol{\beta}}$ 和 $\hat{\boldsymbol{\Sigma}}$ 相互独立;

(3) $\boldsymbol{Q}(\hat{\boldsymbol{\beta}}) = (n-p)\hat{\boldsymbol{\Sigma}} \sim W_q(n-p, \boldsymbol{\Sigma})$,

其中 $\boldsymbol{Q}(\hat{\boldsymbol{\beta}}) = \boldsymbol{Y}^{\mathrm{T}}\boldsymbol{PY}$, 而 $\boldsymbol{P} = \boldsymbol{I} - \boldsymbol{X}(\boldsymbol{XX}^{\mathrm{T}})^{-1}\boldsymbol{X}^{\mathrm{T}}$. 当 $q = 1$ 时, $\boldsymbol{Q}$ 即为残差平方和, 它服从 $\sigma^2\chi^2_{n-p}$ 分布.

证明 由于

$$\begin{aligned}\hat{\boldsymbol{\beta}} &= (\boldsymbol{X}^{\mathrm{T}}\boldsymbol{X})^{-1}\boldsymbol{X}^{\mathrm{T}}(\boldsymbol{X\beta} + \boldsymbol{E}) \\ &= \boldsymbol{\beta} + (\boldsymbol{X}^{\mathrm{T}}\boldsymbol{X})^{-1}\boldsymbol{X}^{\mathrm{T}}\boldsymbol{E},\end{aligned}$$

因为 $\boldsymbol{E} \sim N_{n\times q}(\boldsymbol{0}, \boldsymbol{I}_n \otimes \boldsymbol{\Sigma})$, 则由矩阵正态分布的定理 3.2.5 即得 (1).

下面证明 (2). 令 $\boldsymbol{C} = \boldsymbol{PY}$, 其中 $\boldsymbol{P} = \boldsymbol{I} - \boldsymbol{X}(\boldsymbol{XX}^{\mathrm{T}})^{-1}\boldsymbol{X}^{\mathrm{T}}$, 于是

$$\boldsymbol{C} = \boldsymbol{P}(\boldsymbol{X\beta} + \boldsymbol{E}) = \boldsymbol{PE}\ (\text{因为}\ \boldsymbol{PX} = \boldsymbol{0}),$$

利用 (2.1.27) 得

$$\mathrm{vec}(\boldsymbol{C}) = (\boldsymbol{I} \otimes \boldsymbol{P})\mathrm{vec}(\boldsymbol{E}),$$

$$\mathrm{vec}(\hat{\boldsymbol{\beta}}) = \mathrm{vec}(\boldsymbol{\beta}) + [\boldsymbol{I} \otimes (\boldsymbol{X}^{\mathrm{T}}\boldsymbol{X})^{-1}\boldsymbol{X}^{\mathrm{T}}]\mathrm{vec}(\boldsymbol{E}).$$

由推论 3.1.1 及叉积公式 (2.1.26) 得

$$\begin{aligned}\hat{\boldsymbol{\beta}}\ \text{和}\ \boldsymbol{C}\ \text{独立}\ &\Leftrightarrow \mathrm{vec}(\hat{\boldsymbol{\beta}})\ \text{与}\ \mathrm{vec}(\boldsymbol{C})\ \text{独立}\ \Leftrightarrow \mathrm{Cov}(\mathrm{vec}(\hat{\boldsymbol{\beta}}), \mathrm{vec}(\boldsymbol{C})) = \boldsymbol{0} \\ &\Leftrightarrow [\boldsymbol{I} \otimes (\boldsymbol{X}^{\mathrm{T}}\boldsymbol{X})^{-1}\boldsymbol{X}^{\mathrm{T}}][\boldsymbol{\Sigma} \otimes \boldsymbol{I}][\boldsymbol{I} \otimes \boldsymbol{P}]^{\mathrm{T}} = \boldsymbol{0} \\ &\Leftrightarrow [\boldsymbol{I} \otimes (\boldsymbol{X}^{\mathrm{T}}\boldsymbol{X})^{-1}\boldsymbol{X}^{\mathrm{T}}][\boldsymbol{\Sigma} \otimes \boldsymbol{P}] = \boldsymbol{0} \Leftrightarrow [\boldsymbol{\Sigma} \otimes (\boldsymbol{X}^{\mathrm{T}}\boldsymbol{X})^{-1}\boldsymbol{X}^{\mathrm{T}}\boldsymbol{P}] = \boldsymbol{0}.\end{aligned}$$

而 $\boldsymbol{X}^{\mathrm{T}}\boldsymbol{P}=\boldsymbol{0}$ 是成立的, 故 $\hat{\boldsymbol{\beta}}$ 和 $\boldsymbol{C}$ 独立, 从而 $\hat{\boldsymbol{\beta}}$ 与 $\boldsymbol{C}^{\mathrm{T}}\boldsymbol{C}=\boldsymbol{Y}^{\mathrm{T}}\boldsymbol{P}\boldsymbol{Y}=(n-p)\hat{\boldsymbol{\Sigma}}$ 独立, 即得 (2).

最后, 由

$$(n-p)\hat{\boldsymbol{\Sigma}}=\boldsymbol{Y}^{\mathrm{T}}\boldsymbol{P}\boldsymbol{Y},\quad \boldsymbol{P}^2=\boldsymbol{P},\quad \mathrm{rank}(\boldsymbol{P})=n-p,\quad \boldsymbol{P}\boldsymbol{X}\boldsymbol{\beta}=\boldsymbol{0},$$

及 Wishart 分布性质 (9) 知 $(n-p)\hat{\boldsymbol{\Sigma}}\sim W_q(n-p,\boldsymbol{\Sigma})$.

系 5.2.2　在定理 5.2.3 的条件下, 记

$$(\boldsymbol{X}^{\mathrm{T}}\boldsymbol{X})^{-1}=(c^{ij}),\quad \hat{\boldsymbol{\beta}}=(\hat{\boldsymbol{\beta}}_{(1)},\cdots,\hat{\boldsymbol{\beta}}_{(q)})=(\hat{\boldsymbol{\beta}}_1,\cdots,\hat{\boldsymbol{\beta}}_p)^{\mathrm{T}},$$

则

$$\mathrm{Cov}(\hat{\boldsymbol{\beta}}_i,\hat{\boldsymbol{\beta}}_j)=c^{ij}\boldsymbol{\Sigma},\quad i,j=1,\cdots,p,$$
$$\mathrm{Cov}(\hat{\boldsymbol{\beta}}_{(i)},\hat{\boldsymbol{\beta}}_{(j)})=\sigma_{ij}(\boldsymbol{X}^{\mathrm{T}}\boldsymbol{X})^{-1},\quad i,j=1,\cdots,q.$$

证明　由定理 5.2.3 知

$$\hat{\boldsymbol{\beta}}\sim N_{p\times q}(\boldsymbol{\beta},(\boldsymbol{X}^{\mathrm{T}}\boldsymbol{X})^{-1}\otimes\boldsymbol{\Sigma}),$$

由矩阵正态分布性质即得系的结论.

注意：当正态性条件不成立时, 系也是成立的, 证明略.

5.2.4　最小二乘方估计的另一常用形式

线性模型更常用的形式如下：记 $\boldsymbol{x}=(x_1,\cdots,x_{p-1})^{\mathrm{T}}$, 理论模型为

$$y_1=\beta_{01}+\beta_{11}x_1+\cdots+\beta_{1,p-1}x_{p-1}+e_1=\beta_{01}+\boldsymbol{\beta}_{(1)}^{\mathrm{T}}\boldsymbol{x}+e_1,$$
$$\cdots\cdots$$
$$y_q=\beta_{0q}+\beta_{q1}x_1+\cdots+\beta_{q,p-1}x_{p-1}+e_q=\beta_{0q}+\boldsymbol{\beta}_{(q)}^{\mathrm{T}}\boldsymbol{x}+e_q.$$

当有样本数据时, 用矩阵表示为

$$\boldsymbol{Y}=(\boldsymbol{1},\boldsymbol{X})\begin{pmatrix}\boldsymbol{\beta}_0^{\mathrm{T}}\\ \boldsymbol{\beta}\end{pmatrix}+\boldsymbol{E}=\boldsymbol{1}\boldsymbol{\beta}_0^{\mathrm{T}}+\boldsymbol{X}\boldsymbol{\beta}+\boldsymbol{E},\tag{5.2.20}$$

其中 $\boldsymbol{Y}$ 为 $n\times q$ 矩阵, $\boldsymbol{X}$ 为 $n\times(p-1)$ 矩阵, $\boldsymbol{\beta}_0$ 为 $q\times 1$ 矩阵, $\boldsymbol{\beta}$ 为 $(p-1)\times q$ 矩阵, $\boldsymbol{E}$ 为 $n\times q$ 矩阵.

定理 5.2.4　设模型表示为 (5.2.20), 即

$$\boldsymbol{Y}=(\boldsymbol{1},\boldsymbol{X})\begin{pmatrix}\boldsymbol{\beta}_0^{\mathrm{T}}\\ \boldsymbol{\beta}\end{pmatrix}+\boldsymbol{E}=\boldsymbol{1}\boldsymbol{\beta}_0^{\mathrm{T}}+\boldsymbol{X}\boldsymbol{\beta}+\boldsymbol{E},$$

其中

$$E(\boldsymbol{E})=\mathbf{0},\quad \operatorname{Var}(\operatorname{vec}(\boldsymbol{E}^{\mathrm{T}}))=\boldsymbol{I}_n\otimes\boldsymbol{\Sigma},\boldsymbol{\Sigma}>0,$$

$\operatorname{rank}(\mathbf{1},\ \boldsymbol{X})=p<n$, 则参数估计的形式可以写成

$$\hat{\boldsymbol{\beta}}=\boldsymbol{L}_{xx}^{-1}\boldsymbol{L}_{xy},\tag{5.2.21}$$

$$\hat{\boldsymbol{\beta}}_0=\bar{\boldsymbol{y}}-\bar{\boldsymbol{x}}^{\mathrm{T}}\hat{\boldsymbol{\beta}},\tag{5.2.22}$$

其中

$$\bar{\boldsymbol{x}}=\frac{1}{n}\boldsymbol{X}^{\mathrm{T}}\mathbf{1}_n,\quad \bar{\boldsymbol{y}}=\frac{1}{n}\boldsymbol{Y}^{\mathrm{T}}\mathbf{1}_n,\tag{5.2.23}$$

$$\boldsymbol{L}_{xx}=\boldsymbol{X}^{\mathrm{T}}\boldsymbol{D}\boldsymbol{X},\quad \boldsymbol{L}_{xy}=\boldsymbol{X}^{\mathrm{T}}\boldsymbol{D}\boldsymbol{Y},\tag{5.2.24}$$

$$\boldsymbol{D}=\boldsymbol{I}_n-\frac{1}{n}\mathbf{1}_n\mathbf{1}_n^{\mathrm{T}},\tag{5.2.25}$$

并且 $\hat{\boldsymbol{\beta}}_0$ 与 $\hat{\boldsymbol{\beta}}$ 是 $\boldsymbol{\beta}_0$ 与 $\boldsymbol{\beta}$ 的无偏估计.

证明　这时需要计算

$$\begin{pmatrix}\hat{\boldsymbol{\beta}}_0^{\mathrm{T}}\\ \hat{\boldsymbol{\beta}}\end{pmatrix}=[(\mathbf{1},\boldsymbol{X})^{\mathrm{T}}(\mathbf{1},\boldsymbol{X})]^{-1}(\mathbf{1},\boldsymbol{X})^{\mathrm{T}}\boldsymbol{Y},$$

而

$$(\mathbf{1},\boldsymbol{X})^{\mathrm{T}}(\mathbf{1},\boldsymbol{X})=\begin{pmatrix}n & \mathbf{1}^{\mathrm{T}}\boldsymbol{X}\\ \boldsymbol{X}^{\mathrm{T}}\mathbf{1} & \boldsymbol{X}^{\mathrm{T}}\boldsymbol{X}\end{pmatrix}=\begin{pmatrix}n & n\bar{\boldsymbol{x}}^{\mathrm{T}}\\ n\bar{\boldsymbol{x}} & \boldsymbol{X}^{\mathrm{T}}\boldsymbol{X}\end{pmatrix},$$

利用如下分块矩阵求逆公式, 则上面的求逆化为

$$[(\mathbf{1},\boldsymbol{X})^{\mathrm{T}}(\mathbf{1},\boldsymbol{X})]^{-1}=\begin{pmatrix}\dfrac{1}{n}+\bar{\boldsymbol{x}}^{\mathrm{T}}\boldsymbol{L}_{xx}^{-1}\bar{\boldsymbol{x}} & -\bar{\boldsymbol{x}}^{\mathrm{T}}\boldsymbol{L}_{xx}^{-1}\\ -\boldsymbol{L}_{xx}^{-1}\bar{\boldsymbol{x}} & \boldsymbol{L}_{xx}^{-1}\end{pmatrix},\tag{5.2.26}$$

于是

$$\begin{pmatrix}\hat{\boldsymbol{\beta}}_0^{\mathrm{T}}\\ \hat{\boldsymbol{\beta}}\end{pmatrix}=\begin{pmatrix}\left(\dfrac{1}{n}+\bar{\boldsymbol{x}}^{\mathrm{T}}\boldsymbol{L}_{xx}^{-1}\bar{\boldsymbol{x}}\right)n\bar{\boldsymbol{y}}^{\mathrm{T}}-\bar{\boldsymbol{x}}^{\mathrm{T}}\boldsymbol{L}_{xx}^{-1}\boldsymbol{X}^{\mathrm{T}}\boldsymbol{Y}\\ -\boldsymbol{L}_{xx}^{-1}\bar{\boldsymbol{x}}(n\bar{\boldsymbol{y}}^{\mathrm{T}})+\boldsymbol{L}_{xx}^{-1}\boldsymbol{X}^{\mathrm{T}}\boldsymbol{Y}\end{pmatrix}=\begin{pmatrix}\bar{\boldsymbol{y}}-\bar{\boldsymbol{x}}^{\mathrm{T}}\boldsymbol{L}_{xx}^{-1}(\boldsymbol{X}^{\mathrm{T}}\boldsymbol{Y}-n\bar{\boldsymbol{x}}\bar{\boldsymbol{y}}^{\mathrm{T}})\\ \boldsymbol{L}_{xx}^{-1}(\boldsymbol{X}^{\mathrm{T}}\boldsymbol{Y}-n\bar{\boldsymbol{x}}\bar{\boldsymbol{y}}^{\mathrm{T}})\end{pmatrix}.$$

利用

$$\boldsymbol{X}^{\mathrm{T}}\boldsymbol{Y}-n\bar{\boldsymbol{x}}\bar{\boldsymbol{y}}^{\mathrm{T}}=\boldsymbol{X}^{\mathrm{T}}\boldsymbol{Y}-\boldsymbol{X}^{\mathrm{T}}\left(\frac{1}{n}\mathbf{1}\mathbf{1}^{\mathrm{T}}\right)\boldsymbol{Y}=\boldsymbol{X}^{\mathrm{T}}\boldsymbol{D}\boldsymbol{Y}=\boldsymbol{L}_{xy},$$

代上即得定理结论.

系 5.2.3　由 (5.2.24), 记 $\boldsymbol{L}_{xx}=(l_{ij}^{xx}),\boldsymbol{L}_{xy}=(l_{ij}^{xy})$ 中的 (i,j) 元素分别为

$$l_{ij}^{xx}=\sum_{k=1}^{n}(x_{ki}-\bar{x}_i)(x_{kj}-\bar{x}_j),\quad l_{ij}^{xy}=\sum_{k=1}^{n}(x_{ki}-\bar{x}_i)(y_{kj}-\bar{y}_j),\tag{5.2.27}$$

其中 $\bar{x}_i$ 及 $\bar{y}_i$ 分别是 $\bar{\boldsymbol{x}}, \bar{\boldsymbol{y}}$ 的第 i 个分量.

定理 5.2.5　设模型表示为

$$\boldsymbol{Y} = (\boldsymbol{1}, \boldsymbol{X}) \begin{pmatrix} \boldsymbol{\beta}_0^{\mathrm{T}} \\ \boldsymbol{\beta} \end{pmatrix} + \boldsymbol{E} = \boldsymbol{1}\boldsymbol{\beta}_0^{\mathrm{T}} + \boldsymbol{X}\boldsymbol{\beta} + \boldsymbol{E}, \tag{5.2.28}$$

其中

$$E(\boldsymbol{E}) = 0, \quad \mathrm{Var}(\mathrm{vec}(\boldsymbol{E}^{\mathrm{T}})) = \boldsymbol{I}_n \otimes \boldsymbol{\Sigma}, \ \boldsymbol{\Sigma} > 0,$$

则 $\boldsymbol{\Sigma}$ 的无偏估计为

$$\hat{\boldsymbol{\Sigma}} = \frac{1}{n-p}(\boldsymbol{L}_{yy} - \boldsymbol{L}_{yx}\boldsymbol{L}_{xx}^{-1}\boldsymbol{L}_{xy}),$$

其中

$$\boldsymbol{L}_{yy} = \boldsymbol{Y}^{\mathrm{T}}\boldsymbol{D}\boldsymbol{Y}, \quad \boldsymbol{L}_{yx}^{\mathrm{T}} = \boldsymbol{L}_{xy}.$$

证明　由 (5.2.17) 可见, 关键是计算 $\boldsymbol{Y}^{\mathrm{T}}\boldsymbol{P}\boldsymbol{Y}$. 这时

$$\begin{aligned}
\boldsymbol{P} &= \boldsymbol{I}_n - (\boldsymbol{1}, \boldsymbol{X})[(\boldsymbol{1}, \boldsymbol{X})^{\mathrm{T}}(\boldsymbol{1}, \boldsymbol{X})]^{-1}(\boldsymbol{1}, \boldsymbol{X})^{\mathrm{T}} \\
&= \boldsymbol{I}_n - (\boldsymbol{1}, \boldsymbol{X}) \begin{pmatrix} \dfrac{1}{n} + \bar{\boldsymbol{x}}^{\mathrm{T}}\boldsymbol{L}_{xx}^{-1}\bar{\boldsymbol{x}} & -\bar{\boldsymbol{x}}^{\mathrm{T}}\boldsymbol{L}_{xx}^{-1} \\ -\boldsymbol{L}_{xx}^{-1}\bar{\boldsymbol{x}} & \boldsymbol{L}_{xx}^{-1} \end{pmatrix} \begin{pmatrix} \boldsymbol{1}^{\mathrm{T}} \\ \boldsymbol{X}^{\mathrm{T}} \end{pmatrix} \\
&= \boldsymbol{I}_n - \frac{1}{n}\boldsymbol{1}\boldsymbol{1}^{\mathrm{T}} - \boldsymbol{D}\boldsymbol{X}\boldsymbol{L}_{xx}^{-1}\boldsymbol{X}^{\mathrm{T}}\boldsymbol{D},
\end{aligned}$$

因此有

$$\begin{aligned}
\boldsymbol{Y}^{\mathrm{T}}\boldsymbol{P}\boldsymbol{Y} &= \boldsymbol{Y}^{\mathrm{T}}\left(\boldsymbol{I}_n - \frac{1}{n}\boldsymbol{1}\boldsymbol{1}^{\mathrm{T}}\right)\boldsymbol{Y} - \boldsymbol{Y}^{\mathrm{T}}\boldsymbol{D}\boldsymbol{X}\boldsymbol{L}_{xx}^{-1}\boldsymbol{X}^{\mathrm{T}}\boldsymbol{D}\boldsymbol{Y} \\
&= \boldsymbol{L}_{yy} - \boldsymbol{L}_{yx}\boldsymbol{L}_{xx}^{-1}\boldsymbol{L}_{xy}.
\end{aligned} \tag{5.2.29}$$

由此得定理结论.

定理 5.2.3 的另一种叙述法更为常用, 具体如下:

定理 5.2.6　假设 $\boldsymbol{Y} \sim N_{n\times q}\left((\boldsymbol{1}, \boldsymbol{X})\begin{pmatrix} \boldsymbol{\beta}_0^{\mathrm{T}} \\ \boldsymbol{\beta} \end{pmatrix}, \boldsymbol{I} \otimes \boldsymbol{\Sigma}\right), \boldsymbol{\Sigma} > 0, \mathrm{rank}(\boldsymbol{1}, \boldsymbol{X}) = p,$ 则

(1) $(\hat{\boldsymbol{\beta}}_0, \hat{\boldsymbol{\beta}})$ 与 $\hat{\boldsymbol{\Sigma}}$ 独立;

(2) $\begin{pmatrix} \hat{\boldsymbol{\beta}}_0^{\mathrm{T}} \\ \hat{\boldsymbol{\beta}} \end{pmatrix} \sim N_{p\times q}\left(\begin{pmatrix} \boldsymbol{\beta}_0^{\mathrm{T}} \\ \boldsymbol{\beta} \end{pmatrix}, [(\boldsymbol{1}, \boldsymbol{X})^{\mathrm{T}}(\boldsymbol{1}, \boldsymbol{X})]^{-1} \otimes \boldsymbol{\Sigma}\right);$

(3) $\boldsymbol{Q} = (n-p)\hat{\boldsymbol{\Sigma}} \sim W_q(n-p, \boldsymbol{\Sigma})$.

系 5.2.4　在定理 5.2.6 的条件下, 利用式 (5.2.22) 有

$$E(\hat{\boldsymbol{\beta}}_0) = \boldsymbol{\beta}_0, \quad E(\hat{\boldsymbol{\beta}}) = \boldsymbol{\beta}, \quad E(\hat{\boldsymbol{\Sigma}}) = \boldsymbol{\Sigma},$$

$$\mathrm{Var}(\hat{\boldsymbol{\beta}}_0)=\left(\frac{1}{n}+\bar{\boldsymbol{x}}^{\mathrm{T}}\boldsymbol{L}_{xx}^{-1}\bar{\boldsymbol{x}}\right)\boldsymbol{\Sigma}, \tag{5.2.30}$$

$$\mathrm{Cov}(\hat{\boldsymbol{\beta}}_i,\hat{\boldsymbol{\beta}}_j)=l^{ij}\boldsymbol{\Sigma},\quad i,j=1,\cdots,p-1, \tag{5.2.31}$$

$$\mathrm{Cov}(\hat{\boldsymbol{\beta}}_{(i)},\hat{\boldsymbol{\beta}}_{(j)})=\sigma_{ij}\boldsymbol{L}_{xx}^{-1},\quad i,j=1,\cdots,q, \tag{5.2.32}$$

其中

$$\boldsymbol{L}_{xx}^{-1}=(l^{ij}),$$

$$\hat{\boldsymbol{\beta}}=\begin{pmatrix}\beta_{11} & \cdots & \beta_{1,p-1}\\ \vdots & & \vdots\\ \beta_{q1} & \cdots & \beta_{q,p-1}\end{pmatrix}\triangleq\begin{pmatrix}\hat{\boldsymbol{\beta}}_{(1)}^{\mathrm{T}}\\ \vdots\\ \hat{\boldsymbol{\beta}}_{(q)}^{\mathrm{T}}\end{pmatrix}\triangleq\left(\hat{\boldsymbol{\beta}}_1,\cdots,\hat{\boldsymbol{\beta}}_{p-1}\right).$$

5.3 线性回归模型的假设检验

5.3.1 线性约束下的参数估计

在实际问题中, 根据问题的性质或要求, 对回归系数可能有一定的约束, 如规定两个回归方程应该全相同, 或一个回归中某两回归系数应相等; 在试验设计的配方问题中同一回归公式的诸多回归系数之和为 1 等. 这些约束常做成假设检验的零假设, 一般的线性约束有如下两类:

1. $H_0:\boldsymbol{A\beta}=\boldsymbol{C}$

模型为

$$\boldsymbol{Y}=\boldsymbol{X\beta}+\boldsymbol{E}, \tag{5.3.1}$$

其中,

$$\mathrm{rank}(\boldsymbol{X})=p,\quad E(\boldsymbol{E})=\boldsymbol{0},\quad \mathrm{Var}(\mathrm{vec}(\boldsymbol{E}^{\mathrm{T}}))=\boldsymbol{I}_n\otimes\boldsymbol{\Sigma},$$

线性约束为

$$H_0:\boldsymbol{A\beta}=\boldsymbol{C}, \tag{5.3.2}$$

其中 $\boldsymbol{A}$ 为 $s\times p$ 矩阵, $\boldsymbol{C}$ 为 $s\times q$ 矩阵, $\mathrm{rank}(\boldsymbol{A})=s<q$.

例 5.3.1 要检验 q 个应变量上的常数项是否全为 0(即 $\boldsymbol{\beta}$ 的第一行全为 0).

取 $\boldsymbol{A}=(1,0,\cdots,0)$, $\boldsymbol{C}=(0,\cdots,0)$, 因为这时 (5.3.2) 变为

$$H_0:\boldsymbol{A\beta}=(\beta_{11},\cdots,\beta_{1q})=(0,\cdots,0).$$

例 5.3.2 要检验 x_1 与 x_2 的回归系数是否相等, 则可取

$$\boldsymbol{A}=(0,1,-1,0,\cdots,0),\quad \boldsymbol{C}=(0,\cdots,0).$$

因为这时 (5.3.2) 中的 $\boldsymbol{A\beta}=\boldsymbol{C}$ 即为

$$(0,1,-1,0,\cdots,0)\begin{pmatrix}\beta_{11} & \beta_{12} & \cdots & \beta_{1q}\\ \beta_{21} & \beta_{22} & \cdots & \beta_{2q}\\ \vdots & \vdots & & \vdots\\ \beta_{p1} & \beta_{p2} & \cdots & \beta_{pq}\end{pmatrix}=(\beta_{21}-\beta_{31},\ \beta_{22}-\beta_{32},\cdots,\beta_{2q}-\beta_{3q}),$$

于是 $\boldsymbol{A\beta}=\boldsymbol{C}$ 即变为 $\beta_{21}=\beta_{31}$, $\beta_{22}=\beta_{32},\cdots,\beta_{2q}=\beta_{3q}$, 此即 x_1 与 x_2 的理论回归系数相等. 记

$\hat{\boldsymbol{\beta}}=(\boldsymbol{X}^{\mathrm{T}}\boldsymbol{X})^{-1}\boldsymbol{X}^{\mathrm{T}}\boldsymbol{Y}$ 表示无约束时 $\boldsymbol{\beta}$ 的二乘方估计;

$\hat{\boldsymbol{\beta}}_{H_0}$ 表示有约束时 $\boldsymbol{\beta}$ 的二乘方估计;

$\hat{\boldsymbol{\Theta}}_{H_0}$ 表示在有约束下对 $\boldsymbol{\Theta}=\boldsymbol{X\beta}$ 的二乘方估计;

$\boldsymbol{Q}=\boldsymbol{Q}(\hat{\boldsymbol{\beta}})=(\boldsymbol{Y}-\boldsymbol{X}\hat{\boldsymbol{\beta}})^{\mathrm{T}}(\boldsymbol{Y}-\boldsymbol{X}\hat{\boldsymbol{\beta}})$ 是无约束下残差矩阵的估计;

$\boldsymbol{Q}_{H_0}=\boldsymbol{Q}(\hat{\boldsymbol{\beta}}_{H_0})=(\boldsymbol{Y}-\boldsymbol{X}\hat{\boldsymbol{\beta}}_{H_0})^{\mathrm{T}}(\boldsymbol{Y}-\boldsymbol{X}\hat{\boldsymbol{\beta}}_{H_0})$ 是约束下残差矩阵的估计,

则可以证明

$$\hat{\boldsymbol{\Theta}}_{H_0}=\boldsymbol{X}\hat{\boldsymbol{\beta}}-\boldsymbol{X}(\boldsymbol{X}^{\mathrm{T}}\boldsymbol{X})^{-1}\boldsymbol{A}^{\mathrm{T}}[\boldsymbol{A}(\boldsymbol{X}^{\mathrm{T}}\boldsymbol{X})^{-1}\boldsymbol{A}^{\mathrm{T}}]^{-1}(\boldsymbol{A}\hat{\boldsymbol{\beta}}-\boldsymbol{C}),\tag{5.3.3}$$

$$\hat{\boldsymbol{\beta}}_{H_0}=\hat{\boldsymbol{\beta}}-(\boldsymbol{X}^{\mathrm{T}}\boldsymbol{X})^{-1}\boldsymbol{A}^{\mathrm{T}}[\boldsymbol{A}(\boldsymbol{X}^{\mathrm{T}}\boldsymbol{X})^{-1}\boldsymbol{A}^{\mathrm{T}}]^{-1}(\boldsymbol{A}\hat{\boldsymbol{\beta}}-\boldsymbol{C}).\tag{5.3.4}$$

容易验证 $\hat{\boldsymbol{\beta}}_{H_0}$ 满足约束条件 $\boldsymbol{A}\hat{\boldsymbol{\beta}}_{H_0}=\boldsymbol{C}$, 这时满足约束下残差的二乘方矩阵为

$$\begin{aligned}\boldsymbol{Q}_{H_0}&\equiv\boldsymbol{Q}(\hat{\boldsymbol{\beta}}_{H_0})=(\boldsymbol{Y}-\boldsymbol{X}\hat{\boldsymbol{\beta}}_{H_0})^{\mathrm{T}}(\boldsymbol{Y}-\boldsymbol{X}\hat{\boldsymbol{\beta}}_{H_0})\\&=\boldsymbol{Q}+(\boldsymbol{A}\hat{\boldsymbol{\beta}}-\boldsymbol{C})^{\mathrm{T}}[\boldsymbol{A}(\boldsymbol{X}^{\mathrm{T}}\boldsymbol{X})^{-1}\boldsymbol{A}^{\mathrm{T}}]^{-1}(\boldsymbol{A}\hat{\boldsymbol{\beta}}-\boldsymbol{C}),\end{aligned}\tag{5.3.5}$$

其中 $\boldsymbol{Q}=\boldsymbol{Q}(\hat{\boldsymbol{\beta}})=\boldsymbol{Y}^{\mathrm{T}}\boldsymbol{PY}$, $\boldsymbol{P}=\boldsymbol{I}-\boldsymbol{X}(\boldsymbol{X}\boldsymbol{X}^{\mathrm{T}})^{-1}\boldsymbol{X}^{\mathrm{T}}$.

证明式 (5.3.3) 及 (5.3.4) 如下：由于 (5.3.5) 可从 (5.3.4) 中直接得出, 所以仅证 (5.3.3).

(1) 先证明 $H_0:\boldsymbol{A\beta}=\boldsymbol{0}$ 的情形. 显然有恒等式

$$\boldsymbol{\beta}=(\boldsymbol{X}^{\mathrm{T}}\boldsymbol{X})^{-1}\boldsymbol{X}^{\mathrm{T}}\boldsymbol{\Theta},\quad \hat{\boldsymbol{\beta}}=(\boldsymbol{X}^{\mathrm{T}}\boldsymbol{X})^{-1}\boldsymbol{X}^{\mathrm{T}}\hat{\boldsymbol{\Theta}}.\tag{5.3.6}$$

令

$$\boldsymbol{A}_1=\boldsymbol{A}(\boldsymbol{X}^{\mathrm{T}}\boldsymbol{X})^{-1}\boldsymbol{X}^{\mathrm{T}},$$

于是有

$$\boldsymbol{A}_1\boldsymbol{\Theta}=\boldsymbol{A}(\boldsymbol{X}^{\mathrm{T}}\boldsymbol{X})^{-1}\boldsymbol{X}^{\mathrm{T}}\boldsymbol{\Theta}=\boldsymbol{A\beta}=\boldsymbol{0}.\tag{5.3.7}$$

式 (5.3.7) 表明, $\boldsymbol{\Theta}$ 应属于由 $\boldsymbol{A}_1$ 张成的零空间 $N(\boldsymbol{A}_1)$, 即

$$N(\boldsymbol{A}_1)=\{\boldsymbol{\Theta}|\boldsymbol{A}_1\boldsymbol{\Theta}=\boldsymbol{0},\boldsymbol{\Theta}\ 为\ n\times q\ 矩阵\}.$$

因此, 求模型 (5.3.1) 在 $H_0: \boldsymbol{A\beta}=\mathbf{0}$ 下的最小二乘方估计, 即求 $\hat{\boldsymbol{\Theta}}_{H_0}$, 使得

$$\boldsymbol{Q}(\hat{\boldsymbol{\Theta}}_{H_0})=(\boldsymbol{Y}-\hat{\boldsymbol{\Theta}}_{H_0})^{\mathrm{T}}(\boldsymbol{Y}-\hat{\boldsymbol{\Theta}}_{H_0})=\min_{\boldsymbol{\Theta}\in\Omega\cap N(\boldsymbol{A}_1)}\boldsymbol{Q}(\boldsymbol{\Theta}),$$

其中

$$\Omega=R(\boldsymbol{X}),\quad \boldsymbol{Q}(\boldsymbol{\Theta})=(\boldsymbol{Y}-\boldsymbol{\Theta})^{\mathrm{T}}(\boldsymbol{Y}-\boldsymbol{\Theta}).$$

令

$$\omega=\Omega\cap N(\boldsymbol{A}_1),$$

显然, ω 是一个子空间. 只要找从 $\mathbf{R}^n$ 到 ω 上的投影矩阵 $\boldsymbol{P}_\omega$ 即可. 因为 $\boldsymbol{P}_\Omega=\boldsymbol{P}_\omega+\boldsymbol{P}_{\omega^\perp\cap\Omega}$, 所以 $\boldsymbol{P}_\omega=\boldsymbol{P}_\Omega-\boldsymbol{P}_{\omega^\perp\cap\Omega}$. 而从第 2 章知, $\boldsymbol{P}_\Omega=\boldsymbol{X}(\boldsymbol{X}^{\mathrm{T}}\boldsymbol{X})^{-1}\boldsymbol{X}^{\mathrm{T}}$ 是投影矩阵. 因为 $\boldsymbol{A}_1^{\mathrm{T}}=\boldsymbol{X}(\boldsymbol{X}^{\mathrm{T}}\boldsymbol{X})^{-1}\boldsymbol{A}^{\mathrm{T}}$, 故 $R(\boldsymbol{A}_1^{\mathrm{T}})\subset R(\boldsymbol{X})=\Omega$, 其中 $R(\boldsymbol{X})$ 表示由 $\boldsymbol{X}$ 张成的子空间. 又因为

$$\mathrm{rank}(\boldsymbol{A}_1)\leqslant\mathrm{rank}(\boldsymbol{A})=s,$$

$$\mathrm{rank}(\boldsymbol{A}_1)\geqslant\mathrm{rank}(\boldsymbol{A}_1\boldsymbol{X})=\mathrm{rank}(\boldsymbol{A}(\boldsymbol{X}^{\mathrm{T}}\boldsymbol{X})^{-1}\boldsymbol{X}^{\mathrm{T}}\boldsymbol{X})=\mathrm{rank}(\boldsymbol{A})=s,$$

所以 $\mathrm{rank}(\boldsymbol{A}_1)=s$. 令 $\boldsymbol{P}_1=\boldsymbol{A}_1^{\mathrm{T}}(\boldsymbol{A}_1\boldsymbol{A}_1^{\mathrm{T}})^{-1}\boldsymbol{A}_1$, 对任一 $\boldsymbol{\Theta}\in N(\boldsymbol{A}_1)$, 由 (5.3.7) 知 $\boldsymbol{P}_1\boldsymbol{\Theta}=\mathbf{0}$. 显然, $\boldsymbol{P}_1\subset\Omega$, 故 $\boldsymbol{P}_1=\boldsymbol{P}_{\omega^\perp\cap\Omega}$, 从而有

$$\boldsymbol{P}_1=\boldsymbol{P}_{\omega^\perp\cap\Omega}=\boldsymbol{X}(\boldsymbol{X}^{\mathrm{T}}\boldsymbol{X})^{-1}\boldsymbol{A}^{\mathrm{T}}[\boldsymbol{A}(\boldsymbol{X}^{\mathrm{T}}\boldsymbol{X})^{-1}\boldsymbol{A}^{\mathrm{T}}]^{-1}\boldsymbol{A}(\boldsymbol{X}^{\mathrm{T}}\boldsymbol{X})^{-1}\boldsymbol{X}^{\mathrm{T}},$$

于是有

$$\boldsymbol{P}_\omega=\boldsymbol{X}(\boldsymbol{X}^{\mathrm{T}}\boldsymbol{X})^{-1}\boldsymbol{X}^{\mathrm{T}}-\boldsymbol{X}(\boldsymbol{X}^{\mathrm{T}}\boldsymbol{X})^{-1}\boldsymbol{A}^{\mathrm{T}}[\boldsymbol{A}(\boldsymbol{X}^{\mathrm{T}}\boldsymbol{X})^{-1}\boldsymbol{A}^{\mathrm{T}}]^{-1}\boldsymbol{A}(\boldsymbol{X}^{\mathrm{T}}\boldsymbol{X})^{-1}\boldsymbol{X}^{\mathrm{T}},\tag{5.3.8}$$

如同 $\hat{\boldsymbol{Y}}=\boldsymbol{P}_\Omega\boldsymbol{Y}$, 因此, $\boldsymbol{Y}$ 在约束下的二乘方估计为

$$\hat{\boldsymbol{\Theta}}_{H_0}=\boldsymbol{P}_\omega\boldsymbol{Y}=\boldsymbol{X}\hat{\boldsymbol{B}}-\boldsymbol{X}(\boldsymbol{X}^{\mathrm{T}}\boldsymbol{X})^{-1}\boldsymbol{A}^{\mathrm{T}}[\boldsymbol{A}(\boldsymbol{X}^{\mathrm{T}}\boldsymbol{X})^{-1}\boldsymbol{A}^{\mathrm{T}}]^{-1}\boldsymbol{A}\hat{\boldsymbol{\beta}}.\tag{5.3.9}$$

由 (5.3.6) 得

$$\hat{\boldsymbol{\beta}}_{H_0}=(\boldsymbol{X}^{\mathrm{T}}\boldsymbol{X})^{-1}\boldsymbol{X}^{\mathrm{T}}\hat{\boldsymbol{\Theta}}_{H_0}=\hat{\boldsymbol{\beta}}-(\boldsymbol{X}^{\mathrm{T}}\boldsymbol{X})^{-1}\boldsymbol{A}^{\mathrm{T}}[\boldsymbol{A}(\boldsymbol{X}^{\mathrm{T}}\boldsymbol{X})^{-1}\boldsymbol{A}^{\mathrm{T}}]^{-1}\boldsymbol{A}\hat{\boldsymbol{\beta}}.\tag{5.3.10}$$

上两式即为 (5.3.3) 及 (5.3.4).

(2) 证明 $H_0: \boldsymbol{A\beta}=\boldsymbol{C}$ 的情形. 当约束 $A\boldsymbol{\beta}=\boldsymbol{C}\neq\mathbf{0}$ 时, 记 $\boldsymbol{\beta}_0$ 为满足 $\boldsymbol{A\beta}=\boldsymbol{C}\neq\mathbf{0}$ 的任一特解, 即 $\boldsymbol{A\beta}_0=\boldsymbol{C}$. 令

$$\tilde{\boldsymbol{Y}}=\boldsymbol{Y}-\boldsymbol{X\beta}_0,\quad \tilde{\boldsymbol{\beta}}=\boldsymbol{\beta}-\boldsymbol{\beta}_0,$$

则

$$\tilde{\boldsymbol{Y}}=\boldsymbol{X}(\boldsymbol{\beta}-\boldsymbol{\beta}_0)+\boldsymbol{E}=\boldsymbol{X}\tilde{\boldsymbol{\beta}}+\boldsymbol{E},\tag{5.3.11}$$

其约束为 $\boldsymbol{A}(\boldsymbol{\beta}-\boldsymbol{\beta}_0)=\boldsymbol{A}\tilde{\boldsymbol{\beta}}=\mathbf{0}$. 由此可见, (5.3.11) 中的 $\tilde{\boldsymbol{Y}}$ 及 $\tilde{\boldsymbol{\beta}}$ 就转化为 (1) 中的情形. 这时, $\tilde{\boldsymbol{\beta}}$ 的最小二乘方估计为

$$\hat{\tilde{\boldsymbol{\beta}}}=(\boldsymbol{X}^{\mathrm{T}}\boldsymbol{X})^{-1}\boldsymbol{X}^{\mathrm{T}}\tilde{\boldsymbol{Y}}=\hat{\boldsymbol{\beta}}-\boldsymbol{\beta}_0,$$

$$\boldsymbol{A}\hat{\tilde{\boldsymbol{\beta}}}=\boldsymbol{A}\hat{\boldsymbol{\beta}}-\boldsymbol{C},$$

$$\hat{\tilde{\boldsymbol{\beta}}}_{H_0}=\hat{\tilde{\boldsymbol{\beta}}}-(\boldsymbol{X}^{\mathrm{T}}\boldsymbol{X})^{-1}\boldsymbol{A}^{\mathrm{T}}[\boldsymbol{A}(\boldsymbol{X}^{\mathrm{T}}\boldsymbol{X})^{-1}\boldsymbol{A}^{\mathrm{T}}]^{-1}\boldsymbol{A}\hat{\tilde{\boldsymbol{\beta}}}. \tag{5.3.12}$$

下面寻找 $\hat{\tilde{\boldsymbol{\beta}}}$. 由 $\tilde{\boldsymbol{\beta}}=\boldsymbol{\beta}-\boldsymbol{\beta}_0$, 可得 $\hat{\tilde{\boldsymbol{\beta}}}_{H_0}=\hat{\boldsymbol{\beta}}_{H_0}-\boldsymbol{\beta}_0$, 即 $\hat{\boldsymbol{\beta}}_{H_0}=\hat{\tilde{\boldsymbol{\beta}}}_{H_0}+\boldsymbol{\beta}_0$. 用 (5.3.12) 代入即得 (5.3.4). 可直接验证 $\boldsymbol{A}\tilde{\boldsymbol{\beta}}_{H_0}=\boldsymbol{C}$ 成立. 而由 (5.3.4) 即可得 (5.3.5).

注意：从式 (5.3.11) 也可看出, $\boldsymbol{A}\boldsymbol{\beta}=\boldsymbol{C}\neq\mathbf{0}$ 与 $\boldsymbol{A}\boldsymbol{\beta}=\mathbf{0}$ 的不同约束条件下的残差是相同的, 因此, $\boldsymbol{Q}_{H_0}$ 也是相同的.

定理 5.3.1　模型

$$\boldsymbol{Y}=\boldsymbol{X}\boldsymbol{\beta}+\boldsymbol{E},\quad \operatorname{rank}(\boldsymbol{X})=p,\quad E(\boldsymbol{E})=\mathbf{0},\quad \operatorname{Var}(\operatorname{vec}(\boldsymbol{E}^{\mathrm{T}}))=\boldsymbol{I}_n\otimes\boldsymbol{\Sigma},$$

线性约束为

$$H_0:\boldsymbol{A}\boldsymbol{\beta}=\boldsymbol{C},$$

其中 $\boldsymbol{A}$ 为 $s\times p$ 矩阵, $\boldsymbol{C}$ 为 $s\times q$ 矩阵, $\operatorname{rank}(\boldsymbol{A})=s<q$. $\boldsymbol{\Sigma}$ 的无偏估计为

$$\hat{\boldsymbol{\Sigma}}_{H_0}=\frac{1}{n-p+s}\boldsymbol{Q}_{H_0}, \tag{5.3.13}$$

其中 $\boldsymbol{Q}_{H_0}$ 由 (5.3.5) 给出, 即

$$\begin{aligned}\boldsymbol{Q}_{H_0}&\equiv\boldsymbol{Q}(\hat{\boldsymbol{\beta}}_{H_0})=(\boldsymbol{Y}-\boldsymbol{X}\hat{\boldsymbol{\beta}}_{H_0})^{\mathrm{T}}(\boldsymbol{Y}-\boldsymbol{X}\hat{\boldsymbol{\beta}}_{H_0})\\&=\boldsymbol{Q}+(\boldsymbol{A}\hat{\boldsymbol{\beta}}-\boldsymbol{C})^{\mathrm{T}}[\boldsymbol{A}(\boldsymbol{X}^{\mathrm{T}}\boldsymbol{X})^{-1}\boldsymbol{A}^{\mathrm{T}}]^{-1}(\boldsymbol{A}\hat{\boldsymbol{\beta}}-\boldsymbol{C}).\end{aligned}$$

证明　只要证明

$$E(\boldsymbol{Q}_{H_0})=(n-p+s)\boldsymbol{\Sigma}$$

即可, 它等价于证明 $\operatorname{rank}(\boldsymbol{I}-\boldsymbol{P}_\omega)=n-p+s$. 如同 $\boldsymbol{Q}=\boldsymbol{Y}^{\mathrm{T}}(\boldsymbol{I}-\boldsymbol{P}_\Omega)\boldsymbol{Y}$ 一样有

$$\boldsymbol{Q}_{H_0}=\tilde{\boldsymbol{Y}}^{\mathrm{T}}(\boldsymbol{I}-\boldsymbol{P}_\omega)\tilde{\boldsymbol{Y}},$$

其中 $\tilde{\boldsymbol{Y}}=\boldsymbol{X}\tilde{\boldsymbol{\beta}}+\boldsymbol{E}$, 见式 (5.3.11). 用与证明定理 5.2.2 完全一样, 化为 $E(\boldsymbol{Q}_{H_0})=\operatorname{rank}(\boldsymbol{I}-\boldsymbol{P}_\omega)\boldsymbol{\Sigma}$. 再由投影矩阵的性质得

$$\operatorname{rank}(\boldsymbol{P}_\omega)=\operatorname{tr}(\boldsymbol{P}_\omega)=\operatorname{tr}(\boldsymbol{P}_\Omega-\boldsymbol{P}_{\omega^\perp\cap\Omega})=p-s,$$

从而

$$\operatorname{rank}(\boldsymbol{I}-\boldsymbol{P}_\omega)=n-p+s.$$

2. $H_0: \boldsymbol{A}\boldsymbol{\beta}\boldsymbol{D}=\boldsymbol{C}$ 的情形

模型为

$$\boldsymbol{Y}=\boldsymbol{X}\boldsymbol{\beta}+\boldsymbol{E},\quad \operatorname{rank}(\boldsymbol{X})=p,\quad E(\boldsymbol{E})=\boldsymbol{0},\quad \operatorname{Var}(\operatorname{vec}(\boldsymbol{E}^{\mathrm{T}}))=\boldsymbol{I}_n\otimes\boldsymbol{\Sigma}, \tag{5.3.14}$$

线性约束为

$$H_0: \boldsymbol{A}\boldsymbol{\beta}\boldsymbol{D}=\boldsymbol{C}, \tag{5.3.15}$$

其中 $\boldsymbol{A}$ 为 $s\times p$ 矩阵, $\boldsymbol{D}$ 为 $q\times t$ 矩阵, $\boldsymbol{C}$ 为 $s\times t$ 矩阵, $s<p,t<q$,

$$\operatorname{rank}(\boldsymbol{A})=s,\quad \operatorname{rank}(\boldsymbol{D})=t.$$

注意: 两个常数矩阵 $\boldsymbol{A}$ 及 $\boldsymbol{D}$ 对 $\boldsymbol{\beta}$ 的影响是不相同的. $\boldsymbol{A}$ 的作用是约束自变量前的系数, 而 $\boldsymbol{D}$ 的作用是约束应变量前的系数.

例 5.3.3 取 $\boldsymbol{D}^{\mathrm{T}}=(1,0,-1,0,\cdots,0),\boldsymbol{C}=(0,\cdots,0)$, 这时 (5.3.15) 变为

$$H_0: \boldsymbol{\beta}\boldsymbol{D}=(\beta_{11}-\beta_{13},\cdots,\beta_{p1}-\beta_{p3})=(0,\cdots,0),$$

即

$$H_0: \beta_{i1}=\beta_{i3},\quad i=1,\cdots,p,$$

即检验应变量 y_1 与 y_3 是否恒同.

令 $\boldsymbol{Y}_D=\boldsymbol{Y}\boldsymbol{D},\boldsymbol{\beta}_D=\boldsymbol{\beta}\boldsymbol{D}$, $\boldsymbol{E}_D=\boldsymbol{E}\boldsymbol{D}$, 于是模型 (5.3.14),(5.3.15) 化为

$$\begin{cases}\boldsymbol{Y}_D=\boldsymbol{X}\boldsymbol{\beta}_D+\boldsymbol{E}_D,\\ E(\boldsymbol{E}_D)=\boldsymbol{0},\operatorname{Var}(\operatorname{vec}(\boldsymbol{E}_D^{\mathrm{T}}))=\boldsymbol{I}\otimes(\boldsymbol{D}^{\mathrm{T}}\boldsymbol{\Sigma}\boldsymbol{D}),\\ H_0: \boldsymbol{A}\boldsymbol{\beta}_D=\boldsymbol{C},\end{cases} \tag{5.3.16}$$

它与 (5.3.2) 有相同的形式, 但协方差阵相应地有变化. 由 (5.3.4) 及 (5.3.5) 立即得 $\boldsymbol{Y}_D=\boldsymbol{X}\boldsymbol{\beta}_D+\boldsymbol{E}_D$ 下的最小二乘方估计, 再把 $\boldsymbol{Y}_D=\boldsymbol{Y}\boldsymbol{D},\boldsymbol{\beta}_D=\boldsymbol{\beta}\boldsymbol{D}$ 代入, 即有

$$\hat{\boldsymbol{\beta}}_{H_0}=\hat{\boldsymbol{\beta}}\boldsymbol{D}-(\boldsymbol{X}^{\mathrm{T}}\boldsymbol{X})^{-1}\boldsymbol{A}^{\mathrm{T}}[\boldsymbol{A}(\boldsymbol{X}^{\mathrm{T}}\boldsymbol{X})^{-1}\boldsymbol{A}^{\mathrm{T}}]^{-1}(\boldsymbol{A}\hat{\boldsymbol{\beta}}\boldsymbol{D}-\boldsymbol{C}), \tag{5.3.17}$$

$$\boldsymbol{Q}_{H_0}\equiv\boldsymbol{Q}(\hat{\boldsymbol{\beta}}_{H_0})=\boldsymbol{D}^{\mathrm{T}}\boldsymbol{Q}\boldsymbol{D}+(\boldsymbol{A}\hat{\boldsymbol{\beta}}\boldsymbol{D}-\boldsymbol{C})^{\mathrm{T}}[\boldsymbol{A}(\boldsymbol{X}^{\mathrm{T}}\boldsymbol{X})^{-1}\boldsymbol{A}^{\mathrm{T}}]^{-1}(\boldsymbol{A}\hat{\boldsymbol{\beta}}\boldsymbol{D}-\boldsymbol{C}). \tag{5.3.18}$$

5.3.2 线性约束下的假设检验

模型

$$\boldsymbol{Y}=\boldsymbol{X}\boldsymbol{\beta}+\boldsymbol{E}, \tag{5.3.19}$$

其中

$$E(\boldsymbol{E})=\boldsymbol{0},\quad \operatorname{Var}(\operatorname{vec}(\boldsymbol{E}^{\mathrm{T}}))=\boldsymbol{I}_n\otimes\boldsymbol{\Sigma},\boldsymbol{\Sigma}>0, \tag{5.3.20}$$

$$\boldsymbol{Y} \sim N_{n\times q}(\boldsymbol{X\beta}, \boldsymbol{I}_n \otimes \boldsymbol{\Sigma}).$$

假设

$$\begin{aligned} &H_0: \boldsymbol{A\beta} = \boldsymbol{C}, \quad \boldsymbol{A} \text{ 为 } s\times p \text{ 矩阵}, \boldsymbol{C} \text{ 为 } s\times q \text{ 矩阵}, \operatorname{rank}(\boldsymbol{A}) = s < q, \\ &H_1: \boldsymbol{A\beta} \neq \boldsymbol{C}. \end{aligned} \tag{5.3.21}$$

由似然比原理, 相应的统计量为

$$\lambda = \frac{\max\limits_{\boldsymbol{A\beta}=\boldsymbol{C}, \boldsymbol{\Sigma}>0} \exp l(\boldsymbol{\beta}, \boldsymbol{\Sigma})}{\max\limits_{\boldsymbol{\beta}, \boldsymbol{\Sigma}>0} \exp l(\boldsymbol{\beta}, \boldsymbol{\Sigma})},$$

其中 $l(\boldsymbol{\beta}, \boldsymbol{\Sigma})$ 由 (5.2.7) 定义. 由 (5.2.10) 得

$$\max_{\boldsymbol{\beta}, \boldsymbol{\Sigma}>0} \exp L(\hat{\boldsymbol{\beta}}, \hat{\boldsymbol{\Sigma}}) = \mathrm{e}^{-np/2} |2\pi \hat{\boldsymbol{\Sigma}}^*|^{-n/2},$$

其中,

$$\hat{\boldsymbol{\Sigma}}^* = \frac{1}{n} \boldsymbol{Y}^{\mathrm{T}} (\boldsymbol{I} - \boldsymbol{P}_{\Omega}) \boldsymbol{Y} = \frac{1}{n} \boldsymbol{Q},$$

类似地推导有

$$\max_{\boldsymbol{A\beta}=\boldsymbol{C}, \boldsymbol{\Sigma}>0} \exp l(\hat{\boldsymbol{\beta}}_{H_0}, \hat{\boldsymbol{\Sigma}}_{H_0}) = \mathrm{e}^{-np/2} |2\pi \hat{\boldsymbol{\Sigma}}^*_{H_0}|^{-n/2},$$

其中

$$\hat{\boldsymbol{\Sigma}}^*_{H_0} = \frac{1}{n} \boldsymbol{Y}^{\mathrm{T}} (\boldsymbol{I} - \boldsymbol{P}_{\omega}) \boldsymbol{Y} = \frac{1}{n} \boldsymbol{Q}_{H_0},$$

$\boldsymbol{P}_\omega$ 见式 (5.3.8). 利用 (5.3.5), 于是检验 (5.3.2) 的似然比统计量为

$$\lambda = \frac{|\hat{\boldsymbol{\Sigma}}|^{n/2}}{|\hat{\boldsymbol{\Sigma}}^*_{H_0}|^{n/2}} = \frac{|\boldsymbol{Q}|^{n/2}}{|\boldsymbol{Q}_{H_0}|^{n/2}} = \frac{|\boldsymbol{Q}|^{n/2}}{|\boldsymbol{Q} + |^{n/2}}, \tag{5.3.22}$$

其中

$$\boldsymbol{H} = (\boldsymbol{A}\hat{\boldsymbol{\beta}} - \boldsymbol{C})^{\mathrm{T}} [\boldsymbol{A} (\boldsymbol{X}^{\mathrm{T}} \boldsymbol{X})^{-1} \boldsymbol{A}^{\mathrm{T}}]^{-1} (\boldsymbol{A}\hat{\boldsymbol{\beta}} - \boldsymbol{C}). \tag{5.3.23}$$

定理 5.3.2　模型

$$\boldsymbol{Y} = \boldsymbol{X\beta} + \boldsymbol{E}$$

在 $\boldsymbol{Y} \sim N_{n\times q}(\boldsymbol{X\beta}, \boldsymbol{I}_n \otimes \boldsymbol{\Sigma})$ 条件及约束

$H_0: \boldsymbol{A\beta} = \boldsymbol{C}$, $\boldsymbol{A}$ 为 $s\times p$ 矩阵, $\boldsymbol{C}$ 为 $s\times q$ 矩阵, $\operatorname{rank}(\boldsymbol{A}) = s < q$,

$H_1: \boldsymbol{A\beta} \neq \boldsymbol{C}$

下, 则

(1) $\boldsymbol{Q} \sim W_q(n-p, \boldsymbol{\Sigma})$, $\boldsymbol{H} \sim W_q(s, \boldsymbol{\Sigma})$;

(2) $\boldsymbol{Q}$ 与 $\boldsymbol{H}$ 相互独立;

(3) $$\lambda^{2/n} = \frac{|\boldsymbol{Q}|}{|\boldsymbol{Q}+\boldsymbol{H}|} \sim \Lambda_{q,n-p,s}, \tag{5.3.24}$$

由 $\Lambda_{q,n-p,s}$ 可以再转化为 F 检验, 见表 4.1.2 及式 (4.1.14).

证明 (1) $H_0: \boldsymbol{A\beta} = \boldsymbol{0} \quad (\boldsymbol{C}=\boldsymbol{0})$ 下. 已知

$$\boldsymbol{Q} = \boldsymbol{Y}^{\mathrm{T}}(\boldsymbol{I}-\boldsymbol{P}_{\Omega})\boldsymbol{Y} \sim W_q(n-p, \boldsymbol{\Sigma}),$$

而由 (5.3.5) 已有

$$\begin{aligned}\boldsymbol{Q}_{H_0} &\equiv \boldsymbol{Q}(\hat{\boldsymbol{\beta}}_{H_0})\\ &= \boldsymbol{Q} + (\boldsymbol{A}\hat{\boldsymbol{\beta}}-\boldsymbol{C})^{\mathrm{T}}[\boldsymbol{A}(\boldsymbol{X}^{\mathrm{T}}\boldsymbol{X})^{-1}\boldsymbol{A}^{\mathrm{T}}]^{-1}(\boldsymbol{A}\hat{\boldsymbol{\beta}}-\boldsymbol{C}).\end{aligned}$$

由 (5.3.23) 中 $\boldsymbol{H}$ 定义得

$$\boldsymbol{H} = \boldsymbol{Q}_{H_0} - \boldsymbol{Q} = \boldsymbol{Y}^{\mathrm{T}}(\boldsymbol{P}_{\Omega}-\boldsymbol{P}_{\omega})\boldsymbol{Y} = \boldsymbol{Y}^{\mathrm{T}}\boldsymbol{P}_1\boldsymbol{Y}.$$

由于 $\boldsymbol{P}_1$ 是投影矩阵, 所以

$$\boldsymbol{H} \sim W_q(s, \boldsymbol{\Sigma}, \boldsymbol{G}),$$

而非中心参数为

$$\begin{aligned}\boldsymbol{G} &= (\boldsymbol{X\beta})^{\mathrm{T}}\boldsymbol{P}_1(\boldsymbol{X\beta})\\ &= (\boldsymbol{X\beta})^{\mathrm{T}}\boldsymbol{X}(\boldsymbol{X}^{\mathrm{T}}\boldsymbol{X})^{-1}\boldsymbol{A}^{\mathrm{T}}[\boldsymbol{A}(\boldsymbol{X}^{\mathrm{T}}\boldsymbol{X})^{-1}\boldsymbol{A}^{\mathrm{T}}]^{-1}\boldsymbol{A}(\boldsymbol{X}^{\mathrm{T}}\boldsymbol{X})^{-1}\boldsymbol{X}^{\mathrm{T}}(\boldsymbol{X\beta})\\ &= (\boldsymbol{A\beta})^{\mathrm{T}}[\boldsymbol{A}(\boldsymbol{X}^{\mathrm{T}}\boldsymbol{X})^{-1}\boldsymbol{A}^{\mathrm{T}}](\boldsymbol{A\beta}) = \boldsymbol{0},\end{aligned}$$

所以

$$\boldsymbol{H} \sim W_q(s, \boldsymbol{\Sigma}).$$

$\boldsymbol{H}$ 与 $\boldsymbol{Q}$ 独立的充要条件为 $(\boldsymbol{I}-\boldsymbol{P}_{\Omega})\boldsymbol{P}_1 = \boldsymbol{0}$, 而这可以直接得出, 所以 $\boldsymbol{H}$ 与 $\boldsymbol{Q}$ 的独立性成立.

(2) $H_0: \boldsymbol{A\beta} = \boldsymbol{C} \neq \boldsymbol{0}$ 下. 与前同, 记 $\boldsymbol{\beta}_0$ 是满足 $\boldsymbol{A\beta} = \boldsymbol{C} \neq \boldsymbol{0}$ 的任一特解, 即 $\boldsymbol{A\beta}_0 = \boldsymbol{C}$. 令

$$\tilde{\boldsymbol{Y}} = \boldsymbol{Y} - \boldsymbol{X\beta}_0, \quad \tilde{\boldsymbol{\beta}} = \boldsymbol{\beta} - \boldsymbol{\beta}_0,$$

则

$$\tilde{\boldsymbol{Y}} = \boldsymbol{X}(\boldsymbol{\beta}-\boldsymbol{\beta}_0) + \boldsymbol{E} = \boldsymbol{X}\tilde{\boldsymbol{\beta}} + \boldsymbol{E},$$

其约束为

$$\boldsymbol{A}(\boldsymbol{\beta}-\boldsymbol{\beta}_0) = \boldsymbol{A}\tilde{\boldsymbol{\beta}} = \boldsymbol{0}.$$

把前述的 $\boldsymbol{Q}, \boldsymbol{Q}_{H_0}, \boldsymbol{H}, \boldsymbol{Y}$ 分别改记为 $\tilde{\boldsymbol{Q}}, \tilde{\boldsymbol{Q}}_{H_0}, \tilde{\boldsymbol{H}}, \tilde{\boldsymbol{Y}}$, 直接可证明 (利用 $(\boldsymbol{I}-\boldsymbol{P}_\Omega)\boldsymbol{X}=\boldsymbol{0}$)

$$\begin{aligned}\tilde{\boldsymbol{Q}} &= \tilde{\boldsymbol{Y}}^{\mathrm{T}}(\boldsymbol{I}-\boldsymbol{P}_\Omega)\tilde{\boldsymbol{Y}} = \boldsymbol{Y}^{\mathrm{T}}(\boldsymbol{I}-\boldsymbol{P}_\Omega)\boldsymbol{Y} = \boldsymbol{Q},\\ \tilde{\boldsymbol{H}} &= (\boldsymbol{A}\hat{\tilde{\boldsymbol{\beta}}})^{\mathrm{T}}[\boldsymbol{A}(\boldsymbol{X}^{\mathrm{T}}\boldsymbol{X})^{-1}\boldsymbol{A}^{\mathrm{T}}]^{-1}(\boldsymbol{A}\hat{\tilde{\boldsymbol{\beta}}}) = \cdots\\ &= (\boldsymbol{A}\hat{\boldsymbol{\beta}})^{\mathrm{T}}[\boldsymbol{A}(\boldsymbol{X}^{\mathrm{T}}\boldsymbol{X})^{-1}\boldsymbol{A}^{\mathrm{T}}]^{-1}(\boldsymbol{A}\hat{\boldsymbol{\beta}})\\ &= \boldsymbol{H}.\end{aligned}$$

由于 $\tilde{\boldsymbol{H}}, \tilde{\boldsymbol{Q}}$ 上定理 5.3.2(1) 及 (2) 成立, 由此推出 $\boldsymbol{H}, \boldsymbol{Q}$ 上定理 5.3.2(1) 及 (2) 成立.

定理 5.3.3　模型为

$$\boldsymbol{Y}=\boldsymbol{X}\boldsymbol{\beta}+\boldsymbol{E},\quad \mathrm{rank}(\boldsymbol{X})=p,\quad E(\boldsymbol{E})=\boldsymbol{0},\quad \mathrm{Var}(\mathrm{vec}(\boldsymbol{E}^{\mathrm{T}}))=\boldsymbol{I}_n\otimes\boldsymbol{\Sigma},$$

在条件 $\boldsymbol{Y}\sim N_{n\times q}(\boldsymbol{X}\boldsymbol{\beta}, \boldsymbol{I}_n\otimes\boldsymbol{\Sigma})$ 及下述线性约束下：

$$H_0: \boldsymbol{A}\boldsymbol{\beta}\boldsymbol{D}=\boldsymbol{C},\quad \boldsymbol{A}\ \text{为}\ s\times p\ \text{矩阵}, \boldsymbol{D}\ \text{为}\ q\times t\ \text{矩阵}, \boldsymbol{C}\ \text{为}\ s\times t\ \text{矩阵}, s<p, t<q,$$

$$\mathrm{rank}(\boldsymbol{A})=s,\quad \mathrm{rank}(\boldsymbol{D})=t,$$

则

(1) $\boldsymbol{D}^{\mathrm{T}}\boldsymbol{Q}\boldsymbol{D}\sim W_t(n-p, \boldsymbol{D}^{\mathrm{T}}\boldsymbol{\Sigma}\boldsymbol{D})$, $\boldsymbol{H}\sim W_t(s, \boldsymbol{D}^{\mathrm{T}}\boldsymbol{\Sigma}\boldsymbol{D})$, 其中

$$\boldsymbol{H}=(\boldsymbol{A}\hat{\boldsymbol{\beta}}\boldsymbol{D}-\boldsymbol{C})^{\mathrm{T}}[\boldsymbol{A}(\boldsymbol{X}^{\mathrm{T}}\boldsymbol{X})^{-1}\boldsymbol{A}^{\mathrm{T}}]^{-1}(\boldsymbol{A}\hat{\boldsymbol{\beta}}\boldsymbol{D}-\boldsymbol{C});$$

(2) $\boldsymbol{D}^{\mathrm{T}}\boldsymbol{Q}\boldsymbol{D}$ 与 $\boldsymbol{H}$ 相互独立;

(3)
$$\lambda^{2/n}=\frac{|\boldsymbol{D}^{\mathrm{T}}\boldsymbol{Q}\boldsymbol{D}|}{|\boldsymbol{D}^{\mathrm{T}}\boldsymbol{Q}\boldsymbol{D}+\boldsymbol{H}|}\sim\Lambda_{t,n-p,s}. \tag{5.3.25}$$

显然, 这只要类似于 (5.3.14) 和 (5.3.16) 的做法即可证明.

例 5.3.4　要检验例 5.2.1 中两种形式的时间肺活量 (y_2 与 y_5) 是否有恒等关系, 即 y_2 与 y_5 上的回归系数对应相等. 为简单起见, 这时只用 y_2 及 y_5 两个应变量. 它们已求出的方程式为

$$\begin{aligned}y_2 =& -4433.36076-37.36585x_1+6.48641x_2+50.52466x_3\\ &+10.12246x_4+e_2,\\ y_5 =& 9008.47113-83.11849x_1-79.24127x_2-3.81192x_3\\ &+0.88976x_4+e_5.\end{aligned}$$

记与它对应的理论模型为

$$y_2=\beta_{02}+\beta_{12}x_1+\beta_{22}x_2+\beta_{32}x_3+\beta_{42}x_4+e_2,$$

$$y_5 = \beta_{05} + \beta_{15}x_1 + \beta_{25}x_2 + \beta_{35}x_3 + \beta_{45}x_4 + e_5,$$

这时可算得残差 (e_2,e_5) 的样本离差阵为

$$\boldsymbol{Q} = \begin{pmatrix} 18189774.76 & 33073424.19 \\ 33073424.19 & 131480656.73 \end{pmatrix}.$$

令 $\boldsymbol{A} = \boldsymbol{I}_{5\times 5}, \boldsymbol{D}_{2\times 1} = (1, -1)^{\mathrm{T}}$, 而 $\boldsymbol{\beta}$ 为 5×2 矩阵, 这时

$$\boldsymbol{A\beta D} = (\beta_{02} - \beta_{05}, \beta_{12} - \beta_{15}, \beta_{22} - \beta_{25}, \beta_{32} - \beta_{35}, \beta_{42} - \beta_{45})^{\mathrm{T}}.$$

令 $\boldsymbol{C} = \boldsymbol{0}$, 于是 $\boldsymbol{A\beta D} = \boldsymbol{C}$ 即变为

$$\beta_{02} = \beta_{05}, \quad \beta_{12} = \beta_{15}, \quad \beta_{22} = \beta_{25}, \quad \beta_{32} = \beta_{35}, \quad \beta_{42} = \beta_{45}.$$

利用 (5.3.25),

$$\boldsymbol{D}^{\mathrm{T}}\boldsymbol{QD} = (1, -1) \begin{pmatrix} 18189774.76 & 33073424.19 \\ 33073424.19 & 131480656.73 \end{pmatrix} \begin{pmatrix} 1 \\ -1 \end{pmatrix} = 143055747.1,$$

$$\begin{aligned} \boldsymbol{A\hat{\beta}D} - \boldsymbol{C} &= \left(\hat{\beta}_{02} - \hat{\beta}_{05}, \quad \hat{\beta}_{12} - \hat{\beta}_{15}, \quad \hat{\beta}_{22} - \hat{\beta}_{25}, \quad \hat{\beta}_{32} - \hat{\beta}_{35}, \quad \hat{\beta}_{42} - \hat{\beta}_{45}\right)^{\mathrm{T}} \\ &= (-13441.8319, 45.75264, 85.72767, 54.33658, 9.23276)^{\mathrm{T}}. \end{aligned}$$

$$\begin{aligned} (\boldsymbol{A}(\boldsymbol{X}^{\mathrm{T}}\boldsymbol{X})^{-1}\boldsymbol{A}^{\mathrm{T}})^{-1} &= \boldsymbol{X}^{\mathrm{T}}\boldsymbol{X} \\ &= \begin{pmatrix} 53 & 1985 & 488 & 8840 & 3090.5 \\ 1985 & 78695 & 18576 & 331224 & 116650 \\ 488 & 18576 & 5612 & 81109.5 & 28656.5 \\ 8840 & 331224 & 81109.5 & 1476153 & 28656.5 \\ 3090.5 & 116650 & 28656.5 & 28656.5 & 182509.75 \end{pmatrix}. \end{aligned}$$

于是有

$$\boldsymbol{H} = (\boldsymbol{A\hat{\beta}D} - \boldsymbol{C})^{\mathrm{T}}[\boldsymbol{A}(\boldsymbol{X}^{\mathrm{T}}\boldsymbol{X})^{-1}\boldsymbol{A}^{\mathrm{T}}]^{-1}(\boldsymbol{A\hat{\beta}D} - \boldsymbol{C}) = 1.19498811 \times 10^8,$$

$$\lambda^{2/n} = \frac{|\boldsymbol{D}^{\mathrm{T}}\boldsymbol{QD}|}{|\boldsymbol{D}^{\mathrm{T}}\boldsymbol{QD} + \boldsymbol{H}|} = \frac{143055747.1}{143055747.1 + 1.19498811 \times 10^8} = 0.54486 \sim \Lambda_{1,\ 48,\ 5}.$$

利用表 4.1.2 中 $p = 1$ 公式有

$$\frac{n_A}{n_B} \times \frac{1 - \Lambda}{\Lambda} = \frac{48}{5} \times \frac{1 - 0.54486}{0.54486} = 8.019 \sim F_{5,48}.$$

而当 $\alpha = 0.01$ 时, $F_{5,48}(0.01) = 3.42$, $8.019 > 3.42$, 所以否定例 5.2.1 中两种形式的时间肺活量 (y_2 与 y_5) 有恒等关系的假设 (Pr<0.01).

5.4　线性模型的稳健性研究

前述的线性模型有两个基本假定：残差的正态性及等方差性，这两个条件在统计检验的证明中起到关键性的作用. 当这些条件不成立时，上述检验公式的行为如何？这是稳健性 (robustness) 研究的课题. 从事此研究的人及文章很多，本节仅介绍两个重要结果.

5.4.1　正态性条件不重要

大量的理论及数据模拟研究表明，线性回归模型中的正态性条件不重要. 也就是说，残差的正态性要求即使不成立，线性回归模型的假设检验还是可以近似成立的，至少在大样本时是成立的.

Mardia[19] 及 Box[20] 的论文的简要内容如下：

模型　设有 q 个应变量 $\boldsymbol{y}=(y_1,\cdots,y_q)^{\mathrm{T}}$，模型为

$$\boldsymbol{Y}=\mathbf{1}\boldsymbol{\beta}_0^{\mathrm{T}}+\boldsymbol{X}\boldsymbol{\beta}+\boldsymbol{\varepsilon}, \tag{5.4.1}$$

其中

$\boldsymbol{Y}_{n\times q}$ 是应变量的 n 组随机独立抽样的观察值矩阵；

$\boldsymbol{X}_{n\times p}$ 是用于拟合 $\boldsymbol{Y}$ 的自变量的观察值矩阵；

$\boldsymbol{\beta}_{p\times q}$ 是未知的回归系数矩阵；

$\boldsymbol{\varepsilon}_{n\times q}$ 是未知的随机残差矩阵，$\boldsymbol{\varepsilon}=(\boldsymbol{\varepsilon}_1,\cdots,\boldsymbol{\varepsilon}_n)^{\mathrm{T}},\boldsymbol{\varepsilon}_i$ 是 $q\times 1$ 向量，

$$E(\boldsymbol{\varepsilon}_i)=\mathbf{0},\quad \mathrm{Cov}(\boldsymbol{\varepsilon}_i)=\boldsymbol{\Sigma}>0.$$

基本假设　$(\boldsymbol{\varepsilon}_1,\cdots,\boldsymbol{\varepsilon}_n)$ 对称且对 $(\boldsymbol{\varepsilon}_1,\cdots,\boldsymbol{\varepsilon}_n)$ 的任一个置换都有相同的发生概率 $(1/n!)$，即只要求 $(\boldsymbol{\varepsilon}_1,\cdots,\boldsymbol{\varepsilon}_n)$ 服从置换分布.

检验

$$H_0:\boldsymbol{\beta}=\mathbf{0},\quad H_1:\boldsymbol{\beta}\neq\mathbf{0}.$$

令 $\boldsymbol{Z}=\boldsymbol{Y}-\mathbf{1}_n\bar{\boldsymbol{y}}^{\mathrm{T}},\bar{\boldsymbol{y}}$ 是 $\boldsymbol{Y}$ 的样本均值向量，记

$$\boldsymbol{H}=\boldsymbol{Z}^{\mathrm{T}}\boldsymbol{P}_{\Omega}\boldsymbol{Z}\ (\text{回归平方和矩阵}),\quad \boldsymbol{P}_{\Omega}=\boldsymbol{X}(\boldsymbol{X}^{\mathrm{T}}\boldsymbol{X})^{-1}\boldsymbol{X}^{\mathrm{T}},$$
$$\boldsymbol{E}=\boldsymbol{Z}^{\mathrm{T}}(\boldsymbol{I}-\boldsymbol{P}_{\Omega})\boldsymbol{Z}\ (\text{残差平方和矩阵}).$$

设 λ_i 是 $\boldsymbol{H}(\boldsymbol{E}+\boldsymbol{H})^{-1}$ 的特征根，显然

$$V=\sum_{i=1}^{p}\lambda_i=\mathrm{tr}[\boldsymbol{H}(\boldsymbol{E}+\boldsymbol{H})^{-1}]=\mathrm{tr}[\boldsymbol{Z}^{\mathrm{T}}\boldsymbol{M}\boldsymbol{Z}(\boldsymbol{Z}^{\mathrm{T}}\boldsymbol{Z})^{-1}].$$

记

$$\boldsymbol{V}^*=\frac{\boldsymbol{V}}{s},\quad s=\min\{p,q\}, \tag{5.4.2}$$

Mardia 证明了 $\boldsymbol{V}^* = \boldsymbol{V}/s$ 近似于 Beta 分布.

当 $(\boldsymbol{\varepsilon}_1, \cdots, \boldsymbol{\varepsilon}_n)$ 服从正态分布时, Beta 分布的自由度为 (P, Q), 而

$$P = \frac{pq}{2}, \quad Q = \frac{s(n-1) - pq}{2};$$

当 $(\boldsymbol{\varepsilon}_1, \cdots, \boldsymbol{\varepsilon}_n)$ 服从置换分布时, Beta 分布的自由度为 $(\delta P, \delta Q)$, 而

$$\delta^{-1} = 1 + \frac{c[s(n-1)+2]}{s(n-1)-2c}, \quad c = \frac{1}{2} \times \frac{(n-3)C_X \varGamma_y}{n(n-1)}, \tag{5.4.3}$$

其中 C_X, $\varGamma_y$ 分别为 $\boldsymbol{X}$ 矩阵中的行向量及 y_i 的正态性测度,

$$C_X = \frac{n-1}{p(n-3)(n-p-1)} \left\{ n(n+1) \sum_{r=1}^{n} [\boldsymbol{X}_r^{\mathrm{T}} (\boldsymbol{X}^{\mathrm{T}} \boldsymbol{X})^{-1} \boldsymbol{X}_r]^2 - (n-1)p(p+2) \right\}.$$

$$C_Y = \frac{n-1}{q(n-3)(n-q-1)} [n(n+1)b_q^* - (n-1)q(q+2)], \quad \varGamma_y = E(C_Y),$$

$$b_q^* = \sum_{r=1}^{n} (\boldsymbol{Z}_r^{\mathrm{T}} (\boldsymbol{Z}^{\mathrm{T}} \boldsymbol{Z})^{-1} \boldsymbol{Z}_r)^2, \quad \boldsymbol{Z}^{\mathrm{T}} = (\boldsymbol{Z}_1, \cdots, \boldsymbol{Z}_n), \quad \boldsymbol{X}^{\mathrm{T}} = (\boldsymbol{X}_1, \cdots, \boldsymbol{X}_n),$$

C_X,C_Y 分别有界,

$$-2 \leqslant C_X \leqslant \frac{n-3}{n-1} \leqslant n-1, \quad -2 \leqslant C_Y \leqslant \frac{n-3}{n-1} \leqslant n-1. \tag{5.4.4}$$

由 (5.4.3) 可见, 若 C_X, C_Y 不同时达到上界, 则当 n 大时,

$$\delta^{-1} \approx 1 + \frac{C_X C_Y}{2n}.$$

当 $s=1$ (即只有一个应变量或一个自变量) 时,

$$\delta = 1 - \frac{c}{c+1} \times \frac{n+1}{n-1}.$$

从 (5.4.3) 还可见, 当 C_X 离上界远且样本量大时, $c \approx 0$, $\delta \approx 1$, 这时自由度也不必修正.

把上述结果用于方差分析, 则有下面一些具体结果:

(1) 当各组的样本数相等时, C_X 达到最低值, C_Y 为常数, 于是 $\delta \approx 1 + \dfrac{1}{n} \approx 1$. 也就是说, 无论什么样的分布, 等样本时方差分析中的统计检验是很稳健的.

(2) 当各组不是等样本时, 数据模拟表明, 结果也是稳健的 (误差百分点小于 2%).

(3) 在两组时, 检验 $H_0 : \boldsymbol{\varSigma}_1 = \boldsymbol{\varSigma}_2$, 则 $\dfrac{n-3}{n-1} C_X \approx n-1$ (达到上界), 这时对非正态性是相当灵敏的, 即在等协方差阵检验中, 正态性条件是重要的.

在一般的多重回归中, 此公式的检验程序参见文献 [38].

5.4.2　残差的等方差性有中等程度的稳健性

Deaton 等[21] 考察多重线性回归模型

$$\boldsymbol{Y}=\boldsymbol{X\beta}+\boldsymbol{e}, \tag{5.4.5}$$

其中 $\boldsymbol{Y}$ 为 $N\times 1$ 矩阵; $\boldsymbol{X}$ 为 $N\times p$ 非随机的设计矩阵, 有 k 个区组, 每个区组取相同的 n 行 (可以认为有 n 次重复), 并且每行有 $p-1$ 个变量的观察样品值,

$$\begin{aligned}
&N=nk;\\
&\boldsymbol{\beta}=(\beta_0,\beta_1,\cdots,\beta_{p-1})^{\mathrm{T}},\\
&\boldsymbol{e}_{N\times 1}\sim N_N(\boldsymbol{0},\boldsymbol{\Sigma}),\\
&\boldsymbol{\Sigma}=\mathrm{diag}(\sigma_1^2\boldsymbol{I}_n,\cdots,\sigma_k^2\boldsymbol{I}_n).
\end{aligned}$$

显然, σ_i^2 是第 i 区组内应变量 y 的方差, 应变量为

$$y_{ij},\quad i=1,\cdots,k,j=1,\cdots,n.$$

欲检验

$$H_0:\boldsymbol{A\beta}=\boldsymbol{a}_0,\quad H_1:\boldsymbol{A\beta}\neq\boldsymbol{a}_0, \tag{5.4.6}$$

其中 $\boldsymbol{A}_{r\times p}$ 是给定的常数矩阵, $\boldsymbol{a}_0$ 是给定的 r 维向量, $\mathrm{rank}(\boldsymbol{A})=r$. 上述模型可以写成

$$E(y_{ij})=\boldsymbol{x}_i^{\mathrm{T}}\boldsymbol{\beta},\quad \mathrm{Var}(y_{ij})=\sigma_i^2,\quad i=1,\cdots,k,j=1,\cdots,n,$$

其中 $\boldsymbol{x}_i^{\mathrm{T}}$ 为设计矩阵 $\boldsymbol{X}$ 的第 i 行向量 (对应于第 i 区组).

在一般情形下, 设模型为

$$\boldsymbol{Y}=\boldsymbol{X\beta}+\boldsymbol{E}, \tag{5.4.7}$$

在 $\boldsymbol{E}\sim N_m(\boldsymbol{0},\boldsymbol{\Sigma})$ 条件下的参数估计 (其中 m 为任一样本数), 一般总可以作如下转换: 记

$$\boldsymbol{Z}=\boldsymbol{\Sigma}^{-\frac{1}{2}}\boldsymbol{Y},\quad \boldsymbol{X}_z=\boldsymbol{\Sigma}^{-\frac{1}{2}}\boldsymbol{X},\quad \boldsymbol{E}_z=\boldsymbol{\Sigma}^{-\frac{1}{2}}\boldsymbol{E}.$$

显然, $\boldsymbol{E}_z\sim N_m(\boldsymbol{0},\boldsymbol{I}_m)$. 这时, (5.4.6) 化为

$$\boldsymbol{Z}=\boldsymbol{X}_z\boldsymbol{\beta}+\boldsymbol{E}_z,\quad \boldsymbol{E}_z\sim N_m(\boldsymbol{0},\boldsymbol{I}_m), \tag{5.4.8}$$

参数 $\boldsymbol{\beta}$ 与模型 (5.4.7) 中的参数完全相同. 而 $\boldsymbol{Z}$ 的残差矩阵为

$$\boldsymbol{Q}_z=(\boldsymbol{Z}-\hat{\boldsymbol{Z}})^{\mathrm{T}}(\boldsymbol{Z}-\hat{\boldsymbol{Z}})=(\boldsymbol{\Sigma}^{-\frac{1}{2}}\boldsymbol{Y}-\boldsymbol{\Sigma}^{-\frac{1}{2}}\hat{\boldsymbol{Y}})^{\mathrm{T}}(\boldsymbol{\Sigma}^{-\frac{1}{2}}\boldsymbol{Y}-\boldsymbol{\Sigma}^{-\frac{1}{2}}\hat{\boldsymbol{Y}})=(\boldsymbol{Y}-\hat{\boldsymbol{Y}})^{\mathrm{T}}\boldsymbol{\Sigma}^{-1}(\boldsymbol{Y}-\hat{\boldsymbol{Y}}).$$

上式右边也是 (5.4.6) 的残差矩阵, $\boldsymbol{Z}$ 的回归系数及一切统计检验与 (5.4.6) 相同.

对模型 (5.4.5) 中参数的估计, 分下面两种情形：

(1) $\boldsymbol{\Sigma}$ 已知. 这时, $\boldsymbol{\beta}$ 的 BLUE(best least unbiased estimation) 估计 (记为 GLS) 为

$$\hat{\boldsymbol{\beta}}_G = (\boldsymbol{X}^{\mathrm{T}}\boldsymbol{\Sigma}^{-1}\boldsymbol{X})^{-1}\boldsymbol{X}^{\mathrm{T}}\boldsymbol{\Sigma}^{-1}\boldsymbol{Y}, \tag{5.4.9}$$

这时对 (5.4.6) 可以有精确的检验.

(2) $\boldsymbol{\Sigma}$ 未知. 这时, 对 (5.4.6) 没有一般性的精确检验公式, 而常用的是下面两个方法：

(i) OLS(oridinal least squares) 法:

$$\hat{\boldsymbol{\beta}}_L = (\boldsymbol{X}^{\mathrm{T}}\boldsymbol{X})^{-1}\boldsymbol{X}^{\mathrm{T}}\boldsymbol{Y};$$

(ii) EGLS(estimated generalized least squares) 法：记

$$s_i^2 = \frac{1}{n-1}\sum_{i=1}^{n}(y_{ij}-\bar{y}_{i.})^2, \quad \bar{y}_{i.} = \frac{1}{n}\sum_{j=1}^{n}y_{ij},$$

用 s_i^2 取代 σ_i^2, 从而估计 $\boldsymbol{\Sigma}$ (记为 $\hat{\boldsymbol{\Sigma}}$), 由此得 $\boldsymbol{\beta}$ 的估计

$$\hat{\boldsymbol{\beta}}_E = (\boldsymbol{X}^{\mathrm{T}}\hat{\boldsymbol{\Sigma}}^{-1}\boldsymbol{X})^{-1}\boldsymbol{X}^{\mathrm{T}}\hat{\boldsymbol{\Sigma}}^{-1}\boldsymbol{Y}. \tag{5.4.10}$$

由于 $\hat{\boldsymbol{\beta}}_E$ 分布未知, 所以也没有 (5.4.6) 的精确检验.

衡量方差不齐性的两个指标如下：

(1) $H=\sigma_{\max}/\sigma_{\min}$, 这是描述残差齐性的指标; 其中 $\sigma_{\max}=\boldsymbol{\Sigma}$ 对角元中的最大值, $\sigma_{\min}=\boldsymbol{\Sigma}$ 对角元中的最小值.

(2) TVAR= 向量 $\boldsymbol{\beta}$ 估计量中 p 个分量方差之和.

显然, $H=1$ 表示方差齐性, 而 TVAR 小则表示对 $\boldsymbol{\beta}$ 的估计精度高.

Deaton 等考察了如下一个简单模型：

$$y_{ij} = \beta_0 + \beta_1 x_i + \varepsilon_{ij}, \quad i=1,\cdots,k, j=1,\cdots,n.$$

用计算机模拟考察上面两个估计量的行为及不等方差时统计检验的稳健性. 模拟比较下面 5 种方差：x 取值在 [0,1] 内,

(1) $\sigma_i = 1+0.6x_i$ (对应的 $H=1.6$);

(2) $\sigma_i = 1+x_i$ (对应的 $H=2$);

(3) $\sigma_i = 1+1.6x_i$ (对应的 $H=2.6$);

(4) $\sigma_i = \mathrm{e}^{x_i}$ (对应的 $H=2.72$);

(5) $\sigma_i = (1+x_i)\mathrm{e}^{x_i}$ (对应的 $H=5.44$).

模拟结果显示：

(1) 对于估计量的比较.

(i) 当 n (重复数) 大, 即 $n > \dfrac{2k+1}{H-1}$ 时, $\hat{\boldsymbol{\beta}}_E$ 优于 $\hat{\boldsymbol{\beta}}_L$ (前者 TVAR 小). 这是应该有的结果, 因为重复样本数大时, 可以很好地估计 $\boldsymbol{\Sigma}, \hat{\boldsymbol{\beta}}_E$ 自然更接近真值 $\hat{\boldsymbol{\beta}}_G$.

(ii) 当 n (重复数) 小, 即 $n < \dfrac{k}{H-1}$ 时, 则 $\hat{\boldsymbol{\beta}}_L$ 优于 $\hat{\boldsymbol{\beta}}_E$ (前者 TVAR 小). 这说明最小二乘方估计 (LS) 法还是好的, 原因或许是 n 小时对 $\boldsymbol{\Sigma}$ 的估计误差太大造成的.

(2) OLS 检验的行为. OLS 检验还是相当稳健: H 接近 1(即 $H=1.6$), 中等非齐性时, 普通的最小二乘方检验 (OLS) 还是相当近似于理论上的方差齐性检验, 即仍然与事先规定的 I 型错误率 (显著性水平) 接近并有 70% 以上的功效 (power); 而当 H 上升时, OLS 法的上述近似的最佳性消失了 ($H = 5.44$). 因此, 他们认为, 当 $H < 3$ 时, 经典 (LS) 的检验还是好的.

另外, 方差 (σ_i^2) 的行为似乎与 x_i 是线性的还是非线性的无关.

习 题 5

5.1 设有模型

$$\begin{cases} Y_1 = \alpha_1 + e_1, \\ Y_2 = 2\alpha_1 - \alpha_2 + e_2, \\ Y_3 = \alpha_1 + 2\alpha_2 + e_3, \end{cases} \quad \boldsymbol{e} = \begin{pmatrix} e_1 \\ e_2 \\ e_3 \end{pmatrix} \sim N_3(\boldsymbol{0}, \sigma^2 \boldsymbol{I}_3),$$

试导出检验假设 $H_0: \alpha_1 = \alpha_2$ 的统计量, 并指出当零假设成立时这个统计量的分布.

5.2(对比试验) 设 $x_1, \cdots, x_n$ 来自 $N(\mu_x, \sigma^2)$, 而 $y_1, \cdots, y_m$ 来自 $N(\mu_y, \sigma^2)$, $\{x_i, y_j | i = 1, \cdots, n, j = 1, \cdots, m\}$ 相互独立, 欲检验

$$H_0: \mu_x = \mu_y, \quad H_1: \mu_x \neq \mu_y,$$

可以用线性模型来表达这一问题:

$$\begin{pmatrix} x_1 \\ \vdots \\ x_n \\ y_1 \\ \vdots \\ y_m \end{pmatrix} = \begin{pmatrix} 1 & 0 \\ \vdots & \vdots \\ 1 & 0 \\ 0 & 1 \\ \vdots & \vdots \\ 0 & 1 \end{pmatrix} \begin{pmatrix} \mu_x \\ \mu_y \end{pmatrix} + \begin{pmatrix} e_1 \\ \vdots \\ \vdots \\ \vdots \\ \vdots \\ e_{n+m} \end{pmatrix},$$

试用线性模型的结果找出检验假设的似然比统计量, 并求出该统计量的分布.

5.3 设 x_j 表示加拿大某地区居住的人数在第 $j \sim j+1$ 年的改变量 (单位: 万人), 其中 $j = 1, 2, 3$. 假定 $\boldsymbol{x} = (x_1, x_2, x_3)^{\mathrm{T}}$, 模型为

$$E(\boldsymbol{x}) = \boldsymbol{Z\beta},$$

其中

$$\boldsymbol{Z}=\begin{pmatrix}1&0\\0&1\\1&1\end{pmatrix},\quad \boldsymbol{\beta}=\begin{pmatrix}\beta_1\\\beta_2\end{pmatrix},\quad \mathrm{Cov}(\boldsymbol{x})=\begin{pmatrix}1&\rho&\rho\\\rho&1&\rho\\\rho&\rho&1\end{pmatrix},\quad -\frac{1}{2}<\rho<1.$$

设 $\boldsymbol{x}=(-4,6,2)^{\mathrm{T}}$, 试求

(1) 估计 $\boldsymbol{\beta}$;

(2) 设 $\rho=0$, 请同时估计 $\boldsymbol{\beta}$ 及 σ^2 (注意: $\hat{\sigma}^2=(\boldsymbol{x}-\boldsymbol{Z}\hat{\boldsymbol{\beta}})^{\mathrm{T}}(\boldsymbol{x}-\boldsymbol{Z}\hat{\boldsymbol{\beta}})$.

5.4 设有下面的线性模型:

$$\begin{cases}y_1=\alpha_1+\beta_1x+\varepsilon_1,\\ y_2=\alpha_2+\beta_2x+\varepsilon_2,\end{cases}\quad \begin{pmatrix}\varepsilon_1\\\varepsilon_2\end{pmatrix}\sim N_2(\boldsymbol{0},\boldsymbol{\Sigma}),$$

从上述模型中随机独立地抽取 n 组数据, 如何去检验模型中的两条直线是平行的?

5.5 请证明定理 5.3.3.

5.6 设有线性模型 $\boldsymbol{Y}=\boldsymbol{X}\boldsymbol{\beta}+\boldsymbol{E}$, 条件为 $\boldsymbol{E}\sim N_{n\times q}(\boldsymbol{0},\boldsymbol{W}\otimes\boldsymbol{\Sigma})$, 零假设为 H_0: $\boldsymbol{A}\boldsymbol{\beta}=\boldsymbol{C}$, 其中数据矩阵为 $\boldsymbol{Y}_{n\times q},\boldsymbol{X}_{n\times p}$, 未知参数为 $\boldsymbol{\beta}_{p\times q}$. 已知常数矩阵 $\boldsymbol{A}_{s\times p}$, $\boldsymbol{C}_{s\times q}$, 请写出与定理 5.3.2 相类似的结果 (已知加权矩阵 $\boldsymbol{W}_{n\times n}$ 正定).

5.7 下表中的数据是 2003 年及 2004 年部分国家国内的数据, 其中

y_1 为 2004 年时国家生产总值的增长率;

y_2 为 2004 年的工业生产指数;

x_1 为 2003 年时国家生产总值的增长率;

x_2 为 2003 年时国际收支总盈余

(注意: 该指标与国家的大小关系大, 应变作 0–1 型变量再与其他指标一起作比较).

若把 (y_1, y_2) 作应变量, (x_1,x_2) 作自变量, 能分析出什么结果?

习题 5.7 表

国家	y_1	y_2	x_1	x_2
中国	244.3	9.5	9.5	1166
美国	129.2	4.4	3.0	−15
日本	106.0	2.6	1.4	1872
德国	117.4	1.7	−0.1	−7
英国	103.1	3.1	2.2	−26
法国	116.4	2.3	0.5	13
意大利	104.8	1.2	0.3	11
加拿大	128.4	2.8	2.0	−33
澳大利亚	120.2	3.2	3.4	69
捷克	143.3	4.0	3.7	4
波兰	179.1	5.3	3.8	12
罗马尼亚	101.8	8.3	5.2	10
印度	165.6	7.3	7.5	188
新加坡	159.3	8.4	1.4	67
巴基斯坦	200.9	6.5	5.6	29
韩国	194.3	4.6	3.1	258
墨西哥	142.1	4.4	1.6	98
巴西	124.0	5.2	0.5	36

第 6 章　实用多元线性回归与典则相关分析

一个因变量的线性回归也常简称为多元线性回归或多重回归, 它是线性模型中最常见、应用最多, 也研究得最细致的模型. 下面介绍它在实用上最重要的部分内容.

6.1　多元线性回归

多元线性回归 (multiple linear regression) 的理论模型为

$$y=\beta_0+\beta_1x_1+\cdots+\beta_{p-1}x_{p-1}+e=\boldsymbol{\beta}^{\mathrm{T}}\boldsymbol{x}+e,$$

$$\boldsymbol{\beta}=(\beta_0,\beta_1,\cdots,\beta_{p-1})^{\mathrm{T}},\quad \boldsymbol{x}=(1,x_1,\cdots,x_{p-1})^{\mathrm{T}},\quad e\sim N(0,\sigma^2),\tag{6.1.1}$$

其中 β_i 称为 y 在 x_i 上的 (偏) 回归系数. 显然, β_i 的数值与 $(x_1,\cdots,x_{i-1},x_{i+1},\cdots,x_p)^{\mathrm{T}}$ 的取值无关, 这也可作为用专业知识判断线性模型合理性的一个简单方法. 用样本数据表示时, 记

$$\boldsymbol{X}_{n\times p},\quad \boldsymbol{Y}_{n\times 1},\quad \boldsymbol{E}_{n\times 1},$$

这时

$$y_i=\beta_0+\beta_1x_{i1}+\cdots+\beta_{p-1}x_{i,p-1}+e_i=\boldsymbol{\beta}^{\mathrm{T}}\boldsymbol{x}_i+e_i,\quad i=1,\cdots,n.\tag{6.1.2}$$

(5.3.24) 中的 $\boldsymbol{H}$ 与残差矩阵 $\boldsymbol{Q}$ 在 $q=1$ 时都是标量, 即 (5.2.13) 变为

$$Q=(\boldsymbol{Y}-\boldsymbol{X}\hat{\boldsymbol{\beta}})^{\mathrm{T}}(\boldsymbol{Y}-\boldsymbol{X}\hat{\boldsymbol{\beta}})=\sum_{i=1}^{n}(y_i-\hat{y}_i)^2,\tag{6.1.3}$$

称之为残差平方和, 其中 $\hat{\boldsymbol{\beta}}=(\hat{\beta}_0,\hat{\beta}_1,\cdots,\hat{\beta}_{p-1})^{\mathrm{T}}$ 为 $\boldsymbol{\beta}$ 的估计, $\hat{y}_i=\hat{\boldsymbol{\beta}}^{\mathrm{T}}\boldsymbol{x}_i$. 显然

$$s^2=\frac{1}{n-p}\sum_{i=1}^{n}(y_i-\hat{y}_i)^2\tag{6.1.4}$$

为 σ^2 的无偏估计.

例 6.1.1　经济学例. 改革开放初期 (1987 年), 深圳特区外来人口大幅度增加, 为了考察外来人口对本地经济发展的贡献, 深圳统计局收集了所属的宝安县在 1987 年年末 18 个镇的人口与工农业总产值数据, 如表 6.1.1 所示. 这里把工农业总产值当成因变量, 记为 W, 而把外地及本地人口数当成两个自变量 $(z_1,\ z_2)$.

表 6.1.1 深圳特区中 18 个镇的人口与工农业总产值数据 (1987 年年末)

序号	外来人口 z_1/人	常住人口 z_2/人	工农业总产值 W/万元
1	28070	42208	4464.34
2	7382	11479	929.89
3	4320	23961	4338.00
4	4161	15655	2687.25
5	16435	17408	1860.21
6	12381	7356	886.75
7	12996	10052	1313.86
8	11024	15806	2153.05
9	19040	9739	3553.81
10	33767	12175	6721.16
11	20879	10217	3648.39
12	29669	23718	3461.89
13	10687	8148	2428.72
14	8419	8373	1388.73
15	4199	8148	300.42
16	2903	6595	527.83
17	908	6286	113.99
18	4169	5580	245.73

回归分析主要研究下面一些问题.

(1) 确定因变量与自变量之间是否有某种函数关系, 如有, 就要尽可能地找出函数关系. 在例 6.1.1 中, 工农业总产值可否用 “外地人口 (z_1)” 及 “本地人口 (z_2)” 的函数表示? 如何用自变量 (z_1, z_2) 去预测因变量 (W) 并给出预测精度?

(2) 找出自变量对因变量影响的相对重要性, 这常被称为 “因素 (变量) 分析”, 它与一般单变量统计分析不同的是: 考察 z_1(外地人口) 对因变量 W(工农业总产值) 的影响的大小时, 是在固定其他变量 (例 6.1.1 中仅一个 z_2) 的情形下作出的. 这种考察法与单变量统计分析中考察 z_1 与 W 的关系时, 把 z_2 当成似乎不存在一样 (即 z_2 可以自由变动) 的考察法是不同的. 因此, 把多变量问题简单地拆成多个 “单变量统计” 法, 其结果也常与多变量统计分析的结果不一致. 一般来说, 当多个自变量之间存在相关性时, 把本质上多变量相关问题拆成多个单变量去处理是不合理的.

(3) 对于前述问题的结论 (如 W 与 (z_1, z_2) 的相关性) 可以给出概率值, 即可以给出有多大的把握说 (z_1, z_2) 影响 W. 若用 (z_1, z_2) 预报 W, 有多大把握说 W 的理论值在给定的范围中?

对于问题 (3) 的解答, 往往对资料有一定的要求, 如正态分布、样品都是随机独立抽样等.

变量数量化 回归分析是寻找用数量表示的自变量与因变量间的统计规律. 因此, 一切变量 (实际工作中常称为指标、因素等) 都必须给以数量化. 例如, 表 6.1.1

中, 每个变量本身就已经是数量了, 不必再去数量化. 但其他实际问题中情况未必都如此. 例如, 寻找人的血压与性别的关系, 男性与女性就不是数量指标, 因此, 必须给以数量. 最简单也是最常用的数量化方法是 0–1 法. 具体做法如下:

若 x_1 表示性别, x_2 表示 "病人" 及 "非病人", 则可令

$$x_1 = \begin{cases} 1, & \text{男性}, \\ 0, & \text{女性}, \end{cases} \quad x_2 = \begin{cases} 1, & \text{病人}, \\ 0, & \text{非病人}. \end{cases} \tag{6.1.5}$$

如果某个指标, 如文化程度, 本来分成四级：文盲、小学、中学、大学及以上, 则可以把这个指标用 4 个或 3 个自变量表示它. 例如, 想用 4 个变量表示上述文化程度, 则可令

$$x_1 = \begin{cases} 1, & \text{文盲}, \\ 0, & \text{其他}, \end{cases} \quad x_2 = \begin{cases} 1, & \text{小学}, \\ 0, & \text{其他}, \end{cases} \quad x_3 = \begin{cases} 1, & \text{中学}, \\ 0, & \text{其他}, \end{cases} \quad x_4 = \begin{cases} 1, & \text{大学及以上}, \\ 0, & \text{其他}. \end{cases}$$

这样在作数据记录时, 原来的文化程度只占用一列, 而用上述数量化表示时, 该指标就必须变成 4 列, 即用 4 个自变量代表文化程度. 这种数量化法的优点是把文化程度考察得很细致. 例如, 考察文化程度 (x_1, x_2, x_3, x_4) 与血压 (y) 的关系, 上法可以把每个级别的文化程度与血压的关系找出来, 但文化程度的上述数量化方法有两个缺点：

(1) 上述表示法不能用于后面要叙述的线性回归分析中的后退法选变量, 因为该方法要求自变量之间不能有完全的线性相关情形, 而上述表示法中显然有 $x_1 + x_2 + x_3 + x_4 = 1$, 即其中一个文化等级可以用另外三个文化等级推算出来, 这造成了逆矩阵不存在. 解决方法是用三个自变量 (如 x_1, x_2, x_3) 表示上述的文化程度. 在数据登记中, 文化程度所在的列即变成三列.

(2) 在某些实际问题中, 并不关心文化程度的每一个等级对于 y 的作用的大小, 而只想用一个自变量 x (而不是用 3 个或 4 个自变量) 去表示文化程度. 这时用上述方式就不合要求. 对于这种要求, 就可以用有序的 4 个数值 (如 0,1,2,3) 去表示上述 4 个级别的文化程度："0" 表示文盲, "1" 表示小学等. 这种表示法最大的优点是计算简单, 缺点是解的不确定性. 因为没有理由不可以应用 (10, 12, 18, 30) 的 4 个数去表示 4 个级别的文化程度, 但该结果与用 (0, 1, 2, 3) 法的结果就不大会相同. 而在 0–1 法中, "0, 1" 的两个数是可以随便的. 例如, 在性别例子中, 可以证明, 令

$$x_1 = \begin{cases} 5, & \text{男性}, \\ 2, & \text{女性} \end{cases}$$

与用 (1, 0) 表示男或女是等价的, 即不会改变它与应变量的相关性. 正因为如此, 在数量化方法中, 0–1 法是使用得最多, 也是最方便、最简单的方法.

在例 6.1.1 中, 对给定的每一组数据 (z_1, z_2) 值, 工农业生产总值 w 的理论模型是什么？不知道. 一般只能利用专业知识或采用非线性法去逼近它. 而在例 6.1.1 中, 可

以利用下面经济学中很成熟的柯布–道格拉斯生产函数的数学模型表示:

$$\hat{w} = K \cdot z_1^{\beta 1} \cdot z_2^{\beta 2}, \tag{6.1.6}$$

再令 $y = \ln w$, $x_1 = \ln z_1$, $x_2 = \ln z_2$, 则 (6.1.6) 变为

$$\hat{y} = \beta_0 + \beta_1 x_1 + \beta_2 x_2. \tag{6.1.7}$$

这就变为线性模型 (6.1.1).

6.1.1 常用的检验公式

在检验 $H_0: \boldsymbol{A\beta} = \boldsymbol{C}$ 的定理 5.3.2 的式 (5.3.24) 中, 当 $q = 1$ 时的 Wilks 统计量 $\Lambda_{1,n-p,s}$ 可以转化为如下精确的 F 检验公式:

$$F(s, n-p) = \frac{H}{Q} \times \frac{n-p}{s} \sim F_{s,n-p}, \tag{6.1.8}$$

其中 s 为矩阵 $\boldsymbol{A}_{s\times p}$ 中线性无关的行数. 记

$$L_{YY} = l_{yy} = \sum_{i=1}^{n} (y_i - \bar{y})^2, \tag{6.1.9}$$

上述 $H_0: \boldsymbol{A\beta} = \boldsymbol{C}$ 的检验包含的内容是非常丰富的, 只要对 $\boldsymbol{A}$ 及 $\boldsymbol{C}$ 取不同的矩阵即有不同的检验公式. 在式 (6.1.8) 中, 不同的 $(\boldsymbol{A}, \boldsymbol{C})$ 组合即有不同的 $\boldsymbol{H}$ 矩阵及自由度 s. 两个**最常用的假设检验**如下:

1. *线性关系不存在*

这时, 与其相应的假设为

$$H_0: \beta_1 = \cdots = \beta_{p-1} = 0, \quad H_1: \text{上述 } \beta_i \text{ 中至少有一个不为 } 0, \tag{6.1.10}$$

它对应于 $\boldsymbol{A} = (\boldsymbol{0}, \boldsymbol{I}_{p-1}), \boldsymbol{C} = (0, \cdots, 0)^{\mathrm{T}}$. 这时, 显然 $s = p-1$,

$$\boldsymbol{A\beta} = (\boldsymbol{0}, \boldsymbol{I}_{p-1}) \begin{pmatrix} \beta_0 \\ \beta_1 \\ \vdots \\ \beta_{p-1} \end{pmatrix} = \begin{pmatrix} \beta_1 \\ \beta_2 \\ \vdots \\ \beta_{p-1} \end{pmatrix}.$$

要找与之相应的 $\boldsymbol{H}$ 公式, 更方便的是用 (5.2.20)~(5.2.22) 形式 (下面的 $(\boldsymbol{1}_n, \boldsymbol{X})$ 对应于式 (6.1.1) 中的 $\boldsymbol{x}$):

$$\boldsymbol{Y} = (\boldsymbol{1}_n, \boldsymbol{X}) \begin{pmatrix} \boldsymbol{\beta}_0 \\ \boldsymbol{\beta} \end{pmatrix} + \boldsymbol{E} = \boldsymbol{1}_n \boldsymbol{\beta}_0 + \boldsymbol{X\beta} + \boldsymbol{E},$$

$$\hat{\boldsymbol{\beta}} = \boldsymbol{L}_{xx}^{-1}\boldsymbol{L}_{xy},$$
$$b_0 = \bar{y} - \bar{\boldsymbol{x}}^{\mathrm{T}}\hat{\boldsymbol{\beta}},$$

其中

$$\bar{\boldsymbol{x}} = \frac{1}{n}\boldsymbol{X}^{\mathrm{T}}\boldsymbol{1}_n, \quad \bar{y} = \frac{1}{n}\boldsymbol{Y}^{\mathrm{T}}\boldsymbol{1}_n,$$
$$\boldsymbol{L}_{xx} = \boldsymbol{X}^{\mathrm{T}}\boldsymbol{D}\boldsymbol{X}, \quad \boldsymbol{L}_{xy} = \boldsymbol{X}^{\mathrm{T}}\boldsymbol{D}\boldsymbol{Y},$$
$$\boldsymbol{D} = \boldsymbol{I}_n - \frac{1}{n}\boldsymbol{1}_n\boldsymbol{1}_n^{\mathrm{T}}.$$

这时利用分块逆公式有

$$\boldsymbol{A}[(\boldsymbol{1},\boldsymbol{X})^{\mathrm{T}}(\boldsymbol{1},\boldsymbol{X})]^{-1}\boldsymbol{A}^{\mathrm{T}} = (\boldsymbol{0},\boldsymbol{I}_{p-1})\begin{pmatrix} \dfrac{1}{n}+\bar{\boldsymbol{X}}^{\mathrm{T}}\boldsymbol{L}_{xx}^{-1}\bar{\boldsymbol{X}} & -\bar{\boldsymbol{X}}^{\mathrm{T}}\boldsymbol{L}_{xx}^{-1} \\ -\boldsymbol{L}_{xx}^{-1}\bar{\boldsymbol{X}} & \boldsymbol{L}_{xx}^{-1} \end{pmatrix}\begin{pmatrix} \boldsymbol{0} \\ \boldsymbol{I}_{p-1} \end{pmatrix} = \boldsymbol{L}_{xx}^{-1},$$

于是

$$[\boldsymbol{A}[(\boldsymbol{1},\boldsymbol{X})^{\mathrm{T}}(\boldsymbol{1},\boldsymbol{X})]^{-1}\boldsymbol{A}^{\mathrm{T}}]^{-1} = \boldsymbol{L}_{xx},$$

$$\begin{aligned}\boldsymbol{H} &= (\boldsymbol{A}\hat{\boldsymbol{\beta}} - \boldsymbol{C})^{\mathrm{T}}[\boldsymbol{A}[(\boldsymbol{1},\boldsymbol{X})^{\mathrm{T}}(\boldsymbol{1},\boldsymbol{X})]^{-1}\boldsymbol{A}^{\mathrm{T}}]^{-1}(\boldsymbol{A}\hat{\boldsymbol{\beta}} - \boldsymbol{C}).\\ &= \hat{\boldsymbol{\beta}}^{\mathrm{T}}\boldsymbol{L}_{xx}\hat{\boldsymbol{\beta}} = \boldsymbol{L}_{yx}\boldsymbol{L}_{xx}^{-1}\boldsymbol{L}_{xy}.\end{aligned}$$

由 (5.2.29) 知 $Q = L_{yy} - H$, 于是有

$$H = L_{yy} - Q = \sum_{i=1}^{n}(\hat{y}_i - \bar{y})^2 \quad (\text{回归平方和}). \tag{6.1.11}$$

把 H 及 Q 代入 (6.1.8) 即得 (6.1.10) 的检验为

$$F = \frac{n-p}{p-1} \times \frac{H}{Q} = \frac{H/(p-1)}{s_e^2} \sim F_{p-1,n-p}. \tag{6.1.12}$$

其中 $s_e^2 = Q/(n-p)$ 为残差方差的无偏估计.

2. 检验某个自变量的效应是零

例如, 要检验变量 x_i 对应变量 y 是否有效应, 与它等价的是检验

$$H_0: \beta_i = 0, \quad H_1: \beta_i \neq 0, \quad i > 0. \tag{6.1.13}$$

这时, 令

$$\boldsymbol{A}^{\mathrm{T}} = \boldsymbol{e}_i, \quad \boldsymbol{C} = \boldsymbol{0},$$

此时 $s = 1$. 于是

$$\boldsymbol{A}[(\boldsymbol{1},\boldsymbol{X})^{\mathrm{T}}(\boldsymbol{1},\boldsymbol{X})]^{-1}\boldsymbol{A}^{\mathrm{T}} = \boldsymbol{e}_i^{\mathrm{T}}\begin{pmatrix} \dfrac{1}{n}+\bar{\boldsymbol{X}}^{\mathrm{T}}\boldsymbol{L}_{xx}^{-1}\bar{\boldsymbol{X}} & -\bar{\boldsymbol{X}}^{\mathrm{T}}\boldsymbol{L}_{xx}^{-1} \\ -\boldsymbol{L}_{xx}^{-1}\bar{\boldsymbol{X}} & \boldsymbol{L}_{xx}^{-1} \end{pmatrix}\boldsymbol{e}_i = l^{ii}.$$

其中 $\boldsymbol{L}_{xx}^{-1} \triangleq (l^{ij})$. 于是对 (6.1.13) 的检验为

$$\boldsymbol{H} = (\boldsymbol{A}\hat{\boldsymbol{\beta}} - \boldsymbol{C})^{\mathrm{T}}[\boldsymbol{A}[(\mathbf{1}, \boldsymbol{X})^{\mathrm{T}}(\mathbf{1}, \boldsymbol{X})]^{-1}\boldsymbol{A}^{\mathrm{T}}]^{-1}(\boldsymbol{A}\hat{\boldsymbol{\beta}} - \boldsymbol{C}) = \frac{\hat{\boldsymbol{\beta}}_i^2}{l^{ii}}. \tag{6.1.14}$$

式 (6.1.14) 右边称为变量 x_i 对应变量 y 的**偏回归平方和** (见习题 6.1). 对 $H_0:\beta_i=0$ 的检验时, 式 (6.1.8) 变为

$$\frac{\hat{\beta}_i^2}{l^{ii}} \times \frac{1}{Q} \times \frac{n-p}{1} = \frac{\hat{\beta}_i^2}{s_{b_i}^2} \sim F_{1,n-p}, \tag{6.1.15}$$

其中 $s_{b_i}^2 = s_e^2 l^{ii}$ 为 b_i 的方差无偏估计, s_e^2 为残差 e 方差的无偏估计. 对上述 F 统计量开方, 即是更常用的 t 检验公式

$$t_i = \frac{\hat{\beta}_i}{s_e\sqrt{l^{ii}}} \sim t_{n-p}, \quad i > 0. \tag{6.1.16}$$

同样可证明, 对于常数项的零假设检验公式为

$$t = \frac{\hat{\beta}_0}{s_e\sqrt{\dfrac{1}{n} + \bar{\boldsymbol{x}}^{\mathrm{T}}\boldsymbol{L}_{xx}^{-1}\bar{\boldsymbol{x}}}} \sim t_{n-p}.$$

6.1.2 复相关系数

用线性模型 (6.1.2) 拟合数据好坏的一个最常用的综合性指标是

$$R^2 = \frac{\sum\limits_{i=1}^{n}(\hat{y}_i - \bar{y})^2}{\sum\limits_{i=1}^{n}(y_i - \bar{y})^2}, \tag{6.1.17}$$

R 称为**复相关系数**, R^2 称为**决定系数**. 显然 $0 \leqslant R \leqslant 1$. R 越近似 1 说明模型拟合样本越好. (6.1.17) 的分子称为**回归平方和**, 分母称为**总离差平方和**. 决定系数就是自变量拟合应变量时在它的总离差平方和 (或方差, 见下式) 中所占的比例. 利用 (5.2.29), 可以看出, (6.1.17) 可以变为

$$R^2 = \frac{\boldsymbol{L}_{yx}\boldsymbol{L}_{xx}^{-1}\boldsymbol{L}_{xy}}{\boldsymbol{L}_{yy}} = \frac{\boldsymbol{S}_{yx}\boldsymbol{S}_{xx}^{-1}\boldsymbol{S}_{xy}}{\boldsymbol{S}_{yy}}, \tag{6.1.18}$$

其中每个 $\boldsymbol{S}$ 都对应 $\boldsymbol{L}/(n-1)$, 是相应理论协方差阵的无偏估计.

利用 (6.1.18), 对假设 $H_0: \beta_1 = \cdots = \beta_{p-1} = 0$ 的检验公式 (6.1.12) 可以转化为

$$F = \frac{R^2}{1-R^2} \times \frac{n-p}{p-1} \sim F(p-1, n-p). \tag{6.1.19}$$

(6.1.17) 计算的是 "样本复相关系数 R", 但它总是大于 "理论复相关系数"(定义见习题 6.2). 因此, 统计学家提出了几种修正法, SAS 统计软件中的修正公式为

$$R_C^2 = 1 - \frac{(n-i)}{n-p-1}(1-R^2).$$

当模型中有常数项 β_0 时, 上式中取 $i=1$; 当模型中不包含 β_0 时, 取 $i=0$.

可以证明, 复相关系数 R 与回归模型中变量的个数 $(p-1)$ 呈单调关系, 即变量的增加只会增加 (至少不会减少) R 的数值, 这很容易从习题 6.1 中看出.

例 6.1.1 的 SAS 中的语法:

```
data econom;
input id zl z2 w;
 x1=log(zl); x2=log(z2); y=log(w);
cards;
  1        28070        42208        4464.34
  2        7382         11479         929.89
  3        4320         23961        4338.00
  4        4161         15655        2687.25
  5        16435        17408        1860.21
  6        12381        7356          886.75
  7        12996        10052        1313.86
  8        11024        15806        2153.05
  9        19040        9739         3553.81
  10       33767        12175        6721.16
  11       20879        10217        3648.39
  12       29669        23718        3461.89
  13       10687        8148         2428.72
  14       8419         8373         1388.73
  15       4199         8148          300.42
  16       2903         6595          527.83
  17       908          6286          113.99
  18       4169         5580          245.73
;
proc reg data=econom all;
    model y=x1 x2;
run;
```

上述程序执行的部分结果如下:

```
                    Descriptive Statistics
```

```
Variables        Sum        Mean  Uncorrected SS  Variance  Std Deviation
INTERCEP          18          18               0         0              0
X1         164.06879    9.114933     1510.771579  0.899738       0.948545
X2         168.40074    9.355597     1580.408426  0.289352       0.537914
Y          131.26773    7.292651      978.950440  1.274157       1.128786

                          Correlation
    CORR          X1           X2           Y
    X1        1.0000       0.4997      0.7840
    X2        0.4997       1.0000      0.6915
    Y         0.7840       0.6915      1.0000

                    Analysis of Variance
                         Sum of        Mean
   Source      DF       Squares      Square     F Value     Prob>F
   Model        2      15.90755     7.95377      20.738     0.0001
   Error       15       5.75312     0.38354
   C Total     17      21.66067

   Root MSE      0.61931     R-square      0.7344
   Dep Mean      7.29265     Adj R-sq      0.6990
   C.V.          8.49221

                    Parameter Estimates
                    Parameter   Standard   T for H0:
   Variable    DF    Estimate      Error   Parameter=0    Prob>|T|
   INTERCEP     1   -6.888813   2.621320        -2.628      0.0190
   X1           1    0.695419   0.182814         3.804      0.0017
   X2           1    0.838297   0.322370         2.600      0.0201
   .........

    Sum of Residuals                 -4.88498E-14
    Sum of Squared Residuals               5.7531
    Predicted Resid SS (Press)             9.7443
```

从上述结果可见, 例 6.1.1 中的回归平方和为 H=15.90755, 残差平方和为 Q=

5.75312. 对 (6.1.10) 检验的 F=20.738, 而对应的概率值 (Pr> F)=0.0001, 说明 (6.1.10) 的零假设被否定, 而在两个自变量上的回归系数的显著性 t 检验说明, 两个回归系数都是显著地不为零.

6.2 变量的相对重要性及变量的选择

6.2.1 变量的相对重要性

如何衡量每个自变量对于应变量的影响, 以及多个自变量对于应变量影响的主次关系? 最常用的是**标准化回归系数**, 即使用**标准化数据**求得的**回归系数**. 从样本数据出发, 即令

$$\tilde{x}_i = \frac{x_i - \bar{x}_i}{s_i}, \quad \tilde{y}_i = \frac{y_i - \bar{y}}{s_y},$$

显然, 标准化变量的样本均值为零, 标准差为 1. 直接把 $\tilde{y}$ 与 $(\tilde{x}_1, \cdots, \tilde{x}_{p-1})$ 作回归, 求出的回归系数就是标准化回归系数, 记为 $\tilde{\boldsymbol{\beta}} = (\tilde{\beta}_1, \tilde{\beta}_2, \cdots, \tilde{\beta}_{p-1})^{\mathrm{T}}$, 显然 $\tilde{\beta}_0 = 0$.

标准化回归系数的求法并不一定都要直接从标准化的数据出发. 容易证明, 标准化数据中的离差阵与原始数据中的相关阵有下述关系:

$$\boldsymbol{L}_{\tilde{x}\tilde{x}} = (n-1)\boldsymbol{R}_{xx}, \quad \boldsymbol{L}_{\tilde{x}\tilde{y}} = (n-1)\boldsymbol{r}_{xy}, \quad \boldsymbol{L}_{\tilde{y}\tilde{y}} = (n-1), \tag{6.2.1}$$

其中 $\boldsymbol{r}_{xy} = (r_{1y}, \cdots, r_{p-1,y})^{\mathrm{T}}$. 因此, 由 $\tilde{\boldsymbol{\beta}} = \boldsymbol{L}_{\tilde{x}\tilde{x}}^{-1}\boldsymbol{L}_{\tilde{x}\tilde{y}}$ 即得标准化回归系数为

$$\tilde{\boldsymbol{\beta}} = \boldsymbol{R}_{xx}^{-1}\boldsymbol{r}_{xy}. \tag{6.2.2}$$

利用 (6.1.17) 及 (6.2.1) 可以看出, 复相关系数的另一种表示法如下:

$$R^2 = \boldsymbol{r}_{xy}^{\mathrm{T}}\boldsymbol{R}_{xx}^{-1}\boldsymbol{r}_{xy} = \tilde{\boldsymbol{\beta}}^{\mathrm{T}}\boldsymbol{r}_{xy} = \tilde{\beta}_1 r_{1y} + \cdots + \tilde{\beta}_{p-1} r_{p-1,y}. \tag{6.2.3}$$

记 $\boldsymbol{z} = (\boldsymbol{x}^{\mathrm{T}}, y)^{\mathrm{T}}$, 记 $\boldsymbol{z}$ 的相关阵为 $\boldsymbol{R}_z = \begin{pmatrix} \boldsymbol{R}_{xx} & \boldsymbol{r}_{xy} \\ \boldsymbol{r}_{xy}^{\mathrm{T}} & r_{yy} \end{pmatrix}$, $\boldsymbol{R}_z^{-1} = (r^{(ij)})$. 由方块逆公式可以看出下面的公式:

$$r^{(yy)} = \frac{1}{1 - \boldsymbol{r}_{xy}^{\mathrm{T}}\boldsymbol{R}_{xx}^{-1}\boldsymbol{r}_{xy}}.$$

对比 (6.2.3), 于是得复相关系的又一个表示法

$$R^2 = 1 - \frac{1}{r^{(yy)}}. \tag{6.2.4}$$

对例 6.1.1, 由 SAS 计算得

$$\tilde{\boldsymbol{\beta}} = \boldsymbol{R}_{xx}^{-1}\boldsymbol{r}_{xy} = \begin{pmatrix} 1 & 0.4997 \\ 0.4997 & 1 \end{pmatrix}^{-1} \begin{pmatrix} 0.7840 \\ 0.6915 \end{pmatrix} = \begin{pmatrix} 0.5844 \\ 0.3995 \end{pmatrix}.$$

容易求出标准化回归系数 $\tilde{\boldsymbol{\beta}}_i$ 与一般回归系数 $\hat{\boldsymbol{\beta}}_i$ 有如下关系：

$$\hat{\beta}_i = \tilde{\beta}_i \frac{s_y}{s_i}, \quad \tilde{\beta}_i = \hat{\beta}_i \frac{s_i}{s_y} \quad, i = 1, 2, \cdots, p-1, \tag{6.2.5}$$

其中 s_i 及 s_y 分别为 x_i 及 y 的样本标准差. 标准化回归系数是没有量纲 (单位) 的, 因此, 统计学上常用它的绝对值大小来衡量变量 x_i 对 y 影响的相对重要性.

变量的相对重要性也常用相关系数及偏相关系数衡量.

两个变量间的样本相关系数定义为 (常称为 Pearson correlation coefficient)

$$r_{ij} = \frac{l_{ij}}{\sqrt{l_{ii}l_{jj}}}, \quad r_{iy} = \frac{l_{iy}}{\sqrt{l_{ii}}\sqrt{l_{yy}}}, \tag{6.2.6}$$

其中 $\boldsymbol{L}_{xx} = (l_{ij})$, $\boldsymbol{L}_{xy} = (l_{1y}, \cdots, l_{p-1,y})^{\mathrm{T}}$ 为自变量的离差阵及与应变量的离差阵. 在例 6.1.1 中, $r_{1y} = 0.7840, r_{2y} = 0.6915$. 从单变量的角度来看 $r_{1y} = 0.7840 > r_{2y} = 0.6915$, 因此, 认为 x_1 对 y 的影响比 x_2 大.

描述变量间相关的另一个指标是**偏相关系数** (partial correlation coefficient). 以三个变量 (x_1, x_2, x_3) 为例, 式 (6.2.6) 中的 r_{12} 是 x_1 与 x_2 的简单相关系数, 该公式中未把另外的变量固定不变. 现在要把 x_3 固定在某一个水平上 (假如与固定值无关), 这时 (x_1, x_2) 可能的变化范围就缩小了, x_1 与 x_2 的简单相关系数就称为偏相关系数, 常记为 $r_{12.3}$. 偏相关系数也可以用下面的回归法去理解及计算：把 x_3 作为自变量, 把 x_1 及 x_2 分别当成应变量, 分别作回归公式可得

$$x_1 = a_1 + b_1 x_3 + e_1, \quad x_2 = a_2 + b_2 x_3 + e_2,$$

其中 $e_1 = x_1 - (a_1 + b_1 x_3)$, $e_2 = x_2 - (a_2 + b_2 x_3)$, (e_1, e_2) 就是 (x_1, x_2) 中扣去 x_3 影响后的残差. 这两个残差实际上就是 (x_1, x_2) 在 x_3 固定于某值后的变量. 因此, e_1 和 e_2 的简单相关系数就是 $r_{12.3}$.

理论上可以证明, x_3 固定后, x_1 与 x_2 的偏相关系数为

$$r_{12.3} = \frac{r_{12} - r_{13}r_{23}}{\sqrt{1 - r_{13}^2}\sqrt{1 - r_{23}^2}}. \tag{6.2.7}$$

要计算 y 与 x_1 的偏相关系数 $r_{y1.2}$, 则由式 (6.2.7) 得

$$r_{y1.2} = \frac{0.7840 - 0.6915 \times 0.4997}{\sqrt{1 - 0.6915^2}\sqrt{1 - 0.4997^2}} = 0.7007,$$

$$r_{y2.1} = \frac{0.6915 - 0.7840 \times 0.4997}{\sqrt{1 - 0.7840^2}\sqrt{1 - 0.4997^2}} = 0.5574.$$

如果有 4 个变量 (x_1, x_2, x_3, x_4), 则固定 (x_3, x_4) 时, x_1 与 x_2 的偏相关系数为

$$r_{12.34}=\frac{r_{12.3}-r_{14.3}r_{24.3}}{\sqrt{1-r_{14.3}^2}\sqrt{1-r_{24.3}^2}}. \tag{6.2.8}$$

如果需要固定的变量很多, 则与 (6.2.8) 类似的公式就太复杂了. 如果问题仅限于回归分析中的变量, 则作者推导出一个很简单的公式如下：记 $r_{iy.(-i)}$ 为 x_i 与 y 的偏相关系数 (固定 x_i 以外的一切自变量), 记 (6.1.16) 中 t_i 是 y 在 x_i 上 t 检验时的 t 值, 则

$$r_{iy.(-i)}=\frac{t_i}{\sqrt{n-p+t_i^2}}, \tag{6.2.9}$$

$r_{iy.(-i)}$ 与 t_i 有相同的符号. 例如, 在例 6.1.1 中, 已知 t_i=3.8039, 代入 (6.2.9) 得

$$r_{1y.(-1)}=\frac{3.8039}{\sqrt{18-2-1+3.8039^2}}=0.7007.$$

另一种计算偏相关系数的方法是用逆矩阵公式. 计算样本 $(x_1,\cdots,x_{p-1},y)$ 的协方差阵 $\boldsymbol{S}$ (或相关阵 $\boldsymbol{R}$) 的逆矩阵 $\boldsymbol{S}^{-1}=(s^{(ij)})$, 则 (参见文献 [6], 式 (4g.2.8))

$$r_{iy.(-i)}=\frac{-s^{(iy)}}{\sqrt{s^{(ii)}s^{(yy)}}},\quad i=1,\cdots,p-1. \tag{6.2.10}$$

比较例 6.1.1 中变量 (x_1,x_2) 对 y 影响的相对重要性指标列于表 6.2.1 中.

表 6.2.1 例 6.1.1 中 (x_1,x_2) 对 y 影响的相对重要性指标

变量	简单相关系数 r_{iy}	标准化回归 $\tilde{\beta}_i$	t 检验值 t_i	偏相关系数 $r_{iy.(-i)}$	一般回归系数 $\hat{\beta}_i$	标准差 s_i
外来人口 x_1	0.7840	0.5844	3.804	0.7007	0.6954	0.9485
常住人口 x_2	0.6915	0.3995	2.601	0.5574	0.8383	0.5379

从表 6.2.1 中用于比较回归变量对于应变量影响常用的 4 个指标 $(r_{iy},\tilde{b}_i,t_i,r_{iy.(-i)})$ 上来看, 一致认定外来人口 x_1 比常住人口 x_2 对工农业总产值 y 的影响要大. 表 6.2.1 的比较是一种常规做法. 但例 6.1.1 却有特殊性. 两个变量 (x_1,x_2) 有相同的量纲, 意义也都是 "人数", 因此, 可以直接比较 b_1 与 b_2 似乎更合理. 从 b_1 =0.6954, b_2 =0.8383 来看, 显然, x_2 比 x_1 重要, 这与常规做法的结果不一致. 为什么会产生这样的矛盾呢? 原因何在? 应该相信哪一个结果呢?

应该说, 采用标准化数据及由此求得的标准化回归系数, 目的是为了使回归系数之间具有可比性, 而在例 6.1.1 中, x_1 与 x_2 本来就有可比性, 因此, 实在不必再去作标准化, 即**"标准化" 法有时也会出现 "误导" 的作用**. 例 6.1.1 就是典型的例子, 其根源在于 (x_1,x_2) 的两个标准差有大的差异, $s_1=0.9485\approx 1, s_2=0.5379\approx 0.5$. 也就是说, 当标准化变量 $\tilde{x}_1,\tilde{x}_2$ 分别增加 "两个单位" 时, 非标准化变量 (x_1,x_2) 中相对应地, x_1 增加的 $2s_1$ 相当两个人, 而 x_2 增加的 $2s_2$ 仅相当一个人. 它实际上是用 x_1

的两个人的产值与 x_2 的一个人的产值作比较. 因此, 例 6.1.1 中采用的标准化数据比较变量重要性的方法产生了 "误导" 的作用. 从本质上来看, 表 6.2.1 中的简单相关系数、t 值及偏相关系数都是从标准化数据出发的, 因此, 表 6.2.1 中的结论很一致也就不足为奇了.

6.2.2 变量的选择

自变量与应变量的关系可分为以下 4 类:

(1) 对应变量确实有较大影响, 这类自变量应当被选入回归公式.

(2) 对应变量没有实际影响或其影响可以忽略不计, 这类变量应当在回归分析中被删去.

(3) 对应变量实际上是有大的影响, 但它的作用可以被已选进方程中的自变量所取代. 这类变量在回归公式中常表现为对应变量的影响 "不显著". 研究自变量间的 "共线性" 有助于找出这类变量.

(4) 对应变量实际有重要影响, 但抽样时未被考察. 把对应变量 y 有实际影响的变量分为两组: $\boldsymbol{x}_{(1)}$, $\boldsymbol{x}_{(2)}$, 其中 $\boldsymbol{x}_{(1)}$ 已包含在回归公式中, 而 $\boldsymbol{x}_{(2)}$ 组变量未被考察. 如果 y 与 $\boldsymbol{x}_{(1)}, \boldsymbol{x}_{(2)}$ 的理论公式为

$$y=\beta_0+\boldsymbol{\beta}_{(1)}^{\mathrm{T}}\boldsymbol{x}_{(1)}+\boldsymbol{\beta}_{(2)}^{\mathrm{T}}\boldsymbol{x}_{(2)}+e,$$

而实际上使用的模型为

$$y=c_0+\boldsymbol{c}_{(1)}^{\mathrm{T}}\boldsymbol{x}_{(1)}^{\mathrm{T}}+e_1, \tag{6.2.11}$$

记 (6.2.11) 中对 $\boldsymbol{c}_{(1)}$ 的样本估计为 $\hat{\beta}_{(1)}$, 则容易证明, 由 (6.2.11) 出发时有 (见习题 6.4)

$$E(\hat{\boldsymbol{\beta}}_{(1)})=\boldsymbol{\beta}_{(1)}+\boldsymbol{A}\boldsymbol{\beta}_{(2)}, \tag{6.2.12}$$

其中 $\boldsymbol{A}$ 为变量 $\boldsymbol{x}_{(2)}$ 在 $\boldsymbol{x}_{(1)}$ 上的理论回归系数矩阵. 由 (6.2.12) 可以看出, 如果未被考察的变量 $\boldsymbol{x}_{(2)}$ 与 $\boldsymbol{x}_{(1)}$ 之间不存在线性回归关系, 或者 $\boldsymbol{x}_{(2)}$ 与 $\boldsymbol{x}_{(1)}$ 之间彼此独立, 则这时 $\boldsymbol{A}=\boldsymbol{0}$. 于是即使 $\boldsymbol{x}_{(2)}$ 对 y 有实际影响 (即 $\boldsymbol{\beta}_{(2)}\neq\boldsymbol{0}$), 但模型 (6.2.11) 仍是可取的; 反之, 如果 $\boldsymbol{\beta}_{(2)}\neq\boldsymbol{0}$, 而 $\boldsymbol{x}_{(2)}$ 与 $\boldsymbol{x}_{(1)}$ 又密切相关, 则显然 $\boldsymbol{A}\neq\boldsymbol{0}$, 可见当仅由 $\boldsymbol{x}_{(1)}$ 去估计 y 时, 系数 $\boldsymbol{c}_{(1)}$ 的估计就是有偏性的, 偏性大小取决于 $\boldsymbol{\beta}_{(2)}$ 值及 $\boldsymbol{x}_{(2)}$ 与 $\boldsymbol{x}_{(1)}$ 间的相关程度.

在例 6.1.1 中, 显然, 人的 "技术或平均文化水平" 及各个城镇投入的 "资金" 大小, 对工农业总产值应有大的影响, 但未考察上述两个变量. 可否这样理解: "技术 (文化) 水平" 与两个人口变量 (z_1, z_2) 的大小没有相关性, 所以可以不考察它; 而对于 "资金" 变量, "资金" 充分的城镇是否也应当是本地劳力不足, 因此, 引进大量外地劳力, 即 "外地劳力" 的多少在一定程度上反映了 "资金" 的大小? 若这个看法正确, 则在例 6.1.1 中不考虑 "资金" 因素也还是可以的.

选择对应变量有影响的**最佳自变量子集法**可以有不同的标准. 下面介绍 SAS 软件中变量的选取法, 共有 9 种, 可分为 4 类:

(1) 从对变量的统计检验显著性出发, 有

(i) 前进法 (forward). 这是先选进一个变量再增加一个的由 "少到多" 的选变量法, 而对已进入的变量不剔除.

(ii) 后退法 (backward). 先全部选进变量, 再一步步地剔除不显著的变量, 这是比较符合统计理论的方法.

(iii) 逐步法 (stepwise). 它先用前进法, 再用后退法. 这个方法的基调是 "前进法".

(2) 从复相关系数 (R) 出发, 它不对每个变量作显著性检验. 首先要指定欲选的变量个数. 例如, 想用三个自变量去建立公式, 则可以用下面 4 个方法之一去找三个 "最优" 变量, 以使这三个变量组合的复相关系数 R(或 R_c) 为最大. SAS 软件中对此又分为 MAXR, MINR, RSQUARE, ADJRSQ 4 种.

(3) 从 C_p 统计量或 PRESS 出发 (见后).

(4) 指定某几个 (或全部变量) 必须进入公式法, 再用前述方法去选另外变量进入方程.

C_p 统计量　下面推导 C_p 统计量. 如果线性模型中需估计 p 个独立参数, 自然地要求

$$E(\hat{y}_i - E(y_i))^2 = \min .$$

于是

$$\begin{aligned} E(\hat{y}_i - E(y_i))^2 &= E[(\hat{y}_i - E(\hat{y}_i)) + (E(\hat{y}_i) - E(y_i))]^2 \\ &= E(\hat{y}_i - E(\hat{y}_i))^2 + [E(\hat{y}_i) - E(y_i)]^2 \\ &= \mathrm{Var}(\hat{y}_i) + (\hat{y}_i \text{ 的平均偏差})^2. \end{aligned} \tag{6.2.13}$$

记 (6.1.2) 中有 p 个参数的样本模型为

$$\boldsymbol{Y}|_{n\times 1} = \boldsymbol{X}_{n\times p}\boldsymbol{\beta}_p + \boldsymbol{E}_{n\times p}, \quad \boldsymbol{X}^{\mathrm{T}} = (\boldsymbol{x}_1, \cdots, \boldsymbol{x}_n),$$

则

$$\begin{aligned} \frac{1}{\sigma^2}\sum_{i=1}^{n}\mathrm{Var}(\hat{y}_i) &= \frac{1}{\sigma^2}\sum_{i=1}^{n}\mathrm{Var}(\boldsymbol{x}_i^{\mathrm{T}}\hat{\boldsymbol{\beta}}) = \frac{1}{\sigma^2}\sum_{i=1}^{n}\boldsymbol{x}_i^{\mathrm{T}}[\sigma^2(\boldsymbol{X}^{\mathrm{T}}\boldsymbol{X})^{-1}]\boldsymbol{x}_i \\ &= \mathrm{tr}[\boldsymbol{X}(\boldsymbol{X}^{\mathrm{T}}\boldsymbol{X})^{-1}\boldsymbol{X}^{\mathrm{T}}] = \mathrm{tr}[(\boldsymbol{X}^{\mathrm{T}}\boldsymbol{X})^{-1}\boldsymbol{X}^{\mathrm{T}}\boldsymbol{X}] = \mathrm{tr}(\boldsymbol{I}_p) = p. \end{aligned}$$

由文献 [7] 中的式 (8.41) 或文献 [16] 可知

$$(\hat{y}_i \text{ 的平均偏差})^2 = (n-p)E(s_p^2 - \sigma^2), \tag{6.2.14}$$

其中 s_p^2 为有 p 个参数的样本模型中对 σ^2 的估计. 对 (6.2.13) 作加法得

$$\frac{1}{\sigma^2}\sum_{i=1}^{n}E(\hat{y}_i-E(y_i))^2=p+\frac{n-p}{\sigma^2}E(s_p^2-\sigma^2).$$

在上式中用 σ^2 的无偏估计 (常用全部变量的)s_e^2 代入, 左边的估计量记为 C_p, 即

$$C_p=p+(n-p)\frac{s_p^2-s_e^2}{s_e^2}=(n-p)\frac{s_p^2}{s_e^2}-(n-2p). \tag{6.2.15}$$

式 (6.2.15) 的另一常用形式为

$$C_p=\frac{\mathrm{SSE}_p}{s_e^2}-(n-2p), \tag{6.2.16}$$

其中 $\mathrm{SSE}_p=(n-p)s_p^2$ 是模型中估计 p 个参数后的残差平方和.

从 (6.2.15) 可见, ① 当全部变量进入模型时, $s_e^2=s_p^2$, 即 $C_p\equiv p$, 但这不是所希望的. ② 应当选某个变量子集以使 $C_p=\min$ (最小的值), 显然, 这应当是理想的模型.

注 不少统计书中笼统地认为使

$$C_p\approx p$$

的模型就是最好的模型, 因此, 他们提议：

把不同组的 (p,C_p) 在平面坐标上 (横轴是参数个数 p, 纵轴是 C_p) 作散点图, 则接近对角线上的点就是最好的变量子集.

但这种理解法是不妥的, 因为他们的理由是认为 s_e^2 总是最小的, 因此, 能成立 $s_e^2\approx s_p^2$ 的子集当然是最好的了. 但实际不是如此, 从后面的表 6.2.4 中明显可见, **全部变量进入回归公式时的无偏性残差标准误不是最小的.**

PRESS(最小预报误差平方和) 法 记删去第 i 个观察向量 $(\boldsymbol{x}_i^{\mathrm{T}},y_i)$ 后, 由另外 $n-1$ 个观察向量组成的回归模型中对回归系数 $\boldsymbol{\beta}$ 的估计为 $\hat{\boldsymbol{\beta}}^{(i)}$. 它对 $(\boldsymbol{x}_i^{\mathrm{T}},y_i)$ 点的观察向量上的预报残差记为

$$f_i=y_i-\boldsymbol{x}_i^{\mathrm{T}}\hat{\boldsymbol{\beta}}^{(i)},\quad i=1,2,\cdots,n, \tag{6.2.17}$$

则其平方和为 (证明参见文献 [7], P263)

$$\mathrm{PRESS}\triangleq\sum_{i=1}^{n}f_i^2=\sum_{i=1}^{n}\left(\frac{\hat{e}_i}{1-h_{ii}}\right)^2, \tag{6.2.18}$$

其中

$$\hat{\boldsymbol{e}}=(\hat{e}_1,\hat{e}_2,\cdots,\hat{e}_n)^{\mathrm{T}}=\boldsymbol{y}-\boldsymbol{X}(\boldsymbol{X}^{\mathrm{T}}\boldsymbol{X})^{-1}\boldsymbol{X}^{\mathrm{T}}\boldsymbol{y},$$

$$\boldsymbol{X}^{\mathrm{T}}=(\boldsymbol{x}_1,\cdots,\boldsymbol{x}_n),\quad \boldsymbol{H}=\boldsymbol{X}(\boldsymbol{X}^{\mathrm{T}}\boldsymbol{X})^{-1}\boldsymbol{X}^{\mathrm{T}}\triangleq(h_{ij}).$$

自然, 能使 PRESS 达到最小的变量组合是最佳变量组合. 显然, 从预测角度来看, PRESS 选变量标准是最合理的.

例 6.2.1 水泥的回归问题. 某种水泥在凝固时会放出热量 y(J/g), 它与水泥中的下列 4 种化学成分有关:

x_1=$3CaO \cdot Al_2O_3$ 的成分 (%),

x_2=$3CaO \cdot Si_2O_3$ 的成分 (%),

x_3=$4CaO \cdot Al_2O_3 \cdot Fe_2O_3$ 的成分 (%),

x_4=$2CaO \cdot Si_2O_3$ 的成分 (%),

共测量了 13 组数据, 如表 6.2.2 所示, 其相关系数见表 6.2.3. 试用回归法选用最优变量子集.

表 6.2.2 水泥例数据

序号	x_1	x_2	x_3	x_4	y(J/g)
1	7	26	6	60	78.5
2	1	29	15	52	74.3
3	11	56	8	20	104.3
4	11	31	8	47	87.6
5	7	52	6	33	95.9
6	11	55	9	22	109.2
7	3	71	17	6	102.7
8	1	31	22	44	72.5
9	2	54	18	22	93.1
10	21	47	4	26	115.9
11	1	40	23	34	83.8
12	11	66	9	12	113.3
13	10	68	8	12	109.4

注：数据取自《回归分析方法》, 中国科学院数学研究所数理统计组编, 1974：105.

表 6.2.3 例 6.2.1 的相关系数

	x_1	x_2	x_3	x_4	y
x_1	1.0000	0.2286	−0.8241	−0.2454	0.7307
x_2	0.2286	1.0000	−0.1392	−0.9730	0.8163
x_3	−0.8241	−0.1392	1.0000	0.0295	−0.5347
x_4	−0.2454	−0.9730	0.0295	1.0000	−0.8213
y	0.7307	0.8163	−0.5347	−0.8213	1.0000

用后退法选变量. 进入及留在方程中的显著性都取 0.05, 即 SAS 中语句为

```
Model y=x1-x4 /selection=backword slentry=0.05 slstay=0.05;
```

上述计算结果的第 0 步 (全部变量进入公式) 及最后一步 (第 2 步) 列于表 6.2.4 中, 结果是选中 (x_1, x_2), R^2 =0.979. 也就是说, 认为变量 “x_3” 及 “x_4” 对热量 y 没有显

著的影响.

表 6.2.4 后退法选变量

All Variables Entered: R-Square = 0.9824 and C(p) = 5.0000

Analysis of Variance

Source	DF	Sum of Squares	Mean Square	F Value	Pr>F
Model	4	2667.89944	666.97486	111.48	<.0001
Error	8	47.86364	5.98295		
Corrected Total	12	2715.76308			

Variable	Parameter Estimate	Standard Error	Type II SS	F Value	Pr>F
Intercept	62.40537	70.07096	4.74552	0.79	0.3991
x1	1.55110	0.74477	25.95091	4.34	0.0708
x2	0.51017	0.72379	2.97248	0.50	0.5009
x3	0.10191	0.75471	0.10909	0.02	0.8959
x4	−0.14406	0.70905	0.24697	0.04	0.8441
......					

Analysis of Variance

Source	DF	Sum of Squares	Mean Square	F Value	Pr>F
Model	2	2657.85859	1328.92930	229.50	<.0001
Error	10	57.90448	5.79045		
Corrected Total	12	2715.76308			

Variable	Parameter Estimate	Standard Error	Type II SS	F Value	Pr>F
Intercept	52.57735	2.28617	3062.60416	528.91	<.0001
x1	1.46831	0.12130	848.43186	146.52	<.0001
x2	0.66225	0.04585	1207.78227	208.58	<.0001

例 6.2.1 如改用前进法选变量, 则选中的是 (x_1, x_4), 但其 $F = 108.22$ 小于选 (x_1, x_2) 时的 $F = 229.50$; 残差标准差也是后退法中 $s_e(1,2) = 2.4063 < s_e(1,4)$=2.7343(后者为前进法). x_2 被 x_4 取代的根本原因是 $r_{24} = -0.9730$(表 6.2.3) 引起的.

将例 6.2.1 选变量的主要结果列于表 6.2.5 中.

一般来说, 不同标准所得的结果并不一定相同. 从 PRESS 上来看, 以选三个变量时的 (x_1, x_2, x_4) 为最好 (PRESS=85.351), 其次是 (x_1, x_2) 的 PRESS=93.883; 从 C_p 及统计检验的 F 值上来看, 以选两个变量的 (x_1, x_2) 为最好. 另外, 选用全体 4 个变量时, C_p 及 R 指标上总是最好的, 但这没有意义 (因为永远如此). 而从 PRESS 上来看, 选 4 个变量时的 PRESS=110.347 很不好, 它在另外三个指标上也不是很好. 由此可见, 无用变量是应尽可能地剔除.

表 6.2.5　水泥例中选最优变量子集的主要结果

(F 值仅应在变量数相同时作比较. 记 ** 为最好模型, * 为次好模型)

变量数 $p-1$	变量	R^2	C_p	残差 s	F 值	PRESS
1	x_1	0.534	202.549	10.077	12.96	1699.612
	x_2	0.666	142.486	9.077	21.96	1202.087
	x_3	0.286	315.154	13.278	4.40	2616.364
	x_4	0.675	138.731	8.964	22.80*	1194.218
2	(x_1, x_2)	0.979	2.678**	2.406	229.50**	93.883*
	(x_1, x_3)	0.548	198.095	11.073	6.07	2218.118
	(x_1, x_4)	0.973	5.496	2.734	176.63	121.224
	(x_2, x_3)	0.847	62.438	6.446	27.69	701.743
	(x_2, x_4)	0.680	138.126	9.321	10.63	1461.814
	(x_3, x_4)	0.935	22.373	4.192	72.27	294.014
3	(x_1, x_2, x_3)	0.982**	3.018*	2.312*	166.34	90.000
	(x_1, x_2, x_4)	0.982**	3.018*	2.309**	166.83*	85.351**
	(x_1, x_3, x_4)	0.981	3.197	2.377	157.27	94.537
	(x_2, x_3, x_4)	0.973	7.338	2.864	107.38	146.853
4	$(x_1, \cdots, x_4)$	0.982**	5	2.440	111.48	110.347

在有多个应变量的多元回归问题中, 在给定自变量下如何选择应变量? 例如, 在例 5.2.1 的肺功能问题中有 7 个应变量 $\boldsymbol{y} = (y_1, \cdots, y_7)^{\mathrm{T}}$, 它们都是描述人的肺功能的指标, 它们之间显然相关密切. 能否使用少而精的一个、两个或三个简易指标取代 7 个指标而又不显著地损失由 7 个指标所代表的信息? 这是**附加信息检验法**. 此例中用附加信息检验法后的结论是: 用一个指标 y_1 (肺活量) 就可以达到目的; 如要代表得更充分, 则用 y_1 (肺活量) 及 y_5 (按 y_4 指标换算的时间肺活量) 两个指标代表则好得多, 参见文献 [13].

6.3　应变量的预测、线性的识别、共线性及残差分析

用样本数据表示 (6.1.2) 时, 记 $\boldsymbol{X}$ 为 $n \times p$ 矩阵, $\boldsymbol{Y}$ 为 $n \times 1$ 矩阵, $\boldsymbol{E}$ 为 $n \times 1$ 矩阵, 这时

$$\hat{\boldsymbol{Y}} = \boldsymbol{X}\hat{\boldsymbol{\beta}}, \quad \boldsymbol{Y} = \hat{\boldsymbol{Y}} + \hat{\boldsymbol{E}} \tag{6.3.1}$$

或

$$\hat{\boldsymbol{Y}}_i = \boldsymbol{X}_i^{\mathrm{T}}\hat{\boldsymbol{\beta}}, \quad i = 1, \cdots, n.$$

记 $\boldsymbol{H} = \boldsymbol{X}(\boldsymbol{X}^{\mathrm{T}}\boldsymbol{X})^{-1}\boldsymbol{X}^{\mathrm{T}}$, 则上式可以写成 $\hat{\boldsymbol{Y}} = \boldsymbol{H}\boldsymbol{Y}$. 称 $\boldsymbol{H}$ 为**帽子阵** (hat matrix), 其元素记为 $\boldsymbol{H} = (h_{ij})_{n\times n}$, 它的对角线元素 (简记为 h_i) 称为第 i 个样本点的**杠杆值** (leverage). 记第 i 个样品点为 $\boldsymbol{x}_i = (1, x_{i1}, \cdots, x_{i,p-1})^{\mathrm{T}} = (1, \boldsymbol{x}_{(i)}^{\mathrm{T}})^{\mathrm{T}}$, 则

$$h_i = \boldsymbol{x}_i^{\mathrm{T}}(\boldsymbol{X}^{\mathrm{T}}\boldsymbol{X})^{-1}\boldsymbol{x}_i = (\boldsymbol{x}_{(i)} - \bar{\boldsymbol{x}})^{\mathrm{T}}\boldsymbol{L}_{xx}^{-1}(\boldsymbol{x}_{(i)} - \bar{\boldsymbol{x}}) + \frac{1}{n},$$

后一式利用了 $\bar{\boldsymbol{x}}=(\bar{x}_1,\cdots,\bar{x}_{p-1})^{\mathrm{T}}$ 及

$$(\boldsymbol{X}^{\mathrm{T}}\boldsymbol{X})^{-1}=\begin{pmatrix}\dfrac{1}{n}+\bar{\boldsymbol{x}}^{\mathrm{T}}\boldsymbol{L}_{xx}^{-1}\bar{\boldsymbol{x}} & -\bar{\boldsymbol{x}}^{\mathrm{T}}\boldsymbol{L}_{xx}^{-1}\\ -\boldsymbol{L}_{xx}^{-1}\bar{\boldsymbol{x}} & \boldsymbol{L}_{xx}^{-1}\end{pmatrix}.$$

6.3.1 应变量的预测

(1) 在第 i 个样品点上, 拟合值为

$$\hat{y}_i=\hat{\beta}_0+\hat{\boldsymbol{\beta}}^{\mathrm{T}}\boldsymbol{x}_i=\hat{\beta}_0+\hat{\beta}_1x_{i1}+\cdots+\hat{\beta}_{p-1}x_{i,p-1}.$$

由 (5.2.32) 中 $\hat{\boldsymbol{\beta}}$ 的标准误 (利用 q=1) 得

$$\mathrm{Var}(\hat{y}_i)=\boldsymbol{x}_i^{\mathrm{T}}\mathrm{Var}(\hat{\boldsymbol{\beta}})\boldsymbol{x}_i=\sigma^2\boldsymbol{x}_i^{\mathrm{T}}\boldsymbol{L}_{xx}^{-1}\boldsymbol{x}_i=\sigma^2h_i.$$

实际求标准误时, 用 s_e 代 σ, 即得 $\hat{y}_i$ 的标准误 (用 SAS 软件中的记号) 为

$$\mathrm{STDERR}(\hat{y}_i)=s_e\sqrt{h_i}. \tag{6.3.2}$$

(2) 对于不在样本内的另外一点 $\boldsymbol{x}_0=(x_1^0,\cdots,x_{p-1}^0)^{\mathrm{T}}$ 上应变量 y_0 的值, 其预报值仍为

$$\hat{y}_0=\hat{\beta}_0+\hat{\boldsymbol{\beta}}^{\mathrm{T}}\boldsymbol{x}_0=\hat{\beta}_0+\hat{\beta}_1x_1^0+\cdots+\hat{\beta}_{p-1}x_{p-1}^0.$$

而 $y_0=\boldsymbol{\beta}^{\mathrm{T}}\boldsymbol{x}_0+e_0$, 所以预报残差为 $y_0-\hat{y}_0=(\boldsymbol{\beta}-\hat{\boldsymbol{\beta}})^{\mathrm{T}}\boldsymbol{x}_0+e_0$, 从而得

$$\mathrm{Var}(y_0-\hat{y}_0)=\boldsymbol{x}_0^{\mathrm{T}}\mathrm{Var}(\hat{\boldsymbol{\beta}})\boldsymbol{x}_0+\mathrm{Var}(e_0)=\sigma^2\boldsymbol{x}_0^{\mathrm{T}}\boldsymbol{L}_{xx}^{-1}\boldsymbol{x}_0+\sigma^2=\sigma^2(1+h_0),$$

其中

$$h_0=\boldsymbol{x}_0^{\mathrm{T}}\boldsymbol{L}_{xx}^{-1}\boldsymbol{x}_0=(\boldsymbol{x}_0-\bar{\boldsymbol{x}})^{\mathrm{T}}\boldsymbol{L}_{xx}^{-1}(\boldsymbol{x}_0-\bar{\boldsymbol{x}})+\frac{1}{n}.$$

于是 y_0 预报值 $\hat{y}_0$ 的标准差为

$$\mathrm{STDERR}(\hat{y}_0)=s_e\sqrt{1+h_0}, \tag{6.3.3}$$

y_0 的 $1-\alpha$ 的置信区间为

$$\hat{y}_0-t_{\alpha,n-p}s_e\sqrt{1+h_0}\leqslant y_0\leqslant\hat{y}_0+t_{\alpha,n-p}s_e\sqrt{1+h_0},$$

其中 $t_{\alpha,n-p}$ 为双侧分位点.

在例 6.1.1 中, 当外地人口 z_1=10000(人), 本地人口 z_2=20000(人) 时, 要预报工农业总产值 W. 这时,

$$x_1^0=\ln z_1=9.2103,\quad x_2^0=\ln z_2=9.9035,$$

y_0 的预报值为

$$\hat{y}_0 = -6.8890 + 0.6954 \times 9.2103 + 0.8383 \times 9.9035 = 7.8179,$$

取反对数后得工农业总产值预报值为 $\hat{W}_0=2484.68$(万元). 由于 $\bar{\boldsymbol{x}}=(9.1149, 9.3556)^{\mathrm{T}}$, 所以

$$\begin{aligned}\mathrm{STDERR}(\hat{y}_0) =& 0.6193\Big[1+\frac{1}{18}+(9.2103-9.1149)^2\times 0.08714\\&+(9.9035-9.3556)^2\times 0.27095+2(9.2103-9.1149)\\&\times(9.9035-9.3556)\times(-0.07678)\Big]^{1/2}=0.6582.\end{aligned}$$

用双侧 $t_{0.05}$=2.131 得 y_0 的 95%置信区间为

$$7.8179 \pm 2.131 \times 0.6582 = (6.4152, 9.2205).$$

6.3.2 残差分析

1. 拟合残差

把 n 个样品点回代入公式有

$$\hat{y}_i = \boldsymbol{x}_i^{\mathrm{T}}\hat{\boldsymbol{\beta}}, \quad i = 1, 2, \cdots, n,$$

$\hat{e}_i = y_i - \boldsymbol{x}_i^{\mathrm{T}}\hat{\boldsymbol{\beta}}$ 称为拟合残差, SAS 软件中记为 RESID_i, 它的理论均值为零. 利用 (6.3.1) 知

$$\hat{\boldsymbol{E}} = (\boldsymbol{I} - \boldsymbol{H})\boldsymbol{Y},$$

所以

$$\mathrm{Var}(\hat{\boldsymbol{E}}) = \sigma^2(\boldsymbol{I}-\boldsymbol{H})^{\mathrm{T}}(\boldsymbol{I}-\boldsymbol{H}) = \sigma^2(\boldsymbol{I}-\boldsymbol{H}),$$

可求得 $\hat{e}_i = y_i - \boldsymbol{x}_i^{\mathrm{T}}\hat{\boldsymbol{\beta}}$ 的标准误为

$$\mathrm{STDERR}(\mathrm{RESID}_i) = s_e\sqrt{1-h_i}. \tag{6.3.4}$$

e_i 是有单位的, 去除 e_i 的单位后的统计量称为**学生氏残差** (studentized residual), 记为

$$\mathrm{STUDENT}_i = \frac{\hat{e}_i}{s_e\sqrt{1-h_i}}. \tag{6.3.5}$$

在大样本时, 此残差近似于标准化正态变量. 记 $\mathrm{RSTUDENT}_i$ 是删去第 i 个样本点后, 第 i 点上的 STUDENT 残差. 利用它们可检查样本点是否有 "突出点", 也可以对它作图, 检查残差的正态性. 拟合的残差总是偏小的, RSTUDENT 残差一般总是大些, 但也比较客观, 它类似于下面的预测残差.

2. 预测残差 (predicted residual)

第 i 个样本点的预测残差定义即为 (6.2.17) 中的 f_i (SAS 软件中记为 PRESID_i), 即残差 f_i 可以看成是样本外的考核残差, 这是"**刀切法**"的思想. 显然, 它客观地估计了模型的预报残差. 它与拟合残差的关系为 $\mathrm{PRESID}_i = \hat{e}_i/(1-h_i)$. 由于 $0 \leqslant h_i \leqslant 1$, 所以预报残差总是不低于拟合残差. 考察一个回归模型优良性的另一个指标是预测残差的平方和 PRESS. 用 PRESS 作为模型的优良性指标应该是更客观、更合理的, 但它只能用于比较同一个 y, 对于不同的变量 $\boldsymbol{x}$ 构成的模型或不同的样本, 显然, PRESS 不具可比性.

6.3.3 寻找强影响点

从理论上来讲, 每一个样本点对回归模型的影响都应该是同等的, 但实际上却并不如此. 有些样本点对回归模型的影响可能会很大, 识别及找出这种样本点常常是很必要的. 有的样本点可能是抽样中的"过失"造成的, 这种点显然应该被删去.

寻找强影响点的方法很多, 常用的有如下几个:

(1) 看扛杆点 $(h_1, h_2, \cdots, h_n)$ 的值. 从上述公式可以看出, 扛杆点在残差理论及预报精度上作用极大, n 个扛杆点的中心位置是 $(p-1)/n$, 因此, 远离中心位置的值可能是强影响点.

(2) 从残差的角度, 找残差的绝对值很大的点. 可以使用预测残差 (PRESID_i), 学生残差 ($\mathrm{STUDENT}_i$) 等.

(3) 检查每一个样本点对标准化回归系数的影响. 如果某一个点去除后, 回归系数的估计与用全部样本的估计相差大, 则可认为该样本点为强影响点. 在 SAS 软件中, 其指标为 DFBETA.

(4) 检查每一个样本点对预测值的影响. 如果某个点移去后, 预测值的变化很大, 则它应该是强影响点. 在 SAS 软件中, 这是 DFFIT 值.

6.3.4 共线性的诊断

共线性是指自变量之间存在某种线性关系. 这种关系的存在造成自变量的相关阵及离差阵的不可逆或近似不可逆, 由此对回归系数或应变量的预报会造成严重问题, 也常出现回归系数的符号反常问题[15,16,37]. 因此, 识别变量间是否有共线性是非常必要的.

共线性关系的识别共分两类:

1. 基于复相关系数的方法

(1) 复相关系数 $R_{(i)}$ 法. 记 $R_{(i)}$ 是变量 x_i 在其他自变量上的复相关系数. 若 $R_{(i)}$ 接近于 1, 则说明 x_i 与其他自变量大体上有共线性关系.

(2) 容许度 (tolerane)TOL 法.

$$\mathrm{TOL} = 1 - R_{(i)}^2,$$

显然, TOL 越近似于零, 则共线性程度越大.

(3) 方差膨胀因子 VIF(variance inflation factor).

$$\mathrm{VIF} = \frac{1}{\mathrm{TOL}},$$

VIF 越大, 则共线性越大.

2. *基于特征根的方法*

原理 如果相关阵 $\boldsymbol{R}$ (或 $\boldsymbol{X}^{\mathrm{T}}\boldsymbol{X}$) 的特征根中有一个等于零, 则由特征根的定义可以得出, $(x_1, \cdots, x_{p-1})$ 之间必存在线性关系 (反之也成立). 具体识别方法如下:

(1) 若 $\boldsymbol{X}^{\mathrm{T}}\boldsymbol{X}$ 有 r 个特征根是零根, 则说明变量之间必有 r 个线性关系式.

(2) 条件指数法 (condition index),

$$\mathrm{Condindex} = \{最大特征根/最小特征根\}^{1/2}.$$

共线性问题是实际工作中经常遇到的问题, 解决此问题常用的是**岭回归分析**, 可参见文献 [7], [11]. 但目前越多的人也使用**偏最小二乘回归方法**, 可参见文献 [17], [18].

6.3.5 线性回归关系的检查

变量间的线性回归关系是否合理可以用图示法直观地作出判断. 原理如下: 要考察自变量 x_1 与 y 的线性关系是否成立 (在固定其他自变量的条件下), 记

e_y 为 y 在 $(x_2, \cdots, x_{p-1})$ 上的线性回归上的残差,

e_x_1 为 x_1 在 $(x_2, \cdots, x_{p-1})$ 上的线性回归上的残差,

再把 e_y 与 e_x_1 作**散点图**. 若 x_1 与 y 在扣除 $(x_2, \cdots, x_{p-1})$ 的影响后有线性关系, 则上述散点图必然在某斜直线上下波动. 此斜直线的斜率即为 y 与 $(x_1, \cdots, x_{p-1})$ 回归中 x_1 的 (偏) 回归系数. 因此, 若上述散点图中的散点都在一水平线上下波动, 则说明 x_1 在扣去 $(x_2, \cdots, x_{p-1})$ 的影响后与 y 没有线性回归关系. 若此散点呈有规则的非线性关系, 则由此也可以判断 x_1 与 y 存在可能的某种非线性关系. 上述散点图称为**偏回归图** (partial regression plot).

在例 6.1.1 中, 以 W 作应变量, 对 (z_1, z_2) 作线性回归. z_1 及 z_2 的偏回归图如图 6.3.1(a), (b) 所示. 可以看出, 非线性比较明显, 而 W 对 (z_1, z_2) 的复相关系数平方为 0.625. 以 y 作应变量, (x_1, x_2) 为自变量作回归, x_1 及 x_2 的偏回归图如图 6.3.1(c), (d) 所示. 可以看出, (c), (d) 两图的线性程度明显优于 (a), (b) 两图的线性程度, 复相关系数平方为 0.734.

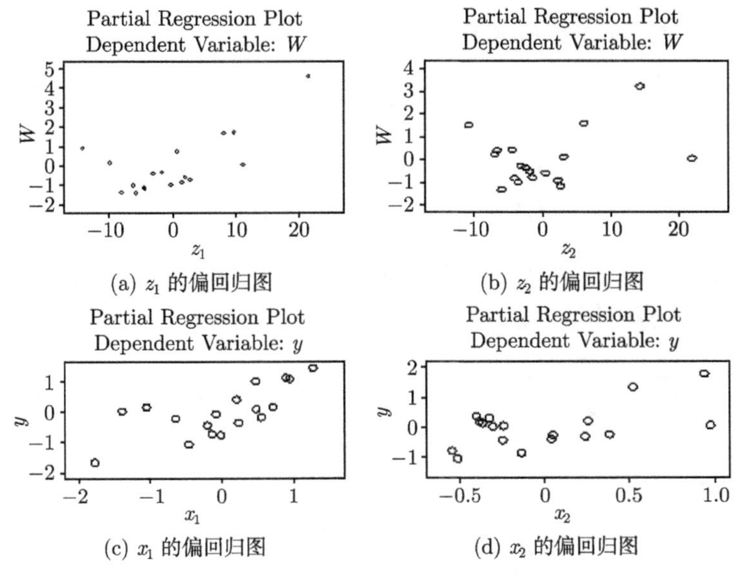

(a) z_1 的偏回归图　(b) z_2 的偏回归图

(c) x_1 的偏回归图　(d) x_2 的偏回归图

图 6.3.1　例 6.1.1 数据中两种线性回归的比较

6.4 两组变量间的相关分析 —— 典则分析

6.4.1 一般概念

典则分析 (canonical analysis) 也称为**典则相关分析**或典型相关分析 (canonical correlation analysis)[24].

例 6.4.1 形体老化的因素分析[25]. 李秀琴大夫曾收集北京市某地区 40 岁以上全体居民的健康情形. 人的老化程度有如下 5 个指标 (称为老人症):

白斑 (y_1)、老年斑 (y_2)、闭目单腿直立时间 (y_3)、老年环 (y_4)、脱齿数 (y_5), 同时测量每个人的所有疾病. 由于疾病种类繁多, 按医学知识, 把疾病分成 13 类 (去掉仅有 3 例的肿瘤), 名称如表 6.4.2 所示, 并分别记为 $(x_1, x_2, \cdots, x_{13})$. 把每个老人症及每个疾病都用打分法: 正常或没有老人症的记为 0 分, 视疾病严重 (或老化) 程度分数逐步增加, 最多是 10 分; 唯一例外是对 y_3 的打分法: 直立时间越长, y_3 值越大, 即越年轻. 这样全部指标都被数量化. 如何分析疾病与老人症之间的整体关系?

设同时观察到两组已经**标准化了的变量** $\boldsymbol{x} = (x_1, \cdots, x_p)^{\mathrm{T}}, \boldsymbol{y} = (y_1, \cdots, y_q)^{\mathrm{T}}$. 要同时构造下面两个线性综合指标及名称:

$$
\begin{aligned}
&\text{VAR 变量:} \quad & v(\boldsymbol{y}) = \alpha_1 y_1 + \alpha_2 y_2 + \cdots + \alpha_q y_q = \boldsymbol{\alpha}^{\mathrm{T}} \boldsymbol{y}, \\
&\text{WITH 变量:} \quad & w(\boldsymbol{x}) = \beta_1 x_1 + \beta_2 x_2 + \cdots + \beta_p x_p = \boldsymbol{\beta}^{\mathrm{T}} \boldsymbol{x},
\end{aligned} \tag{6.4.1}
$$

并且规定 $v(\boldsymbol{y})$ 与 $w(\boldsymbol{x})$ 的方差都为 1. 参数向量 $\boldsymbol{\alpha} = (\alpha_1, \cdots, \alpha_q)^{\mathrm{T}}, \boldsymbol{\beta} = (\beta_1, \cdots, \beta_p)^{\mathrm{T}}$

的选取要使 $v(y)$ 与 $w(x)$ 有最大的相关性, 即要求

$$\rho = \text{Corr}(\boldsymbol{\alpha}^{\text{T}}\boldsymbol{y}, \boldsymbol{\beta}^{\text{T}}\boldsymbol{x}) = \boldsymbol{\alpha}^{\text{T}}\boldsymbol{R}_{yx}\boldsymbol{\beta} = \max_{\boldsymbol{\alpha},\boldsymbol{\beta}}, \tag{6.4.2}$$

上述约束变为

$$\boldsymbol{\alpha}^{\text{T}}\boldsymbol{R}_{yy}\boldsymbol{\alpha} = 1, \quad \boldsymbol{\beta}^{\text{T}}\boldsymbol{R}_{xx}\boldsymbol{\beta} = 1, \tag{6.4.3}$$

其中 $\boldsymbol{R}_{yx} = (\text{Corr}(y_i, x_j))$ 为 $\boldsymbol{y}$ 与 $\boldsymbol{x}$ 间的相关阵, 类似地, 记 $\boldsymbol{R}_{yy} = (\text{Corr}(y_i, y_j))$, $\boldsymbol{R}_{xx} = (\text{Corr}(x_i, x_j))$. 显然, $\boldsymbol{R}_{yx} = \boldsymbol{R}_{xy}^{\text{T}}$. 求 (6.4.2) 在 (6.4.3) 下的极值, 即求

$$G = \boldsymbol{\alpha}^{\text{T}}\boldsymbol{R}_{yx}\boldsymbol{\beta} - \frac{1}{2}\lambda_2(\boldsymbol{\alpha}^{\text{T}}R_{yy}\boldsymbol{\alpha} - 1) - \frac{1}{2}\lambda_1(\boldsymbol{\beta}^{\text{T}}\boldsymbol{R}_{xx}\boldsymbol{\beta} - 1) = \max.$$

从 $\dfrac{\partial G}{\partial \boldsymbol{\alpha}} = \mathbf{0}, \dfrac{\partial G}{\partial \boldsymbol{\beta}} = \mathbf{0}$ 得

$$\frac{\partial G}{\partial \boldsymbol{\alpha}} = \boldsymbol{R}_{yx}\boldsymbol{\beta} - \lambda_1\boldsymbol{R}_{yy}\boldsymbol{\alpha} = \mathbf{0}, \tag{6.4.4}$$

$$\frac{\partial G}{\partial \boldsymbol{\beta}} = \boldsymbol{R}_{xy}\boldsymbol{\alpha} - \lambda_2\boldsymbol{R}_{xx}\boldsymbol{\beta} = \mathbf{0}. \tag{6.4.5}$$

将式 (6.4.4) 代入下式:

$$\lambda_1 = \lambda_1(\boldsymbol{\alpha}^{\text{T}}\boldsymbol{R}_{yy}\boldsymbol{\alpha}) = \lambda_1\boldsymbol{\alpha}^{\text{T}}(\boldsymbol{R}_{yy}\boldsymbol{\alpha}) = \lambda_1\boldsymbol{\alpha}^{\text{T}}\left(\frac{1}{\lambda_1}\boldsymbol{R}_{yx}\boldsymbol{\beta}\right) = \boldsymbol{\alpha}^{\text{T}}\boldsymbol{R}_{yx}\boldsymbol{\beta}. \tag{6.4.6}$$

同理可得

$$\lambda_2 = \boldsymbol{\beta}^{\text{T}}\boldsymbol{R}_{xy}\boldsymbol{\alpha} = \boldsymbol{\alpha}^{\text{T}}\boldsymbol{R}_{yx}\boldsymbol{\beta} = \lambda_1 \text{ (记为 } \rho).$$

因此, 式 (6.4.4) 及 (6.4.5) 可改写为

$$\boldsymbol{R}_{yx}\boldsymbol{\beta} - \rho\boldsymbol{R}_{yy}\boldsymbol{\alpha} = \mathbf{0}, \quad \boldsymbol{R}_{xy}\boldsymbol{\alpha} - \rho\boldsymbol{R}_{xx}\boldsymbol{\beta} = \mathbf{0}.$$

从后式得 $\boldsymbol{\beta} = \dfrac{1}{\rho}\boldsymbol{R}_{xx}^{-1}\boldsymbol{R}_{xy}\boldsymbol{\alpha}$, 代入前式得

$$\boldsymbol{R}_{yx}\boldsymbol{R}_{xx}^{-1}\boldsymbol{R}_{xy}\boldsymbol{\alpha} - \rho^2\boldsymbol{R}_{yy}\boldsymbol{\alpha} = \mathbf{0}. \tag{6.4.7}$$

同理有

$$\boldsymbol{R}_{xy}\boldsymbol{R}_{yy}^{-1}\boldsymbol{R}_{yx}\boldsymbol{\beta} - \rho^2\boldsymbol{R}_{xx}\boldsymbol{\beta} = \mathbf{0}. \tag{6.4.8}$$

求解上述两方程, 实际上仅求一组即可. 例如, 求出 (6.4.7) 的特征根 ρ_i^2 及 $\boldsymbol{\alpha}_i$, 则必有

$$\boldsymbol{\beta}_i = \rho_i^{-1}\boldsymbol{R}_{xx}^{-1}\boldsymbol{R}_{xy}\boldsymbol{\alpha}_i.$$

记

$$r = \min\{p, q\},$$

(6.4.7) 或 (6.4.8) 的正特征根 ρ^2 的个数必不超过 r (其余全是零特征根), 记为

$$\rho_1^2 \geqslant \rho_2^2 \geqslant \cdots \geqslant \rho_r^2 \geqslant 0.$$

记对应于 ρ_i^2 的特征向量为 $\boldsymbol{\alpha}_i$ 及 $\boldsymbol{\beta}_i$, 分量形式为

$$\boldsymbol{\alpha}_i = (\alpha_{1i}, \alpha_{2i}, \cdots, \alpha_{qi})^{\mathrm{T}}, \quad \boldsymbol{\beta}_i = (\beta_{1i}, \beta_{2i}, \cdots, \beta_{pi})^{\mathrm{T}}, \quad i = 1, 2, \cdots, r,$$

即得 (6.4.1) 的 r 组综合指标, 记为

$$\begin{aligned} v_i(\boldsymbol{y}) &= \alpha_{1i}y_1 + \alpha_{2i}y_2 + \cdots + \alpha_{qi}y_q, \\ w_i(\boldsymbol{x}) &= \beta_{1i}x_1 + \beta_{2i}x_2 + \cdots + \beta_{pi}x_p, \quad i = 1, 2, \cdots, r. \end{aligned} \tag{6.4.9}$$

式 (6.4.9) 中 $\boldsymbol{x}$ 及 $\boldsymbol{y}$ 都是已经标准化的了, 实际使用时都要还原成原始变量的形式. (6.4.9) 中的系数称为**标准化典则系数**, (v_i, w_i) 称为第 i 组**典则变量**, 它们间的相关系数为 ρ_i.

6.4.2 基本公式

典则分析中可以分析出变量间的很多关系, 这里仅列出如下有用公式 (证明参见文献 [24]):

1. 典则变量 $\{\boldsymbol{w}_i, \boldsymbol{v}_i\}$ 之间有相关性

$$\begin{aligned} \mathrm{Corr}(w_i, w_j) &= \boldsymbol{\beta}_i^{\mathrm{T}} \boldsymbol{R}_{xx} \boldsymbol{\beta}_j = \delta_{ij}, \\ \mathrm{Corr}(v_i, v_j) &= \boldsymbol{\alpha}_i^{\mathrm{T}} \boldsymbol{R}_{yy} \boldsymbol{\alpha}_j = \delta_{ij}, \\ \mathrm{Corr}(w_i, v_j) &= \boldsymbol{\beta}_i^{\mathrm{T}} \boldsymbol{R}_{xy} \boldsymbol{\alpha}_j = \rho_i \delta_{ij}. \end{aligned} \tag{6.4.10}$$

由 (6.4.10), 不同组的典则变量是彼此不相关的. 也就是说, 典则分析是把 $(x_1, \cdots, x_p, y_1, \cdots, y_q)$ 的 $p+q$ 个变量分解成 r 组彼此不相关的综合指标 (w_1, v_1), (w_2, v_2), $\cdots$, (w_r, v_r). 注意: 这里的特征向量 $\{\boldsymbol{\alpha}_i\}$, $\{\boldsymbol{\beta}_i\}$ 以及 $\{\boldsymbol{\alpha}_i\}$ 与 $\{\boldsymbol{\beta}_i\}$ 之间彼此并不是正交的, 这与后面主成分分析中的特征向量情形不一样.

2. 每一个实测变量与典则变量有相关性

$$\begin{aligned} \mathrm{Corr}(x_i, w_j) &= \sum_{k=1}^{p} \beta_{kj} \mathrm{Corr}(x_i, x_k), \\ \mathrm{Corr}(y_i, v_j) &= \sum_{k=1}^{q} \alpha_{kj} \mathrm{Corr}(y_i, y_k), \\ \mathrm{Corr}(x_i, v_j) &= \sum_{k=1}^{q} \alpha_{kj} \mathrm{Corr}(x_i, y_k), \\ \mathrm{Corr}(y_i, w_j) &= \sum_{k=1}^{p} \beta_{kj} \mathrm{Corr}(y_i, x_k), \end{aligned} \tag{6.4.11}$$

即利用典则变量可以计算出每一个实测变量 (x_i 或 y_i) 与任一个典则变量间的相关系数.

这些相关性有下面的等式:

$$\begin{aligned}\text{Corr}(x_i, v_j) &= \rho_j \text{Corr}(x_i, w_j),\\ \text{Corr}(y_i, w_j) &= \rho_j \text{Corr}(y_i, v_j),\end{aligned} \tag{6.4.12}$$

进一步有

$$\sum_{j=1}^{p} \text{Corr}^2(x_i, w_j) = \sum_{j=1}^{q} \text{Corr}^2(y_i, v_j) = 1.$$

3. 典则变量在非奇异线性变换下有不变性

设 $\boldsymbol{P}$ 及 $\boldsymbol{Q}$ 是两个非奇异的方阵, 对原来的变量 $\boldsymbol{x}$ 及 $\boldsymbol{y}$ 作如下变换:

$$\boldsymbol{x}^* = \boldsymbol{P}\boldsymbol{x}, \quad \boldsymbol{y}^* = \boldsymbol{Q}\boldsymbol{y}.$$

对变换后的数据 $(\boldsymbol{x}^*, \boldsymbol{y}^*)$ 作典则分析, 记其典则变量为 (W_i^*, V_i^*), 相关系数为 ρ_i^*, 则可以证明, 对任何 i =1,2,$\cdots$, p (或 q) 有

$$\begin{aligned}&\rho_i^* = \rho_i,\\ &W_i^*(\boldsymbol{x}^*) = W_i(\boldsymbol{x}),\\ &V_i^*(\boldsymbol{y}^*) = V_i(\boldsymbol{y}).\end{aligned}$$

此性质有两个特例: ① 对数据的单位作任何改变都不会改变典则分析的结果; ② 对数据先作标准化处理与不作标准化处理 (这时用协方差阵代替相关阵), 典则变量的函数值是不变的. 因此, 作者认为, 从标准化数据出发, 还可以很方便地在不同变量间对比系数值, 这似乎比从协方差阵出发可求得更多的信息.

4. 变量的回归估计

记标准化后的数据矩阵为 $\boldsymbol{X}, \boldsymbol{Y}$. 记 $\hat{\boldsymbol{Y}}$ 为 $\boldsymbol{Y}$ 的最小二乘方意义下的线性回归估计, 类似地, $\hat{\boldsymbol{X}}$ 为 $\boldsymbol{X}$ 的回归估计, 则

$$\begin{aligned}\hat{\boldsymbol{Y}} &= \boldsymbol{X}\boldsymbol{\beta}\boldsymbol{\Lambda}\boldsymbol{\alpha}^{\mathrm{T}}\boldsymbol{R}_{yy},\\ \hat{\boldsymbol{X}} &= \boldsymbol{Y}\boldsymbol{\alpha}\boldsymbol{\Lambda}\boldsymbol{\beta}^{\mathrm{T}}\boldsymbol{R}_{xx},\end{aligned} \tag{6.4.13}$$

其中

$$\boldsymbol{\alpha} = (\boldsymbol{\alpha}_1, \boldsymbol{\alpha}_2, \cdots, \boldsymbol{\alpha}_r), \quad \boldsymbol{\beta} = (\boldsymbol{\beta}_1, \boldsymbol{\beta}_2, \cdots, \boldsymbol{\beta}_r), \quad \boldsymbol{\Lambda} = \text{diag}(\rho_1^2, \rho_2^2, \cdots, \rho_r^2).$$

(6.4.13) 说明, 可用广义特征根及特征向量表示回归函数值. 如果式 (6.4.1) 中是用协方差阵代替相关阵, 则 (6.4.13) 就是一般中心化了的函数值.

5. 决定系数

在 SAS 软件及一些书上称为冗余分析 (cananical rednndancy analysis), 分别记为

$$R^2_{x\cdot W_i(x)}, \quad R^2_{x\cdot V_i(y)}.$$

它表示变量 x 被它 "自己" 的 (W_i) 及 "对立" 的 (V_i) 的典则变量所解析的比例 (决定系数), 则可证明

$$\begin{aligned} R^2_{x\cdot W_i(x)} &= \frac{1}{p}\sum_{j=1}^{p}\mathrm{Corr}^2(x_j, w_i(x)), \\ R^2_{x\cdot V_i(y)} &= \frac{1}{p}\sum_{j=1}^{p}\mathrm{Corr}^2(x_j, v_i(y)), \quad i=1,2,\cdots,r. \end{aligned} \tag{6.4.14}$$

类似地,

$$\begin{aligned} R^2_{y\cdot V_i(y)} &= \frac{1}{q}\sum_{j=1}^{q}\mathrm{Corr}^2(y_j, v_i(y)), \\ R^2_{y\cdot W_i(x)} &= \frac{1}{q}\sum_{j=1}^{q}\mathrm{Corr}^2(y_j, w_i(x)), \quad i=1,2,\cdots,r. \end{aligned} \tag{6.4.15}$$

把 $\boldsymbol{x}$ (或 $\boldsymbol{y}$) 作为一个整体, 分别记 $R^2_{x\cdot W}(m), R^2_{y\cdot V}(m)$ 为用它们自己的 m 个典则变量解析 $\boldsymbol{x}$ 及 $\boldsymbol{y}$ 的决定系数, 则有

$$\begin{aligned} R^2_{x\cdot W}(m) &= \sum_{i=1}^{m} R^2_{x\cdot W_i}, \\ R^2_{y\cdot V}(m) &= \sum_{i=1}^{m} R^2_{y\cdot V_i}. \end{aligned} \tag{6.4.16}$$

类似地有

$$\begin{aligned} R^2_{x\cdot V}(m) &= \sum_{i=1}^{m} R^2_{x\cdot V_i}, \\ R^2_{y\cdot W}(m) &= \sum_{i=1}^{m} R^2_{y\cdot W_i}. \end{aligned} \tag{6.4.17}$$

特别地, 当 $m=r$ 时有等式 $R^2_{y\cdot W}(r) = R^2_{y\cdot x}$, $R^2_{x\cdot V}(r) = R^2_{x\cdot y}$. 第一个等式右边是 $\boldsymbol{y}$ 在 $\boldsymbol{x}$ 上的决定系数, 第二个等式右边是 $\boldsymbol{x}$ 在 $\boldsymbol{y}$ 上的决定系数.

6.4.3 典则变量个数的统计检验及变量的相对重要性

如果完全已知 $\boldsymbol{x}$ 与 $\boldsymbol{y}$ 之间的理论协方差阵 $\boldsymbol{\Sigma}_{xy}$, 则可以证明理论典则变量的个数 (正特征根 ρ_i^2 的个数) 就是 $\boldsymbol{\Sigma}_{xy}$ 的秩数. 但一般地, $\boldsymbol{\Sigma}_{xy}$ 是未知的, 常用样本去估计. 因此, 真正使典则变量有意义的应该是使式 (6.4.7) 中特征根明显大于零的典则变

量. 对此, 也可以使用统计检验公式, 当 $(\boldsymbol{x}^{\mathrm{T}}, \boldsymbol{y}^{\mathrm{T}})$ 是正态分布, 而样本数 n 较大时, 可用下面的公式检验零假设: 当指定 $m(<r)$ 后, 记

$$H_0 : \rho_m = 0,$$

记 $\{\rho_i^2\}$ 为 (6.4.7) 的特征根, 计算

$$\begin{aligned}
&\Lambda_m = (1-\rho_m^2)(1-\rho_{m+1}^2)\cdots(1-\rho_r^2), \quad r=\min\{p,q\},\\
&g_m = n-m-\frac{1}{2}(p+q+1),\\
&\chi_f^2 = -g_m \ln \Lambda_m, \quad \mathrm{df}=(p-m+1)(q-m+1),\\
&\mathrm{Pr} = P(\chi^2 \geqslant \chi_f^2),
\end{aligned} \tag{6.4.18}$$

若卡方值显著得大, 则说明第 m 个典则相关系数显著地不为零, 这时, 可再对 $\rho_{m+1}=0$ 作检验, 依次类推.

6.4.4 变量的相对重要性

$p+q$ 个实测变量 $(x_1,\cdots,x_p,y_1,\cdots,y_q)$ 对典则变量的贡献是不同的, 如何衡量? 下面可证明: 典则变量经任何正交旋转后都不会改变任两个样本点上综合值的距离, 即选用 r 个特征向量时, 令

$$\boldsymbol{\alpha}=(\boldsymbol{\alpha}_1,\boldsymbol{\alpha}_2,\cdots,\boldsymbol{\alpha}_r), \quad \boldsymbol{\beta}=(\boldsymbol{\beta}_1,\boldsymbol{\beta}_2,\cdots,\boldsymbol{\beta}_r),$$

其中 $\boldsymbol{\alpha}$ 及 $\boldsymbol{\beta}$ 分别为 $q\times r$ 及 $p\times r$ 矩阵. 令

$$\boldsymbol{V}(\boldsymbol{y})=(V_1(\boldsymbol{y}),\cdots,V_r(\boldsymbol{y}))^{\mathrm{T}}=\boldsymbol{\alpha}^{\mathrm{T}}\boldsymbol{y},$$

$$\boldsymbol{W}(\boldsymbol{x})=(W_1(\boldsymbol{x}),\cdots,W_r(\boldsymbol{x}))^{\mathrm{T}}=\boldsymbol{\beta}^{\mathrm{T}}\boldsymbol{x},$$

$\boldsymbol{V}(\boldsymbol{y}),\boldsymbol{W}(\boldsymbol{x})$ 分别是 $r\times 1$ 的向量. 把所有典则系数放在一起, 记为 $\boldsymbol{\varPsi}$, 即记

$$\boldsymbol{\varPsi}=\begin{pmatrix}\boldsymbol{\alpha}_1 & \boldsymbol{\alpha}_2 & \cdots & \boldsymbol{\alpha}_r\\ \boldsymbol{\beta}_1 & \boldsymbol{\beta}_2 & \cdots & \boldsymbol{\beta}_r\end{pmatrix}=\begin{pmatrix}\boldsymbol{\alpha}\\ \boldsymbol{\beta}\end{pmatrix}_{(p+q)\times r},$$

对 $\boldsymbol{\varPsi}$ 作任一个正交变换 $\boldsymbol{\varGamma}$, 即记

$$\boldsymbol{\alpha}^*=\boldsymbol{\alpha}\boldsymbol{\varGamma}, \quad \boldsymbol{\beta}^*=\boldsymbol{\beta}\boldsymbol{\varGamma}, \quad \boldsymbol{\varPsi}^*=\boldsymbol{\varPsi}\boldsymbol{\varGamma},$$

则用 $\boldsymbol{\varPsi}^*$ 代替 $\boldsymbol{\varPsi}$ 作出的典则变量记为 $\boldsymbol{W}^*(\boldsymbol{x}),\boldsymbol{V}^*(\boldsymbol{y})$, 则可以简单地证明: 对任何两点 $(\boldsymbol{x}^{(1)},\boldsymbol{y}^{(1)}),(\boldsymbol{x}^{(2)},\boldsymbol{y}^{(2)})$ 有

$$\begin{aligned}
&\|\boldsymbol{V}^*(\boldsymbol{y}^{(2)})-\boldsymbol{V}^*(\boldsymbol{y}^{(1)})\|^2=\|\boldsymbol{V}(\boldsymbol{y}^{(2)})-\boldsymbol{V}(\boldsymbol{y}^{(1)})\|^2=(\boldsymbol{y}^{(2)}-\boldsymbol{y}^{(1)})^{\mathrm{T}}\boldsymbol{\alpha}\boldsymbol{\alpha}^{\mathrm{T}}(\boldsymbol{y}^{(2)}-\boldsymbol{y}^{(1)}),\\
&\|\boldsymbol{W}^*(\boldsymbol{x}^{(2)})-\boldsymbol{W}^*(\boldsymbol{x}^{(1)})\|^2=\|\boldsymbol{W}(\boldsymbol{x}^{(2)})-\boldsymbol{W}(\boldsymbol{x}^{(1)})\|^2=(\boldsymbol{x}^{(2)}-\boldsymbol{x}^{(1)})^{\mathrm{T}}\boldsymbol{\beta}\boldsymbol{\beta}^{\mathrm{T}}(\boldsymbol{x}^{(2)}-\boldsymbol{x}^{(1)}),
\end{aligned}$$

即典则系数经任何正交旋转后都不会改变任两个实测点上综合值的距离. 因此, 可以在欧氏空间上对典则系数作图, 分析变量间的关系, 也可以用下面的方法确定典则变量中哪些实测变量对共性提供了较大的贡献 (也可以称为**变量的共性**). 令

$$\begin{aligned} d_y^2(j) &= \sum_{t=1}^{r} \alpha_{jt}^2, \quad j = 1, 2, \cdots, q, \\ d_x^2(i) &= \sum_{t=1}^{r} \beta_{it}^2, \quad i = 1, 2, \cdots, p, \end{aligned} \tag{6.4.19}$$

其中 $d_y^2(j)$ 即为 $\boldsymbol{\alpha}\boldsymbol{\alpha}^{\mathrm{T}}$ 中第 j 对角线元素, $d_x^2(i)$ 为 $\boldsymbol{\beta}\boldsymbol{\beta}^{\mathrm{T}}$ 中第 i 对角线元素. 由 $\boldsymbol{\alpha}\boldsymbol{\alpha}^{\mathrm{T}}$ 及 $\boldsymbol{\beta}\boldsymbol{\beta}^{\mathrm{T}}$ 在正交变换下的不变性, 因此, 可以把 $d_y^2(j)$ 及 $d_x^2(i)$ 称为实测变量 y_j 及 x_i 对于典则变量的贡献, 式 (6.4.19) 中也可以把 r 改成人为指定的典则变量个数 k, 上述不变性公式仍然成立.

例 6.4.2 对 25 个家庭中第一个及第二个成年儿子的头颅长及宽作测量 (见 SAS 说明书数据), 记

x_1, x_2 为第一个儿子的头颅长及宽,

y_1, y_2 为第二个儿子的头颅长及宽.

数据及 SAS 软件中的语法如下:

```
data head;
input  x1  x2  y1  y2@@;
cards;
    191  155  179  145  188  151  187  158  197  159  189  152
    195  149  201  152  163  137  161  130  174  143  178  147
    181  148  185  149  195  155  183  158  188  152  197  159
    183  153  188  149  186  153  173  148  176  139  176  143
    176  144  171  142  181  145  182  146  192  150  187  151
    208  157  192  152  175  140  165  137  197  167  200  158
    189  150  192  149  192  154  185  152  174  150  185  152
    179  158  186  148  190  163  187  150  183  147  174  147
    190  159  195  157
    ;
proc cancorr all;
    with  x1  x2;
    var  y1  y2;
run;
```

计算结果如表 6.4.1 所示.

表 6.4.1　例 6.4.2 的典则分析结果

```
                    Canonical Correlation Analysis

                       Adjusted         Approx          Squared
         Canonical    Canonical       Standard        Canonical
       Correlation  Correlation          Error      Correlation

1         0.787868     0.773988       0.077417         0.620736
2         0.062354            .       0.203331         0.003888

           Eigenvalues of INV(E)*H = CanRsq/(1-CanRsq)

        Eigenvalue    Difference     Proportion     Cumulative
1           1.6367        1.6328         0.9976         0.9976
2           0.0039             .          0.0024          1.0000

          Test of HO: The canonical correlations in the
            current row and all that follow are zero
       Likelihood
            Ratio     Approx F    Num DF   Den DF   Pr > F
1      0.37778949     6.5830      4        42       0.0003
2      0.99611201     0.0859      1        22       0.7722

Multivariate Statistics and F Approximations
        S=2     M=-0.5     N=9.5

Statistic                     Value          F Num DF Den DF   Pr > F
Wilks' Lambda             0.37778949  6.5830    4      42     0.0003
Pillai's Trace            0.62462392  4.9956    4      44     0.0021
Hotelling-Lawley Trace    1.64058848  8.2029    4      40     0.0001
Roy's Greatest Root       1.63668532 18.0035    2      22     0.0001
  NOTE: F Statistic for Roy's Greatest Root is an upper bound.
  NOTE: F Statistic for Wilks' Lambda is exact.

        Raw Canonical Coefficients for the 'VAR' Variables

              V1                 V2
     Y1   0.0487743766      -0.172732491
     Y2   0.0821955474       0.257338246
```

续表

```
    Raw Canonical Coefficients for the 'WITH' Variables

                W1                 W2
      X1  0.0569728057      -0.139806082
      X2  0.0701931324      0.1871544213

     Standardized Canonical Coefficients for the 'VAR' Variables

(6.4.9)

                  V1              V2
           Y1     0.4926         -1.7445
           Y2     0.5515          1.7267

    Standardized Canonical Coefficients for the 'WITH' Variables

(6.4.9)

                  W1              W2
          X1      0.5562         -1.3648
          X2      0.5175          1.3799

             Canonical Structure

     Correlations Between the 'VAR' Variables and Their Canonical
  Variables
(6.4.11)

                 V1               V2
          Y1     0.9526           -0.3043
          Y2     0.9624            0.2717

    Correlations Between the 'WITH' Variables and Their Canonical
 Variables
(6.4.11)          W1              W2
             X1    0.9363         -0.3512
             X2    0.9261          0.3774
```

续表

```
          Correlations Between the 'VAR' Variables and
          the Canonical Variables of the 'WITH' Variables

(6.4.11)          W1            W2
          Y1  0.7505        -0.0190
          Y2  0.7582        0.0169

          Correlations Between the 'WITH' Variables and
          the Canonical Variables of the 'VAR' Variables

(6.4.12)          V1          V2
         X1   0.7377      -0.0219
         X2   0.7296       0.0235

         Canonical Redundancy Analysis
            ............

        Standardized Variance of the 'VAR' Variables
(6.4.15)
                        Explained by
                 Their Own                    The Opposite
            Canonical Variables            Canonical Variables

                  Cumulative      Canonical      Cumulative
      Proportion   Proportion      R-Squared  Proportion  Proportion
   1    0.9168      0.9168          0.6207      0.5691     0.5691
   2    0.0832      1.0000          0.0039      0.0003     0.5694

             Standardized Variance of the 'WITH' Variables
(6.4.14)
vs                           Explained by
(6.4.17)           Their Own                 The Opposite
          Canonical Variables             Canonical Variables

                  Cumulative               Canonical     Cumulative
     Proportion    Proportion  R-Squared  Proportion     Proportion
   1    0.8671      0.8671      0.6207     0.5383          0.5383
```

续表

2	0.1329	1.0000	0.0039	0.0005	0.5388

```
        Squared Multiple Correlations Between the 'VAR' Variables and
        the First 'M' Canonical Variables of the 'WITH' Variables

(6.4.16)    M           1          2
           Y1      0.5633     0.5636
           Y2      0.5749     0.5752

        Squared Multiple Correlations Between the 'WITH' Variables and
        the First 'M' Canonical Variables of the 'VAR' Variables

(6.4.16)   M           1          2
          X1      0.5442     0.5447
          X2      0.5323     0.5329
```

注: `proc reg; model y1 y2=x1 x2; run;`

`output:  Dependent Variable:  Y1 R-square 0.5636 on (x1 x2)`

从表 6.4.1 可见

$$R^2_{y\cdot x}(=R^2_{y\cdot W}(2))=0.5694,$$
$$R^2_{x\cdot y}(=R^2_{x\cdot V}(2))=0.5388.$$

即用第一个儿子的头长及宽去拟合第二个儿子, 与用第二个儿子的信息去拟合第一个儿子是差不多的. 而 4 个变量对典则变量的贡献大小可以由标准化典则系数求出,

$x_1: d^2{=}0.5562^2{+}1.3648^2{=}2.1720,\quad x_2: d^2{=}0.5175^2{+}1.3799^2{=}2.1719,$

$y_1: d^2{=}0.4926^2{+}1.7445^2{=}3.2859,\quad y_2: d^2{=}0.5515^2{+}1.7267^2{=}3.2856.$

由此看来, 第二个儿子 ($\boldsymbol{y}$) 的头长与宽比第一个儿子 ($\boldsymbol{x}$) 的贡献要大, 而长与宽对典则变量的贡献几乎没有差别.

标准化典则变量公式为

$$v_1=0.4926y_1^*+0.5515y_2^*,\quad v_2=-1.7445y_1^*+1.7267y_2^*,$$
$$w_1=0.5562x_1^*+0.5174x_2^*,\quad w_2=-1.3648x_1^*+1.3799x_2^*,$$

其中 x^*,y^* 为标准化数据. 从上述公式的系数可见, 第一组典则变量基本上是 "长+宽" 变量, 第二组典则变量基本上是 "宽−长" 变量, 而这两组变量是彼此不相关的.

再看例 6.4.1 中老人症与疾病的典则分析的计算结果[21]. 此例中, $q=5,p=13,$

n =1495, 它们的相关阵为

$$
\boldsymbol{R}_{xy} = \begin{pmatrix}
0.034 & -0.023 & -0.031 & 0.221 & 0.224 & -0.044 & 0.032 & 0.009 & -0.066 & -0.018 & -0.071 & -0.006 & -0.063 \\
0.071 & 0.019 & -0.032 & 0.093 & 0.116 & -0.021 & 0.047 & -0.032 & -0.018 & 0.036 & -0.020 & -0.013 & -0.017 \\
0.054 & 0.046 & -0.019 & -0.030 & -0.013 & 0.002 & 0.009 & 0.089 & -0.028 & -0.031 & 0.066 & -0.047 & -0.027 \\
-0.022 & -0.034 & -0.022 & 0.040 & -0.013 & -0.019 & -0.037 & 0.027 & 0.098 & 0.156 & -0.090 & 0.109 & 0.117 \\
0.012 & 0.012 & 0.019 & -0.118 & -0.096 & 0.002 & -0.015 & 0.004 & 0.061 & -0.041 & 0.042 & 0 & -0.019
\end{pmatrix},
$$

$$
\boldsymbol{R}_{xx} = \begin{pmatrix}
-0.027 & 1 \\
-0.021 & 0.091 & 1 \\
0.052 & -0.065 & -0.034 & 1 \\
0.037 & -0.057 & -0.063 & 0.772 & 1 \\
0.003 & -0.016 & -0.013 & 0.018 & 0.003 & 1 \\
0.009 & 0.014 & 0.029 & 0.042 & 0.044 & -0.017 & 1 \\
-0.030 & 0.053 & 0.036 & -0.094 & -0.080 & -0.030 & -0.02 & 1 \\
0.000 & -0.023 & -0.041 & 0.087 & 0.041 & 0.061 & 0 & -0.027 & 1 \\
0.014 & -0.080 & -0.004 & 0.279 & 0.098 & 0.019 & 0.009 & -0.057 & 0.315 & 1 \\
-0.024 & 0.047 & -0.038 & -0.122 & -0.047 & 0.011 & -0.011 & 0.024 & -0.073 & -0.268 & 1 \\
-0.021 & -0.088 & -0.030 & 0.172 & 0.081 & -0.013 & -0.043 & -0.060 & 0.249 & 0.466 & -0.137 & 1 \\
0.020 & -0.067 & -0.009 & 0.163 & 0.040 & 0.025 & -0.018 & 0.013 & 0.194 & 0.447 & -0.164 & 0.407 & 1
\end{pmatrix},
$$

$$
\boldsymbol{R}_{yy} = \begin{pmatrix}
1 \\
0.156 & 1 \\
-0.070 & -0.039 & 1 \\
-0.070 & -0.046 & 0.001 & 1 \\
-0.116 & -0.052 & 0.013 & -0.019 & 1
\end{pmatrix}.
$$

从 $(\boldsymbol{y}^{\mathrm{T}}, \boldsymbol{x}^{\mathrm{T}})$ 的这些相关系数可以看出, 变量间的相关性大部分都极小. 利用 (6.4.7) 可得特征根 ρ_i^2. ρ_i 的值列于表 6.4.2 中. 可计算出特征根显著性检验的概率值 Pr 为

$$0.0000, \quad 0.0000, \quad 0.0320, \quad 0.2622, \quad 0.3988.$$

由此可见, 前三个相关系数显著地不为零. 因此, 取三个典则变量. 表 6.4.2 中列出全部 5 个典则变量的标准化典则系数.

表 6.4.2 例 6.4.1 中标准化典则系数 (略去绝对值低于 0.3 者)

组号 i	1	2	3	4	5	变量贡献
相关系数 ρ_i	0.3044*	0.2068*	0.1314*	0.0971*	0.0794*	
$V(y)$						
白斑 y_1	0.838	—	—	−0.399	0.385	1.046
老年斑 y_2	—	—	0.532	0.809	—	1.029
单腿直立 y_3	—	−0.390	0.766	−0.505	—	1.006
老年环 y_4	—	0.900	0.382	—	—	1.009
脱齿 y_5	−0.300	—	—	—	0.947	1.016
$W(x)$						
冠心病 x_1	—	—	0.506	—	0.337	0.477
血脂 x_2	—	—	0.312	—	—	—
肝炎 x_3	—	—	—	—	—	—
呼吸道病 x_4	0.527	0.352	−0.305	−0.608	−0.300	0.953
胃病 x_5	0.411	−0.300	—	0.528	0.310	0.684
糖尿病 x_6	—	—	—	—	—	—
精神病 x_7	—	—	—	—	—	—
贫血 x_8	—	—	0.473	−0.805	—	0.882
收缩压 x_9	—	—	—	—	0.742	0.673
舒张压 x_{10}	—	0.364	0.676	0.446	−0.405	0.953
心电图异常 x_{11}	—	−0.361	—	—	—	0.299
关节病 x_{12}	—	—	—	—	0.391	—
泌尿感染 x_{13}	—	—	—	—	−0.414	—

* 表示经统计检验有显著性 ($p \leqslant 0.05$).

表 6.4.2 的解释如下：表内绝对值较小的变量可以忽视, 仅把绝对值大的 (这里取 0.30 为界) 记下, 则

第 1 组典则变量的意义为：

白斑多 (0.838) 而不脱齿 (−0.300) 者往往伴有呼吸道病 (0.527) 及胃病 (0.411);

第 2 组典则变量的意义为：

老年环多 (0.900) 且单腿直立时间短者 (−0.390) 常伴有呼吸道病 (0.352), 舒张压高 (0.364) 而心电图正常 (−0.361);

第 3 组典则变量的意义为：

单腿直立时间长 (0.766)、老年斑多 (0.532)、老年环多 (0.382) 者多伴有高的舒张压 (0.676)、冠心病 (0.506) 及贫血 (0.473).

对变量间的这种相伴关系除了用标准化典则系数外, 也可以采用每一个变量与典则变量的相关系数 $\{\mathrm{Corr}(x_i, w_j), \mathrm{Corr}(y_i, v_j)\}$ 作解释, 在例 6.4.1 中, 这些关系如表 6.4.3 所示. 比较表 6.4.2 与表 6.4.3 可以发现, 表 6.4.3 中某些数值更突出了, 特别是第 2 组典则变量中关节病 (0.564) 与泌尿感染 (0.569) 的作用更大了. 因此, 为了多考虑一些变量, 表 6.4.3 的结果可能更受欢迎.

表 6.4.3　与典则变量的相关系数 (略去绝对值低于 0.3 者)

组号 i	1	2	3
白斑 y_1	0.911	—	—
老年斑 y_2	0.416	—	0.454
单腿直立 y_3	—	−0.392	0.759
老年环 y_4	—	0.903	0.371
脱齿 y_5	−0.410	—	—
冠心病 x_1	—	—	—
血脂 x_2	—	—	—
肝炎 x_3	—	—	—
呼吸道病 x_4	0.799	0.332	—
胃病 x_5	0.811	—	—
糖尿病 x_6	—	—	—
精神病 x_7	—	—	—
贫血 x_8	—	—	0.455
收缩压 x_9	—	0.424	—
舒张压 x_{10}	—	0.758	0.433
心电图异常 x_{11}	—	−0.554	—
关节病 x_{12}	—	0.565	—
泌尿感染 x_{13}	—	0.569	—

用三个典则变量拟合 13 个疾病及 5 个老人症的决定系数为

$$R^2_{x.w} = 33.88\%, \quad R^2_{y.v} = 62.83\%,$$

这说明这三组典则变量对 5 个老人症的拟合较好, 但对 13 个疾病的拟合能力不佳, 即只能拟合 1/3 左右. 也就是说, 13 种病与 5 个老人症之间的共性不大.

用 13 种疾病拟合 5 个老人症的能力为

$$R^2_{y\cdot x} = 3.37\%,$$

用 5 种老人症拟合 13 个疾病的能力为

$$R^2_{x\cdot y} = 1.87\%,$$

两个数值都不大, 相对来说, 疾病更容易引起老人症的出现; 而老人症的出现不易引起疾病. 更细致地可以计算出典则变量对每一个老人症的拟合能力 $R^2_{y_j.w}$ 分别为

$$0.0775, \quad 0.0198, \quad 0.0165, \quad 0.0376, \quad 0.0717,$$

即最容易引起的老人症的是白斑 (y_1), 它的决定系数为 7.75%; 其次是老年环 (y_4), 它的决定系数为 3.76%.

典则变量拟合疾病的能力 $R^2_{x_j.v}$ 分别为

$$0.0086,\quad 0.0043,\quad 0.0030,\quad 0.0639,\quad 0.0610,\quad 0.0023,$$
$$0.0035,\quad 0.0037,\quad 0.0147,\quad 0.0278,\quad 0.0187,\quad 0.0138,\quad 0.0176,$$

即引起的疾病中, 较易出现的是

呼吸道病 (6.39%), 胃病 (6.1%), 高的舒张压 (2.78%).

利用式 (6.4.14) 可以计算每个变量对于典则变量的贡献大小. 把表 6.4.2 中的典则系数平方后, 按行相加即得表 6.4.2 中末列变量的贡献. 由此列数据可见, 在例 6.4.1 中, 5 个老人症对于典则变量的贡献最大, 而且数值间彼此差别很小. 但在 13 种疾病中, 贡献大的 (如以 0.4 以上为界) 是

呼吸道病 (0.953), 舒张压 (0.953), 贫血 (0.882), 胃病 (0.684),
收缩压 (0.673), 冠心病 (0.477).

从三组典则变量的标准化典则系数点图中也可以看出变量间的相近程度, 此处略.

习 题 6

6.1 在有 p 个自变量的多元线性回归中, 记 SS_p 为有 p 个自变量时的回归平方和, 记 SS_{p-1} 为使用前 $p-1$ 个自变量时的回归平方和. 描述变量 x_p 在应变量 y 上的贡献的定义有

$$\text{变量 } x_p \text{ 的偏回归平方和} = \mathrm{SS}_p - \mathrm{SS}_{p-1},$$

或

$$\text{偏平方复相关系数 } R_p^2 = \frac{\text{变量 } x_p \text{ 的偏回归平方和}}{y \text{ 的总离差平方和}}.$$

试证明:

(1) 变量 x_p 的偏回归平方和 $=\mathrm{SS}_p - \mathrm{SS}_{p-1} = \dfrac{b_p^2}{c^{pp}}$, 其中 $(\boldsymbol{X}^{\mathrm{T}}\boldsymbol{X})^{-1} = (c^{ij})$;

(2) 偏平方复相关系数 $=R_p^2 = R^2_{(p)} - R^2_{(p-1)}$,

其中 $R^2_{(i)}$ 表示有 i 个自变量的平方复相关系数.

6.2 当 y 及 $\boldsymbol{x} = (x_1, \cdots, x_p)^{\mathrm{T}}$ 都看成是随机变量时, 考察 $\boldsymbol{x}$ 的线性函数

$$\hat{y} = \alpha + \beta_1 x_1 + \cdots + \beta_p x_p \triangleq \alpha + \boldsymbol{\beta}^{\mathrm{T}}\boldsymbol{x},$$

称 $\alpha, \boldsymbol{\beta}$ 为回归系数.

(1) 试求当 $E(y-\hat{y})^2$ 为最小值时 $\boldsymbol{\beta}$ 及 $\boldsymbol{\alpha}$ 的表达式, 假设已知

$$E(y) = \mu_y, \quad \mathrm{Var}(y) = \sigma_y^2, \quad E(\boldsymbol{x}) = \boldsymbol{\mu}_x, \quad \mathrm{Cov}(\boldsymbol{x}) = \boldsymbol{\Sigma}_{xx}, \quad \mathrm{Cov}(\boldsymbol{x}, y) = \boldsymbol{\Sigma}_{xy};$$

(2) 定义 y 与 $\boldsymbol{x}=(x_1,\cdots,x_p)^{\mathrm{T}}$ 的理论线性复相关系数平方为

$$\rho_{yx}^2=\frac{[\mathrm{Cov}(y,\hat{y})]^2}{\sigma_y^2\sigma_{\hat{y}}^2},$$

其中 $\sigma_{\hat{y}}^2=\mathrm{Var}(\hat{y})$, 试证明: $\rho_{yx}^2=1-\dfrac{\sigma_{y.x}^2}{\sigma_y^2}=\dfrac{\boldsymbol{\Sigma}_{xy}^{\mathrm{T}}\boldsymbol{\Sigma}_{xx}^{-1}\boldsymbol{\Sigma}_{xy}}{\sigma_y^2}$, 其中使 $E(y-\hat{y})^2$ 为最小值的值为 $\sigma_{y.x}^2$;

(3) 用 (2) 证明 $\rho_{yx}^2=\dfrac{\sigma_{\hat{y}}^2}{\sigma_y^2}$. 当 y 与 $\boldsymbol{x}=(x_1,\cdots,x_p)^{\mathrm{T}}$ 都是标准化变量时, $\rho_{yx}^2=\sigma_{\hat{y}}^2$, 即平方复相关系数 = 线性回归部分的方差.

6.3 试证明: 在多元线性回归中, 复相关系数 R 可以用下述方法解释: 记

$$\hat{y}=a_1x_1+\cdots+a_px_p=\boldsymbol{a}^{\mathrm{T}}\boldsymbol{x},$$

则

$$\max_{\boldsymbol{a}}(\mathrm{Corr}^2(y,\hat{y}))=R^2$$

(只考虑在样本情况下, R 是样本复相关系数).

6.4 设把 k 个自变量分成两组: $\boldsymbol{x}^{\mathrm{T}}=(\boldsymbol{x}_p^{\mathrm{T}},\boldsymbol{x}_q^{\mathrm{T}})$, 其中 $p+q=k+1$. 它的样本线性模型为

$$\boldsymbol{y}=\boldsymbol{X}\boldsymbol{\beta}+\boldsymbol{e},\quad \boldsymbol{X}=(\boldsymbol{X}_p,\boldsymbol{X}_q),\ \boldsymbol{\beta}^{\mathrm{T}}=(\boldsymbol{\beta}_p^{\mathrm{T}},\boldsymbol{\beta}_q^{\mathrm{T}}),\tag{1}$$

考虑消去后 q 个变量后的模型

$$\boldsymbol{y}=\boldsymbol{X}_p\boldsymbol{\beta}_p+\boldsymbol{e}_p,\tag{2}$$

分别记 (1) 及 (2) 中的最小二乘方估计为 $\hat{\boldsymbol{\beta}}=\begin{pmatrix}\hat{\boldsymbol{\beta}}_p\\ \hat{\boldsymbol{\beta}}_q\end{pmatrix}$ 及 $\tilde{\boldsymbol{\beta}}_p$. 试证明:

$$\tilde{\boldsymbol{\beta}}_p=\hat{\boldsymbol{\beta}}_p+(\boldsymbol{X}_p^{\mathrm{T}}\boldsymbol{X}_p)^{-1}\boldsymbol{X}_p^{\mathrm{T}}\boldsymbol{X}_q\hat{\boldsymbol{\beta}}_q,\quad \mathrm{Var}(\tilde{\boldsymbol{\beta}}_p)=\sigma^2(\boldsymbol{X}_p^{\mathrm{T}}\boldsymbol{X}_p)^{-1},$$

其中 σ^2 为应变量的理论方差.

6.5 研究某地区土壤内所含植物可给态磷的情形, 观察数据如下表所示, 其中,

x_1 为土壤内含无机磷的浓度 (ppm);

x_2 为土壤内溶于 K_2CO_3 含溶液并受溴化物水解的有机磷 (ppm);

x_3 为土壤内溶于 K_2CO_3, 但不溶于溴化物的有机磷 (ppm);

y 为 35°C 土壤内的植物可给态磷,

试比较由 F 值、C_p 及 PRESS 三准则构成的自变量最优子集的线性回归方程.

习题 6.5 表 土壤中含可给态磷的数据

序号	x_1	x_2	x_3	y
1	0.4	52	158	64
2	0.4	23	163	60
3	3.1	19	37	71
4	0.6	34	157	61
5	4.7	24	59	54
6	1.7	65	123	77
7	9.4	44	46	81
8	10.1	31	117	93
9	11.6	29	173	93

续表

序号	x_1	x_2	x_3	y
10	12.6	58	112	51
11	10.9	37	111	76
12	23.1	46	114	96
13	23.1	50	134	77
14	21.6	44	73	93
15	23.1	56	168	95
16	1.9	36	143	54
17	26.8	58	202	168
18	29.9	51	124	99

6.6　设有一个应变量 y 和三个自变量 (x_1, x_2, x_3). 样本数据如表所示：

习题 6.6 表

y	x_1	x_2	x_3	y	x_1	x_2	x_3
66	38	47.5	23	43	41	21.3	17
36	34	36.5	21	23	35	18	14
27	31	29.5	11	14	34	14.2	9
12	29	21	4	7.6	32	10	8

(1) 求回归方程式 $\hat{y} = d + \beta_1 x_1 + \beta_2 x_2 + \beta_3 x_3$, 复相关系数 R;

(2) 在 (1) 中剔除不显著变量后的回归方程式;

(3) 考虑二次型曲线

$$\hat{y} = \alpha + \beta_1 x_1 + \beta_2 x_2 + \beta_3 x_3 + \beta_{22} x_2^2 + \beta_{33} x_3^2 + \beta_{13} x_1 x_3 + \beta_{23} x_2 x_3,$$

你发现什么？求复相关系数 R;

(4) 在对二次型曲线

$$\hat{y} = \alpha + \beta_1 x_1 + \beta_2 x_2 + \beta_3 x_3 + \beta_{22} x_2^2 + \beta_{33} x_3^2 + \beta_{13} x_1 x_3 + \beta_{23} x_2 x_3$$

作逐步回归后, 重新计算：只对有显著性的变量作回归时的复相关系数 R 与用二次型全部变量作逐步回归时的复相关系数 R 有差别吗？如有差别, 解释原因.

6.7　数据见数据盘中"砂轮工肺功能资料", 用 7 个肺功能指标作为变量 y, 以另外 4 个变量为变量 x. 请用典则相关分析, 寻找两者之间的共生关系, 并写出主要结果.

6.8　见数据盘中 2003~2004 年国内各省市高校的 (学费、支出) 与当地人均收入状况的数据, 分析该数据 (已略去资料不全的西藏地区), 你可以得出什么统计信息？其中变量如下：

x_1 为理工科平均学费 (元);

x_2 为文科 (非艺术类) 学费 (元);

x_3 为学生平均支出 (元);

x_4 为当地人均 GDP(元);

x_5 为当地城镇居民人均可支配收入 (元);

x_6 为当地农村居民全年纯收入 (元).

6.9　下表是 30 头猪的初始体重与生长率的数据, 其中列举了按猪圈号、性别与饲料类型所作的分类. 试分析:

(1) 应如何分析扣除初始体重后饲料对生长率的影响?

(2) 饲料与性别的交互作用对生长率有否影响?

习题 6.9 表　猪的初始体重与生长率数据

猪圈	饲料类型	性别	初始体重 (W)	生长率/(磅/周)
I	A	G	48	9.94
	A	G	48	10.00
	C	G	48	9.75
	C	H	48	9.11
	B	H	39	8.51
	A	H	38	9.52
II	B	G	32	9.24
	C	G	28	8.66
	A	G	32	9.48
	C	H	37	8.50
	A	H	35	8.21
	B	H	38	9.95
III	C	G	33	7.63
	A	G	35	9.32
	B	G	41	9.34
	B	H	46	8.43
	C	H	42	8.90
	A	H	41	9.32
IV	C	G	20	10.37
	A	G	48	10.56
	B	G	46	9.68
	A	H	46	10.98
	B	H	40	8.86
	C	H	42	9.51
V	B	G	37	9.67
	A	G	32	8.82
	C	G	30	8.57
	B	H	40	9.20
	C	H	40	8.76
	A	H	43	10.42

第 7 章 判 别 分 析

判别分析 (discriminant analysis) 是根据两个或多个不同母体 (或称总体、组等) 的样本情况找出一个或多个判别函数 (或准则), 用于判别任一个已观察的个体应判属于哪一个母体. "判别" 问题又称为 "**分类**" 或 "**决策**" 问题, 在临床医学中称为 "**鉴别诊断**", 计算机的自动诊断的基本原理就是判别分析. 判别分析的另一个任务是检验两个 (或多个) 母体在所测量的变量 (指标) 上是否存在显著性的差异; 如有, 找出在哪些变量上有显著性差异, 这也称为变量分析、变量的筛选; 方差分析是它的特例.

本章介绍的判别法有 Bayes 判别 (SPSS 软件中称之为 Fisher 判别)、Fisher 判别 (SAS 软件中称为典则判别), 并介绍两个母体判别中分界点的选取、Logistic 回归.

判别分析的内容繁多, 使用者宜先考察数据中变量的类型及欲解决的问题 (目的), 再决定使用什么判别法, 大体上, 建议如下:

(1) 对连续性的正态变量 (虽然对正态性要求不严), 应先检验不同母体 (组) 间协方差阵是否 "相等或称齐性"(用 SAS 软件 Discrim 语句中的 Pool=Test). 若 "齐性" 成立 (或不是很严重地不成立, 如取显著性 $\alpha = 0.15$ 后不否定齐性), 则应使用 Bayes 判别中的线性判别法; 若 "齐性" 严重地不成立 (如 $P < 0.01$), 变量数不多且样本量也比较大, 则宜使用 Bayes 的二次型判别法 (取 Discrim 中 Pool=no), 但二次型判别法中不能筛选变量, 因此, 可使用线性判别法先初筛变量.

(2) 未知变量分布, 特别是定性变量时, 应按要求不同而选用判别法. 对两个总体的判别或诊断问题, 可选用 Fisher 判别法. 在该方法中, 一般的统计软件不给出分界点, 要自己解决 (看分界点公式). 若目的是作变量分析 (寻找危险因素), 则可用 Logistic 回归, 但要求有大样本.

多元方差分析是判别分析的一部分, 因此, 本章所用术语或记号尽可能地与第 4 章的多元方差分析法相同.

7.1 Bayes 线性判别法

例 7.1.1 胃癌的鉴别. 表 7.1.1 是从实际例子中抽取的部分样本, 它共有三个母体: 胃癌患者、萎缩性胃炎患者及非胃病者. 这里仅从每个母体中抽取 5 例, 对每一例, 化验 4 个生化指标, 如表 7.1.1 所示. 目的是考察所用的生化指标是否有鉴别胃癌的能力. 如有, 则进一步考察哪些指标有鉴别能力及鉴别能力的大小.

一般地, 假设有 p 个变量, 记为 $\boldsymbol{x} = (x_1, \cdots, x_p)^{\mathrm{T}}$. 假设有 k 个母体, 记为

$\pi_1, \cdots, \pi_k$. 本例中, $k=3$,

$$\pi_1 = \text{胃癌患者}, \quad \pi_2 = \text{萎缩性胃炎患者}, \quad \pi_3 = \text{非胃病者}.$$

表 7.1.1　胃癌生化指标的测量值

患者 \ 指标		铜蓝蛋白 x_1	蓝色反应 x_2	吲哚乙酸 x_3	中性硫化物 x_4
胃癌 π_1	1	228	134	20	11
	2	245	134	10	40
	3	200	167	12	27
	4	170	150	7	8
	5	100	167	20	14
萎缩性胃炎 π_2	6	255	125	7	14
	7	130	100	6	12
	8	150	117	7	6
	9	120	133	10	26
	10	160	100	5	10
非胃病者 π_3	11	185	115	5	19
	12	170	125	6	4
	13	165	142	5	3
	14	135	108	2	12
	15	100	117	7	2

x_3, x_4 是原数据的 100 倍, 单位名称略.

7.1.1　理论线性 Bayes 判别函数

假定每一个母体中的 $\boldsymbol{x}$ 都是正态分布, 记 $\boldsymbol{x}|_{\pi_r} \sim N_p(\boldsymbol{\mu}^{(r)}, \boldsymbol{\Sigma}_r)(r=1,\cdots,k)$, 它的密度函数为

$$f_r(\boldsymbol{x}) = (2\pi)^{-p/2}|\boldsymbol{\Sigma}_r|^{1/2}\exp\left\{-\frac{1}{2}(\boldsymbol{x}-\boldsymbol{\mu}^{(r)})^{\mathrm{T}}\boldsymbol{\Sigma}_r^{-1}(\boldsymbol{x}-\boldsymbol{\mu}^{(r)})\right\}, \quad r=1,\cdots,k. \tag{7.1.1}$$

假设 $\boldsymbol{x}$ 抽自 π_r 母体的**先验概率**为 q_r, 即 $\Pr(\pi_r)=q_r$, 显然, $q_1+\cdots+q_k=1$. 对于已观察到的未知母体向量 $\boldsymbol{x}$, 要判断它属于哪一个母体, 最容易想到的是计算它属于每个母体的概率, 即计算 k 个条件概率 $\Pr(\pi_1/\boldsymbol{x}),\cdots,\Pr(\pi_k/\boldsymbol{x})$. 这些条件概率称为**后验概率**. 按照条件概率公式 (即 Bayes 公式) 有

$$\Pr(\pi_r/\boldsymbol{x}) = \frac{q_r f_r(\boldsymbol{x})}{q_1 f_1(\boldsymbol{x})+\cdots+q_k f_k(\boldsymbol{x})}, \quad r=1,2,\cdots,k. \tag{7.1.2}$$

记 $(\Pr(\pi_1/\boldsymbol{x}),\cdots,\Pr(\pi_k/\boldsymbol{x}))$ 中最大值的为 $\Pr(\pi_t/\boldsymbol{x})$, 则 Bayes 判别法判 $\boldsymbol{x}$ 是属于 π_t 母体, 即若

$$\Pr(\pi_t/\boldsymbol{x}) = \max\{\Pr(\pi_1/\boldsymbol{x}),\cdots,\Pr(\pi_k/\boldsymbol{x})\}, \tag{7.1.3}$$

则判 $\boldsymbol{x}$ 为 π_t 母体, 而且由 $\Pr(\pi_t/\boldsymbol{x})$ 的值确定未知 $\boldsymbol{x}$ 属于 π_t 的概率. 注意：(7.1.2) 中 k 个等式有公共的分母, 所以比较 k 个后验概率就是比较 k 个分子：

$$q_1 f_1(x), \quad q_2 f_2(x), \quad \cdots, \quad q_k f_k(x)$$

的大小. 进一步简化, 把 q_r 写成 $\exp(\ \ln q_r)$, 并且令

$$Q_i(\boldsymbol{x}) = (\boldsymbol{x}-\boldsymbol{\mu}^{(i)})^{\mathrm{T}}\boldsymbol{\Sigma}_i^{-1}(\boldsymbol{x}-\boldsymbol{\mu}^{(i)}) + \ln|\boldsymbol{\Sigma}_i| - 2\ln q_i, \tag{7.1.4}$$

则 (7.1.3) 的 Bayes 判别法又简化如下：若

$$Q_t(\boldsymbol{x}) = \min\{Q_1(\boldsymbol{x}), Q_2(\boldsymbol{x}), \cdots, Q_k(\boldsymbol{x})\},$$

则判 $\boldsymbol{x}$ 为 π_t 母体.

(7.1.4) 中综合值 $Q_t(\boldsymbol{x})$ 是向量 $\boldsymbol{x}$ 的二次型函数, 所以称它为**二次型判别函数**, 其判别法也称为**二次型判别**.

如果 (7.1.4) 中 k 个理论协方差阵相等, 即

$$\boldsymbol{\Sigma}_1 = \boldsymbol{\Sigma}_2 = \cdots = \boldsymbol{\Sigma}_k = \boldsymbol{\Sigma},$$

(7.1.4) 的 k 个公式中有很多共同项, 去掉公共项, 并改变符号, 则 (7.1.4) 的 k 个函数变成了下面的 k 个线性函数：

$$L_i(\boldsymbol{x}) = b_0^{(i)} + b_1^{(i)}x_1 + \cdots + b_p^{(i)}x_p = b_0^{(i)} + \boldsymbol{b}^{(i)\mathrm{T}}\boldsymbol{x}, \quad i=1,\cdots,k, \tag{7.1.5}$$

其中

$$\begin{aligned}&\boldsymbol{b}^{(i)} = \boldsymbol{\Sigma}^{-1}\boldsymbol{\mu}^{(i)}, \quad b_0^{(i)} = \ln q_i - \frac{1}{2}\boldsymbol{\mu}^{(i)\mathrm{T}}\boldsymbol{\Sigma}^{-1}\boldsymbol{\mu}^{(i)},\\ &\boldsymbol{b}^{(i)} = (b_1^{(i)}, b_2^{(i)}, \cdots, b_p^{(i)})^{\mathrm{T}}.\end{aligned} \tag{7.1.6}$$

上述的判别函数称为**线性判别函数**, 判别法则如下：若

$$L_l(\boldsymbol{x}) = \max\{L_1(\boldsymbol{x}), L_2(\boldsymbol{x}), \cdots, L_k(\boldsymbol{x})\},$$

则判 $\boldsymbol{x}$ 为 π_l 母体, 称 $L_i(\boldsymbol{x})$ 为 π_i 的**线性判别函数.**

线性判别函数及判别系数的意义 从式 (7.1.5) 及 (7.1.6) 可以看出, 线性判别法中的每一项 ${\boldsymbol{b}^{(i)}}^{\mathrm{T}}\boldsymbol{x}$ 都是没有量纲的. 当然, 综合指标 $L_i(\boldsymbol{x})$ 也是没有量纲的. 当不考察常数项时, 从总体上比较 $\boldsymbol{x}$ 在 k 母体的贡献, 即比较 $(\boldsymbol{b}^{(1)\mathrm{T}}\boldsymbol{x}, \cdots, \boldsymbol{b}^{(k)\mathrm{T}}\boldsymbol{x})$, 则从 $\boldsymbol{b}^{(i)}$ 可见, 第 i 母体上的线性判别系数向量实际上与该母体上的均值向量成 “比例”, 比例 “系数” 是公共的 $\boldsymbol{\Sigma}^{-1}$. 因此, 比较 $\boldsymbol{\mu}^{(1)}, \cdots, \boldsymbol{\mu}^{(k)}$ 本质上就是比较 $\boldsymbol{b}^{(1)}, \cdots, \boldsymbol{b}^{(k)}$, 所以如果向量 $\boldsymbol{b}^{(r)}$ 是 k 个系数向量中的最大者, 则表示 $\boldsymbol{x}$ 值在 π_r 母体中的均值最大. 进一步分析变量 $\boldsymbol{x}$ 中的分量, 比较变量 x_i 在 k 个母体的贡献大小, 实际上是比较变量

x_i 上的 k 个判别系数的大小. 把要考察的某变量记为 $x_{(2)}$, 而把另外的变量记为 $\boldsymbol{x}_{(1)}$, 即 $\boldsymbol{x}^{\mathrm{T}}=(\boldsymbol{x}_{(1)}^{\mathrm{T}},x_{(2)})$, 相应的均值 $\boldsymbol{\mu}$ 及协方差阵 $\boldsymbol{\Sigma}$ 也都作相应的剖分. 由于

$$\boldsymbol{b}^{(i)\mathrm{T}}=(\boldsymbol{b}_{(1)}^{(i)\mathrm{T}},b_{(2)}^{(i)}),\quad \boldsymbol{\mu}^{(i)\mathrm{T}}=(\boldsymbol{\mu}_{(1)}^{(i)\mathrm{T}},\mu_{(2)}^{(i)}),$$

利用

$$\boldsymbol{\Sigma}^{-1}\triangleq\begin{pmatrix}\boldsymbol{\Sigma}^{(11)} & \boldsymbol{\Sigma}^{(12)}\\ \boldsymbol{\Sigma}^{(21)} & \Sigma^{(22)}\end{pmatrix}=\begin{pmatrix}\boldsymbol{\Sigma}_{11}-\boldsymbol{\Sigma}_{12}\boldsymbol{\Sigma}_{22}^{-1}\boldsymbol{\Sigma}_{21} & -\boldsymbol{\Sigma}_{11}^{-1}\boldsymbol{\Sigma}_{12}\boldsymbol{\Sigma}^{(22)}\\ -\boldsymbol{\Sigma}^{(22)}\boldsymbol{\Sigma}_{21}\boldsymbol{\Sigma}_{11}^{-1} & \Sigma^{(22)}\end{pmatrix},$$

则 $x_{(2)}$ 在 π_i 母体上的判别系数为

$$b_{(2)}^{(i)}=\boldsymbol{\Sigma}^{(21)}\boldsymbol{\mu}_{(1)}^{(i)}+\Sigma^{(22)}\mu_{(2)}^{(i)}=\Sigma^{(22)}(\mu_{(2)}^{(i)}-\boldsymbol{\Sigma}_{21}\boldsymbol{\Sigma}_{11}^{-1}\boldsymbol{\mu}_{(1)}^{(i)}),$$

即

$$b_{(2)}^{(i)}=\Sigma^{(22)}\mu_{(2)(1)}^{(i)}=\frac{\mu_{(2)(1)}^{(i)}}{\Sigma_{(2)(1)}},\tag{7.1.7}$$

其中

$$\mu_{(2)(1)}^{(i)}=\mu_{(2)}^{(i)}-\boldsymbol{\Sigma}_{21}\boldsymbol{\Sigma}_{11}^{-1}\boldsymbol{\mu}_{(1)}^{(i)}\quad(\text{称为独立条件均值}),\tag{7.1.8}$$

$$\Sigma_{(2)(1)}=\frac{1}{\Sigma^{(22)}}=\Sigma_{22}-\boldsymbol{\Sigma}_{21}\boldsymbol{\Sigma}_{11}^{-1}\boldsymbol{\Sigma}_{12}\quad(\text{称为条件方差}).$$

这就证明了 $x_{(2)}$ 在 k 个判别函数中 k 个系数的大小, 实际上可以反映出固定其他变量的条件下 $x_{(2)}$ 在 k 个母体中的 (条件) 均值的相对大小 (不计一个条件方差的公共项).

7.1.2 样本判别函数

记

$$\boldsymbol{A}_i=\sum_{j=1}^{n_i}(\boldsymbol{X}_j^{(i)}-\bar{\boldsymbol{X}})(\boldsymbol{X}_j-\bar{\boldsymbol{X}}^{(i)})^{\mathrm{T}},\quad \boldsymbol{S}_i=\frac{\boldsymbol{A}_i}{n_i-1},\quad i=1,\cdots,k,$$
$$\boldsymbol{S}=\frac{\boldsymbol{A}_1+\cdots+\boldsymbol{A}_k}{n-k},$$

其中 $\boldsymbol{S}$ 为协方差阵 $\boldsymbol{\Sigma}$ 的无偏估计, $\boldsymbol{A}_1+\cdots+\boldsymbol{A}_k$ 即为 4.6 节中的组内离差阵 $\boldsymbol{E}$.

经典的样本判别函数就是用样本均值 $\bar{\boldsymbol{x}}^{(r)}$ 取代 $\boldsymbol{\mu}^{(r)}$, 在线性判别时用无偏性样本协方差阵 $\boldsymbol{S}$ 取代 $\boldsymbol{\Sigma}$, 而在二次型判别时用 $\boldsymbol{S}_r$ 取代 $\boldsymbol{\Sigma}_r$. 由此得

(1) **样本二次型判别函数为**

$$\hat{Q}_i(\boldsymbol{x})=(\boldsymbol{x}-\bar{\boldsymbol{x}}^{(i)})^{\mathrm{T}}\boldsymbol{S}_i^{-1}(\boldsymbol{x}-\bar{\boldsymbol{x}}^{(i)})+\ln|\boldsymbol{S}_i|-2\ln q_i,\quad i=1,\cdots,k,\tag{7.1.9}$$

判别法如下：若

$$\hat{Q}_i(\boldsymbol{x})=\min\left\{\hat{Q}_1(\boldsymbol{x}),\hat{Q}_2(\boldsymbol{x}),\cdots,\hat{Q}_k(\boldsymbol{x})\right\},$$

则判 $\boldsymbol{x}$ 为总体 π_i.

(2) **样本线性判别函数为**

$$\hat{L}_i(\boldsymbol{x}) = \hat{b}_0^{(i)} + \hat{\boldsymbol{b}}^{(i)\mathrm{T}}\boldsymbol{x}, \tag{7.1.10}$$

其中

$$\hat{\boldsymbol{b}}^{(i)} = \boldsymbol{S}^{-1}\bar{\boldsymbol{x}}^{(i)}, \quad \hat{b}_0^{(i)} = \ln q_i - \frac{1}{2}\hat{\boldsymbol{b}}^{(i)\mathrm{T}}\bar{\boldsymbol{x}}^{(i)}, \tag{7.1.11}$$

判别法如下：若

$$\hat{L}_l(\boldsymbol{x}) = \max\{\hat{L}_1(\boldsymbol{x}), \hat{L}_2(\boldsymbol{x}), \cdots, \hat{L}_k(\boldsymbol{x})\},$$

则判 $\boldsymbol{x}$ 为 π_l 母体.

必须指出：这种样本判别函数应当是大样本时才有好的效果及理论上的合理性. 在小样本时, 作者证明了上述样本二次型判别函数及线性判别函数都是有偏性的. 理由如下：由定理 4.6.1 知, 组内离差阵 $\boldsymbol{E} \sim W_p(n-k, \boldsymbol{\Sigma})$, 而 $\boldsymbol{S} = \boldsymbol{E}/(n-k)$, 已知

$$E(\boldsymbol{E}^{-1}) = \frac{\boldsymbol{\Sigma}^{-1}}{n-k-p-1},$$

从而得

$$E(\boldsymbol{S}^{-1}) = \frac{\boldsymbol{\Sigma}^{-1}(n-k)}{n-k-p-1},$$

即得

$$E(\hat{\boldsymbol{b}}^{(r)}) = E(\hat{\boldsymbol{S}}^{-1}\bar{\boldsymbol{x}}^{(r)}) = \frac{n-k}{n-k-p-1}\boldsymbol{\Sigma}^{-1}\boldsymbol{\mu}^{(r)} = \frac{n-k}{n-k-p-1}\boldsymbol{b}^{(r)}, \tag{7.1.12}$$

所以当样本量不大时, 经典样本判别系数不是理论判别系数的无偏估计. 由 (7.1.12) 知, $\boldsymbol{b}^{(r)}$ 的无偏估计量为

$$\boldsymbol{h}^{(r)} = \hat{\boldsymbol{b}}^{(r)}\frac{n-k-p-1}{n-k} = \frac{n-k-p-1}{n-k}\boldsymbol{S}^{-1}\bar{\boldsymbol{x}}^{(r)}, \quad r = 1, \cdots, k. \tag{7.1.13}$$

找常数项 $b_0^{(r)}$ 的无偏估计要复杂些. 利用 $\bar{\boldsymbol{x}}^{(r)} \sim N_p\left(\boldsymbol{\mu}^{(r)}, \dfrac{1}{n_r}\boldsymbol{\Sigma}\right)$, $\boldsymbol{W} \sim W_p(n-k, \boldsymbol{\Sigma})$, 可以构造 Hotelling $T^2 = n_r\bar{\boldsymbol{x}}^{(r)\mathrm{T}}\boldsymbol{S}^{-1}\bar{\boldsymbol{x}}^{(r)} \sim T^2_{p,n-k,\lambda}$, $\lambda = n_r\boldsymbol{\mu}^{(r)\mathrm{T}}\boldsymbol{\Sigma}^{-1}\boldsymbol{\mu}^{(r)}$, 利用 $E(T^2)$ 公式得

$$\boldsymbol{\mu}^{(r)\mathrm{T}}\boldsymbol{\Sigma}^{-1}\boldsymbol{\mu}^{(r)} = \frac{n-k-p-1}{n-k}E(\bar{\boldsymbol{x}}^{(r)\mathrm{T}}\boldsymbol{S}^{-1}\bar{\boldsymbol{x}}^{(r)}) - \frac{p}{n_r}, \tag{7.1.14}$$

由此得 $b_0^{(r)}$ 的无偏估计为

$$h_0^{(r)} = \ln q_r + \frac{p}{2n_i} - \frac{n-p-k-1}{n-k} \times \frac{1}{2}\bar{\boldsymbol{x}}^{(r)\mathrm{T}}\boldsymbol{S}^{-1}\bar{\boldsymbol{x}}^{(r)}. \tag{7.1.15}$$

利用上面的公式得下面的无偏性公式：

(1) **无偏性的样本判别函数**：

$$H_r(\boldsymbol{x}) = h_0^{(r)} + \boldsymbol{h}^{(r)\mathrm{T}}\boldsymbol{x} = \frac{p+1}{n-k}\ln q_i + \frac{p}{2n_r} + \frac{n-p-k-1}{n-k}\hat{L}_r(\boldsymbol{x}). \tag{7.1.16}$$

(2) **二次型判别函数**. 孙尚拱和孙洪波首先证明了[27]

$$E(\ln|\boldsymbol{S}_i|) = \ln|\boldsymbol{\Sigma}_i| + O\left(\frac{1}{n_i}\right).$$

由此, 把 $\boldsymbol{x}$ 看成给定值, 忽略一个无穷小量, 得到二次型判别函数的基本无偏公式为

$$V_i(\boldsymbol{x}) = \frac{n_i-p-2}{n_i-1}(\boldsymbol{x}-\bar{\boldsymbol{x}}^{(i)})^{\mathrm{T}}\boldsymbol{S}_i^{-1}(\boldsymbol{x}-\bar{\boldsymbol{x}}^{(i)}) - \frac{p}{n_i} + \ln|\boldsymbol{S}_i| - 2\ln q_i \tag{7.1.17}$$

或

$$V_i(\boldsymbol{x}) = \frac{n_i-p-2}{n_i-1}\hat{Q}_i(\boldsymbol{x}) + \frac{p+1}{n_i-1}\ln|\boldsymbol{S}_i| - \frac{2(p+1)}{n_i-1}\ln q_i - \frac{p}{2n_i}. \tag{7.1.18}$$

求出 L_i(或 H_i) 后, 代入下式即可求出判别 $\boldsymbol{x}$ 属于 π_r 母体的后验概率：

对**线性判别函数**, $\boldsymbol{x}$ 属于 π_r 母体的后验概率为

$$\Pr\left(\frac{\pi_r}{\boldsymbol{x}}\right) = \frac{\exp(\hat{L}_r)}{\exp(\hat{L}_1)+\cdots+\exp(\hat{L}_k)}, \quad r=1,2,\cdots,k. \tag{7.1.19}$$

对二次型判别, $\boldsymbol{x}$ 属于 π_r 母体的后验概率为

$$\Pr\left(\frac{\pi_r}{\boldsymbol{x}}\right) = \frac{\exp(-\hat{Q}_r/2)}{\exp(-\hat{Q}_1/2)+\cdots+\exp(-\hat{Q}_k/2)}, \quad r=1,2,\cdots,k. \tag{7.1.20}$$

上式以 H_i 代 $\hat{L}_i$ 就是无偏线性函数的后验概率, 以 V_r 代 $\hat{Q}_r$ 就是无偏二次型函数的后验概率.

在例 7.1.1 中, 可计算得

$$\bar{\boldsymbol{x}}^{(1)} = (188.6,\ 150.4,\ 13.8,\ 20.0)^{\mathrm{T}}, \quad \bar{\boldsymbol{x}}^{(2)} = (163.0,\ 115.0,\ 7.0,\ 13.6)^{\mathrm{T}},$$

$$\bar{\boldsymbol{x}}^{(3)} = (151.0,\ 121.4,\ 5.0,\ 8.0)^{\mathrm{T}}, \quad \bar{\boldsymbol{x}} = (167.5333,\ 128.9333,\ 8.6,\ 13.8667)^{\mathrm{T}}.$$

用 (x_2, x_3) 建立判别函数, 两个变量均为连续型, 把它们当成是正态分布 (在第 4 章中已介绍过, 正态条件可以大大减弱). 用下述 SAS 软件中的语句先检验协方差阵是否齐性.

```
proc discrim pool=test;(pool=test 是为了检验协方差阵齐性)
```

```
class group; var x2 x3;run;
```

部分结果为

```
Within Covariance Matrix Information
Natural Log of the
                        Covariance     Determinant of the
        group          Matrix Rank     Covariance Matrix

          1                 2               9.15927
          2                 2               5.04785
          3                 2               6.24608
       Pooled               2               7.97184
```

计算得

```
          Chi-Square          DF          Pr > ChiSq

           10.515172          6             0.1046

     Since the Chi-Square value is not significant at the 0.1 level,
  a pooled covariance matrix will be used in the discriminant function.
             Reference: Morrison, D.F. (1976) Multivariate Statistical
  Methods p252.
```

注意: SAS 软件中检验 k 个协方差齐性的公式基本上是式 (4.8.17), 但式 (4.8.17) 中的 λ_3 被放大了 $n^{pn/2}\Big/\prod\limits_{i=1}^{k} n_i^{pn_i/2}$ 倍.

由于卡方检验不否定协方差齐性 (p >0.1046), 因此, 下面使用线性判别是合理的. 可计算得 (x_2, x_3) 的 $\boldsymbol{E}, \boldsymbol{T}$ 如下:

$$\boldsymbol{E}=\begin{pmatrix} 2644.4 & 170.4 \\ 170.4 & 168.8 \end{pmatrix}, \quad \boldsymbol{T}=\begin{pmatrix} 6202.9333 & 975.6000 \\ 975.6000 & 381.6000 \end{pmatrix}.$$

这时, $\boldsymbol{S}=\boldsymbol{E}/(15-3)$ 为

$$\boldsymbol{S}=\begin{pmatrix} 220.3667 & 14.2000 \\ 14.2000 & 14.0667 \end{pmatrix}, \quad \boldsymbol{S}^{-1}=\begin{pmatrix} 0.004854 & -0.004900 \\ -0.004900 & 0.076036 \end{pmatrix}.$$

求 $\boldsymbol{S}^{-1}$ 时利用 $|\boldsymbol{S}|=2898.18446$, 则 $\hat{\boldsymbol{b}}_i=\boldsymbol{S}^{-1}\bar{\boldsymbol{x}}^{(i)}$, 于是得

$$\hat{\boldsymbol{b}}^{(1)}=\begin{pmatrix} 0.6624 \\ 0.3124 \end{pmatrix}, \quad \hat{\boldsymbol{b}}^{(2)}=\begin{pmatrix} 0.5238 \\ -0.0312 \end{pmatrix}, \quad \hat{\boldsymbol{b}}^{(3)}=\begin{pmatrix} 0.5647 \\ -0.2146 \end{pmatrix}.$$

由 $(\hat{\boldsymbol{b}}^{(1)},\hat{\boldsymbol{b}}^{(2)},\hat{\boldsymbol{b}}^{(3)})$ 再去计算 $\hat{b}_0$.

此时, 取 $q_1=q_2=q_3=1/3$, 略去相同的 $\ln q_i$, 计算出常数项, 最后得线性函数

$$\hat{L}_1(\boldsymbol{x})=-51.9657+0.6624x_2+0.3124x_3,$$

$$\hat{L}_2(\boldsymbol{x})=-30.0132+0.5239x_2-0.0312x_3,$$

$$\hat{L}_3(\boldsymbol{x})=-33.7426+0.5647x_2-0.2146x_3.$$

无编性的判别函数为

$$\hat{H}_1(\boldsymbol{x})=-38.7742+0.4968x_2+0.2343x_3,$$

$$\hat{H}_2(\boldsymbol{x})=22.3099+0.3929x_2-0.0234x_3,$$

$$\hat{H}_3(\boldsymbol{x})=-25.1069+0.4235x_2-0.1610x_3.$$

对于例 7.1.1 中 (x_2,x_3) 的结果列于表 7.1.2 和表 7.1.3 中.

表 7.1.2　使用表 7.1.1 中 $(\boldsymbol{x}_2,\boldsymbol{x}_3)$

	胃癌 π_1		萎缩性胃炎 π_2		非胃病者 π_3	
样本数	5		5		5	
	x_2	x_3	x_2	x_3	x_2	x_3
均值	150.4	13.8	115.0	7.0	121.4	5.0
协方差阵 $\boldsymbol{S}_i$	272.30	9.10	219.50	24.75	169.3	8.75
	9.10	35.20	24.75	3.50	8.75	3.5
行列式 $\lvert \boldsymbol{S}_i \rvert$	9502.15		155.6875		515.9875	

表 7.1.3　表 7.1.1 中 $(\boldsymbol{x}_2,\boldsymbol{x}_3)$ 二次型函数的回代值及分类

样 本 号		$\hat{Q}_1(x)$	$\hat{Q}_2(x)$	$\hat{Q}_3(x)$	分类号
胃癌 π_1	1	11.452	172.900	74.737	1
	2	10.450	7.730	13.389	2
	3	10.330	18.418	25.602	1
	4	10.480	32.587	11.167	1
	5	11.085	89.175	70.977	1
萎缩性胃炎 π_2	6	12.544	7.296	7.402	2
	7	19.560	6.747	10.406	2
	8	14.182	5.138	7.988	2
	9	10.563	7.852	3.394	2
	10	19.939	6.207	9.353	2
非胃病者 π_3	11	15.424	10.687	6.520	3
	12	12.913	11.885	6.540	3
	13	11.498	44.245	9.125	3
	14	18.851	30.268	9.054	3
	15	14.182	5.138	7.988	2

7.2 多母体线性判别函数的假设检验及变量筛选

本节针对线性判别函数, 而二次型判别公式没有统计检验公式.

7.2.1 母体间差异的显著性检验

检验

$$H_0: \boldsymbol{\mu}^{(1)} = \cdots = \boldsymbol{\mu}^{(k)} \tag{7.2.1}$$

所用的 Wilks 统计量为 (见定理 4.6.1)

$$\Lambda = \frac{|\boldsymbol{E}|}{|\boldsymbol{T}|} \sim \Lambda_{p,n-k,k-1}. \tag{7.2.2}$$

对式 (7.2.2) 再用 Rao 的近似式作检验,

$$F[p(k-1), Ds-2\lambda] \approx \frac{Ds-2\lambda}{p(k-1)} \cdot \frac{1-\Lambda^{1/s}}{\Lambda^{1/s}}, \tag{7.2.3}$$

$$D = n-1-\frac{1}{2}(p+k), \quad \lambda = \frac{p(k-1)-2}{4},$$

其中

$$s = \begin{cases} \dfrac{p^2(k-1)^2-4}{p^2+(k-1)^2-5}, & p^2+(k-1)^2-5 \neq 0, \\ 1, & p^2+(k-1)^2-5 = 0. \end{cases}$$

式 (7.2.3) 的 F 统计量、自由度应取近似的整数. 当 k=2 或 p=1 时, (7.2.3) 是精确的 F 统计量. 在文献 [20] 和 [21] 中证明了当正态分布不成立时, 建立在 (7.2.3) 上的 F 统计量是相当稳健的, 即当样本数大时, 可以不要正态性假定; 当样本数不太小时, F 检验也是相当不错的.

另外, 对 (7.2.1) 的检验也可用下面的 Bartllet 近似:

$$\chi^2 \approx -\left(n-1-\frac{p+k}{2}\right)\ln \Lambda, \quad \mathrm{df} = p(k-1). \tag{7.2.4}$$

当上述检验的统计量大于临界值时, 否定零假设.

7.2.2 母体间的马氏距离、样本估计及其检验

两母体 π_r 与 π_l 之间的理论平方马氏距离定义如下:

$$\Delta_{rl}^2 = (\boldsymbol{\mu}^{(r)} - \boldsymbol{\mu}^{(l)})^{\mathrm{T}} \boldsymbol{\Sigma}^{-1} (\boldsymbol{\mu}^{(r)} - \boldsymbol{\mu}^{(l)}), \quad r \neq l, \tag{7.2.5}$$

相应的样本平方马氏距离定义为

$$D_{rl}^2 = (\bar{\boldsymbol{x}}^{(r)} - \bar{\boldsymbol{x}}^{(l)})^{\mathrm{T}} \boldsymbol{S}^{-1} (\bar{\boldsymbol{x}}^{(r)} - \bar{\boldsymbol{x}}^{(l)}), \quad r \neq l. \tag{7.2.6}$$

容易证明, 样本平方马氏距离也不是理论平方马氏距离的无偏估计. 与证明 (7.1.14) 中无偏性判别系数相同的方法, 孙尚拱证明了理论平方马氏距离的无偏估计为

$$\hat{\Delta}_{rl}^2 = \frac{n-k-p-1}{n-k} D_{rl}^2 - p\left(\frac{1}{n_r} + \frac{1}{n_l}\right), \quad r \neq l. \tag{7.2.7}$$

当样本数很少时, 式 (7.2.7) 的右边可能出现负数. 这时, 应把式 (7.2.7) 的第二项去掉.

检验两母体 π_r 与 π_l 之间是否有显著的差异, 可用下面的假设检验:

$$H_0 : \Delta_{rl} = 0, \quad H_1 : \Delta_{rl} \neq 0.$$

显然, 从式 (7.2.5) 可见, 上述 H_0 也等价于下面的假设检验:

$$H_0 : \boldsymbol{\mu}^{(r)} = \boldsymbol{\mu}^{(l)}, \quad H_1 : \boldsymbol{\mu}^{(r)} \neq \boldsymbol{\mu}^{(l)}. \tag{7.2.8}$$

利用 $\bar{\boldsymbol{x}}^{(r)} - \bar{\boldsymbol{x}}^{(l)} \sim N_p\left(\boldsymbol{\mu}^{(r)} - \boldsymbol{\mu}^{(l)}, \left(\frac{1}{n_r} + \frac{1}{n_l}\right)\boldsymbol{\Sigma}\right)$, 组内离差阵 $\boldsymbol{E} \sim W_p(n-k, \boldsymbol{\Sigma})$, 可构造下式:

$$T^2 = \frac{n_r n_l}{n_r + n_l} D_{rl}^2 \sim T_{p,n-k}^2,$$

利用它与 F 公式的关系得检验公式

$$F = \frac{(n-k-p+1)n_r n_l}{(n-k)(n_r+n_l)p} D_{rl}^2 \sim F_{p,n-k-p+1}. \tag{7.2.9}$$

若 $F > F_{p,n-k-p+1}(\alpha)$, 则否定零假设.

7.2.3　变量的相对重要性指标及变量的筛选

若把 p 个变量简单地看成 p 个彼此独立的变量作单变量处理, 则变量 x_i 在 k 个母体间的重要性 (或称区分能力) 用下面定义的相关系数平方 (R_i^2) 表示:

$$R_i^2 = \frac{b_{ii}}{t_{ii}} = 1 - \Lambda_i, \quad \Lambda_i = \frac{e_{ii}}{t_{ii}}, \tag{7.2.10}$$

其中 b_{ii}, t_{ii} 分别为组间离差阵 $\boldsymbol{B}$ 及总离差阵 $\boldsymbol{T}$ 的第 i 对角线元素, e_{ii} 为组内离差阵 $\boldsymbol{E}$ 的第 i 对角元素. 若 $(x_1, x_2, \cdots, xp)$ 彼此相关, 则 (7.2.10) 应修改为偏平方相关系数, 即固定除变量 x_i 以外的所有变量后的平方相关系数,

$$\text{偏 } R_i^2 = 1 - \Lambda_{i.(p-1)}.$$

从 (4.1.16) 及 (4.1.17) 可以看出, ($\Lambda_{(m)}$ 表示有 m 个变量的 Wilks 统计量)

$$\Lambda_{i.(p-1)} = \frac{\Lambda_{(p)}}{\Lambda_{(p-1)}} = \frac{|\boldsymbol{E}_{(p)}|/|\boldsymbol{T}_{(p)}|}{|\boldsymbol{E}_{(p-1)}|/|\boldsymbol{T}_{(p-1)}|} = \frac{|\boldsymbol{E}_{(p)}|/|\boldsymbol{E}_{(p-1)}|}{|\boldsymbol{T}_{(p)}|/\boldsymbol{T}_{(p-1)}|}.$$

利用逆矩阵中的元素与其代数余子式关系, 记 $\boldsymbol{T}^{-1}=(t^{ij}),\boldsymbol{E}^{-1}=(e^{ij})$, 则从上式得

$$\Lambda_{i.(p-1)}=\frac{(e^{ii})^{-1}}{(t^{ii})^{-1}}=\frac{t^{ii}}{e^{ii}}. \tag{7.2.11}$$

利用方块阵的逆矩阵公式, 可以把式 (7.2.11) 改写为

$$\Lambda_{i.(p-1)}=\frac{t^{ii}}{e^{ii}}=\frac{(T_{ii.(p-1)})^{-1}}{(E_{ii.(p-1)})^{-1}}=\frac{E_{ii.(p-1)}}{T_{ii.(p-1)}},$$

$T_{ii.(p-1)}$ 表示固定另外 $p-1$ 个变量后变量 x_i 的总离差平方和, $E_{ii.(p-1)}$ 表示固定另外 $p-1$ 个变量后变量 x_i 的组内离差平方和, $B_{ii.(p-1)}$ 为固定另外 $p-1$ 个变量后变量 x_i 的组间离差平方和. 显然, 上式实际上也是条件 Wilks 统计量的定义, 即得

$$\text{偏 } R_i^2=\frac{B_{ii.(p-1)}}{T_{ii.(p-1)}},\quad i=1,\cdots,p. \tag{7.2.12}$$

由 (7.1.7) 可得对变量 x_i 的零假设彼此等价的几种提法如下:

$H_0:b_i^{(1)}=\cdots=b_i^{(k)}$ 等价于独立条件均值上 $H_0:\mu_{i.(p-1)}^{(1)}=\cdots=\mu_{i.(p-1)}^{(k)}$, 也等价于理论 $\Lambda_{i\cdot(p-1)}=1$ (因为由 k 个总体中的 x_i 上的条件均值相等性知, 这时 $T_{ii.(p-1)}$ 与 $E_{ii.(p-1)}$ 应是相同的).

对条件 Wilks 检验的公式为

$$F(k-1,n-p-k+1)=\frac{1-\Lambda_{i.(p-1)}}{\Lambda_{i.(p-1)}}\cdot\frac{n-p-k+1}{k-1}, \tag{7.2.13}$$

等价地有

$$F(k-1,n-p-k+1)=\frac{\text{偏 } R_i^2}{1-\text{ 偏 } R_i^2}\cdot\frac{n-p-k+1}{k-1}. \tag{7.2.13$'$}$$

在例 7.1.1 中, 用 (x_2,x_3) 作线性判别法, 可计算得 $D_{12}^2,D_{13}^2,D_{23}^2$, 即得表 7.2.1.

表 7.2.1 例 7.1.1 中 (x_2, x_3) 的马氏平方距离

	π_1	π_2	π_3
胃癌 π_1	0		
萎缩性胃炎 π_2	7.2394**(8.295)	0	
非胃病者 π_3	7.4694**(8.559)	0.6284(0.7200)	0

** 表示 $p<0.01$, 括号中为 (7.2.9) 的 F 值, df_1=2, df_2=11.

由表 7.2.1 可见, 生化指标 (x_2,x_3) 可显著地区分胃癌与非胃癌, 而对萎缩性胃炎 (π_2) 与非胃病者 (π_3) 却没有区分能力, 这正是该指标的特异性所希望的.

对变量 (x_2,x_3) 的检验

$$\boldsymbol{E}^{-1}=\begin{pmatrix}0.00040446 & -0.00408300\\ -0.00040830 & 0.00633634\end{pmatrix},\quad \boldsymbol{T}^{-1}=\begin{pmatrix}0.000269635 & -0.000689400\\ -0.000689400 & 0.004382900\end{pmatrix},$$

由公式得条件 Wilks 值及 F 值分别为

$$\Lambda_{1.2} = 0.66664, \quad F = 2.7503, \quad p = 0.11,$$
$$\Lambda_{2.1} = 0.691715, \quad F = 2.4513, \quad p = 0.13,$$

自由度 $df_1=2$, $df_2=11$. 上面两个 F 值对应的概率值不显著, 原因是样本数太少, 这时对显著性水平就应当放宽一些.

式 (7.2.12) 及 (7.2.13) 是 Bayes 线性判别法筛选变量的基础. 用统计检验法筛选变量, 大体上可分两类：前进法与后退法. 在前进法及逐步判别法中, 它们的第一步总是从式 (7.2.10) 出发, 如果 p 个变量中没有一个是显著的, 则就得到结论：认为 p 个变量都设有判别能力; 如果选中一个 (常被认为是判别能力最大者), 则固定已选中的变量, 再用 (7.2.13) 去选第二个; 一直选到式 (7.2.13) 都不显著为止. 逐步判别法仅是对前进法略作改进, 允许已入选者可以再筛除; 而后退法是从一开始就从 (7.2.1) 出发, 对全部变量作总体检验, 如果不显著, 则不再筛选变量; 如果对全体变量检验显著, 则再逐个地用 (7.2.13) 去剔除变量, 直到保留下来的变量全都显著为止. 欧美统计工作者大多喜爱用向前法或逐步判别法. 但作者提倡用后退法 (只要是可能), 理由见下面的例子.

表 7.2.2　人造数据例

样品号码	母体 π_1		母体 π_2	
	x_1	x_2	x_1	x_2
1	10	9	9	10
2	18	17	19.5	20
3	28	27.5	25	26
4	38	17.1	35	36
5	54	53	53	54
均值	29.6	28.72	28.3	29.2

例 7.2.1　表 7.2.2 的数据是作者虚构的, 但它很有代表性. 把表 7.2.2 中的数据画成图 7.2.1 所示的点图. 可以看出, 两母体的样本可以被一直线完全地区分, 而均值 $\bar{\boldsymbol{x}}^{(1)}$ 与 $\bar{\boldsymbol{x}}^{(2)}$ 却相差很小 (表 7.2.2 末行). 可以计算得组内及总离差阵 $\boldsymbol{E}$ 及 $\boldsymbol{T}$ 如下：

$$\boldsymbol{E} = \begin{pmatrix} 2303.000 & 2307.440 \\ 2307.440 & 2312.268 \end{pmatrix}, \quad \boldsymbol{T} = \begin{pmatrix} 2307.225 & 2305.880 \\ 2305.880 & 2312.844 \end{pmatrix}.$$

(1) 前进法选变量法. 首先计算每一个变量区分母体的能力, 即计算 (7.2.10) 中每个自变量的 Wilks 值,

$$\Lambda_1 = \frac{2303}{2307.225} = 0.9982,$$

$$\Lambda_2 = \frac{2312.268}{2312.844} = 0.99975.$$

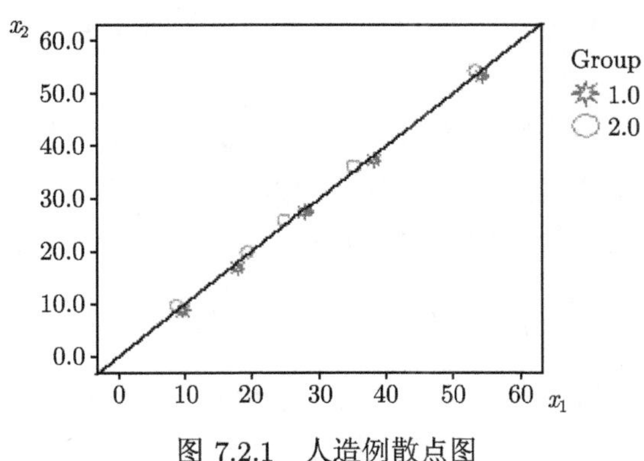

图 7.2.1 人造例散点图

两个 Wilks 值中具有最大分辨力的是 Λ_1 (即 x_1), 对 x_1 作统计检验, 用式 (7.2.13) 得

$$F(2-1, 10-2-0) = \frac{1-0.9982}{0.9982} \times \frac{8}{1} = 0.014.$$

F 非常不显著, 也就是说, (x_1, x_2) 中无一个变量能被前进法或逐步法选中, 即该方法认为 (x_1, x_2) 没有分辨两母体的能力, 因此, 停止继续往下选变量.

(2) 后退法选变量. 先对 (x_1, x_2) 作总体检验, 可求得

$$\boldsymbol{E}^{-1} = \begin{pmatrix} 2.64568 & -2.64015 \\ -2.64015 & 2.63507 \end{pmatrix}, \quad \boldsymbol{T}^{-1} = \begin{pmatrix} 0.120655 & -0.120292 \\ -0.120292 & 0.120362 \end{pmatrix},$$

$$|\boldsymbol{E}| = 873.8504, \quad |\boldsymbol{T}| = 19168.9235,$$

$$\Lambda = \frac{|\boldsymbol{E}|}{|\boldsymbol{T}|} = 0.045587,$$

$$D = 10 - 1 - \frac{1}{2}(2+2) = 7, \quad s = 1, \quad \lambda = \frac{2(2-1)-2}{4} = 0,$$

于是

$$F = \frac{7 \times 2 - 2 \times 0}{2 \times (2-1)} \times \frac{1-0.045587}{0.045587} = 73.276,$$

自由度 $\mathrm{df}_1 = 2$, $\mathrm{df}_2 = 7$, 此 F 值高度显著, 说明 (x_1, x_2) 联合起来对 π_1, π_2 有显著的分辨能力.

再考察每一个变量. 计算条件 Wilks 值

$$\Lambda_{1\cdot 2} = \frac{t^{(11)}}{e^{(11)}} = \frac{0.120655}{2.64568} = 0.04560,$$

$$\Lambda_{2\cdot 1} = \frac{t^{(22)}}{e^{(22)}} = \frac{0.120362}{2.63507} = 0.04568,$$

代入 (7.2.13) 得

$$F(2-1, 10-2-2+1) = \frac{1-0.0450}{0.0450} \times \frac{7}{1} = 146.494,$$

$$F(2-1, 10-2-2+1) = \frac{1-0.04568}{0.04568} \times \frac{7}{1} = 146.250,$$

这说明固定 x_2 时 x_1 的变动有显著的分辨能力, 固定 x_1 时 x_2 有显著的分辨能力, 即每一个变量都不能剔除. 本例的两个判别函数为

$$\hat{L}_1(x_1, x_2) = -10.7771 + 19.8948x_1 - 19.1539x_2,$$

$$\hat{L}_2(x_1, x_2) = -8.9249 - 17.7584x_1 + 17.8224x_2.$$

图 7.2.1 即为 $L(x_1, x_2) = L_1 - L_2 = 0$ 的直线. 进一步可求得样本马氏距离、理论马氏距离的无偏性估计分别为

$$D^2 = 66.9859, \quad \hat{\varDelta}^2 = 41.066.$$

理论判别函数的错判率 (见后面的式 (7.3.4)) 为

$$\Pr(2/1) = \Pr(1/2) = \varPhi\left(-\frac{\hat{\varDelta}}{2}\right) = 0.0007,$$

几乎为零! 而样本的回代拟合率也是 100%.

由例 7.2.1 可以看出, **后退法与前进法有根本性的区别**. 原因如下：前进法选取变量缺乏总体概念, 它实际上仅是对单变量统计检验的一种改进. 因此, 在单变量统计检验中不显著的变量在前进法中也往往不大会被选中. 后退法选变量则从全体变量出发. 例如, 当一个 “正常” 母体刚开始有系统性的病变时, 每一个衡量病变的指标都会有微小的变动. 但如果用正常值的观点去看, 则它的每一个变化可能都仍属 “正常”; 而从总体上来看, 它已有了系统性的变化. 这时, 用后退法选变量是合适的. 但当全体变量中包含太多的无用变量时, 也会降低总体检验的精度, 所以后退法的第一步, 作者建议显著性水平不要太高, 如可取 α =0.15 或 α =0.20. 后退法最大的缺点是当变量间有完全相关及变量数目超过样本数时, 后退法无法使用 (因为逆矩阵不存在). 但用前进法选变量, 当变量数多于样本数时, 它也特别容易把无用变量选进方程, 从而造成了虚假的高符合率, 这也是要特别注意的, 参见文献 [26].

7.3　错判率的估计

建立了分类公式及分类准则后, 如何评价此方法的好坏, 主要是考察它对已知类别的样本判别的错误分类情况, 主要指标有下列几个.

7.3.1 使用样本的方法

1. 回代拟合率

把原样本 (称为训练样本) 中的每一个分别代入公式, 看它们被错分的个数及其比例. 这种把训练样本回代的方法总是高估了分类的正确符合率, 即把错误分类率 (错分率) 估计得低于实际. 这虽不是一个好的估计法, 但却是最常用的方法, 因为如果此法的错分率已经很高, 则就可以判定所使用的分类法或分界点是不好的.

2. 考核样本的错判率

另外抽取一批样本, 对已建立的判别法作客观的考核. 此方法的优点明显. 但缺点是要再取一批有代表性的样本, 数量少了又没有说服力. 在 SAS 软件的 DISCRIM 语句中, 这批样本放在 TEST DATA 内.

3. 刀切法 (jackknife 法)

SAS 软件中称之为 "相互印证法"(cross-validate). 此方法可吸收前法用新样本考核判别函数的优点而克服其缺点, 它在目前是最受欢迎的方法. 它的思想方法很简单: 第一次去掉 π_1 母体中的第一号样本, 而使用其他 $n-1$ 个样品去建立判别函数及判别规则, 再用未使用的第一号样本代入, 看它是否分类正确, 若不正确, 则记录下来; 第二次把 π_1 母体中的第二号样本去掉, 把第一号样本放回, 用其他 $n-1$ 个样品去建立判别函数及确定分类法; 再用第二号样品代回, 看是否分类正确, 不正确则记录下来; 如此下去, 一直对每一个样品都用类似的手法计算一次. 最后, 如 π_i 母体中的 n_i 样本有 k_i 个被正确分类, 则用 k_i/n_i 代表 π_i 母体中的符合率. 当样本量 n_i 不太少时, 这种方法基本上是无偏的.

表 7.3.1 列出了线性判别函数中经典公式与无偏公式的分类结果. 可以看出, 回代拟合总是错分最少, 刀切法总是错判例数多些, 但也客观. 另外, 无偏函数总是优于有偏的经典判别法. 在二次型判别 (表 7.3.2) 中, 经典法也不如无偏的判别法. 模拟研究表明, 无偏的线性及二次型法在大多数情形下比经典方法要好[28].

表 7.3.1 对表 7.1.1 选用 (x_2, x_3) 时线性判别法的分类结果

	回代拟合						刀切法					
	有偏函数 $\hat{L}_i(x)$			无偏函数 H_i			有偏函数 $\hat{L}_i(x)$			无偏函数 H_i		
	π_1	π_2	π_3	π_1	π_2	π_3	π_1	π_2	π_3	π_1	π_2	π_3
π_1	**5**	0	0	**5**	0	0	**3**	0	0	**4**	0	0
π_2	0	**4**	1	0	**4**	1	1	**3**	3	0	**4**	1
π_3	0	1	**4**	0	1	**4**	1	2	**2**	1	1	**4**
样本数	5	5	5	5	5	5	5	5	5	5	5	5

表 7.3.2 无偏二次型判别函数在切去点的分类情形

样本号	母 体	分 类	母 体 π_1	π_2	π_3	分类概率
1	1	1	7.9743	47.0109	23.3689	0.9995
2	1	2	8.7182	5.7183	8.0318	0.6503
3	1	2	8.7791	8.3903	11.0851	0.4800
4	1	3	8.7025	11.9326	7.4763	0.6063
5	1	1	8.3143	26.0796	22.4288	0.9990
6	2	2	10.0053	3.9108	6.5351	0.7595
7	2	2	11.7594	4.3663	7.2862	0.7955
8	2	2	10.4149	5.0947	6.6816	0.6569
9	2	2	9.5115	3.0345	8.0332	0.8918
10	2	2	11.8541	4.6733	7.0227	0.4482
11	3	3	10.7255	6.4577	6.2306	0.5004
12	3	3	10.0978	6.7572	6.2251	0.5234
13	3	3	9.7440	14.8471	4.0236	0.9419
14	3	3	11.5822	11.3529	4.2230	0.9492
15	3	2	10.4149	5.0703	5.5352	0.5371

表 7.3.3 表 7.1.1 中 (x_2, x_3) 的二次型判别的分类频数 $(q_1 = q_2 = q_3 = 1)$

	经典公式 (7.1.9) 的分类			刀切法分类 经典公式			无偏公式			合计
	π_1	π_2	π_3	π_1	π_2	π_3	π_1	π_2	π_3	n_i
π_1	**4**	1	0	**3**	1	1	**2**	2	1	5
π_2	0	**5**	0	1	**3**	1	0	**5**	0	5
π_3	0	1	**4**	2	1	**2**	0	1	**4**	5

4. 后验概率的错判率

前面三个方法都是建立在错分频数的基础上的, 这里以线性判别的 $\hat{L}_i(\boldsymbol{x})$ 法为例. 以 (x_2, x_3) 作变量时, 用式 (7.1.19) 可得表 7.3.4.

由表 7.3.4 即得表 7.3.5. 表中, 频数下面的值为平均后验概率. 由表 7.3.5 可见, π_1 母体的 5 例全部分类正确, 其平均后验率为 0.7517; 而 π_2 及 π_3 母体各有 4 例判别正确, 其平均后验率分别为 0.5546 及 0.57772. 可以看出, π_2, π_3 中的病人正确判别的概率远低于 π_1 中的母体. 表 7.3.5 中的末行是用例数加权的平均后验率, 即判为 π_1 的个体, 它被判对的概率平均为 75.17%.

7.3.2 理论公式法

这里只介绍两总体的情形. 用数学方法可以求出错判的概率. 在两母体时, 两个理论线性判别函数可以合并成一个函数. 令 $L(\boldsymbol{x}) = L_1(\boldsymbol{x}) - L_2(\boldsymbol{x})$, 可以看出

$$L(\boldsymbol{x}) = c_0 + \boldsymbol{c}^{\mathrm{T}}\boldsymbol{x} = c_0 + c_1x_1 + \cdots + c_px_p, \tag{7.3.1}$$

其中

$$\boldsymbol{c} = \boldsymbol{\Sigma}^{-1}(\boldsymbol{\mu}^{(1)} - \boldsymbol{\mu}^{(2)}), \quad c_0 = \ln\frac{q_1}{q_2} - \frac{1}{2}\boldsymbol{c}^{\mathrm{T}}(\boldsymbol{\mu}^{(1)} + \boldsymbol{\mu}^{(2)}).$$

表 7.3.4 对表 7.1.1 中 (x_2, x_3) 变量的线性判别, 由 (7.1.10) 求得的后验概率 $\mathbf{Pr}(\pi_r/x)$

样本号		线性函数 $\hat{L}_i(x)$			分类号
		1	2	3	
胃癌 π_1	1	0.96585	0.02980	0.00436	1
	2	0.35264	0.33793	0.3.943	1
	3	0.98311	0.00491	0.01199	1
	4	0.45722	0.13393	0.40885	1
	5	0.99950	0.00032	0.00018	1
萎缩性胃炎 π_2	6	0.04851	0.45330	0.49819	3
	7	0.00161	0.67671	0.32168	2
	8	0.01933	0.54707	0.43360	2
	9	0.32593	0.35873	0.31533	2
	10	0.00107	0.63583	0.36310	2
非胃病者 π_3	11	0.00652	0.48366	0.50982	3
	12	0.03168	0.41733	0.55100	3
	13	0.11952	0.21079	0.66969	3
	14	0.00077	0.42110	0.57813	3
	15	0.01933	0.54707	0.43360	2

表 7.3.5 平均后验概率

		判别号及平均后验率			例数
		1	2	3	n_i
原组号	π_1	5 0.7517	0	0	5
	π_2	0	4 0.5546	1 0.4982	5
	π_3	0	1 0.5471	4 0.5772	5
总数 平均后验率		5 0.7517	5 0.5531	5 0.5614	15

分类法 若 $L(\boldsymbol{x}) > 0$, 则判 $\boldsymbol{x}$ 属于 π_1; 若 $L(\boldsymbol{x}) \leqslant 0$, 则判 $\boldsymbol{x}$ 属于 π_2.

显然, (7.3.1) 的综合值 $L(\boldsymbol{x})$ 是正态分布, 并且

$$E(L(\boldsymbol{x})|_{\pi_1}) = \ln\frac{q_1}{q_2} + \frac{(\boldsymbol{\mu}^{(1)} - \boldsymbol{\mu}^{(2)})^{\mathrm{T}}\boldsymbol{\Sigma}^{-1}(\boldsymbol{\mu}^{(1)} - \boldsymbol{\mu}^{(2)})}{2} = \ln\frac{q_1}{q_2} + \frac{\Delta^2}{2},$$

$$\mathrm{Var}(L(\boldsymbol{x})|_{\pi_1}) = (\boldsymbol{\mu}^{(1)} - \boldsymbol{\mu}^{(2)})^{\mathrm{T}}\boldsymbol{\Sigma}^{-1}(\boldsymbol{\mu}^{(1)} - \boldsymbol{\mu}^{(2)}) = \Delta^2,$$

其中

$$\Delta^2 = (\boldsymbol{\mu}^{(1)} - \boldsymbol{\mu}^{(2)})^{\mathrm{T}} \boldsymbol{\Sigma}^{-1} (\boldsymbol{\mu}^{(1)} - \boldsymbol{\mu}^{(2)}), \tag{7.3.2}$$

即

$$L(\boldsymbol{x})|_{\pi_1} \sim N\left(\ln \frac{q_1}{q_2} + \frac{\Delta^2}{2}, \Delta^2\right). \tag{7.3.3}$$

同理,

$$L(\boldsymbol{x})|_{\pi_2} \sim N\left(\ln \frac{q_1}{q_2} - \frac{\Delta^2}{2}, \Delta^2\right).$$

记 $\Pr(1/2)$ 是把 π_2 母体中个体错判为 π_1 母体的概率, $\Pr(2/1)$ 是把 π_1 母体中个体错判为 π_2 母体的概率, 则

$$\Pr(1/2) = \frac{1}{\sqrt{2\pi}\Delta} \int_0^{\infty} \exp\left(\frac{-(t - (\ln(q_1/q_2) - \Delta^2/2))^2}{2\Delta^2}\right) \mathrm{d}t,$$

即得

$$\Pr(1/2) = \Phi\left(-\frac{\Delta}{2} + \frac{1}{\Delta} \ln \frac{q_1}{q_2}\right). \tag{7.3.4}$$

同理,

$$\Pr(2/1) = \Phi\left(-\frac{\Delta}{2} + \frac{1}{\Delta} \ln \frac{q_2}{q_1}\right), \tag{7.3.5}$$

其中 Δ 为两母体间的理论马氏距离, $\Phi(\boldsymbol{x})$ 为标准化正态分布下的累加分布函数.

在实际计算时, 马氏距离应该用下面的无偏性公式代替:

$$\hat{\Delta}^2 = \frac{n_1 + n_2 - p - 3}{n_1 + n_2 - 2} D^2 - p\left(\frac{1}{n_1} + \frac{1}{n_2}\right). \tag{7.3.6}$$

在样本线性判别函数下, 若是大样本, 则显然上述错判率公式渐近成立; 在小样本时, 在文献 [22] 中介绍了几种近似方法.

在多母体时, 其理论错判率公式是多重积分. 作者在文献 [29] 中找出相应的公式, 此处略.

7.4 Fisher 线性判别法

Fisher 线性判别法是比 Bayes 判别法更早出现的判别法, 它对变量的分布没有要求, 也没有规定必须是等协方差阵, 但实际上, 不同母体间的协方差阵不应差别太大. 本节的方法没有统计检验, 但此法求出的判别函数等价于典则相关分析, 所以一些统计软件按典则变量法对典则变量个数作显著性检验, 这时正态分布条件是需要的.

7.4.1 判别函数及衡量其判别能力的指标

设有 k 个母体 $\pi_1, \pi_2, \cdots, \pi_k$, 随机独立地从 π_r 母体中抽取 n_r 样本, $n = n_1 + n_2 + \cdots + n_k$. 由样本, 可以构造 $\boldsymbol{x} = (x_1, \cdots, x_p)^{\mathrm{T}}$ 的综合指标 $u(\boldsymbol{x})$ 为

$$u(\boldsymbol{x}) = c_1x_1 + \cdots + c_px_p = \boldsymbol{c}^{\mathrm{T}}\boldsymbol{x}, \quad \boldsymbol{c} = (c_1, \cdots, c_p)^{\mathrm{T}}. \tag{7.4.1}$$

记

$\bar{u}^{(i)} = \boldsymbol{c}^{\mathrm{T}}\bar{\boldsymbol{x}}^{(i)}$ 为 π_i 母体中 n_i 个 u 值的平均值,

$\sigma_i^2 = \boldsymbol{c}^{\mathrm{T}}\boldsymbol{s}_i\boldsymbol{c}$为 π_i 母体中 n_i 个 u 值的样本方差,

其中 $s_i = \dfrac{1}{n_i - 1}\boldsymbol{c}^{\mathrm{T}}\boldsymbol{w}_i\boldsymbol{c}$, $\boldsymbol{w}_i$ 为 π_i 母体的样本离差阵, $\bar{u} = \boldsymbol{c}^{\mathrm{T}}\bar{\boldsymbol{x}}\boldsymbol{c}$ 为 n 个 u 值的总平均.

Fisher 判别法中参数向量 $\boldsymbol{c}$ 的求法如下：求 $\boldsymbol{c}$, 使得

$$\lambda = \frac{n_1(\bar{u}^{(1)} - \bar{u})^2 + \cdots + n_k(\bar{u}^{(k)} - \bar{u})^2}{(q_1\sigma_1^2 + \cdots + q_k\sigma_k^2)} = \max_{\boldsymbol{c}\neq\boldsymbol{0}}. \tag{7.4.2}$$

在两总体 (k=2) 时, 式 (7.4.2) 等价于

$$\lambda = \frac{(\bar{u}^{(1)} - \bar{u}^{(2)})^2}{(q_1\sigma_1^2 + q_2\sigma_2^2)} = \max_{\boldsymbol{c}\neq\boldsymbol{0}}, \tag{7.4.3}$$

即 Fisher 判别法的思想是找使 λ 为最大的向量 $\boldsymbol{c}$, 其中 $q_1, q_2, \cdots, q_k$ 是人为指定的“权”, 它可以取先验概率, 也可以任意取. 记 $\boldsymbol{B}$, $\boldsymbol{S}_i$ 为样本的组间离差阵及 π_i 的样本协方差阵, 记

$$\boldsymbol{S} = q_1\boldsymbol{S}_1 + \cdots + q_k\boldsymbol{S}_k \tag{7.4.4}$$

(一般地, 取 $q_i = n_i - 1$, 这时 $\boldsymbol{S}$ 即为组内离差阵 $\boldsymbol{W}$, 软件中一般取 $\boldsymbol{S} = \boldsymbol{W}$). (7.4.2) 可用矩阵表示为

$$\lambda = \frac{\boldsymbol{c}^{\mathrm{T}}\boldsymbol{B}\boldsymbol{c}}{\boldsymbol{c}^{\mathrm{T}}\boldsymbol{S}\boldsymbol{c}}. \tag{7.4.5}$$

求式 (7.4.5) 的极大值可得, 向量 $\boldsymbol{c}$ 满足下式：

$$\boldsymbol{B}\boldsymbol{c} = \lambda\boldsymbol{S}\boldsymbol{c}. \tag{7.4.6}$$

(7.4.6) 中正特征根的个数为 m, 则必有

$$m \leqslant \min\{k - 1, p\}. \tag{7.4.7}$$

(7.4.6) 除了正特征根外, 其余必全是零特征根. 把 m 个特征根排序,

$$\lambda_1 \geqslant \lambda_2 \geqslant \cdots \geqslant \lambda_m > 0,$$

记对应的特征向量为 $\boldsymbol{c}^{(1)}, \cdots, \boldsymbol{c}^{(m)}$, 分量形式为 $\boldsymbol{c}^{(i)}=(c_{1i}, \cdots, c_{pi})^{\mathrm{T}}$. 于是可以构造出 m 个综合指标, $r=1,2,\cdots,m$,

$$u^{(r)}(\boldsymbol{x})=c_1^{(r)}x_1+\cdots+c_p^{(r)}x_p=\boldsymbol{c}^{(r)\mathrm{T}}\boldsymbol{x}, \quad \boldsymbol{c}^{(r)}=(c_1^{(r)},\cdots,c_p^{(r)})^{\mathrm{T}}, \tag{7.4.8}$$

其中 $u^{(1)}(\boldsymbol{x})$ 具有最大的区分母体的能力, 其能力指标为 λ_1, 相对能力为 $\lambda_1(\lambda_1+\cdots+\lambda_m)$; 第 2 个大的区分母体能力为 $u^{(2)}(\boldsymbol{x})$, 能力为 λ_2, 相对能力 (也称贡献率) 为 $\lambda_2/(\lambda_1+\cdots+\lambda_m)$. 另外一个衡量综合指标 $u^{(i)}(\boldsymbol{x})$ 与 k 个母体关系密切程度的指标为相关系数 ρ_i (也称典则相关系数), ρ_i 与特征根 λ_i 的关系为

$$\rho_i=\sqrt{\frac{\lambda_i}{1+\lambda_i}}, \quad i=1,\cdots,m. \tag{7.4.9}$$

7.4.2 判别函数的性质

(1) 典则相关分析与 Fisher 判别法的等价性. 引进 $k-1$ 个应变量, 它们的定义为

$$y_i=\begin{cases}1, & \boldsymbol{x} \text{ 是第 } i \text{ 个母体},\\ 0, & \boldsymbol{x} \text{ 不是第 } i \text{ 个母体}, i=1, 2, \cdots, k-1.\end{cases}$$

这时, n 组样本可变成 n 组如下形式的变量:

$$(x_1,\cdots,x_p;y_1,\cdots,y_{k-1}).$$

作典则相关分析时, 令 $v(\boldsymbol{y})=\boldsymbol{\alpha}^{\mathrm{T}}\boldsymbol{y}$, $w(\boldsymbol{x})=\boldsymbol{\beta}^{\mathrm{T}}\boldsymbol{x}$, 则可以证明, 用典则相关分析算出的 $k-1$ 组典则变量中, 变量 $W_i(\boldsymbol{x})$ 的系数 $\boldsymbol{\beta}_i$ 必与 Fisher 判别法中的系数 $\boldsymbol{c}^{(i)}$ 成比例. 由此可知, Fisher 判别法中的综合指标彼此是不相关的. 式 (7.4.9) 就来源于此.

(2) 综合指标上的距离相对不变性. 可以证明, 把判别系数阵 $\boldsymbol{C}=(\boldsymbol{C}^{(1)},\boldsymbol{C}^{(2)},\cdots,\boldsymbol{C}^{(m)})$ 作正交旋转, 构造出新的判别函数 $z^{(1)}(\boldsymbol{x}),\cdots,z^{(m)}(\boldsymbol{x})$, 则任何两个 $\boldsymbol{x}$ 向量, 在 $(u^{(1)},\cdots,u^{(m)})$ 上的距离与在 $(z^{(1)},\cdots,z^{(m)})$ 坐标上的距离是相等的 (这是典则分析的特例). 由此可以派生出衡量 Fisher 线性判别法中变量相对重要性的指标如下: 若只取 l 个综合指标 $u^{(1)},\cdots,u^{(l)}$, 称建立在标准化数据上的判别函数为标准化判别函数,

$$\tilde{\boldsymbol{c}}^{(r)}=(\tilde{c}_{1r},\cdots,\tilde{c}_{pr})^{\mathrm{T}}, \quad u^{(r)}(\tilde{\boldsymbol{x}})=\tilde{\boldsymbol{c}}^{(r)\mathrm{T}}\tilde{\boldsymbol{x}}, \quad r=1,\cdots,l,$$

则

$$d_i^2=\tilde{c}_{i1}^2+\cdots+\tilde{c}_{il}^2, \quad i=1,\cdots,p \tag{7.4.10}$$

就是变量 x_i 的区分 k 个母体能力的相对重要性指标. d_i^2 大说明区分能力强. 自然, d_i^2 很小的变量应被删除.

(3) 分类法. 记 $(\bar{u}_i^{(1)},\cdots,\bar{u}_i^{(l)})$ 为 π_i 母体中典则变量 (Fisher 综合指标) 的中心, $\boldsymbol{x}_0$ 为待分类的样本. 如果点 $\boldsymbol{x}_0$ 上的综合指标离 π_r 的中心点距离 (欧氏距离) 最近, 则判 $\boldsymbol{x}_0$ 为 π_r 母体, 即计算

$$D_i^2=(u^{(1)}(\boldsymbol{x}_0)-\bar{u}_i^{(1)})^2+\cdots+(u^{(l)}(\boldsymbol{x}_0)-\bar{u}_i^{(l)})^2. \tag{7.4.11}$$

记 $D_r^2=\min\{D_i^2\}$, 则判 $\boldsymbol{x}_0$ 为 π_r 母体.

例 7.4.1 根据例 7.1.1 的数据, $p=4$, $k=3$, 用 SAS 软件中的 discrim 方法, 选项 Can 既是 Fisher 判别法也是典则分析. 语法为

```
Proc discrim data=SS Out =out Can;
Class group; Var x1-x4;
Proc Plot Vpct=50 hpct=50;
     Plot Can2*Canl=group; \*group=1,2,3 是母体号变量 *\
Run;
```

主要结果如下：

```
                    Canonical Discriminant Analysis
                          Adjusted           Approx           Squared
            Canonical     Canonical          Standard         Canonical
            Correlation   Correlation         Error          Correlation

1            0.860937      0.824333          0.069164         0.741212
2            0.409052      0.286785          0.222542         0.167323
                                       Eigenvalues of INV(E)*H
                                         =CanRsq/(1-CanRsq)
           Eigenvalue     Difference       Proportion       Cumulative
1           2.8642          2.6632           0.9344           0.9344
2           0.2009            .              0.0656           1.0000
                    Test of H0: The Canonical correlations in the
                     Current row and all that follow are zero

     Likelihood

           Ratio       Approx F    Num DF    Den DF      Pr >F
1      0.21548677      2.5970        8         18       0.0442
2      0.83267658      0.6698        3         10       0.5897

                        Total Canonical Structure
                                  CAN1                CAN2
    X1                          0.380357            0.170938
```

```
X2                        0.846029            -0.507832
X3                        0.862029             0.202500
X4                        0.527241             0.440354

 Raw Canonical Coefficients
                 CAN1            CAN2
X1          0.0074387969    -.0000842461
X2          0.0385948182    -.0562514677
X3          0.1778569035    0.1569295883
X4          0.0355959714    0.0542141614

Total-Sample Standardized Canonical Coefficients
                 CAN1              CAN2
X1          0.360596639       -0.004083840
X2          0.812388072       -1.184045516
X3          0.928561969        0.819303859
X4          0.369891564        0.563360407
 Class Means on Canonical Variables

          GROUP          CAN1            CAN2
            1        2.128390609    -0.060758909
            2       -0.865540317     0.518607915
            3       -1.262850291    -0.457849006
```

其中两个特征根为

$$\lambda_1 = 2.8642, \quad \lambda_2 = 0.2009.$$

对应的典则相关系数为

$$\rho_1 = 0.8609, \quad \rho_2 = 0.4091.$$

第一特征根占 93.44%, 似然比检验概率为 0.0442, 两个典则变量 (即 Fisher 线性判别综合值) 为

$$u^{(1)}(\boldsymbol{x}) = \text{CAN}_1 = 0.00744x_1 + 0.038595x_2 + 0.177857x_3 + 0.035596x_4,$$
$$u^{(2)}(\boldsymbol{x}) = \text{CAN}_2 = -0.000084x_1 - 0.056251x_2 + 0.156930x_3 + 0.054214x_4,$$

它们在三个母体上的中心为

$$\pi_1 \text{ 中心：} \bar{\boldsymbol{u}}_1 = (2.128391, -0.060760),$$
$$\pi_2 \text{ 中心：} \bar{\boldsymbol{u}}_2 = (-0.865540, 0.518608),$$
$$\pi_3 \text{ 中心：} \bar{\boldsymbol{u}}_3 = (-1.262850, -0.457849).$$

典则变量与 $\boldsymbol{x}$ 变量的相关系数参见 "Total Canonical Structure". 可以看出, CAN_1 与 (x_2, x_3) 的关系最为密切. 由标准化典则系数可以计算每个 $\boldsymbol{x}$ 变量的判别能力为

$$
\begin{aligned}
d_1^2 &= 0.3606^2 + 0.0041^2 = 0.1300,\\
d_2^2 &= 0.8124^2 + (-1.1840)^2 = 2.0618,\\
d_3^2 &= 0.9286^2 + 0.8193^2 = 1.5336,\\
d_4^2 &= 0.3699^2 + 0.5634^2 = 0.4542.
\end{aligned}
$$

由此可见, (x_2, x_3) 有最强的判别能力. 从图 7.4.1 可以看出, CAN_1 区别胃癌 (π_1) 的能力很强, 但不能区分萎缩性胃炎 (π_2) 与非胃病 (π_3); 而 CAN_2 (虽然统计检验不显著) 却略有区分 π_2 与 π_3 的能力.

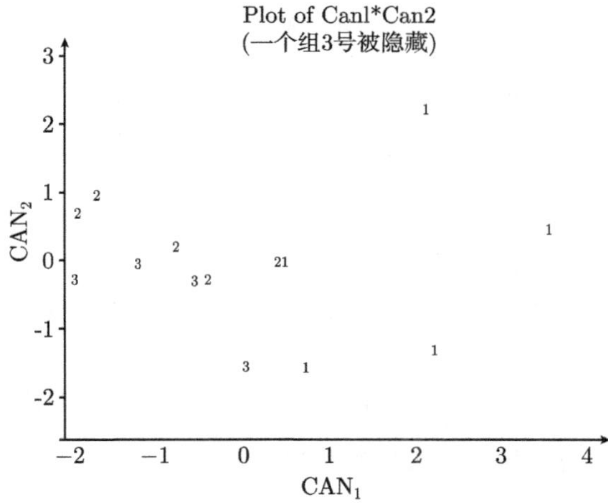

图 7.4.1 Fisher 判别下例 7.1.1 的典则变量分布点

在上面计算的基础上, 下面的程序用于对 15 个点作分类. SAS 语法及输出如下：

```
     data ss7;
     set out;
     d1=(can1-2.1283910)**2+(can2+.0607589)**2;
     d2=(can1+0.8655403)**2+(can2-.5186079)**2;
     d3=(can1+1.2628503)**2+(can2+.4578490)**2;
no=1;
if d2 < d1 then no=2;
if d3 < d1 and d3 <d2 then no=3; out put;
proc print;
     var can1 can2 d1-d3 no;
```

```
run;
```

输出：

OBS	CAN1	CAN2	D1	D2	D3	NO
1	2.57087	1.34348	2.1677	12.4894	17.9422	1
2	1.95105	1.34496	2.0075	8.6160	13.5793	1
3	2.78290	−0.89847	1.1301	15.3192	16.5622	1
4	0.33801	−1.75438	6.0738	6.6150	4.2438	3
5	2.99912	−0.33939	0.8358	15.6718	18.1785	1
6	0.21902	−0.02997	3.6467	1.4772	2.3790	2
7	−1.92475	1.12149	17.8257	1.4854	2.9324	2
8	−1.15558	−0.00483	10.7876	0.3581	0.2167	3
9	0.48426	0.65275	3.2123	1.8400	4.2858	2
10	−1.95064	0.85360	17.4745	1.2897	2.1930	2
11	−0.86538	0.49565	9.2723	0.0005	1.0671	2
12	−0.94710	−0.72188	9.8957	1.5455	0.1694	3
13	−0.54163	−1.88888	10.4711	5.9009	2.5680	3
14	−2.29023	0.04334	19.5350	2.2556	1.3068	3
15	−1.66991	−0.21747	14.4516	1.1888	0.2235	3

注：共错判三例：4, 8 及 11 号.

7.5　两总体判别法时的分界点

本节讨论两母体及它与二值回归的等价性、两母体之间如何选取分界点.

7.5.1　两母体判别法与二值回归法的等价性

当使用线性判别法时, 设 Bayes 线性判别函数为 $L_1(\boldsymbol{x}), L_2(\boldsymbol{x})$. 这时, 常用 $L(\boldsymbol{x}) = L_1(\boldsymbol{x}) - L_2(\boldsymbol{x})$ 代替两个判别函数, 即记

$$L(\boldsymbol{x}) = c_0 + \boldsymbol{c}^{\mathrm{T}}\boldsymbol{x}, \tag{7.5.1}$$

其中

$$\boldsymbol{c} = \boldsymbol{\Sigma}^{-1}(\boldsymbol{\mu}^{(1)} - \boldsymbol{\mu}^{(2)}), \quad c_0 = \ln\frac{q_1}{q_2} - \frac{1}{2}\boldsymbol{c}^{\mathrm{T}}(\boldsymbol{\mu}^{(1)} + \boldsymbol{\mu}^{(2)}).$$

样本判别函数为

$$\hat{L}(\boldsymbol{x}) = \hat{c}_0 + \hat{\boldsymbol{c}}^{\mathrm{T}}\boldsymbol{x}, \tag{7.5.2}$$

其中

$$\hat{\boldsymbol{c}} = \boldsymbol{S}^{-1}(\bar{\boldsymbol{x}}^{(1)} - \bar{\boldsymbol{x}}^{(2)}), \quad \hat{c}_0 = \ln\frac{q_1}{q_2} - \frac{1}{2}\hat{\boldsymbol{c}}^{\mathrm{T}}(\bar{\boldsymbol{x}}^{(1)} + \bar{\boldsymbol{x}}^{(2)}).$$

无偏性判别函数则为

$$H(\boldsymbol{x}) = \frac{n-p-3}{n-2}\hat{L}(\boldsymbol{x}) + \frac{p+1}{n-2} + \frac{p}{2}\left(\frac{1}{n_1} - \frac{1}{n_2}\right). \tag{7.5.3}$$

可以证明, 在两母体时, Fisher 线性判别函数的综合指标函数的系数必与下面的二值应变量 y 的多元回归成比例, 即令

$$y = \begin{cases} 1, & \pi_1 \text{ 母体}, \\ 0, & \pi_2 \text{ 母体}, \end{cases}$$

记 y 在 $(x_1, x_2, \cdots, x_p)^{\mathrm{T}} = \boldsymbol{x}$ 上的多元线性回归为

$$\hat{y} = \hat{\beta}_0 + \hat{\beta}_1 x_1 + \cdots + \hat{\beta}_p x_p = \hat{\beta}_0 + \hat{\boldsymbol{\beta}}^{\mathrm{T}} \boldsymbol{x},$$

则必有

$$\hat{\boldsymbol{c}} = \hat{\boldsymbol{\beta}} \left[D^2 + \frac{n(n-2)}{n_1 n_2} \right], \quad n = n_1 + n_2. \tag{7.5.4}$$

复相关系数 R 与两母体间的马氏距离 D 的关系为

$$D^2 = (\bar{\boldsymbol{x}}^{(1)} - \bar{\boldsymbol{x}}^{(2)})^{\mathrm{T}} \boldsymbol{S}^{-1} (\bar{\boldsymbol{x}}^{(1)} - \bar{\boldsymbol{x}}^{(2)}) = \frac{R^2}{1 - R^2} \left(\frac{1}{n_1} + \frac{1}{n_2} \right) (n-2)$$

或

$$R^2 = D^2 \Big/ \left[D^2 + (n-2) \left(\frac{1}{n_1} + \frac{1}{n_2} \right) \right].$$

进一步可直接证明, 当把 y 当成正态变量处理时, 对回归系数的统计检验和对偏相关系数的检验公式与两母体判别时的检验公式完全一样. 但判别函数中的常数项是人为的, 它的作用是规定分界点. 例如, 在 (7.5.2) 中, 常规定

$$\text{若 } \hat{L}(\boldsymbol{x}) > 0, \text{则判 } \boldsymbol{x} \text{ 为 } \pi_1 \text{ 母体};$$

$$\text{若 } \hat{L}(\boldsymbol{x}) \leqslant 0, \text{则判 } \boldsymbol{x} \text{ 为 } \pi_2 \text{ 母体}.$$

上式的分界点为 "0", 实际上它也是综合指标在两母体间的中点值.

7.5.2 分界点的选取法

对于式 (7.5.2) 或 (7.5.3) 的判别函数, 分类规则中的 "零" 分界点, 它实际上是两总体中两平均综合值的中点. 上述分类法是在假定两母体具有等协方差阵的条件下的结果, 但在一般的实际问题中, 等协方差性质是不易满足的. 在不等协方差阵时, 即使仍可构造 (7.5.2) 或 (7.5.3) 的判别函数, 但它的理想分界点就不应该是 "两母体平均综合值的中点的 '零' " 了. 下面记 $u(\boldsymbol{x})$ 是任一个判别函数 (也可以是 $\boldsymbol{x}$ 的非线性函数), 记 $u(\boldsymbol{x})$ 在 π_i 母体中的样本均值及样本方差分别为 $\bar{u}_i$ 及 σ_i^2. 假定 $u(\boldsymbol{x})$ 在 π_i 上的 n_i 个值呈正态分布, 不妨设 $\bar{u}_1 > \bar{u}_2$ (否则, 改 π_2 为 π_1). 记 u_0 是分界点, 分类法如下:

$$\begin{aligned} &\text{若 } u(\boldsymbol{x}) > u_0, \text{则判 } \boldsymbol{x} \text{ 为 } \pi_1 \text{ 母体}; \\ &\text{若 } u(\boldsymbol{x}) \leqslant u_0, \text{则判 } \boldsymbol{x} \text{ 为 } \pi_2 \text{ 母体}. \end{aligned} \tag{7.5.5}$$

按不同要求或准则可以求出 u_0 不同的公式.

1. 平均错判率最小法 ($\bar{u}_1 > \bar{u}_2$ 下)

记 $\Pr(i/j)$ 是把 π_j 中样本点错分到 π_i 母体中去的概率, 则称

$$\bar{P} = q_1\Pr(2/1) + q_2\Pr(1/2) \tag{7.5.6}$$

为平均错判率, 其中 q_1, q_2 为先验率.

$$\Pr(2/1) = \frac{1}{\sigma_1\sqrt{2\pi}}\int_{-\infty}^{u_0} \exp\left[\frac{-(u-\bar{u}_1)^2}{2\sigma_1^2}\right]\mathrm{d}u = \Phi\left(\frac{u_0-\bar{u}_1}{\sigma_1}\right), \tag{7.5.7}$$

$$\Pr(1/2) = \frac{1}{\sigma_2\sqrt{2\pi}}\int_{u_0}^{\infty} \exp\left[\frac{-(u-\bar{u}_2)^2}{2\sigma_2^2}\right]\mathrm{d}u = \Phi\left(-\frac{u_0-\bar{u}_2}{\sigma_2}\right). \tag{7.5.8}$$

找分界点 u_0 以使 $\bar{P}$ 达到最小, 即求 $\dfrac{\mathrm{d}\bar{P}}{\mathrm{d}u_0} = 0$, 可得下式:

$$2\ln\frac{q_2\sigma_2}{q_1\sigma_1} - \frac{(u_0-\bar{u}_2)^2}{\sigma_2^2} + \frac{(u_0-\bar{u}_1)^2}{\sigma_1^2} = 0.$$

在不同条件下, 求上述方程的根.

(1) 当 $\sigma_2 = \sigma_1 = \sigma$ 时, 可得分界点 (记为 u_0 (1)) 为

$$u_0(1) = \frac{\bar{u}_1+\bar{u}_2}{2} + \frac{\sigma^2\ln(q_2/q_1)}{\bar{u}_1-\bar{u}_2}, \quad \sigma^2 = \frac{(n_1-1)\sigma_1^2+(n_2-1)\sigma_2^2}{n-1}; \tag{7.5.9}$$

(2) 当 $\sigma_2 \neq \sigma_1$ 时, 分界点 (记为 u_0 (2)) 为

$$u_0(2) = \frac{1}{\sigma_1^2-\sigma_2^2}\left[\sigma_1^2\bar{u}_2 - \sigma_2^2\bar{u}_1 + \sigma_1\sigma_2\sqrt{(\bar{u}_1-\bar{u}_2)^2 + 2(\sigma_1^2-\sigma_2^2)\ln\frac{\sigma_1 q_2}{\sigma_2 q_1}}\right]. \tag{7.5.10}$$

2. 最大错判率最小法 (minimax)

思想是 $\Pr(2/1)$ 与 $\Pr(1/2)$ 中的最大者要尽可能得小, 这实际上是求一个分界点, 使得 $\Pr(2/1)=\Pr(1/2)$. 这时, 从 (7.5.7) 及 (7.5.8) 中解出 u_0, 即得它的分界点 (记为 u_0 (3)) 为

$$u_0(3) = \frac{\sigma_1\bar{u}_2+\sigma_2\bar{u}_1}{\sigma_1+\sigma_2}. \tag{7.5.11}$$

有些统计书上把所有综合值 u 的算术平均数作为分界点, 即取

$$u_0 = \frac{n_1\bar{u}_1+n_2\bar{u}_2}{n_1+n_2},$$

这是很错误的. 特别是在当 n_1 与 n_2 样本量差别大时, 该公式可以使一个很好的判别函数有非常糟的正确分类率.

当 $u(\boldsymbol{x})$ 的正态性条件成立时, 求出 u_0 后, 由式 (7.5.6)~(7.5.8) 即可求得错判概率. 对于刀切法, 在所有 “切去点” 上, 也同样可用上述公式计算错判率, 当然 $\bar{u}_i$ 及 σ_i^2 的值必须由切去点上的值计算.

例 7.5.1 根据表 7.1.1 中的数据, 如果可以把非胃癌者的 10 例 (萎缩性胃炎加非胃病者) 作 π_2 母体, 与胃癌 (π_1) 母体作两母体间的鉴别诊断, 取 $q_1 = q_2 = 0.5$, 则可算得在 (x_2, x_3) 上的 Bages 线性判别公式为

$$\hat{u}(x_2, x_3) = -21.9311 + 0.1288x_2 + 0.4674x_3. \tag{7.5.12}$$

由此可算得马氏距离 D^2 及无偏性估计分别为 $D^2 = 7.7944$, $\hat{\varDelta}^2 = 5.3957$. 由 D^2 可算得总体 (x_2, x_3) 的 F 检验值 F (2,12)=11.991, 对 (x_2, x_3) 的检验有

$$t_2 = 2.2045, \quad t_3 = 1.9834.$$

用刀切法可计算得切去点上的 $u(x_2, x_3)$ 值, 列于表 7.5.1. 式 (7.5.9)~(7.5.11) 的三种分界点的结果列于表 7.5.2. 刀切法的错判率总是高于回代拟合法. $u_0(1), u_0(2)$ 是平均错判率最小法的分界点, 其错判率总是最低的, 并且是以 $\sigma_1 \neq \sigma_2$ 的公式 u_0 (2) 分界点的平均错判率 0.0923(拟合) 及 0.1509(刀切) 为最低, 这些都与理论结果相一致. 表中理论最佳错判概率是在 $\boldsymbol{x}$ 为正态及等协方差阵条件成立时的公式, 列于表 7.5.2 中只是当成参考.

最后应指出, 如果 $(x_1, \cdots, x_p)^{\mathrm{T}} = \boldsymbol{x}$ 是多变量正态分布, 则对应的线性判别 $u(x_2, x_3)$ 也必是正态分布; 如果 $(x_1, \cdots, x_p)^{\mathrm{T}} = \boldsymbol{x}$ 不是正态分布, 但其综合值 $u(x_2, x_3)$ 也很可能是连续的, 它在 π_1, π_2 母体内的样本分布仍可能是一元正态. 若有偏态, 可以变换 $u(x_2, x_3)$ 使其有较好的对称性, 则对变换后的综合指标仍可使用上述方法求 Pr(1/2) 及 Pr(2/1). 因此, 本节介绍的方法具有一般性.

表 7.5.1 表 7.1.1 中 $(\boldsymbol{x_2}, \boldsymbol{x_3})$ 及 $\boldsymbol{\pi_1}, \boldsymbol{\pi_2}$ 时判别函数值

	号码	u 回代值	刀切法 u 值
胃癌 π_1	1	4.6819	2.9010
	2	0.0081	−0.5254
	3	5.1948	4.3813
	4	0.6675	−0.6011
	5	8.9338	8.2370
$\bar{u}_1$		3.8972	2.8786
σ_1		3.6477	3.6968
非胃癌 π_2	6	−2.5537	−2.3350
	7	−6.2422	−5.6492
	8	−3.5844	−3.2989
	9	−0.1208	0.0896
	10	−6.7096	−6.1054
	11	−4.7769	−4.4026
	12	−3.0211	−2.7656
	13	−1.2981	−0.8016
	14	−7.0810	−6.4764
	15	−3.5844	−3.2989
$\bar{u}_2$		−3.8972	−2.9044
σ_2		2.3119	2.1072

表 7.5.2　式 (7.5.9)~(7.5.11) 下的错判例数及错判率公式法比较

分界点	方 法	错判例数		错判率公式法		
		π_1	π_2	Pr(2/1)	Pr(1/2)	0.5(Pr(1/2)+Pr(2/1))
$u_0(1)=0$(拟合)	回代	0	0	0.1427	0.0459	0.0943
-0.0129(刀)	刀切	2	1	0.2171	0.0850	0.1511
$u_0(2)=-0.3941$	回代	0	1	0.1197	0.0649	0.0923
-0.0987(刀)	刀切	2	1	0.2103	0.0915	0.1509
$u_0(3)=-0.8735$	回代	0	1	0.0946	0.0955	0.0951
-0.8049(刀)	刀切	0	2	0.1595	0.1595	0.1595
理论最佳错判概率：$\Phi(-\Delta/2)$*				0.1230	0.1230	0.1230
样本数		5	10			

* 这是作参考用.

7.6　Logistic 回归

7.6.1　模型

记 $\boldsymbol{x}=(1,x_1,\cdots,x_p)^{\mathrm{T}}$, $x_0=1$. 在 π_i 总体上观察向量 $\boldsymbol{x}$ 点的概率为

$$\Pr(\boldsymbol{x}/\pi_i)=\alpha_i\phi(\boldsymbol{x})\exp\left[-\frac{1}{2}(\boldsymbol{x}-\boldsymbol{\mu}^{(i)})^{\mathrm{T}}\boldsymbol{A}^{-1}(\boldsymbol{x}-\boldsymbol{\mu}^{(i)})\right],\quad i=1,\cdots,k,\qquad(7.6.1)$$

若 $\boldsymbol{x}$ 中的某些分量为连续变量, 则可以认为观察向量 $\boldsymbol{x}$ 点落在区间 $(\boldsymbol{x},\boldsymbol{x}+\mathrm{d}\boldsymbol{x})$ 内的概率 $\mathrm{d}P$ 为

$$\alpha_i\phi(\boldsymbol{x})\exp\left[-\frac{1}{2}(\boldsymbol{x}-\boldsymbol{\mu}^{(i)})^{\mathrm{T}}\boldsymbol{A}^{-1}(\boldsymbol{x}-\boldsymbol{\mu}^{(i)})\right]\mathrm{d}\boldsymbol{x}.$$

在上述模型中, $\phi(\boldsymbol{x})$ 为任意函数, $\boldsymbol{A}$ 为正定矩阵, 并且 $\phi(\boldsymbol{x})$ 不依赖于 $\boldsymbol{A}$ 及 $\boldsymbol{\mu}$.

特例:

(1) 当 $\phi(\boldsymbol{x})=1$ 且 $\boldsymbol{x}$ 的 p 个变量全是连续正态变量时, 显然上式是正态模型;

(2) 当 $\boldsymbol{x}$ 中的某 m 个变量都只能取有限的离散值时, 比如

$$\phi(\boldsymbol{x})=\begin{cases}1, & \boldsymbol{x}\text{ 落入它的定义域},\\ 0, & \boldsymbol{x}\text{ 未落入它的定义域},\end{cases}$$

由于 $\phi(\boldsymbol{x})$ 只能取两个值, 所以上述模型中 $\Pr(\boldsymbol{x}/\pi_i)$ 也只能取两个值, 它即是二项分布; 如果 $\phi(\boldsymbol{x})$ 只能取有限个值, 则这时模型中 $\Pr(\boldsymbol{x}/\pi_i)$ 就是多项分布.

由于 $\phi(\boldsymbol{x})$ 的任意性及 $\boldsymbol{A}$ 的任意性, 该模型的适用范围是非常广的. 可以证明, Logistic 回归的最终解与 $\phi(\boldsymbol{x})$ 及 $\boldsymbol{A}$ 的形式无关, **即本模型既可用于连续型变量, 也可用于离散型变量和离散、连续混合型变量.** 但模型中 $\phi(\boldsymbol{x})$ 及 $\boldsymbol{A}$ 与总体号 i 无关, 这就隐含不同总体间有等协方差阵的要求.

记 $q_i = \Pr(\pi_i)$, 由 Bayes 条件公式得

$$\Pr(\pi_s/\boldsymbol{x}) = \frac{q_s \Pr(\boldsymbol{x}/\pi_s)}{q_1 \Pr(\boldsymbol{x}/\pi_1) + \cdots + q_k \Pr(\boldsymbol{x}/\pi_k)}, \quad s = 1, \cdots, k. \tag{7.6.2}$$

把 (7.6.1) 代入 (7.6.2), 并且分子、分母消去 $\phi(\boldsymbol{x})$ 及 $\boldsymbol{x}^{\mathrm{T}}\boldsymbol{A}\boldsymbol{x}$, 则式 (7.6.2) 简化为

$$\Pr(\pi_s/\boldsymbol{x}) = \frac{\exp\left[\boldsymbol{x}^{\mathrm{T}}\boldsymbol{A}^{-1}\boldsymbol{\mu}^{(s)} - \dfrac{1}{2}\boldsymbol{\mu}^{(s)\mathrm{T}}\boldsymbol{A}^{-1}\boldsymbol{\mu}^{(s)} + \ln(q_s\alpha_s)\right]}{\sum\limits_{i=1}^{k}\exp\left[\boldsymbol{x}^{\mathrm{T}}\boldsymbol{A}^{-1}\boldsymbol{\mu}^{(i)} - \dfrac{1}{2}\boldsymbol{\mu}^{(i)\mathrm{T}}\boldsymbol{A}^{-1}\boldsymbol{\mu}^{(i)} + \ln(q_i\alpha_i)\right]}, \quad s = 1, \cdots, k. \tag{7.6.3}$$

令

$$v_s(\boldsymbol{x}) = \boldsymbol{x}^{\mathrm{T}}\boldsymbol{A}^{-1}\boldsymbol{\mu}^{(s)} - \frac{1}{2}\boldsymbol{\mu}^{(s)\mathrm{T}}\boldsymbol{A}^{-1}\boldsymbol{\mu}^{(s)} + \ln(q_s\alpha_s)$$

(可以看出, 上式与 Bayes 线性判别函数 (7.1.5) 没有差别), (7.6.3) 转化为

$$\Pr(\pi_s/\boldsymbol{x}) = \frac{\exp(v_s(\boldsymbol{x}))}{\sum\limits_{i=1}^{k}\exp(v_i(\boldsymbol{x}))} = \frac{\exp(v_s(\boldsymbol{x}) - v_k(\boldsymbol{x}))}{1 + \sum\limits_{i=1}^{k-1}\exp(v_i(\boldsymbol{x}) - v_k(\boldsymbol{x}))}, \quad s = 1, \cdots, k. \tag{7.6.4}$$

记

$$u_s(\boldsymbol{x}) = v_s(\boldsymbol{x}) - v_k(\boldsymbol{x}) = \beta_{s0} + \beta_{s1}x_1 + \cdots + \beta_{sp}x_p, \quad s = 1, \cdots, k,$$

(7.6.4) 变为

$$\begin{cases} \Pr(\pi_s/\boldsymbol{x}) = \dfrac{\exp(\beta_{s0} + \beta_{s1}x_1 + \cdots + \beta_{sp}x_p)}{1 + \sum\limits_{i=1}^{k-1}\exp(\beta_{i0} + \beta_{i1}x_1 + \cdots + \beta_{ip}x_p)}, \quad s = 1, \cdots, k-1, \\ \Pr(\pi_k/\boldsymbol{x}) = \dfrac{1}{1 + \sum\limits_{i=1}^{k-1}\exp(\beta_{i0} + \beta_{i1}x_1 + \cdots + \beta_{ip}x_p)}. \end{cases} \tag{7.6.5}$$

式 (7.6.5) 即是常见的实用模型. 两总体时有

$$\begin{cases} \Pr(\pi_1/\boldsymbol{x}) = \dfrac{\exp(\beta_0 + \beta_1 x_1 + \cdots + \beta_p x_p)}{1 + \exp(\beta_0 + \beta_1 x_1 + \cdots + \beta_p x_p)}, \\ \Pr(\pi_2/\boldsymbol{x}) = \dfrac{1}{1 + \exp(\beta_0 + \beta_1 x_1 + \cdots + \beta_p x_p)}. \end{cases} \tag{7.6.6}$$

(7.6.6) 中两式可写成一式:

$$\log\frac{\Pr(\pi_1/\boldsymbol{x})}{1 - \Pr(\pi_1/\boldsymbol{x})} = \beta_0 + \beta_1 x_1 + \cdots + \beta_p x_p. \tag{7.6.7}$$

7.6.2 参数的估计及检验

1. 似然函数及参数的估计

当有样本时, 记 π_r 总体中抽查得 n_r 组独立观察向量 $\boldsymbol{x}_1^{(r)},\cdots,\boldsymbol{x}_{n_r}^{(r)}$, 则 n 组样本的似然函数就是 $L=\prod\limits_{i=1}^{k}\prod\limits_{j=1}^{n_i}\Pr(\pi_i/\boldsymbol{x}_j^{(i)})$. 将 (7.6.5) 代入 L 求它的极大值, 从而得参数的极大估计, 并且可得参数估计的渐近协方差阵的估计 $\boldsymbol{I}^{-1}=(I^{(i,j)})$, 其中 $\boldsymbol{I}$ 为信息矩阵.

研究得细致的是两总体情况, 多总体的情形实际上与两总体情况类似, 可以参见文献 [26], 第 6 章.

下面仅讨论**两总体**情况.

记 n 个观察的目标变量为 $y_1,\cdots,y_n$, y=1 表示 π_1 总体, y=0 表示 π_2 总体, 记

$$p_i=\Pr(y_i=1)=\frac{\exp(\boldsymbol{\beta}^{\mathrm{T}}\boldsymbol{x}_i)}{1+\exp(\boldsymbol{\beta}^{\mathrm{T}}\boldsymbol{x}_i)},\quad i=1,\cdots,n.$$

上式是 (7.6.6) 的另一种表示法. 显然,

$$1-\Pr(y_i=1)=\Pr(y_i=0)=\frac{1}{1+\exp(\boldsymbol{\beta}^{\mathrm{T}}\boldsymbol{x}_i)}.$$

n 个观察的似然函数为

$$L=\prod_{i=1}^{n}p_i^{y_i}(1-p_i)^{1-y_i},$$

$$l=\ln L=\sum_{i=1}^{n}[y_i\ln p_i+(1-y_i)\ln(1-p_i)]. \tag{7.6.8}$$

利用 $\dfrac{\partial p_i}{\partial\beta_j}=\dfrac{p_i x_{ij}}{1+\exp(\boldsymbol{\beta}^{\mathrm{T}}\boldsymbol{x}_i)}$ 可算得

$$U_j(\boldsymbol{\beta})\triangleq\frac{\partial l}{\partial\beta_j}=\sum_{i=1}^{n}(y_i-p_i)x_{ij},\quad j=0,1,\cdots,p. \tag{7.6.9}$$

此处参数中包含常数项, 对于一切 i, 记 $x_{i0}=1$.

(7.6.9) 就是未知参数的第 j 个记分. 一般用迭代法求下面的解:

$$U_j(\boldsymbol{\beta})=0,\quad j=1,\cdots,p, \tag{7.6.10}$$

参数的信息矩阵 $\boldsymbol{I}$ 可以直接求二阶导数得出:

$$\boldsymbol{I}=-\left[E\left(\frac{\partial^2 l}{\partial\beta_i\partial\beta_j}\right)\right]=\boldsymbol{X}^{\mathrm{T}}\hat{\boldsymbol{V}}\boldsymbol{X}, \tag{7.6.11}$$

其中 $\boldsymbol{X}$ 为数据矩阵, $\hat{\boldsymbol{V}} = \mathrm{diag}(\hat{p}_1(1-\hat{p}_1), \cdots, \hat{p}_n(1-\hat{p}_n))$:

$$\hat{p}_i = \frac{\exp(\hat{\boldsymbol{\beta}}^{\mathrm{T}} \boldsymbol{x}_i)}{1+\exp(\hat{\boldsymbol{\beta}}^{\mathrm{T}} \boldsymbol{x}_i)}.$$

2. 参数的检验

对于 $H_0: \beta_i = 0$ 的检验或衡量 $\boldsymbol{x}_i$ 变量的重要性, 有如下两个检验公式:

(1) Wald 值

$$\mathrm{Wald}_i = \frac{(\hat{\beta}_i)^2}{I^{(i,i)}} \sim \chi_1^2, \tag{7.6.12}$$

这是最方便作出的检验. 但式 (7.6.12) 的检验法受变量间的共线性及变量的变化范围影响大 (因为分母不稳定), 所以更好的检验可使用下面的似然比检验法.

(2) 似然比 (LR) 检验.

记 $L(p)$ 是全部 p 个变量进入时的最大似然函数, $L(p-m)$ 是 p 个变量中去除 m 个变量后的最大似然函数. 这时, 对这 m 个判别变量的显著性的检验法为

$$-2\{\ln(L(p-m)) - \ln(L(p))\} \sim \chi_m^2, \tag{7.6.13}$$

当 $m=1$ 时, 就仅对一个变量作检验. 此法的结果更合理, 但很多统计软件都不会自动产生式 (7.6.13), 常需使用者自已去设计. 式 (7.6.13) 中取 $m=p$, 则可对全部 p 个变量作显著性检验, 其中 $L(0)$ 表示只有常数项时的最大似然函数值, 这很容易直接求出.

$$l(0) = \ln L(0) = \hat{p}_0 \ln\left(\frac{\hat{p}_0}{1-\hat{p}_0}\right) + \ln(1-\hat{p}_0),$$

其中

$$\hat{p}_0 = \sum_{i=1}^{n} \frac{y_i}{n},$$

$$\hat{\beta}_0 = \ln\frac{\hat{p}_0}{1-\hat{p}_0},$$

$$\mathrm{Var}(\hat{\beta}_0) = \frac{1}{\hat{p}_0(1-\hat{p}_0)},$$

若模型中不包含常数项, 则取 $l(0) = -\ln 0.5$.

7.6.3 拟合优良性指标

两总体下, 要检验用 Logistic 模型去拟合数据是否合适的指标不少, 介绍主要的几个如下:

(1) 拟合分类表, 即按式 (7.6.6) 作判别分类, 再对比真实的类别就可以列出类似表 7.3.1 的 2×2 表, 可以看出总符合率及每个总体的错分百分比.

若 π_i 总体中的 n_i 个体有 v_i 个有正确的分类, 则

$$\pi_i \text{ 总体的符合率} = \frac{v_i}{n_i}, \quad i = 1, 2,$$

$$\text{两总体的总符合率} = \frac{v_1 + v_2}{n_1 + n_2}.$$

为了避免 v_i 值太过于极端, 有人提出用 $\frac{v_1}{n_1} \times \frac{v_2}{n_2}$ 作为总符合率拟合指标 (fitness).

(2) Pearson 卡方检验与 Hosmer-Lemeshow 卡方检验. SAS 及 SPSS 统计软件自动按照后验概率的百分位点情形：它把 n 组数据分成 g 组 (一般固定取 $g = 10$). 统计每一组中观察频数 (记为 O), 及当模型成立时, 按式 (7.6.6) 计算每个组的理论频数 (E). 再计算

$$\sum \frac{(O - E)^2}{E} \sim \chi_f^2. \tag{7.6.14}$$

式 (7.6.14) 的分母用某种权平均取代, 称之为 Hosmer-Lemeshow 卡方检验, 自由度 (f) 为 $g - 2$.

Pearson 卡方检验另一形式为

$$\sum_{i=1}^{n} \frac{(y_i - \hat{p}_i)^2}{\hat{p}_i(1 - \hat{p}_i)} \sim \chi_f^2, \quad f = n - p, \tag{7.6.15}$$

其中当 π_1 样本点时, $y_i = 1$, 而 π_2 样本点时, $y_i = 0$, $\hat{p}_i$ 是 $p_i = \Pr(\pi_1/\boldsymbol{x}_i)$ 的估计. 式 (7.6.15) 的分子就是实际值 y_i 与它的估计值 $\hat{p}_i$ 间的残差平方, 分母是残差的方差. 若上述检验不显著 ($p > 0.05$), 则接受模型.

(3) 似然比检验 (也称偏差检验).

$$2\sum_{i=1}^{g} \left[v_i \log \frac{v_i}{n_i \hat{p}_i} + (n_i - v_i) \log \frac{n_i - v_i}{n_i - n_i \hat{p}_i} \right] \sim \chi_f^2, \tag{7.6.16}$$

其中 v_i 为第 i 组的 n_i 个观察向量中属于第一总体的个数. 式 (7.6.16) 来源于下面的似然函数：

$$L = \prod_{i=1}^{g} p_i^{v_i} (1 - p_i)^{n_i - v_i}, \quad p_i = \Pr(\pi_1/\boldsymbol{x}_i).$$

由 L 可以构造两个似然函数：L_1 中用 v_i/n_i 代 p_i, L_2 中用模型估计量 $\hat{p}_i$ 代 p_i, 进而构造出似然比统计量 (7.6.16).

还有其他一些统计量, 如

$$\text{AIC} = -2\log(L) + 2(k + p), \tag{7.6.17}$$

$$\text{SC} = -2\log(L) + (k + p)\log(N), \tag{7.6.18}$$

其中 L 为参数估计后的最大似然函数值, $k=$ 总体数 -1, p 为参数个数. 上述所有优良性统计量都是越近似于零, 模型拟合越好. 对于完全线性可分样本的充分必要条件是 Logistic 模型中最大似然估计 $L=1$, 对应的是 $\log L=0$(理由见下).

描述拟合优良性的定量指标还有类似于回归中的平方复相关系数, 称为 "伪平方复相关系数". 对它有不同的定义, 也就有不同的结果. 在 SPSS 软件中介绍的是 Cox 和 Snell 的 R^2, 定义为

$$R_{\rm CS}^2 = 1 - \left[\frac{l(0)}{l(\hat{\boldsymbol{\beta}})}\right]^{2/n}, \tag{7.6.19}$$

而 Nagelkerke 于 1981 年修正 (7.6.19), 改为

$$R_N^2 = \frac{R_{\rm CS}^2}{1-[l(0)]^{2/n}}. \tag{7.6.20}$$

7.6.4 样本类型

如果存在一组参数向量 $\{\boldsymbol{\beta}_r\}$, 构成 $k-1$ 个线性函数

$$\begin{cases} y_s(\boldsymbol{x}) = \boldsymbol{\beta}_s^{\rm T}\boldsymbol{x}, \quad s=1,\cdots,k-1, \\ y_k(\boldsymbol{x}) = 0. \end{cases}$$

对任何 $s(s=1,\cdots,k)$, 在总体 π_s 的每一样本点上, 都有

$$y_s(\boldsymbol{x}) > y_t(\boldsymbol{x}), \quad s\neq t, t=1,\cdots,k, \boldsymbol{x}\in\pi_s, \tag{7.6.21}$$

则称该样本为**完全线性可分**的; 如果 (7.6.21) 改为

$$y_s(\boldsymbol{x}) \geqslant y_t(\boldsymbol{x}), \quad s\neq t, t=1,\cdots,k, \boldsymbol{x}\in\pi_s, \tag{7.6.22}$$

则称该样本为**拟线性可分**的; 如果对任何一组参数向量 $\{\boldsymbol{\beta}_r\}$, 总可找到某个总体 π_s, 在该总体 π_s 中存在一个或几个点 $\boldsymbol{x}$, 使得

$$y_s(\boldsymbol{x}) < y_t, \quad s\neq t,$$

则称该样本为**重叠样本**.

与样本类型对应地有下面三个定理.

定理 7.6.1 对于完全线性可分的样本, Logistic 回归模型中参数 $\{\boldsymbol{\beta}_r\}$ 的最大似然估计量是不确定的, 并且最大似然函数必是 $L=1$; 反之, 如果 $L=1$, 则该样本必是完全线性可分的.

定理 7.6.2 对于拟线性可分的样本,

$$\max_{\{\boldsymbol{\beta}_s\}} L < 1,$$

但参数的最大似然估计量不是唯一的.

定理 7.6.3　如果是重叠样本, 则参数的最大似然估计 $\{\boldsymbol{\beta}_r\}$ 存在且唯一.

定理 7.6.1~ 定理 7.6.3 的证明参见文献 [26], P314, [34].

7.6.5　参数的相对重要性、相对危险度与优势比

变量的相对重要性除了 Wald 检验值及其显著性概率值外, 还可从下面几个指标上衡量.

1. 偏相关系数

对于变量 x_i,

$$\text{偏 } R_i = \operatorname{sgn}(\hat{\beta}_i)\sqrt{\frac{\text{Wald}_i - 2}{-2l(0)}}, \quad \text{Wald}_i > 2. \tag{7.6.23}$$

若 $\text{Wald}_i < 2$, 则定义偏 $R_i = 0$, 这个指标出现在 SPSS 软件中.

2. 标准化回归系数

类似于多元回归中的标准化系数, 应变量 Logistic 分布 y 的方差[65] 为 $\pi^2/3$. 于是二值 Logistic 回归中, x_i 的标准化回归系数为

$$\tilde{\beta}_i = \frac{\hat{\beta}_i S_i}{\pi/\sqrt{3}}, \tag{7.6.24}$$

其中 s_i 为 x_i 的标准差.

3. 相对危险度

在两总体中, 一般流行病学或保险等业务中, 常定义

π_1 为有病或某种灾难、死亡或破产总体,
π_2 为对照总体,

设与两总体有关的自变量向量为 $\boldsymbol{x} = (x_1, \cdots, x_p)^{\mathrm{T}}$. 对于给定的两个点 $\boldsymbol{x}$, $\boldsymbol{x}^*$, 称

$$\text{RR} = \frac{\Pr(\pi_1/\boldsymbol{x}^*)}{\Pr(\pi_1/\boldsymbol{x})} \tag{7.6.25}$$

为 $\boldsymbol{x}^*$ 对于 $\boldsymbol{x}$ 的**相对危险度** (relative risk), 称

$$\text{OR} = \frac{\Pr(\pi_1/\boldsymbol{x}^*)/\Pr(\pi_2/\boldsymbol{x}^*)}{\Pr(\pi_1/\boldsymbol{x})/\Pr(\pi_2/\boldsymbol{x})} \tag{7.6.26}$$

为 $\boldsymbol{x}^*$ 对于 $\boldsymbol{x}$ 的**优势比** (odds risk) 或**比值比**. 如果 Logistic 模型成立, 则由式 (7.6.6) 立即得

$$\text{OR} = \exp\{\boldsymbol{\beta}^{\mathrm{T}}(\boldsymbol{x}^* - \boldsymbol{x})\}. \tag{7.6.27}$$

当 π_1 的先验概率近似于零 (即 $\Pr(\pi_1) \approx 0$, 如胃癌发病率) 时, 则对任何 $\boldsymbol{x}$ 都近似地有 $\Pr(\pi_2/\boldsymbol{x}) \approx 1$. 于是比较上面两式可得

$$\text{RR} \approx \text{OR} = \exp\{\boldsymbol{\beta}^{\text{T}}(\boldsymbol{x}^* - \boldsymbol{x})\}. \tag{7.6.28}$$

也就是说, 对于一些稀有事件 (如癌症、地震等) 求相对危险度时, 可以很好地用优势比代替. 而当 Logistic 模型成立时, 它可以很方便地从 (7.6.28) 中求出. 上式的一个重要特例是对于二值自变量, 如 $\boldsymbol{x} = (x_1, \cdots, x_p)^{\text{T}}$ 中的 x_1 只有两个值: 0 及 1. 这时, 在给定的两点

$$\boldsymbol{x}^* = (1, x_2, \cdots, x_p)^{\text{T}}, \quad \boldsymbol{x} = (0, x_2, \cdots, x_p)^{\text{T}},$$

显然, $\boldsymbol{x}^*$ 对于 $\boldsymbol{x}$ 的优势比为

$$\text{OR} = \exp(\beta_1). \tag{7.6.29}$$

对于两个总体的**配对数据**, 要研究哪些变量在两个总体间有差异, 可使用条件 Logistic 回归 (要求大样本) 或条件均值法 (不要求大样本), 可参见文献 [35], [36]. Bayes 线性判别法、Fisher 线性判别法、线性回归间的关系可参见文献 [31], [32].

习 题 7

7.1 试证明: 理论错判率上的假设检验与均值上的假设检验的等价性, 即在两总体正态等协方差阵及 $q_1 = q_2$ 时, 证明下述几个假设检验等价: 对于变量 x_p,

$$H_{01}: c_p = 0, \quad H_{02}: \Pr(1/2|p) = \Pr(1/2|(p-1)), \quad H_{03}: \varDelta_p = \varDelta_{p-1},$$

其中 c_p 为 x_p 上的判别系数, $\Pr(1/2|(p-1))$ 表示前 $p-1$ 个变量时的错判率, $\varDelta_{p-1}$ 是去变量 x_p 后的理论马氏距离.

7.2 试证明 (7.2.7).

7.3 用 0–1 法证明式 (7.2.10).

7.4 m 个组的方差分析可用多重线性模型

$$y = \beta_0 + \beta_1 x_1 + \cdots + \beta_{m-1} x_{m-1} + e$$

表示, 其中 m 个组的 $m-1$ 个 0–1 型名义变量定义为

$$x_1 = \begin{cases} 1, & y \text{ 来自第 1 组}, \\ 0, & y \text{ 不来自第 1 组}, \end{cases} \quad \cdots, \quad x_{m-1} = \begin{cases} 1, & y \text{ 来自第 } m-1 \text{ 组}, \\ 0, & y \text{ 不来自第 } m-1 \text{ 组}. \end{cases}$$

记第 i 组有 n_i 个样品, m 个组共有 $n = n_1 + \cdots + n_m$ 个样品, y 是应变量, 对应的样本回归模型记为

$$\boldsymbol{Y} = \boldsymbol{X\beta} + \boldsymbol{E},$$

其中 $\boldsymbol{Y}$ 为 $n \times 1$ 矩阵, $\boldsymbol{X}$ 为 $n \times (m-1)$ 矩阵, $\boldsymbol{E}$ 为残差向量.

试证明:

(1) 回归平方和 = 方差分析中的组间离差平方和, 即

$$L_{yx}L_{xx}^{-1}L_{xy}=\sum_{i=1}^{m}n_i(\bar{y}_i-\bar{y})^2(=B);$$

(2) 请把回归中的复相关系数 R^2 的表达式用方差分析中的组间离差平方和 B 及总离差平方和 T 表示.

7.5　设习题 7.4 中当 $\boldsymbol{y}$ 是由 q 个应变量组成的向量, 即样本回归模型为

$$\boldsymbol{Y}=\boldsymbol{X}\boldsymbol{\beta}+\boldsymbol{E},$$

其中 $\boldsymbol{Y}$ 为 $n\times q$ 矩阵, $\boldsymbol{X}$ 为 $n\times(m-1)$ 矩阵, $\boldsymbol{\beta}$ 为 $(m-1)\times q$ 矩阵, $\boldsymbol{E}$ 为残差向量, 试证明: $\boldsymbol{L}_{yx}\boldsymbol{L}_{xx}^{-1}\boldsymbol{L}_{xy}$ 即是判别分析中的组间离差阵 $\boldsymbol{B}$.

7.6　研究 A, B, C 三种饲料对动物所增体重的影响. 按配伍组设计, 将 24 只大鼠配成 8 个配伍组, 再将每个配伍组中的三只大鼠随机地分入三个饲料组. 每个鼠的进食量 $x(g)$ 与所增体重 $Y(g)$ 如下表所示. 试比较三组大鼠所增体重之间有无显著的差异.

习题 7.6 表

组号	A		B		C	
	X	Y	X	Y	X	Y
1	306.9	45.0	302.4	50.3	310.3	61.2
2	256.9	27.3	260.3	33.4	250.5	43.8
3	204.5	25.4	214.8	36.7	210.4	39.0
4	272.4	48.0	278.9	51.5	275.3	51.5
5	340.2	56.7	34.9	58.2	335.1	66.4
6	198.2	9.2	199.0	8.5	199.2	10.8
7	262.2	28.5	260.5	27.6	263.3	25.7
8	247.8	37.1	240.8	41.0	245.0	50.9

7.7　从珠穆朗玛峰地区采集不同地质时代的碳酸岩标本进行化学分析. 按地质年代, 可分为古生代 (Group=1) 的 8 例和中新生代 (Group=2) 的 7 例. 另外, 又在珠穆朗玛峰顶部 8500m 处采集到一块未知地质时代的标本一例. 数据如下表所示, 则珠穆朗玛峰顶部 8500m 处未知年代的标本应判它为什么年代?

习题 7.7 表

序号	SiO_2	Al_2O_3	MgO	CaO	K_2O	Na_2O	Group
1	20.92	4.50	3.13	36.70	1.20	0.75	1
2	31.09	7.02	2.16	30.68	2.55	0.95	1
3	37.50	3.10	1.30	29.78	2.05	0.20	1
4	6.01	2.26	1.73	48.28	0.60	0.40	1
5	20.21	3.37	2.59	37.30	0.95	0.25	1
6	18.86	1.83	1.14	45.56	0.45	0.40	1
7	8.98	1.41	1.41	47.83	0.20	0.40	1
8	20.30	4.35	1.70	37.58	0.60	0.50	1

续表

序号	SiO_2	Al_2O_3	MgO	CaO	K_2O	Na_2O	Group
9	4.12	0.04	2.70	48.88	0.15	0.60	2
10	2.10	0.01	1.41	52.95	0.05	0.50	2
11	10.99	1.97	1.84	44.07	0.15	1.35	2
12	0.79	0.00	1.51	53.99	0.05	0.50	2
13	56.53	6.46	1.93	15.50	0.95	0.80	2
14	1.53	0.28	0.97	53.69	0.10	0.50	2
15	2.81	0.42	1.02	52.64	0.05	0.50	2
	16.01	1.83	2.59	41.36	0.80	0.40	待判

7.8 k 个总体中, 记 q_i 及 f_i 为 π_i 总体的先验概率及密度函数, R_i 为把任一未知个体 x 判为 π_i 总体的区域. 显然, $q_1+\cdots+q_k=1, R_1+\cdots+R_k=R$, R 为 x 可能的变化范围, $\{R_i\}$ 彼此不相容. 显然, π_i 中的 x_0 落入 R_i 中的概率为 $q_if_i(x_0)$, 于是求 R_i 的 Bayes 法则如下：若

$$q_if_i(x_0)>q_jf_j(x_0),\quad j\neq i=1,\cdots,k,$$

则判 x_0 属于 π_i 总体.

对于 $k=2$, 上述法则可简化如下：若

$$\frac{f_1(x_0)}{f_2(x_0)}>\frac{q_2}{q_1},$$

则判 x_0 为 π_1 总体; 否则, 判 x_0 为 π_2 总体. 现在设 $q_1=q_2$ 且 $f_i(x)=\lambda_i\mathrm{e}^{-\lambda_ix}(x\geqslant 0,i=1,2)$, 设 $\lambda_1=2,\lambda_2=1$. 试求：

(1) 分类区域 R_1 及 R_2;

(2) 计算分类错判率 Pr(1/2) 及 Pr(2/1);

(3) 若要用 Minimax 法则决定分界点, 则分类区域 R_1 及 R_2 又是什么?

7.9 在地震研究中要研究砂基液化问题. 选择了如下 9 个变量：

$x_1=$震级, $x_2=$ 震中距 (km), $x_3=$ 土地类型 (砾土为 0, 其他为 1),

$x_4=$砂的类型 (粉砂为 0, 其他为 1), $x_5=$ 水深 (m), $x_6=$ 土深 (m),

$x_7=$贯入值, $x_8=$ 最大地面加速度 (g), $x_9=$ 地震持续时间 (s).

现从已液化 (Group=1) 和未液化 (Group=2) 的地层中分别抽取 9 个和 23 个样品, 请建立区分已液化和未液化的地层的线性判别函数, 并说明选中变量的相对重要性. 数据见数据盘.

7.10 我国 2008 年农业生产的主要指标如下：

$x_1=$农业总产值, $x_2=$ 农业就业人数 (万人),

$x_3=$总播种面积 (千公顷), $x_4=$ 农业机械总动力数,

$x_5=$生产性固定资产, $x_6=$ 人均医疗支出,

$x_7=$可作动力的牲畜头数, $x_8=$ 牲畜播种面积, $x_9=$ 肥料;

Group: 1= 东部地区， 2= 中部地区， 3= 西部地区;

(1) 东部地区与西部地区之间哪些指标上有显著性的差别?

(2) 要考察三个地区 (东部、中部、西部) 之间协方差阵齐性吗?

(3) 当东部、中部、西部之间协方差阵非齐性时应如何变换数据, 使得可以用线性判别法考察三地区在哪些指标上有显著性的差别? (如取对数、用原变量的秩代原始指标等.) 数据见数据盘.

第 8 章　主成分分析与因子分析

变量 (或称指标) 之间往往存在相关性, 变量间为何会有相关性? 这是因为有一些共同的因子 (称为共性因子) 支配着不同的变量 (或指标). 例如, 随着年龄的增加, 儿童的身高、体重都随着变化. 为何身高、体重会有相关性? 因为存在有一个更本质的因子 —— 生长因子在同时支配 (或影响) 身高与体重. 反过来说, 从大量测量到的数据能否找出引起各个指标千变万化的更本质的共性因子呢? 这是可能的. 因子分析 (factor analysis) 的任务就是要从大量的数据中, “由表及里”、“去粗存精” 寻找影响变量、支配变量的更本质的因子 —— 共性因子. 这种共性因子常不止一个. 另外, 不相关, 甚至彼此独立的变量之间就不会存在公因子吗? 答案是: 它们之间仍然可能存在有公因子. 由于人们都希望尽可能地揭露事物变化更本质的因素, 因此, 因子分析也就成为多变量统计方法中最受实际工作者欢迎的一个分支.

主成分分析 (principal component analysis) 是把多个变量综合成一个或少数几个综合指标的基本工具, 目标是使少量的几个综合指标能尽可能多地代表多个变量所反映的信息. 它与因子分析在概念上不太相同, 但都属于如何把数据用较少维数表达的一种工具, 在数据处理形式上, 两种分析法极为相似. 因此, 实际工作者及部分理论统计学家常把因子分析与主成分分析不加区别. 主成分分析通常是指线性主成分, 即把多个相关性变量综合成一个或几个线性函数 (称综合得分); 而它的缺点是: 当变量间的相关性小时, 每一个综合指标的综合能力往往不高, 甚至完全没有综合能力. 也就是说, 用线性主成分法求综合指标是有条件的, 企图用一个线性函数综合全部 (或大部分) 变量的综合指标并不是都能实现的.

8.1　变量间的主成分分析

8.1.1　线性主成分分析

设 p 个变量 $(x_1, x_2, \cdots, x_p)^{\mathrm{T}} = \boldsymbol{x}$ 相互之间有相关性, 其相关系数阵为 $\boldsymbol{R}$, 协方差阵为 $\boldsymbol{\Sigma}$. 目的是找 p 个变量的线性综合指标, 记为 y. 记 y 与 $(x_1, x_2, \cdots, x_p)^{\mathrm{T}}$ 的关系为

$$y = a_1 x_1 + \cdots + a_p x_p = \boldsymbol{a}^{\mathrm{T}} \boldsymbol{x}, \tag{8.1.1}$$

其中 $\boldsymbol{a} = (a_1, \cdots, a_p)^{\mathrm{T}}$ 为待确定的系数向量. 目标是求 $\boldsymbol{a}$, 使得

$$\mathrm{Var}(y) = \boldsymbol{a}^{\mathrm{T}} \boldsymbol{\Sigma} \boldsymbol{a}$$

尽可能得大. 上式显然严重地受 $\boldsymbol{a}$ 长度的影响, 于是附加条件：求 $\boldsymbol{a}$, 要使

$$\boldsymbol{a}^{\mathrm{T}}\boldsymbol{a}=1,$$

等价于求 $\boldsymbol{a}$, 使得

$$\lambda=\max_{||\boldsymbol{a}||=1}\frac{\boldsymbol{a}^{\mathrm{T}}\boldsymbol{\Sigma}\boldsymbol{a}}{\boldsymbol{a}^{\mathrm{T}}\boldsymbol{a}}. \tag{8.1.2}$$

从矩阵知识或习题 2.13 知, 极值问题 (8.1.2) 中的未知向量 $\boldsymbol{a}$ 满足

$$\boldsymbol{\Sigma}\boldsymbol{a}=\lambda\boldsymbol{a}, \tag{8.1.3}$$

即综合指标 y 的系数就是协方差阵 $\boldsymbol{\Sigma}$ 的标准化特征向量 $\boldsymbol{a}$, λ 即为对应的特征根. 记 (8.1.3) 中的所有解为 $\{(\lambda_i,\boldsymbol{a}_{(i)}),i=1,\cdots,p\}$, 但它们的下标顺序是按特征根大小排列：

$$\lambda_1\geqslant\lambda_2\geqslant\cdots\geqslant\lambda_p\geqslant0,$$

其中 $\boldsymbol{a}_{(i)}=(a_{i1},\cdots,a_{ip})^{\mathrm{T}}$, 并且满足 $\boldsymbol{a}^{\mathrm{T}}\boldsymbol{a}=1$. 这样就构造出如下的 p 个综合指标：

$$y_1=\boldsymbol{a}_{(1)}^{\mathrm{T}}\boldsymbol{x},\quad y_2=\boldsymbol{a}_{(2)}^{\mathrm{T}}\boldsymbol{x},\quad\cdots,\quad y_p=\boldsymbol{a}_{(p)}^{\mathrm{T}}\boldsymbol{x}, \tag{8.1.4}$$

并且 $\mathrm{Var}(y_i)=\lambda_i$. 由行列式的性质知

$$|\boldsymbol{\Sigma}|=\lambda_1\lambda_2\cdots\lambda_p,\quad \mathrm{tr}(\boldsymbol{\Sigma})=\lambda_1+\lambda_2+\cdots+\lambda_p.$$

上式说明, 由于变量变异的统计性质主要由协方差阵来描述, 所以更确切地说, 变量变异的统计性质主要是由协方差阵的特征根来描述的. 由 (8.1.4) 可见, 显然, y_1 的方差 λ_1 最大, 或称综合指标 y_1 对变量 $\boldsymbol{x}$ 变异的贡献最大, 其贡献率为 $\lambda_1/(\lambda_1+\cdots+\lambda_p)$; y_2 是对 $\boldsymbol{x}$ 具有第二大贡献的指标, (y_1,y_2) 的联合贡献率为 $(\lambda_1+\lambda_2)/(\lambda_1+\cdots+\lambda_p)$; 其余类推.

令 $z_i=y_i/\sqrt{\lambda_i}$, 显然, $\mathrm{Var}(z_i)=1$, 称 z_i 为标准化主成分. 一般实际使用主成分分析时, 几乎都是从标准化数据出发的, 这时, (8.1.1) 中 $\boldsymbol{x}$ 为标准化变量, $\boldsymbol{\Sigma}$ 变为相关阵 $\boldsymbol{R}$, p 个特征根之和即为变量数 p.

8.1.2　线性主成分的主要性质

p 个主成分 (或称综合指标) 有不少简单的性质.

1. *建立在理论协方差阵上的主成分*

(1) **各个主成分互不相关**(也称互为垂直), 即 y_i 与 y_j 的相关系数为零, 也即

$$\mathrm{Cov}(y_i,y_j)=\lambda_i\delta_{ij},\quad i,j=1,\cdots,p,$$

这是因为

$$\mathrm{Cov}(y_i, y_j) = \mathrm{Cov}(\boldsymbol{a}_{(i)}^{\mathrm{T}}\boldsymbol{x}, \boldsymbol{a}_{(j)}^{\mathrm{T}}\boldsymbol{x}) = \boldsymbol{a}_{(i)}^{\mathrm{T}}\boldsymbol{\Sigma} a_{(j)} = \lambda_j \boldsymbol{a}_{(i)}^{\mathrm{T}}\boldsymbol{a}_{(j)} = \lambda_j \delta_{ij}.$$

(2) **各个主成分方差之和等于 $\mathbf{tr}(\boldsymbol{\Sigma})$**. 由矩阵知识知

$$\lambda_1 + \cdots + \lambda_p = \mathrm{tr}(\boldsymbol{\Sigma}) = \sigma_1^2 + \cdots + \sigma_p^2.$$

(3) $\mathrm{Corr}(y_k, x_i) = \sqrt{\lambda_k} a_{ki}/\sigma_i$. 因为

$$\mathrm{Corr}(y_k, x_i) = \frac{\mathrm{Cov}(\boldsymbol{a}_{(k)}^{\mathrm{T}}\boldsymbol{x}, \boldsymbol{e}_i^{\mathrm{T}}\boldsymbol{x})}{\sqrt{\mathrm{Var}(y_k)\mathrm{Var}(x_i)}} = \frac{\boldsymbol{a}_{(k)}^{\mathrm{T}}\boldsymbol{\Sigma}\boldsymbol{e}_i}{\sqrt{\lambda_k \sigma_i^2}} = \frac{\boldsymbol{e}_i^{\mathrm{T}}\lambda_k \boldsymbol{a}_{(k)}}{\sqrt{\lambda_k \sigma_i^2}} = \frac{\sqrt{\lambda_k} a_{ki}}{\sigma_i}.$$

(4) $\sum\limits_{i=1}^{p} \sigma_i^2 \mathrm{Corr}^2(y_k, x_i) = \lambda_k$,

这是因为

$$\sum_{i=1}^{p} \sigma_i^2 \mathrm{Corr}^2(y_k, x_i) = \sum_{i=1}^{p} \sigma_i^2 \left(\frac{\sqrt{\lambda_k} a_{ki}}{\sigma_i}\right)^2 = \sum_{i=1}^{p} \lambda_k a_{ki}^2 = \lambda_k.$$

(5) $\sum\limits_{k=1}^{p} \mathrm{Corr}^2(y_k, x_i) = 1$.

证明 记

$$\boldsymbol{A} = (\boldsymbol{a}_{(1)}, \cdots, \boldsymbol{a}_{(p)}) = \begin{pmatrix} \boldsymbol{a}_1^{\mathrm{T}} \\ \vdots \\ \boldsymbol{a}_p^{\mathrm{T}} \end{pmatrix},$$

显然, $\boldsymbol{\Sigma} = \boldsymbol{A}\boldsymbol{\Lambda}\boldsymbol{A}^{\mathrm{T}}$. 利用

$$\sigma_i^2 = \boldsymbol{e}_i^{\mathrm{T}}\boldsymbol{\Sigma}\boldsymbol{e}_i = \boldsymbol{e}_i^{\mathrm{T}}\boldsymbol{A}\boldsymbol{\Lambda}\boldsymbol{A}^{\mathrm{T}}\boldsymbol{e}_i = \boldsymbol{a}_i^{\mathrm{T}}\boldsymbol{\Lambda}\boldsymbol{a}_i = \sum_{k=1}^{p} \lambda_k a_{ki}^2,$$

由 (3) 得

$$\sum_{k=1}^{p} \mathrm{Corr}^2(y_k, x_i) = \sum_{k=1}^{p} \left(\frac{\sqrt{\lambda_k} a_{ki}}{\sigma_i}\right)^2 = 1.$$

2. 建立在样本相关阵上的主成分

对于样本数据, 与上述公式的证明一样, 上述所有的性质在样本的主成分中仍然成立, 但它还有一些很有意义的性质.

记 $\boldsymbol{X}_{n\times p}$ 为标准化了的原数据矩阵, $\boldsymbol{Y}_{n\times p}$ 为对应于 $\boldsymbol{X}$ 上的主成分数据矩阵, 即

$$\boldsymbol{y}_{(i)} = \boldsymbol{X}\boldsymbol{a}_{(i)} \quad i = 1, \cdots, p,$$

其中 $\{\boldsymbol{a}_{(i)}\}$ 为相关阵 $\boldsymbol{R}=\boldsymbol{X}^{\mathrm{T}}\boldsymbol{X}/(n-1)$ 的特征向量. 由 $\{\boldsymbol{a}_{(i)}\}$ 构成的变换阵为

$$\boldsymbol{A}=(\boldsymbol{a}_{(1)},\cdots,\boldsymbol{a}_{(p)}),$$

$$\boldsymbol{X}=\begin{pmatrix} x_{11} & \cdots & x_{1p} \\ x_{21} & \cdots & x_{2p} \\ \vdots & & \vdots \\ x_{n1} & \cdots & x_{np} \end{pmatrix} \triangleq \left(\boldsymbol{x}_{(1)},\cdots,\boldsymbol{x}_{(p)}\right),$$

$$\boldsymbol{Y}=\begin{pmatrix} y_{11} & \cdots & y_{1p} \\ y_{21} & \cdots & y_{2p} \\ \vdots & & \vdots \\ y_{n1} & \cdots & y_{np} \end{pmatrix} \triangleq \left(\boldsymbol{y}_{(1)},\cdots,\boldsymbol{y}_{(p)}\right),$$

即

$$\boldsymbol{Y}=\boldsymbol{X}\boldsymbol{A}=\boldsymbol{X}\left(\boldsymbol{a}_{(1)},\cdots,\boldsymbol{a}_{(p)}\right),\quad \boldsymbol{y}_{(i)}=\boldsymbol{X}\boldsymbol{a}_{(i)}, i=1,\cdots,p,$$

则

(1) $\bar{\boldsymbol{y}}_{(i)}=\boldsymbol{0},\quad \boldsymbol{y}_{(j)}^{\mathrm{T}}\boldsymbol{y}_{(i)}=(n-1)\lambda_i\delta_{ij}$　对任 $i,j=1,\cdots,p$.

证明　$\bar{\boldsymbol{y}}_{(i)}=\dfrac{1}{n}\boldsymbol{1}_n^{\mathrm{T}}\boldsymbol{y}_{(i)}=\dfrac{1}{n}\boldsymbol{1}_n^{\mathrm{T}}\boldsymbol{X}\boldsymbol{a}_{(i)}=\dfrac{1}{n}(\boldsymbol{1}_n^{\mathrm{T}}\boldsymbol{x}_{(1)},\cdots,\boldsymbol{1}_n^{\mathrm{T}}\boldsymbol{x}_{(p)})\boldsymbol{a}_{(i)}=0,$

$$\begin{aligned}\boldsymbol{y}_j^{\mathrm{T}}\boldsymbol{y}_{(i)}&=(\boldsymbol{X}\boldsymbol{a}_{(j)})^{\mathrm{T}}\boldsymbol{X}\boldsymbol{a}_{(i)}=\boldsymbol{a}_{(j)}^{\mathrm{T}}\boldsymbol{X}^{\mathrm{T}}\boldsymbol{X}\boldsymbol{a}_{(i)}=(n-1)\boldsymbol{a}_{(j)}^{\mathrm{T}}\boldsymbol{R}\boldsymbol{a}_{(i)}\\&=(n-1)\boldsymbol{a}_{(j)}^{\mathrm{T}}\lambda_i\boldsymbol{a}_{(i)}=(n-1)\lambda_i\delta_{ij}.\end{aligned}$$

(2) 任取前 m 个主成分 $\boldsymbol{y}_{(1)},\cdots,\boldsymbol{y}_{(m)}$, 记

$$\boldsymbol{Z}_*\triangleq(\boldsymbol{y}_{(1)},\cdots,\boldsymbol{y}_{(m)}),$$

将 $\boldsymbol{X}$ 看成回归分析中的应变量数据矩阵, 将 $\boldsymbol{Z}_*$ 看成是自变量, 作回归分析得线性方程

$$\hat{\boldsymbol{X}}=\boldsymbol{Z}_*\boldsymbol{B},\quad \boldsymbol{B}\ \text{为}\ m\times p\ \text{矩阵}.$$

由最小二乘方估计知, $\boldsymbol{B}$ 的估计为 $\hat{\boldsymbol{B}}=(\boldsymbol{Z}_*^{\mathrm{T}}\boldsymbol{Z}_*)^{-1}\boldsymbol{Z}_*^{\mathrm{T}}\boldsymbol{X}$. 记 $\boldsymbol{A}_*=\left(\boldsymbol{a}_{(1)},\cdots,\boldsymbol{a}_{(m)}\right)$, 则

$$\boldsymbol{Z}_*=(\boldsymbol{y}_{(1)},\cdots,\boldsymbol{y}_{(m)})=\boldsymbol{X}\boldsymbol{A}_*,$$

而 $\boldsymbol{R}\boldsymbol{A}_*=\boldsymbol{A}_*\mathrm{diag}(\lambda_1,\cdots,\lambda_m)$, 上述各式代入下面得

$$\begin{aligned}\hat{\boldsymbol{B}}&=(\boldsymbol{Z}_*^{\mathrm{T}}\boldsymbol{Z}_*)^{-1}\boldsymbol{Z}_*^{\mathrm{T}}\boldsymbol{X}=[(n-1)\mathrm{diag}(\lambda_1,\cdots,\lambda_m)]^{-1}\boldsymbol{A}_*^{\mathrm{T}}\boldsymbol{X}^{\mathrm{T}}\boldsymbol{X}\\&=\frac{1}{(n-1)}[\mathrm{diag}(1/\lambda_1,\cdots,1/\lambda_m)]\boldsymbol{A}_*^{\mathrm{T}}(n-1)\boldsymbol{R}\\&=\mathrm{diag}(1/\lambda_1,\cdots,1/\lambda_m)(\boldsymbol{R}\boldsymbol{A}_*)^{\mathrm{T}}\end{aligned}$$

$$= \mathrm{diag}(1/\lambda_1,\cdots,1/\lambda_m)(\lambda_1\boldsymbol{a}_{(1)},\cdots,\lambda_m\boldsymbol{a}_{(m)})^{\mathrm{T}}$$
$$= (\boldsymbol{a}_{(1)},\cdots,\boldsymbol{a}_{(m)})^{\mathrm{T}} = \boldsymbol{A}_*^{\mathrm{T}}.$$

也就是说, 回归系数正好是前 m 个特征向量组成的矩阵的转置.

性质 (2) 的一个特点, 即主成分分析是把相关的 p 个变量 $(x_1,x_2,\cdots,x_p)$ 变成了互不相关的 p 个变量 $(y_1,y_2,\cdots,y_p)$. 因此, 可以用互不相关的变量 $(y_1,y_2,\cdots,y_p)$ 来代替变量 $\boldsymbol{x}$ 作各种统计分析. 例如, 在研究 $(x_1,x_2,\cdots,x_p)$ 与某个变量 z 的回归关系时, 可以直接用 $(y_1,y_2,\cdots,y_p)$ 与变量 z 作回归. 由于 $(y_1,y_2,\cdots,y_p)$ 中后面变量的贡献很小, 因此, 常用前 m 个 y 变量 $(y_1,y_2,\cdots,y_m)$(一般取 $m<p$) 代替 $(x_1,x_2,\cdots,x_p)$ 与 z 变量作回归, 称为 "主成分回归分析". 这种做法的最大优点是克服了 $(x_1,x_2,\cdots,x_p)$ 变量之间共线性的干扰, 并且有时还可以更好地解释回归结果.

(3) 在性质 (2) 的回归中, 还有下述残差平方和的最小性: 设 $\boldsymbol{P}$ 是任一个 $n\times m$ 矩阵, $m<p$, 要找一个满足下式的矩阵 $\boldsymbol{P}$: $\boldsymbol{P}^{\mathrm{T}}\boldsymbol{P}=c\boldsymbol{I}_m$(其中 c 为某个正值), 并且使 $\boldsymbol{P}$ 与数据矩阵 $\boldsymbol{X}$ 能尽可能拟合得好. 将数据矩阵 $\boldsymbol{X}$ 看成回归方程中的应变量矩阵, 将 $\boldsymbol{P}$ 看成是自变量矩阵, 于是可建立回归关系 $\hat{\boldsymbol{X}}=\boldsymbol{P}\boldsymbol{B}$. 由回归理论知 $\hat{\boldsymbol{B}}=(\boldsymbol{P}^{\mathrm{T}}\boldsymbol{P})^{-1}\boldsymbol{P}^{\mathrm{T}}\boldsymbol{X}$, 残差阵为

$$\boldsymbol{Q}(\boldsymbol{P}) = (\boldsymbol{X}-\boldsymbol{P}\hat{\boldsymbol{B}})^{\mathrm{T}}(\boldsymbol{X}-\boldsymbol{P}\hat{\boldsymbol{B}})$$
$$= \boldsymbol{X}^{\mathrm{T}}(\boldsymbol{I}-\boldsymbol{P}(\boldsymbol{P}^{\mathrm{T}}\boldsymbol{P})^{-1}\boldsymbol{P}^{\mathrm{T}})\boldsymbol{X}.$$

Seber[77] 证明了在 $\boldsymbol{P}^{\mathrm{T}}\boldsymbol{P}=c\boldsymbol{I}_m$ 条件下, 当 $\boldsymbol{P}=\boldsymbol{Z}_*=(\boldsymbol{y}_{(1)},\cdots,\boldsymbol{y}_{(m)})$ 时, 上式中 $\mathrm{tr}(\boldsymbol{Q}(\boldsymbol{P}))$ 达到最小. 也就是说, 对任意指定的 $m(m<p)$, 要找 m 个彼此不相关的变量作线性组合去拟合 $\boldsymbol{X}$, 则没有比用 $\boldsymbol{X}$ 上的线性主成分去拟合 $\boldsymbol{X}$ 更好的了 (在最小二乘方意义下).

8.1.3 主成分的几何意义

在图 8.1.1 中, 坐标系 (x_1,x_2) 内, 舒张压 (x_1) 与收缩压 (x_2) 的散点图是有相关性的. 如何把这些散点 (样本点) 坐标 (x_1,x_2) 变成不相关的坐标? 以样本均值 x 为中心对样本点作坐标变换 (即旋转), 使变换后的样本点 (y_1,y_2) 上的两变量 y_1 与 y_2 彼此不相关. 与之等价地, 即找矩阵 $\boldsymbol{A}$, 使得

$$\boldsymbol{y}=\boldsymbol{A}(\boldsymbol{x}-\bar{\boldsymbol{x}}). \tag{8.1.5}$$

$\boldsymbol{y}$ 的样本协方差阵为对角矩阵, 即

$$\boldsymbol{S}_{yy}=\boldsymbol{A}\boldsymbol{S}_{xx}\boldsymbol{A}^{\mathrm{T}}=\mathrm{diag}(\lambda_1,\cdots,\lambda_p),$$

其中 $\boldsymbol{S}_{xx}$ 为样本协方差阵. 显然, $\boldsymbol{A}$ 即是对 $\boldsymbol{S}_{xx}$ 作典则分解后的正交矩阵, 特征根即为 $\{\lambda_i\}$. 如果 (x_1,x_2) 呈正态分布, 则图 8.1.1 中的椭圆是 (x_1,x_2) 的密度等高线, 图

中的两坐标 (y_1, y_2) 即为椭圆的长轴及短轴. 长、短轴的半长分别为 $(\sqrt{\lambda_1}, \sqrt{\lambda_2})$, 主轴的斜率为 a_{12}/a_{11}, 其中记第一主成分向量为 $\boldsymbol{a}_1 = (a_{11}, a_{12})^{\mathrm{T}}$.

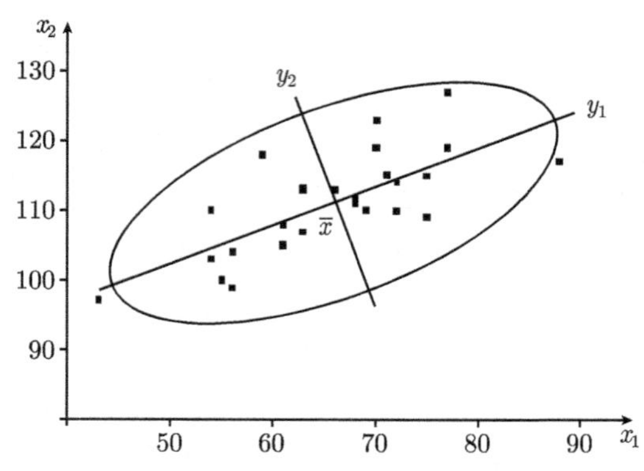

图 8.1.1　舒张压 (x_1) 与收缩压 (x_2) 的散点图

在图 8.1.2 中, 假如在散点图上通过样本均值找一直线 $\boldsymbol{a}^{\mathrm{T}}(\boldsymbol{x} - \bar{\boldsymbol{x}}) = 0$, 使任一样本点 $\boldsymbol{x}_i$ 到直线 $\boldsymbol{a}^{\mathrm{T}}(\boldsymbol{x} - \bar{\boldsymbol{x}}) = 0$ 上的距离 (记为 y_i) 平方为最短 ($||\boldsymbol{a}|| = 1$ 下), 即求标准化向量 $\boldsymbol{a}$, 使得

$$\sum_{i=1}^{n} y_i^2 = \sum_{i=1}^{n} (\boldsymbol{a}^{\mathrm{T}}(\boldsymbol{x}_i - \bar{\boldsymbol{x}}))^2 = \min, \tag{8.1.6}$$

此即

$$\boldsymbol{a}^{\mathrm{T}} \left[\sum_{i=1}^{n} (\boldsymbol{x}_i - \bar{\boldsymbol{x}})(\boldsymbol{x}_i - \bar{\boldsymbol{x}})^{\mathrm{T}} \right] \boldsymbol{a} = \boldsymbol{a}^{\mathrm{T}} \boldsymbol{L}_{xx} \boldsymbol{a} = \min. \tag{8.1.7}$$

而 $\boldsymbol{L}_{xx}$ 与 $\boldsymbol{x}$ 的样本协方差阵成比例, 因此可见, 待定参数向量 $\boldsymbol{a}$ 实际上是 $\boldsymbol{x}$ 的主成分向量. 这时, 回归线 $\boldsymbol{a}^{\mathrm{T}}(\boldsymbol{x} - \bar{\boldsymbol{x}}) = 0$ 也被称为**垂直回归线**. 也就是说, 在平面直角坐标系中, 求样本数据的主成分就是把坐标系原点先移到样本中心点 $\boldsymbol{x}$, 再旋转坐标系, 以使新坐标系能最好地拟合数据.

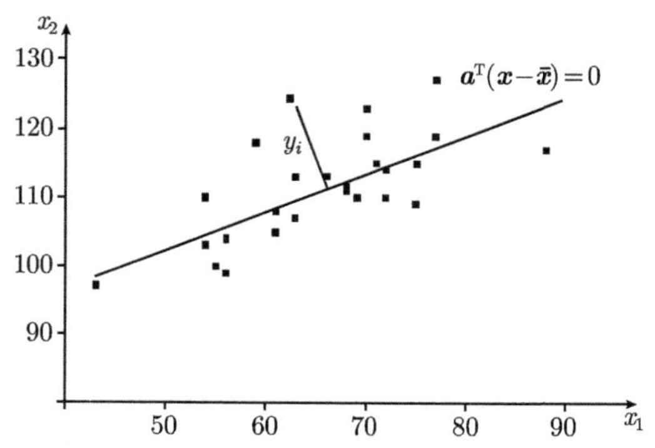

图 8.1.2　舒张压 (x_1) 与收缩压 (x_2) 的散点图上的主成分回归线

8.1.4 应取几个主成分分量及线性主成分的统计检验

在样本主成分中, 应抽取几个主成分分量去描述该批数据? 方法很多, 但不管用什么方法选取主成分分量, 一个根本性的判断是: 每一个主成分分量都应有实际意义. 没有实际意义的分量, 特别是与已有专业知识或常识严重不一致的主成分分量不应被取用. 下面是常用的一些方法.

(1) 抽取几个主成分, 使其贡献率超过 80%. 例如, 从相关阵出发计算主成分时, 前 k 个主成分相应的特征根 $\{\lambda_i\}$满足 $(\lambda_1+\cdots+\lambda_k)/p>80\%$. 这种取主成分法很容易把一些很特别的样品或变量选为主成分, 而它们可能根本就不具有综合能力.

(2) 抽取的最小特征根已大于特征根的平均值. 在对相关阵作主成分时, 由于特征根的平均值 (即相关阵对角元素的均值) 为 1, 所以取相关阵特征根中大于 1 的个数作为抽取的主成分的个数, 这是目前国际性统计软件的常用方法.

(3) 对特征根作图. 横轴是特征根的个数, 纵轴是特征根的值, 考察递减的特征根散点图中是否有明显的 "突降" 点. 如有, 则 "突降" 前特征根的个数可取为 k.

(4) 检验主成分分量的统计显著性, 即保留有统计显著性的特征根及对应的主成分分量. 这种做法在大样本时常会保留很多的主成分量, 该方法与前三个方法常有大的不一致.

现介绍第 (4) 种方法如下:

统计检验 此时, 要从协方差阵出发, 并且设 $\boldsymbol{X}\sim N_p(\boldsymbol{\mu},\boldsymbol{\Sigma})$. 由此, 可以建立统计检验公式, 但此类统计检验公式很多, 此处仅列较简单的公式如下: 对已按大到小排序后的理论特征根, 零假设为

$$H_0:\lambda_{p-k+1}=\cdots=\lambda_p,\quad k>1.$$

若接受 H_0, 则认为这后面的 k 个主分量可能是由无意义的 "噪声" 引起的. 检验公式为下述对数似然比统计量[19]:

$$\bar{\lambda}=\frac{1}{k}\sum_{i=p-k+1}^{p}\hat{\lambda}_i, \tag{8.1.8}$$

$$u=\left(n-\frac{2p+11}{6}\right)\left(k\ln\bar{\lambda}-\sum_{i=p-k+1}^{p}\ln\hat{\lambda}_i\right)\sim\chi_v^2, \tag{8.1.9}$$

$$v=\frac{1}{2}(k-1)(k+2).$$

当样本较大时, u 近似于卡方分布, 自由度为 v, 其中 $\{\hat{\lambda}_i\}$为样本协方差阵 $\boldsymbol{S}$ 的特征根. 若 $u\geqslant\chi_{v,0.05}^2$, 则否定 H_0, 这说明第 $p-k+1$ 个特征根是有意义的. 注意: 上述 u 值与样本数 n 基本上成正比, 所以大样本时接受的特征根个数一定是很多的. 大样本时, 这也是第 (4) 种分法与前三种分法差别大的主要原因.

8.1.5 例题

例 8.1.1 老人症的综合指标. 李秀琴大夫[25] 收集北京市某地所有 40 岁以上 1495 例居民的各种资料, 目的是寻找影响老化的主要因素, 反映老化的指标为

白斑 (x_1), 老年斑 (x_2), 闭目单腿直立时间 (x_3), 老年环 (x_4), 脱齿数 (x_5), 闭目单腿直立时间 (x_3) 是数量指标不变化, 把另外 4 个指标都作成 0~10 的定量指标.

首要目的是把 5 个老人症综合成一个 (或几个) 指标, 这时, 可使用主成分法. 首先计算 5 个老人症之间的相关系数为

$$\boldsymbol{R}=\begin{pmatrix} 1 & 0.3145 & -0.0728 & 0.2494 & 0.1939 \\ 0.3145 & 1 & -0.2684 & 0.4662 & 0.4465 \\ -0.0728 & -0.2684 & 1 & -0.1372 & -0.1643 \\ 0.2494 & 0.4662 & -0.1372 & 1 & 0.4065 \\ 0.1939 & 0.4465 & -0.1643 & 0.4065 & 1 \end{pmatrix}.$$

由相关阵 $\boldsymbol{R}$ 可计算得 $\boldsymbol{R}$ 的特征值及特征向量如表 8.1.1 所示.

表 8.1.1 例 8.1.1 的特征根 $\hat{\lambda}_i$ 及特征向量 $\boldsymbol{a}_i$

	$\boldsymbol{a}_1$	$\boldsymbol{a}_2$	$\boldsymbol{a}_3$	$\boldsymbol{a}_4$	$\boldsymbol{a}_5$
白斑	0.357	0.460	−0.778	0.148	0.185
老年斑	0.552	−0.036	0.021	−0.070	−0.830
单腿直立	−0.279	0.871	0.341	0.030	−0.217
老年环	0.503	0.168	0.392	−0.693	0.392
脱齿数	0.488	0.029	0.439	0.702	0.275
特征根 $\hat{\lambda}_i$	2.1565	0.9435	0.8123	0.5940	0.4933
贡献率/%	43.13	18.87	16.25	11.88	9.87

从表 8.1.1 可见, 第一个特征根贡献率为 43.13%, 它是突出地大于另外 4 个, 因此, 检验如下假设:

$$H_0:\lambda_2=\lambda_3=\lambda_4=\lambda_5.$$

此时,

$$k=4,\quad \bar{\lambda}=\frac{1}{4}(0.9435+0.8123+0.5940+0.4933)=0.71078,$$

$$\begin{aligned} u&=\left(1495-\frac{2\times 5+11}{6}\right)\times(4\ln 0.71078\\ &\quad -\ln 0.9435-\ln 0.8123-\ln 0.5940-\ln 0.4933)\\ &=190.85, \end{aligned}$$

自由度 $v=\frac{1}{2}(k-1)(k+2)=9$, 即 $u>\chi_9^2(0.01)=21.67$, 所以否定后 4 个特征根是

相同的假设.

类似地, 检验 $H_0:\lambda_3=\lambda_4=\lambda_5$ 时, $u=96.190$; 检验 $H_0:\lambda_4=\lambda_5$ 时, $u=12.849<\chi_9^2(0.05)=16.92$, 即接受 $H_0:\lambda_4=\lambda_5$. 也就是说, 表 8.1.1 中相应的理论特征根中后两个是没有显著性差异的.

从特征向量 $\boldsymbol{a}_1$ 的 5 个值的符号及数值大小上来看, 第 1 主成分也较全面地反映了一个人老化的状况. 从第 1 大特征根 2.1565 到第 2 大特征根 0.9435 有很突出的下降值, 并且第 2 个特征向量从一般常识上来看, 也不宜于作老人症的综合指标, 所以本例中, 仅取一个综合指标, 把它记为 y_1, 即

$$\begin{aligned}y_1=&0.357\left(\frac{x_1-2.266}{4.188}\right)+0.552\left(\frac{x_2-5.308}{3.398}\right)-0.279\left(\frac{x_3-3.015}{1.662}\right)\\&+0.503\left(\frac{x_4-5.922}{3.698}\right)+0.488\left(\frac{x_5-4.626}{4.083}\right).\end{aligned}$$

上式中括号内为 ($x-$ 均值)/标准差. 可以从上式出发, 把此 y_1 与各种疾病作回归, 可以考察哪些疾病最容易引起老化. 把 y_1 与社会因素、心理因素作回归分析, 可以看出哪些社会、心理因素最容易引起老化, 而哪些因素可以延缓衰老 (如跑步、打太极拳等).

当变量间的相关性都小时, 每一个主成分对变量的综合能力常常是很差的, 这时用最大贡献的主成分 y_1 去代表全部变量是不大合适的, 并且在实际意义的解释上也常有不妥. 例如, 在例 8.1.1 中, 曾同时收集每一个人的疾病资料, 除了肿瘤以外, 把疾病分成 13 类, 记为 $(x_1,\cdots,x_{13})$, 每类疾病视严重程度打分, 最严重的为 10 分, 正常为 0 分. 希望能把 13 种病的得分做成一个综合指标 (类似于老人症的综合指标), 该综合指标应能反映一个人身体的综合健康状况. 这时, 可以求出 13 种疾病相关阵的特征值为

$$\begin{array}{llllll}2.008, & 1.165, & 1.116, & 1.069, & 1.049, & 0.998,\\ 0.975, & 0.954, & 0.923, & 0.908, & 0.833, & 0.775,\\ 0.226. \end{array}$$

从这些特征值可以发现, 特征值的分布是相当的分散. 第一个特征值 2.008 最大, 但也仅占总方差的 15.4%. 如果仅取第一个主成分, 则它的 13 个标准化变量前的系数为

$$\begin{array}{lllllll} 0.337, & 0.212, & -0.069, & -0.013, & -0.184, & 0.084, \\ -0.099, & -0.093, & 0.615, & 0.614, & -0.002, & 0.077, & -0.127. \end{array}$$

由此可见, 这个主成分 y_1 仅能反映冠心病 (0.337)、血脂 (0.212)、收缩压 (0.615) 及舒张压 (0.614), 即 y_1 不能理想地综合 13 个指标, 它只是综合了心血管疾病的能力. y_1 缺乏全面综合能力的原因是心血管病与其他系统的疾病相关性低的结果. 在本例中, 其他主成分的综合能力就更低了. 由此可见, 主成分的所谓综合实际上仍是对变量间

共性的一种提取, 因此, 要综合相关性不大的变量, 采用上述线性主成分分析法是不妥的.

不少学者及实际工作者为了克服一个综合指标代表性不足的缺点, 硬把 p 个或指定前 k 个综合指标加权综合成下面形状的指标：

$$z_1 = \sqrt{\lambda_1}y_1 + \cdots + \sqrt{\lambda_k}y_k \tag{8.1.10}$$

或

$$z_2 = \lambda_1 y_1 + \cdots + \lambda_k y_k, \tag{8.1.11}$$

有的人还除以相应特征根之和. 上述做法在理论上是不妥的, 因为上面任一式在本质上仍然是 $\boldsymbol{x}$ 的线性函数 (只要把 y 的线性公式代回上式即可看出), 前面早已证明, 取 $\boldsymbol{x}$ 的一个线性函数时, 只有 y_1 才是最佳的线性函数. 若 (8.1.10) 的线性函数是最佳的, 则主成分分析的理论不就错了吗! 从表面上来看, (8.1.10) 中 z_1 的方差 $(\lambda_1 + \cdots + \lambda_k)$ 远大于 y_1 的方差 (λ_1), 但 z_1 中 $\boldsymbol{x}$ 的系数平方和远大于 1, 根本不符合主成分中 $\boldsymbol{a}^{\mathrm{T}}\boldsymbol{a} = 1$ 的要求. 以表 8.1.1 中取前两个 (y_1, y_2) 再构造 z_1 为例, 使用式 (8.1.10) 时, z_1 中 $x_1 \sim x_5$ 前的 5 个系数变为

$$1.010,\quad 0.774,\quad 0.411,\quad 0.888,\quad 0.724,$$

平方和为 3.1008(恰是前两个特征根之和).

从表 8.1.1 中第 2 主成分的系数也可以看出, “单腿直立时间” 上的系数 0.8712 是正号, 这表示直立时间长的老人 z_1 值大, 但这是年轻人的特点. 系数 0.8712 与 “白斑” 的系数 0.460(表示白斑多时 z_1 值大) 是与老年人的特点相矛盾. 同样, 第 3 主成分上的系数：“白斑” 的系数为 −0.778(表示白斑少), 与 “老年环” 系数 (0.392) 及 “脱齿数” 系数 (0.439) 相矛盾, 所以表 8.1.1 中第 2, 3 主成分在反映人的形体老化上实在是没有意义. 如果硬把它们作成式 (8.1.10) 的综合指标, 则其结果自然就不好, 所以作者认为, (8.1.10) 或其他形式的线性综合法都是不妥的.

最后应当指出, 在每一个综合指标$\{y_i\}$的实际意义都非常合理且都有相同的方向时, (8.1.10) 或 (8.1.11) 类型的综合指标还是有一定意义的, 因为它可以认为是对所有合理的综合指标作加权平均, 用一个**合理的**加权平均综合指标比代替一个综合指标或许有可取之处.

8.2 因子分析

8.2.1 模型与基本公式

设由 p 个变量组成的向量为 $(x_1, x_2, \cdots, x_p)^{\mathrm{T}} = \boldsymbol{x}$, 设每个变量都已标准化, 即每个变量的样本均值为零, 样本方差为 1. 从理论上来说, 每个变量总可分解成两部分：

$$x_i = x_i^* + e_i, \tag{8.2.1}$$

其中 x_i^* 为 x_i 中与其他变量有共性 (相关) 的部分, e_i 为 x_i 中与其他变量没有共性的部分 (唯一性部分). 如果 x_i 与其他任何变量都没有共性, 则 $x_i^*=0, x_i=e_i$; 如果 x_i 可以用其他变量线性表示, 则 $e_i=0$. 设支配 p 个变量的共性因子有 k 个, 记为 $f_1 f_2,\cdots,f_k$, 并且假定每个公因子的均值为零, 方差为 1, 则 (8.2.1) 可以表示成下面的形式:

$$\begin{cases} x_1=a_{11}f_1+a_{12}f_2+\cdots+a_{1k}f_k+e_1, \\ x_2=a_{21}f_1+a_{22}f_2+\cdots+a_{2k}f_k+e_2, \\ \quad\cdots\cdots \\ x_p=a_{p1}f_1+a_{p2}f_2+\cdots+a_{pk}f_k+e_p, \end{cases} \tag{8.2.2}$$

其中 a_{ij} 表示 x_i 在公因子 f_j 上的**负荷系数**(或称权重系数), $(e_1,e_2,\cdots,e_p)$ 是与 $(f_1,f_2,\cdots,f_k)$ 不相关的因子, 称为唯一性因子, 记 e_i 的方差为 v_i 的平方. (8.2.1) 与 (8.2.2) 的关系为

$$x_i^*=a_{i1}f_1+a_{i2}f_2+\cdots+a_{ik}f_k,\quad i=1,2,\cdots,p, \tag{8.2.3}$$

可写成矩阵形式. 记

$$\boldsymbol{A}=(\boldsymbol{a}_1,\cdots,\boldsymbol{a}_k),\boldsymbol{a}_i=(a_{1i},\cdots,a_{pi})^{\mathrm{T}},\quad \boldsymbol{f}=(f_1,\cdots,f_k)^{\mathrm{T}},\quad \boldsymbol{e}=(e_1,\cdots,e_p)^{\mathrm{T}},$$

则

$$\boldsymbol{x}=\boldsymbol{a}_1 f_1+\boldsymbol{a}_2 f_2+\cdots+\boldsymbol{a}_k f_k+\boldsymbol{e}=\boldsymbol{A}f+\boldsymbol{e}. \tag{8.2.4}$$

因子分析的数学模型 (8.2.2) 中, 共性因子 $(f_1,f_2,\cdots,f_k)$ 分两种情况:

(1) 公因子 $(f_1,f_2,\cdots,f_k)$ 之间彼此不相关, 称为**正交模型**;

(2) 公因子 $(f_1,f_2,\cdots,f_k)$ 之间可以有相关性, 称为**斜交模型**.

正交模型是基础, 这里仅讨论正交模型的情形.

正交模型中有如下基本公式:

(1) 记

$$H_i^2=a_{i1}^2+a_{i2}^2+\cdots+a_{ik}^2,\quad i=1,2,\cdots,p, \tag{8.2.5}$$

由因子的正交性即有

$$\mathrm{Var}(x_i^*)=H_i^2,\quad 且\quad H_i^2+v_i^2=1,$$

即 H_i^2 是 x_i 中共性部分的方差, 所以称 H_i^2 为**共性方差**. 显然有 $0\leqslant H_i^2\leqslant 1$.

(2) 在 (8.2.4) 的矩阵形式中, 常把第 j 个公因子 f_j 对 p 个观察变量 $\boldsymbol{x}$ 的贡献记为

$$\mu_j=||\boldsymbol{a}_j||^2=\sum_{i=1}^{p}a_{ij}^2,\quad j=1,\cdots,k. \tag{8.2.6}$$

(3) x_j 与其共性部分 x_j^* 的相关系数即为 H_j, 即

$$r_{x_j x_j^*} = H_j, \tag{8.2.7}$$

这由 (8.2.2) 及 (8.2.3) 直接计算即得. 式 (8.2.7) 说明了共性方差 H_i^2 的另一个意义: H_i^2 越大, x_i 与其他变量的共性部分越大.

(4) x_i 与公因子 f_j 的相关系数就是负荷系数 a_{ij}, 即

$$a_{ij} = r_{x_i f_j}. \tag{8.2.8}$$

式 (8.2.8) 可用于说明实测变量 x_i 与潜在性变量 f_j 的相关性. 它的大小及符号常用于说明公因子的实际意义. 但当数据的代表性差或该公因子的贡献很小时, 求出的公因子客观上不存在的情形也是可能的, 这时的公因子 f_j 就不是 "潜在" 而是 "虚假" 的因子了.

(5) 实测变量间的相关性可由负荷系数表示出来,

$$r_{ij} = \sum_{t=1}^{k} a_{it} a_{jt}, \quad i \neq j = 1, 2, \cdots, p, \tag{8.2.9}$$

其中 r_{ij} 为 x_i 与 x_j 的相关系数. 式 (8.2.9) 说明: p 个变量间的相关性完全可由它们的公因子重复出来. 记

$$\boldsymbol{R} = \begin{pmatrix} r_{11} & r_{12} & \cdots & r_{1p} \\ r_{21} & r_{22} & \cdots & r_{2p} \\ \vdots & \vdots & & \vdots \\ r_{p1} & r_{p2} & \cdots & r_{pp} \end{pmatrix}, \quad \boldsymbol{R}^* = \begin{pmatrix} H_1^2 & r_{12} & \cdots & r_{1p} \\ r_{21} & H_2^2 & \cdots & r_{2p} \\ \vdots & \vdots & & \vdots \\ r_{p1} & r_{p2} & \cdots & H_p^2 \end{pmatrix}, \quad \boldsymbol{V} = \mathrm{diag}(v_1^2, \cdots, v_p^2).$$

(8.2.4) 及 (8.2.5) 实际上可从下面的矩阵表示中看出:

$$\boldsymbol{R} = \boldsymbol{R}^* + \boldsymbol{V}.$$

如记

$$\boldsymbol{A} = \begin{pmatrix} a_{11} & a_{12} & \cdots & a_{1k} \\ a_{21} & a_{22} & \cdots & a_{2k} \\ \vdots & \vdots & & \vdots \\ a_{p1} & a_{p2} & \cdots & a_{pk} \end{pmatrix} = (\boldsymbol{a}_1, \cdots, \boldsymbol{a}_k),$$

则由 (8.2.9), 显然有关系

$$\boldsymbol{R}^* = \boldsymbol{A}\boldsymbol{A}^{\mathrm{T}}, \quad \boldsymbol{R} = \boldsymbol{R}^* + \boldsymbol{V}, \tag{8.2.10}$$

$\boldsymbol{A}$ 称为**负荷系数阵**, $\boldsymbol{R}^*$ 常称为**约相关阵**(reduced correlation matrix).

(6) 记 $\boldsymbol{R}$ 的逆矩阵为 $\boldsymbol{R}^{-1}$, $\boldsymbol{R}^{-1}$ 的元素记为 $(r^{(ij)})$. 令

$$h_j^2 = 1 - \frac{1}{r^{(jj)}}, \quad j = 1, 2, \cdots, p, \tag{8.2.11}$$

则

$$H_j \geqslant h_j. \tag{8.2.12}$$

由 (6.2.4) 知, h_j^2 实际上是 x_j 在另外 $p-1$ 个变量上的多元回归的复相关系数平方. 因此, 从 h_j^2 的概念上来看, h_j^2 应该是非常近似 H_j^2 的, 但文献 [40] 中, Merrill 证明了 (8.2.12) 成立, 这说明 h_j^2 仅是 H_j^2 的下界. 用 h_j 估计 H_j 称为**平方复相关法**(square multiple correlation, SMC).

因子分析的根本任务是寻找公因子 $(f_1, f_2, \cdots, f_k)$, 并且由公因子应能复制出实测变量的全部相关性, 即应有式 (8.2.10). 具体而言, 因子分析要解决下列问题：

(1) 估计最少因子数 k(也称因子的最少秩);

(2) 估计共性方差 H_i^2, 唯一性方差 v_i^2;

(3) 估计每一个公因子对共性大小的贡献 $\{\lambda_i\}$;

(4) 估计负荷系数 $\boldsymbol{A}=(a_{ij})$;

(5) 如何用实测变量 $(x_1, x_2, \cdots, x_p)$ 预报公因子 $(f_1, f_2, \cdots, f_k)$.

另外, 还应尽可能地从实际出发, 对每一个公因子给以解释, 找出公因子的实际意义. 这些问题之间明显有相互依存的关系, 即彼此是不可分割的. 但实际上, 人们至今常把它们分割开而求解. 由下面的根本性定理可以看出, 在上述 5 个问题中, 估计共性方差 H_i^2 是整个因子分析的关键.

8.2.2 参数的估计

因子分析中的参数很多, 最基本的是因子数 k, 共性方差 H_i^2 及因子负荷系数 $\boldsymbol{A}=(a_{ij})$. 衡量估计好坏的一个标准是下面孙尚拱提出的根本性定理[45]：

根本性定理 因子分析模型 (8.2.2) 中, 最少因子数为 k, 共性方差恰是 H_i^2 的充分必要条件是：约相关阵 $\boldsymbol{R}^*$ 恰有 k 个正的特征根, 而其他特征根全为零.

证明 (1) 若已找到一组$\{H_i^2\}$, 代入相关阵 $\boldsymbol{R}$ 的对角线, 构成的 $\boldsymbol{R}^*$ 恰有 k 个正特征根, 其余是零根, 则记正特征根为

$$\lambda_1 > \lambda_2 > \cdots > \lambda_k > 0,$$

对应的特征向量为 $\boldsymbol{\alpha}_1, \cdots, \boldsymbol{\alpha}_k$, 分量形式为 $\boldsymbol{\alpha}_i=(\alpha_{1i}, \cdots, \alpha_{pi})^{\mathrm{T}}$. 记

$$\boldsymbol{T}=(\boldsymbol{\alpha}_1, \cdots, \boldsymbol{\alpha}_k), \quad \boldsymbol{\varLambda}=\operatorname{diag}(\lambda_1, \cdots, \lambda_k),$$

由矩阵知识知 $\boldsymbol{R}^*=\boldsymbol{T\varLambda T}^{\mathrm{T}}$, 令 $\boldsymbol{A}=\boldsymbol{T\varLambda}^{1/2} \triangleq (\boldsymbol{a}_1, \cdots, \boldsymbol{a}_k)$, 即

$$\boldsymbol{a}_i=\sqrt{\lambda_i}\boldsymbol{\alpha}_i \quad \text{或} \quad a_{ji}=\sqrt{\lambda_i}\alpha_{ji},\ i=1, \cdots, k,\ j=1, \cdots, p. \tag{8.2.13}$$

显然有 $\boldsymbol{R}^*=\boldsymbol{A}\boldsymbol{A}^{\mathrm{T}}$, 这就是 (8.2.10). $(\boldsymbol{a}_1, \cdots, \boldsymbol{a}_k)$ 说明, 模型中恰好存在 k 个非零的公因子.

反之, 若模型 (8.2.2) 中恰有 k 个非零的公因子, 即已成立 (8.2.2) 或 (8.2.3), 也即已经有 $\boldsymbol{A}=(\boldsymbol{a}_1, \cdots, \boldsymbol{a}_k)$ 了, 令 $\boldsymbol{R}^*=\boldsymbol{A}\boldsymbol{A}^{\mathrm{T}}, \boldsymbol{V}=\boldsymbol{R}-\boldsymbol{R}^*$, 记 $\lambda_i^0=||\boldsymbol{a}_i||, \boldsymbol{\alpha}_i=a_i/\lambda_i^0$,

则显然, 由 $\boldsymbol{A}\boldsymbol{A}^{\mathrm{T}} = \sum_{i=1}^{k} \boldsymbol{a}_i\boldsymbol{a}_i^{\mathrm{T}} = \sum_{i=1}^{k} \lambda_i^0 \boldsymbol{\alpha}_i\boldsymbol{\alpha}_i^{\mathrm{T}}$ 得 $\boldsymbol{R}^*\boldsymbol{\alpha}_i = \lambda_i^0\boldsymbol{\alpha}_i (i=1,\cdots,k)$. 这说明由 $\boldsymbol{A}$ 构造的 $\boldsymbol{R}^* = \boldsymbol{A}\boldsymbol{A}^{\mathrm{T}}$ 恰好有 k 个正特征根, 其余为零根 (因为 $\boldsymbol{A}$ 的秩为 k). 证毕.

(8.2.13) 中求因子负荷系数的方法称为**主因子法**. 从上面的证明可见, 式 (8.2.6) 中 $\mu_j = ||\boldsymbol{a}_j||^2 = \lambda_j \sum_{i=1}^{p} \alpha_{ij}^2 = \lambda_j$. 这说明约相关阵的特征根恰好反映了公因子的贡献. 把 λ_i 称为因子 f_i 对于共性的贡献. f_1 是具有最大贡献的因子, f_2 次之, 其余类推. 习惯上, 用**贡献率**表示因子的相对重要性, 即用 $\lambda_j \Big/ \sum_{t=1}^{k} \lambda_t$ 表示 f_j 的贡献率, 同样也可以对多个公因子作成累计贡献率.

因子分析虽然已有 100 年以上的历史, 但对参数的估计一直非常粗糙, 常主观地预先给定因子数 k, 再用一些很粗的方法估计共性方差 H_j^2, 有时为了方便, 就用 1 取代共性方差, 稍微再精细些, 就在指定的 k 后, 用最大似然或最小残差法估计因子负荷及共性方差. 它们中的一个共同问题是: 如果人为指定的因子数 k 取得不对 (如取为 2), 则由根本性定理可知, 约相关阵的 p 个特征根不大可能恰有两个是正根, 而其余全部是零根. 这时, 找出的模型从理论上来看, 显然是不妥的. 孙尚拱提出一套可同时估计因子数及共性方差的方法, 可参见文献 [44], [45].

下面讨论 SAS 及 SPSS 软件中估计共性 H_j^2 的某些常用方法, 但先介绍文献 [45] 中发展了的矩阵摄动理论中的一个非常有用的公式.

设 $\boldsymbol{B}$ 为对称矩阵, $\boldsymbol{B} = (b_{ij})$, 特征根为 $\{\mu_i\}$, 对应的标准化特征向量为 $\boldsymbol{\alpha}_i = (\alpha_{1i},\cdots,\alpha_{pi})^{\mathrm{T}}$ 则有

$$\frac{\partial \mu_i}{\partial b_{jj}} = \alpha_{ji}^2. \tag{8.2.14}$$

这说明 $\boldsymbol{B}$ 的特征根是 $\boldsymbol{B}$ 中对角线元素的单调上升函数, 上升幅度可近似用下式计算[46]:

$$\mathrm{d}\mu_i \approx \sum_{j=1}^{p} \alpha_{ji}^2 \mathrm{d}b_{jj}. \tag{8.2.15}$$

下面讨论国际上常用的估计共性 H_j^2 的某些方法.

(1) **主成分分析法**, 即在约相关阵的 $\boldsymbol{R}^*$ 中用 1 代替每个 H_i^2, 即取 $\boldsymbol{R}^* = \boldsymbol{R}$. 记对应于它的特征根为 $\tilde{\lambda}_1 > \tilde{\lambda}_2 > \cdots > \tilde{\lambda}_p \geqslant 0$, 若上述 p 个特征根中超过 1 的个数记为 k_0, 则可以证明, 若样本中理论的因子数是 k, 则必有 $k \geqslant k_0$.

证明 由于主成分法中取的共性方差为 1, 它当然比理论的 H_i^2 大, 显然, $0 \leqslant 1 - H_i^2 \leqslant 1$. 在 (8.2.15) 中都取 $\mathrm{d}b_{jj}$ 为 1, 显然, (8.2.15) 中所有 $\mathrm{d}\mu$ 都非负且不大于 1. 也就是说, 主成分法中大于 1 的特征根虽然被估计得大了, 但扣去 "太大的部分"(不会超过 1) 后, 特征根仍然是正的. 也就是说, 在主成分分析法中, p 个特征根中超过 1

的个数所对应的理论特征根都是正根, 这就是 $k \geqslant k_0$. 另外, 也应看到, 主成分分析中小于 1 但很近似于 1 的特征根 (如 $0.95 \leqslant \tilde{\lambda}_i \leqslant 1$), 也有可能是对应于因子分析中真实大于 0 的特征根. 这相当于当理论 H_i^2 很小时, 即在 (r_{ij}) 都很低时容易发生. 但当主成分分析中的特征根远远小于 1(如 $0 \leqslant \tilde{\lambda}_i \leqslant 0.5$) 时, 应当相信其对应的公因子要么不存在, 要么即使存在也是贡献太小而应当删去. 在一般统计书或统计软件中, 也取"主成分分析法中, p 个特征根中超过 1 的个数" 作为 k 的估计, 其理由是因为 p 个特征根的平均值为 1, 所以取 "大于平均值的个数" 作为 k 的估计. 这种做法在理论上是没有根据的, 因为它把实际上 $\lambda_i = 0$ 的共性在主成分法中都估计得大于零了, 而这种"共性" 是不存在的, 即主成分分析法中因子贡献率的估计是偏低的, 此方法估计出来的负荷系数的绝对值也总是偏大.

(2) **复相关系数法**(SMC 法). 此方法用 (8.2.11) 估计 H_i^2. 若记此方法中对应于 $\boldsymbol{R}^*$ 的特征根中大于零的个数为 k_0, 则同上述方法一样, 可以证明必有 $k \geqslant k_0$, 这时估计出来的 a_{ij} 绝对值总是偏低. 但在 SMC 法中特征根小于零 (如特征根 = −0.01) 的, 也不一定与之对应地就不存在公因子, 只是表明用 SMC 法求不出特征根小于零所对应的公因子而已.

除了上述两个最有名的估计法以外, 还有很多方法. 例如,

(3) **ASMC 法**. 它是取正比于 SMC 的值, 即扩大 SMC 值.

(4) **MAX 相关法**. 它取 $h_j^2 = \max\{|r_{1j}|, \cdots, |r_{mj}|\}$ 去估计 H_j^2.

有了对 H_j^2 的估计, 再估计负荷系数 a_{ij}. SAS 软件中称 a_{ij} 为因子模型系数 (factor pattern), 它实际上是公因子在实测变量上的**标准化回归系数**(SAS 软件中简记为 std reg coefs). 估计参数 a_{ij} 的方法很多, 最有效且简单的是 "主因子法", 其次是主成分法 (principal), 此法是 SAS 软件中的内定 (缺省法) 法. 在大样本且有正态分布的条件下, 比主因子法更有效的是最大似然法 (ML). 但在一般情形中, 往往先对数据使用主因子或主成分法, 有了初步的因子数后, 再用 ML 法, 它可以对指定的因子数目作统计检验.

8.2.3 参数的最大似然估计与统计检验

这时, 从原始数据 (未标准化处理) 出发, 假设观察变量 $\boldsymbol{x}$ 具有 p 维正态分布, 其协方差阵的结构与 (8.2.10) 相应的是 $\boldsymbol{\Sigma} = \boldsymbol{A}\boldsymbol{A}^{\mathrm{T}} + \boldsymbol{V}$. 设 n 组随机样品为$\{\boldsymbol{x}_1, \cdots, \boldsymbol{x}_n\}$, 记它的算术均值及协方差阵的估计分别为

$$\bar{\boldsymbol{x}} = \frac{1}{n}\sum_{i=1}^{n}\boldsymbol{x}_i, \quad \hat{\boldsymbol{\Sigma}} = \frac{1}{n}\boldsymbol{L} = \frac{1}{n}\sum_{i=1}^{n}(\boldsymbol{x}_i - \bar{\boldsymbol{x}})(\boldsymbol{x}_i - \bar{\boldsymbol{x}})^{\mathrm{T}},$$

对应的似然函数为

$$L = (2\pi)^{-np/2}|\boldsymbol{\Sigma}|^{-n/2}\exp\left\{-\frac{1}{2}\mathrm{tr}(\boldsymbol{\Sigma}^{-1})\left[\sum_{i=1}^{n}(\boldsymbol{x}_i - \boldsymbol{\mu})^{\mathrm{T}}(\boldsymbol{x}_i - \boldsymbol{\mu})\right]\right\}.$$

对于正交模型, 上式可改写为

$$L(\boldsymbol{\mu}, \boldsymbol{A}, \boldsymbol{V}) =(2\pi)^{-np/2}|\boldsymbol{A}\boldsymbol{A}^{\mathrm{T}}+\boldsymbol{V}|^{-n/2} \times \exp\left\{-\frac{1}{2}\mathrm{tr}(\boldsymbol{A}\boldsymbol{A}^{\mathrm{T}}+\boldsymbol{V})^{-1}[\boldsymbol{L}+n(\bar{\boldsymbol{x}}-\boldsymbol{\mu})(\bar{\boldsymbol{x}}-\boldsymbol{\mu})^{\mathrm{T}}]\right\}, \quad (8.2.16)$$

对于斜交模型 $\boldsymbol{\Sigma}=\boldsymbol{A}\boldsymbol{\rho}\boldsymbol{A}^{\mathrm{T}}+\boldsymbol{V}$, 可改写为

$$L(\boldsymbol{\mu}, \boldsymbol{A}, \boldsymbol{V}, \boldsymbol{\rho}) =(2\pi)^{-np/2}|\boldsymbol{A}\boldsymbol{\rho}\boldsymbol{A}^{\mathrm{T}}+\boldsymbol{V}|^{-n/2} \times \exp\left\{-\frac{1}{2}\mathrm{tr}(\boldsymbol{A}\boldsymbol{\rho}\boldsymbol{A}^{\mathrm{T}}+\boldsymbol{V})^{-1}[\boldsymbol{L}+n(\bar{\boldsymbol{x}}-\boldsymbol{\mu})(\bar{\boldsymbol{x}}-\boldsymbol{\mu})^{\mathrm{T}}]\right\}. \quad (8.2.17)$$

分别有如下定理:

定理 8.2.1 记 $\boldsymbol{A}$ 与 $\boldsymbol{V}$ 的最大似然估计为 $\hat{\boldsymbol{A}}$ 及 $\hat{\boldsymbol{V}}$, 则在正交因子模型中, $\hat{\boldsymbol{A}}$ 及 $\hat{\boldsymbol{V}}$ 满足下式:

$$\mathrm{diag}(\hat{\boldsymbol{A}}\hat{\boldsymbol{A}}^{\mathrm{T}}+\hat{\boldsymbol{V}})=\mathrm{diag}\left(\frac{\boldsymbol{L}}{n}\right),$$
$$\frac{\boldsymbol{L}}{n}\hat{\boldsymbol{V}}^{-1}\hat{\boldsymbol{A}}=\hat{\boldsymbol{A}}(\boldsymbol{I}+\hat{\boldsymbol{A}}^{\mathrm{T}}\hat{\boldsymbol{V}}^{-1}\hat{\boldsymbol{A}}).$$

定理 8.2.2 在斜交因子模型 $\boldsymbol{\Sigma}=\boldsymbol{A}\boldsymbol{\rho}\boldsymbol{A}^{\mathrm{T}}+\boldsymbol{V}$ 中, 记 $\boldsymbol{A}$, $\boldsymbol{V}$ 与 $\boldsymbol{\rho}=\mathrm{Cov}(\boldsymbol{F})$ 的最大似然估计分别为 $\hat{\boldsymbol{A}}$, $\hat{\boldsymbol{V}}$ 及 $\hat{\boldsymbol{\rho}}$, 则 $\hat{\boldsymbol{A}}$, $\hat{\boldsymbol{V}}$ 及 $\hat{\boldsymbol{\rho}}$ 满足下式:

$$\hat{\boldsymbol{V}}=\mathrm{diag}\left(\frac{\boldsymbol{L}}{n}-\hat{\boldsymbol{A}}\hat{\boldsymbol{\rho}}\hat{\boldsymbol{A}}^{\mathrm{T}}\right),$$
$$\hat{\boldsymbol{\rho}}\hat{\boldsymbol{A}}^{\mathrm{T}}\hat{\boldsymbol{V}}^{-1}\hat{\boldsymbol{A}}+\boldsymbol{I}=(\hat{\boldsymbol{A}}^{\mathrm{T}}\hat{\boldsymbol{V}}^{-1}\hat{\boldsymbol{A}})^{-1}\left(\hat{\boldsymbol{A}}^{\mathrm{T}}\hat{\boldsymbol{V}}^{-1}\frac{\boldsymbol{L}}{n}\hat{\boldsymbol{V}}^{-1}\hat{\boldsymbol{A}}\right),$$
$$\hat{\boldsymbol{\rho}}\hat{\boldsymbol{A}}^{\mathrm{T}}\left\{\hat{\boldsymbol{A}}\hat{\boldsymbol{A}}^{\mathrm{T}}+\hat{\boldsymbol{V}}^{-1}\left[\boldsymbol{I}-\frac{\boldsymbol{L}}{n}(\hat{\boldsymbol{A}}\hat{\boldsymbol{A}}^{\mathrm{T}}+\hat{\boldsymbol{V}})^{-1}\right]\right\}=\hat{\boldsymbol{\rho}}\hat{\boldsymbol{A}}^{\mathrm{T}}\left[\boldsymbol{I}-(\hat{\boldsymbol{A}}\hat{\boldsymbol{A}}^{\mathrm{T}}+\hat{\boldsymbol{V}})^{-1}\frac{\boldsymbol{L}}{n}\right]\hat{\boldsymbol{V}}^{-1}.$$

上述求解都是使用迭代数值计算法, 有专门的程序, 证明参见文献 [48].

在正交模型中, 对

$$H_0:\boldsymbol{\Sigma}=\boldsymbol{A}\boldsymbol{A}^{\mathrm{T}}, \quad \boldsymbol{A}\text{ 为 }p\times k\text{ 矩阵}$$

的统计检验公式为

$$u=\left(n-\frac{2p+4k+11}{6}\right)\ln\frac{|\hat{\boldsymbol{A}}\hat{\boldsymbol{A}}^{\mathrm{T}}+\hat{\boldsymbol{V}}|}{|\boldsymbol{S}|}\sim\chi_{\nu}^{2}, \quad (8.2.18)$$

自由度为

$$\nu=\frac{1}{2}[(p-k)^2-p-k].$$

当 n 大时, 上式近似于卡方统计量, 而 $\hat{\boldsymbol{A}}$, $\hat{\boldsymbol{V}}$ 是 $\boldsymbol{A}$, $\boldsymbol{V}$ 的最大似然估计, $\boldsymbol{S}$ 是 $\boldsymbol{\Sigma}$ 的无偏估计.

8.2.4 公因子的旋转 (rotate)

上述求出的因子负荷系数 $\boldsymbol{A}=(a_{ij})$ 实际上仅是因子模型中负荷系数的一组解，满足模型 (8.2.2) 的 $\boldsymbol{A}$ 可以有无限多组. 记 $\boldsymbol{C}$ 为任一个 k 阶正交矩阵, 令 $\boldsymbol{B}=\boldsymbol{AC}$, 显然有

$$\boldsymbol{BB}^{\mathrm{T}}=\boldsymbol{ACC}^{\mathrm{T}}\boldsymbol{A}^{\mathrm{T}}=\boldsymbol{AA}^{\mathrm{T}}. \tag{8.2.19}$$

也就是说, 把 $\boldsymbol{B}=(b_{ij})$ 的元素当成负荷系数也能满足 (8.2.2) 及 (8.2.10). 而 $\boldsymbol{C}$ 是任意选取的正交矩阵. 因此, 因子负荷系数矩阵是不确定的：由已知一组负荷系数 $\boldsymbol{A}$ 可派生出无限多组因子负荷系数 $\boldsymbol{B}$. 但实际问题中只想有一组解, 而不希望有这种不确定性. 如何寻找这种唯一的解呢？可以附加某些条件, 附加不同的条件就会产生不同的结果. 目前, 国际上最流行的是求因子负荷系数能满足**简单结构原理**：即要求每个公因子对应的负荷系数的绝对值要么是零 (或尽可能小), 要么是 1(或尽可能大). 具有这种性质的负荷系数最大的优点是：从负荷系数的绝对值大小就可以一目了然地看出该因子主要是由什么变量所组成的. 由这个原理可产生不少算法, 其中最有名的是**方差最大正交旋转**[49], 其英文记号是 varimax rotation. 简单结构原理是对因子负荷系数的一种极端求法. 孙尚拱在解决实际问题时提出了另一个极端作法, 称为**结构紧密原理**[47]. 它要求每个因子对应的全部负荷系数的绝对值都应尽可能地相等, 其目的是要从与简单结构原理相反的方向看看负荷系数的特点, 这样从两个极端去考察因子与变量间的关系显然更合理. 它的解恰好是方差的最小正交旋转. 旋转后因子间的关系也有两类：正交 (因子之间彼此不相关) 和斜交 (因子间可以有相交性). 除了上述用简单结构原理或结构紧密原理求因子负荷以外, 还有另外一种方法. 按专业知识, 给定 $\boldsymbol{A}$ 的一组解 (称为靶), 再用斜交或正交旋转努力找一组解, 以使它的负荷系数尽可能地接近给定的解 (靶). 若找不到或相差很大, 则说明事先给定的目标 (靶) 不合理, 应加以修正再做.

8.2.5 因子的得分 (score)

如何估计不是实际观察得出的公因子？可以有多种方法, 但 SAS 软件的 FACTOR 程序中只有一种方法 (也是最常用的方法), 称为**回归法**(SAS 中简记为 Reg). 利用负荷系数的式 (8.2.8), 公因子 f_r 在标准化观察变量 $\boldsymbol{x}$ 上的标准回归系数为

$$\boldsymbol{b}_r=\boldsymbol{R}^{-1}\boldsymbol{a}_r,\quad r=1,2,\cdots,k,$$

从而得 f_r 的得分估计为

$$\bar{f}_r=\boldsymbol{b}_r^{\mathrm{T}}\boldsymbol{x},\quad r=1,2,\cdots,k, \tag{8.2.20}$$

用向量表示即为

$$\bar{\boldsymbol{f}}=(\bar{f}_1,\cdots,\bar{f}_k)^{\mathrm{T}}=\boldsymbol{A}^{\mathrm{T}}\boldsymbol{R}^{-1}\boldsymbol{x}, \tag{8.2.21}$$

其中 $\boldsymbol{a}_r$ 为第 r 个公因子 f_r 与 $(x_1,\cdots,x_p)$ 的相关系数向量. 在正交因子中, $\boldsymbol{a}_r$ 即是 $\boldsymbol{A}$ 中的第 r 列元素, 在斜交因子模型中, 它应当是 FACTOR STRUCTURE(correlations)

的列向量 (SAS 软件中的输出记号). 由负荷系数的不确定性, 从表面来看, 似乎 $\boldsymbol{b}_r$ 也有不确定性. 但可以证明, 在正交旋转模型中, 无论用什么正交旋转, $(z_1,\cdots,z_p)=\boldsymbol{z}^{\mathrm{T}}$ 与 $(y_1,\cdots,y_p)=\boldsymbol{y}^{\mathrm{T}}$ 两点的因子得分之间的距离总是不变的. 因此, 在计算因子得分时, 随便取一组因子解即可.

另外, 下面介绍**巴特莱特**(Bartlett)**因子得分法**.

从 (8.2.4) 的 $\boldsymbol{x}=\boldsymbol{A}\boldsymbol{f}+\boldsymbol{e}$ 出发, 假定负荷矩阵 $\boldsymbol{A}$ 已知, 因子 $\boldsymbol{f}$ 为待求的参数向量. 设 $\boldsymbol{x}$ 服从正态分布, $\boldsymbol{x}\sim N_p(\boldsymbol{A}\boldsymbol{f},\boldsymbol{V})$. 这时, $\boldsymbol{x}$ 的密度函数 $\boldsymbol{f}(\boldsymbol{x})$ 的对数为

$$\begin{aligned}L=\log(\boldsymbol{f}(\boldsymbol{x}))&=-\frac{1}{2}\log|2\pi V|-\frac{1}{2}(\boldsymbol{x}-\boldsymbol{A}\boldsymbol{f})^{\mathrm{T}}\boldsymbol{V}^{-1}(\boldsymbol{x}-\boldsymbol{A}\boldsymbol{f})\\&=-\frac{1}{2}\log|2\pi V|-\frac{1}{2}(\boldsymbol{f}^{\mathrm{T}}\boldsymbol{A}^{\mathrm{T}}\boldsymbol{V}^{-1}\boldsymbol{A}\boldsymbol{f}-2\boldsymbol{x}^{\mathrm{T}}\boldsymbol{V}^{-1}\boldsymbol{A}\boldsymbol{f}+\boldsymbol{x}^{\mathrm{T}}\boldsymbol{V}^{-1}\boldsymbol{x}).\end{aligned}\tag{8.2.22}$$

用最大概率法求对 $\boldsymbol{f}$ 的估计. 求对向量 $\boldsymbol{f}$ 的偏导数, 利用 (2.2.5) 及 (2.2.6) 得

$$\frac{\partial L}{\partial \boldsymbol{f}}=\boldsymbol{A}^{\mathrm{T}}\boldsymbol{V}^{-1}\boldsymbol{A}\boldsymbol{f}-\mathrm{vec}(\boldsymbol{A}^{\mathrm{T}}\boldsymbol{V}^{-1}\boldsymbol{x})=\boldsymbol{A}^{\mathrm{T}}\boldsymbol{V}^{-1}(\boldsymbol{A}\boldsymbol{f}-\boldsymbol{x})=\boldsymbol{0},$$

于是得 $\hat{\boldsymbol{f}}$ 的巴特莱特因子得分估计量为

$$\hat{\boldsymbol{f}}=(\boldsymbol{A}^{\mathrm{T}}\boldsymbol{V}^{-1}\boldsymbol{A})^{-1}\boldsymbol{A}^{\mathrm{T}}\boldsymbol{V}^{-1}\boldsymbol{x}.\tag{8.2.23}$$

回归法及巴特莱特的得分估计量都是无偏性估计. 另外, 用 **Bayes 估计法**可求得估计量

$$\boldsymbol{f}^*=(\boldsymbol{I}+\boldsymbol{A}^{\mathrm{T}}\boldsymbol{V}^{-1}\boldsymbol{A})^{-1}\boldsymbol{A}^{\mathrm{T}}\boldsymbol{V}^{-1}\boldsymbol{x},\tag{8.2.24}$$

此估计也称为**汤姆森**(Thompson)**法**. 此方法是有偏估计, 但比巴特莱特法有较小的偏差,

$$E(\hat{\boldsymbol{f}}-\boldsymbol{f})(\hat{\boldsymbol{f}}-\boldsymbol{f})^{\mathrm{T}}=(\boldsymbol{A}^{\mathrm{T}}\boldsymbol{V}^{-1}\boldsymbol{A})^{-1},\tag{8.2.25}$$

$$E(\boldsymbol{f}^*-\boldsymbol{f})(\boldsymbol{f}^*-\boldsymbol{f})^{\mathrm{T}}=(\boldsymbol{I}+\boldsymbol{A}^{\mathrm{T}}\boldsymbol{V}^{-1}\boldsymbol{A})^{-1}.\tag{8.2.26}$$

8.3 应用实例

8.3.1 例题

例 8.3.1 植物神经例. 梁月华大夫 [42] 在北京医科大学测量 165 名正常成人的生理指标, 这些指标都是反映人的植物神经所处的状态, 指标及相关系数如表 8.3.1 所示.

用复相关系数 (SMC) 法求得共性方差 H_j^2 的下限估计为

$$0.0068,\quad 0.4910,\quad 0.4521,\quad 0.1833,\quad 0.1202,\quad 0.1866.$$

代入 $\boldsymbol{R}$ 的对角线得 $\boldsymbol{R}^*$ 的特征根为

$$1.2051, \quad 0.7000, \quad 0.0260, \quad -0.0161, \quad -0.2088, \quad -0.2662.$$

表 8.3.1 例 8.3.1 的指标及相关系数

唾液量 x_1	1					
收缩压 x_2	−0.01121	1				
舒张压 x_3	0.01426	0.66304	1			
心率间隔 x_4	0.00969	−0.02037	0.03852	1		
呼吸间隔 x_5	0.07336	0.04761	0.07595	0.32942	1	
口温 x_6	−0.02800	0.27644	0.08116	−0.31240	−0.13934	1

若用 SAS 软件的 FACTOR 中的 SMC 选项及用主因子法, 则可算得共性方差的迭代结果中, 共性方差 $H_2^2 = 1.0115$, 超过了 1, 显然是不合理的. 下面的计算采用孙尚拱公式[38], 取两个公因子, 结果如表 8.3.2 所示, 其中方差最大正交旋转中, f_1 基本上是由 "收缩压、舒张压及口温" 所支配的, f_2 是由 "心率间隔、呼吸间隔及口温" 所支配的. 从符号上来考察 (不计绝对值小的变量), f_1 相当于 "交感神经", f_2 相当于 "副交感神经". 经方差最小旋转后, f_1 的意义更类似于 "交感神经", 但 f_2 有些 "三不像". 因此, 用方差最大的与方差最小的取平均来估计公因子 f_1 可能更合适.

表 8.3.2 例 8.3.1(f_1, f_2) 因子的负荷系数 (a_{ji})

指标	正交旋转				平均		共性
	方差最大		方差最小				
	f_1	f_2	f_1	f_2	f_1	f_2	H_j^2
1. 唾液	0.0060	0.0858	−0.0564	0.0650	−0.0252	0.0754	0.0074
2. 收缩压	0.8496	−0.0728	0.6522	0.5493	0.7509	0.1283	0.7271
3. 舒张压	0.8012	0.0950	−0.4993	0.6337	0.6502	0.3644	0.6509
	0.0060	0.6357	−0.4452	0.4538	−0.2196	0.5447	0.4041
4. 心率间隔	0.0934	0.5053	−0.2913	0.4233	−0.0989	0.4643	0.2640
5. 呼吸间隔	0.2499	−0.5143	0.5407	−0.1870	0.3952	−0.3506	0.3270
6. 口温							
因子贡献率/%	50.07	33.00	43.72	39.35			

从对共性方差的估计 (行的平方和) 可以看出, 在此数据中, 贡献最大的是两个血压 (x_2, x_3), 其次是心率间隔 x_4, 而唾液量 x_1 的贡献最小, 这可能是本次测量中对唾液测量时的误差很大造成的.

把表 8.3.2 中负荷系数在坐标轴 (f_1, f_2) 上作图, 如图 8.3.1 所示, 可以发现, 无论是方差最大或方差最小正交旋转, 不同变量间的距离是不变的. 这在理论上很容易用正交旋转是不会改变点与点之间的距离来说明. 由图 8.3.1 可见, 两个血压变量是很靠近的, 心率与呼吸也很接近, 而体温与上述两组变量都距离较远, 但稍接近于血压变量.

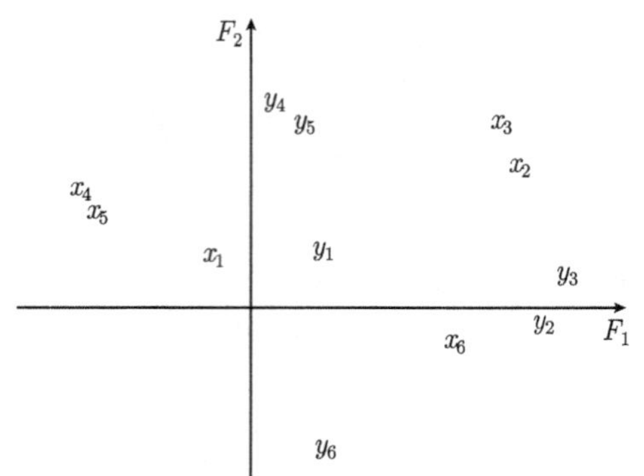

图 8.3.1　$y_1 \sim y_6$ 表示方差最大旋转系数, $x_1 \sim x_6$ 为方差最小旋转系数

8.3.2　综合指标的专业方法检验

由上述因子分析结果, 利用因子得分公式, 例 8.3.1 中得分的估计公式为

$$\hat{f}_1 = -28 - 0.194x_1 + 0.031x_2 + 0.025x_3 - 0.792x_4 - 0.131x_5 + 0.649x_6,$$

其中 x_1 为唾液量 (mL/3min), x_2, x_3 分别为收缩压及舒张压 (mmHg), x_4 为心博间隔 (s), x_5 为呼吸间隔 (s), x_6 为口腔温度 (°C). 由 165 名正常成年人的值可以估计得 $\hat{f}_1$ 的正常值范围为 0±0.56, $\hat{f}_1$ 为负值表示交感神经济活动减弱, $\hat{f}_1$ 是正值表明交感神经活动增强. 它的预测结果是否符合医学已有知识呢? 下面加以考察.

梁月华大夫观察了 35 例临床住院病人, 共 53 人次. 每次测量上述 6 个生理指标及病人尿中儿茶酚胺 (它分为肾上腺素 A 及去甲肾上腺素 NA, 这是医学上公认的衡量交感神经济活动的指标) 的含量. 可以发现, 上述儿茶酚胺 (A 及 NA) 与上述的 $\hat{f}_1$ 得分呈线性关系, 线性回归为

$$\mathrm{A} = 13.20 + 7.62\hat{f}_1, \quad r = 0.52, \quad p < 0.01,$$
$$\mathrm{NA} = 24.28 + 8.35\hat{f}_1, \quad r = 0.51, \quad p < 0.01.$$

上述两直线的平行性检验为 $t = 0.307 (p > 0.70)$. 也就是说, 综合指标 $\hat{f}_1$ 与公认的反映交感神经功能的指标 A 及 NA 有好的直线及平行关系. 而国外的生理实验也测得儿茶酚胺的排出量是随年龄的增长而增多的, 而这里的结果也与之相符.

梁月华大夫把上述结果应用于中医的寒热本质探讨. 她与北大医院著名的中医谢竹藩大夫合作 [43], 对 28 例热症及 12 例寒症住院病人, 测量他们在治疗前及治疗过程中植物神经的平衡状态, 测量尿中儿茶酚胺类及 17 羟皮质类固醇 (17—OHCS). 系统的测定表明, 交感神经和肾上腺系统机能活动的减弱和增强分别与 "寒症" 和 "热症" 时的基本病理生理变化相符, 特别是它们都与综合指标 $\hat{f}_1$ 的上升及下降相一致. 这些病例中有 7 例患者在入院时表现为热症, 在给清热药后病情缓解, 热象渐退, 各项生理、生化指标也见恢复. 因治疗有效而未变更方剂, 时久转而出现寒象, 如脘腹痛、喜暖畏寒等, 此时综合值 $\hat{f}_1$ 也明显呈负值, 尿中儿茶酚胺和 17—OHCS 的排出量也平行地下降. 改服温补药后, 寒象缓解, 各项指标又平行地回升 (图 8.3.2).

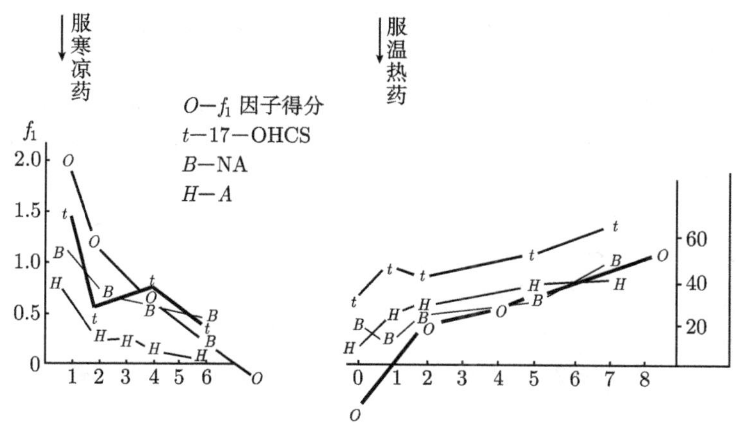

图 8.3.2 寒热转化过程中各项指标的变化

7 例的平均值, A, NA 及 17 − OHCS 为西医中交感神经状态指标, 横轴为日数

中医理论与多变量统计分析 从上述结果可以明显地看出, 中医的 "寒热" 实质上就是西医交感神经的 "兴奋与抑制". 这是我国首次用西医理论成功地解释了中医的 "寒热" 理论. 中医是通过观察病人的各种体征、症状而总结出 "阴阳五行"、"寒热、虚实" 及 "五脏六腑". 这些名词实质上应该相当于因子分析中的 "公因子". 中医的 "五脏六腑" 就其功能而言与西医的脏腑有相似及一致的地方, 但却又不尽相同. 特别是中医的 "肾及脾" 与西医中的 "肾及脾" 差别实在太大. 应该讲, 中医虽有几千年的经验, 但从现代统计学的角度来看, 它还是 "粗糙" 的. 因此, 要**解释中医的理论, 其最有效的工具应当是现代的多变量统计方法.**

8.3.3 因子分析结果的稳定性实例研究

由前面对因子分析模型中参数的估计方法的叙述可见, 对实例作因子分析, 其结果可能是非常不确定的. 这源头是对变量的共性方差 (H_j^2) 的估什的极端随意性. 因此, 对此数据作者作如下最极端的处理: 在固定取两个公因子的情况下, 分别规定共性方差全为 0 或全为 1, 并且分别分析正交及斜交模型.

使用下面的程序:

```
PROC FACTOR hey n=2 maxiter=100 rotate=v;
  Priors 0 0 0 0 0; var x2-x6;
PROC FACTOR n=2 hey maxiter=100 rotate=v;
  Priors 1 1 1 1 1; var x2-x6;
  PROC FACTOR hey n=2 maxiter=100 rotate=hk;
  Priors 0 0 0 0 0; var x2-x6;
PROC FACTOR n=2 hey maxiter=100 rotate=p;
  Priors 1 1 1 1 1; var x2-x6;
```

主要结果如下 (由于已知在对唾液测量时误差太大, 所以去除 x_1, 另外, 绝对值小于 0.2 者代以空格):

Rotation Method: Vaximax FOR Hj=0:
Rotated Factor Patte:

	FACTOR1	FACTOR2
X2	0.59693	
X3	0.56937	
X4		0.47382
X5		0.40354
X6	0.23902	-0.37411

Prerotation Method: Vaximax FOR Hj=1
Rotated Factor Patterm

	FACTOR1	FACTOR2
X2	0.91217	
X3	0.87789	
X4		0.80588
X5		0.68815
X6	0.33455	-0.63169

Rotation Method: Promax FOR H6=0:
Factor Structure (Correlations)

	FACTOR1	FACTOR2
X2	0.59805	
X3	0.56800	
X4		0.47286
X5		0.39503
X6	0.24905	-0.39307

Rotation Method: Marxis-Laiser FOR Hj=1:
Factor Structure (Correlations)

	FACTOR1	FACTOR2
X2	0.91316	
X3	0.87653	
X4		0.80530
X5		0.68529
X6	0.34394	-0.63728

可以看出, 任一方法所得的两个因子中, 总有一个类似于交感神经, 而另一个类似于副交感神经. 作者又在 0~1 随机选取 15 组共性方差, 结果发现, 每一组的结果都有很相似的结果. 这说明, **无论采用何种分析法, 此例的结果是非常稳定的**. 此结果如果有普遍性, 则说明了因子分析深受实际工作者欢迎的一个根本性原因. 这也是为什么作者在因子分析中的很多重要理论工作不想在本书介绍的主要原因.

8.3.4 不相关变量之间不可以使用因子分析

至今不少因子分析的国际著名统计软件中都指出, 只有彼此有相关性的变量才可以使用因子分析. 在某些统计软件包中就有一个选项, 称为 **KMO 检验**. 若这个检验不显著 (即变量间的不相关性被接受), 则认为不可以使用因子分析. 国外有些统计学家还提出, 综合相关性指标 KMO 应当大于某数 (如 0.8), 否则就被认为不应使用因子分析. 这种要求在统计理论上是很不正确的, 即不相关变量之间也很可能存在公因子, 如图 8.3.3 所示.

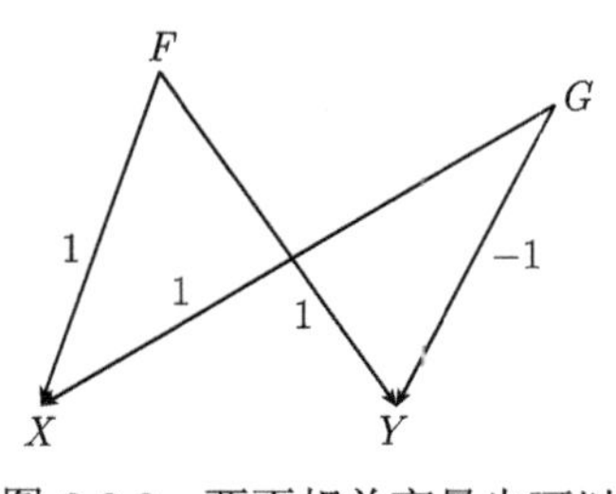

图 8.3.3 两不相关变量也可以有公共因子

在图 8.3.3 中, F 与 G 是两个可以有或没有相关性的因子, 但规定方差相同且均值皆为零. X 与 Y 是两个受 F 因子及 G 因子按下述关系支配的变量:

$$X = F + G,$$

$$Y = F - G,$$

可以用多种法计算得 X 与 Y 的相关性 (利用 X 与 Y 的均值都是 0). 例如,

$$\mathrm{Cov}(X,Y) = E(F+G)(F-G) = EFF - EFG + EGF - EGG = EFF - EGG = 0,$$

即 X 与 Y 的相关性是 0, 但 X 与 Y 中明显存在有两个公因子 F 及 G. 上述 X 与 Y 的公式中分别加上独立的随机误差, 结论也是一样的. 这就说明, 对于不相关性的变量也可以使用因子分析. 另外, 定理 3.1.7 及其推论也充分说明, 不相关变量之间也可能存在公因子.

8.3.5 用统计检验估计公因子数的例子

这主要是从 (8.2.16) 或 (8.2.17) 出发, 若因子数及模型正确, 则由 (8.2.16) 或 (8.2.17) 出发产生的似然比 (λ) 为

$$\lambda = \left(\frac{|\boldsymbol{L}/n|}{|\boldsymbol{A}\boldsymbol{A}^{\mathrm{T}} + \boldsymbol{V}|}\right)^{-n/2} \exp\left[\frac{1}{2}\mathrm{tr}(\boldsymbol{A}\boldsymbol{A}^{\mathrm{T}} + \boldsymbol{V})^{-1}\boldsymbol{L} - \frac{1}{2}n^2 p\right]. \tag{8.3.1}$$

对于大样本, 它应服从卡方分布,

$$-2\log\lambda \approx \chi_f^2, \tag{8.3.2}$$

自由度为

$$f = \frac{p(p+1)}{2} - \left[kp + p - \frac{k(k+1)}{2} + k\right].$$

若检验不显著, 则接受模型.

对于斜交模型, 式 (8.3.1) 中用 $\boldsymbol{A}\boldsymbol{\rho}\boldsymbol{A}^{\mathrm{T}}$ 代替 $\boldsymbol{A}\boldsymbol{A}^{\mathrm{T}}$ 即可, 但自由度改为

$$f = \frac{p(p-2k+1)}{2}. \tag{8.3.3}$$

例 8.3.2 植物神经例的最大似然估计法求公因子数. 用表 8.3.1 的相关系数, 样本数为 165 人, 计算程序如下:

```
DATA tt(type='corr');
_type_='corr';
INPUT _type_ $ _name_ $ x1-x6;
cards;
N . 165 . . . . .
corr   x1   1          .          .      .      .      .
corr   x2   -0.01121   1          .      .      .      .
corr   x3    0.01426   0.66304    1      .      .      .
```

```
corr   x4     0.00969  -0.02037   0.03852   1          .          .
corr   x5     0.07336   0.04761   0.07595   0.32942    1          .
corr   x6    -0.02800   0.27644   0.08116  -0.31240   -0.13934    1
;
    PROC FACTOR DATA=tt METHOD=ML HEYWOOD N=1; 即使用最大似然估计法,
            (ML)规定因子数取1,HEYWOOD是不允许共性方差有大于1.
    PROC FACTOR DATA=tt METHOD=ML HEYWOOD N=2; (即规定因子数取2)
    PROC FACTOR DATA=tt METHOD=ML HEYWOOD N=3; (即规定因子数取3)
    run;
```

输出主要结果如下:

初始共性用复相关系数法 (SMC), 6 个共性为

x1	x2	x3	x4	x5	x6
0.00677988	0.49100323	0.45211916	0.18332970	0.12021124	0.18658566

对应的约相关阵的特征根为

2.23622115 0.85110548 0.02811122 -0.01924167 -0.26543632 -0.44356372

这 6 个特征根的平均为 0.39786603, 超过平均值的有两个, 所以 SAS 软件建议选用两个公因子. 但上述三个语句中分别规定取 $N = 1, 2, 3$ 个公因子. 用最大似然法分别对此作统计检验得

N=1, df=9, Chi-Square (χ^2)=41.0349, prob<0.0001,

N=2, df=4, Chi-Square (χ^2)=2.8590, prob=0.5817,

N=3, df=0, Chi-Square (χ^2)=0.1618, prob<0.0001,

其中 df 代表卡方统计量的自由度, 即只取一个及三个公因子时的无效假设都被否定, 而选用两个公因子时, prob=0.5817, 即对应的无效假设被接受.

习　题　8

8.1　设 $\boldsymbol{x}$ 的分布为 $N_p(\boldsymbol{\mu}, \boldsymbol{\Sigma})$, 对于任一给定正值 c, 显然满足 $(\boldsymbol{x}-\boldsymbol{\mu})^{\mathrm{T}}\boldsymbol{\Sigma}^{-1}(\boldsymbol{x}-\boldsymbol{\mu}) = c$ 的 $\boldsymbol{x}$ 轨迹为一椭球面. 椭球中心 $(\boldsymbol{\mu})$ 到椭球面上点 $\boldsymbol{x}$ 的射线长度的平方为 $(\boldsymbol{x}-\boldsymbol{\mu})^{\mathrm{T}}(\boldsymbol{x}-\boldsymbol{\mu})$. 椭球的半长轴显然是能使 $(\boldsymbol{x}-\boldsymbol{\mu})^{\mathrm{T}}(\boldsymbol{x}-\boldsymbol{\mu})$ 达到最大值的坐标, 但它又应在椭球面上. 试证明: $\boldsymbol{x}$ 的第一大主成分方向就是椭球的长轴方向.

8.2　设 $\boldsymbol{x}$ 的协方差阵为

$$\boldsymbol{\Sigma} = \begin{pmatrix} 1 & \rho & \cdots & \rho \\ \rho & 1 & \cdots & \rho \\ \vdots & \vdots & & \vdots \\ \rho & \rho & \cdots & 1 \end{pmatrix}_{p\times p},$$

试证明: 当 $\rho > 0$ 时,

(1) $\boldsymbol{\Sigma}$ 的最大特征根为 $\lambda_1 = 1 + (p-1)\rho$;

(2) $\boldsymbol{x}$ 的第一主成分分量为 $y_1 = \frac{1}{\sqrt{p}}\sum_{i=1}^{p} x_i$;

(3) 当 $p=2$ 时, 设 $\boldsymbol{x}$ 是二元正态分布, 请写出 (x_1,x_2) 平面上密度函数等值曲线椭圆的第一主轴及第二主轴的方向.

8.3 设 $\boldsymbol{x}$ 的协方差阵为

$$\boldsymbol{\Sigma} = \begin{pmatrix} \sigma^2 & \sigma_{12} & \sigma_{13} & \sigma_{14} \\ \sigma_{12} & \sigma^2 & \sigma_{14} & \sigma_{13} \\ \sigma_{13} & \sigma_{14} & \sigma^2 & \sigma_{12} \\ \sigma_{14} & \sigma_{13} & \sigma_{12} & \sigma^2 \end{pmatrix},$$

试证明: $\boldsymbol{x}$ 的主成分分量为 (建立在协方差阵上)

$$y_1 = \frac{1}{2}(x_1+x_2+x_3+x_4), \quad y_2 = \frac{1}{2}(x_1+x_2-x_3-x_4),$$
$$y_3 = \frac{1}{2}(x_1-x_2+x_3-x_4), \quad y_4 = \frac{1}{2}(x_1-x_2-x_3+x_4).$$

8.4 1997 年内蒙古地区 290 家大中型企业可分为 14 个行业, 在 10 项经济指标上的统计结果如下表所示, 试问: 如何对这 14 个行业的经济效益作综合评价.

习题 8.4 表

序号	行业	x_1 资产总计	x_2 工业总产值	x_3 工业增加值	x_4 固定资产原价	x_5 固定资产净值	x_6 产品销售收入	x_7 利润总额	x_8 人均利税	x_9 劳动生产率	x_{10} 资金利税
1	电力	15738	5905	2471	16866	10725	2517	884	209	610	6.359
2	煤炭	19794	3825	1570	10084	7152	3531	550	203	232	7.064
3	非金属	3311	1072	388	16191	1126	978	151	43	114	4.642
4	木材	6332	1834	1148	3779	2982	1950	288	1062	8635	2.378
5	食品	5303	3587	715	2495	1776	3613	234	36	229	4.021
6	饮料	2117	1434	488	1075	814	1264	360	178	237	19.49
7	纺织	6748	2388	562	2238	1582	2112	186	29	128	2.438
8	化工	5555	2102	648	3193	2331	1872	306	59	144	6.561
9	机械制造	7647	2807	584	4033	2494	25	69	31	84	−0.740
10	电气	683	207	46	328	199	206	4	8	71	0.761
11	制药	685	294	18	412	294	296	11	19	50	3.393
12	冶金	28134	10450	3610	19463	11790	10760	1011	6	104	−0.210
13	石油	4397	2435	804	5138	2820	2349	269	380	970	7.660
14	烟草	613	681	329	206	149	499	250	1249	1641	53.93

注: 表中单位: $x_1 \sim x_7$ 是百万元, $x_8 \sim x_9$ 是百元/人, x_{10} 是%.

8.5 武汉市 1996 年高中毕业会考 9 科成绩 (共 24675 人) 的相关阵、均值及标准差如下表所示, 利用表中的数据, 可以分析得出什么样的统计信息? 其中

$$x_1 = \text{地理}, \quad x_2 = \text{历史}, \quad x_3 = \text{物理}, \quad x_4 = \text{化学}, \quad x_5 = \text{生物},$$
$$x_6 = \text{政治}, \quad x_7 = \text{语文}, \quad x_8 = \text{数学}, \quad x_9 = \text{外语}.$$

习题 8.5 表　相关阵、均值与标准差

	x_1	x_2	x_3	x_4	x_5	x_6	x_7	x_8	x_9
x_1	1								
x_2	0.4867	1							
x_3	0.4441	0.4002	1						
x_4	0.4526	0.4065	0.7201	1					
x_5	0.6224	0.4874	0.4506	0.4653	1				
x_6	0.3358	0.3835	0.2654	0.2660	0.3074	1			
x_7	0.3385	0.3373	0.4205	0.4052	0.3052	0.3809	1		
x_8	0.3757	0.3463	0.6010	0.5968	0.3636	0.3713	0.4669	1	
x_9	0.3910	0.3327	0.5050	0.4973	0.3831	0.4259	0.5421	0.5799	1
均值	79.361	75.168	77.366	84.315	77.391	86.198	82.842	85.909	78.339
标准差	10.269	12.724	15.159	12.617	12.557	7.568	6.872	10.307	11.138

8.6 此例中的数据是某年美国 50 个州中 7 种类型的每 10 万人中的犯罪率, 7 个变量为

murder(杀人罪), rape(强奸罪), robbery(强夺罪), assault(斗殴罪),
burglary(夜盗罪), larceny(偷盗罪), auto(汽车犯罪), Id (州的代号).

试问: 要对 50 个州的犯罪状况排序, 你认为应如何处理 (数据见数据盘).

8.7 某公司老板与 48 名申请工作者面谈, 再对申请人的 15 个方面进行打分, 15 个变量为

$x_1 =$ 申请信的形式, $x_2 =$ 外貌, $x_3 =$ 专业能力, $x_4 =$ 讨人喜欢的能力,
$x_5 =$ 自信力, $x_6 =$ 洞察力, $x_7 =$ 诚实, $x_8 =$ 推销能力,
$x_9 =$ 经验, $x_{10} =$ 驾驶汽车能力, $x_{11} =$ 志向, $x_{12} =$ 领会能力,
$x_{13} =$ 潜在能力, $x_{14} =$ 对工作要求的强烈程度, $x_{15} =$ 对工作的合适程度.

15 个变量的样本相关阵如下表所示, 试问：该数据中应取几个因子, 每个因子的意义是什么？

习题 8.7 表　相关阵

序号	x_1	x_2	x_3	x_4	x_5	x_6	x_7	x_8	x_9	x_{10}	x_{11}	x_{12}	x_{13}	x_{14}	x_{15}
x_1	1	0.24	0.04	0.31	0.09	0.23	−0.11	0.27	0.55	0.35	0.28	0.34	0.37	0.47	0.59
x_2		1	0.12	0.38	0.43	0.37	0.35	0.48	0.14	0.34	0.55	0.51	0.51	0.28	0.38
x_3			1	0.00	0.00	0.08	−0.03	0.05	0.27	0.09	0.04	0.23	0.29	−0.32	0.14
x_4				1	0.30	0.48	0.65	0.35	0.14	0.39	0.35	0.50	0.61	0.69	0.33
x_5					1	0.81	0.41	0.82	0.02	0.70	0.84	0.72	0.67	0.48	0.25
x_6						1	0.36	0.83	0.15	0.70	0.76	0.88	0.78	0.53	0.42
x_7							1	0.23	−0.16	0.28	0.21	0.39	0.42	0.45	0.00
x_8								1	0.23	0.81	0.86	0.77	0.73	0.55	0.55
x_9									1	0.34	0.20	0.30	0.35	0.21	0.69
x_{10}										1	0.78	0.71	0.79	0.61	0.62
x_{11}											1	0.78	0.77	0.55	0.43
x_{12}												1	0.88	0.55	0.53
x_{13}													1	0.54	0.57
x_{14}														1	0.40
x_{15}															1

8.8 社会经济指标. 美国洛杉矶 12 个地区的人口调查数据, 有 5 个指标：

POP 为人口总数,
SCHOOL 为居民平均受过教育的年数,
EMPLOY 为有职业者的人数,
SERVICES 为服务行业中的人数,
HOUSE 为房价.

数据如下表所示, 试用最大似然估计法 (ML) 估计公因子数.

习题 8.8 表

POP	SCHOOL	EMPLOY	SERVICES	HOUSE
5700	12.8	2500	270	25000
1000	10.9	600	10	10000
3400	8.8	1000	10	9000
3800	13.6	1700	140	25000
4000	12.8	1600	140	25000
8200	8.3	2600	60	12000
1200	11.4	400	10	16000
9100	11.5	3300	60	14000
9900	12.5	3400	180	18000
9600	13.7	3600	390	25000
9600	9.6	3300	80	12000
9400	11.4	4000	100	13000

8.9 试证明式 (8.2.21) 及 (8.2.23), 并找出回归法估计因子得分法中与式 (8.2.22) 可以比较的公式.

8.10 我国在 1981~2001 年 8 个工业化评价指标的原始数据如下表所示, 其中

x_1 = 人均 GDP(元),
x_2 = 第二产业增加值占 GDP 的比重 (%),
x_3 = 第三产业增加值占 GDP 的比重 (%),
x_4 = 第二产业就业人数占全社会就业人数的比重 (%),
x_5 = 第三产业就业人数占全社会就业人数的比重 (%),
x_6 = 城镇人口/总人口 (%),
x_7 = 工业制成品的出口额/出口总额 (%),
x_8 = 农业机械总动力 (亿瓦).

试考察: 该数据的主成分分析中取几个综合指标为宜? 第一主成分的主要特点是什么? 把两个或以上综合指标再加权综合, 合理吗?

习题 8.10 表

年份	x_1	x_2	x_3	x_4	x_5	x_6	x_7	x_8
1981	445	46.4	21.8	18.3	13.6	20.16	53.3	1568
1982	478	45.0	21.7	18.4	13.4	21.13	55.1	1661.4

续表

年份	x_1	x_2	x_3	x_4	x_5	x_6	x_7	x_8
1983	523	44.6	22.4	18.7	14.2	21.62	56.6	1802.2
1984	594	43.3	24.7	19.9	16.1	23.01	54.3	1949.7
1985	665	43.1	28.5	20.8	16.8	23.71	59.5	2091.3
1986	713	44.0	28.9	21.9	17.2	24.52	63.8	2295.0
1987	783	43.9	29.3	22.2	17.8	25.32	66.4	2483.6
1988	857	44.1	30.2	22.4	18.3	25.81	69.7	2657.5
1989	878	43.0	32.0	21.6	18.3	26.21	71.3	2806.7
1990	899	41.6	31.3	21.4	18.5	26.41	74.4	2870.8
1991	968	42.1	33.4	21.4	18.9	26.37	77.0	2938.9
1992	1093	43.9	34.3	21.7	19.8	27.63	80.0	3030.8
1993	1226	47.4	32.7	22.4	21.2	28.14	81.8	3181.7
1994	1365	47.9	31.9	22.7	23.0	28.62	83.7	3380.3
1995	1493	48.8	30.7	23.0	24.8	29.04	85.6	3611.8
1996	1618	49.5	30.1	23.5	26.0	29.37	85.5	3854.7
1997	1744	50.0	30.9	23.7	26.4	29.92	86.9	4201.6
1998	1870	49.3	32.0	23.5	26.7	30.40	88.8	4520.8
1999	1976	49.3	33.0	23.0	26.9	30.89	89.8	4899.6
2000	2119	50.9	33.2	22.5	27.5	36.22	89.8	5257.4
2001	2259	51.1	33.6	22.3	27.7	37.66	90.1	5517.2

注: 人均 GDP 是按可比价格计算而得出 (以 1978 年为基期).

8.11　下表是 2006 年全国 19 个城市辖区内适宜居住指标:

x_1 = 人均地区生产总值元 (GDP),　　x_2 = 职工平均工资 (元),

x_3 = 人均绿地面积 (平方米/人),　　x_4 = 每万人拥有公共电汽车数,

x_5 = 年末实有出租汽车数 (辆/万人),　x_6 = 每万人学校数,

x_7 = 在校学生数占人口的比例,　　x_8 = 在校教师数占人口的比例,

x_9 = 市区内每万人的医院数,　　x_{10} = 市区内每万人的医生数.

试问: 对此数据应如何作统计分析?(数据见数据盘).

第 9 章　隐变量分析

变量或客观事物实际上可以分成两类：能被观察到的和不能被观察到的. 能被观察到的某些实体 (如原子、基因等) 在古代或某些环境条件下, 也不一定能被观察得到; 而某些感觉得到是客观存在的事物, 如智商、生产力等却不能被直接测量得到. 统计学上把这种不能被观察得到的存在物称为隐变量 (latent variable). 因子分析中的因子就是隐变量, 应该说, 这个技术在 100 多年以前就已经有很多研究及应用了.

隐变量分析 (latent variable analysis) 技术最快速的发展是近几十年内随着计算机软件的飞速发展而迅速发展起来的. 由于它巨大的实用性, 因此, 国际上一些有名的软件公司一版再版地出版应用软件, 它首先应用于心理学、社会学及行为科学, 以后几乎应用于一切学科. 它有如下几大特点：

(1) 此方法可以尽可能地过滤掉误差及个体差异. 虽然统计方法都有过滤误差及个体差异的功能, 但至今没有另外的方法可以比隐变量方法更有效地过滤误差及个体差异. 9.2 节将它与偏相关系数作比较, 可以看出偏相关系数法存在的缺点.

(2) 此方法除了可以考察变量间的直接作用外, 还可以同时考察变量间的间接作用. 而另外的统计方法, 如回归分析、判别分析等, 实际上都只考虑变量间的直接作用. 变量间的关系往往是复杂的, 怎么只考察直接作用呢？并且这种直接作用有时也会得出一些错误的判断.

(3) 它可以寻找变量间内在的结构关系, 可以去验证某种结构关系是否合理, 并指出如何加以修改. 因此, 有人称隐变量分析为结构模型分析. 又因为它研究变量方差的结构, 所以理论统计学家称之为 (协) 方差结构分析.

(4) 它常用通径图方法直观地显示变量间的关系, 因此, 隐变量分析也常称为通径分析 (path analysis).

9.1　通径图与模型

9.1.1　通径图与通径系数

多变量统计分析是研究变量之间有相互联系、相互影响或相关性的学科. 最方便而又直观地表示变量间相互关系的方法是用通径图. 在图 9.1.1 中, A 是母亲的智商 (IQ), B 是父亲的智商 (IQ), C 是子女的智商 (IQ), E 是与 A 及 B 不相关的另外的原因变量. A, B, C 间的关系如图 9.1.1 所示.

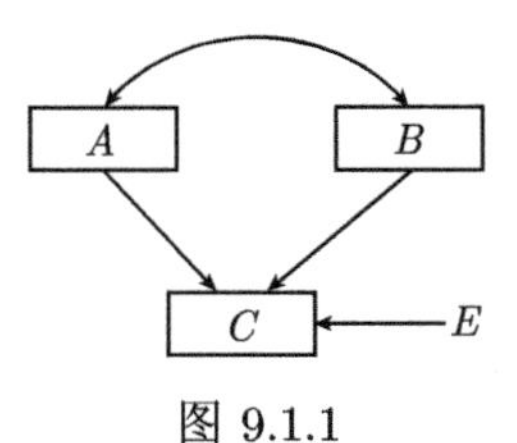

图 9.1.1

图 9.1.1 中, 单箭头表示 A 及 B 是原因变量, C 是结果变量; 双向箭头表示相关性. 图 9.1.1 表示 A 与 B 有相关性, 而不认为 E 与 A 或 B 有相关性. 图 9.1.1 可写成如下公式 (未考察每个变量的影响大小):

$$C = A + B + E.$$

图 9.1.2 是经典心理学中常用的可靠性检验 (reliability test, 或信度检验) 通径图, A 及 B 分别表示儿童的身高及体重, T 是影响 A 及 B 的公共因子 (factor), 可称为生长因子. T 是不能直接被测量到的, 也可以说, A 及 B 的大小受 T 所决定, 而 U 及 V 则是 A, B 中不受 T 支配的残差 (或称误差) 变量. 图 9.1.3 表示有时间性的通径图, 其中 A, B 表示两个变量, E 是残差, 下标 1, 2, 3 分别表示时间 1, 时间 2, 时间 3.

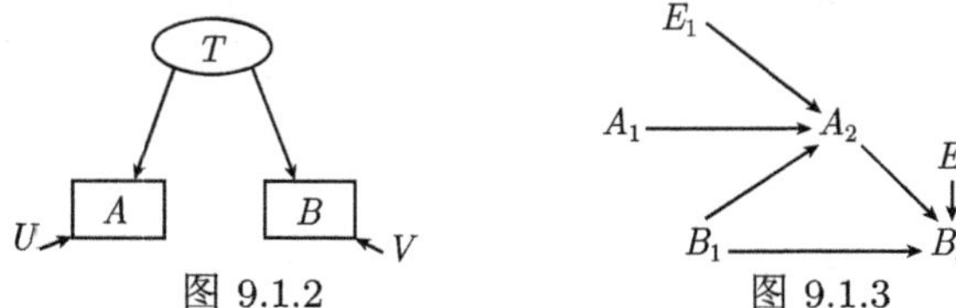

图 9.1.2 图 9.1.3

1. 变量的分类

按是否能直接测量该变量: 若该变量是由测量或调查得到的, 则称为**表型变量** (manifest variable, 也称显变量, 常用一个方框表示); 若该变量是不能被测量 (或观察) 的, 则称为**隐型变量**(latent variable, 常用一个圆形框表示). 这里的隐型变量 (即隐变量) 虽不能直接测量或调查得到, 但应当是客观存在的.

按变量间的 "因果关系": 用通径图中箭头的指向去区分变量, 可以把箭头起始的变量 (也称原因变量) 称为**外生变量**(exogenous variable)、独立变量 (independent)、源变量 (source) 或上游变量, 这是因为该变量的变化是由通径图 (也是模型) 以外的原因所产生的. 把箭头指向 (终点) 的变量称为**内生变量**(endogenous variable)、应变量 (dependent)、下游变量或结果变量, 因为该变量的取值依赖于箭头上端变量的变化及误差项, 所有被称为 "内生"(模型内派生出来的). 注意: 通径图中所述的原因变量是比较含糊的, 不应严格地把它当成一般学科中理解的因果关系中的原因, 但它可以为实际工作者提出一个重要的启示, 便于从专业角度去检验它是否确是真实的原因.

通径图中常有一些**经典假设**(以图 9.1.2 为例):

(1) 受隐变量支配的表型变量常是有误差的. 误差是随机性的, 因此, 其均值为零, 即 U 与 V 的均值为零.

(2) 隐变量的取值与受它支配的表型变量上的误差是不相关的, 即图 9.1.2 中 (U, V) 与 T 不相关.

(3) 由一个隐变量 (T) 产生出来的多个表型变量 (如 A, B), 其不同表型变量上的误差 (U, V) 是不相关的.

(4) 误差在本质上是隐变量, 是外生的, 但不研究误差之间的相互作用, 最多只研究误差的方差及误差变量间可能的相关性 (指不同的隐变量所派生出来的表型变量上的误差可能有相关性).

(5) 在通径图中, 内生变量与外生变量间的关系都呈线性型 (如果有), 实际工作中的非线性关系被认为是可以忽略的; 如果有强的非线性关系, 则应当设法对变量作变换, 以便可以用线性近似. 当然, 隐变量技术中也有非线性分析法, 但往往太复杂.

2. 通径图的完全性

一个完善的通径图中, 应该

(1) 外生变量之间, 如果有相关性, 则都应用双箭头表示出来; 没有双箭头连接的两个外生变量, 则都被认为是不相关的.

(2) 所有内生变量之间不直接考察相关性, 但如果它们的残差部分之间有相关性, 则应该用双箭头画出.

(3) 如果内生变量与外生变量之间有显著意义的直接作用, 则其箭头都应被表示出来.

一个完善的通径图并不意味着一定包含有很多的箭头; 相反地, 统计学上最感兴趣的是: 应该寻找用尽可能少的箭头去联结尽可能少的变量, 而相应的通径图 (即模型) 又要能对所代表的样本拟合得好. 这种用最少的因子去解析复杂的现象是最有意义的, 也是人们最期望的. 而使用大量的通径及相关性, 特别是凌乱的通径图, 往往造成专业解析上的困难, 并且不易抓住事物的本质.

3. 直接作用与间接作用

如图 9.1.4 所示, 内生变量与外生变量之间有一单向箭头连接的称为**直接作用**, 如图 9.1.4 中 F_3 对 F_2 及 F_3 对 F_1 均有直接作用, 而 F_3 对 F_4 没有直接作用. F_3 的变化会引起 F_1 的变化 (因为 $F_3 \to F_1$), 而 F_1 的变化又能引起 F_4 的变化, 所以 F_3 对 F_4 有**间接作用**. 间接作用可以不止一个通路. 例如, 在图 9.1.4 中, F_1 通过 F_3 可以对 F_2 有间接作用; F_1 通过 F_4 又形成另一个 F_1 对 F_2 的间接作用. F_1 对 F_2 总的间接作用就是上述两个间接作用之和. F_1 对于 F_2 的**总效应**就是直接作用与所有间接作用的总和. 这是目前 SPSS 及 SAS 软件中的定义, 早期间接作用的定义可参见文献 [36] 第二章的通径分析或本节的附注.

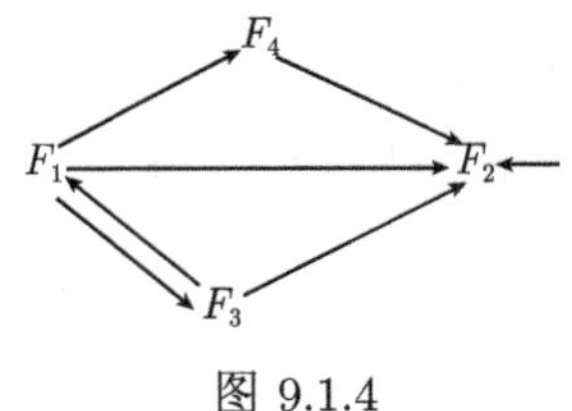

图 9.1.4

4. 通径系数 (常用小写字母表示)

通径图中变量间表示因果关系强弱的指标是通径系数, 其定义就是外生变量 (自变量) 对内生变量 (应变量) 作用的 (偏) 回归系数. **当表型变量是标准化数据时, 通**

径系数就是标准化回归系数. 图 9.1.5 中有两个下游变量 A_2 及 B_3, 单箭头上的小写字母表示通径系数, 双箭头表示相关性, 即 A_1 与 B_1 有相关性. 如果 A_1 与 B_1 是标准化变量, 则双箭头上的 r 即是它们间的相关系数; 如果 A_1 与 B_1 不是标准化变量, 则双箭头上的数值表示协方差. 图 9.1.5 的结构方程式为

$$A_2 = aA_1 + bB_1 + gX,$$
$$B_3 = cB_1 + dA_2 + fY + eE,$$

但 A_1 与 B_1 间的相关性无法在方程式中表示出来. 图 9.1.5 中, B_1 在 B_3 上的直接作用是 c; B_1 通过 A_2 对 B_3 的间接作用为 bd, 因此, B_1 对于 B_3 总的作用 (也称总效应) 是 $c+bd$. 但在早期经典的通径分析中, 由于 A_1 与 B_1 有相关性 (r), 于是就认为 B_1 可以通过 A_1, 再经过 A_2, 间接地作用于 B_3, 大小为 rad. 但目前的 SAS 及 SPSS 软件已经不考虑相关的联系了. 作者也认为相关性不应是一种因果联系, 仅是一种共生关系.

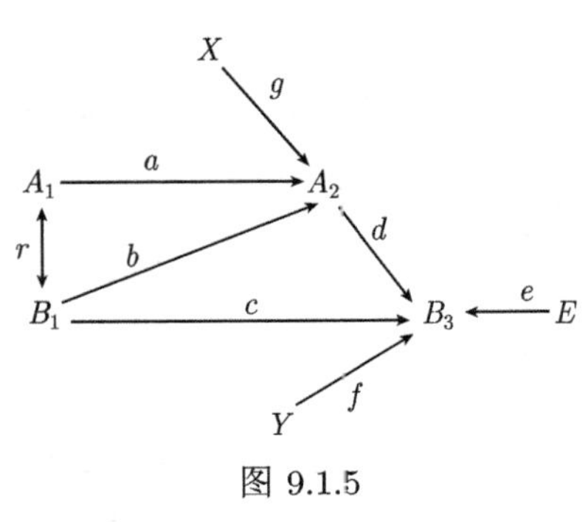

图 9.1.5

附注 早期间接作用的定义是下面的方法[36,37]:

$$\text{变量 } x_i \text{ 通过变量 } x_j \text{ 对应变量 } y \text{ 的间接作用大小} = r_{ij}\tilde{b}_{jy}, \tag{9.1.1}$$

其中 r_{ij} 为 x_i 与 x_j 间的相关系数, $\tilde{b}_{jy}$ 为 x_j 在 y 上标准化的通径系数, 如图 9.1.6 所示. 从图 9.1.6 中可见, 即使 x_i 没有指向 x_j 的直接作用也可以定义 x_i 对于 y 的 (间接) 作用, 而在新的通径图中, 这是不允许的.

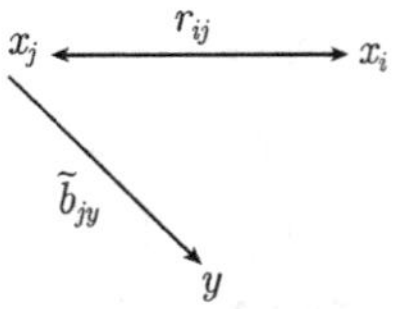

图 9.1.6

一般来说, 设有 p 个自变量 $(x_1, x_2, \cdots, x_p)$ 及一个应变量 y, 已经知道, $(x_1, x_2, \cdots, x_p)$ 对 y 上的标准化回归系数向量 $\tilde{\boldsymbol{b}}$ 满足 $\boldsymbol{R}\tilde{\boldsymbol{b}} = \boldsymbol{r}_y = (r_{1y}, \cdots, r_{py})^{\mathrm{T}}$, 其中 $\boldsymbol{R}$ 为 $(x_1, x_2, \cdots, x_p)$ 的相关阵. 上式展开即为

$$\begin{cases} r_{11}\tilde{b}_{1y} + r_{12}\tilde{b}_{2y} + \cdots + r_{1p}\tilde{b}_{py} = r_{1y}, \\ \cdots\cdots \\ r_{p1}\tilde{b}_{1y} + r_{p2}\tilde{b}_{2y} + \cdots + r_{pp}\tilde{b}_{py} = r_{py}. \end{cases}$$

在上述方程式中, $r_{11}\tilde{b}_{1y}$ 是 x_1 对 y 的直接作用, 而 $r_{12}\tilde{b}_{2y} + \cdots + r_{1p}\tilde{b}_{py}$ 是 $(x_2, \cdots, x_p)$ 对于 y 的间接作用的总和. 上式说明, 过去古典的间接作用的定义中永远有

$$\text{变量 } x_i \text{ 对于 } y \text{ 的}\textbf{总效应}\text{(直接 + 间接)}\textbf{即为 } r_{iy} \text{ (变量 } x_i \text{ 对于 } y \text{ 的}\textbf{简单相关系数}\text{)}, \tag{9.1.2}$$

而式 (9.1.2) 应该说是不合理的.

9.1.2 模型相关系数

假设通径图中所有表型变量都是标准化了的, 这时, 通径图中任何两个变量之间都可以求出模型的相关系数. 这是因为通径图中的每一个内生变量都可以用其他变量线性地表示出来 (因为变量间有结构关系式). 由此, 自然可以求出任意两个内生变量之间由模型产生的相关系数 (或协方差), 此类相关系数 (或协方差) 称为模型相关系数 (或协方差). 求模型相关系数更方便的是使用下面的 **Wright 法则**[51,52].

Wright 法则 在标准化了的表型变量数据及构造完善的通径图中, **任何两个变量间的模型相关系数就是联结这两变量之间所有复合链上的数值 (相关系数或通径系数) 的乘积之和**. 但这里的**复合链必须按下述法则选取**:

(1) 此复合链中**没有闭合环路**.

(2) 此复合链中没有 "先向前, 再向后" 的链. 也就是说, 在每个链上都是要 "**先向后**" 尽可能地多次, "**再向前**" 尽可能地多次, 即不可以采用 "向后再向前", 又再 "向后" 的链.

(3) 对于有多个**双箭头联系的链**, 只能取 "**最直接联系**" 的一个双箭头, 即不可以取有多个双箭头联系的链.

在每一个具体例子中, 都可以简单地构造出线性函数, 再计算它们间的协方差 (此处即相关系数), 从而看出 Wright 法则的正确性.

例 9.1.1 考察图 9.1.7 中的 (a)~(c).

在图 9.1.7(a) 中, 考察 A 与 F 点间的模型相关系数, 显然,

$$A = aC + G_a,$$
$$F = bC + G_f,$$

所以

$$\mathrm{Corr}(A, F) = a\mathrm{Cov}(C, C)b = ab.$$

上式中利用了 C 是标准化数据及约定的残差间的不相关性. 若用 Wright 法则, 由于 ACF 链是合理的, 它的模型相关系数为 "先向后"、"再向前", 于是得 $\hat{r}_{AF} = ab$. 但不可以取用 $ACDECF$ 链, 因为它包含有一个环路, 该链中 C 点出现两次, 即 $\hat{r}_{AF} = \mathrm{Corr}(A, F)$. 类似地有

$$\hat{r}_{CE} = cr + d \quad (CDE \text{ 及 } CE \text{ 两个链 }),$$
$$\hat{r}_{AE} = acr + ad \quad (ACDE \text{ 及 } ACE \text{ 两个链}).$$

在图 9.1.7(b) 中, 计算 B 与 C 点间的相关系数时, BAC 是合理的, 而 BDC 不可以采用 (不符合 "先向前, 再向后" 的法则 (b)), 所以此图中, $\hat{r}_{BC} = ab$.

在图 9.1.7(c) 中, D, F 两变量间, $DACF$ 是合理的, 但不可取 $DABCF$(因为内含两个双箭头), 所以 $\hat{r}_{DF} = ar_3c$ (即不可以有 ar_1r_2c).

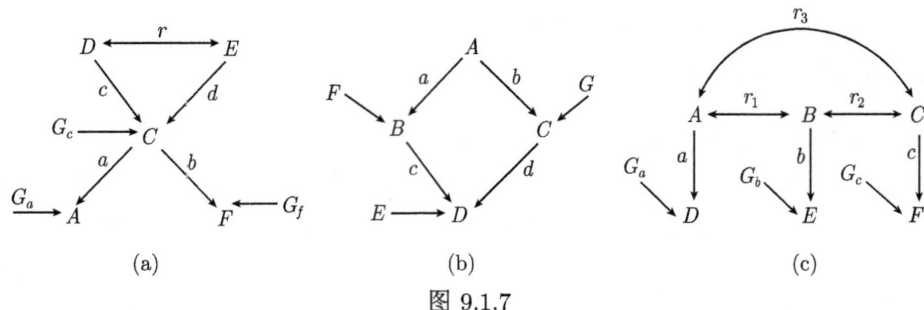

图 9.1.7

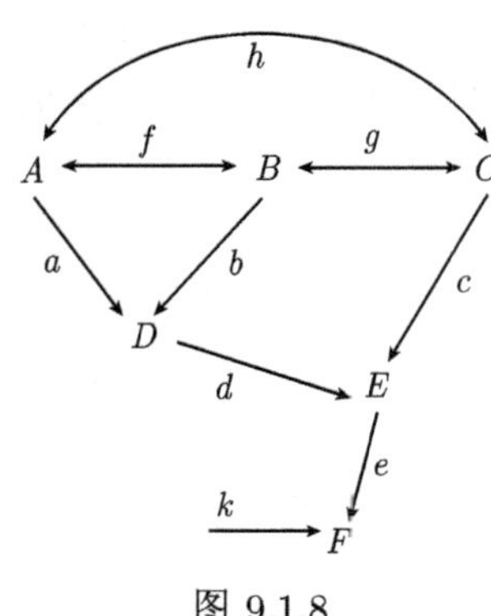

图 9.1.8

例 9.1.2　如图 9.1.8 所示, 则有

$$\hat{r}_{AD} = a + fb,$$

$$\hat{r}_{AB} = f \text{ (因为 } ADB \text{ 链违反法则 (b))},$$

$$\hat{r}_{CD} = gb + ha,$$

$$\hat{r}_{AE} = ad + fbd + hc,$$

$$\hat{r}_{AF} = hce + ade + fbde = \hat{r}_{AE}e.$$

例 9.1.3　如图 9.1.9 所示, A, B, C 为表型变量, 已知它们之间的 (样本) 相关系数为

$$r_{AB} = 0.50, \quad r_{AC} = 0.65, \quad r_{BC} = 0.70.$$

试求图 9.1.9 模型中的通径系数及相关系数 c. 由 Wright 法则得

$$\hat{r}_{AB} = c,$$

$$\hat{r}_{AC} = a + cb,$$

$$\hat{r}_{BC} = b + ca.$$

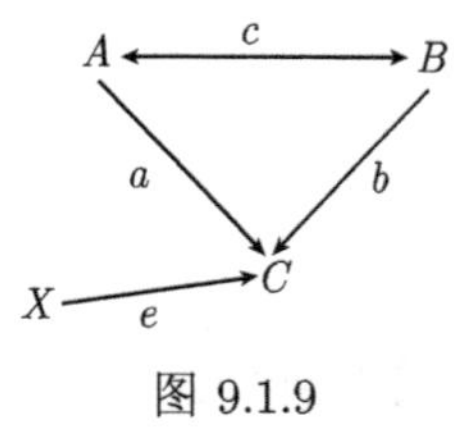

图 9.1.9

将 r_{AB}, r_{AC}, r_{BC} 已知值代入上面三式的左边, 即

$$0.50 = c,$$

$$0.65 = a + cb,$$

$$0.70 = b + ca.$$

求解得

$$a = 0.4, \quad b = 0.5, \quad c = 0.5.$$

例 9.1.3 也可用回归分析中的有关公式求解. 把变量 C 看成是应变量, (A, B) 作自变量, 则 (A, B) 在 C 上的标准化回归系数 (b_1, b_2) 可如下得到: 使用式 (6.2.2) 及逆矩阵公式得

$$b_1 = \frac{0.65 - 0.70 \times 0.50}{1 - 0.50^2} = 0.4,$$

$$b_2 = \frac{0.70 - 0.65 \times 0.50}{1 - 0.50^2} = 0.5.$$

这与上述 Wright 法则求得的结果是一样的. 在回归分析中, C 在 (A, B) 上的决定系数为 (见 (6.2.3))

$$R^2_{C\cdot AB} = b_1 r_{AC} + b_2 r_{BC} = 0.61,$$

而由 $C = aA + bB + eX$ 可得

$$\mathrm{Var}(C) = \mathrm{Var}(aA + bB) + \mathrm{Var}(eX),$$

其中 $\mathrm{Var}(eX)$ 为 $\mathrm{Var}(C)$ 的残差部分. 上式第一部分是 C 的方差中被 A, B 线性表达的部分, 也即回归部分的方差. 于是可得

$$\begin{aligned}\mathrm{Var}(aA + bB) &= a^2\mathrm{Var}(A) + b^2\mathrm{Var}(B) + 2ab\mathrm{Cov}(A, B)\\ &= a^2 + b^2 + 2abc\\ &= 0.4^2 + 0.5^2 + 2 \times 0.4 \times 0.5 \times 0.5\\ &= 0.61.\end{aligned}$$

由此可见, 此法结果与 $R^2_{C\cdot AB}$ 的结果是一致的. 另外, 也可以求出, 图 9.1.9 中 C 的残差部分的方差比例为 $1 - 0.61 = 0.39$; 若规定 $\mathrm{Var}(X) = 1$, 则 $e = \sqrt{0.39} = 0.6245$, 此法常用于计算残差的效应大小.

9.1.3 建立在原始变量上的通径图

这相当于从协方差阵出发估计模型参数, 而拟合的是变量间的模型协方差及方差. 这时, 代替相关系数的是协方差. 事实上, 由标准化回归系数 $(\tilde{b}_i)$ 与非标准化回归系数 (b_i) 间的相互转换性, 可以很方便地得出通径图中任意两个变量间的协方差公式. 例如, 在图 9.1.10(原始数据出发) 中, 记 a^*, b^*, c^* 为协方差阵出发求出的通径系数, 记与它们对应的相关阵 (标准化数据时) 出发求出的标准化通径系数为 a, b, c, 则 A 对于 D 的效应 (实是间接作用) 为

$$a^*b^*c^* = \frac{aS_B}{S_A} \cdot \frac{bS_C}{S_B} \cdot \frac{cS_D}{S_C} = \frac{abcS_D}{S_A}, \tag{9.1.3}$$

其中 S_D, S_A 为 D 及 A 变量的标准差. 而 A 对于 B 的效应即为

$$a^* = \frac{aS_B}{S_A}, \tag{9.1.4}$$

因此, **原始变量上的复合链上的每一个效应**(如果有), **就是标准化数据时的效应与两个端点上标准差比值的乘积.**

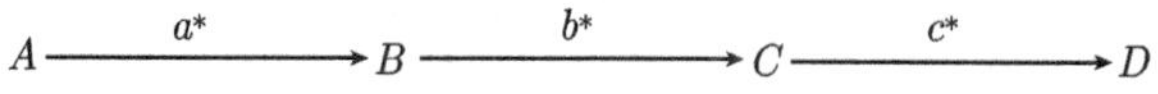

$$A \xrightarrow{\ a^*\ } B \xrightarrow{\ b^*\ } C \xrightarrow{\ c^*\ } D$$

图 9.1.10

求两个变量间的**模型协方差**, **Wright 法则仍然不变**, 只是**每一个**复合链上的协方差改为

复合链上的协方差 = 复合链上的效应与**顶端**上的方差 (或协方差) 的乘积. (9.1.5)

例如, 在图 9.1.11(a) 中,

$$\mathrm{Cov}(A, E) = a^*b^*\mathrm{Var}(C)c^*d^*.$$

由图 9.1.11(b) 得

$$\begin{aligned}\mathrm{Cov}(A, F) &= a^*b^*\mathrm{Cov}(C, D)d^*e^*,\\ \mathrm{Cov}(C, F) &= \mathrm{Cov}(C, D)d^*e^*,\\ \mathrm{Cov}(D, F) &= \mathrm{Var}(D)d^*e^*.\end{aligned}$$

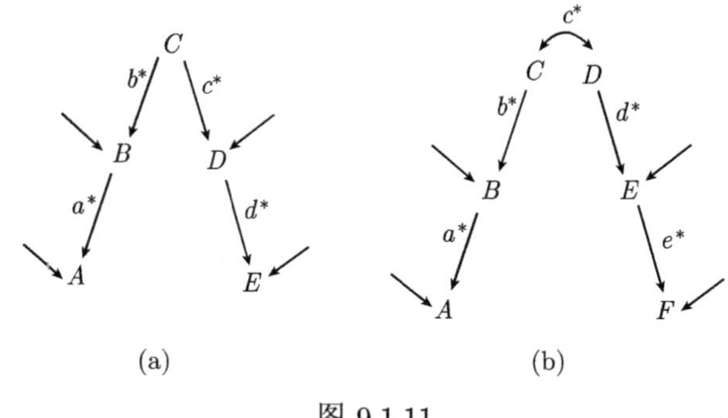

图 9.1.11

在图 9.1.9 中, 如果 A, B, C 都是原始变量, 图上的通径系数分别改记作 a^*, b^*, c^*, 则

$$\mathrm{Cov}(A, C) = a^*\mathrm{Var}(A) + b^*\mathrm{Cov}(A, B).$$

这是因为 C 与 A 链上的端点为 A, 而反向 $C \to B \longleftrightarrow A$ 中, 顶端为 (A, B). 这个结果也可直接证明如下：因为

$$C = a^*A + b^*B + e^*X,$$

所以

$$\mathrm{Cov}(A, C) = \mathrm{Cov}(A, a^*A + b^*B + e^*X) = a^*\mathrm{Var}(A) + b^*\mathrm{Cov}(A, B) + 0.$$

同理,

$$\mathrm{Cov}(B, C) = b^*\mathrm{Var}(B) + 0.$$

在图 9.1.11(b) 中, 如果 A, B, C, D, E, F 都是原始变量, 则

$$\mathrm{Cov}(C, F) = e^*d^*c^*,$$

因为只有 $D \longleftrightarrow C \to E \to F$ 的一个路径.

当通径图上含有隐变量时, 由于隐变量没有实际的量纲, 所以有隐变量与原始变量一起作分析时, 在多个表型变量与支配它的隐变量的通径上, 常取一个通径系数值为 1, 这就相当于给这隐变量规定了单位.

总的来说, 在同一课题中, 如果目的是在不同母体 (或组) 之间作比较, 则采用原始变量作通径分析是合理的, 它在统计检验中也更为合适. 除此之外, 在其他应用中一般都是从标准化变量出发.

9.1.4 通径图 (模型) 的识别 (或称确认)

(1) **恰好通径图**(just-determined path diagrams). 通径图中未知参数的个数恰好与样本中所能得出的方程组的个数相等, 这种通径图称为恰好通径图. 例如, 从协方差出发时, 记表型变量的个数为 p, 则最多可以构造 $p(p+1)/2$ 个方程组 (表型变量间没有完全线性相关时), 而通径图中未知参数也恰好为 $p(p+1)\ /\ 2$, 这个通径图就是恰好通径图. 恰好通径图中检验模型合理性的自由度必定是零, 卡方值也为零. 此模型虽然可识别 (即可求出每个参数的估计值), 但人们并不希望有这种模型, 因为无法判断该模型在统计学上是否合理 (因为没有误差的模型实际上是不现实的).

(2) **识别不足通径图**(under-determined path diagrams). 在图 9.1.12(a) 中, 表型变量的个数为 3, 它最多只能构造 6 个方程组 (从协方差阵出发), 但它的通径图中待估的参数有 a, b, c, d, 隐变量 C 上的方差, C 上残差的方差, D 上残差的方差, 共有 7 个待估的参数. 当待估参数的个数多于 $p(p+1)/2(=6)$ 时, 称为识别不足通径图. 因为这时参数的解有无限多组, 即解很不确定, 这是不能允许的.

(3) **过度识别通径图**(over-determined path diagrams). 在图 9.1.12(b) 中, 表型变量有 $p=4$ 个, $p(p+1)/2=10$, 而未知参数仅有 9 个 (包含隐变量 C 上的方差). 这时, 未知参数的方程个数超过实际模型中待估的参数个数, 称为过度识别模型. 统计学家偏爱这种模型, 因为人们可以在待估的参数上附加不同的条件, 以使所求得的参数解满足统计学要求.

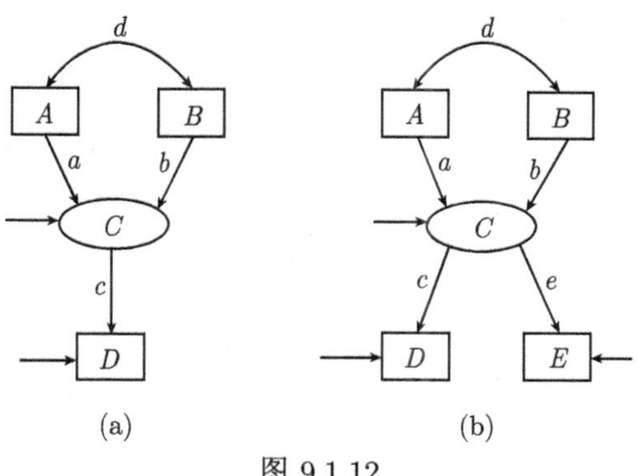

图 9.1.12

因此, 在构造统计图后, 首先是识别这个通径图是否满足统计学的要求. 基本原则如下: 尽可能地用较少的参数去拟合样本数据, 这样的结果也容易去寻找专业的解释. SAS 及 SPSS 统计软件中的隐变量软件在执行统计分析时都是先计算待估参数个数. 对于识别不足的模型会自动停止计算. 使用者若不想对模型的通径图作大的改动, 一个简单办法是先指定一些未知参数的值, 特别是隐变量的方差, 更是可以自由地指定.

有的学者建议把一个复杂的通径图分成两部分:

(1) **结构部分**. 这是模型中属于隐变量之间关系的部分, 也是最重要的部分;

(2) **计量部分**. 模型中属于隐变量与表型变量之间发生关系的部分.

一个复杂模型中结构部分 (或称结构模型) 与计量部分 (也称计量模型) 在总模型中常起不同的作用. 人们可以保持结构模型而改变计量模型, 当然也可以保持计量模型而修改结构模型. 一般而言, 当通径图对资料拟合得不好, 或拟合中出现不正常现象 (如方差的估计值是负数) 时, 大多先检查计量部分, 看看它们对隐变量的表征上是否有毛病, 即先把模型中的计量部分修改好, 再去修改结构部分.

9.1.5 偏相关系数的弊病

图 9.1.13 是虚构的, 但很有代表性, 其中 X, Y, Z 为表型变量, 它们分别由 A, B, C 三个隐变量所派生. 显然有

$$\hat{r}_{AB} = 0.8 \times 0.8 = 0.64, \quad \hat{r}_{AB.C} = 0,$$

而

$$\hat{r}_{XY} = 0.9 \times 0.8 \times 0.8 \times 0.9 = 0.5184,$$

$$\hat{r}_{XZ} = 0.9 \times 0.8 \times 0.7 = 0.504 = \hat{r}_{yz},$$

$$\hat{r}_{xy\cdot z} = \frac{\hat{r}_{xy} - \hat{r}_{xz}\hat{r}_{yz}}{\sqrt{(1-r_{XZ}^2)(1-r_{ZY}^2)}} = 0.3544.$$

这几个简单数字说明了如下一些问题:

(1) X 与 Y 之所以相关, 完全是因为它们所代表的隐变量 A 及 B 有相关性 ($\hat{r}_{AB} = 0.64$) 引起的. 多变量分析中相关系数的计算就是为了过滤误差, 再现 A 与 B 间的相关性. 但实际上, 此例中 $\hat{r}_{XY}$ 的相关系数为 0.5184, 低于理论值 0.64.

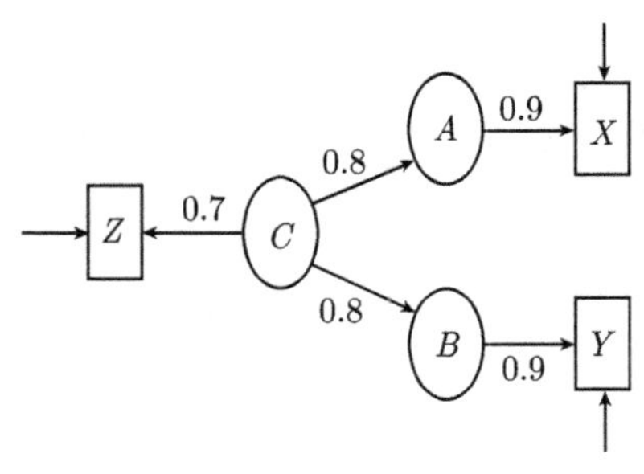

图 9.1.13

(2) 偏相关系数的问题. 在图 9.1.13 中, A 及 B 完全由 C 所派生, 因此, 当 C 固定不变时, 必然有 $\hat{r}_{AB.C}=0$. 但是在上述计算中, 反映 $\hat{r}_{AB\cdot C}$ 值的 $\hat{r}_{XY\cdot Z}$ 却是 0.3544, 它远超过零. 也就是说, 常用的多元偏相关系数在此例中严重地扭曲了事物的本质. 造成这种扭曲的根源不难找出:

$$Z = 0.7C + 误差,$$

所以当 Z 被固定时, "$0.7C+$ 误差" 就被固定了, 但在此范围内, "C 与误差" 仍然可以变动 (只要满足上式固定等式即可). C 的可变动性自然造成了 A 及 B 可以变动, 自然出现了 X 及 Y 也可以变动, 于是出现了 $\hat{r}_{xy\cdot z} = 0.3544$. 可以看出, 在偏相关分析

中, 误差的作用仍然是大的. 此例说明, 隐变量分析技术 (即使是粗糙) 总比不使用它会更接近于实际.

9.2 隐变量模型及模型的拟合

9.2.1 隐变量模型的表示形式

下面仅介绍最常用的隐变量模型.

1. 线性方程组模型 (SAS 软件中称为 LINEQS 或 EQS)

$$\boldsymbol{\eta} = \boldsymbol{\beta}\boldsymbol{\eta} + \boldsymbol{\gamma}\boldsymbol{\xi}, \tag{9.2.1}$$

其中 $\boldsymbol{\beta}$ 和 $\boldsymbol{\gamma}$ 为系数矩阵, $\boldsymbol{\eta}$ 和 $\boldsymbol{\xi}$ 为由如下组成的随机性变量向量:

$\boldsymbol{\eta}$ 为由内生变量组成的向量;

$\boldsymbol{\xi}$ 为由外生变量及残差组成的向量.

显然, $\boldsymbol{\beta}$ 不一定是与 $\boldsymbol{\eta}$ 有相同维数的方阵, 因此, 引进如下矩阵:

$$\boldsymbol{B} = \begin{pmatrix} \boldsymbol{\beta} & \mathbf{0} \\ \mathbf{0} & \mathbf{0} \end{pmatrix}, \quad \boldsymbol{\Gamma} = \begin{pmatrix} \gamma \\ \boldsymbol{I} \end{pmatrix}, \tag{9.2.2}$$

其中 $\boldsymbol{B}$ 为方阵, 而 $\boldsymbol{I}$ 则为由 $\boldsymbol{\xi}$ 中残差分量前的系数 1 而引出的. 这时, (9.2.1) 改写为

$$\boldsymbol{\eta} = \boldsymbol{B}\boldsymbol{\eta} + \boldsymbol{\Gamma}\boldsymbol{\xi}, \tag{9.2.1$'$}$$

等价于

$$\boldsymbol{\eta} = (\boldsymbol{I} - \boldsymbol{B})^{-1}\boldsymbol{\Gamma}\boldsymbol{\xi}.$$

显然, $\boldsymbol{\eta}$ 的协方差阵为 (设 $\boldsymbol{\eta}$ 已中心化了)

$$\boldsymbol{C} = (\boldsymbol{I} - \boldsymbol{B})^{-1}\boldsymbol{\Gamma}\boldsymbol{\Phi}\boldsymbol{\Gamma}^{\mathrm{T}}(\boldsymbol{I} - \boldsymbol{B})^{-1}, \tag{9.2.3}$$

其中 $\boldsymbol{\Phi} = \mathrm{Cov}(\xi)$(在 SAS 软件的 CALIS 程序输出中记 $\boldsymbol{\Phi}$ 为 PHI).

2. 因子分析模型 (factor anslysis model)

$$\boldsymbol{x} = \boldsymbol{A}\boldsymbol{f} + \varepsilon, \tag{9.2.4}$$

其中 $\boldsymbol{f}$ 为 k 个公因子向量, $\boldsymbol{x}$ 为表型变量, ε 为残差. 这里 k(个数) 及 $\boldsymbol{f}$ 与 $\boldsymbol{x}$ 的关系是预先确定了的, 只是系数矩阵 $\boldsymbol{A}$ 待求, 这种因子分析模型也称为**结构性因子模型**. 这时,

$$\mathrm{Var}(\boldsymbol{x}) = \boldsymbol{A}\mathrm{Var}(\boldsymbol{f})\boldsymbol{A}^{\mathrm{T}} + \mathrm{Var}(\boldsymbol{\varepsilon}). \tag{9.2.5}$$

如果 $\mathrm{Var}(\boldsymbol{f})$ 为对角矩阵, 则是正交因子模型. 上述是一阶因子模型. 二阶因子模型如下: k 个公因子 $\boldsymbol{f}=(f_1,f_2,\cdots,f_k)^{\mathrm{T}}$ 又受另外一个或几个公因子 $\boldsymbol{F}$ 所支配, 这称为二阶因子分析模型.

3. 线性结构关系模型 (linear structural relationship, LISREL)

$$
\begin{cases}
\boldsymbol{\eta} = \boldsymbol{B}\boldsymbol{\eta} + \boldsymbol{\Gamma}\boldsymbol{\xi} + \boldsymbol{\zeta}, \\
\boldsymbol{y} = \boldsymbol{\Lambda}_y \boldsymbol{\eta} + \boldsymbol{\varepsilon}, \\
\boldsymbol{x} = \boldsymbol{\Lambda}_x \boldsymbol{\xi} + \boldsymbol{\delta}.
\end{cases} \tag{9.2.6}
$$

其中 $\boldsymbol{x}$ 及 $\boldsymbol{y}$ 为表型变量组成的向量, 它们分别由隐变量 $\boldsymbol{\xi}$ 及 $\boldsymbol{\eta}$ 所派生, 两组隐变量向量 $\boldsymbol{\xi}$ 及 $\boldsymbol{\eta}$ 间的结构关系满足线性关系, $\boldsymbol{\zeta}$, $\boldsymbol{\varepsilon}$ 及 $\boldsymbol{\delta}$ 都是残差向量.

LISREL 模型与一般的回归模型差别说明如下：如果有两个表型变量 $(\boldsymbol{x}, \boldsymbol{y})$, 要用 $\boldsymbol{x}$ 与 $\boldsymbol{y}$ 的线性关系去拟合样本, 一般有下面三种方式：

(1) 一般回归法

$$
y = \alpha + \beta x + e_Y. \tag{9.2.7}
$$

(2) 在 x 中去掉误差, 用 x 的真值 (f_X) 去拟合 y：

$$
\begin{cases}
y = \alpha + \beta f_X + e_Y, \\
x = f_X + e_X,
\end{cases} \tag{9.2.8}
$$

条件为

$$
\mathrm{Cov}(f_X, e_X) = \mathrm{Cov}(f_X, e_Y) = \mathrm{Cov}(e_X, e_Y) = 0.
$$

(3) 在 x, y 中都去掉误差, 寻找 x 的真值 f_X 与 y 的真值 f_Y 间的线性结构关系,

$$
\begin{cases}
y = f_Y + e_Y, \\
x = f_X + e_X, \\
f_Y = \alpha + \beta f_X + e,
\end{cases} \tag{9.2.9}
$$

条件为

$$
\begin{aligned}
\mathrm{Cov}(f_X, e_X) = \mathrm{Cov}(f_Y, e_Y) = \mathrm{Cov}(e_X, e_Y) = \mathrm{Cov}(f_X, e) \\
= \mathrm{Cov}(e_X, e) = \mathrm{Cov}(e_Y, e) = 0.
\end{aligned}
$$

在上述三种方式中, (1) 及 (2) 称为计量模型, 而 (3) 称为结构模型或因子模型.

9.2.2 模型的拟合

统计学的任务, 一方面是尽可能地揭露隐含在数据内的各种信息, 另一方面也常用于检验专业工作者提出的各种学说、观点或模型的合理性. 通径分析又特别地适用于后一目的. 实际工作者按照专业知识提出一个通径模型, 就可以由通径图求出各个表型变量之间的相关系数或协方差, 记为 $\boldsymbol{C}$ 矩阵 (对称矩阵); 由表型变量的样本值, 可直接计算出这些表型变量间的相关系数或协方差阵, 记为 $\boldsymbol{S}$. 一个好的通径模型 (图), 应当使 $\boldsymbol{C}$ 与 $\boldsymbol{S}$ 之间的差异尽可能小. 拟合程度的综合指标常记为 F (fit criterion), 定义为

$$
F = \frac{1}{2}\mathrm{tr}[\boldsymbol{V}(\boldsymbol{S} - \boldsymbol{C})]^2, \tag{9.2.10}
$$

其中矩阵 $\boldsymbol{V}$ 是人为指定的, 不同的 $\boldsymbol{V}$ 即有不同的拟合指标. $\boldsymbol{V}$ 的三种常用取法为

ULS 法 —— 普通最小二乘方法, 这时 $\boldsymbol{V}=\boldsymbol{I}$;

GLS 法 —— 广义最小二乘方法, 这时 $\boldsymbol{V}=\boldsymbol{S}^{-1}$;

ML 法 —— 最大似然法, 这时 $\boldsymbol{V}=\boldsymbol{C}^{-1}$.

另外, F 公式还可以表达成另外的形式:

$$F=(\boldsymbol{S}-\boldsymbol{C})^{\mathrm{T}}\boldsymbol{W}(\boldsymbol{S}-\boldsymbol{C}),$$

其中 $\boldsymbol{W}$ 称为加权矩阵, $\boldsymbol{S}$ 及 $\boldsymbol{C}$ 矩阵被排列成向量形式. 当取 $\boldsymbol{W}$ 中的元素是 $\boldsymbol{S}$ 中元素的某种四次方形式时, 拟合方法称为**广义加权最小二乘方**法 (记为 **WLS**) 或**渐近分布自由法**(记为 **ADF**). 一个理想的参数估计是使上述 F 值尽可能得小. 计算方法中常用迭代算法求未知参数. 迭代算法的思想如下: 首先给未知参数一组初值, 由此初值即可计算出 $\boldsymbol{C}$ 的一组值, 记此时的 $\boldsymbol{C}$ 为 $\boldsymbol{C}_1$. 由 $\boldsymbol{C}_1$ 和 $\boldsymbol{S}$ 及事先早已指定了的 $\boldsymbol{W}$(或 $\boldsymbol{V}$), 可算出 F 值 (记为 F_1). 按一定的规则可以不断地修正 $\boldsymbol{C}$ 值 (记为 $\boldsymbol{C}_i$), 从而有不同的 F 值 (记为 F_i). 当 $F_1, F_2,\cdots, F_i,\cdots$ 收敛于一个最小值 (记为 $F_{\min}$) 时, 与其相应的一组参数值即是所求的解.

从计算时间上来看, OLS 法最快, 其次是 GLS 法, 再次是 ML, ADF 法最慢. 特别是在变量个数很大, 并且在计算机上计算时, 由于常内存不足, ADF 或 WLS 法有时无法计算. 一般而言, 上述 4 种算法的计算结果常常不一致, 有时相差很大. 但总的来说, ML 法常常工作得好些. 但当对其结果有怀疑时, 就应多试用一些方法及多改变初值, 看看不同初值或不同方法下, 结果的差别如何. 自然应取较为可信及稳定性好的一组解.

统计性质 当表型变量有近似的多元正态分布且样本数 (N) 又相当大时, 则对于 ML 及 GLS 法有下述公式:

$$(N-1)F_{\min}\approx\chi^2. \tag{9.2.11}$$

对 ADF 及 WLS 法, 并不要求有正态分布的条件, 但要求有更大的样本, 上述卡方性质才能成立. 从协方差阵出发时, 上述卡方分布的自由度 (df) 为

$$\mathrm{df}=\frac{p(p+1)}{2}-k, \tag{9.2.12}$$

其中 p 为表型变量的个数, k 为通径图中必须估计的最小的参数个数. 当从相关阵出发时, 上述卡方分布的自由度为 $\mathrm{df}=p(p-1)/2-k_1$, 其中 k_1 不包含残差方差 (因为此时的残差方差不是独立参数).

如果上述卡方检验被拒绝 (即 $p\leqslant 0.05$), 则认为所构造的通径图 (即统计模型) 是不合适的. 而上述卡方检验未被拒绝时 ($p>0.05$), 也不能就断定这个模型就是正确, 只是未被否定而已.

样本大小问题 各种研究表明, 当样本数少于 100 时, 即使正态分布条件严格满足, 仍很容易出现不收敛, 或计算结果很反常 (如估计出来的残差方差是负值), 或解的精度很差等. 因此, 大样本是必须的. 但另一方面, 卡方检验公式, 对于样本量 (N)

大小又太敏感了, 即当 $\boldsymbol{C}$ 与 $\boldsymbol{S}$ 之间的差异很细小时, 若有足够大的 N, 则总可以拒绝一个很合理的模型; 而对于小样本, 它又常常对一个明显是错误的模型仍会有 “不显著” 性的结果. 因此, 目前比较一致性的看法是: 在很大样本时, 不宜用 (9.2.11) 卡方检验作为拒绝一个模型的理由, 从而提出一些准则, 把上述卡方值改造成使它与样本数的关系不是太密切的指标. 仅列几个主要的指标如下:

拟合指标

(1) 拟合准则 (fit criterion). 这是 (9.2.10) 中的 F 值. 显然, F 越近似于零, 说明模型拟合越好.

(2) 拟合优度指标 (goodness of fit index, GFI). 它对不同的拟合方法有不同的公式, 如对于 ULS, GLS 及 ML 法, 采用

$$\mathrm{GFI}=1-\frac{\operatorname{tr}\left(\boldsymbol{V}(\boldsymbol{S}-\boldsymbol{C})^2\right)}{\operatorname{tr}\left((\boldsymbol{V}\boldsymbol{S})^2\right)}. \tag{9.2.13}$$

此指标中最大值是 1, 接近于 1, 说明该模型拟合得好.

(3) 调整自由度的 GFI 指标 (AGFI).

$$\mathrm{AGFI}=1-\frac{(1-\mathrm{GPI})p(p+1)}{2\mathrm{df}},$$

其中 p 为变量个数, df 为卡方检验中的自由度, 此值也是越大越好.

(4) 均方根残差 (root mean square residual, RMR).

$$\mathrm{RMR}=\left\{\sum_{i=1}^{m}\sum_{j=i}^{m}(S_{ij}-C_{ij})^2\,\frac{2}{p(p+1)}\right\}^{1/2}.$$

(5) Bentler 的比较拟合指数 CFI(comparetion fit index).

$$\mathrm{CFI}=1-\max\frac{\left\{\left(\chi^2-\mathrm{df}\right),0\right\}}{\max\left\{\left(\chi_0^2-\mathrm{df}_0\right),0\right\}},$$

其中 χ^2 及 df 由 (9.2.11) 及 (9.2.12) 表示. 记全部待估参数全为零时对应的模型卡方值为 χ_0^2, 自由度为 df_0. CFI 越大 (接近 1) 拟合越好.

(6) AIC 准则 (Akaike's information criterion).

$$\mathrm{AIC}=\chi^2+2q.$$

卡方值见式 (9.2.11), q 为模型中需要拟合的参数个数. 这是希望用尽可能少的参数拟合模型的准则. 使 AIC 达到最小值的参数及个数被认为是最好的模型.

(7) CAIC 准则 (consistent Akaike's information criterion).

$$\mathrm{CAIC}=\chi^2-(\ln N+1)\mathrm{df}.$$

有人认为它是比 AIC 更好的准则, 尤其在大样本时. CAIC 越小, 模型拟合越好.

(8) SBC 准则 (Schwarz's Bayesian criterion).

$$\mathrm{SBC}=\chi^2-\ln N\mathrm{df}.$$

SBC 被一些人认为优于 AIC 及 χ^2 检验, 尤其在大样本时. SBC 越小, 说明模型拟合越好.

(9) 正规指数 (normed index, NFI).

$$\mathrm{NFI}=\frac{\chi_0^2-\chi^2}{\chi_0^2}.$$

NFI 越接近于 1, 说明模型拟合越好.

(10) 非正规化指数.

$$\mathrm{NNI}=\frac{\chi_0^2/\mathrm{df}_0-\chi^2/\mathrm{df}}{\chi_0^2/\mathrm{df}_0-1/(N-1)}.$$

NNI 越接近于 1, 说明模型拟合越好.

(11) 节俭指数 (parsimonious index, PFI)

$$\mathrm{PFI}=\mathrm{NFI}\times\frac{\mathrm{df}}{\mathrm{df}_0}.$$

此指数对于参数少 (即 df 大) 的模型有利, 因此, 称它为节俭指数. PFI 越大, 说明模型拟合越好.

(12) 临界 N 指数 (critical N, CN).

$$\mathrm{CN}=\frac{\chi^2_{\mathrm{criti}}}{F}+1,$$

其中 F 为 (9.2.10) 中 fit criterion 的值, χ^2_{criti} 为在自由度 df 下, 取 $\alpha=0.05$ 时卡方值的分位数. 上述 CN 值越大, 说明模型越好. 公式的作者 Hoelter[53] 指出, 当 CN 值在 200 以上时, 结果是可靠的, 而 Bollen[54] 指出, 当 CN 太小时, 作结论是不合适的.

9.3 谱系嵌套通径模型

例 9.3.1[51] 图 9.3.1 中有 7 个 (人造) 谱系嵌套通径模型, A, B, C, D 是标准化表型变量. 由图 9.3.1 可计算得表 9.3.1. 表中末行 (“零” 行) 是当图 9.3.1 中所有未知参数都为零时计算的卡方值 (χ_0^2). 从结果来看, NFI 指标中以 5 号及 6 号模型为最好 (不考虑 df=0 模型). 从 PFI 及 AIC 指标上来看, 则 6 号模型好. 模型 5 号在 PFI 及 AIC 中不很好的原因是 5 号模型中未知参数有 5 个, 比 6 号模型有更多的参数. 因此可见, 指标不同, 结论不一致, 应取哪一个模型最合适, 必须从其他一些方面作考虑.

在图 9.3.1 中, (1)~(4) 号模型是**谱系嵌套模型**, 即后面模型是前面模型的特例. 例如, 规定模型 (1) 中 $c=0$ 就产生模型 (2); 在模型 (2) 中指定 $d=a=e=0$, 则模型 (2) 变成模型 (4). 同样, 模型 (1)~(7) 也是嵌套模型. 嵌套模型中很容易用卡方统计量作检验, 从而识别任意两模型间是否有显著性差异. 部分结果如表 9.3.2 所示.

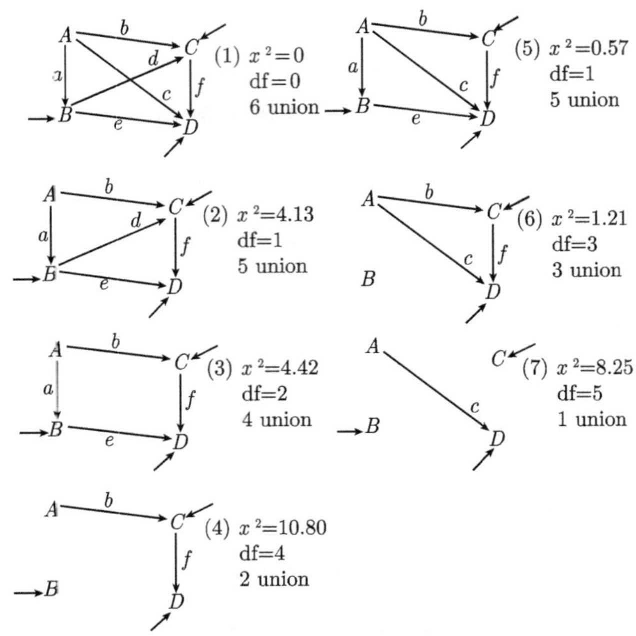

图 9.3.1　谱系嵌套模型例

df $= p(p-1)/2 -$ unkn, 其中 df 表示自由度, unkn 表示未知参数的个数. 此处 A, B, C, D 全已标准化

表 9.3.1　图 9.3.1 上的拟合指标

模型号	χ^2	未知参数个数	df	NFI	PFI	**AIC**
(1)	0.00	6	0	1.00	0.00	12.00
(2)	4.13	5	1	0.74	0.12	14.13
(3)	4.42	4	2	0.72	0.24	12.42
(4)	10.80	2	4	0.32	0.21	14.80
(5)	0.57	5	1	0.96	0.16	10.57
(6)	1.21	3	3	0.92	0.46	7.21
(7)	8.25	1	5	0.48	0.40	10.25
零	16.00	0	6	0.00	0.00	16.00

表 9.3.2　图 9.3.1 中模型间的比较

序号	模型比较	χ^2		df		χ^2_{diff}	df_{diff}	p 值
		lst	2nd	lst	2nd			
(1)	(2) vs (1)	4.13	0	1	0	4.13	1	<0.05
(2)	(3) vs (1)	4.42	0	2	0	4.42	2	ns
(3)	(3) vs (2)	4.42	4.13	2	1	0.29	1	ns
(4)	(4) vs (3)	10.80	4.42	4	2	6.38	2	<0.05
(5)	(4) vs (1)	10.80	0	4	0	10.80	4	<0.05
(6)	(5) vs (1)	0.57	0	1	0	0.57	1	ns
(7)	(6) vs (1)	1.21	0	3	0	1.21	3	ns
(8)	(7) vs (6)	8.25	1.21	5	3	7.04	2	<0.05

表 9.3.2 中, χ^2_{diff} 是前一个模型的 χ^2 值减去后一个模型的 χ^2 值. 如果两模型不是嵌套, 则这种减法是不允许的. $\mathrm{df}_{\mathrm{diff}}$ 也是前、后两模型中相应自由度作减法. 末列中, $p < 0.05$, 表示对应的两模型在统计意义上差别显著; 而 "ns" 则表示 $p > 0.05$, 说明这两个模型经卡方检验未发现有统计意义上的差异.

模型 (1) 是完全拟合的模型, 但它未能考虑误差的影响, 这种完全拟合在实际上是不可取的. 如果把误差考虑在内, 则从表 9.3.2 可见, 模型 (3), (5), (6) 都与模型 (1) 没有显著差异. 如果结合表 9.3.1 来看, 则模型 (5), (6) 对样本相关阵的拟合是可以接受的; 如果更多地从减少参数的角度来看, 则模型 (6) 应该更可取.

例 9.3.2 同质性、平行性的教育学词汇测验.

下面是 4 种词汇测验的数据, 共有 4 个表型变量: W, X, Y, Z. 变量 W 与 X 是由 15 项测验的得分总和构成的, 而且它们的测验时间非常充裕; 变量 Y, Z 是由 75 项测验的得分总和构成的, 但要求在限定时间内完成测验.

通径图的构造如图 9.3.2 所示. 变量 W 与 X 由 FWX 的隐变量所产生, 变量 Y 与 Z 由 FYZ 的隐变量所产生, 而这两个公因子有相关性, 并且规定公因子的方差为 1. W, X, Y, Z 上的残差分别记为 E_W, E_X, E_Y, E_Z, 而它们的方差记为 VEW, VEX, VEY 及 VEZ. 图 9.3.2 改用公式表示, 即为

$$
\begin{aligned}
&W = \beta_W FWX + E_W,\\
&X = \beta_X FWX + E_X,\\
&Y = \beta_Y FYZ + E_Y,\\
&Z = \beta_Z FYZ + E_Z,\\
&\mathrm{Var}(FWX) = \mathrm{Var}(FYZ) = 1,\\
&\mathrm{Cov}(FWX, FYZ) = \rho,\\
&\mathrm{Cov}(E_W, E_X) = \mathrm{Cov}(E_W, E_Y) = \mathrm{Cov}(E_W, E_Z) = \mathrm{Cov}(E_X, E_Y)\\
&\qquad = \mathrm{Cov}(E_X, E_Z) = \mathrm{Cov}(E_Y, E_Z)\\
&\qquad = \mathrm{Cov}(E_W, FWX) = \mathrm{Cov}(E_W, FYZ)\\
&\qquad = \mathrm{Cov}(E_X, FWX) = \mathrm{Cov}(E_X, FYZ)\\
&\qquad = \mathrm{Cov}(E_Y, FWX) = \mathrm{Cov}(E_Y, FYZ)\\
&\qquad = \mathrm{Cov}(E_Z, FWX) = \mathrm{Cov}(E_Z, FYZ) = 0.
\end{aligned}
$$

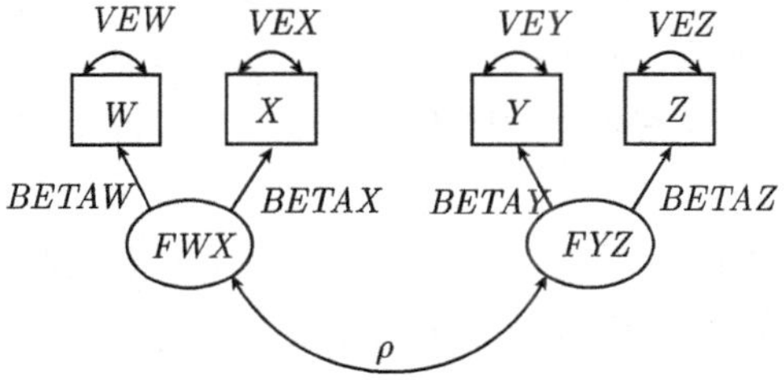

图 9.3.2 教育学词汇测验

双箭头 VEW 等表示残差方差.

考察下面 4 个假设 (即有 4 个模型):

$$\begin{aligned}
H_1 : \rho = 1, \beta_W = \beta_X, \mathrm{Var}(E_W) = \mathrm{Var}(E_X),\\
\beta_Y = \beta_Z, \mathrm{Var}(E_Y) = \mathrm{Var}(E_Z);\\
H_2 : \beta_W = \beta_X, \mathrm{Var}(E_W) = \mathrm{Var}(E_X),\\
\beta_Y = \beta_Z, \mathrm{Var}(E_Y) = \mathrm{Var}(E_Z);
\end{aligned}$$

$H_3 : \rho = 1$, 表示两因子同质;

H_4 : 无任何约束.

H_3 的假设是认为两个隐变量实际上是一个, 相当于认为 4 个变量是**同质**的. H_2 的假设是认为 "W 与 X 变量是**平行的**" 且 "Y 与 Z 变量也是**平行的**". H_1 的假设是 "4 个表型变量是同质的", 并且 "变量 W 与 X**平行**"、"变量 Y 与 Z**平行**". 由于规定 $\mathrm{Var}(FWX) = \mathrm{Var}(FYZ) = 1$, 所以 ρ 就是两个隐变量间的相关系数.

在 SAS 软件[51] 中, 4 个变量间的协方差阵由下面的方法读入:

```
data lord (type = cov);
input _type_ $ _name_ $   W   X   Y   Z;
cards;
n      .      649         .          .          .
cov    W      86.3979     .          .          .
cov    X      57.7751     86.2632    .          .
cov    Y      56.8651     59.3177    97.2850    .
cov    Z      58.8986     59.6683    73.8201    97.8192
;
run;
```

SAS 软件中隐变量分析的程序是CALIS语句. 此处仅写出对每一个模型的计算程序, 并且把重要的结果整理成表 9.3.3.

从表 9.3.3 的上半部可见, 概率值中 H_2 及 H_4 的模型是可以接受的, 它们的相关系数 ρ 值也相差无几. H_2 与 H_4 属于嵌套模型, 因此, 可以对卡方值作减法, 卡方的差值很不显著, 因此, 可以认为 H_2 与 H_4 模型在统计学上没有显著差异. 但 H_2 显然只有 5 个待估参数. 从节俭的角度 (PFI 指标) 来看, H_2 比 H_4 更好些. 也就是说, 每个隐变量上的两个表型变量 (W 与 X, Y 与 Z) 彼此是平行的, 即 W 与 X 及 Y 与 Z 在反映隐变量上的能力是一样的. 模型 H_1 及 H_3 被否定, 说明这 4 个表型变量不能用一个公因子派生.

从表 9.3.3 下半部中的各种拟合指标来看, H_3 模型中没有一个拟合指标说明它在 4 个模型中是好的. 在 H_2 及 H_4 模型中, 各有 6 个指标是 "***"(4 个是模型中为最好), 但 H_2 模型中次好的 "*" 有 5 个, 而 H_4 却只有 3 个, 因此, H_2 似比 H_4 略好些. 结合专业知识及从节俭的角度来看, 取 H_2 更为恰当.

表 9.3.3 例 9.3.2 中 4 个假设下的主要拟合指标

模型拟合指标	假设 H_1(同质、平行)	假设 H_2(平行)	假设 H_3(同质)	假设 H_4(无约束)
待估参数个数	4	5	8	9
卡方 (χ^2)	37.3337	1.9335	36.2095	0.7030
自由度 df	6	5	2	1
概率 (Prob)	0.0001	0.8583**	0.0001	0.4018*
相关系数 (ρ)	1.0	0.8987	1.0	0.8985
F 值	0.0576	0.0030*	0.0559	0.0011**
GFI	0.9705	0.9985*	0.9714	0.9995**
AGFI	0.9509	0.9970**	0.8571	0.9946*
RMR	2.5430	0.6983*	2.4638	0.2720**
CFI	0.9785	1.0**	0.9766	1.0**
AIC	25.3337	−8.0665**	32.2095	−1.2970*
CAIC	−7.5189*	−35.4436**	21.2586	−6.7725
SBC	−1.5189	−30.4436**	23.2586	−5.7725*
NFI	0.9745	0.9987*	0.9753	0.9995**
NNI	0.9785	1.0025*	0.9297	1.0012**
PFI	0.9745**	0.8322*	0.3251	0.1666
CN	220	3712**	109	3543*

注：无效模型 (null model) 是 $\beta_W = \beta_X = \beta_Y = \beta_Z = 0$, 它仅需估计 4 个残差的方差得 $\chi_0^2 = 1466.5524, \mathrm{df} = 4 \times (4+1)/2 - 4 = 6$.

**：表示最好 (在 4 个假设中);

*：表示次好 (在 4 个假设中).

计算表 9.3.3 的 4 个 SAS 程序依次如下：

```
Title 'H4:没有约束条件';
Proc calis data = lord cov ;
lineqs w=betaw fwx +ew,
     x=betax fwx + ex,
     y=betay fyz + ey,
     z=betaz fyz + ez;
std fwx fyz = 2*1,
   ew ex ey ez = vew vex vey vez;
cov fwx fyz = rh0;
run;
```

```
Title 'H3:w,x,y,z,是同质的';
   Proc calis data = lord cov;
lineqs w=betaw f +ew,
     x=betax f + ex,
     y=betay f + ey,
     z=betaz f + ez;
   std f = 1,
     ew ex ey ez = vew vex vey vez;
   run;
```

```
Title 'H2:w和x平行, y和z平行';
Proc calis data = lord cov;
lineqs w=betawx fwx +ew,
     x=betawx fwx + ex,
     y=betayz fyz + ey,
     z=betayz fyz + ez;
std fwx fyz = 2*1,
   ew ex ey ez = vwx vwx vyz vyz;
```

```
Title 'H1: w和x平行, y和z平行, 且都是同质';
   Proc calis data = lord cov;
lineqs w=betawx f +ew,
     x=betawx f + ex,
     y=betayz f + ey,
     z=betayz f + ez;
std f = 1,
ew ex ey ez = vwx vwx vyz vyz;
```

```
cov fwx fyz = rh0;                run;
run;
```

9.4 隐变量分析在遗传流行病学研究中的应用

例 9.4.1 高血压病和冠心病是两种严重影响人们健康而原因未明的疾病. 目前的倾向认为, 遗传及环境因素均对它们的发病起一定的作用. 估算遗传及环境对人体血压、血脂水平的影响程度对于防治高血压及冠心病是十分有益的. 本节采用通径分析法对核心家庭 (双亲及两个 16 周岁以上的子女构成的家庭) 的资料进行分析. 原数据由 1987 年时的研究生卜向东收集北京市房山区农村 104 户核心家庭的收缩压、舒张压作为结果变量.

模型为

$$P = G + C + E, \tag{9.4.1}$$

其中 P 为血压的表型变量, G 为遗传效应, C 为环境效应, E 为误差.

9.4.1 资料的前处理

由于人的年龄、性别及种族与血压会有相关性, 如果不扣除年龄、性别及种族对血压的影响, 则统计分析的结果可能会扩大或缩小真实情形. 因此, 在分析以前, 应该把上述因素对血压的影响作用扣除, 扣除方法就是回归分析法. 这样可求得舒张压与选中变量的拟合公式为

$$\text{舒张压} = (0.254x_2 - 2.937x_3) + (4.115x_5 + 3.541x_6 + 1.185x_{15} + 0.394x_{17}) + 44.667 + \text{残差}, \tag{9.4.2}$$

其中 x_2 为年龄 (岁), x_3 为种族 (汉族为 1, 非汉族为 2), x_5 为患病情况 (患病为 1, 不患病为 2), x_6 为用药情况 (用药为 1, 不用药为 2) , x_{15} 为食用油 (动物油为 3, 两油都用为 2, 植物油为 1), x_{17} 为体重 (kg).

(9.4.2) 式中, 第一个括号内有年龄 (x_2) 、种族 (x_3), 第二个括号实际上是环境因素对舒张压的影响. 因此, 可以用下法构造两个表型变量:

$$P = \text{舒张压的测量值} - (0.254x_2 - 2.937x_3), \tag{9.4.3}$$

$$I = 4.115x_5 + 3.541x_6 + 1.185x_{15} + 0.394x_{17},$$

其中 P 就是扣除了年龄、种族因素后的舒张压, 而 I 则是环境效应对舒张压的影响值. P, I 都是可以由样本计算出来的, 因此, 看成是被调整了的表型变量. 根据 (9.4.3) 可以计算核心家庭中每两个成员之间的相关系数. 记父亲的舒张压调整值为 Pf, 母亲的舒张压调整值为 Pm, 两个子女的舒张压调整值分别为 Pd_1 及 Pd_2, 但用 $\text{Pd}=(\text{Pd}_1+\text{Pd}_2)/2$ 作为子女舒张压的代表. 对于环境因素 I 也同样有父母的值 If 及 Im, 子女的平均环境效应 Id. 因此, 可求得上述 6 个表型变量的相关系数如表 9.4.1 所示. 后面通径分析的计算就从此相关系数出发.

表 9.4.1 相关系数

	If	Im	Pf	Pm	Pd	Id
If	1					
Im	−0.068 (84)	1				
Pf	0.320 (94)	−0.129 (84)	1			
Pm	0.091 (84)	0.458 (94)	0.113 (84)	1		
Pd	0.227 (94)	0.148 (94)	0.211 (94)	0.175 (94)	1	
Id	0.320 (94)	0.177 (94)	−0.061 (94)	0.140 (94)	0.430 (94)	1

注：括号内为样本数.

9.4.2 建立通径图

图 9.4.1 是初步考虑的模型. 图 9.4.1 中间的 4 个隐变量为父、母亲的环境因子 F_CF 及 F_CM; 父、母亲的遗传因子 F_GF 及 F_GM. 图下方的两个隐变量为子代的遗传因子 (F_GD) 及环境因子 (F_CD). 开始时曾考察 F_CF 与 F_CM 间的相关性, 但发现很不显著而被删去, 因此, 不列入图 9.4.1.

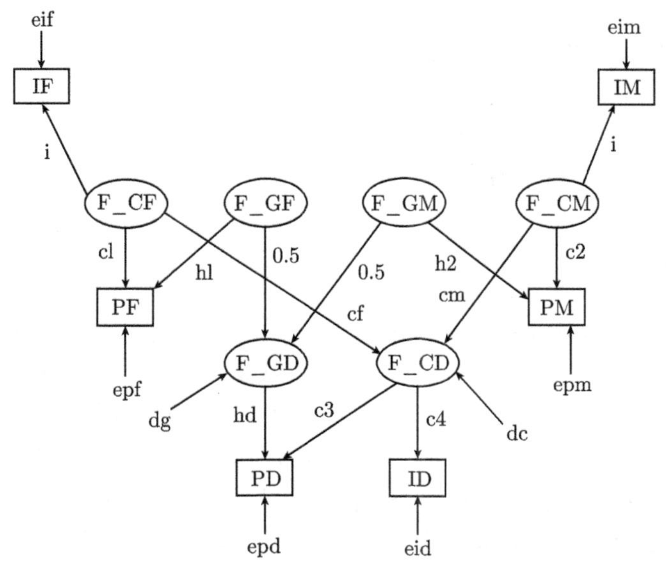

图 9.4.1 血压遗传学例

变量代号：I 为环境, P 为血压, C 为环境真值, F 为父亲, M 为母亲, G 为遗传性因子, F_为隐变量, F_GD 为子代遗传, F_CD 为子代环境

图 9.4.1 的 SAS 软件中的 CALIS 语句中的 EQS 模块及其语法如下：

```
DATA gene2(type=corr);
   input _type_ $ _name_ $ if im pf pm pd id;
   cards;
```

```
corr IF    1.0000   -0.0680    0.3200    0.0910    0.2370    0.3200
corr IM   -0.0680    1.0000   -0.1290    0.4580    0.1480    0.1770
corr PF    0.3200   -0.1290    1.0000    0.1130    0.2110   -0.0610
corr PM    0.0910    0.4580    0.1130    1.0000    0.1750    0.1400
corr Pd    0.2370    0.1480    0.2110    0.1750    1.0000    0.4300
corr Id    0.3200    0.1770   -0.0610    0.1400    0.4300    1.0000
    ;
proc calis data=gene2 method=gls all nobs=90;
lineqs
    if=i f_cf +eif,
    im=i f_cm +eim,
    pf=c1 f_cf+ h1 f_gf +epf,
    pm=c2 f_cm+ h2 f_gm +epm,
    pd=hd(0.5) f_gd +c3 f_cd +epd,
    id=c4(0.5) f_cd +eid,
    f_gd=0.5 f_gf +0.5 f_gm +dg,
    f_cd=cf(0.5) f_cf +cm(0.5) f_cm +dc;
 std f_cf f_gf f_gm f_cm=4*1.0,
    eif eim epf epm epd eid dg dc=ee:;
bounds ee1-ee8>0; run;
```

部分结果如下:

```
Covariance Structure Analysis:
                              Generalized Least-Squares Estimation
Fit criterion . . . . . . . . . . . . . . . . . . . . 0.0905
Goodness of Fit Index (GFI) . . . . . . . . . . . . . 0.9698
GFI Adjusted for Degrees of Freedom (AGFI). . . . . . 0.8733
Root Mean Square Residual (RMR) . . . . . . . . . . . 0.0711
Parsimonious GFI (Mulaik, 1989) . . . . . . . . . . . 0.3233
Chi-square = 8.0538 df = 5 Prob>chi**2 =              0.1533
Null Model Chi-square: df = 15                       54.8197
...
Akaike's Information Criterion. . . . . . . . . . . -1.9462
Bozdogan's (1987) CAIC. . . . . . . . . . . . . . .-19.4453
Schwarz's Bayesian Criterion. . . . . . . . . . . .-14.4453
......
```

```
Hoelter's (1983) Critical N . . . . . . . . . . . 124

  Covariance Structure Analysis:
              Generalized Least-Squares Estimation
         Manifest Variable Equations
   IF        =      0.9685*F_CF + 1.0000 EIF
     Std Err        0.0745 I
     t Value       13.0050

   IM        =      0.9685*F_CM + 1.0000 EIM
     Std Err        0.0745 I
     t Value       13.0050

  PF         =      0.2649*F_CF + 0.8849*F_GF + 1.0000 EPF
    Std Err         0.1022 C1      0.0711 H1
    t Value         2.5926        12.4371

  PM         =      0.5100*F_CM + 0.1834*F_GM + 1.0000 EPM
    Std Err         0.1238 C2      0.3842 H2
    t Value         4.1181         0.4775

  PD         =      0.4202*F_GD + 0.6582*F_CD + 1.0000 EPD
    Std Err         0.1977 HD      0.1411 C3
    t Value         2.1250         4.6636

  ID         =      0.8319*F_CD + 1.0000 EID
    Std Err         0.1450 C4
    t Value         5.7356

         Latent Variable Equations

  F_GD       =      0.5000 F_GF + 0.5000 F_GM + 1.0000 DG
  F_CD       =      0.3740*F_CF + 0.2272*F_CM + 1.0000 DC
    Std Err         0.1139 CF      0.1171 CM
    t Value         3.2837         1.9395
```

```
          Variances of Exogenous Variables
------------------------------------------------------
                                    Standard
    Variable Parameter    Estimate    Error    t Value
    --------------------------------------------------
    F_CF                  1.000000        0     0.000
    F_CM                  1.000000        0     0.000
    F_GF                  1.000000        0     0.000
    F_GM                  1.000000        0     0.000
    EIF        EE1        0          1.0506E-16 0.000
    EIM        EE2        0.042291 0.201847     0.210
    EPF        EE3        0          5.3716E-17 0.000
    EPM        EE4        0.674071 0.178552     3.775
    EPD        EE5        0.001353 0.579150     0.002
    EID        EE6        0.387993 0.191257     2.029
    DG         EE7        3.248320 0.102248    31.769
    DC         EE8        0.606420 0.091660     6.616
------------------------------------------------------
```

9.4.3 模型的修正

(1) 从统计学上来看, 合理的模型应该如下：

(i) 各项拟合指标都比较满意. 如果在大样本的情形下, CHI-SQUARE 的 Prob 值能远远地大于 0.10(如近似于 1, 但不可恰好是 1), 则是好的. 这是从总体上考察的指标.

(ii) 待估参数的 t 检验值都应超过显著水平; 否则, 对应的通径或相关性应逐步删除.

(iii) 固定参数 (如在通径图中未出现的通径, 或通径上的参数指定了某个值) 及约束条件被放松时的 Wald 值 (即自由度为 1 的卡方值) 全部应小于 3.861, 即对应的 Prob 值应大于 0.05; 否则, 对应的通径 (或相关性) 应逐步增加到模型中去.

(iv) 最重要的一条：计算的结果不应有明显违反已有定论的结果.

(2) 如何去修改模型? 从经验上来看, 则应遵循如下几条：

(i) 先修改模型中较次要的计量部分, 后修改模型的结构部分. 残差、外生变量的方差及它们间的协方差 (相关系数) 看来不太重要, 但是它们常会对模型的拟合及各个指标产生相当大的影响.

(ii) 对已包括在模型 (通径图) 内的变量或通径, 考察它们的统计显著性、有否反常符号以及大小. 例如, 在上面的计算结果中, 残差的方差估计中不显著的很多, 即

Eif, Eim, Epf, Epd 都有近似于零的 t 值. 因此, 可以先删去残差中方差近似于零的参数.

(iii) 对未包括在模型 (通径图) 内的变量或通径, 考察它们的 MODFICATION (Lagrange Multipliers, 即 Wald 值), 逐个地增加模型中的通径, 不可以贪多贪快. 每考察是否要增加某参数时, 应先从专业上判断增加它是否合理, 再在此基础上, 把影响大的 (Wald 值) 参数先加进模型.

上例中最后得到下面的结果:

```
proc calis data=gene2 method=gls all nobs=90;
  lineqs
      if=i f_cf +eif,
      im=i f_cm +eim,
      pf=c1 f_cf+ h1 f_gf +epf,
      pm=c2 f_cm+ epm,
      pd=hd(0.5) f_gd +c3 f_cd +epd,
      id=c4(0.5) f_cd +eid,
      f_gd=0.5 f_gf +0.5 f_gm +dg,
      f_cd=cf(0.5) f_cf +cm(0.5) f_cm +dc;
   std f_cf f_gf f_gm f_cm=4*1.0,
       epm eid dg dc=ee:;
  bounds ee1-ee4>0;
   run;
```

部分计算结果如下:

```
Covariance Structure Analysis: Generalized Least-Squares Estimation
    Fit criterion . . . . . . . . . . . . . . . . . . .     0.0937
    Goodness of Fit Index (GFI) . . . . . . . . . . . .     0.9688
    GFI Adjusted for Degrees of Freedom (AGFI). . . . .     0.9180
    Root Mean Square Residual (RMR) . . . . . . . . . .     0.0730
    Parsimonious GFI (Mulaik, 1989) . . . . . . . . . .     0.5167
    Chi-square = 8.3366       df = 8      Prob>chi**2  =    0.4013
    Null Model Chi-square:    df = 15                      54.8197
    Akaike's Information Criterion. . . . . . . . . . .    -7.6634
    Bozdogan's (1987) CAIC. . . . . . . . . . . . . . .   -35.6619
    Schwarz's Bayesian Criterion. . . . . . . . . . . .   -27.6619
    Hoelter's (1983) Critical N . . . . . . . . . . . .        167
     ...
Covariance Structure Analysis: Generalized Least-Squares Estimation
```

```
                    Manifest Variable Equations

IF        =      0.9793*F_CF +  1.0000 EIF
Std Err          0.0529 I
t Value         18.5290

IM        =      0.9793*F_CM +  1.0000 EIM
Std Err          0.0529 I
t Value         18.5290

PF        =      0.2690*F_CF +  0.8849*F_GF + 1.0000 EPF
Std Err          0.0998 C1      0.0711 H1
t Value          2.6960        12.4389

PM        =      0.4913*F_CM +  1.0000 EPM
Std Err          0.0965 C2
t Value          5.0901

PD        =      0.4049*F_GD +  0.4585*F_CD + 1.0000 EPD
Std Err          0.1954 HD      0.1041 C3
t Value          2.0722         4.4037

ID        =      0.5907*F_CD +  1.0000 EID
Std Err          0.1256 C4
t Value          4.7029

                    Latent Variable Equations

F_GD      =      0.5000 F_GF +  0.5000 F_GM + 1.0000 DG

F_CD      =      0.5310*F_CF +  0.3086*F_CM + 1.0000 DC
Std Err          0.1704 CF      0.1596 CM
t Value          3.1166         1.9329
                  Variances of Exogenous Variables
--------------------------------------------------------------------
                                                Standard
Variable        Parameter        Estimate          Error       t Value
--------------------------------------------------------------------
```

```
F_CF                          1.000000          0         0.000
F_CM                          1.000000          0         0.000
F_GF                          1.000000          0         0.000
F_GM                          1.000000          0         0.000
EPM           EE1             0.714494   0.112811         6.334
EID           EE2             0.381229   0.194270         1.962
DG            EE3             3.532885   3.736867         0.945
DC            EE4             1.225376   0.062123        19.725
       Equations with Standardized Coefficients
        IF      =       1.0000*F_CF + 0.0000 EIF
                                I
        IM      =       1.0000*F_CM + 0.0000 EIM
                                I
        PF      =       0.2909*F_CF + 0.9568*F_GF + 0.0000 EPF
                                C1             H1
        PM      =       0.5025*F_CM + 0.8646 EPM
                                C2
        PD      =       0.8139*F_GD + 0.5810*F_CD + 0.0000 EPD
                                HD             C3
        ID      =       0.7711*F_CD + 0.6367 EID
                                C4
        F_GD    =       0.2490 F_GF + 0.2490 F_GM + 0.9360 DG
        F_CD    =       0.4195*F_CF + 0.2438*F_CM + 0.8744 DC
                                CF             CM

                     Squared Multiple Correlations

     ------------------------------------------------------------
                            Error          Total
        Variable           Variance       Variance       R-squared
     ------------------------------------------------------------
          1      IF               0       0.958968       1.000000
          2      IM               0       0.958968       1.000000
          3      PF               0       0.855507       1.000000
          4      PM        0.714494       0.955824       0.252484
          5      PD              0        0.997908       1.000000
          6      ID        0.381229       0.940392       0.594606
          7      F_GD      3.532885       4.032885       0.123981
          8      F_CD      1.225376       1.602574       0.235370
```

```
Rank Order of the 10 Largest Lagrange Multipliers in _PHI_
       Row         Column        Chi-Square      Pr > ChiSq
       dc          eif             2.54707         0.1105
       eid         epf             2.54687         0.1105
       dc          epf             2.54687         0.1105
       eid         f_gf            2.54687         0.1105
       dc          f_gf            2.54687         0.1105
       epf         eif             2.54671         0.1105
       epm         f_gf            2.27529         0.1315
       eid         eif             1.95344         0.1622
       eif         f_gf            1.83145         0.1760
       epm         epf             1.79381         0.1805

Rank Order of the 10 Largest Lagrange Multipliers in _GAMMA_
       Row         Column        Chi-Square      Pr > ChiSq
       id          f_gf            2.54687         0.1105
       f-cd        f_gf            2.54687         0.1105
       pm          f_gf            2.27529         0.1315
       if          f_gf            1.83145         0.1760
       im          f_gf            1.62490         0.2024
       pm          f_cf            1.37936         0.2402
       im          f_cf            1.04294         0.3071
       pf          f_cm            0.99828         0.3177
       id          f_cf            0.32003         0.5716
       if          f_gm            0.31997         0.5716

Rank Order of the 10 Largest Lagrange Multipliers in _BETA_
       Row         Column        Chi-Square      Pr > ChiSq
       pf          f_cd            3.48752         0.0618
       pf          pd              3.48752         0.0618
       pm          pf              3.35782         0.0669
       pf          id              3.15514         0.0757
       f_cd        f_gd            2.54687         0.1105
       id          f_gd            2.54687         0.1105
       f_cd        pf              2.54685         0.1105
       f_cd        pd              2.54682         0.1105
       id          pd              2.54678         0.1105
       im          pf              2.41888         0.1199
```

由上述结果可见, 所有通径系数的 t 检验显著 (除 Dg 中的 $t = 0.945$ 外), 所有 Modfication 指标 (即 Lagrange Multipliers) 的 χ^2 值及等式约束的 χ^2 检验的 p 值全在 0.10 以上, 即不必增加通径或参数. 所有的通径系数符号也很容易得到解释. 上述结果中唯一不满意的是: 隐变量上的残差 Dg 的方差检验 $t = 0.945$(不显著), 但如果把此 Dg 从模型中去除, 则马上出现通径系数符号的大反常! 这说明此残差是否存在对于模型影响很大, 因此, 它被保留 (注意: 这也反映该模型还是有缺点的).

从 Square Multiple Correlations 可以看出, 子代的隐变量 F_CD 及 F_GD 的 R^2 是最低的. 其次, PM 也很低. 这说明上述 6 个表型变量在拟合子代及母亲的舒张压上不好, 或者说明它们不容易与另外的变量有共性.

从 Equation with Standardized Coeffocoents 上来看, F_GD 及 F_CD 的残差影响最大. 有意思的是, 遗传性因子 (G) 只对父亲的舒张压 (PF) 有很高的影响 (h1 的标准化通径系数为 0.9568), 而母亲的遗传性因子 F_GM 对母亲的舒张压 (PM) 却没有显著的影响, 子代未分性别. 因此, 从平均意义上来看, 遗传性因子 F_GD 对子代的舒张压 (PD) 的影响 (0.8139) 比环境因子 (F_CD) 的影响 (0.5810) 要大得多, 而 PF 上的规律也是与子代 (PD) 的情形相一致.

习 题 9

9.1 建立在 5×5 协方差阵上的 4 个嵌套通径模型中, 未知参数个数分别为 3, 5, 6, 9, 而相应产生的卡方值分别为 16.21, 8.12, 2.50, 0.08. 试问:

(1) 在 0.05 显著性水平上, 从上述 4 个嵌套通径模型的比较中可以得出什么结果?

(2) 假设上述模型在无参数的数据拟合时, 卡方值为 25.00, 能得出什么结果?

9.2 在下图中, 已知 A, B, C, D, E, F, G 都是标准化了的变量, 三个表型变量的相关系数如下表所示, 试求通径系数 a, b, c, e, f, g(小数点后三位).

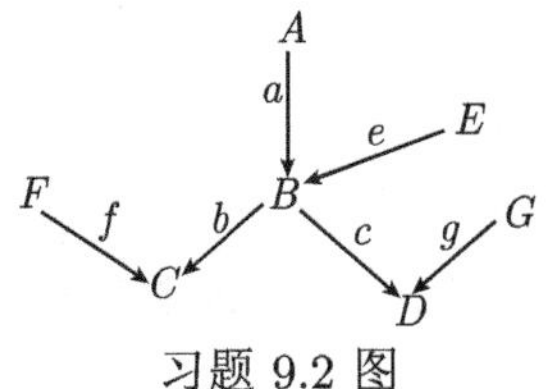

习题 9.2 图

习题 9.2 表 相关系数

	A	C	D
A	1	0.3	0.4
C		1	0.35
D			1

9.3 三个测验 T_1, T_2, T_3 的协方差阵如下表所示 ($N = 35$), **试问:** 这三个测验可否认为彼此平行? 是否是 Tau 平行 (也称 τ 等价)?

(注意: 当同一因子产生的不同试验的通径系数相同, 并且残差的方差也相同时, 称为 τ 平行; 如果仅是通径系数相同, 则为 Tau 平行.)

习题 9.3 表

	T_1	T_2	T_3
T_1	54.85		
T_2	60.21	99.24	
T_3	48.42	67.00	63.81

9.4　下表是儿童教育的智商问题:

Edu 为父亲受教育的年数;

Ocu 为父亲的职业记分;

IQ_c 为儿童早期的智商打分;

Edu_c 为儿童受教育的年数;

IQ 为儿童成人后的智商分.

这些表型变量的相关系数如下表所示. 如果不使用隐变量, 如何构造上述变量间的通径图? 并求解.

习题 9.4 表　相关系数表 ($N = 100$)

	Edu	Ocu	IQ_c	Edu_c	IQ
Edu	1	0.509	0.300	0.382	0.305
Ocu		1	0.300	0.420	0.314
IQ_c			1	0.550	0.830
Edu_c				1	0.630
IQ					1

9.5　在血压遗传性研究例 9.4.1 中, 把舒张压改成收缩压, 在扣去性别、年龄、种族、文化程度等因素的影响后, 收缩压在各个表型变量间的相关系数如下表所示. 试用通径图方法找出合理的结构模型.

习题 9.5 表　收缩压 (调整了) 的相关系数 ($N = 90$)

	P_F	P_M	I_F	I_M	P_C	I_C
P_F	1	0.251	0.236	0.017	0.162	−0.090
P_M		1	0.153	0.348	0.087	0.147
I_F			1	−0.056	0.038	0.317
I_M				1	0.059	0.131
P_C					1	0.362
I_C						1

注: 变量的意义见 9.4 节.

9.6　下面是取自文献 [57] 中的一个例子, 并且已被很多书籍引用, 称为精神错乱的稳定性研究. 资料中共有 932 人, 测量 6 个表型变量 $V_1 \sim V_6$:

V_1 为 1967 年时的精神颓废程度;

V_2 为 1967 年时的软弱性程度;

V_3 为 1971 年时的精神颓废程度;

V_4 为 1971 年时的软弱性程度;

V_5 为上学的年数;

V_6 为社会经济学指数 (SEI),

6 个表型变量的协方差阵及构造的通径图如下所示. 请分析

(1) 该通径图的合理性问题;

(2) 用隐变量分析后, 你的结论是什么?

习题 9.6 表　协方差阵

	V_1	V_2	V_3	V_4	V_5	V_6
V_1	11.834					
V_2	6.947	9.364				
V_3	6.819	5.091	12.532			
V_4	4.783	5.028	7.495	9.986		
V_5	−3.839	−3.889	−3.841	−3.625	9.610	
V_6	−21.899	−18.831	−21.748	−18.775	35.522	450.288

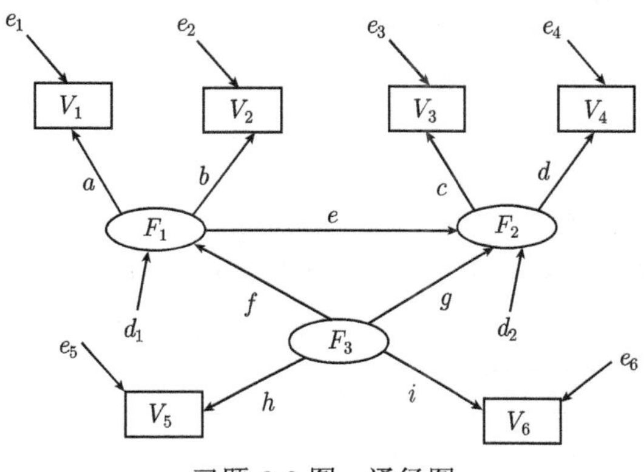

习题 9.6 图　通径图

9.7　(二阶确定性因子模型[57])　McDonald 于 1985 年提供的词汇学中的一组数据如下：

X_1 为句子数，X_2 为词汇量，X_3 为句子的完整性，X_4 为词头数，X_5 为 4 个字母的词数，X_6 为词尾数，X_7 为字母系，X_8 为词源量，X_9 为字母编组.

9 个表型变量的相关系数如下表所示. 试分析：

(1) 用探索性因子分析法, 同时取三个因子后作最大正交旋转, 考察每个因子的主要贡献大小;

(2) 构造二阶确定性因子模型, 第一阶由三个可以彼此相关的因子 $F_1 \sim F_3$ 组成, 第二阶由一个因子 F_4 支配三个公因子;

(3) 分析各个参数的显著性及输出中的 Wald index, 你认为构造的模型从统计学上来看拟合得很理想吗? 为什么?

习题 9.7 表　相关系数阵

	X_1	X_2	X_3	X_4	X_5	X_6	X_7	X_8	X_9
X_1	1								
X_2	0.828	1							
X_3	0.776	0.779	1						
X_4	0.439	0.493	0.460	1					
X_5	0.432	0.464	0.425	0.674	1				
X_6	0.447	0.489	0.443	0.590	0.541	1			
X_7	0.447	0.432	0.401	0.381	0.402	0.288	1		
X_8	0.541	0.537	0.534	0.350	0.367	0.320	0.555	1	
X_9	0.380	0.580	0.359	0.424	0.446	0.325	0.598	0.452	1

9.8　下面是出现在很多文章中由 Butterworth 引进的数据[51]. 美国 Michigan 州某中学 329 名 17 岁男孩的职业志向问题. 学生的志向一方面依赖于本人, 但也很受最好朋友的影响. 考察的表型变量有

rig 为学生本人的智商;

rpa 为学生双亲的期望;

rses 为学生家庭的经济状况;

roa 为学生本人的职业抱负;

rea 为学生本人接受的教育抱负;

fig 为朋友的智商;

fpa 为朋友的双亲的期望;

fses 为朋友的家庭的经济状况;

foa 为朋友的职业抱负;

fea 为朋友接受的教育抱负.

请问：你准备如何构造通径图及如何作分析? 变量的相关阵如下表所示：

习题 9.8 表　相关阵

	riq	rpa	rses	roa	rea	fiq	fpa	fses	foa	fea
riq	1									
rpa	0.1839	1								
rses	0.2220	0.0489	1							
roa	0.4105	0.2138	0.3240	1						
rea	0.4043	0.2742	0.4047	0.6247	1					
fiq	0.3355	0.0782	0.2302	0.2995	0.2863	1				
fpa	0.1021	0.1147	0.0931	0.0760	0.0702	0.2087	1			
fses	0.1861	0.0186	0.2707	0.2930	0.2407	0.2950	−0.0438	1		
foa	0.2598	0.0839	0.2786	0.4216	0.3275	0.5007	0.1988	0.3607	1	
fea	0.2903	0.1124	0.3054	0.3269	0.3669	0.5191	0.2784	0.4105	0.6404	1

第10章 聚类分析

聚类分析 (cluster analysis) 是 "物以类聚" 的方法, 它把一些个体 (或研究对象), 分成若干个未知的类 (或组、总体等). 人们事先不知道它们可以分成几类及哪些个体 (或变量) 属于同一类. 例如, 随机收集到 200 个患有抑郁症的病人, 按照测量到的指标, 它们可以分成几种类型? 哪些病人是同一类的? 如果描述抑郁症的指标有 20 个, 哪些指标的属性相近而可以归纳在一个类里? ······ 也有人称聚类分析为群分析、点群分析. 与判别分析不同的是, 在作判别分析时, 200 个病人分成几类及哪些病人为同一类是事先已经确定了的. 在临床中, 判别分析的主要目的是诊断新病人患的是什么病, 而聚类分析的主要目的是解释样本, 其次才是作预测. 聚类分析最早出现在生物分类学, 但近代已把它用到几乎一切自然科学及社会科学领域. 例如, 在商业上, 按顾客对商品的爱好及选择, 可以对顾客作分类等.

在聚类分析中, 样本的数据信息量是最少的. 也就是说, 未知的信息特别多, 因此, 聚类分析的方法也常显得不太严谨或粗糙. 分析的结果应当看成是经验性的总结. 使用不同的聚类分析法有时会有很不同的结果, 对所做出的结果的重复性也不是很好, 特别是从统计理论上尚难判断某个聚类分析的结果是否正确. 另外, 特别重要的是, 在作聚类分析之前, 应该用专业知识尽可能地删去对分类不起作用或作用很小的变量, 因为无分类作用变量的存在有时会严重地得出不正确分类的结果.

聚类分析中所使用的变量可以有三种类型：间隔尺度 (连续性变量)、有序尺度、名义尺度. 不同类型的变量在描述两类之间的差异指标 (一般用 "距离" 表示) 时, 在其定义上差异很大. 总的来说, 建立在连续性变量上的聚类分析应用及研究最多. 下面主要介绍连续性变量的聚类法.

聚类分析所用的方法种类很多, 主要的方法大致可归结如下：

(1) **系统聚类法**. 这是使用得最多的方法. 它又可分成两类算法：① "从多到少" 的聚合法：先把 n 个样品看成 n 个类, 然后把距离最接近的两类合为一类, 再在 $n-1$ 个类中再把距离最接近的两类合为一类, 这时 n 类已变成 $n-2$ 个类; 继续这种做法, 最后 n 个样品都变成一个类. ② "从少到多" 的分解法. 先把 n 个样品看成一个大类, 然后把样品之间差异最大的两个样品之一单独分出去另成一类; 再按上述思想把上述两个类再分成三类; 继续这种做法, 最后 n 个样品都变成 n 个类. 系统聚类法可以用一个谱系图形象地在一个图中把上述分类过程表示出来. 这种方法的优点是可以形象地看出聚类过程, 再结合专业及某些统计指标决定应当分成几个大类; 缺点是该方法只适用于小样本.

(2) **动态聚类法**. 有的统计软件称之为 K 均值法、快速聚类法. 此方法只宜应用于大样本. 其思想是：开始时, 把 n 个样品粗粗地分成人为指定的 k 个类; 然后按照某种标准对 k 个类中的样品不断地调整, 直至不能调整为止. 如果对分类结果不够满意, 则可以改变 k 值或改变初始分类法, 再试.

(3) **有序样品的聚类**. 这时, n 个样品 (如人的形体老化数据) 可按某个指标 (如年龄、时间等) 呈有序的排列. 分类时, 同一类中样品的序号必须彼此相邻. 从聚类分析统计理论的观点上来看, 这种聚类法大概是最完备的.

(4) **模糊聚类法**. 这是把模糊数学的方法应用于聚类分析.

(5) **运筹学方法**. 它把聚类问题化成线性规划、动态规划、整体规划模型, 然后应用运筹学中已有的软件去解决聚类问题.

本章介绍前三个方法, 后两个方法不属于统计方法. 聚类分析一般又分成两种类型：对变量的分类 (也称为 R 型聚类) 及对个体 (样品) 的分类 (也称为 Q 型聚类). 本章先介绍相对简单及比较成熟的对变量的分类, 随后介绍对个体的分类.

10.1 变量的聚类分析

例 10.1.1 中学生体型指标的聚类[50]. 在 305 个中学测量中学生的 8 个体型变量如下：身高 (height)、手臂长 (arm_span)、手肘长 (forearm)、下腿长 (low_leg)、体重 (weight)、二转子直径 (bit_diam)、胸围 (girth)、胸宽 (width). 试考察 8 个体型指标可以分成几类. 它们的相关系数如表 10.1.1 所示.

表 10.1.1 相关系数

	height	armspan	forearm	low_leg	weight	bit_diam	girth	width
height	1							
arm_span	0.846	1						
forearm	0.805	0.881	1					
low_leg	0.859	0.826	0.801	1				
weight	0.473	0.376	0.380	0.436	1			
bit_diam	0.398	0.326	0.319	0.329	0.762	1		
girth	0.301	0.277	0.237	0.327	0.730	0.583	1	
width	0.382	0.415	0.345	0.365	0.629	0.577	0.539	1

从上述相关系数的大小可见, 变量间的相关性有大有小, 并且都是同向的. 在变量方向性的设计时, 应尽量使所有变量间的相关性都呈正向关系.

10.1.1 分类的基本思想

变量的聚类一般是从变量间的相关系数阵出发. 相关密切的变量或由同一公因子派生出来的变量显然应分在同一个类中, 而相关性小或不属于同一公因子派生出来的变量应分在不同的类中, 所以从本质上来讲, 变量的聚类法应当是因子分析的任务. 大概是因子分析法中对共性方差估计的不确定性, 所以 SAS 软件中使用主成分方法估计共性方差, 也在每一类中选取它的第一个综合指标作为该类的代表. SAS 软件的VARCLUS模块专用于对变量的分类. 分类时, 先把所有变量分为一个类, 对它作主成分分析, 取该类的第一主成分 (称为重心分量或类分量) 作为该类的代表. 再把与第二主成分 (如果其特征根大于 1) 相关最密切的变量分到第二类中去. 在分成两个类后, 重新对每一类作因子分析, 再按下面介绍的分类指标分类, 该过程在分类中也可以重新并类. 一直到对每一类作主成分分析, 其中都只有一个特征根大于 1 时, VARCLUS模块中的分类过程停止.

10.1.2 分类的指标

1. 类的方差比及每类中的第二大特征根

在例 10.1.1 中, 由 8 个变量组成的相关阵的 8 个特征根 λ_i 为

4.6729, **1.7710**, 0.4810, 0.4214, 0.2332, 0.1867, 0.1373, 0.0965.

比例 (%) 为

58.41, **22.14**, 6.01, 5.27, 2.92, 2.33, 1.72, 1.21.

由于前两个特征根明显地大于 1, 并且斜交旋转 (HK 法) 的结果如表 10.1.2.

表 10.1.2 Factor Structure (Correlations)

		Factor1	Factor2
height	身高	0.45747	**0.93532**
arm_span	手臂长	0.40156	**0.94993**
forearm	手肘长	0.36830	**0.93226**
low_leg	下腿长	0.42769	**0.92779**
weight	体重	**0.92090**	0.44548
bit_diam	二转子直径	**0.85951**	0.36661
girth	胸围	**0.84259**	0.29469
width	胸宽	**0.78698**	0.41442

因此, 按上述斜旋转 (斜旋转允许因子间可以有相关性) 后的结果把 8 个变量分成两类:

C_1 类: height, arm_span, forearm, low_leg;

C_2 类: weight, bit _diam, girth, width.

这两类是否需要再分类及是否应调整? 分别计算上述每一类的 4 个变量的特征根得

C_1类特征根 : **3.5092**, 0.2361, 0.1435, 0.1111,

比例 : 0.8773, 0.0590, 0.0359, 0.0278;

$$\text{C}_2\text{类特征根：}\ \mathbf{2.9173},\quad 0.4764,\quad 0.4121,\quad 0.1942,$$
$$\text{比例：}\ 0.7293,\quad 0.1191,\quad 0.1030,\quad 0.0486.$$

由于这两类的第二大特征根 (0.2361 及 0.4764) 都远小于 1 , 因此, 不必再分类.

描述**分类效果**的统计指标有

(1) **方差比指标**. 分成一个类时, 它的类分量 (即第一主成分) 的贡献为 $\lambda_1 = 4.6729$, 方差比例为 $\lambda_1/8 = 0.5841$; 分成两个类时, 两个第一特征根相加占总方差的比例为

$$(3.5092 + 2.9173)/8 = 0.8033,$$

比分成一个类时的 0.5841 大得多. 这说明分成两个类远比分为一个类时吸收样本总方差 (从相关阵出发时总方差即变量数) 的比例高得多.

(2) **一个类中的最小方差比**(minimum proportion explained by a cluster). 当分成两个类时, 两个第一大特征根 (3.5092, 2.9173) 中的最小者为 (2.9173), 在最小者所在的类中所占的比例 (见 C_2 类中的 0.7293) 应有很大的比值. 此例中 C_2 类中的值为 0.7293, 显然, 它比较接近于 1, 这说明分类效果是好的.

(3) **每一类中第二大特征根中的最大者**(maximum second eigenvalue in a cluster). 上例中两个第二大特征根 (0.2361, 0.4764) 中的大者为 0.4764, 远小于 1, 这说明分类效果是很好的.

2. 变量的平方相关系数 R_i^2 及 $(1 - R_i^2)$ 的比例

当分成两类时, 分别计算 C_1, C_2 类中的第一主成分 (类分量) 可得

C_1 类:

$$\begin{aligned} \text{prin1} =& 0.5001 * \text{height} + 0.5065 * \text{arm\_span} + 0.4968 * \text{porearm} \\ &+ 0.4965 * \text{low\_leg}; \end{aligned} \tag{10.1.1}$$

C_2 类:

$$\begin{aligned} \text{prin1} =& 0.5390 * \text{weight} + 0.5032 * \text{bit\_diam} + 0.4892 * \text{girth} \\ &+ 0.4658 * \text{width}, \end{aligned} \tag{10.1.2}$$

上述变量都是标准化了的. 例中的每一个变量都可以与上面两个类分量 (两个 prin1) 计算得相关系数 R_i. 为了去除符号, 都用 R_i^2 代表. 因此, 一个变量与每一类的关系的密切程度就用 R_i^2 表示. 这时, 对每一个变量都可以作成 5 个指标:

(1) **R^2 与所在类 (Own Cluster)**: 这就是该变量与它所在类的类分量间的 R_i^2, R_i^2 越大说明该变量应该分在该类之中.

(2) **R^2 与最接近类 (Next Closest Cluster)**: 如果分成 5 个类, 则每个变量 (它应在某一类中) 与另外 4 个类的类分量 (即 4 个类的 4 个第一主成分 prin1) 会有 4 个相关系数, 找出与它关系最大的一个 R_i^2. 如果 R_i^2 很小, 则说明该变量不应分到另外的类中去; 相反地, 如果某个 R_i^2 很大, 则说明该变量应分到与使 R_i^2 很大的那一类中去.

(3) **$(1-R^2)$ 的比值 (Ratio)**：它是把上述两个 R_i^2 都改成 $(1-R_i^2)$, 再求两个 $(1-R_i^2)$ 的比值. 如果某个比值很大, 则说明该变量应重新分类.

(4) **一个变量上的最小 R^2(Minimum R^2 for a Variable)**：在上述两类中, 8 个变量在它们所属的类中都有一个 R^2 与 Own Cluster, 其中最小者即为 Minimum R^2 for a Variable. 如果此值很大, 则说明类分得好; 如果很小, 则说明对与此最小值 R_i^2 相对应的变量的分类不好, 应对它重新分类.

(5) **一个变量上的最大$(1-R^2)$比 (Maximum $1-R^2$ Ratio for a Variable)**：此例中, 它是上述 8 个 $(1-R^2)$ 比值中的最大者, 其意义与上一个指标类似.

例 10.1.1 的 SAS 程序及其结果如下：

```
data phys8(type=corr);
 label    height='身高'    arm_span='手臂长'    forearm='手肘长'
           low_leg='下腿长' weight='体重' bit_diam='二转子直径'
           girth='胸围'  width='胸宽';
 input _name_ $ height arm_span forearm low_leg weight bit_diam girth width;
       _type_='corr';
  cards;
height        1        .        .        .        .        .        .        .
arm_span    .846       1        .        .        .        .        .        .
forearm     .805     .881       1        .        .        .        .        .
low_leg     .859     .826     .801       1        .        .        .        .
weight      .473     .376     .380     .436       1        .        .        .
bit_diam    .398     .326     .319     .329     .762       1        .        .
girth       .301     .277     .237     .327     .730     .583       1        .
width       .382     .415     .345     .365     .629     .577     .539       1
;
proc varclus data=phys8;
proc varclus data=phys8 maxc=8 summary outtree=tree;

options ps=40 ls=80;
proc tree data=tree;
  height _propor_;
    run;
```

主要结果如下：

Inter-Cluster Correlations

(分2类时, 类间相关系数)

Cluster	1	2
1	1.00000	0.44513
2	0.44513	1.00000

....

Number of Clusters	Total Variation Explained by Clusters	Proportion of Variation Explained by Clusters	Minimum Proportion Explained by a Cluster	Maximum Second Eigenvalue in a Cluster	Minimum R-squared for a Variable
1	4.672880	0.5841	0.5841	1.770983	0.3810
2	6.426502	0.8033	0.7293	0.476418	0.6329
3	6.895347	0.8619	0.7954	0.418369	0.7421
4	7.271218	0.9089	0.8773	0.238000	0.8652
5	7.509218	0.9387	0.8773	0.236135	0.8652
6	7.740000	0.9675	0.9295	0.141000	0.9295
7	7.881000	0.9851	0.9405	0.119000	0.9405
8	8.000000	1.0000	1.0000	0.000000	1.0000

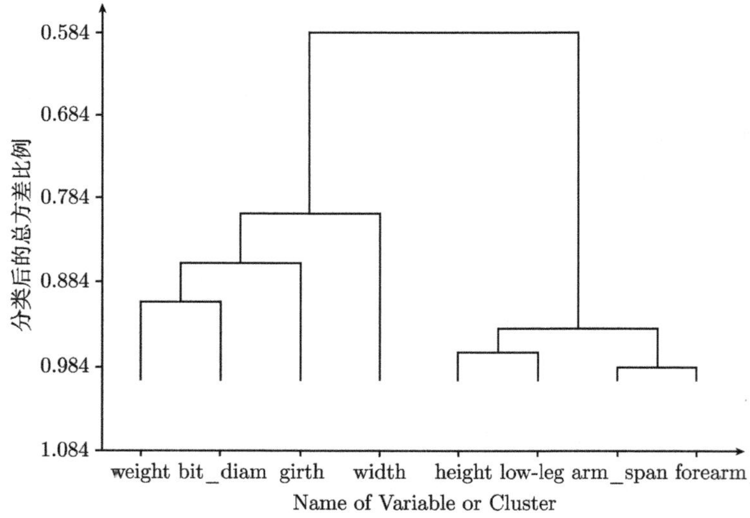

图 10.1.1　例 10.1.1 中学生体型指标的聚类图

从上述结果表及谱系图 (图 10.1.1) 上的统计数字可见, 分成两类是最合理的：四个反映长度指标同属一类, 而反映宽度的四个指标同属另一类. 但反映宽度类的四个指标似乎其同类性稍差一些. 如果分成三个类, 则结果为

第 1 类：身高 (height)、手臂长 (arm-span)、手肘长 (fore arm)、下腿长 (low-leg)(四个反映长度指标);

第 2 类：二转子直径 (bit-diam)、胸围 (girth)、体重 (weight)(三个反映宽度指标);

第 3 类：胸宽 (width) (单独成一类).

本节介绍的对变量的聚类法, 其每一类的第一大特征根都要大于 1, 而第二大特征根都要远小于 1. 由前面因子分析中孙尚拱的根本性定理可知, 当把该定理用于主成分时, 每类变量中确实都存在公因子. 虽然这仅是样本上的结果, 但如果样本上的第一大特征根远大于 1, 而第二大特征根都远小于 1(如上例的情形), 则这时应当相信这个聚类结果是真实可信的, 至少在统计上来看是很合理的.

10.2 样品的系统聚类法

10.2.1 距离

设每个样品都记录有 p 个变量 $\boldsymbol{x} = (x_1, \cdots, x_p)^{\mathrm{T}}$, 于是每个样品都可看成是空间 $\mathbf{R}^p$ 中的一个点, n 个样品就是 $\mathbf{R}^p$ 中的 n 个点. 自然地, 用距离来定义样品之间的接近程度. 记 d_{xy} 为 $\boldsymbol{x}$ 与 $\boldsymbol{y}$ 点间定义的某种距离, 设 d_{xy} 是从 $E \times E$ 到 $[0, \infty]$ 上的函数. 显然, d_{xy} 应满足如下距离的一般要求:

$$d_{xy} \geqslant 0, \quad d_{xy} = d_{yx}, \quad d_{xy} = 0 \Leftrightarrow \boldsymbol{x} = \boldsymbol{y},$$

$$d_{xy} \leqslant d_{yz} + d_{zy}, \quad \forall \boldsymbol{x}, \boldsymbol{y}, \boldsymbol{z} \in E.$$

在聚类分析中, 最常用的是明考斯基距离

$$d_{ij}(q) = \left(\sum_{k=1}^{p} |x_{ik} - x_{jk}|^q \right)^{1/q}. \tag{10.2.1}$$

当 $q = 1, 2, \infty$ 时, 明考斯基距离分别变成

绝对值距离:

$$d_{ij}(1) = \sum_{k=1}^{p} |x_{ik} - x_{jk}|; \tag{10.2.2}$$

欧氏距离:

$$d_{ij}(2) = \left[\sum_{k=1}^{p} (x_{ik} - x_{jk})^2 \right]^{1/2}; \tag{10.2.3}$$

切比雪夫距离:

$$d_{ij}(\infty) = \max_{1 \leqslant k \leqslant p} | x_{ik} - x_{jk}|. \tag{10.2.4}$$

特别注意: 当变量数 $p > 1$ 时, 上述距离的数值受变量量纲的影响极大, 并且不同量纲的变量间也不应做加、减法运算. 因此, 在作**聚类分析前对所有变量作标准化处理是必不可少的**.

当 p 个变量都是名义尺度变量时, 如 $p = 5$, 而两个样品的取值为

$$\boldsymbol{x}_1 = (\mathrm{V}, \mathrm{Q}, \mathrm{S}, \mathrm{T}, \mathrm{K}), \quad \boldsymbol{x}_2 = (\mathrm{V}, \mathrm{M}, \mathrm{S}, \mathrm{F}, \mathrm{K}),$$

这两个样品的第 1 个变量都是 V, 称它们为一致的; 而第 2 个变量中, 一个取 Q, 另一个取 M, 则称它们为不一致的. 记两个样品的变量间一致的有 m_1 个, 不一致的有 m_2 个, 则可定义它们间的距离为

$$d_{12} = \frac{m_2}{m_1 + m_2}, \tag{10.2.5}$$

即用不一致性比例作为两样品间的距离.

10.2.2 类与类的特征

目的是聚类, 什么叫类? 由于客观事物的千差万别, 显然, 不同问题中类的含义是不相同的, 图 10.2.1 仅是几个特例. 总的来说, 给类下定义是件很难的事, 不同的定义适用于不同的场合, 类的定义很多, 下面仅举几例.

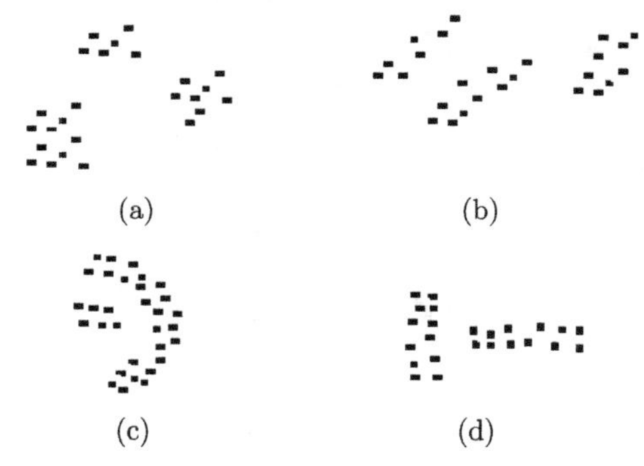

图 10.2.1 几种形式的类

用 G 表示类, 设 G 中有 m 个样品点, 分别用序号 i, j 等表示.

定义 10.2.1 设 T 为给定的一个阈值, 对于集合 G, 如果对任意的 $i, j \in G$, 总有 $d_{ij} \leqslant T$ (其中 d_{ij} 为第 i 和第 j 样品间的距离), 则称 G 为一个类.

定义 10.2.2 对阈值 T, 如果对每个 $i \in G$, 都有

$$\frac{1}{m-1} \sum_{j \in G} d_{ij} \leqslant T,$$

则称 G 为一个类.

定义 10.2.3 对阈值 T 及 V, 如果对任意的 $i, j \in G, d_{ij} \leqslant V$, 并且有

$$\frac{1}{m(m-1)} \sum_{i \in G} \sum_{j \in G} d_{ij} \leqslant T,$$

则称 G 为一个类.

定义 10.2.4 对阈值 T, 如果对任意的 $i \in G$, 一定存在 $j \in G$, 使得 $d_{ij} \leqslant T$, 则称 G 为一个类.

可以看出, 定义 10.2.1 的要求是最高的, 凡符合它的类, 一定也是符合后面三种定义的类. 记 G 类中样品为 $\boldsymbol{x}_1,\cdots,\boldsymbol{x}_m$, 其中 m 为 G 类中的样品数.

类的特征　可以从不同的角度来刻画 G, 常用的描述类的特征有以下三种:

(1) 均值 $\bar{\boldsymbol{x}}_G$ (也常称为类 G 的重心):

$$\bar{\boldsymbol{x}}_G=\frac{1}{m}\sum_{i=1}^{m}\boldsymbol{x}_i; \tag{10.2.6}$$

(2) 样本离差阵或样本协方差阵:

$$\boldsymbol{A}_G=\sum_{i=1}^{m}(\boldsymbol{x}_i-\bar{\boldsymbol{x}}_G)(\boldsymbol{x}_i-\bar{\boldsymbol{x}}_G)^{\mathrm{T}} \tag{10.2.7}$$

或

$$\boldsymbol{S}_G=\sum_{i=1}^{m}\frac{(\boldsymbol{x}_i-\bar{\boldsymbol{x}}_G)(\boldsymbol{x}_i-\bar{\boldsymbol{x}}_G)^{\mathrm{T}}}{m-1};$$

(3) G 的直径 D_G. 它又有多种定义法, 如

(i) $D_G^2=\sum_{i=1}^{m}(\boldsymbol{x}_i-\bar{\boldsymbol{x}}_G)^{\mathrm{T}}(\boldsymbol{x}_i-\bar{\boldsymbol{x}}_G)=\mathrm{tr}(\boldsymbol{A}_G)$ (离差平方和法);　(10.2.8)

(ii) $D_G=\max\limits_{i,j\in G}d_{ij}$;　(10.2.9)

(iii) $D_G=G$ 的最小支撑树的最大边长.

如果 n 个点之间都有链互相联结, 则这些点和链组成一个联结图, 没有回路的联结图叫树. 如果树包含了联结图的所有的点, 则称该树为联结图的支撑树. 树的所有边长之和叫树的重量, 具有最小重量的树叫最少支撑树. 最少支撑树在聚类分析中很有用处, 参见文献 [63]. 但此处不介绍最少支撑树, 仅介绍在小样本时常用的系统聚类法.

10.2.3　系统聚类法

注意: 系统聚类法主要用于小样本.

聚类分析中不仅要考虑各个类的特征, 而且要计算类与类之间的距离. 由于类的形状多种多样, 所以类与类之间的距离也有各种各样的计算法. 记类 G_p 和类 G_q 中分别有 n_p 及 n_q 个样品, 记

$\bar{\boldsymbol{x}}_p$ 及 $\bar{\boldsymbol{x}}_q$ 为类 G_p 和类 G_q 的重心;

D_{pq} 为类 G_p 和类 G_q 之间的距离;

d_{jk} 为第 j 个样品与第 k 个样品间的距离.

下面结合一个数值例子, 介绍如何定义两类 G_p 和 G_q 间的距离 D_{pq} 的某些方法.

例 10.2.1　设抽取 6 个样品, 每个样品只测量一个指标 ($p=1$), 它们的数值为[7]

$$1,\quad 2,\quad 5,\quad 7,\quad 9,\quad 10.$$

首先要定义两个样品间的距离. 此处使用绝对值距离定义, 即令

$$d_{ij} = |x_i - x_j|, \quad i \neq j = 1, \cdots, 6.$$

系统聚类时, 开始时把每个样品当成一类, 于是得 6 个类如下:

$$G_1 = \{1\}, \quad G_2 = \{2\}, \quad G_3 = \{5\}, \quad G_4 = \{7\}, \quad G_5 = \{9\}, \quad G_6 = \{10\}.$$

使用绝对值距离定义计算得 6 个样品 (也是 6 个类) 之间的 $D_{(0)}$ 阵, 如表 10.2.1 所示.

表 10.2.1　$D_{(0)}$

	G_1	G_2	G_3	G_4	G_5
G_2	1				
G_3	4	3			
G_4	6	5	2		
G_5	8	7	4	2	
G_6	9	8	5	3	1

下面应逐步并类. 这时, 如何计算两类 G_p 和 G_q 间的距离 D_{pq}? 而两类合并为类 G_k 后, 其他任一类 G_r 到 G_k 间的距离 D_{kr} 又如何算出? 有以下多种方法 (下面的英文名字是按 SAS 软件中的名称):

(1) 最短距离法 (SINGLE):

$$D_{pq} = \min\{d_{jk} | \forall j \in G_p, k \in G_q\}, \tag{10.2.10}$$

它是两类 G_p 和 G_q 中最接近的两个样品之间的距离. 并类后, G_r 到 G_k 间的距离 D_{kr} 定义为

$$D_{kr} = \min\{D_{pr}, D_{qr}\}. \tag{10.2.10$'$}$$

对例 10.2.1 作系统聚类时, 步骤为

(i) 在 $D_{(0)}$ 中找最小的数值, 它是 1, 对应的是 $d_{12} = d_{56} = 1$. 于是将 G_1, G_2 合并为 $G_7 = \{1, 2\}$, 将 G_5, G_6 合并为 $G_8 = \{9, 10\}$.

(ii) 计算 G_7, G_8 与其他类间的最短距离, 利用式 (10.2.10)$'$ 得表 10.2.2.

表 10.2.2　$D_{(1)}$

	G_7	G_3	G_4
G_3	3		
G_4	5	2	
G_8	7	4	2

(iii) 找 $D_{(1)}$ 中最小的值, 它是

$$D_{34} = D_{48} = 2.$$

于是将 G_3, G_4 及 G_8 合并成 $G_9=\{5,7,9,10\}$. 然后计算 G_9 与其他类 (只剩下 G_7) 的距离, 从而得表 10.2.3.

表 10.2.3 $D_{(2)}$

	G_7
G_9	3

最后将 G_7 和 G_9 合并为 G_{10}. 这时, 所有的样品就合并为一大类, 该过程可以从图 10.2.2 中看出. 聚类过程结束.

但究竟如何分类, 则有很大的主观性:

如果分成 2 类, 则为

$$\{1,2\},\quad \{5,7,9,10\};$$

如果分成 4 类, 则为

$$\{1,2\},\quad \{5\},\quad \{7\},\quad \{9,10\}.$$

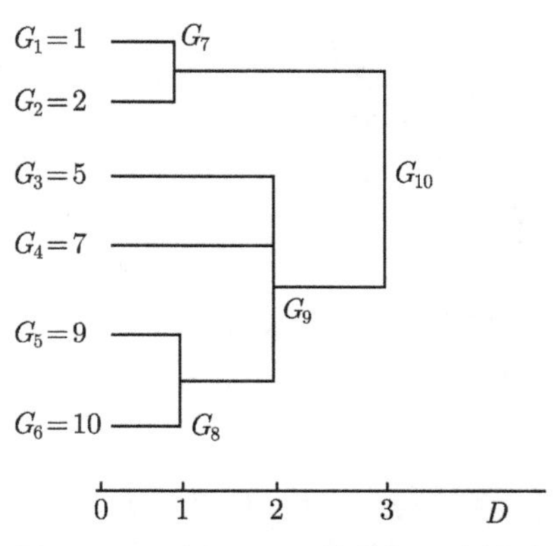

图 10.2.2 例 10.2.1 的最短距离法聚类图

(2) 最长距离法 (COMPLETE):

$$D_{pq}=\max\{d_{jk}|\forall j\in G_p,k\in G_q\}. \quad (10.2.11)$$

它是把两类 G_p 和 G_q 中最远的两个样品间的距离作为两类间的距离. 两类 G_p 和 G_q 并为类 G_k 后, 类 G_r 到类 G_k 间的距离 D_{kr} 为

$$D_{kr}=\max\{D_{pr},D_{qr}\}. \quad (10.2.11)'$$

对例 10.2.1 作最长距离法系统聚类时, 得到图 10.2.3. 对比图 10.2.2, 两图虽然类似, 但仔细比较, 还是有不少差异的.

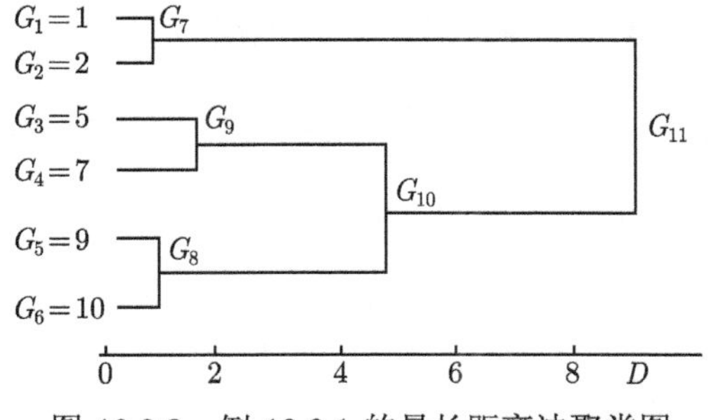

图 10.2.3 例 10.2.1 的最长距离法聚类图

(3) 中间距离法 (MEDIAN).

它是介于最长距离与最短距离中间的距离. 当把两类 G_p 和 G_q 合并为新类 G_k 后,

G_k 与任一类 G_r 的距离 D_{kr} 如何计算? 不妨设 $D_{rq} > D_{rp}$. 按最短距离法, $D_{kr} = D_{rp}$; 按最长距离法, $D_{kr} = D_{rq}$. 图 10.2.4 中三角形的三个边分别为 D_{rp}, D_{rq} 和 D_{pq}. 而三角形的顶点代表三个类的重心. 边 D_{kr} 介于 D_{rp} 和 D_{rq} 之间. 从直观上来看, D_{kr} 取 D_{pq} 边的中线为最好. 由几何知识知, 这个中线的平方为 $\frac{1}{2}D_{rp}^2 + \frac{1}{2}D_{rq}^2 - \frac{1}{4}D_{pq}^2$. 于是得中间距离法并类后的距离 D_{kr} 为

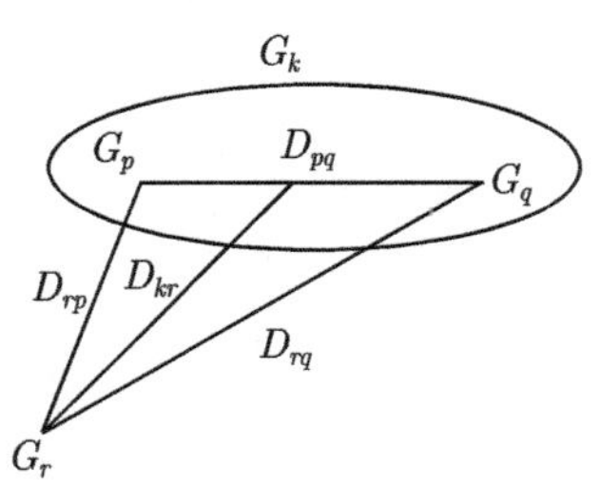

图 10.2.4　中间距离示意图

$$D_{kr}^2 = \frac{1}{2}D_{rp}^2 + \frac{1}{2}D_{rq}^2 - \frac{1}{4}D_{pq}^2. \tag{10.2.12}$$

(10.2.12) 的中间距离法的距离 D_{kr} 也可以有如下更一般的形式:

$$D_{kr}^2 = \frac{1}{2}D_{rp}^2 + \frac{1}{2}D_{rq}^2 + \beta D_{pq}^2, \quad \frac{-1}{4} \leqslant \beta \leqslant 0. \tag{10.2.12$'$}$$

(4) 重心法 (CENTROID)

$$D_{pq} = d_{\bar{x}_p \bar{x}_q}. \tag{10.2.13}$$

它是两类 G_p 和 G_q 中两个重心间的 (欧氏) 距离. 并类后, G_r 到 G_k 的距离 D_{kr} 为

$$D_{kr}^2 = \frac{n_p}{n_r}D_{rp}^2 + \frac{n_q}{n_r}D_{rq}^2 - \frac{n_p}{n_r} \times \frac{n_q}{n_r}D_{qp}^2. \tag{10.2.13$'$}$$

(10.2.13)$'$ 的证明如下: 显然, 合并 G_p 和 G_q 为新类 G_k 后, G_k 的重心为 $\bar{\boldsymbol{x}}_k = \frac{1}{n_k}(n_p\bar{\boldsymbol{x}}_p + n_q\bar{\boldsymbol{x}}_q)$, 其中 $n_k = n_p + n_q$. 对于类 G_r, 其重心为 $\bar{\boldsymbol{x}}_r$, 它与 G_k 的距离 (如果最初定义样品之间的距离为欧氏距离) 为

$$\begin{aligned}
D_{kr}^2 &= d_{\bar{\boldsymbol{x}}_p\bar{\boldsymbol{x}}_q}^2 = (\bar{\boldsymbol{x}}_k - \bar{\boldsymbol{x}}_r)^{\mathrm{T}}(\bar{\boldsymbol{x}}_k - \bar{\boldsymbol{x}}_r) \\
&= \left[\bar{\boldsymbol{x}}_r - \frac{1}{n_k}(n_p\bar{\boldsymbol{x}}_p + n_q\bar{\boldsymbol{x}}_q)\right]^{\mathrm{T}} \left[\bar{\boldsymbol{x}}_r - \frac{1}{n_k}(n_p\bar{\boldsymbol{x}}_p + n_q\bar{\boldsymbol{x}}_q)\right] \\
&= \bar{\boldsymbol{x}}_r^{\mathrm{T}}\bar{\boldsymbol{x}}_r - 2\frac{n_p}{n_k}\bar{\boldsymbol{x}}_r^{\mathrm{T}}\bar{\boldsymbol{x}}_p - 2\frac{n_q}{n_k}\bar{\boldsymbol{x}}_r^{\mathrm{T}}\bar{\boldsymbol{x}}_q + \frac{1}{n_k^2}[n_p^2\bar{\boldsymbol{x}}_p^{\mathrm{T}}\bar{\boldsymbol{x}}_p + 2n_pn_q\bar{\boldsymbol{x}}_p^{\mathrm{T}}\bar{\boldsymbol{x}}_q + n_q^2\bar{\boldsymbol{x}}_q^{\mathrm{T}}\bar{\boldsymbol{x}}_q].
\end{aligned}$$

利用

$$\bar{\boldsymbol{x}}_r^{\mathrm{T}}\bar{\boldsymbol{x}}_r \equiv \frac{1}{n_k}(n_p\bar{\boldsymbol{x}}_r^{\mathrm{T}}\bar{\boldsymbol{x}}_r + n_q\bar{\boldsymbol{x}}_r^{\mathrm{T}}\bar{\boldsymbol{x}}_r),$$

则

$$\begin{aligned}
D_{kr}^2 = &\frac{n_p}{n_k}(\bar{\boldsymbol{x}}_r^{\mathrm{T}}\bar{\boldsymbol{x}}_r - 2\bar{\boldsymbol{x}}_r^{\mathrm{T}}\bar{\boldsymbol{x}}_p + \bar{\boldsymbol{x}}_p^{\mathrm{T}}\boldsymbol{x}_p) + \frac{n_q}{n_k}(\bar{\boldsymbol{x}}_r^{\mathrm{T}}\bar{\boldsymbol{x}}_r - 2\bar{\boldsymbol{x}}_r^{\mathrm{T}}\bar{\boldsymbol{x}}_q + \bar{\boldsymbol{x}}_q^{\mathrm{T}}\boldsymbol{x}_q) \\
&- \frac{n_pn_q}{n_k^2}(\bar{\boldsymbol{x}}_p^{\mathrm{T}}\bar{\boldsymbol{x}}_p - 2\bar{\boldsymbol{x}}_p^{\mathrm{T}}\bar{\boldsymbol{x}}_q + \bar{\boldsymbol{x}}_q^{\mathrm{T}}\boldsymbol{x}_q)
\end{aligned}$$

$$=\frac{n_p}{n_k}D_{rp}^2+\frac{n_q}{n_k}D_{rq}^2-\frac{n_p}{n_k}\times\frac{n_q}{n_k}D_{pq}^2.$$

这就证明了 (10.2.13)′.

现对例 10.2.1 作重心法聚类.

(i) 把表 10.2.1 中的 $D_{(0)}$ 作成平方距离, 如表 10.2.4 所示.

表 10.2.4 $D_{(0)}^2$

	G_1	G_2	G_3	G_4	G_5
G_2	1				
G_3	16	9			
G_4	36	25	4		
G_5	64	49	16	4	
G_6	81	64	25	9	1

(ii) 在 $D_{(0)}^2$ 中找最小的数, 它们是 $D_{12}^2=D_{56}^2=1$. 为清楚起见, 只将 G_1 和 G_2 合并, 而 G_5 和 G_6 不合并.

(iii) 计算新类 G_7 和各类的距离. 这时, $n_p=n_q=1$, $n_r=2$. 当 $k=3$ 时, 用式 (11.2.13)′,

$$D_{37}^2=\frac{1}{2}D_{31}^2+\frac{1}{2}D_{32}^2-\frac{1}{2}\times\frac{1}{2}D_{12}^2=\frac{1}{2}\times16+\frac{1}{2}\times9-\frac{1}{2}\times\frac{1}{2}=12.25.$$

计算结果列于表 10.2.5 中.

表 10.2.5 $D_{(1)}^2$

	G_7	G_3	G_4	G_5
G_3	12.25			
G_4	30.25	4		
G_5	56.25	16	4	
G_6	72.25	25	9	1

(iv) 对 $D_{(1)}^2$ 重复上述步骤, 将 G_5 和 G_6 合并成 G_8, 平方距离阵为 $D_{(2)}^2$(表 10.2.6); 将 G_3 和 G_4 合并成 G_9, 从而得 $D_{(3)}^2$(表 10.2.7); 再将 G_8 和 G_9 合并成 G_{10}, 从而得 $D_{(4)}^2$(表 10.2.8); 最后将 G_7 和 G_{10} 合并成 G_{11}, 这时所有样品都归成一类, 过程终止.

例 10.2.1 的重心法聚类图类似于最长距离法.

表 10.2.6 $D_{(2)}^2$

	G_7	G_3	G_4
G_3	12.25		
G_4	30.25	4.00	
G_8	64.00	20.25	6.25

表 10.2.7　$D^2_{(3)}$

	G_7	G_9
G_9	20.25	
G_8	64.00	12.25

表 10.2.8　$D^2_{(4)}$

	G_7
G_{10}	30.0625

(5) 类平均法 (AVERAGE)：

$$D_{pq}^2=\frac{1}{n_pn_q}\sum_{i\in G_p}\sum_{j\in G_q}d_{ij}^2. \tag{10.2.14}$$

它是 G_p 类和 G_q 类中任意两个样品间距离平方的均值. 并类后的距离 D_{kr} 为

$$D_{kr}^2=\frac{n_p}{n_k}D_{rp}^2+\frac{n_q}{n_k}D_{rq}^2. \tag{10.2.14$'$}$$

(10.2.14)′ 的证明如下：

$$D_{kr}^2=\frac{1}{n_kn_r}\sum_{i\in G_k,j\in G_r}d_{ij}^2=\frac{1}{n_kn_r}\sum_{i\in G_r,j\in G_p}d_{ij}^2+\frac{1}{n_kn_r}\sum_{i\in G_r,j\in G_q}d_{ij}^2.$$

利用 (10.2.14) 的定义, 上式即变为 (10.2.14)′.

在类平均法的递推公式中没有反映 D_{pq} 的影响, 于是有人建议将 (10.2.14)′ 修改为下面的可变类平均法.

(6) 可变类平均法 (FLEXIBLE).

在上述类平均法下, 改 (10.2.14)′ 为

$$D_{kr}^2=\frac{n_p}{n_k}(1-\beta)D_{rp}^2+\frac{n_q}{n_k}(1-\beta)D_{rq}^2+\beta D_{pq}^2, \tag{10.2.15}$$

其中 $\beta<1$. 与式 (10.2.15) 对应的系统聚类法称为可变类平均法.

(7) 可变法 (MCQUITTY). 将 (10.2.12)′ 中再加进参数 β, 即变为

$$D_{kr}^2=\frac{1-\beta}{2}(D_{rp}^2+D_{rq}^2)+\beta D_{pq}^2,\quad \beta<1. \tag{10.2.15$'$}$$

当式 (10.2.15)′ 中取 $\beta=0$ 时, 在 SAS 软件中称之为 $\mathrm{M_C}$Quitty 相似分析法, 它是由 MCQUITTY 于 1966 年首先提出的.

(8) 离差平方和法 (也称 WARD 法或最小方差法).

这是由 WARD 提出的方法. 他的思想来源于方差分析. 如果分类正确, 则类中样品的离差平方和应当很小, 而类与类之间的离差平方和应当大.

设将 n 个样品分成 k 类：$G_1,\cdots,G_k$. 用 $\boldsymbol{x}_{it}$ 表示 G_t 类内的第 i 个样品, n_t 表示 G_t 中的样本数, 则 G_t 中样品的离差平方和为

$$W_t=\sum_{i=1}^{n_t}(\boldsymbol{x}_{it}-\bar{\boldsymbol{x}}_t)^{\mathrm{T}}(\boldsymbol{x}_{it}-\bar{\boldsymbol{x}}_t)=\sum_{i=1}^{n_t}\boldsymbol{x}_{it}^{\mathrm{T}}\boldsymbol{x}_{it}-n_t\bar{\boldsymbol{x}}_t^{\mathrm{T}}\bar{\boldsymbol{x}}_t, \tag{10.2.16}$$

k 个类的总的类内离差平方和为

$$W=\sum_{t=1}^{k}W_t=\sum_{t=1}^{k}\sum_{i=1}^{n_t}(\boldsymbol{x}_{it}-\bar{\boldsymbol{x}}_t)^{\mathrm{T}}(\boldsymbol{x}_{it}-\bar{\boldsymbol{x}}_t).$$

当 k 固定时, 要选择一种分类, 以使 W 达到最小. 例如, $n=21$, $k=2$, 则上述所有可能的分类法共有 1048575 种! 当 (n,k) 大时, 这种分类法几乎是天文数字, 所以要比较这么多的分类来选择最小的 W 一般是不可能的. 因此, 转变思路去找某种算法, 寻找局部最优解. WARD 法就是找局部最优解的一种方法. 其思路如下：先将 n 个样品各自成一类, 然后每次缩小一类. 每缩小一类, 离差平方和就必然要增加, 把使 W 增加得最小的两类合并成一类. 继续这种做法, 直到所有的样品归为一类.

以例 10.2.1 作离差平方和法. 首先将 6 个样品分成 6 类, 这时, $W=0$. 然后作任两类合并, 并且计算增加的离差平方和. 例如, 将 $G_1=\{1\}$ 与 $G_2=\{2\}$ 合并, 则新类的离差平方和为 $(1-1.5)^2+(2-1.5)^2=0.5$; 如果将 $G_1=\{1\}$ 与 $G_3=\{5\}$ 合并, 则新类的离差平方和为 $(1-3)^2+(5-3)^2=8$. 一切可能的并类所增加的离差平方和列于表 10.2.9 中, 其中以 G_1 与 G_2 合并或 G_5 与 G_6 合并, 则 W 的增加 (0.5) 为最小. 于是将 G_1 与 G_2 合并为 G_7, G_5 与 G_6 合并为 G_8. 然后重复以上步骤, 直到所有的样品归为一类, 计算列于表 10.2.9 及表 10.2.10 中. 此法类似于系统聚类中的其他方法. 如果以增加的离差平方和代替距离, 则这时也可以画出聚类图.

表 10.2.9　并类后 W 的增加值

	G_1	G_2	G_3	G_4	G_5
G_2	0.5				
G_3	8.0	4.5			
G_4	18.0	12.5	2.0		
G_5	32.0	24.5	8.0	2.0	
G_6	40.5	32.0	12.5	4.5	0.5

表 10.2.10　并类过程

分类数	并类过程	类内平方和 W
6	{1}, {2}, {5}, {7}, {9}, {10}	0
5	{1,2}, {5}, {7}, {9}, {10}	0.5
4	{1,2}, {5}, {7}, {9,10}	1.0
3	{1,2}, {5,7}, {9,10}	3.0
2	{1,2}, {5,7,9,10}	15.25
1	{1,2,5,7,9,10}	67.33

离差平方和法也有如下类似于前面的递推公式：

$$D_{pq}^2=\frac{n_pn_q}{n_k}(\bar{\boldsymbol{x}}_p-\bar{\boldsymbol{x}}_q)^{\mathrm{T}}(\bar{\boldsymbol{x}}_p-\bar{\boldsymbol{x}}_q) \tag{10.2.17}$$

及

$$D_{kr}^2=\frac{n_r+n_p}{n_k+n_r}D_{rp}^2+\frac{n_r+n_q}{n_k+n_r}D_{rq}^2-\frac{n_r}{n_k+n_r}D_{pq}^2, \tag{10.2.17$'$}$$

其中符号意义同前.

证明 用 W_k, W_p, W_q 分别表示 $G_k=G_p\cup G_q, G_p, G_q$ 的离差平方和. 由于合并后的离差平方和要增加, 而此处用增加的离差平方和表示两类间的距离. 由此得 G_p, G_q 间的距离为 $D_{pq}^2=W_k-(W_p+W_q)$. 于是

$$\begin{aligned}D_{pq}^2&=\sum_{i=1}^{n_k}\boldsymbol{x}_{ik}^{\mathrm{T}}\boldsymbol{x}_{ik}-n_k\bar{\boldsymbol{x}}_k^{\mathrm{T}}\bar{\boldsymbol{x}}_k-\left[\left(\sum_{i=1}^{n_p}\boldsymbol{x}_{ip}^{\mathrm{T}}\boldsymbol{x}_{ip}-n_p\bar{\boldsymbol{x}}_p^{\mathrm{T}}\bar{\boldsymbol{x}}_p\right)+\left(\sum_{i=1}^{n_q}\boldsymbol{x}_{iq}^{\mathrm{T}}\boldsymbol{x}_{iq}-n_q\bar{\boldsymbol{x}}_q^{\mathrm{T}}\bar{\boldsymbol{x}}_q\right)\right]\\&=n_p\bar{\boldsymbol{x}}_p^{\mathrm{T}}\bar{\boldsymbol{x}}_p+n_q\bar{\boldsymbol{x}}_q^{\mathrm{T}}\bar{\boldsymbol{x}}_q-n_k\bar{\boldsymbol{x}}_k^{\mathrm{T}}\bar{\boldsymbol{x}}_k.\end{aligned} \tag{10.2.18}$$

由于 $n_k\bar{\boldsymbol{x}}_k=n_p\bar{\boldsymbol{x}}_p+n_q\bar{\boldsymbol{x}}_q$, 两边 “平方” 得

$$n_k^2\boldsymbol{x}_k^{\mathrm{T}}\bar{\boldsymbol{x}}_k=n_p^2\bar{\boldsymbol{x}}_p^{\mathrm{T}}\bar{\boldsymbol{x}}_p+n_q^2\bar{\boldsymbol{x}}_q^{\mathrm{T}}\bar{\boldsymbol{x}}_q+2n_pn_q\bar{\boldsymbol{x}}_p^{\mathrm{T}}\bar{\boldsymbol{x}}_q, \tag{10.2.19}$$

再利用

$$2\bar{\boldsymbol{x}}_p^{\mathrm{T}}\bar{\boldsymbol{x}}_q=\bar{\boldsymbol{x}}_p^{\mathrm{T}}\bar{\boldsymbol{x}}_p+\bar{\boldsymbol{x}}_q^{\mathrm{T}}\bar{\boldsymbol{x}}_q-(\bar{\boldsymbol{x}}_p-\bar{\boldsymbol{x}}_q)^{\mathrm{T}}(\bar{\boldsymbol{x}}_p-\bar{\boldsymbol{x}}_q), \tag{10.2.20}$$

式 (10.2.20) 代入 (10.2.19) 得

$$\begin{aligned}n_k^2\bar{\boldsymbol{x}}_k^{\mathrm{T}}\bar{\boldsymbol{x}}_k=&\,n_p(n_p+n_q)\bar{\boldsymbol{x}}_p^{\mathrm{T}}\bar{\boldsymbol{x}}_p+n_q(n_p+n_q)\bar{\boldsymbol{x}}_q^{\mathrm{T}}\bar{\boldsymbol{x}}_q\\&-n_pn_q(\bar{\boldsymbol{x}}_p-\bar{\boldsymbol{x}}_q)'(\bar{\boldsymbol{x}}_p-\bar{\boldsymbol{x}}_q).\end{aligned}$$

再由 $n_k=n_p+n_q$ 得

$$\bar{\boldsymbol{x}}_k^{\mathrm{T}}\bar{\boldsymbol{x}}_k=\frac{n_p}{n_k}\bar{\boldsymbol{x}}_p^{\mathrm{T}}\bar{\boldsymbol{x}}_p+\frac{n_q}{n_k}\bar{\boldsymbol{x}}_q^{\mathrm{T}}\bar{\boldsymbol{x}}_q-\frac{n_pn_q}{n_k^2}(\bar{\boldsymbol{x}}_p-\bar{\boldsymbol{x}}_q)^{\mathrm{T}}(\bar{\boldsymbol{x}}_p-\bar{\boldsymbol{x}}_q).$$

代入 (10.2.18) 即得

$$D_{pq}^2=\frac{n_pn_q}{n_k}(\bar{\boldsymbol{x}}_p-\bar{\boldsymbol{x}}_q)^{\mathrm{T}}(\bar{\boldsymbol{x}}_p-\bar{\boldsymbol{x}}_q),$$

此即为 (10.2.17). 类似的方法可证得 (10.2.17)$'$.

上述所提及的系统聚类法中的并类法可以把它们统一于一个公式：

$$D_{kr}^2=\alpha_pD_{rp}^2+\alpha_qD_{rq}^2+\beta D_{pq}^2+\gamma|D_{rp}^2-D_{rq}^2|, \tag{10.2.21}$$

其中系数 $\alpha_p,\alpha_q,\beta,\gamma$ 在不同方法中有不同的取值, 如表 10.2.11 所示. 有了统一的公式, 就给计算程序的编制带来了极大方便.

表 10.2.11 系统聚类法的参数

方法	α_p	α_q	β	γ
最短距离法	1/2	1/2	0	−1/2
最长距离法	1/2	1/2	0	1/2
中间距离法	1/2	−1/2	$-1/4 \leqslant \beta \leqslant 0$	0
重心法	n_p/n_k	n_q/n_k	$-\alpha_p\alpha_q$	0
类平均法	n_p/n_k	n_q/n_k	0	0
可变类平均法	$(1-\beta)n_p/n_k$	$(1-\beta)n_q/n_k$	<1	0
可变法	$(1-\beta)/2$	$(1-\beta)/2$	<1	0
离差平方和法	$(n_r+n_p)/(n_k+n_r)$	$(n_r+n_q)/(n_k+n_r)$	$-n_r/(n_k+n_r)$	0

不同聚类方法的聚类结果不一定相同. 一般地, 最短距离法适用于条形, 甚至 S 形的类; 最长距离法、重心法、类平均法、离差平方和法更适用于椭球形的类. 而在一般的统计软件中, 常常还有其他聚类方法, 如非参数法、多种密度法及可用于预报的 AID 法等. 聚类法的一些性质及一些理论性研究可参见文献 [7], [63]~[65].

10.3 分类指标

SAS 统计软件中给出下面一些指标作为分类效果的指标. 它基本上是仿造判别分析中的相应指标, 但又因为样本数据不满足判别分析中的条件, 并且也没有固定其他 $p-1$ 个变量, 所以在 F 及 t 统计量前面都加上 "伪" 的头衔. 另外, 这些统计量既可用于衡量每个变量的效应, 也可作为变量对分类效果的贡献指标.

1. RMS(类内变量的平均标准差, 也称 RMSTD)

$$\mathrm{RMS}=\sqrt{\frac{W_k}{p(n_k-1)}}, \tag{10.3.1}$$

它描述了第 G_k 类 (n_k 个样本、p 个变量) 中, 每一个变量的平均离差平方和 (W_k) 的开方. 显然, RMS 越小, 说明该类内的样本之间的差别越小.

2. R^2 统计量 (也记为 RSQ)

$$R^2=1-\frac{W_m}{T}=\frac{B}{T}. \tag{10.3.2}$$

式 (10.3.2) 是分成 m 个类后, m 个类的组间平方和 ($B=T-W_m$) 与总离差平方和 (T) 的比值. 显然, R^2 越大, 说明类间的差别越大. 因此, 聚类的多少可通过 R^2 的变化大小作判定. 显然, $0\leqslant R^2\leqslant 1$. 当 n 个样品分成 n 个类时, 必有 $R^2=1$; 当 n 个样品合并成一个类时, $R^2=0$. R^2 是随类数的减少而变小的. 在决定应分成几类时, 应

该看 R^2 的变化. 例如, 已分成 5 类时, $R^2=0.85$, 而当分成 4 类时, R^2 下降很大 (如 $R^2=0.30$), 则说明分成 4 类是不合理的. 另一方面, 对于变量 (一个或多个) 而言, 能使 R^2 达到最大的变量自然是具有最大分类能力的变量 (从不同类的均值差异的角度来看).

3. 两类合并时的半偏 R^2(semi-partial R-square, SPRSQ) 统计量

半偏 $R^2=G_p$ 类与 G_q 类未合并时两类的 R^2 一上两类合并后的 R^2, 即

$$\text{半偏}R^2=\frac{B_{pq}}{T}, \tag{10.3.3}$$

其中

$$\begin{aligned}B_{pq}&=\text{由于合并}G_p\text{类与}G_q\text{类而增加的离差平方和}\\&=W_{(p+q)}-(W_p+W_q).\end{aligned}$$

上式类似于判别分析中的 (7.2.12). 如果半偏 R^2 近似于零, 则说明 G_p 类与 G_q 类应当合并; 如果半偏 R^2 大, 则说明上一次的聚类好, 或所选用的变量分类能力强.

4. 伪 F 值 (pseudo F)

当分成 k 类后, 伪 F 值为

$$\text{PSF}=\frac{B}{W}\times\frac{n-k}{k-1}=\frac{R^2}{1-R^2}\times\frac{n-k}{k-1}, \tag{10.3.4}$$

式 (10.3.4) 类似于判别分析中的 (7.2.13)′. 式 (10.3.4) 有其统计学上的合理性. 因此, 如果 PSF 小, 则说明 k 个类彼此间的差别不明显. 当类数 k 固定及变量数 p 固定时, PSF 显然可以用作比较不同聚类方法的分类能力及所用变量的区分能力的一个指标, 即大的 PSF 值对应于比较合理的聚类; 在变量作不同组合时, 最大的 PSF 值自然对应于最有区分能力的一组变量.

5. 伪 t^2(PST2)

考察 G_p 与 G_q 两类时, 定义伪 t^2 为

$$\text{PST2}=\frac{B_{pq}}{W_p+W_q}(n_p+n_q-2). \tag{10.3.5}$$

这类似于在两组 (G_p,G_q) 之间作均值差的 t 检验. 显然, 如果 PST2 值小, 则说明这两个类应合为一; 相反, 如果 PST2 值大, 则说明它们不该合并.

例 10.3.1 对表 7.1.1 中的胃癌数据的计算语法及结果如下:

```
data ss;
  input id x1-x4 group;
```

```
cards;
 (略)
proc    cluster  outtree=tree method=wald    std    pseudo;
var   x1-x4;
proc   tree    data=tree;    run;
```

结果输出如下:

```
    The CLUSTER Procedure
          Ward's Minimum Variance Cluster Analysis
           Eigenvalues of the Correlation Matrix
        Eigenvalue Difference Proportion Cumulative

1     1.90896882     0.75013335     0.4772     0.4772
2     1.15883546     0.59207067     0.2897     0.7670
3     0.56676479     0.20133385     0.1417     0.9086
4     0.36543094                    0.0914     1.0000

The data have been standardized to mean 0 and variance 1
```

(这是选择STD的结果)

```
Root-Mean-Square Total-Sample Standard Deviation = 1
Root-Mean-Square Distance Between Observations = 2.828427
```

Cluster History

NCL	–Clusters Joined—		FREQ	SPRSQ	RSQ	PSF	PST2
14	OB8	OB12	2	0.0035	.997	22.1	.
13	OB7	OB10	2	0.0041	.992	21.9	.
12	OB4	OB13	2	0.0048	.988	21.9	.
11	CL13	OB14	3	0.0077	.980	19.6	1.9
10	CL14	OB15	3	0.0198	.960	13.4	5.7
9	CL11	OB11	4	0.0228	.937	11.2	3.9
8	CL12	CL10	5	0.0412	.896	8.6	4.4
7	OB2	OB3	2	0.0449	.851	7.6	.
6	OB1	OB6	2	0.0605	.791	6.8	.
5	CL9	OB9	5	0.0677	.723	6.5	5.9

4	CL8	CL5	10	0.0898	.633	6.3	4.2
3	CL6	CL7	4	0.0975	.536	6.9	1.9
2	CL3	OB5	5	0.1716	.364	7.4	2.5
1	CL2	CL4	15	0.3641	.000	.	7.4

说明　应该把该样品分成三类 (OB5 单独成一类). 开始时, 因为 $n = 15$, 所以分成 15 类. 第 1 步并类时, 把 OB8(8 号样品) 与 OB12(12 号样品) 并成一类, 这时, 15 个类并成 14 类 (NCL=14), 新出现的类中有两个样品 (FREQ=2), SPRSQ, RSQ, PSF 及 PST2 是并类后的分类指标. 第 2 步是把 OB7 与 OB10 并成一类, 这时, 14 个类并成 13 类 (NCL=13), 最新并成的类中有两个样品 (FREQ=2); 继续下去, 直到并成一个大类. 并类过程如图 10.3.1 所示. 图中纵坐标是半偏 R^2. 从 RSQ, PSF, PST2 指标及图上来看, 分成两类或三类合理. 如果分成两类, 则第 1 类中有 4 个样品恰好属于胃癌总体, 但胃癌总体中的 OB4 被错分了, 而非胃癌总体中的 OB6 又被分类进胃癌总体内. 仔细考察 OB4 及 OB6 上的数值可以发现, 这种错分有它的合理性. 而分成三类时, 非胃癌总体中的两总体 (萎缩性胃炎、非胃病者) 根本难以区分, 这正是上述 4 个生化指标对胃癌有特异性而引起的.

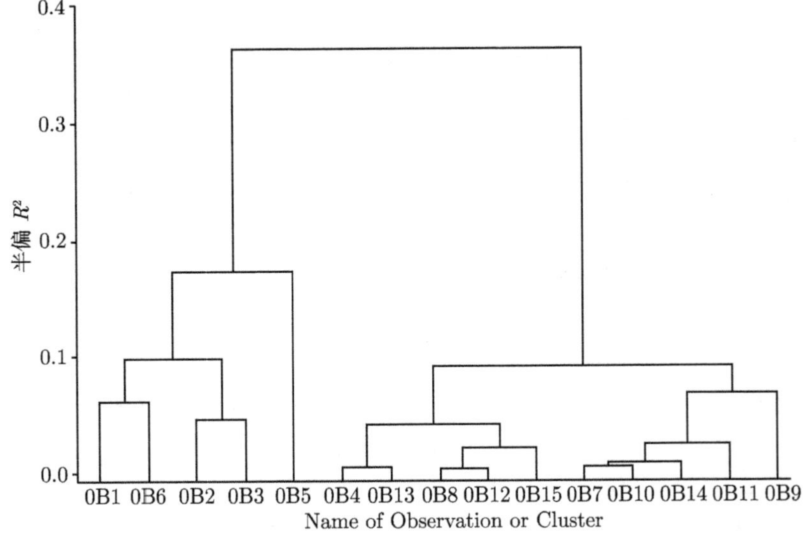

图 10.3.1　例 10.3.1 的并类过程

上述结果中, 最后一行: 半偏 R^2(SPRSQ)=0.3641, PST2=7.4, 此数值很大, 说明 CL2 类 (由 OB5 与 CL3 合在一起) 与 CL4 类 (由 CL8 与 CL5 合在一起) 不应并成一类, 即它们应分成两类, 而当倒数第二行中 NCL=2, 即 CL3 与 OB5 聚成一类时, SPRSQ=0.1716, PSF=7.4, PST2=2.5, 都变化很大, 这说明这个合并是不大合适的, 即 OB5 应单独成一类, 这也说明 OB5 是一个奇异点.

10.4 大样本的动态聚类法

10.4.1 动态聚类法

10.3 节的系统聚类法适用于小样本, 而本节的方法专用于大样本 (**样本数应在 100 以上**), 如果把它用于小样本, 则它对样本点的次序相当敏感. 此方法也是 K 均值法的一种改造, 在 SPSS 软件中称为 K_means 法. 此方法对 "突出点" 很敏感, 也是检验样本中是否有 "突出点" 的有效手段, 因为使用动态聚类法时, "突出点"(异常点) 常出现在只有一个成员的类内.

分类的基本思想及大体步骤如下:

使用者首先要指定一个分类数 k, 并给出初始的这 k 个类的中心点 (也称凝聚点). 第 1 步计算时, 把每一个样品都按它们与 k 个中心点距离的远近分为 k 个类; 第 2 步, 则把第 1 步形成的 k 个类重新计算均值, 用这 k 个均值取代原来 k 个类的中心点, 再把所有样品点重新按到新中心点的距离, 再分成新的 k 个类; 第 3 步, 继续第 2 步; 直到前后两步产生的 k 个类的成员不发生变化或达到预先规定的计算次数为止.

凝聚点可以由用户选择, 可以凭经验或专业知识确定. 凝聚点可以由统计软件自己选择, 也可以由用户指定任意两个 "凝聚点" 之间的最小距离. SAS 软件中自动选凝聚点的原则如下: 它总是把第 1 个样品点 (如果每个变量都没有丢失值) 作为第一个凝聚点, 再把与第 1 个凝聚点的距离大于指定的最小距离 t(RADIUS=t) 的样本点取为第 2 个凝聚点, 一直按此思想选 k 个凝聚点.

例 10.4.1 Fisher 的鸢尾花 (iris) 数据. 有三种鸢尾花品种 (species):

刚毛鸢尾 (setosa), 变色鸢尾 (versicolor), 弗吉尼亚鸢尾 (Virginica);

4 个变量:

x_1(萼片长), x_2(萼片宽), x_3(花瓣长), x_4(花瓣宽).

程序及计算主要结果列于下面:

```
data iris;
     title 'Fisher (1936) Iris Data';
     input x1-x4 species @@;
     cards;
50 33 14 02 1  64 28 56 22 3  65 28 46 15 2  67 31 56 24 3  63 28 51
15 3  46 34 14 03 1  69 31 51 23 3  62 22 45 15 2  59 32 48 18 2  46
36 10 02 1  61 30 46 14 2  60 27 51 16 2  65 30 52 20 3  56 25 39 11
2  65 30 55 18 3  58 27 51 19 3  68 32 59 23 3  51 33 17 05 1  57 28
45 13 2  62 34 54 23 3  77 38 67 22 3  63 33 47 16 2  67 33 57 25 3
76 30 66 21 3  49 25 45 17 3  55 35 13 02 1  67 30 52 23 3  70 32 47
```

```
14 2  64 32 45 15 2  61 28 40 13 2  48 31 16 02 1  59 30 51 18 3  55
24 38 11 2  63 25 50 19 3  64 32 53 23 3  52 34 14 02 1  49 36 14 01
1  54 30 45 15 2  79 38 64 20 3  44 32 13 02 1  67 33 57 21 3  50 35
16 06 1  58 26 40 12 2  44 30 13 02 1  77 28 67 20 3  63 27 49 18 3
47 32 16 02 1  55 26 44 12 2  50 23 33 10 2  72 32 60 18 3  48 30 14
03 1  51 38 16 02 1  61 30 49 18 3  48 34 19 02 1  50 30 16 02 1  50
32 12 02 1  61 26 56 14 3  64 28 56 21 3  43 30 11 01 1  58 40 12 02
1  51 38 19 04 1  67 31 44 14 2  62 28 48 18 3  49 30 14 02 1  51 35
14 02 1  56 30 45 15 2  58 27 41 10 2  50 34 16 04 1  46 32 14 02 1
60 29 45 15 2  57 26 35 10 2  57 44 15 04 1  50 36 14 02 1  77 30 61
23 3  63 34 56 24 3  58 27 51 19 3  57 29 42 13 2  72 30 58 16 3  54
34 15 04 1  52 41 15 01 1  71 30 59 21 3  64 31 55 18 3  60 30 48 18
3  63 29 56 18 3  49 24 33 10 2  56 27 42 13 2  57 30 42 12 2  55 42
14 02 1  49 31 15 02 1  77 26 69 23 3  60 22 50 15 3  54 39 17 04 1
66 29 46 13 2  52 27 39 14 2  60 34 45 16 2  50 34 15 02 1  44 29 14
02 1  50 20 35 10 2  55 24 37 10 2  58 27 39 12 2  47 32 13 02 1  46
31 15 02 1  69 32 57 23 3  62 29 43 13 2  74 28 61 19 3  59 30 42 15
2  51 34 15 02 1  50 35 13 03 1  56 28 49 20 3  60 22 40 10 2  73 29
63 18 3  67 25 58 18 3  49 31 15 01 1  67 31 47 15 2  63 23 44 13 2
54 37 15 02 1  56 30 41 13 2  63 25 49 15 2  61 28 47 12 2  64 29 43
13 2  51 25 30 11 2  57 28 41 13 2  65 30 58 22 3  69 31 54 21 3  54
39 13 04 1  51 35 14 03 1  72 36 61 25 3  65 32 51 20 3  61 29 47 14
2  56 29 36 13 2  69 31 49 15 2  64 27 53 19 3  68 30 55 21 3  55 25
40 13 2  48 34 16 02 1  48 30 14 01 1  45 23 13 03 1  57 25 50 20 3
57 38 17 03 1  51 38 15 03 1  55 23 40 13 2  66 30 44 14 2  68 28 48
14 2  54 34 17 02 1  51 37 15 04 1  52 35 15 02 1  58 28 51 24 3  67
30 50 17 2  63 33 60 25 3  53 37 15 02 1
    ;
proc standard mean=0 std=1 out=stan;(先作标准化处理,数据存入文件stan)
 var x1-x4;
proc fastclus out=clus maxc=3 maxiter=10; (规定取三类，最多10次重新计
                                           算凝聚点，把计算结果存于文件clus)
 var x1 x2 x3 x4;
proc freq;(对文件clus中电脑自动产生的变量cluster与species作交叉频数表)
 tables cluster*species;
```

```
run;
```

主要结果如下：

Cluster	Frequency	RMS Std Deviation	Maximum Distance from Seed to Observation	Radius Exceeded	Nearest Cluster	Distance Between Cluster Centroids
1	50	0.4915	2.6616		3	2.9963
2	47	0.5078	2.1446		3	1.8142
3	53	0.4604	1.9786		2	1.8142

Statistics for Variables

Variable	Total STD	Within STD	R-Square	RSQ/(1-RSQ)
x1	1.00000	0.50505	0.748349	2.973755
x2	1.00000	0.69689	0.520861	1.087075
x3	1.00000	0.28241	0.921318	11.709343
x4	1.00000	0.35261	0.877336	7.152364
OVER-ALL	1.00000	0.48601	0.766966	3.291216

Pseudo F Statistic = 241.90

The FREQ Procedure

Table of CLUSTER by species

CLUSTER(Cluster)		species			
	Frequency	1	2	3	Total
cluster=1 类	1	50	0	0	50
cluster=2 类	2	0	11	36	47
cluster=3 类	3	0	39	14	53
	Total	50	50	50	150

从结果中可以看出, 第 1 类 (species=1) 在聚类中效果最好, 50 例全部分为 cluster1. 如果把 cluster3 当成 species=2, cluster2 当成 species=3, 则 species=2 及 3 时, 它们在聚类中分别被错分 11 例及 14 例, 共错分 25 例. 从变量的区分能力来看, 在 4 个单变量指标中, x_3 及 x_4 的 R-Square 为最佳 (分别为 0.921318 及 0.877336); 当 4 个变量联合时, R-Square=0.766966, 伪 F 值 =241.90. 从 Distance Between Cluster Centroids 上来看, 第 1 类与第 3 类差别 (2.9963) 最大, 而第 3 及 2 类差别 (1.8142) 最小.

10.4.2 聚类分析中变量的选取

10.4.1 小节介绍的分类指标实际上也可以用于考察变量的作用. 对变量作不同组合时, 最大 PSF 值的一组变量应该是最有区分能力的变量, 但这种想法是否正确呢? 下面考察上述 Fisher 鸢尾花 (iris) 数据. 在例 10.4.1 中, 规定 $k=3$ 时, 用 4 个变量, 共错判 25 例. 从上述结果来看, species=2 及 3 比较接近. 当取 $k=2$ 时, species=2

及 3 应分在同一个 cluster 内. 下面改变 k 值并考察不同变量组合时的聚类效果. 结果如表 10.4.1 所示.

表 10.4.1　例 10.4.1 数据的动态聚类法结果摘要

类数 k	p	变量	伪 F	R^2	错分个数
2	1	x_1	346.12	0.6974	33
		x_2	240.05	0.6186	30
		x_3	**868.51**	0.8544	**1**
		x_4	546.14	0.7868	7
	2	(x_1, x_2)	58.20	0.2855	55
		(x_1, x_3)	374.61	0.7168	9
		(x_1, x_4)	318.92	0.6830	25
		(x_2, x_3)	232.60	0.6111	1
		(x_2, x_4)	206.16	0.5821	1
		(x_3, x_4)	**668.32**	0.8187	**1**
	3	(x_1, x_2, x_3)	201.66	0.5767	0
		(x_1, x_2, x_4)	184.86	0.5554	0
		(x_1, x_3, x_4)	**414.45**	0.7369	4
		(x_2, x_3, x_4)	297.29	0.6676	0
	4	(x_1, x_2, x_3, x_4)	251.35	0.6294	0
3	1	x_1	401.28	0.8452	39
		x_2	288.21	0.7968	69
		x_3	**1275.05**	0.9455	16
		x_4	1220.08	0.9432	**6**
	2	(x_1, x_2)	141.27	0.6578	35
		(x_1, x_3)	424.85	0.8525	35
		(x_1, x_4)	357.66	0.8295	25
		(x_2, x_3)	219.68	0.7493	35
		(x_2, x_4)	204.71	0.7358	38
		(x_3, x_4)	**1145.24**	0.9397	**5**
	3	(x_1, x_2, x_3)	203.64	0.7348	30
		(x_1, x_2, x_4)	190.40	0.7215	29
		(x_1, x_3, x_4)	**448.85**	0.8593	**22**
		(x_2, x_3, x_4)	273.44	0.7881	22
	4	(x_1, x_2, x_3, x_4)	241.90	0.7670	25

从表 10.4.1 可以看出如下几个明显结果:

(1) 无用变量的存在有时可严重地破坏正确的聚类. 例如, 当 $k = 3$ 且选用 4 个变量时, 错判例数 25 个; 当仅使用 (x_3, x_4) 时, 仅错判 5 例.

(2) 大的伪 F(或 R^2) 值, 在多数情形下可以有好的聚类. 从表 10.4.1 中可见, 仅在两种情形中, 具有最大 F 值时并未出现最少错分例数. 原因可能是 F 公式是建立在对均值的检验上的, 而聚类及判别的目标是分类. 均值与分类显然是不同的概念, 但由判别分析的理论可以简单地证明: 当两总体正态等协方差阵时, 对均值的零假设检验与理论马氏距变离的零假设等价, 也就与错判率上的零假设等价. 这个结果在表 10.4.1 中 ($k=2$ 下) 没有反映出来, 原因可能是 x_3 及 x_4 是双峰分布 (从直方图可以看出), 它们严重地不符正态分布, 从而引起了例 10.4.1 中 $k=3$, $p=1$ 及 $k=2$ 与 $p=3$ 的不理想结果.

最后, 考察聚类分析中变量的相对重要性指标与判别分析中的指标是否有一致性, 可以作成表 10.4.2.

表 10.4.2 例 10.4.1 数据的动态聚类法与 Bayes 线性判别法比较

Variable	Bayes 线性判别法			动态聚类分析法
	R-Square	F Value	Pr> F	R-square
x_1	0.6187	119.26	<0.0001	0.748349
x_2	0.4008	49.16	<0.0001	0.520861
x_3	**0.9414**	1180.16	<0.0001	**0.921318**
x_4	0.9289	960.01	<0.0001	0.877336
	F(Wilks' Lambda)=199.15,			Pseudo F Statistic=241.90

Bayes线性判别法下的分类表：共错判三例

From species	Species(真实)			Total
	1	2	3	
分类 1	**50**	0	0	50
分类 2	0	**48**	1	49
分类 3	0	2	**49**	51
Total	**50**	**50**	**50**	**150**

比较此例的 Bayes 线性判别法与动态聚类法, 明显可见

(1) 在变量重要性的相对性指标上, 两者非常一致;

(2) 在总体检验的 F 值上, 两者也没有实质性的差别;

(3) 从分类表上来看, Bayes 线性判别法错判三例, 而表 10.4.1 中的动态聚类法结果是错判 5 例.

由此可见, 如果能选取到合适的聚类法, 则在选择有区分总体能力的变量下, 聚类分析的分类效果与线性判别法的效果没有很大的差异. 这大概就是聚类分析法很受欢迎的一个重要原因.

10.5 有序样品的聚类 (最优分割法)

在许多实际问题中, 按一定规则有序地排列样品, 称为有序样品. 例如, 人的老化常按年龄排序、地球体表的温度按地层的深浅而排序等. 在分类时不可以打乱这种次序. 设 $\boldsymbol{X}_1, \boldsymbol{X}_2, \cdots, \boldsymbol{X}_n$ 表示一组有顺序的样品, 对它们分类时每一类必须呈

$\{\boldsymbol{X}_i, \boldsymbol{X}_{i+1}, \cdots, \boldsymbol{X}_j\}(i < j)$ 的形式.

10.5.1 基本思想及公式

n 个有序样品分成 k 类, 即要找 $k-1$ 个分点, 共有 C_{n-1}^{k-1} 种分法. 在某种损失函数意义下, 可以求得最优解. 此处介绍的是 Fisher 算法, 它保证可求得最优解[64]. 此处, 采用离差平方和由式 (10.2.8) 定义类的直径, 而 k 个类的分法可记为

$$\{i_1 = 1, i_1+1, \cdots, i_2-1\}, \quad \{i_2, i_2+1, \cdots, i_3-1\}, \quad \cdots, \quad \{i_k, i_k+1, \cdots, n\}, \tag{10.5.1}$$

其中所分 k 个类的左端点即为

$$\{i_1, i_2, \cdots, i_k\}, \quad 1 = i_1 < i_2 < \cdots < i_k < n. \tag{10.5.2}$$

经典的 Fisher 法中把下式的类内离差平方和:

$$E = \sum_{t=1}^{k} D_t \tag{10.5.3}$$

称为误差函数, 其中 D_t 为第 G_t 类的直径, t 实际是 (10.5.1) 中 i_t 的下标值. 显然,

$$D_t = \sum_{l=i_t}^{i_{t+1}-1} (\boldsymbol{X}_l - \bar{\boldsymbol{X}}_t)^{\mathrm{T}} (\boldsymbol{X}_l - \bar{\boldsymbol{X}}_t) = \sum_{l=i_t}^{i_{t+1}-1} \boldsymbol{X}_l^{\mathrm{T}} \boldsymbol{X}_l - n_t \bar{\boldsymbol{X}}_t^{\mathrm{T}} \bar{\boldsymbol{X}}_t, \tag{10.5.4}$$

其中

$$n_t = i_{t+1} - i_t, \quad \bar{\boldsymbol{X}}_t = \frac{1}{n_t} \sum_{l=i_t}^{i_{t+1}-1} \boldsymbol{X}_l$$

分别为 G_t 类的样本数及均值. 很多实践证明, 上述定义的 Fisher 法的误差函数很容易发生错分现象, 特别是在相邻两段的分界点上常有不合理的情形发生. 因此, 有人提出一种修改意见, 即相邻界面上两个样品的离差应当大. 如果记 $C_{t,t+1}$ 为两类 G_t 与 G_{t+1} 相邻界面上的两个样品间的离差平方和, 即

$$C_{t,t+1} = (\boldsymbol{X}_{i_t-1} - \boldsymbol{X}_{i_t})^{\mathrm{T}} (\boldsymbol{X}_{i_t-1} - \boldsymbol{X}_{i_t}),$$

则修改的误差函数为

$$E = \sum_{t=1}^{k} D_t - \mathrm{ST} \sum_{t=1}^{k-1} C_{t,t+1}, \tag{10.5.5}$$

其中 ST 为常数, ST=0 即为经典的 Fisher 误差函数, 一般地, 可取

$$\mathrm{ST} = \frac{1}{k} \ln(n \times p). \tag{10.5.6}$$

因此, **误差函数**(10.5.3) 可以改变为

$$E=\sum_{t=1}^{k}D_t=\sum_{l=1}^{n}\boldsymbol{X}_l^{\mathrm{T}}\boldsymbol{X}_l-\left(\sum_{t=1}^{k}n_t\bar{\boldsymbol{X}}_t^{\mathrm{T}}\bar{\boldsymbol{X}}_t+\mathrm{ST}\sum_{t=1}^{k-1}C_{t,t+1}\right).$$

记

$$\mathrm{SS}=\sum_{l=1}^{n}\boldsymbol{X}_l^{\mathrm{T}}\boldsymbol{X}_l, \tag{10.5.7}$$

$$F(n,k)=\sum_{t=1}^{k}n_t\bar{\boldsymbol{X}}_t^{\mathrm{T}}\bar{\boldsymbol{X}}_t+\mathrm{ST}\sum_{t=1}^{k-1}C_{t,t+1}, \tag{10.5.8}$$

即

$$E=\mathrm{SS}-F(n,k), \tag{10.5.9}$$

其中 SS 值与分类无关. 求 E 的最小值等价于求 $F(n,k)$(称为**目标函数**) 的最大值. 显然, $F(n,k)$ 可以写成下面的形式:

$$F(n,k)=F(n-n_k,k-1)+(n_k\bar{\boldsymbol{X}}_k^{\mathrm{T}}\bar{\boldsymbol{X}}_k+\mathrm{ST}C_{k-1,k}), \tag{10.5.10}$$

其中 $F(n-n_k,k-1)$ 是把前 $n-n_k$ 个样品分成 $k-1$ 类的目标函数. 式 (10.5.10) 的重要意义是: 它是一个递推公式, 在把 n 个样品分成 k 类的过程中, 不必一次性就找出中间的 $k-1$ 个分点而形成 k 类, 而只要每次都作两分类, 再把已形成的两类中的一个作两分类, 继续此做法, 一直分到指定的 k 个类为止.

下面结合实例介绍算法.

10.5.2 基本算法

例 10.5.1 为了了解儿童的生长发育规律, 统计了男孩从出生至 11 岁期间每年增长的体重. 数据如表 10.5.1 所示, 直观的变比如图 10.5.1 所示.

表 10.5.1 男孩从出生至 11 岁期间每年增长的体重

年龄	1	2	3	4	5	6	7	8	9	10	11
增长的体重/kg	9.3	1.8	1.9	1.7	1.5	1.3	1.4	2.0	1.9	2.3	2.1

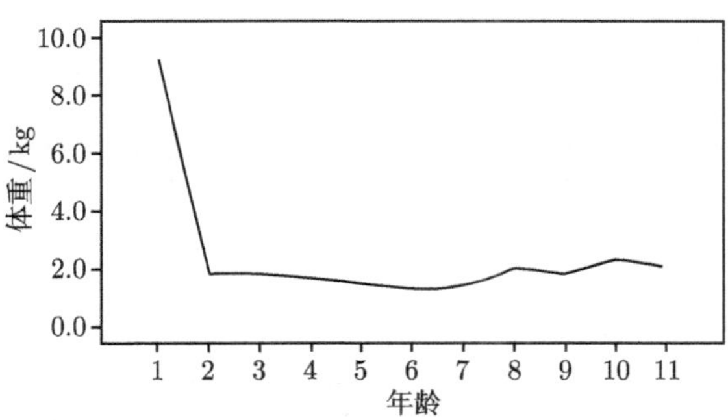

图 10.5.1 每年增长的体重

计算步骤如下： 此处取 ST=0.

预备　对全部样本作标准化处理，并计算任意两点间的样本均值作为分类的基础. 由于本例仅一维，所以可以不必标准化，任意两年龄间的平均增长体重如表 10.5.2 所示.

表 10.5.2　例 10.5.1 中任意两点间的均值 $\bar{x}_{i,j}$

样品	1	2	3	4	5	6	7	8	9	10	11
1	9.3	5.55	4.33333	3.675	3.240	2.91667	2.700	2.61250	2.53333	2.51000	2.47273
2		1.80	1.85000	1.800	1.725	1.64000	1.600	1.65714	1.68750	1.75556	1.79000
3			1.90000	1.800	1.700	1.60000	1.560	1.63333	1.67143	1.75000	1.78889
4				1.700	1.600	1.50000	1.475	1.58000	1.63333	1.72857	1.77500
5					1.500	1.40000	1.400	1.55000	1.62000	1.73333	1.78571
6						1.30000	1.350	1.56667	1.65000	1.78000	1.83333
7							1.400	1.70000	1.76667	1.90000	1.94000
8								2.00000	1.95000	2.06667	2.07500
9									1.90000	2.10000	2.10000
10										2.30000	2.20000
11											2.10000

第 1 步　把任意个样品两分类，并找出分点. 对于有 i 个样品的类，分成两类的目标函数由 (10.5.8) 得

$$F(i,2)=\max_{1\leqslant j\leqslant i-1}(n_1\bar{x}_{1,j}^2+n_2\bar{x}_{j+1,i}^2),\quad n_1=j,n_2=i-j. \tag{10.5.11}$$

找出式 (10.5.11) 中使 $F(i,2)$ 达到最大的 j，这个 j 就是把 i 个样品分成两类的界点.

当 $i=n=11$ 时，$\bar{x}_{1,j}$ 为 x 在 $G_1=\{1,2,\cdots,j-1\}$ 上的均值,

$$n_1=j-1;$$

$\bar{x}_{j+1,11}$ 为 x 在 $G_2=\{j,j+1,\cdots,11\}$ 上的均值,

$$n_2=11-j.$$

下面计算 F(11,2)，分别计算每个 $j=1,2,\cdots,11$ 时的 $F(11,2)$. 当 $j=1$ 时,

$$\begin{aligned}F(11,2)&=1\left(\frac{9.3}{1}\right)^2+10\left(\frac{1.8+1.9+1.7+1.5+1.3+1.4+2+1.9+2.3+2.1}{10}\right)^2\\&=118.53;\end{aligned}$$

当 $j=2$ 时,

$$F(11,2)=2\left(\frac{9.3+1.8}{2}\right)^2+9\left(\frac{1.9+1.7+1.5+1.3+1.4+2+1.9+2.3+2.1}{9}\right)^2$$

$$= 90.406;$$

当 $j = 3$ 时,

$$F(11,2) = 3\left(\frac{9.3+1.8+1.9}{3}\right)^2 + 8\left(\frac{1.7+1.5+1.3+1.4+2+1.9+2.3+2.1}{8}\right)^2$$
$$= 81.538;$$

……

于是得表 10.5.3.

表 10.5.3 分两类时, 不同分点的目标函数值 $F(11,2)$

j(分点)	1	2	3	4	5	6	7	8	9	10
$F(11, 2)$	118.53	90.41	81.54	76.34	72.66	69.86	68.25	67.83	67.44	67.41

从表 11.5.3 可见, 当 $j = 1$ 时, 目标函数 $F(11,2)$ 为最大. 这说明第 1 类为 $G_1 = \{1.9\}$, 其余 10 个点属于 G2 类.

一般有 i 个样品时的目标函数及其分类点如表 10.5.4 所示.

表 10.5.4 任意 i 个样品分成两类时的目标函数及其分点

i(样本数)	3	4	5	6	7	8	9	10	11
$F(i,2)$	93.335	96.21	98.393	99.938	101.85	105.713	109.271	114.23	118.531
分点 j	1	1	1	1	1	1	1	1	1

第 2 步 把任意个样品分成三类, 并找出分点. 公式为

$$F(i,3) = \max_{3\leqslant j\leqslant i-1}[F(j,2) + n_3\bar{x}_{j+1,i}^2], \quad n_3 = i - j, \tag{10.5.12}$$

其中 $F(j,2)$ 就是表 10.5.4 上的值. 当 $i = n = 11$ 时, 式 (10.5.12) 的目标函数为

$$F(n,3) = \max_{3\leqslant j\leqslant n-1}[F(j,2) + n_3\bar{x}_{j+1,n}^2], \quad n_3 = n - j.$$

计算部分数值如下:

当 $j = 3$ 时,

$$F(n,3) = 93.335 + 8 \times 1.775^2 = 118.54;$$

当 $j = 4$ 时,

$$F(n,3) = 96.210 + 7 \times 1.7857^2 = 22.321;$$

当 $j = 5$ 时,

$$F(n,3) = 98.393 + 6 \times 1.833^2 = 118.56;$$

……

结果如表 10.5.5 所示.

表 10.5.5　$n = 11$ 个样品分成三类时的目标函数及其分点

j	3	4	5	6	7	8	9	10	max F	max j
$F(n,3)$	118.54	118.531	118.559	118.756	119.073	118.943	118.951	118.638	**119.073**	**7**

从表 10.5.5 可见, 当 11 个样品分成三类时, 最后一个分点是第 7 号样品 (属于前一个区间), 而在 $i = 7$ 时的表 10.5.4 中, 第 1~7 号样品分成两类时的分界点为 $j = 1$. 于是分成三类时的类为

$$\{9.3\}, \quad \{1.8, 1.9, 1.7, 1.5, 1.3, 1.4\}, \quad \{2.0, 1.9, 2.3, 2.1\},$$

其中原序号为

$$\{1\}, \quad \{2, 3, 4, 5, 6, 7\}, \quad \{8, 9, 10, 11\}.$$

这三类的目标函数为 119.073, 误差函数为

$$E = \mathrm{SS} - F(11, 3) = 119.44 - 119.073 = 0.3675.$$

如果要分成 4 类, 则需要计算一切 $\{F(i,2)\}$及 $\{F(i,3)\}$, 其一般性公式为 (10.5.10).

10.5.3　类数的确定

类数可以由专业知识确定, 如果专业知识不足以确定类数, 则也可以用下面误差函数的变化来确定类数. 首先人为指定一个比较大的分类数 $k_1(\leqslant n)$, 再计算分成每一个 $k(2\leqslant k \leqslant k_1)$ 时的误差函数 $E(n,k)$, 把 $E(n,k)$ 与 k 作图或表, 如图 10.5.2 及表 10.5.6 所示.

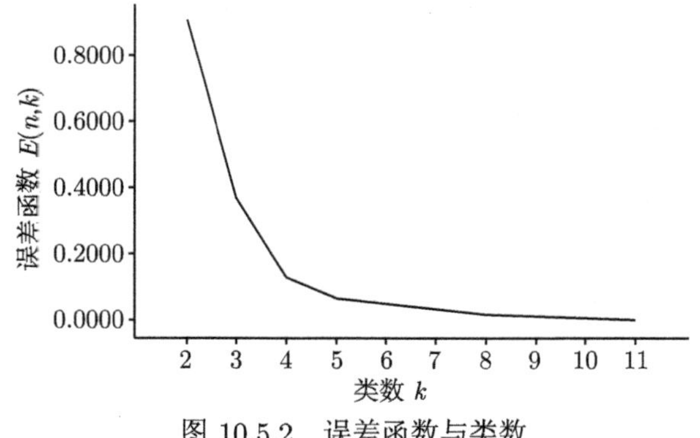

图 10.5.2　误差函数与类数

表 10.5.6　例 10.5.1 中的类数与误差函数

类数 k	1	2	3	4	5	6	7	8	9	10	11
误差函数 $E(n,k)$	52.182	0.909	0.368	0.128	0.065	0.045	0.030	0.015	0.010	0.005	0

从图 10.5.2 及表 10.5.6 可见, 当类数为 5 时, 误差函数已相当接近于零了, 所以可取 $k = 5$. 这时, 5 类的分点为 {1, 4, 7, 9}, 对应的 5 类为

$$\{9.3\}, \quad \{1.8, 1.9, 1.7\}, \quad \{1.5, 1.3, 1.4\}, \quad \{2.0, 1.9\}, \quad \{2.3, 2.1\}.$$

习 题 10

10.1 见数据盘中 2007 年我国分省市农村居民人均消费的实际现金支出 (单位：元). 试问：我国各省市农村居民在人均消费指标上是如何分类的？ 在各省市之间又是如何分类的？

10.2 下表是 16 个省市 18~25 岁男青年的 4 项体型指标. 按这些指标对 16 个省市分类, 你准备怎样用聚类分析？可以发现有什么特点？

习题 10.2 表 16 省市 18~25 岁男青年的形态指标的均值

编号	地区	身高 x_1/cm	坐高 x_2/cm	体重 x_3/kg	胸围 x_4/cm
1	北京	172.7	92.7	61.2	87.2
2	山东	171.8	92.7	60.8	86.7
3	辽宁	171.6	92.6	59.2	85.6
4	黑龙江	171.6	9.29	59.6	85.2
5	天津	171.5	92.3	60.4	87.0
6	上海	171.3	92.8	58.0	84.3
7	山西	170.8	92.6	59.7	86.7
8	陕西	170.8	92.4	59.3	86.1
9	湖北	170.3	91.7	59.3	86.7
10	甘肃	170.0	91.9	57.7	85.2
11	福建	170.0	92.0	58.5	86.4
12	安徽	169.7	92.0	57.8	86.7
13	广东	168.9	91.6	55.8	83.3
14	四川	168.5	91.4	56.9	85.5
15	云南	168.1	91.1	55.6	85.1
16	湖南	167.9	90.9	56.3	83.9

10.3 下表是美国 1981 年 30 家最大化学公司的经济资料. 表中,

P/G 为 5 年中价格与利润的比值;

ROR5 为 5 年中利润在成本中的比例 (%);

D/E 为上一年中贷款在投资成本中的比例;

SALER5 为 5 年中每年平均销售额的增长率 (%);

EPS5 为 5 年中每股盈利的增长率 (%);

NPM1 为上一年纯利润在销售额中的比例 (%);

PAYOUTR1 为上一年每股股息在近 12 个月利润中的比例 (%).

对这 30 家公司作聚类分析, 应如何分类？

习题 10.3 表 1981 年美国 30 家最大化学公司的资料

代号	P/G	TOR5	D/E	SALER5	EPS5	NPM1	PAYOUTR1
1	9	13.0	0.7	20.2	15.5	7.2	0.43
2	8	13.0	0.7	17.2	12.7	7.3	0.38
3	8	13.0	0.4	14.5	15.1	7.9	0.41
4	9	12.2	0.2	12.9	11.1	5.4	0.57

续表

代号	P/G	TORS	D/E	SALESGR5	EPS5	NPM1	PAYOUTR1
5	5	10.0	0.4	13.6	8.0	6.7	0.32
6	6	9.8	0.5	12.1	14.5	3.8	0.51
7	10	9.9	0.5	10.2	7.0	4.8	0.38
8	9	10.3	0.3	11.4	8.7	4.5	0.48
9	11	9.5	0.4	13.5	5.9	3.5	0.57
10	9	9.9	0.4	12.1	4.2	4.6	0.49
11	7	7.9	0.4	10.8	16.0	3.4	0.49
12	7	7.3	0.6	15.4	4.9	5.1	0.27
13	7	7.8	0.4	11.0	3.0	5.6	0.32
14	10	6.5	0.4	18.7	−3.1	1.3	0.38
15	13	24.9	0.0	16.2	16.9	12.5	0.32
16	14	24.6	0.0	16.1	16.9	11.2	0.47
17	5	14.9	1.1	13.7	48.9	5.8	0.10
18	6	13.8	0.6	20.9	36.0	10.9	0.16
19	10	13.5	0.5	14.3	16.0	8.4	0.40
20	12	14.9	0.3	29.1	22.8	4.9	0.36
21	14	15.4	0.3	15.2	15.1	21.9	0.23
22	13	11.6	0.4	18.7	22.1	8.1	0.20
23	12	14.2	0.2	16.7	18.7	8.2	0.37
24	12	13.8	0.1	12.6	18.0	5.6	0.34
25	7	12.0	0.5	15.0	14.9	3.6	0.36
26	7	11.0	0.3	12.8	10.8	5.0	0.34
27	6	13.8	0.2	14.9	9.6	4.4	0.31
28	12	11.5	0.4	15.4	11.7	7.2	0.51
29	9	6.4	0.7	16.1	−2.8	6.8	0.22
30	14	3.8	0.6	6.8	−11.1	0.9	1.00

10.4　下表是 13 块岩石标本的氧化物含量. 试问：这 13 块岩石标本应分成几类, 每类是由哪些标本组成的？

习题 10.4 表　13 块岩石标本的氧化物含量

序号	SiO_2	Al_2O_3	Fe_2O_3	FeO	MgO	CaO	Na_2O	K_2O
1	48.435	14.742	3.199	7.312	8.281	9.226	2.764	0.997
2	48.623	16.065	3.488	6.148	6.977	8.110	2.997	1.948
3	53.211	16.574	5.525	4.082	4.742	7.631	3.431	1.435
4	57.056	17.390	3.747	3.684	2.954	5.845	4.250	2.072
5	59.513	17.521	2.608	3.735	3.427	6.041	2.861	1.879
6	61.629	16.469	1.578	4.426	2.892	4.917	3.466	2.681
7	66.619	15.221	2.022	1.956	1.210	3.838	4.147	2.249
8	65.999	15.199	1.917	2.409	1.788	2.776	3.854	3.451
9	73.727	13.232	1.316	0.911	0.340	1.086	3.742	3.975
10	73.742	13.547	0.684	1.601	0.519	0.979	3.163	4.505
11	59.491	17.686	3.598	2.362	1.441	3.827	5.481	4.302
12	62.679	17.131	2.296	1.919	0.783	2.492	3.572	6.920
13	63.912	16.189	2.055	2.037	1.294	2.122	4.259	5.798

数据来源：中国科学院地质研究所. 数学地质引论. 北京：地质出版社, 1977: 72.

10.5 下表列出了我国历年集体所有制职工人数 (单位: 万人) 的变化, 请用有序样本的 Fisher 法进行聚类.

习题 10.5 表

年份	1952	1954	1956	1958	1960	1962	1964	1966	1968	1970	1972	1974	1976	1978	1980
人数	23	121	554	662	925	1012	1136	1264	1334	1424	1524	1644	1813	2048	2425

10.6 北京的李秀琴大夫测量北京某地 649 名 40 岁以上男性的形体老化症, 经主成分析后作成老化综合值指标 y, 它与年龄的关系如下表所示 (y 值越小越老化), 试问: 按年龄分段, 该地的男性形体老化可分成几段?

年龄	41	43	45	47	49	51	53	55	57	59
Y 均值	5.71	4.08	1.72	1.71	1.70	1.69	1.68	1.68	1.67	1.67
年龄	61	63	65	67	69	71	75 岁及以上			
Y 均值	0.99	0.08	−4.38	−5.22	−6.27	−20.57	−18.22			

10.7 反映产业自主创新的指标有

x_1 为 R&D 人员折合全时当量 (人年);

x_2 为科技活动经费支出 (万元);

x_3 为新产品开发经费 (万元);

x_4 为技术经费支出与技术引进的比值;

x_5 为消化吸收新科技与引进的比值;

x_6 为专利申请项数;

x_7 为新产品销售收入 (万元);

x_8 为新产品出口销售收入 (万元);

x_9 为科技机构中科技人员数 (人);

x_{10} 为科技机构中科技经费内部支出数 (万元);

x_{11} 为政府投入资金 (万元).

行业代号如下:

1 为农副食品加工业, 2 为食品制造业, 3 为饮料制造业, 4 为烟草制造业, 5 为纺织业, 6 为纺织服装、鞋帽制造业, 7 为皮革、毛皮等制造业, 8 为木材或竹类加工等制造业, 9 为家具制造业, 10 为造纸及纸制品业, 11 为印刷业及记录的复制业, 12 为文教体育制造业, 13 为石油加工、炼焦及核燃料加工业, 14 为化学原料及其制品制造业, 15 为医药制造业, 16 为化学纤维制造业, 17 为橡胶制品业, 18 为塑料制品业, 19 为非金属矿物制造业, 20 为黑色金属冶炼及压延加工业, 21 为有色金属冶炼及压延加工业, 22 为金属制品业, 23 为通用设备制造业, 24 为专用设备制造业, 25 为交通运输设备制造业, 26 为电气机械及器材制造业, 27 为通用设备、计算机及其他电子设备制造业, 28 为仪器仪表及文化、办公用机械制造业, 29 为工艺品及其地制造业,

数据见数据盘 (见 2005 年统计年鉴). **试问:** 对这样的数据, 你如何作统计分析? 主要结果是什么?

10.8　见数据盘中 2005 年世界各国或地区的经济数据 (删去漏失多的国家). 指标为

GDP 为国内生产总值;

SDPP 为人均国内生产总值;

IND 为工业附加值;

SER 为服务业附加值,

试问:

(1) 按上述经济指标, 这些国家或地区应分成几类? 每类有什么特点?

(2) 如果把这些经济指标作成一个或两个综合指标, 再由综合指标对这些国家或地区去分类, 如何做法? 结果与上述直接用聚类分析法有何异同?

第11章　生 存 分 析

经典的生存分析 (survival analysis) 是指寿命表分析, 主要用于计算平均寿命、寿命分布及其检验, 以后发展为估计某种治疗方法 (如手术) 后病人的存活时间、某种药物的有效时间. 现代生存分析中 "生存" 的含义很广泛, 如灯泡的平均寿命、发动机出现故障的时间、商业公司的生存时间等, 即生存分析可用于分析与广义 "寿命" 或 "死亡" 时间有关的一切统计现象. 它的一个特点是在数据中可以包含失访 (或截尾) 了的资料.

例 11.1.1　北京西苑医院用某中药及化学疗法治疗急性白血病患者 16 例, 其生存时间 (月) 如下:

$$\begin{array}{cccccccc} 2^+, & 4, & 6^+, & 6^+, & 7.5^+, & 8.5, & 9^+, & 10, \\ 12^+, & 13, & 18, & 19^+, & 24, & 26, & 31, & 43^+, \end{array}$$

其中第 1 个数据 2^+ 表示该病人治疗两个月后仍存活, 但以后失访 (不知情况); 第 2 个数据表示第 2 个病人治疗 4 个月后死亡, 其余类推. 上述这类失访数据称为右截尾, 这是最常碰见的截尾形式. 在 SAS 软件中, 还介绍了左截尾、区间截尾等.

一般地, 称有确切 "死亡" 结果的数据为**完全数据**, 而称失访 (截尾) 了的数据为**不完全数据**. 因此, 在电脑计算时, 对这种有失访的不完全数据, 必须有一个变量 (常称之为状态 status 变量) 用以说明此数据的性质. 例如, 对上述数据, 应当创造一个变量 (status) 去描述它, 如记

status=1 表示死亡,　status=0 表示失访或不知道.

在上述数据中, status 取值即为

$$\begin{array}{cccccccc} 0, & 1, & 0, & 0, & 0, & 1, & 0, & 1, \\ 0, & 1, & 1, & 0, & 1, & 1, & 1, & 0. \end{array}$$

在 status 变量的帮助下, 例 11.1.1 中的一切 "+" 号就都不需要了, 计算机自动由 status 的值即能识别出对应的生存时间变量是否为失访值.

生存分析中生存时间常用 T 及 t 表示: T 一般表示随机及不确定的时间, t 则是 T 的一个确定值. 例如, 例 11.1.1 中, T 即为白血病患者的生存时间, 而 t 即为例 11.1.1 中的具体数, 也常用 $t=0$ 表示治疗后开始计数的时间.

11.1　基本术语及公式

11.1.1　定义及相互关系

定义 11.1.1

l_0 或 $l(t_0)$ 为开始 (或 t_0) 时观察的存活人数;

l_i 或 $l(t_i)$ 为 t_i 时刻仍然存活的人数;

$d_i = l_i - l_{i+1}$ 为从 t_i 时刻存活者到 t_{i+1} 时刻的死亡人数;

$p_{ij} = \dfrac{l_j}{l_i}$ 表示 t_i 时刻存活者到 t_j 时刻仍存活的概率, 也称为 (**条件**)**生存概率**;

$p_i = \dfrac{l_{i+1}}{l_i}$, 也记为 ${}_{i+1}p_i$ 或 ${}_{n_i}p_i$, 其中 $n_i = t_{i+1} - t_i$;

$q_i = 1 - p_i = \dfrac{d_i}{l_i}$ 为 t_i 时刻存活者到 t_{i+1} 时刻的 (条件) 死亡概率;

$s(t) = \dfrac{l(t)}{l_0} = \Pr(T \geqslant t)$ 为开始时的 l_0 个人到 t 时刻仍存活的概率, 称为**生存函数**(surivival function), 显然, $s_{(0)} = 1,\ s_{(\infty)} = 0$;

$f(t) = \dfrac{-\mathrm{d}s}{\mathrm{d}t}$ 为生存的密度函数 (density function);

$h(t) = \lim\limits_{n\to 0} \dfrac{{}_nq_t}{n}$, 其中 ${}_nq_t$ 为 $(t, t+n]$ 上的死亡概率, 称 $h(t)$ 为危险 (率) 函数 (hazard function);

$H(t) = \displaystyle\int_{t_0}^{t} h(u)\mathrm{d}u$ 为累加危险率函数 (cumulative hazard function);

$m_i = \dfrac{d_i}{\displaystyle\int_{t_i}^{t_{i+1}} l(t)\mathrm{d}t}$ 为 $(t_i, t_{i+1}]$ 上的年龄别死亡率 (mortality), 常用 D_i/P_i 估计, 其中 D_i, P_i 分别为第 i 年龄段 $(t_i, t_{i+1}]$ 中的死亡人数及普查时年中人口数.

显然, 如果 $S(t)$ 大, 则说明 t 时刻存活的概率大, 自然是危险性、死亡率也小; 如果 $h(t)$, $f(t)$ 大, 则自然表明某人在 t 时刻的死亡危险性大.

各个公式的相互关系如下：

$$s(t) = \exp\left[-\int_{t_0}^{t} h(u)\mathrm{d}u\right] = \exp\left[-H(t)\right], \tag{11.1.1}$$

$$h(t) = \frac{-l'(t)}{l(t)} = \frac{f(t)}{s(t)} = \frac{\mathrm{d}\log(s(t)}{\mathrm{d}t}. \tag{11.1.2}$$

如果记 m_t 及 q_t 为 $(t, t+\Delta t]$ 上的死亡率及死亡概率, 则

$$h(t) = \lim_{\Delta t\to 0} \frac{q_t}{\Delta t} = \lim_{\Delta t\to 0} m_t. \tag{11.1.3}$$

因此, $h(t)$ 也被称为死亡率函数. 于是有

$$p_i = \exp\left[-\int_{t_i}^{t_{i+1}} h(t)\mathrm{d}t\right]. \tag{11.1.4}$$

如果将 $h(t)$ 用该区间 $(t_i, t_{i+1}]$ 上的均值 $\bar{h}_i$ 代替, 则式 (11.1.4) 显然有

$$p_i = \exp\left[-\bar{h}_i(t_{i+1} - t_i)\right]. \tag{11.1.5}$$

相互关系的证明如下：

(1) $h(t)=\lim\limits_{n\to 0}\frac{{}_nq_t}{n}=\lim\limits_{\Delta t\to 0}\frac{{}_{\Delta t}q_t}{\Delta t}=\lim\limits_{\Delta t\to 0}\frac{d_t}{l_t\Delta t}=\lim\limits_{\Delta t\to 0}\frac{d_t}{\int_{t_i}^{t_{i+1}}l(t)\mathrm{d}t}=\lim\limits_{\Delta t\to 0}m_t$, 即得 (11.1.3).

(2)
$$\begin{aligned}h(t)&=\lim_{\Delta t\to 0}\frac{{}_{\Delta t}q_t}{\Delta t}=\lim_{\Delta t\to 0}\frac{\Pr(t\leqslant T<t+\Delta t|T\geqslant t)}{\Delta t}\\&=\lim_{\Delta t\to 0}\frac{s(t)-s(t+\Delta t)}{s(t)\Delta t}=-\lim_{\Delta t\to 0}\frac{s(t+\Delta t)-s(t)}{s(t)\Delta t}=\frac{-s'(t)}{s(t)}=\frac{-l'(t)}{l(t)},\end{aligned}$$
即得 (11.1.2).

(3) 由 (11.1.2) 即得 (11.1.1).

(4) 由 (11.1.1),

$$p_i=\frac{l_{i+1}/l_0}{l_i/l_0}=\frac{\exp\left[-\int_{t_0}^{t_{i+1}}h(t)\mathrm{d}t\right]}{\exp\left[-\int_{t_0}^{t_i}h(t)\mathrm{d}t\right]}=\exp\left[-\int_{t_i}^{t_{i+1}}h(t)\mathrm{d}t\right],$$

即得 (11.1.4).

一般, 抽样总是在有限个时刻点上抽取的. 设抽样点分别为

$$0=t_0<t_1<t_2<\cdots<t_i<t_{i+1}<\cdots<t_w<t_{w+1},$$

其中 t_{w+1} 为抽样截止时间, 有时取 $t_{w+1}=\infty$. 在实际抽样时, 常会有 “漏失” 或 “失访” 了的资料. 记 w_i 为在 (t_i,t_{i+1}) 内 “漏失” 或 “失访” 了的人数, 一般用

$$\hat{q}_i=\frac{d_i}{l_i-w_i/2}$$

估计死亡概率 q_i, 再用 $p_i=1-q_i$ 计算生存概率. 显然在 $(t_i,t_j]$ 上,

$$p_{ij}=\frac{l_j}{l_i}=\frac{l_{i+1}}{l_i}\times\frac{l_{i+2}}{l_{i+1}}\times\cdots\times\frac{l_j}{l_{j-1}}=p_ip_{i+1}\cdots p_{j-1},\quad j>i. \tag{11.1.6}$$

在用实际数据估计 q_i 或 p_i 时, 还可以有很多其他方法.

11.1.2　区间上危险率的估计

由于 $h(t)$ 只定义在 “点” 上, 而实际上, 人们需要知道在一个给定的区间 $(t,t+\Delta t]$ 上, 如何来估计死亡的危险性. 有下面三种方法：

1. 线性估计法

当生存曲线 $l(t)$ 是 t 的线性函数时, 直接可以证明, q_t 与 Δt 成正比, 并且 $h(t)=q_t/\Delta t$, 这恰是 (11.1.3) 中去 “lim” 的结果, 所以 $(t,t+\Delta t]$ 上的危险率取

$$h(\text{线性})=\frac{q_t}{\Delta t}. \tag{11.1.7}$$

2. 保险估计法

$$h(\text{保险}) = \frac{2q_t}{\Delta t(1+p_t)}, \tag{11.1.8}$$

也可以称之为 "中点估计", 它是 $(t_i, t_{i+1}]$ 的一个中间值 t_{mi} 上 $h(t)$ 的一个近似估计.

证明　由 (11.1.2) 可得 $(t, t+\Delta t]$ 内 t_m 点上 $h(t)$ 的近似式为

$$h_m = \frac{f(t_m)}{s(t_m)}, \quad s(t_m) \approx \frac{s(t+\Delta t)+s(t)}{2}, \tag{11.1.9}$$

而

$$s(t+\Delta t) = \frac{l_{t+\Delta t}}{l_0} = \frac{l_t}{l_0} \times \frac{l_{t+\Delta t}}{l_t} = s(t)p_t, \tag{11.1.10}$$

$$f(t_m) \approx \frac{-[s(t+\Delta t)-s(t)]}{\Delta t} = \frac{-[s(t)p_t - s(t_t)]}{\Delta t} = \frac{s(t)}{\Delta t}q_t. \tag{11.1.11}$$

式 (11.1.10), (11.1.11) 代入 (11.1.9), 即得式 (11.1.8). 保险公司及目前国际上所有著名的统计软件 (SPSS, SAS 等) 全用 (11.1.8) 作为区间上危险率的估计.

3. 平均危险率

取 $(t, t+\Delta t]$ 上危险率 $h(t)$ 的平均值, 即令

$$\bar{h}_t = \frac{1}{\Delta t}\int_t^{t+\Delta t} h(u)\mathrm{d}u = \frac{1}{\Delta t}\int_t^{t+\Delta t} \frac{-l'(u)}{l(u)}\mathrm{d}u = \frac{-\ln(p_t)}{\Delta t},$$

即

$$\bar{h}_t = \frac{-\ln(p_t)}{\Delta t}, \tag{11.1.12}$$

这应称为 "平均危险率"[68]. **用 $\bar{h}_t$ 估计区间上每一点的危险性应该是最合理的, 就如同人们常用平均速度代替即时速度一样**. 与之等价地有

$$p_t = \mathrm{e}^{-\bar{h}_t \Delta t}, \tag{11.1.13}$$

它也相当于 $l(t)$ 在小区间上是指数曲线.

容易证明, 上述三种估计有下述关系:

$$h(\text{线性}) < h(\text{保险}) < \bar{h}, \quad q_t \neq 1.$$

当死亡概率 $q_t \approx 0$ 时, 上述三个估计几乎相同; 当 q_t 增大时, 上述估计量之间的差别很大. 例如, $\Delta t = 1$, 则 h(线性) 最大值为 1, h(保险) 最大值为 2, 而当 $q_t \to 1$ 时, 显然, $\bar{h} \to \infty$. 后面的结果是很容易理解的: $h(t)$ 是描述死亡的危险度, 当 "全部成员死亡或接近死亡" 时, 其危险度自然应该是 "无限地增大". 但 q_t =1 的情形又是客观存

在的, 对这个问题, 孙尚拱[68] 证明了：当 $(t, t+\Delta t)$ 上 $q_t=1$ 时, 则 $\bar{h}_t \approx 3/\Delta t$, 它相当于 $q_t = 0.95$ 时的 $\bar{h}$ 值.

式 (11.1.13) 说明了一个重要事实：**当生存函数 $s(t)$ 未知时, 在一个小区间上 $s(t)$ 形状的 "最好" 估计应是指数函数.** 这里所谓 "最好" 是指要用**一个数值**代替一个区间上每一点的危险率时, 这个危险率的估计应该是 "平均危险率", 这也可以用微分方程法简单地证明. 由前面知,

$$h(t) = -\frac{l'(t)}{l(t)}. \tag{11.1.14}$$

如果规定小区间上永远有 $h(t) = h_0$, 则式 (11.1.14) 必有 $l(t) = l_0 \mathrm{e}^{-h_0(t-t_0)}$, 并且一定是 $h_0 = \bar{h}$. 这也就从另外一个角度证明了：当 $s(t)$ 未知时, 用指数分布代替它最为合理. 在区间长度 Δt 很小时, 上述估计的精度会大大提高, 因为这时 (11.1.14) 的误差 (当 h_0 代替 h_t 时) 会接近于零.

11.1.3 生存函数 $s(t)$ 的估计

经典的计算 $s(t) = l(t)/l_0 = \Pr(T \geqslant t)$ 的方法称为 Kaplan-Meier(简记为 K-M) 公式,

$$S(t_i) = \frac{l_i}{l_0} = \frac{l_1}{l_0} \cdot \frac{l_2}{l_1} \cdot \frac{l_3}{l_2} \cdots \frac{l_i}{l_{i-1}} = p_0 p_1 p_2 \cdots p_{i-1}, \quad i = 1, 2, \cdots, w, \tag{11.1.15}$$

这是一个不连续的阶梯函数 (图 11.1.1(a)). 利用

$$\frac{\partial s(t_i)}{\partial p_j} = \frac{s(t_i)}{p_j}, \ j < i, \quad \frac{\partial s(t_i)}{\partial p_j} = 0, \ j \geqslant i, \tag{11.1.16}$$

$$\mathrm{Var}(\hat{p}_i) = \mathrm{Var}(\hat{q}_i) = \frac{p_i q_i}{l_i} \left(\text{其中}\hat{q}_i\text{的样本估计是}\frac{d_i}{l_i}\right) \tag{11.1.17}$$

及 $\{d_i\}$ 之间的独立性, 可以认为, $\{\hat{q}_i\}$ 彼此独立. 利用下面的式 (11.1.19), 可以证明

$$\mathrm{Var}(S(t_i)) \approx S^2(t_i) \sum_{j=0}^{i-1} \frac{q_j}{l_j p_j}, \quad i = 1, 2, \cdots, w. \tag{11.1.18}$$

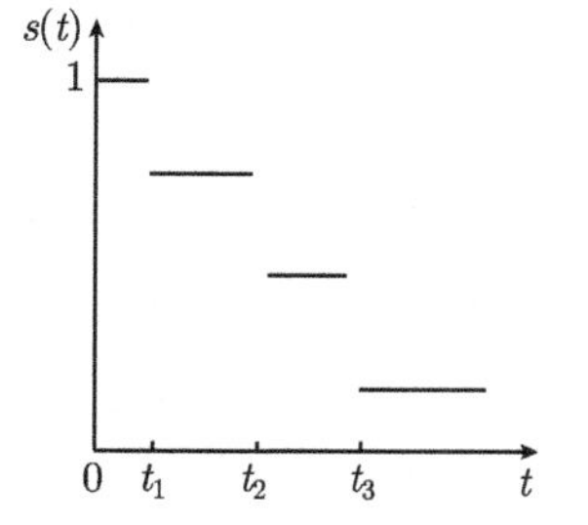

(a) 生存曲线 Kaplan−Meier 估计

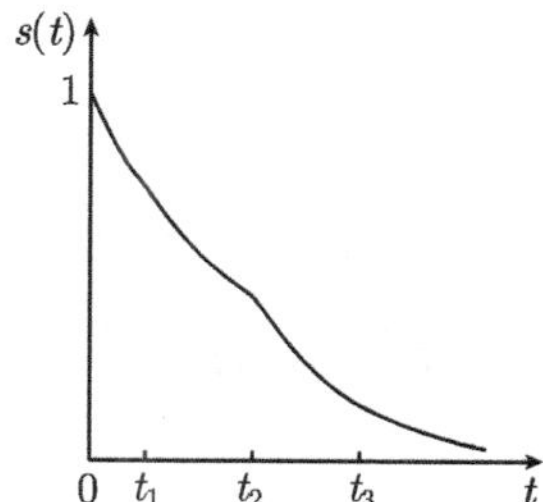

(b) 生存曲线孙的估计法

图 11.1.1

注意：在证明中, 利用

$$g(x_1,\cdots,x_p)\approx g(x_1^0,\cdots,x_p^0)+\sum_{i=1}^{p}\left.\frac{\partial g}{\partial x_i}\right|_{x^0}\mathrm{d}x_i,$$

当 $(x_1,\cdots,x_p)$ 彼此不相关时,

$$\mathrm{Var}(g(x_1,\cdots,x_p))\approx\sum_{i=1}^{p}\left.\left(\frac{\partial g}{\partial x_i}\right)^2\right|_{x^0}\mathrm{Var}(x_i). \tag{11.1.19}$$

上述公式的拓广 在每一个小区间内, 用指数分布代替 $S(t)$, 对任一指定的时间 t, 先找到 t 所在的子区间, 记 $t\in(t_i,t_{i+1}]$, 这时 i 已被确定. 令

$$S(t)=\begin{cases}p_0p_1\cdots p_{i-1}, & t=t_i,\\ p_0p_1\cdots p_{i-1}\exp\left[-\bar{h}_i(t-t_i)\right], & t_i\leqslant t<t_{i+1},\end{cases} \tag{11.1.20}$$

其中 $\bar{h}_i=-\dfrac{1}{t_{i+1}-t_i}\ln p_i$ 为 $[t_i,t_{i+1})$ 上的平均危险率. 这是一个连续的函数 (图 11.1.1(b)). 于是得 (11.1.18) 生存函数的方差渐近公式为

$$\mathrm{Var}(S(t))=S^2(t_i)\exp\left[-2\bar{h}_i(t-t_i)\right]\left[\sum_{j=0}^{i-1}\frac{q_j}{l_jp_j}+\frac{(t-t_i)^2}{n_i^2}\frac{q_i}{l_ip_i}\right]. \tag{11.1.21}$$

有了对生存函数及对危险率函数的估计后, 利用式 (11.1.2) 得密度函数 $m(t)$ 的估计为 $f(t)=h(t)s(t)$. 从 (11.1.3) 可见, 在一个小区间上死亡率的最恰当的估计就是平均危险率.

11.1.4 生存时间百分位数 t_α 的估计

最常用的百分位数是求满足 $0.5=S(t_{0.5})$ 中的 $t_{0.5}$(常称为**半数致死量**或**中位数**). 一般地, 假定分位数为 α, 找 t_α 值, 使得 $S(t_\alpha)=\alpha$. 具体做法如下：先找对应于 α 的 t_i, 使得

$$S(t_i)\geqslant\alpha>S(t_{i+1}).$$

显然, t_α 必落在小区间 $[t_i,t_{i+1})$ 之内, 在 $[t_i,t_{i+1})$ 内求解

$$\alpha=S(t_\alpha)=S(t_i)\exp\left[-\bar{h}_i(t_\alpha-t_i)\right]$$

得

$$t_\alpha=t_i+\frac{1}{\bar{h}_i}\ln\frac{S(t_i)}{\alpha}. \tag{11.1.22}$$

特例：若 α=0.5, 则

$$t_{0.5} = t_i - \frac{t_{i+1} - t_i}{\ln p_i} \ln[2S(t_i)],$$

它的渐近标准误为

$$\text{SE}(t_\alpha) = \frac{\ln[S(t_i)/\alpha]}{(t_{i+1} - t_i)p_i(\bar{h}_i)^2} \sqrt{\frac{p_i q_i}{l_i - w_i/2}}, \quad p_i \neq 0, 1. \tag{11.1.23}$$

寿命表是经典的生存分析, 它的一个主要内容是估计平均寿命, 对经典平均寿命的革命性贡献是孙尚拱公式, 参见文献 [38], [68], 此处不作介绍.

11.2 常见的生存函数简介

11.2.1 指数分布 (exponential distribution)

这是最简单也是最常见的生存函数, 形式为

$$s(t) = \mathrm{e}^{-\lambda t}, \quad t \geqslant 0, \ \lambda > 0, \tag{11.2.1}$$

概率密度函数为

$$f(t) = \lambda \mathrm{e}^{-\lambda t}, \quad t \geqslant 0, \tag{11.2.2}$$

危险率函数为

$$h(t) = \lambda, \quad t \geqslant 0, \tag{11.2.3}$$

其中 λ 为尺度参数. 三个函数图形如图 11.2.1 所示.

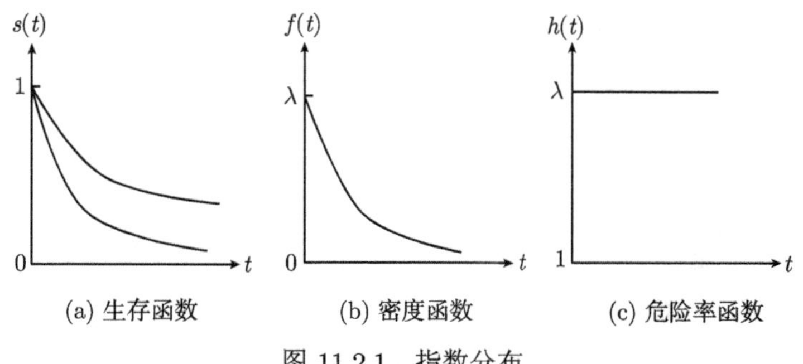

(a) 生存函数　(b) 密度函数　(c) 危险率函数

图 11.2.1 指数分布

如果生存时间变量 T 服从指数分布, 即

$$\Pr(T \geqslant t) = S(t) = \mathrm{e}^{-\lambda t},$$

则 T 的理论均值 $E(T)$ 及方差分别为

$$E(T) = \frac{1}{\lambda}, \quad \text{Var}(T) = \frac{1}{\lambda^2}.$$

显然,

$$\ln S(t) = -\lambda t. \tag{11.2.4}$$

因此, 当样本生存函数 $S(t_i)$ 的对数 $\ln S(t_i)$ 与 t_i 作图, 图形呈线性关系时, 可以认为 T 是指数分布.

一个未知的生存函数 $S(t)$, 当它不是指数分布时, 如何去近似它呢? 11.1.1 小节中证明, 在考察的小区间内, 若要用一个常数去表示危险率, 则与它对应的生存函数应是指数分布. 也就是说, 虽不知道 $S(t)$ 的分布, 但在足够小的区间上, 用指数分布去近似它必是“好”的.

11.2.2　威布尔分布 (Weibull distribution)

生存函数为

$$S(t) = \exp\left[-(\lambda t)^{\gamma}\right], \quad t \geqslant 0, \lambda, \gamma > 0, \tag{11.2.5}$$

其中 λ 称为**尺度**(scale)**参数**, γ 称为**形状参数**(shape). 它的密度函数及危险率函数分别为

$$f(t) = \lambda\gamma(\lambda t)^{\gamma-1}\exp\left[-(\lambda t)^{\gamma}\right], \quad t \geqslant 0, \lambda, \gamma > 0, \tag{11.2.6}$$

$$h(t) = \lambda\gamma(\lambda t)^{\gamma-1} = \lambda^{\gamma}\gamma t^{\gamma-1}. \tag{11.2.7}$$

当 $\gamma = 1$ 时, 威布尔分布就是指数分布, 它的危险率函数 $h(t)$ 及密度函数 $f(t)$ 如图 11.2.2 所示.

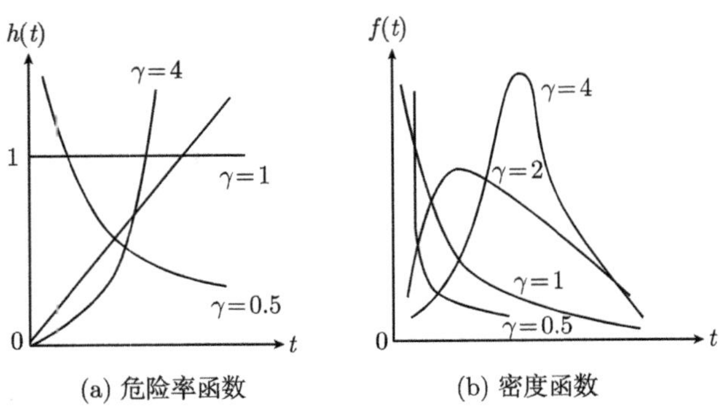

(a) 危险率函数　　(b) 密度函数

图 11.2.2　威布尔分布

威布尔分布有一个特点:

当 $\gamma < 1$ 时, $h(t)$ 从很高值单调下降;

当 $\gamma > 1$ 时, $h(t)$ 单调上升;

当 $\gamma = 1$ 时, $h(t)$ 为水平线.

因此, 有的学者认为

$\gamma < 1$ 相当于婴幼期生存模式;

$\gamma = 1$ 则是青壮年生存模式;

$\gamma > 1$ 为老化期模式.

这里, 参数 γ 为形状参数, λ 为尺度参数. 威布尔分布的生存时间 T 的均值及方差分别为

$$E(T) = \lambda^{-\gamma}\Gamma(1+\gamma),$$

$$\mathrm{Var}(T) = \lambda^{-2}\left[\Gamma\left(1+\frac{2}{\gamma}\right) - \Gamma^2\left(1+\frac{1}{\gamma}\right)\right],$$

$$\text{中位数} = \lambda^{-1}(\ln 2)^{1/\gamma},$$

$$\text{众数} = \frac{(1-\gamma)^{1/\gamma}}{\lambda},$$

其中 $\Gamma(x)$ 为 Γ 函数. 当 $\gamma = 3.6$ 时, 威布尔分布近似于正态分布, 但这时的威布尔分布只有一个参数 λ 可以自由变动, 所以威布尔分布不能包含所有类型的正态分布.

威布尔分布有一个简单但很重要的性质, 即

$$\ln(-\ln S(t)) = \gamma\ln\lambda + \gamma\ln t. \tag{11.2.8}$$

也就是说, 估计出 $S(t)$ 后, 对样本点作如下变换:

$$y_i = \ln(-\ln S(t)), \quad x_i = \ln t_i, \quad i = 1, 2, \cdots, n,$$

如果 y_i 与 x_i 成直线, 则可以认为此生存函数为威布尔分布. (12.2.8) 是检验样本数据是否为威布尔分布的基础. 由于威布尔分布包含的范围很宽, 所以它是生存分析中最重要的分布.

11.2.3　对数正态分布 (lognormal distribution)

若生存时间 T 的 $\ln T$ 服从正态分布 $N(\mu, \sigma^2)$, 则称 T 为对数正态分布, 此时有

$$f(t) = \frac{1}{\sigma t\sqrt{2\pi}}\exp\left[-\frac{1}{2\sigma^2}(\ln t - \mu)^2\right], \quad t \geqslant 0, \tag{11.2.9}$$

$$E(T) = \exp\left(\mu + \frac{\sigma^2}{2}\right),$$

$$\mathrm{Var}(T) = \exp(2\mu + \sigma^2)(\mathrm{e}^{\sigma^2} - 1),$$

$$\text{众数} = \exp(\mu),$$

其中 σ 称为尺度参数, μ 为位置参数. 密度函数是拖尾型, μ 越大, 则尾巴部分越大, 如图 11.2.3 所示. 其分布密度函数中一个最大的共同点是向右拖尾. 因此, 如果样本频数的直方图呈现 “单峰、右拖尾”, 则人们常常对它取对数, 取对数后的样本常常变成了正态分布.

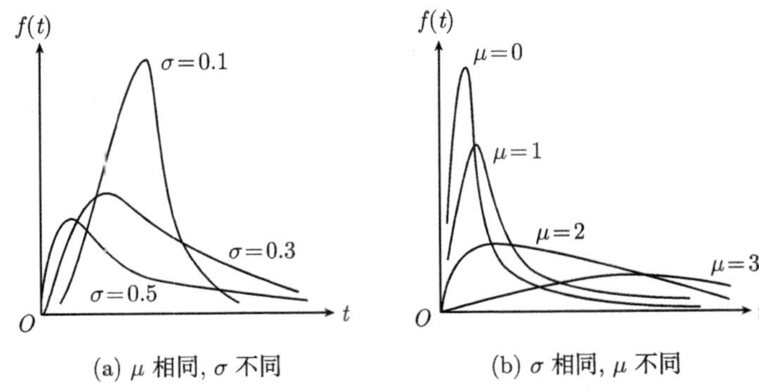

(a) μ 相同, σ 不同　　(b) σ 相同, μ 不同

图 11.2.3　对数正态分布密度

11.2.4　Logistic 分布

生存函数为

$$S(t)=\frac{\exp[-(t-\alpha)/\beta]}{1+\exp[-(t-\alpha)/\beta]},\quad -\infty<t<+\infty, \tag{11.2.10}$$

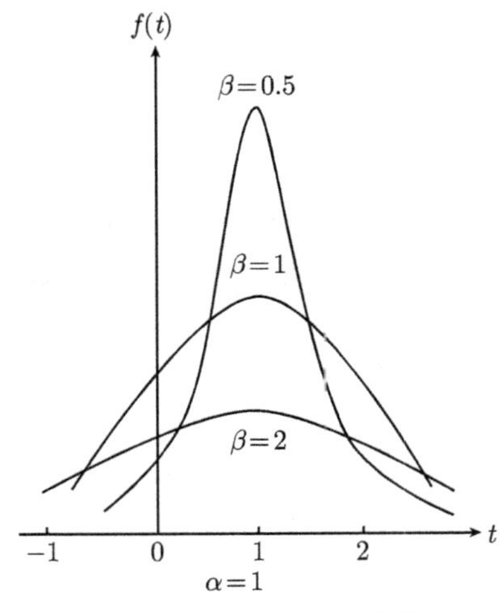

图 11.2.4　Logistic 分布

其中 β 为尺度参数, α 为位置参数. 密度函数为

$$f(t)=\frac{\exp[-(t-\alpha)/\beta]}{\beta\{1+\exp[-(t-\alpha)/\beta]\}^2}, \tag{11.2.11}$$

危险率函数为

$$h(t)=\frac{1}{\beta\{1+\exp[-(t-\alpha)/\beta]\}}, \tag{11.2.12}$$

其 $f(t)$ 形如图 11.2.4, 图形在 $t=\alpha$ 点对称; β 越小, 则曲线越陡; β 越大, 则越平坦. 可以证明, 如果 T 为 Logistic 生存时间, 则

$$E(T)=\alpha,\quad \mathrm{Var}(T)=\frac{\beta^2\pi^2}{3}.$$

11.2.5　伽玛分布 (Gamma distribution)

它的密度函数为

$$f(t)=\frac{\beta^\alpha t^{\alpha-1}\mathrm{e}^{-\beta t}}{\Gamma(\alpha)},\quad \alpha,\beta>0,\ t\geqslant 0, \tag{11.2.13}$$

其中 $\Gamma(x)$ 为伽玛函数, β 称为尺度参数, α 为形状参数. 当 $\beta=1$ 时, 称为标准伽玛分布. 它的均值、方差及众数分别为

$$E(T)=\frac{\alpha}{\beta},\quad \mathrm{Var}(T)=\frac{\alpha}{\beta^2},\quad 众数=\frac{\alpha-1}{\beta},\ \alpha>1.$$

它的生存函数图 $S(t)$ 及危险率函数 $h(t)$ 公式复杂, 图形见图 11.2.5, 但有如下一些性质:

当 $\beta > 1$ 时, $h(0) = 0$ 且 $h(t)$ 单调递增,

$$\lim_{t\to\infty} h(t) = \beta;$$

当 $0 < \beta < 1$ 时, $h(t)$ 单调递减, $\lim\limits_{t\to 0} h(t) = \infty$,

$$\lim_{t\to\infty} h(t) = \beta.$$

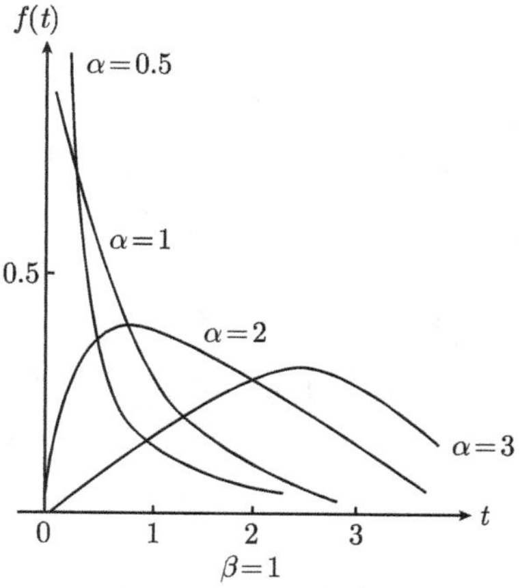

图 11.2.5　Gamma 密度函数

11.2.6　极值分布 (extreme value distribution)

生存函数为

$$S(t) = \exp\left[-\exp\left(\frac{t-u}{b}\right)\right], \quad -\infty < t < +\infty, \tag{11.2.14}$$

其中 b 为尺度函数 $(b > 0)$, u 为位置函数 $(-\infty < u < \infty)$, 密度函数为

$$f(t) = \frac{1}{b}\exp\left[\frac{t-u}{b} - \exp\left(\frac{t-u}{b}\right)\right], \tag{11.2.15}$$

$$E(T) = u - 0.5772b, \quad \mathrm{Var}(T) = \frac{\pi^2 b^2}{6}. \tag{11.2.16}$$

此分布与威布尔分布关系密切. 如果 T 是威布尔分布 (11.2.6), 则 $x = \ln T$ 就是 $b = 1/\gamma$及$u = -\ln\lambda$ 的极值分布. (11.2.14) 型的分布称为第一类极值分布.

$u = 0$ 且 $b = 1$ 的极值分布称为**标准极值分布**, 形状如图 11.2.6 所示, 单峰、偏态, 众数为 u, b 越大, 曲线越平坦, 曲线有两个拐点.

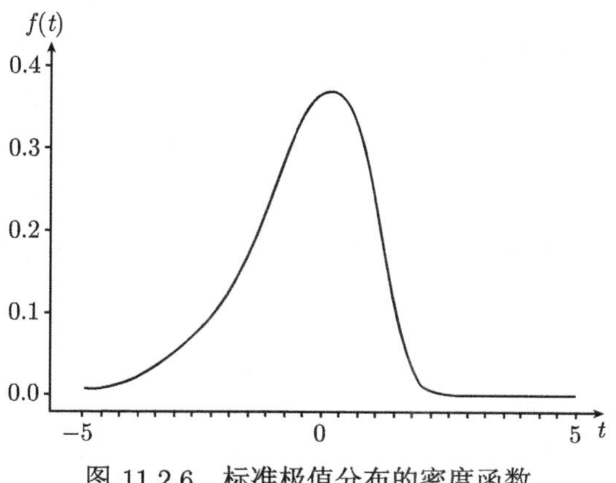

图 11.2.6　标准极值分布的密度函数

11.2.7　其他的分布

在生存分析中, 其他较为有名也较为重要的分布有如下几个:

(1) 线性指数分布, 也称 Rayleigh 分布, 其危险率函数呈线性型,

$$h(t) = a + bt.$$

(2) Gompertz 分布, 它的危险率函数为

$$h(t) = \exp(\alpha + \beta t),$$

指数分布是它的特例.

(3) 对数 Logistic 分布, 即生存时间 T 的对数呈 Logistic 型分布.

11.3　生存时间的对数线性模型

设可能影响生存时间 T 的协变量为 $\boldsymbol{x} = (x_1, \cdots, x_p)^{\mathrm{T}}$, 记 T_0 为 $\boldsymbol{x} = \boldsymbol{0}$ 时 T 的基准生存时间. 假设协变量 $\boldsymbol{x}$ 只能按乘法 “加速” 或 “减少” 基准生存时间 T_0, 即对数线性模型中认为存在 $u(\boldsymbol{x})$, 使得 T 与 T_0 的关系为

$$T = T_0 \exp(u(\boldsymbol{x})). \tag{11.3.1}$$

式 (11.3.1) 两边取对数, 令 $y = \ln T$, $y_0 = \ln T_0$, 式 (11.3.1) 变为

$$y = u(\boldsymbol{x}) + y_0. \tag{11.3.2}$$

也可以把 (11.3.2) 中的 y_0 再写成 σe 型, 即 (11.3.2) 写成

$$y = u(\boldsymbol{x}) + \sigma e, \tag{11.3.3}$$

称 $u(x)$ 为 y 的位置, $\ln T_0$ 中的均值在 SAS 软件中的LIFEREG程序中称为截距, 上面的 σ 为 $\ln T_0$ 的尺度参数, 而 T_0 中也有自己的尺度参数. $\boldsymbol{e}$ **是标准化分布**, 其分布记为 $G(t)$, 它的密度函数记为 $g(t)$. 于是给定 $\boldsymbol{x}$ 条件下 e 的生存函数为

$$S(t|\boldsymbol{x}) = 1 - G\left(\frac{\ln t - u(\boldsymbol{x})}{\sigma}\right). \tag{11.3.4}$$

式 (11.3.3) 常称为**位置–尺度模型**. $u(\boldsymbol{x})$ 的重要特例是 $u(\boldsymbol{x}) = \boldsymbol{x}^{\mathrm{T}}\boldsymbol{\beta}$, 这相当于

$$T = T_0 \exp(\boldsymbol{x}^{\mathrm{T}}\boldsymbol{\beta}) \tag{11.3.5}$$

或

$$y = \boldsymbol{\beta}^{\mathrm{T}}\boldsymbol{x} + y_0, \quad y_0 = \sigma e. \tag{11.3.6}$$

这就是 “**对数线性**” 模型名称的由来. 一般是在给定 $\boldsymbol{x}$ 的条件下去考察 T 的分布, 因此, (11.3.5) 模型可改写为

$$\Pr(T \geqslant t|\boldsymbol{x}) = \Pr(T_0 \geqslant t\exp(-\boldsymbol{x}^{\mathrm{T}}\boldsymbol{\beta})). \tag{11.3.7}$$

式 (11.3.7) 不仅可用于估计给定 $\boldsymbol{x}$ 值时生存时间 T 的百分位点, 也可以看出, 固定协变量条件下, T 的条件分布与 T_0 的分布类型是相同的. 当有 "失访的数据" 时, 一般是用最大似然估计法估计 (11.3.6) 中的参数, 见后面的叙述.

什么样的分布适合上述模型? 如果 T 是威布尔分布, 则 $y = \ln T$ 的分布就是极值分布. 设极值分布的协变量只影响极值分布的中心位置 $u(x)$, 但不会影响尺度参数 σ, 这时的 y 就可以有 (11.3.2) 的形式. 也就是说, 当 T 是威布尔分布时, 位置–尺度模型可成立.

注意: 当 $T \leqslant 0$ 时, 显然不能取对数; 当 T 近似于零时, $\ln T$ 有很大的负值. 由于回归估计中绝对值很大的点对参数的估计影响很大, 因此, 检查残差, 残差绝对值特别大的点及极端的协变量都应该被删去.

设 $\boldsymbol{\beta} = (\beta_1, \cdots, \beta_p)^{\mathrm{T}}$ 为未知参数向量. 下面只考虑模型 (11.3.6). 设对 n 个个体的生存时间作观察, 得到下面的数据:

$$(t_1, \delta_1, X_1), \quad (t_2, \delta_2, X_2), \quad \cdots, \quad (t_n, \delta_n, X_n),$$

其中 $\delta_i = 1$ 表示对应的生存时间 t_i 为完全数据, $\delta_i = 0$ 表示对应的生存时间 t_i 为失访数据 (并且表示实际生存时间不低于对应的 t_i). 记

$$R = \{\text{由完全数据组成的点集}\}, \quad C = \{\text{由不完全数据组成的点集}\}.$$

用最大似然函数法估计参数. 此时, 在给定协变量情况下, y(实际为 e) 的分布密度可由 (11.3.4) 得

$$y \sim \frac{1}{\sigma} g\left(\frac{y - \boldsymbol{X}^{\mathrm{T}}\boldsymbol{\beta}}{\sigma}\right) \quad (\text{用于}R\text{点集}),$$

与它对应的生存函数为

$$S\left(\frac{y - \boldsymbol{X}^{\mathrm{T}}\boldsymbol{\beta}}{\sigma}\right) \quad (\text{用于}C\text{点集}).$$

令 $y_i = \ln(t_i)$, 定义 $(y_1, y_2, \cdots, y_n)$ 的似然函数为

$$L = \prod_{i \in R} \frac{1}{\sigma} g\left(\frac{y_i - \boldsymbol{X}_i^{\mathrm{T}}\boldsymbol{\beta}}{\sigma}\right) \prod_{i \in C} S\left(\frac{y_i - \boldsymbol{X}_i^{\mathrm{T}}\boldsymbol{\beta}}{\sigma}\right). \tag{11.3.8}$$

(11.3.7) 中的协变量是固定的, 所以它被称为**偏似然函数**(partial likelihood function). 它仍然具有一般似然函数的意义及性质. 记 $(\hat{\boldsymbol{\beta}}, \hat{\sigma})$ 是下面方程的解:

$$\frac{\partial \ln L}{\partial \beta_i} = 0, \quad i = 1, \cdots, p,$$
$$\frac{\partial \ln L}{\partial \sigma} = 0.$$

由最大似然函数根的性质知

$$\begin{pmatrix} \hat{\boldsymbol{\beta}} \\ \hat{\sigma} \end{pmatrix} \sim N_{p+1}\left(\begin{pmatrix} \boldsymbol{\beta} \\ \sigma \end{pmatrix}, \boldsymbol{I}^{-1}\right) \text{渐近成立}, \tag{11.3.9}$$

其中 $\boldsymbol{I}$ 为信息矩阵.

对于参数的检验, 由 (11.3.9) 出发是统计软件中常用的方法, 但它受信息矩阵的奇异性影响太大, 更好的方法是用下面的似然比法.

把 $p+1$ 个参数分成两组, $\boldsymbol{\beta} = \begin{pmatrix} \boldsymbol{\beta}_{(1)} \\ \boldsymbol{\beta}_{(2)} \end{pmatrix}$, 其中 $\boldsymbol{\beta}_{(1)}$ 为 k 维, $\boldsymbol{\beta}_{(2)}$ 为 q 维, $q+k=p+1$. 检验

$$H_0 : \boldsymbol{\beta}_{(1)} = \boldsymbol{\beta}_{(1)}^0.$$

记 $\tilde{\boldsymbol{\beta}}_{(2)}$ 及 $\tilde{\sigma}$ 为 H_0 成立条件下 $\boldsymbol{\beta}_{(2)}$ 及 σ 的最大似然估计, 并且最大似然函数值为 $L(\boldsymbol{\beta}_{(1)}^0, \tilde{\boldsymbol{\beta}}_{(2)}, \tilde{\sigma})$, 则可得似然比估计量

$$\lambda = -2\ln \frac{L(\boldsymbol{\beta}_{(1)}^0, \tilde{\boldsymbol{\beta}}_{(2)}, \tilde{\sigma})}{L(\hat{\boldsymbol{\beta}}, \hat{\sigma})} \sim \chi_k^2. \tag{11.3.10}$$

当式 (11.3.10) 中的 λ 超过卡方的临界值时, 否定 H_0.

当求 (11.3.8) 的似然函数时, 必须先指定 $y = \ln t$(即 $y_0 = \ln t_0$) 的分布. 下面给出 T_0 是威布尔分布时 $\ln L$ 的一阶及二阶偏导数公式.

当 T_0 是威布尔分布时, $y_0 = \ln t_0$ 即服从极值分布, 它的标准化分布的密度函数及生存函数分别为

$$g(t) = \exp\left[t - \exp(t)\right], \quad S(t) = \exp\left[-\exp(t)\right].$$

记

$$z_i = \frac{y_i - \boldsymbol{X}_i^{\mathrm{T}}\boldsymbol{\beta}}{\sigma}, \quad \boldsymbol{X}_i = (x_{i1}, \cdots, x_{ip})^{\mathrm{T}},\ i = 1, 2, \cdots, n.$$

从式 (11.3.8) 可得

$$\frac{\partial \ln L}{\partial \beta_l} = -\frac{1}{\sigma}\sum_{i\in R} x_{il} + \frac{1}{\sigma}\sum_{i=1}^{n} x_{il}\mathrm{e}^{z_i}, \quad l = 1, 2, \cdots, p,$$

$$\frac{\partial \ln L}{\partial \sigma} = -\frac{r}{\sigma} - \frac{1}{\sigma}\sum_{i\in R} z_i + \frac{1}{\sigma}\sum_{i=1}^{n} z_i\mathrm{e}^{z_i}, \quad r = R \text{ 集中点的数量},$$

$$\frac{\partial^2 (\ln L)}{\partial \beta_l \partial \beta_s} = -\frac{1}{\sigma^2}\sum_{i=1}^{n} x_{il}x_{is}\mathrm{e}^{z_i}, \quad r, s = 1, \cdots, p,$$

$$\frac{\partial^2 (\ln L)}{\partial \sigma^2} = \frac{r}{\sigma^2} + \frac{2}{\sigma^2}\sum_{i\in R} z_i - \frac{2}{\sigma^2}\sum_{i=1}^{n} z_i\mathrm{e}^{z_i} - \frac{2}{\sigma^2}\sum_{i=1}^{n} z_i^2\mathrm{e}^{z_i},$$

$$\frac{\partial^2(\ln L)}{\partial\beta_l\partial\sigma}=\frac{1}{\sigma^2}\sum_{i\in R}x_{il}-\frac{1}{\sigma^2}\sum_{i=1}^{n}x_{il}\mathrm{e}^{z_i}-\frac{1}{\sigma^2}\sum_{i=1}^{n}x_{il}z_i\mathrm{e}^{z_i}.$$

由上述的二阶导数得 Fisher 信息矩阵 $\boldsymbol{I}=(I_{ij})$ 如下：

$$I_{ij}=-E\left(\frac{\partial^2(\ln L)}{\partial\beta_i\partial\beta_j}\right),\quad i,j=1,\cdots,p+1,\quad \sigma=\beta_{p+1}.$$

由于只有一组样本, 所以上式中的数学期望常被忽略.

对于 T_0 的其他分布可类似地求出. 也就是说, 在 SAS 软件中的`LIFEREG`程序中要先指定该样本中基准分布的一个分布类型, 再在此基础上, 由`LIFEREG`程序去估计参数及作统计检验. 一般情形下, 根本就不知道样本的分布类型, 怎么办? 下面结合实例本书提出一种办法可以计算任何样本数据属于比较常见分布类型的概率, 进而可以去识别该样本应该是什么分布, 同时也给出该分布中有关参数的估计值.

例 11.3.1 多骨髓癌的研究 (取自 SAS 说明书[50]). 研究人员用甲烷烃化剂 (alkylating agents) 对 65 个病人进行治疗. 在这些病人中, 48 个在研究过程中死去, 17 个还活着, 所用的变量为

time 为从诊断到死亡时的生存日数;

vstatus 表示研究结束时病人状况, 0 表示仍活着; 1 则表示死亡;

logbun 为诊断时的 log(bun) 值, bun 为医学术语;

hgb 表示为诊断时的血红蛋白含量;

platelet 为诊断时测定的血小板含量, 0 为不正常; 1 为正常;

age 表示为诊断时的年龄 (岁);

logwbc 为诊断时 log(wbc), 其中 wbc 为白血球数;

frac 表示为诊断时是否骨折, 0 为没有; 1 为有;

logpbm 为 log(骨髓中原生质 plasma 细胞的百分含量);

protein 为诊断时的尿蛋白含量;

scalc 表示为诊断时的血清钙含量,

但在此处仅从中使用两个变量 logbun 及 hgb 作线性对数模型 (理由见 11.4 节).

在 SAS 软件的`LIFEREG`程序中, 共包含 7 种分布. 由于不知道多骨髓的生存时间 T_0 是什么分布, 所以使用了 SAS 软件的`LIFEREG`程序中可能的全部 7 种分布, 以便相互比较. 计算语句为

```
data myeloma;
input time vstatus logbun hgb platelet age logwbc frac
      logpbm protein scalc;
label time='survival time'
      vstatus='0=alive 1=dead';
```

```
    drop platelet age logwbc frac logpbm protein scalc;
cards;
 1.25 1 2.2175  9.4 1 67 3.6628 1 1.9542 12 10
 1.25 1 1.9395 12.0 1 38 3.9868 1 1.9542 20 18
 2.00 1 1.5185  9.8 1 81 3.8751 1 2.0000  2 15
 2.00 1 1.7482 11.3 0 75 3.8062 1 1.2553  0 12
 2.00 1 1.3010  5.1 0 57 3.7243 1 2.0000  3  9
 3.00 1 1.5441  6.7 1 46 4.4757 0 1.9345 12 10
 5.00 1 2.2355 10.1 1 50 4.9542 1 1.6628  4  9
 5.00 1 1.6812  6.5 1 74 3.7324 0 1.7324  5  9
 6.00 1 1.3617  9.0 1 77 3.5441 0 1.4624  1  8
 6.00 1 2.1139 10.2 0 70 3.5441 1 1.3617  1  8
 6.00 1 1.1139  9.7 1 60 3.5185 1 1.3979  0 10
 6.00 1 1.4150 10.4 1 67 3.9294 1 1.6902  0  8
 7.00 1 1.9777  9.5 1 48 3.3617 1 1.5682  5 10
 7.00 1 1.0414  5.1 0 61 3.7324 1 2.0000  1 10
 7.00 1 1.1761 11.4 1 53 3.7243 1 1.5185  1 13
 9.00 1 1.7243  8.2 1 55 3.7993 1 1.7404  0 12
11.00 1 1.1139 14.0 1 61 3.8808 1 1.2788  0 10
11.00 1 1.2304 12.0 1 43 3.7709 1 1.1761  1  9
11.00 1 1.3010 13.2 1 65 3.7993 1 1.8195  1 10
11.00 1 1.5682  7.5 1 70 3.8865 0 1.6721  0 12
11.00 1 1.0792  9.6 1 51 3.5051 1 1.9031  0  9
13.00 1 0.7782  5.5 0 60 3.5798 1 1.3979  2 10
14.00 1 1.3979 14.6 1 66 3.7243 1 1.2553  2 10
15.00 1 1.6021 10.6 1 70 3.6902 1 1.4314  0 11
16.00 1 1.3424  9.0 1 48 3.9345 1 2.0000  0 10
16.00 1 1.3222  8.8 1 62 3.6990 1 0.6990 17 10
17.00 1 1.2304 10.0 1 53 3.8808 1 1.4472  4  9
17.00 1 1.5911 11.2 1 68 3.4314 0 1.6128  1 10
18.00 1 1.4472  7.5 1 65 3.5682 0 0.9031  7  8
19.00 1 1.0792 14.4 1 51 3.9191 1 2.0000  6 15
19.00 1 1.2553  7.5 0 60 3.7924 1 1.9294  5  9
24.00 1 1.3010 14.6 1 56 4.0899 1 0.4771  0  9
25.00 1 1.0000 12.4 1 67 3.8195 1 1.6435  0 10
```

```
26.00 1 1.2304 11.2 1 49 3.6021 1 2.0000 27 11
32.00 1 1.3222 10.6 1 46 3.6990 1 1.6335  1  9
35.00 1 1.1139  7.0 0 48 3.6532 1 1.1761  4 10
37.00 1 1.6021 11.0 1 63 3.9542 0 1.2041  7  9
41.00 1 1.0000 10.2 1 69 3.4771 1 1.4771  6 10
41.00 1 1.1461  5.0 1 70 3.5185 1 1.3424  0  9
51.00 1 1.5682  7.7 0 74 3.4150 1 1.0414  4 13
52.00 1 1.0000 10.1 1 60 3.8573 1 1.6532  4 10
54.00 1 1.2553  9.0 1 49 3.7243 1 1.6990  2 10
58.00 1 1.2041 12.1 1 42 3.6990 1 1.5798 22 10
66.00 1 1.4472  6.6 1 59 3.7853 1 1.8195  0  9
67.00 1 1.3222 12.8 1 52 3.6435 1 1.0414  1 10
88.00 1 1.1761 10.6 1 47 3.5563 0 1.7559 21  9
89.00 1 1.3222 14.0 1 63 3.6532 1 1.6232  1  9
92.00 1 1.4314 11.0 1 58 4.0755 1 1.4150  4 11
 4.00 0 1.9542 10.2 1 59 4.0453 0 0.7782 12 10
 4.00 0 1.9243 10.0 1 49 3.9590 0 1.6232  0 13
 7.00 0 1.1139 12.4 1 48 3.7993 1 1.8573  0 10
 7.00 0 1.5315 10.2 1 81 3.5911 0 1.8808  0 11
 8.00 0 1.0792  9.9 1 57 3.8325 1 1.6532  0  8
12.00 0 1.1461 11.6 1 46 3.6435 0 1.1461  0  7
11.00 0 1.6128 14.0 1 60 3.7324 1 1.8451  3  9
12.00 0 1.3979  8.8 1 66 3.8388 1 1.3617  0  9
13.00 0 1.6628  4.9 0 71 3.6435 0 1.7924  0  9
16.00 0 1.1461 13.0 1 55 3.8573 0 0.9031  0  9
19.00 0 1.3222 13.0 1 59 3.7709 1 2.0000  1 10
19.00 0 1.3222 10.8 1 69 3.8808 1 1.5185  0 10
28.00 0 1.2304  7.3 1 82 3.7482 1 1.6721  0  9
41.00 0 1.7559 12.8 1 72 3.7243 1 1.4472  1  9
53.00 0 1.1139 12.0 1 66 3.6128 1 2.0000  1 11
57.00 0 1.2553 12.5 1 66 3.9685 0 1.9542  0 11
77.00 0 1.0792 14.0 1 60 3.6812 0 0.9542  0 12
;
 proc lifereg data=myeloma outest=est1;
   model time*vstatus(0)=logbun hgb;/* 自动选 lnT0 为极值分布, 即 T0 为
```

```
Weibull 分布 */
    proc lifereg data=myeloma outest=est2;
     model time*vstatus(0)=logbun hgb /dist=exponential; /* 选 T0 为指数
分布 */
    proc lifereg data=myeloma outest=est3;
     model time*vstatus(0)=logbun hgb /dist=lnormal; /* 选对数正态分布
*/
    proc lifereg data=myeloma outest=est4;
     model time*vstatus(0)=logbun hgb /dist=llogistic; /* 选对数logistic
分布 */
    proc lifereg data=myeloma outest=est5;
     model time*vstatus(0)=logbun hgb /dist=gamma; /* 选 gamma 分布 */
    proc lifereg data=myeloma outest=est6;
     model time*vstatus(0)=logbun hgb /dist=normal;
    /* 这里应该是选 T0 为正态分布，再取对数作为应变量，但 SAS 软件的编写
者未对 T 及 T0 取对数！ */
    proc lifereg data=myeloma outest=est7;
     model time*vstatus(0)=logbun hgb /dist=logistic;
    /* 这里应该是选 T0 为 logistic 分布，再取对数作为应变量，但软件的编写
者未对 T 及 T0 取对数！ */
       proc print data=est1; /* 显示文件 est1 的内容，下类同 */
       proc print data=est2;
       proc print data=est3;
       proc print data=est4;
       proc print data=est5;
       proc print data=est6;
       proc print data=est7;
```

输出(部分)　自动选 T_0 为威布尔分布时的输出为

```
Dependent Variable            Log(time)     survival time
Censoring Variable             vstatus     0=alive 1=dead
Number of Observations              65
Noncensored Values                  48
Right Censored Values               17
Name of Distribution           Weibull
Log Likelihood             -81.3288666
```

```
                    Type III Analysis of Effects
                                          Wald
            Effect          DF         Chi-Square       Pr>ChiSq
            logbun           1            9.2534         0.0024
            hgb              1            3.9325         0.0474

                    Analysis of Parameter Estimates
                                  Standard    95 % Confidence    Chi-
Parameter     DF   Estimate     Error       Limits          Square   Pr>ChiSq
Intercept      1     4.5458    0.8939   2.7937   6.2979   25.86      <.0001
logbun         1    -1.5304    0.5031  -2.5165  -0.5444    9.25      0.0024
hgb            1     0.0975    0.0492   0.0011   0.1939    3.93      0.0474
Scale          1     0.8770    0.0945   0.7100   1.0833
Weibull Shape  1     1.1403    0.1229   0.9231   1.4085
......
Name of Distribution                  Gamma
Log Likelihood                   -79.47642488
                    Type III Analysis of Effects
                                          Wald
            Effect          DF         Chi-Square       Pr>ChiSq
            logbun           1           13.6347         0.0002
            hgb              1            4.1384         0.0419
```

注意：结果中的 Intercept 及 Scale 分别为 $\log T_0$ 的截距及尺度参数.

......

把判断样本分布最有用的信息集中于下面：

```
OBS _TYPE_ _DIST_     _LNLIKE_ INTERCEP*  LOGBUN      HGB _SCALE_   _SHAPE1_
-----------------------------------------------------------------------------
1   PARMS   WEIBULL     -81.329   4.5458  -1.5304 0.09752  0.8770       .
2   PARMS   EXPONENT    -82.021   4.4807  -1.5414 0.10411  1.0000       .
3   PARMS   LNORMAL     -79.479   4.1498  -1.6621 0.10848  1.0268       .
4   PARMS   LLOGISTC    -80.965   4.1037  -1.6045 0.10625  0.6110       .
5   PARMS   GAMMA       -79.476   4.1620  -1.6578 0.10825  1.0240    0.0333
6   PARMS   NORMAL**   -230.156  36.5411 -22.9832  2.5498 24.1359(与上不可比)
7   PARMS   LOGISTIC** -230.832  36.2858 -22.9509  2.2670 13.7195(与上不可比)
-----------------------------------------------------------------------------
```

*: SAS 软件输出中的 'INTERCEP' 指 '位置参数'. 只有 Gamma 分布还输出 '_SHAPE1_' 参数:

SHAPE1=1 的 Gamma 分布为 WEIBULL 分布, _SHAPE1_=0 的 Gamma 分布为对数正态分布. 而 WEIBULL 分布中, 如 SHAPE=1 则表示指数分布.

**: SAS 的 LIFEREG 模块中, 对 NORMAL 及 LOGISTIC 的对数线性模型中忘了对 T 取 log.

对上述计算结果可如下理解: 知道了 $\ln L$ 值 (即_LNLIKE_), 自然可得最大似然函数 L. L 是 n 组 (此例中, n=65) 密度 (或概率) 的乘积, 自然非常近似于零, 但如果开方 n 次, 就可求得下面 L 中密度 (或生存概率) 的**几何平均值**$P = \exp(\ln L/n)$. 比较这 7 个 Model, 从例 11.3.1 中的 7 个_LNLIKE_值可以看出, 7 个模型可以分为如下三组:

第一组: Weibull (−81.329), 对应的平均概率值 $P = 0.2862$;
Exponent (−82.021), 对应的平均概率值 $P = 0.2831$;
Logistic (−80.965), 对应的平均概率值 $P = 0.2878$;
第二组: Lnormal (−79.479), 对应的平均概率值 $P = 0.2944$;
Gamma (−79.476), 对应的平均概率值 $P = 0.2944$;
第三组: Normal (−230.156), 对应的平均概率值 $P = 0.0290$(未取对数);
Logistic (−230.832), 对应的平均概率值 $P = 0.0287$(未取对数).

从指标_LNLIKE_(即 $\ln L$) 绝对值或平均 P 值的大小可以看出:

以第二组模型的拟合为最好, 第三组的太差, 而第一组与第二组很近似, 但最可能的分布应是 Lnormal 分布 (因为 Gamma 分布中_SHAPE1_=0.0333≈0, 这说明它也是对数正态分布). 例 11.3.1 中第一组与第二组的差别很小, 从参数估计值上来看, 也是第一组与第二组很近似. 因此, 结合专业知识及上述 5 个分布的特征去找合理的模型. 从尺度 (_SCALE_) 的估计值上来看, 正态分布及 Logistic 模型中的尺度参数分别为很大的 24.1359 及 13.7195, 原因显然是LIFEREG模块中的应变量未取对数, 这个结果与第一组与第二组无可比性. 从第一组与第二组可见, 例 11.3.1 中 T_0 应取为对数正态分布.

对数线性模型中没有拟合优良性的指标, 建议使用对数最大似然值 $\ln L$ 或平均值 P 作拟合指标.

SAS 软件中 LIFEREG 的优缺点如下:

优点:

(1) 可计算给定 $\boldsymbol{x}$ 下, T 的任何百分位点及其置信区间;

(2) 求出参数的估计值后, 利用 $T_0 = T\exp(-\boldsymbol{x}^{\mathrm{T}}\hat{\boldsymbol{\beta}})$ 可以求出内含 (隐藏) 的初始时刻的生存时间 T_0(其值与比例常数 $\exp(-\hat{\beta}_0)$ 有关), 由此可进一步作很多理论研究.

缺点:

(1) 该软件设有自动筛选协变量的能力;

(2) 不能计算相对危险度 RR 值.

注意: 当出现 $\ln L > 0$ 时, 从经验上看, 该模型应是不合理的. 另外, 当从已知正态或指数分布的数据而使用上述LIFEREG模块中的 7 个语句去判断样本数据的分布类型时发现, 上述指标 $\ln L$ 不是很敏感. 也就是说, 差别不大的几个 $\ln L$ 还应从专业知识及再用 P_P 图法去验证, 才能找出尽可能合理的分布.

11.4 Cox 比例危险率模型

11.4.1 模型

目前, 多变量的生存分析主要是对数线性模型 (参数模型) 及本节的 Cox 比例危险率模型. 后者是一种半参数性质的模型, 其优点是不需要知道生存函数或危险率函数的形式.

设 $\boldsymbol{x}=(x_1,x_2,\cdots,x_p)^{\mathrm{T}}$ 是可能对生存时间 T 有影响的协变量, 记 T_0 为 $\boldsymbol{x}=\boldsymbol{0}$(或称没有 $\boldsymbol{x}$) 时 T 的基线生存时间. 记对应于 T_0 的生存函数、危险率函数、累加危险率函数分别为 $S_0(t)$, $h_0(t)$, $H_0(t)$; 而当给定 $\boldsymbol{x}$ 条件下去考察 T 的分布时, 对应于上述的函数分别记为

$$S(t|\boldsymbol{x}),\quad h(t|\boldsymbol{x}),\quad H(t|\boldsymbol{x}).$$

与位置–尺度模型稍有区别的是, 此处假定: 设协变量 x 只能按乘法 "加速" 或 "减少" 危险率函数, 即假定

$$h(t|\boldsymbol{x})=h_0(t)v(\boldsymbol{x}), \tag{11.4.1}$$

称 (11.4.1) 为**比例危险率模型**. 由 (11.1.1) 知, 对应的生存函数为

$$S(t|\boldsymbol{x})=\exp\left[-\int_0^t h(u|x)\mathrm{d}u\right]=[S_0(t)]^{v(\boldsymbol{x})}, \tag{11.4.2}$$

其中

$$S_0(t)=\exp\left[-\int_0^t h_0(u)\mathrm{d}u\right]=\exp[-H_0(t))]. \tag{11.4.3}$$

比例危险率模型中最重要的特例是

$$h(t|\boldsymbol{x})=h_0(t)\exp(\boldsymbol{x}^{\mathrm{T}}\boldsymbol{\beta}), \tag{11.4.4}$$

称式 (11.4.4) 为 **Cox 比例危险率模型**, 这是 Cox 于 1972 年首先提出的.

下面考察什么样的生存分布在什么情形下能满足 (11.4.1) 的条件.

假设生存时间 T 是威布尔分布, 而协变量只能影响尺度 (scale) 参数 λ 的大小, 即 $\lambda=\lambda(\boldsymbol{x})$, 而形状参数 γ 不受 $\boldsymbol{x}$ 的影响. 这时, 由 (11.2.5) 及 (11.2.7) 知

$$S(t|\boldsymbol{x})=\exp\{-[\lambda(\boldsymbol{x})t]^{\gamma}\}, \tag{11.4.5}$$

$$h(t|\boldsymbol{x}) = \lambda(\boldsymbol{x})\gamma[\lambda(\boldsymbol{x})t]^{\gamma-1} = \lambda^{\gamma}(\boldsymbol{x})\gamma t^{\gamma-1}. \tag{11.4.6}$$

由此得

$$\frac{h(t|\boldsymbol{x})}{h_0(t)} = \left[\frac{\lambda(\boldsymbol{x})}{\lambda_0}\right]^{\gamma}, \quad \lambda_0 = \lambda(0). \tag{11.4.7}$$

由此可见, 威布尔分布既适用于位置–尺度模型, 又适用于 (11.4.1) 的比例危险率模型, 即当协变量的引进不会改变威布尔分布中的形状参数, 而只能延长或缩短生存时间时, 威布尔分布既适用于对数线性模型, 又适用于比例危险率模型.

对 (11.4.4) 取两次对数得

$$\ln(-\ln S(t|x)) = \gamma \ln \lambda(x) + \gamma \ln t. \tag{11.4.8}$$

(11.4.8) 说明:

(1) 对任何固定的向量 $\boldsymbol{x}$, $\ln(-\ln S(t|\boldsymbol{x}))$ 与 $\ln t$ 成线性关系, 这实际上是式 (11.2.8).

(2) 如 Cox 比例危险率模型成立, 由 (11.1.1) 得

$$S(t|\boldsymbol{x}) = \exp\left[-\int_0^t h(t|x)\mathrm{d}t\right] = \exp\left[-H_0(t)\mathrm{e}^{\boldsymbol{x}^{\mathrm{T}}\boldsymbol{\beta}}\right],$$

其中 $H_0(t) = \displaystyle\int_0^t h_0(t)\mathrm{d}t$. 这时, 上式可改写为

$$\ln(-\ln S(t|\boldsymbol{x})) = \ln H_0(t) + \boldsymbol{x}^{\mathrm{T}}\boldsymbol{\beta}. \tag{11.4.9}$$

因此, 当任取两点 $\boldsymbol{x}^{(1)}$ 及 $\boldsymbol{x}^{(2)}$ 时, 上式变为

$$\ln\left(-\ln S(t|\boldsymbol{x}^{(1)})\right) = \ln H_0(t) + \boldsymbol{x}^{(1)\mathrm{T}}\boldsymbol{\beta},$$

$$\ln\left(-\ln S(t|\boldsymbol{x}^{(2)})\right) = \ln H_0(t) + \boldsymbol{x}^{(2)\mathrm{T}}\boldsymbol{\beta}.$$

也就是说, 令

$$y^{(1)}(t) = \ln\left(-\ln S(t|\boldsymbol{x}^{(1)})\right), \tag{11.4.10}$$

$$y^{(2)}(t) = \ln\left(-\ln S(t|\boldsymbol{x}^{(2)})\right),$$

则

$$y^{(1)}(t) - y^{(2)}(t) = (\boldsymbol{x}^{(1)} - \boldsymbol{x}^{(2)})^{\mathrm{T}}\boldsymbol{\beta},$$

即两曲线 $y^{(1)}(t)$, $y^{(2)}(t)$ 在 (y,t) 平面上应当平行. 这是检验 Cox 比例危险率模型是否成立的理论基础.

11.4.2　参数的估计和检验

当有了样本 $\{\boldsymbol{x}_i, t_i\}(\boldsymbol{x}_i = (x_{i1},\cdots,x_{ip})^{\mathrm{T}},\ i=1,\cdots,n)$ 后, 作 Cox 回归时, 首先应该对有确切生存时间的 t 值排序. 记 n 个样品中有完全寿命的是 K 个, 并且记为

$$0 = t_{(0)} < t_{(1)} < t_{(2)} < \cdots < t_{(K)} < t_{(K+1)} = \infty,$$

显然 $K \leqslant n$, 称有相同 t 值的样本点为**结**(tie), 因此, n 个样品按结而分成 K 个组. 记

d_i 为在 $t_{(i)}$ 上结的个数, 如 $K=n$, 自然每个 $d_i=1$;

D_i 为 $t_{(i)}$ 上由 "死亡者" 构成的样品点集, 显然, D_i 内有 d_i 个样品;

R_i 为 n 个样品中生存时间不低于 $t_{(i)}$ 的样品集;

$\boldsymbol{s}_i=\sum\limits_{j\in D_i}\boldsymbol{x}_j$ 是生存时间为 $t_{(i)}$ 的协变量之和, 这是协变量向量点的集合.

按照 Bayes 条件概率公式

$$\Pr(H_i|A)=\frac{\Pr(H_iA)}{\sum\limits_j \Pr(H_jA)},$$

对于 "一个死亡" 事件 (相当于上式中的 A), $\{R_1,R_2,\cdots,R_K\}$ 是 "死亡" 事件的完备集. $\{R_jA\}$ 则是彼此互斥的完备集, 相当于上式中的 $\{H_jA\}$. 由小区间上线性危险率函数定义, 可以认为, 小区间上危险率是正比于死亡概率, 即相当于令 $\Pr(H_jA)=h(t|\boldsymbol{x}_j)=h_0(t)\exp(\boldsymbol{x}_j^{\mathrm{T}}\boldsymbol{\beta})$. 对 D_i 点集中的每一个 "死亡者" 都使用上述 Bayes 条件概率公式, 可得出上式的条件概率为

$$\frac{\exp(\boldsymbol{x}_i^{\mathrm{T}}\boldsymbol{\beta})}{\sum\limits_{j\in R_i}\exp(\boldsymbol{x}_j^{\mathrm{T}}\boldsymbol{\beta})}.$$

由于 D_i 内有 d_i 个点, 于是 D_i 的 d_i 个点的死亡条件概率 (且记为 L_i) 为

$$L_i=\frac{\exp(\boldsymbol{s}_i^{\mathrm{T}}\boldsymbol{\beta})}{\left[\sum\limits_{j\in R_i}\exp(\boldsymbol{x}_j^{\mathrm{T}}\boldsymbol{\beta})\right]^{d_i}},\quad i=1,\cdots,K. \tag{11.4.11}$$

式 (11.4.11) 实际上是由 d_i 个 Bayes 条件概率的乘积所构成的. 于是 n 个样品的似然函数就定义为

$$L=L_1L_2\cdots L_K. \tag{11.4.12}$$

式 (11.4.12) 也叫**偏似然函数**, 上述定义法是 Cox[69] 首次提出的. 它的最大特点是 L 值与生存函数及危险率的分布形式无关, 这是条件概率分子分母中有公共 $h_0(t)$ 相约的结果. 此处的似然函数定义法不同于对数线性模型中似然函数的定义, 它未能利用不完全数据. 但应看到, 它仍然是由独立的完全数据的样品构造成 (死亡) 发生概率的乘积. 它应该仍具有一般似然函数的性质. 文献 [69] 及 [75](第 4, 5 章) 都严格地叙述了上述定义的合理性. 于是建立在最大似然估计及似然比估计上的大样本性质也都成立.

先考虑 $d_i=1$ 的情况. 显然,

$$l_j=\ln L_j=\boldsymbol{\beta}^{\mathrm{T}}\boldsymbol{x}_j-\ln\sum_{i\in R_j}\exp(\boldsymbol{\beta}^{\mathrm{T}}\boldsymbol{x}_i),$$

$$\frac{\partial l_j}{\partial \beta_k} = x_{jk} - \frac{\sum\limits_{i \in R_j} x_{ik} \exp(\boldsymbol{\beta}^{\mathrm{T}} \boldsymbol{x}_i)}{\sum\limits_{i \in R_j} \exp(\boldsymbol{\beta}^{\mathrm{T}} \boldsymbol{x}_i)}, \tag{11.4.13}$$

其中 x_{jk} 为第 j 个样品 (已按确切生存时间的 t 值排序) 的协变量的第 k 个分量 x_k 的值; 而式 (11.4.13) 右边第二项是对危险集 R_j 中 x_k 的加权平均, 而权为 R_j 中的 $\exp(\boldsymbol{\beta}^{\mathrm{T}}\boldsymbol{x}_i)$. 当把协变量 x_k 当成随机变量看待时, 式 (11.4.13) 可改写成

$$\frac{\partial l_j}{\partial \beta_k} = x_{jk} - E(\boldsymbol{x}_k | R_j), \quad k = 1, \cdots, p, \ j = 1, \cdots, K. \tag{11.4.14}$$

记 x_k 上的记分为 (注意: 与 (4.4.14) 记分定义差一倍数)

$$U_k(\boldsymbol{\beta}) = \sum_{j=1}^{K} \frac{\partial l_j}{\partial \beta_k}, \quad U(\boldsymbol{\beta}) = (U_1(\boldsymbol{\beta}), \cdots, U_K(\boldsymbol{\beta}))^{\mathrm{T}}. \tag{11.4.15}$$

对于 $d_i \geqslant 1$ 的一般情形有

$$l = \ln L = \sum_{j=1}^{K} \left[\boldsymbol{\beta}^{\mathrm{T}} S_j - d_j \ln \sum_{i \in R_j} \exp(\boldsymbol{\beta}^{\mathrm{T}} \boldsymbol{x}_i) \right] = \sum_{j=1}^{K} l_j,$$

$$\frac{\partial l}{\partial \beta_k} = \sum_{j=1}^{K} \left[S_{jk} - d_j \frac{\sum\limits_{i \in R_j} x_{ik} \exp(\boldsymbol{\beta}^{\mathrm{T}} \boldsymbol{x}_i)}{\sum\limits_{i \in R_j} \exp(\boldsymbol{\beta}^{\mathrm{T}} \boldsymbol{x}_i)} \right], \quad k = 1, \cdots, p, \tag{11.4.16}$$

其中 S_{jk} 为 S_j 中的第 j 分量. 求

$$\frac{\partial l}{\partial \beta_k} = 0, \quad k = 1, \cdots, p \tag{11.4.17}$$

的解, 用迭代法求 $\ln L$ 的最大值, 一般是用 Newton-Raphson 迭代算法. 参数的最大似然估计记为 $\hat{\boldsymbol{\beta}}$, 再由求得的信息矩阵 $\boldsymbol{I}$ 得 $\mathrm{Cov}(\hat{\boldsymbol{\beta}}) \approx \boldsymbol{I}^{-1}$, 进而构造检验统计量.

构造上述条件概率可以有 4 种方法: Exact likelihood, Breslow likelihood, Efron likelihood, Discrete logistic likelihood. 在 $K = n$ 时, 四法的 4 个 L 值全相同. 但当 $k < n$ 时, 四法互有差别, 其中 Breslow 法, 即 (11.4.11), 是一般统计软件中的隐含法. 一般来说, 当生存时间 T 是离散型变量时, 应当使用 Discrete 法. 因此, 把本节方法用于条件 Logistic 回归时 (生存时间只有两个数值), 应选择 Discrete 法. 在连续性生存时间时, Exact 法在理论上是最优的, 但计算时间太长, 所以在结点数不是很多时, Breslow 法及 Efron 法是合适的, 因为它们的结果与 Exact 法很近似.

11.4.3　基线生存函数的估计

求出 $\boldsymbol{\beta}$ 的估计 $\hat{\boldsymbol{\beta}}$ 后, 还应该求出基线 (或称基准生存函数 $S_0(t)$, 或基线危险率函数 $h_0(t)$. 不同的学者有不同的公式. 下面介绍的是 SAS 及 SPSS 软件包中的公式.

在用经典的样本估计生存函数时, 从图 11.1.1(a) 知, 生存函数 $S_0(t)$ 是非减且左连续的阶梯函数, 即在 $(t_{(i-1)},t_{(i)}]$ 内可认为

$$\hat{S}_0(t_{(i)}+)=\hat{S}_0(t_{(i)})=p_i,\ i=0,1,\cdots,K,\quad \hat{S}_0(t_{(0)})=1.$$

记 C_i 为在 $(t_{(i-1)},t_{(i)}]$ 内失访者构成的集合, D_i 为在 $(t_{(i-1)},t_{(i)}]$ 内 "死亡者" 构成的集合. 利用 (11.4.2), 第 l 个人在 $[t_{(i-1)},t_{(i)})$ 内死亡的概率为

$$p_{i-1}^{\exp(\boldsymbol{x}_l^{\mathrm{T}}\boldsymbol{\beta})}-p_i^{\exp(\boldsymbol{x}_l^{\mathrm{T}}\boldsymbol{\beta})},$$

即可以构造如下似然函数:

$$L_1=\prod_{i=1}^{K}\left\{\prod_{l\in D_i}\left[p_{i-1}^{\exp(\boldsymbol{x}_l^{\mathrm{T}}\boldsymbol{\beta})}-p_i^{\exp(\boldsymbol{x}_l^{\mathrm{T}}\boldsymbol{\beta})}\right]\prod_{l\in C_i}p_{i-1}^{\exp(\boldsymbol{x}_l^{\mathrm{T}}\boldsymbol{\beta})}\right\}.$$

后面一式是失访者在 $t_{(i-1)}$ 时的生存概率. 注意: $p_0=1$; 如果记 $\alpha_i=p_i/p_{i-1}$, 即

$$p_i=p_{i-1}\alpha_i=\alpha_1\alpha_2\cdots\alpha_i,\quad i=1,\cdots,K,$$

代入上式, 并且改记为 C_i, 则 L_1 可改写为

$$\begin{aligned}L_1&=\prod_{i=1}^{K}\left\{\prod_{l\in D_i}\left[1-\alpha_i^{\exp(\boldsymbol{x}_l^{\mathrm{T}}\boldsymbol{\beta})}\right]\prod_{l\in D_i\cup C_{i-1}}p_{i-1}^{\exp(\boldsymbol{x}_l^{\mathrm{T}}\boldsymbol{\beta})}\right\}\prod_{l\in C_K}p_K^{\exp(\boldsymbol{x}_l^{\mathrm{T}}\boldsymbol{\beta})}\\&=\prod_{i=1}^{K}\left\{\prod_{l\in D_i}\left[1-\alpha_i^{\exp(\boldsymbol{x}_l^{\mathrm{T}}\boldsymbol{\beta})}\right]\prod_{l\in D_i\cup C_{i-1}}(\alpha_1\cdots\alpha_{i-1})^{\exp(\boldsymbol{x}_l^{\mathrm{T}}\boldsymbol{\beta})}\right\}\prod_{l\in C_K}(\alpha_1\cdots\alpha_K)^{\exp(\boldsymbol{x}_l^{\mathrm{T}}\boldsymbol{\beta})}\\&=\prod_{i=1}^{K}\left\{\prod_{l\in D_i}\left[1-\alpha_i^{\exp(\boldsymbol{x}_l^{\mathrm{T}}\boldsymbol{\beta})}\right]\prod_{j=1}^{K-1}\left[\prod_{l\in R_j-D_j}\alpha_j^{\exp(\boldsymbol{x}_l^{\mathrm{T}}\boldsymbol{\beta})}\right]\right\}\prod_{l\in C_K}\alpha_K^{\exp(\boldsymbol{x}_l^{\mathrm{T}}\boldsymbol{\beta})},\end{aligned}$$

即

$$L_1=\prod_{i=1}^{K}\left\{\prod_{l\in D_i}\left[1-\alpha_i^{\exp(\boldsymbol{x}_l^{\mathrm{T}}\boldsymbol{\beta})}\right]\prod_{l\in R_i-D_i}\alpha_i^{\exp(\boldsymbol{x}_l^{\mathrm{T}}\boldsymbol{\beta})}\right\},\tag{11.4.18}$$

$$\ln L_1=\sum_{i=1}^{K}\left\{\sum_{l\in D_i}\ln\left[1-\alpha_i^{\exp(\boldsymbol{x}_l^{\mathrm{T}}\boldsymbol{\beta})}\right]+\sum_{l\in\in R_i-D_i}\exp(\boldsymbol{x}_l^{\mathrm{T}}\boldsymbol{\beta})\ln\alpha_i\right\}.$$

求 $\dfrac{\partial\ln L_1}{\partial\alpha_i}=0$ 得

$$\frac{\partial\ln L_1}{\partial\alpha_i}=-\sum_{l\in D_i}\frac{\alpha_i^{\exp(\boldsymbol{x}_l^{\mathrm{T}}\boldsymbol{\beta})-1}\exp(\boldsymbol{x}_l^{\mathrm{T}}\boldsymbol{\beta})}{1-\alpha_i^{\exp(\boldsymbol{x}_l^{\mathrm{T}}\boldsymbol{\beta})}}+\sum_{l\in R_i-D_i}\frac{\exp(\boldsymbol{x}_l^{\mathrm{T}}\boldsymbol{\beta})}{\alpha_i}=0,$$

$$\sum_{l\in D_i}\frac{\alpha_i^{\exp(\boldsymbol{x}_l^{\mathrm{T}}\boldsymbol{\beta})-1}\exp(\boldsymbol{x}_l^{\mathrm{T}}\boldsymbol{\beta})}{1-\alpha_i^{\exp(\boldsymbol{x}_l^{\mathrm{T}}\boldsymbol{\beta})}}=\sum_{l\in R_i-D_i}\frac{\exp(\boldsymbol{x}_l^{\mathrm{T}}\boldsymbol{\beta})}{\alpha_i}=\sum_{l\in R_i}\frac{\exp(\boldsymbol{x}_l^{\mathrm{T}}\boldsymbol{\beta})}{\alpha_i}-\sum_{l\in D_i}\frac{\exp(\boldsymbol{x}_l^{\mathrm{T}}\boldsymbol{\beta})}{\alpha_i}.$$

移项、通分即得

$$\sum_{l\in D_i}\frac{\exp(\boldsymbol{x}_l^{\mathrm{T}}\boldsymbol{\beta})}{1-\alpha_i^{\exp(\boldsymbol{x}_l^{\mathrm{T}}\boldsymbol{\beta})}}=\sum_{l\in R_i}\exp(\boldsymbol{x}_l^{\mathrm{T}}\boldsymbol{\beta}),\quad i=1,\cdots,K. \tag{11.4.19}$$

式 (11.4.19) 中的 $\boldsymbol{\beta}$ 用 $\hat{\boldsymbol{\beta}}$ 代替. 下面求式 (11.4.19) 的解 $\{\alpha_i\}$.

当 $d_i=1$ 时, D_i 仅一个点, 从式 (11.4.19) 直接可解得

$$\hat{\alpha}_i=\left[1-\frac{\exp(\boldsymbol{x}_i^{\mathrm{T}}\hat{\boldsymbol{\beta}})}{\sum\limits_{l\in R_i}\exp(\boldsymbol{x}_l^{\mathrm{T}}\hat{\boldsymbol{\beta}})}\right]^{-\exp(\boldsymbol{x}_i^{\mathrm{T}}\boldsymbol{\beta})}; \tag{11.4.20}$$

当 $d_i>1$ 时, Breslow[78] 建议用下式估计 α_i:

$$\hat{\alpha}_i=\frac{-d_i}{\sum\limits_{l\in R_i}\exp(\boldsymbol{x}_l^{\mathrm{T}}\hat{\boldsymbol{\beta}})}. \tag{11.4.21}$$

但 SPSS 软件是以 (11.4.21) 为初值, 用迭代算法求解 (11.4.19).

一旦求得 $\{\hat{\alpha}_i\}$, 则可得基线生存函数 $S_0(t)$ 的估计为

$$\hat{S}_0(t)=\prod_{i:t_{(i)}\leqslant t}\hat{\alpha}_i. \tag{11.4.22}$$

注意: 不同的作者从不同的角度出发会求出不同的估计量. Kaplan-Meier 估计生存函数法的一种拓广是用下式估计基线生存函数:

$$\hat{S}_0(t)=\prod_{t_{(j)}\leqslant t}\left[1-\frac{d_j}{\sum\limits_{l\in R_j}\exp(\boldsymbol{x}_l^{\mathrm{T}}\hat{\boldsymbol{\beta}})}\right]. \tag{11.4.23}$$

当 $\boldsymbol{\beta}=0$ 时, 式 (11.4.23) 即为 Kaplan-Meier 估计的生存函数.

11.4.4　残差分析

Cox 回归的残差不像一般线性回归中残差的定义有唯一性, 因此我们可以从不同的角度定义 Cox 回归中的残差.

1. 建立在协变量上的残差

它是建立在参数的最大似然估计 (11.4.13) 基础上的. 为简单明了起见, 这里不讨论有结的情形 (即全部 d_j=1, 于是 $K=n$). 把式 (11.4.14) 及 (11.4.15) 改写为

$$U(\beta)=\sum_{j=1}^{K}[\boldsymbol{x}_j-E(\boldsymbol{x}_j|R_j)],$$

其中 $\boldsymbol{x}_j$ 为向量. 于是求解方程 (11.4.17) 中参数 $\boldsymbol{\beta}$ 的估计值可以看成是从 $U(\boldsymbol{\beta})=0$ 中解出. 对比 (11.4.14), 因此, 把

$$\hat{\boldsymbol{r}}_j=\boldsymbol{x}_j-\hat{E}(\boldsymbol{x}_j|R_j),\quad j=1,\cdots,n \tag{11.4.24}$$

当成残差. SAS 软件中称 (11.4.24) 为 Schoenfeld residual, 而 SPSS 软件中称它为 Partial residual. 如果 Cox 模型成立, 则 (11.4.24) 中的 $\{\hat{\boldsymbol{r}}_{(1)},\hat{\boldsymbol{r}}_{(2)},\cdots,\hat{\boldsymbol{r}}_{(n)}\}$ 应当与 $t_{(i)}$ 值无关, 即 n 个 $(t_{(i)},\hat{r}_{(i)})$ 点应当在零水平线上随机波动. 而 "失访" 生存时间者被当成 "漏失".

2. 建立在累加危险率 $H(t,\boldsymbol{x})$ 上的鞅残差

对于完全数据 (非截尾) 的观察者, 令

$$e_i=H(t_{(i)},\boldsymbol{x}_{(i)}),\quad i=1,2,\cdots,K, \tag{11.4.25}$$

由于永远有

$$S(t_{(i)},\boldsymbol{x}_{(i)})=\exp(-e_i), \tag{11.4.26}$$

即 $\{e_1,\cdots,e_K\}$ 实际上是一组标准化了的、具有指数分布的随机变量, 它的均值为 1. 因此, 当状态变量为 1 时, 就把 $1-e_i$ 作为模型的残差. 而对于截尾数据, 状态变量为 0, 把 e_i 的负值作为残差. 这类残差称为 Martingale 残差 (**鞅残差**), 鞅残差记为 $M_i(t)$, 即

$$M_i(t)=\text{第}i\text{研究对象上 “死亡成立” 时的实际频数}-\text{对应的模型的频数}$$

或

$$M_i(t)=\text{状态变量}-H(t_{(i)},x_{(i)}). \tag{11.4.27}$$

鞅残差的另一种变形为 Deviance(**偏差**) 残差 d_i, 它是 Martingale 残差的一种变换, 其优点是 d_i 在零均值上有更好的对称性. $M_i(t)$ 及 d_i 残差常对 $\boldsymbol{x}_{(i)}^{\mathrm{T}}\hat{\boldsymbol{\beta}}$ 作图. 如果模型正确, 则 $M_i(t)$ 及 d_i 不随 $\boldsymbol{x}_{(i)}^{\mathrm{T}}\hat{\boldsymbol{\beta}}$ 值的变化而明显改变.

3. 得分残差 (Score 残差)

它是上述两类残差的综合,

$$L_i(t)=\int_0^t \hat{r}_i(s)\mathrm{d}M_i(s), \tag{11.4.28}$$

其中 $\hat{\boldsymbol{r}}_i(s)$ 见 (11.4.24). 检查突出点的统计量都是建立在得分残差上的.

11.4.5　对 Cox 比例危险率模型的检查及相对危险度

由上面的知识, 可以用下面的方法检查 Cox 回归模型.

(1) 利用两组 $S(t,x)$ 与 t 作图法, 任取两个协变量 $\boldsymbol{x}^{(1)}$, $\boldsymbol{x}^{(2)}$, 分别对 $\ln(-\ln S(t_i,\boldsymbol{x}_i^{(1)}))$ 与 t_i 及 $\ln(-\ln S(t_i,\boldsymbol{x}_i^{(2)}))$ 与 t_i 作图, 如果两曲线平行, 则认为 "$h(t,\boldsymbol{x})/h_0(t)$ 与 t 无关" 的假定不能被否定.

(2) 把 Schoenfeld 残差与 t 作图, 如果图形在零水平线上下波动, 则不否定 Cox 比例回归模型; 如果图形与 t 的变化有明显的趋势, 则应考察协变量可能与 t 有关.

(3) 用 Martingale(或 Deviance) 残差与 $\hat{\boldsymbol{\beta}}^{\mathrm{T}}\boldsymbol{x}_{(i)}$ 的值作图 (应当区分截尾及不截尾), 如果 Cox 比例危险率模型正确, 则散点应在零水平线上下波动.

协变量对生存时间的影响的相对危险度: 两个协变量的相对危险率指标可定义为

$$\mathrm{RR}=\frac{h(t,\boldsymbol{x}^{(1)})}{h(t,\boldsymbol{x}^{(2)})}=\exp\left[\boldsymbol{\beta}^{\mathrm{T}}(\boldsymbol{x}^{(1)}-\boldsymbol{x}^{(2)})\right]. \tag{11.4.29}$$

特例　变量 $\boldsymbol{x}_i$ 是 (0,1) 型, 式 (11.4.29) 中 $x_i=1$ 相对于 $x_i=0$ 的相对危险 (relative risk) 为

$$\mathrm{RR}=\mathrm{e}^{\beta_i}, \tag{11.4.30}$$

此值也称为 relative hazard(相对危险度), 或 risk ratio(危险比).

最后, 记

$$y=\hat{\beta}_1x_1+\cdots+\hat{\beta}_px_p, \tag{11.4.31}$$

这是协变量的综合性指标. 显然, y 越大, 死亡的危险性越大 (生存时间应越短).

SAS 软件中估计 Cox 比例危险率模型 (也简称为 Cox 回归) 的程序是`PHREG`语句.

例 11.4.1　用例 12.3.1 的多骨髓瘤数据.

```
    data myeloma;
    input id time vstatus logbun hgb platelet age logwbc frac
      logpbm protein scalc;
    label time='survival time'
      vstatus='0=alive 1=dead';
    cards;
    ...
proc phreg data=myeloma;
model time*vstatus(0)=logbun hgb platelet age logwbc frac logpbm protein
                scalc/selection=backward sletay=0.10
                 slstay=0.10; run;
```

上式中用后退法(backward)选变量：进入或剔除水平的显著性定为0.1(即 sletay =0.10).

主要结果如下：

```
                The PHREG Procedure


Dependent Variable: TIME      survival time
(注: 把Time说成是应变量是错误的)
Censoring Variable: VSTATUS   0=alive 1=dead
(注: Dependent Variable应是h(t|x))
Censoring Value(s): 0
Ties Handling: BRESLOW
                        .......

        Testing Global Null Hypothesis: BETA=0
                Without       With
Criterion    Covariates  Covariates  Model Chi-Square
 -2 LOG L      309.716     297.767    11.949 with 2 DF (p=0.0025)
 Score          .           .         12.725 with 2 DF (p=0.0017)
 Wald           .           .         12.190 with 2 DF (p=0.0023)

      Analysis of Maximum Likelihood Estimates
                 Parameter  Standard     Wald        Pr >       Risk
Variable  DF  Estimate    Error    Chi-Square  Chi-Square   Ratio
LOGBUN    1    1.674399  0.61209    7.48330     0.0062      5.336
HGB       1   -0.118987  0.05751    4.28112     0.0385      0.888
```

比较在例 11.4.1 中选中的变量LOGBUN与HGB的参数估计值 (1.674399 和 −0.118987) 和例 11.3.1 中 7 个分布的结果：可以发现 (除符号外), Cox 回归结果与对数线性模型中最好的结果 (第二组) 是非常接近的. Cox 模型中并不需要指定分布类型, 其结果与对数线性模型中最好的结果很一致, 这大概是 Cox 回归模型为什么深受欢迎的根本原因. 此处变量 (LOGBUN, HGB) 上的参数为 (1.674399, −0.118987), 而在例 11.3.1 中, 对应于 Gamma 分布的参数估计为 (−1.6578, 0.10825), 符号正好相反, 这是很正确的. 原因是在对数线性模型中, 应变量是生存时间; 而在 Cox 比例危险率模型中, 应变量是危险率函数, 生存时间与危险率当然是反向的. 由于对数线性模型与 Cox 比例危险率模型中的应变量不同, 所以两模型中估计出绝对值近似相同的参数值, 这应是巧合, 但统计检验结果近似而系数符号相反则是最重要的.

下面考察模型的合理性.

```
Data mye;
    Set myeloma;(调出前面的SAS文件myeloma)
Proc phreg data=mye  noprint;
  Model time*vstatus(0)=logbun hgb;
  Output out=outp   xbeta=xb  ressch=res_ch  resdev=res_dev;
    (把Schoenfeld residual存放到起名为res_ch文件上, 把Martingale残
    差存放在res_dev文件中)
Proc plot data=outp vpct=50 hpct=50;(作图, 纵轴、横轴各长为50个单位)
    Plot res_dev*xb=vstatus/vref=0;
    (把x'b值的变量与res_dev作图, 图中点数值与vstatus变量一致, 自动画
    一水平线)
    Plot res_ch*time=vstatus/vref=0;
    (把time值的变量与res_ch作图,图中点数值与vstatus变量一致, 及画一
    水平线)
Run;
```

主要结果如图 11.4.1 所示.

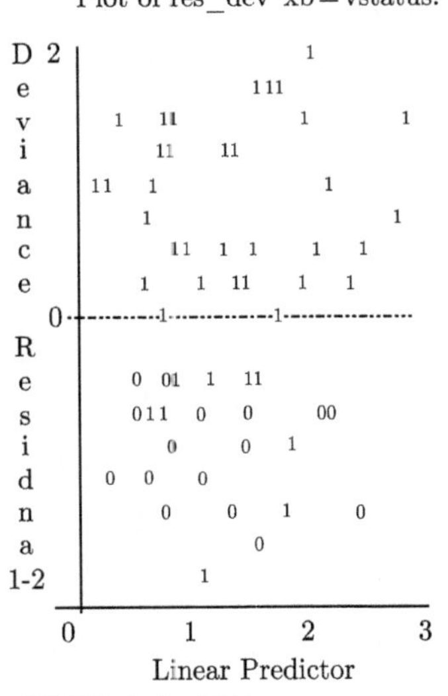

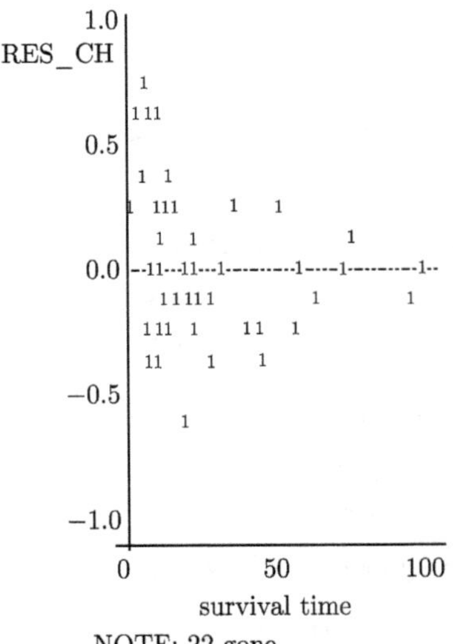

图 11.4.1

从图 11.4.1 上可见, 散点围绕零水平线波动, 因此, Cox 模型不能被否定.

也可对 $\ln(-\ln S(t_i, \boldsymbol{x}_i^{(1)}))$ 与 t_i 及 $\ln(-\ln S(t_i, \boldsymbol{x}_i^{(2)}))$ 与 t_i 作图. 两个协变量向量可以任意指定. 例如, 要指定两点为

(logbun hgb)$_1$=(1, 10) ; (logbun hgb)$_2$=(1.8, 12)

可以用 SAS 语句去创造一个文件去存放这两个协变量的值：

```
    data tt;
       input logbun hgb;
      cards;
1       10
1.8     12
;
run;
```

再加入下面的程序：

```
    data myeloma;
       input id time vstatus logbun hgb platelet age logwbc frac
         logpbm protein scalc;
       label time='survival time'
         vstatus='0=alive 1=dead';
         drop id platelet age logwbc frac logpbm protein scalc;
       cards;
    proc phreg data=myeloma;
      model time*vstatus(0)=logbun hgb;
       baseline covariates=tt out=pred1 survival=s;
       run;

    data pred1;
     set pred1;
     if  logbun=1 and hgb=10 then        pattern=1;
     else  if logbun=1.8 and hgb=12 then pattern= 2;
      else                               pattern=3;
      legend1 label=(h=.8 f=swiss) shape=symbol(3,.8)
        value=(f=swiss h=.8 'logbun=1.00 hgb=12.0'
               'logbun=1.8 hgb=12.0' 'logbun=1.39 hgb=10.2');
      axis1 label=(h=1 f=swiss a=90) minor=(n=1);
      axis2 label=(h=1 f=swiss 'Survival Time in Months') minor=(n=4);

      proc gplot data=pred1;
       plot s*time=pattern /legend=legend1 vaxis=axis1 haxis=axis2;
```

```
    symbol1= interpol=stepLj h=1 v=square c=black;
    symbol2= interpol=stepLj h=1 v=diamond c=black;
    symbol3= interpol=stepLj h=1 v=circle c=black;
    note f=swiss h=1.5 j=c 'Myeloma Study';
    footnote h=.8 f=duplex
      'logbun=1.39 and hgb=10.2 correspond to the sample means';
run;
```

输出结果为图 11.4.2(直线段是后加的).

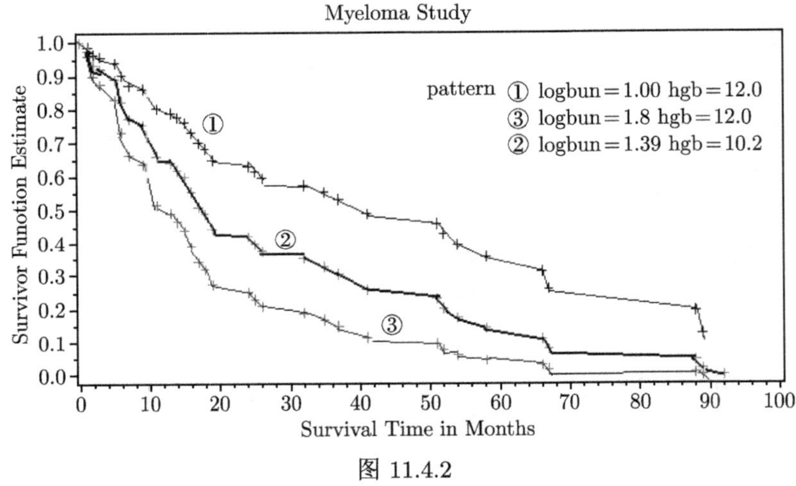

图 11.4.2

从图 11.4.2 可见, 三根曲线大体上平行 (三根线都服从 $S(0) = 1$ 作起点, 所以开始时的重叠不必计较), 即可以认为 Cox 比例危险率模型是成立的.

当有协变量时, Cox 比例危险率模型与对数线性模型各有所长, 结合起来使用应可以提供更多的信息.

应用性的多变量统计内容丰富, 本书仅介绍了主要的一些领域, 有很多内容是非常有意义的. 例如, 如何在二维平面上形象地表示多变量的结果? 地图是如何准确地表示任意两城市间的行车路程? 后两部分可以参见文献 [7], [79], [80].

习　题　11

11.1 某产品的使用寿命 T 与温度 x 的高低有关, 下表的数据来自加速寿命试验. 考察寿命与温度 x 的回归关系时可以用两种模型:

(1) 直接把寿命 $\ln T$ 与温度 x 作线性回归;

(2) 寿命 $\ln T$ 与温度的倒数 $1/x$ 作线性回归,

从统计学角度来看, 你认为用哪个模型更合理 (说出根据). (注意: 完全否 $= 1$ 为完全数据, 完全否 $= 0$ 为不完全数据).

习题 11.1 表 某产品的使用寿命 T 与温度 x 的高低关系

寿命 T/min	完全否	温度 x/K	寿命 T/min	完全否	温度 x/K
3610	1	463	1764	1	493
4428	1	463	2150	1	493
4690	1	463	2297	1	493
5648	1	463	2436	1	493
5815	1	463	2436	1	493
6367	1	463	2650	1	493
6367	1	463	2887	1	493
7050	0	463	3108	0	493
7711	1	463	3108	1	493
8550	0	463	3406	1	493
1175	1	513	600	1	533
1280	1	513	744	1	533
1521	1	513	744	1	533
1569	1	513	810	1	533
1617	0	513	912	1	533
1665	1	513	1128	1	533
1665	1	513	1320	1	533
1713	1	513	1464	1	533
1761	1	513	1608	1	533
1953	1	513	1896	1	533

11.2 下表是 40 例肺癌患者的生存资料, 生存时间为 t(天), 7 个可能的危险因素分别为

x_1 为生活中活动能力评分 (1~100);

x_2 为病人年龄;

x_3 为由诊断到开始研究的时间 (月);

x_4, x_5, x_6 为分别肿瘤类型 (鳞癌、小细胞癌、大细胞癌) 的伪变量 ("是" 为 1, "否" 为 0);

x_7 为两种化学疗法 (取值 1 或 2).

试问: 两种化学疗法是否会影响肺癌患者的生存时间? 影响生存时间的因素是什么?

习题 11.2 表 40 例肺癌患者的生存数据

编号	x_1	x_2	x_3	x_4	x_5	x_6	x_7	t
1	70	64	5	1	0	0	1	411
2	60	63	9	1	0	0	1	126
3	70	65	11	1	0	0	1	118
4	40	69	10	1	0	0	1	82
5	40	63	58	1	0	0	1	8
6	70	48	9	1	0	0	1	25*
7	70	48	11	0	0	0	1	11
8	80	63	4	0	1	0	1	54
9	60	63	14	0	1	0	1	153
10	30	53	4	0	1	0	1	16
11	80	43	12	0	1	0	1	56
12	40	55	2	0	1	0	1	21
13	60	66	25	0	1	0	1	287
14	40	67	23	0	1	0	1	10

续表

编号	x_1	x_2	x_3	x_4	x_5	x_6	x_7	t
15	20	61	19	0	0	1	1	8
16	50	63	4	0	0	1	1	12
17	50	66	16	0	0	0	1	177
18	40	68	12	0	0	0	1	12
19	80	41	12	0	0	0	1	200
20	70	53	8	0	0	0	1	250
21	60	37	13	0	0	0	1	100
22	90	54	12	1	0	0	0	999
23	50	52	8	1	0	0	0	231*
24	70	50	7	1	0	0	0	991
25	20	65	21	1	0	0	0	1
26	80	52	28	1	0	0	0	201
27	60	70	13	1	0	0	0	44
28	50	40	13	1	0	0	0	15
29	70	36	22	0	0	0	0	103*
30	40	44	36	0	1	0	0	2
31	30	54	9	0	1	0	0	20
32	30	59	87	0	1	0	0	51
33	40	69	5	0	1	1	0	18
34	60	50	22	0	0	1	0	90
35	80	62	4	0	0	1	0	84
36	70	68	15	0	0	0	0	164
37	30	39	4	0	0	0	0	19
38	60	49	11	0	0	0	0	43
39	80	64	10	0	0	0	0	340
40	70	67	18	0	0	0	0	231

注：25* 表示 25 天时仍存活, 以后不知何时死亡, 其余类推.

999 表示数据漏失 (最简单的代替漏失数据的方法是用该变量中的完全数据的均值代替).

11.3 2007 年北京某医院考察肿瘤病人术后肿块抗原 (CP1)T 细胞的免疫功能对病人术后的生存时间是否有影响, 共得到 18 个病人的数据如下表所示, 变量为

Time 为术后生存时间 (月);

Group=0 为免疫应答阳性, =1 为免疫应答阴性;

Status=0 为病人在停止随访时存活, =1 为病人在停止随访时已死亡.

试问：免疫应答不同的两组病人的生存时间有否显著差异.

习题 11.3 表

Time/月	Group	Status
4.82	0	1
26.30	0	0
26.62	0	0
27.64	0	0
27.87	0	0
27.87	0	0
30.66	0	0
31.61	0	0
33.02	0	0

续表

Time/月	Group	Status
33.15	0	0
4.72	1	1
9.34	1	1
9.61	1	1
10.49	1	1
10.75	1	1
15.84	1	1
26.30	1	0
32.33	1	0

11.4 在 17 年中跟踪 149 位糖尿病人, 变量有

status=0 为死亡, 1 为存活;

time 为生存时间 (年).

下面是基准检查时的变量:

Age 为年龄;

BMI 为体块指数;

Age_d 为诊断有糖尿病时的年龄;

Smoke=0 为不吸烟, 1 为曾经吸烟, 2 为现在吸烟;

SBP 为收缩压 (mmHg);

DBP 为舒张压 (mmHg);

ECG=1 为心电图正常, 2 为不确定, 3 为不正常;

CHD=1 为有冠心病, 0 为无冠心病.

试找出影响生存的主要因素, 并判断该数据使用 Cox 比例模型是否合适. 如何使用`LIFEREG`语句? 其结果与 Cox 回归结果有否差别 (当使用同样的变量时)? (数据见数据盘).

参考文献

[1] 基础部数学教研组. 炊事员高血压重要致病因素的寻找. 北京医学院学报, 1976, 2: 126–135

[2] Kang K T, Xu J I. The direct operations of symmetric and lower-triangular matrices with their applications. Northeastern Mathhhgy J., 1986, 2: 4–16

[3] Fang K T, Anderson T W. Statistical Inference in Elliptically Contoured and Related Distributions. 2rd ed. New York: Allenton Press Inc., 1990

[4] 张尧庭, 方开泰. 多元统计分析引论. 北京: 科学出版社, 1982

[5] 王松桂, 贾忠贞. 矩阵论中不等式. 合肥: 安徽教育出版社, 1994

[6] Rao C R. Linear Statistical Inference and Its Applictions. 2nd ed. New York: John Wiley, 1973

[7] 方开泰. 实用多元统计分析. 上海: 华东师范大学出版社, 1989

[8] Anderson T W. An Introduction to Multivariate Statistical Analysis. New York: Wiley, 1958

[9] Seber G A F. Linear Regression Analysis. New York: Wiley, 1977

[10] Bernard R. 生物统计学基础. 5th ed. 孙尚拱译. 北京: 科学出版社, 2004

[11] 方开泰. 实用回归分析. 北京: 科学出版社, 1988

[12] Gnanadesikan R, Kettenring J R. Robust estimates, residuals, and outlier detection with multiresponse data. Biometrics, 1972, 28: 81–124

[13] 孙尚拱, 方开泰. 多元分析的附加信息法. 应用数学学报, 1977, 3: 81–91

[14] Mardia K V. Measures of mutivariate skewness and kurtosis with applications. Biometrika, 1970, 57: 519–530

[15] 陈希孺, 王松桂. 近代实用回归分析. 南宁: 广西人民出版社, 1984

[16] Myers R H. Classical and Modern Regression with Applications. Boston: PWS-Kent, 1990

[17] 王惠文. 偏最小二乘回归方法及其应用. 北京: 国防工业出版社, 1999

[18] 高惠璇. 应用多元统计分析. 北京: 北京大学出版社, 2003

[19] Rencher A C. Methods of Multivariate Analysis. New York: John Wiley & Sons, Inc., 2002

[20] Mardia K V. The effect of nonnormality on some multivariateTests and robustness to nonnormality in the linear model. Biometrika, 1974, 58: 105–121

[21] Box G E P, Watson G S. Robustness to non-normality of regression test. Biometrika, 1962, 49(1): 93–106

[22] Deaton M L 等. Estimation and hypothesis testing in regression in the presence of non-homogeneous error variances. Commun. Statist.-Stimula Computa., 1983, 12(1): 45–66

[23] Myers R H. Classical and Modern Regression with Applications. 2nd ed. Boston: PWS-Kent, 1990

[24] Krzysko M. Canonical Analysis. Biometrical Journal, 1982, 24(3): 211–228

[25] 李秀琴, 孙尚拱. 老化征, 疾病, 社会及心理因素等的相关分析. 北京医科大学学报, 1987, 19(6)：383–389

[26] 孙尚拱, 潘恩沛. 实用判别分析. 北京：科学出版社, 1990

[27] 孙尚拱, 孙洪波. 无偏二次型判别函数. 数理统计与应用概率, 1990, 5(2)：135–142

[28] 孙尚拱. 无偏性判别函数及模拟比较. 数理统计与应用概率, 1993, 8(4)：28–39

[29] 孙尚拱. 多母体判别中理论错别率的估计. 应用概率统计, 1991, 7(5)：259–265

[30] 方开泰, 孙尚拱. 距离判别. 应用数学学报, 1984, 5, 145–154

[31] 方开泰. Fisher 判别与回归模型的等价性. 科学通报, 1980, 5：267–269

[32] Fang K T. Equivalence between Fisher discriminant model and regression model. Kexue Tongbao, 27：803–806

[33] Hanley J. A. et al. The meaning and use of area under a receiver operating characteristic (ROC) cure. Radiology, 1982, 143(1)：29

[34] Albert A, Anderson J A. On the existence of maximum likelihood estimates in logistic regression models. Biometrika, 1984. 71：1–10

[35] 孙尚拱, 陈清. 匹配资料变量的条件均数筛选法. 应用概率统计, 1986, 2(3)：223–230

[36] 孙尚拱. 实用多变量统计方法与计算程序. 北京：北京医科大学、中国协和医科大学联合出版社, 1990

[37] Li C C. 群体遗传学. 吴仲贤译. 北京：农业出版社, 1981

[38] 孙尚拱. 医学多变量统计与统计软件. 北京：北京医科大学出版社, 2000

[39] Breslow N E, Day N E. Statistical Method in Cancer Research. Lyon：IARC Scientific Publications NO. 32, 1980

[40] Merrill, R. Some propertie of communality in multiple factor theory. Psychometrika, 1936, 1：1–6

[41] Harman H H. Modern Factor Analysis. 3rded. Chicago：Chicago University Press, 1976

[42] 梁月华, 孙尚拱. 植物神经平衡的综合指标测定法. 北京医学院学报, 1979, 4：239–242

[43] 梁月华, 谢竹藩. 中医寒热本质的初步研究. 中华医学杂志, 1979, 59(12)：705–709

[44] 孙尚拱. 因子分析中共性方差和最少秩估计的一个简要公式. 数学的实践与认识, 1986, 1：19–23

[45] 孙尚拱. 因子分析中共性和因子最少秩的估计. 应用数学学报, 1988, 4：385–392

[46] 孙尚拱. 特征值及特征向量微商的解析表达式. 数学进展, 1988, 17(4)：391–397

[47] 孙尚拱, 王天根, 王润田等. 胃癌死亡率与部分饮食因素的统计方法. 数学的实践与认识, 1986, 2：3–9

[48] Giri N C. Multivariate Statistical Inference. New York：Academic Press, 1977

[49] Kaiser H F. The varimax criterion for analysis rotation in factor analysis. Psychometrika, 1958, 23：187–200

[50] 高惠璇等编译. SAS 系统 SAS/STAT 软件使用手册. 北京：中国统计出版社, 1997

[51] Loehlin J C. Latent Variable Models. New Jersey：LEA Publishers, 1992

[52] Wright, S. Path coefficients and path regressions: alternative or complementary concepts? Biometrics,1986, 16：189–202

[53] Hoelter J M. The analysis of covariance structures：goodness-of-fit indices. Sociological methods and Research, 1983, 11：325–344

[54] Bollen K A. Structural Equations with Latent Variables. New York：John Wiley & Sons, 1989

[55] Lord F M. A sinificance test for the hypothesis that two variables measure the same trait except for errors of measurement. Psychometrika, 1957, 22：207–220

[56] Browne M W. Asymptoticall distribution-free methods for the analysis of covariance structures. British Journal of Mathematical and Statistical Psychology, 1984, 37：62–83

[57] SAS/STAT software. CALIS and LOGISTIC procedure. Cary, NC：SAS Institute, 1990

[58] SPSS LISREL7 and PRELIS. Chicago, Illinois：SPSS Inc., 1993

[59] Stelzl, I. Changing a causal hypothesis without changing the fit：some rules for generating equivalent path models. Multivariate Behavioral Research, 1986, 21：309–331

[60] Satorra A, Saris W E. Power of the likelihood ratio test in covariance structure analysis. Psychometrika, 1985, 50：80–90

[61] Kenny D A, Judd C M. Estimating the nonlinear and interactive effects of latent variables. Psychological Bulletin, 1984, 96：201–210

[62] Cohen P, Cohen J, et al. Problems in the measurement of latent variables in structural equations causal models. Applied psychological Measurement, 1990, 14：183–196

[63] 方开泰, 潘恩沛. 聚类分析. 北京：地质出版社, 1982

[64] Anderberg M R. Cluster Analysis for Applications. New York：Academic Press, 1973

[65] Hartigan J A. Clustering Algorithms. New York: John Wiley & Sons, Inc., 1975

[66] 方开泰, 有序样品的一些聚类方法. 应用数学学报, 1982, 5：94–101

[67] Lee E T. Statistical Methods for Survival Data Analysis. 2nd ed. New York：John Wiley & Sons, Inc., 1992

[68] Sun S G. Estimation of life expectancy, cohort life table. Mathematical Population Studies, 2000, 8(4)：357–376

[69] Cox D R. Regression models and life table. J. Royal Stat. Soc, 1972, 34(B)：137–220.

[70] Kalbfleisch J D, Prentice R L. The statistical analysis of failure time data. New York：Wiley, 1980

[71] 方开泰, 许建伦. 统计分布. 北京：科学出版社, 1987

[72] 陈家鼎. 生存分析与可靠性分析. 北京：北京大学出版社, 2005

[73] Lawless J F. 寿命数据中的统计模型与方法. 茆诗松, 濮晓龙, 刘忠译. 北京：中国统计出版社, 1998

[74] Aalen O. Nonparametric inference for a family of counting processes. Ann. Stat., 1978, 6：701–726.

[75] Carbone P O , Kellerhouse L E, Gehan E A. Pla-smacytic myeloma: a study of the

relationship of survival to various clinical manifestations and anomalous protein type in 112 patients. Am. J. Med., 1967, 42: 937–958.

[76] Kalbfleisch J D, Prentice R L. The Statistical Analysis of Failure Time Data. New York: Wiley, 1980

[77] Seber G A F. Multivariate Observations. New York: John Wiley & Sons, Inc., 1984

[78] Breslow N E. Covariance analysis of censored survival data. Biometrics, 1974, 30: 89–99

[79] 方开泰. 多变量样本的图分析法 (一). 数学的实践与认识, 1981, 3: 63–71

[80] 方开泰. 多变量样本的图分析法 (二). 数学的实践与认识, 1981, 4: 42–48

附录 1　某些统计标准制定中的错误

回归模型的应用中有两个方面：统计预测 (statistical forecast) 和统计控制 (statistical control). 统计预测是回归模型的重要应用之一, 所谓预测就是根据回归模型 $\hat{y}=a+bx$, 把自变量 x 代入回归模型对应变量 Y 进行估计, 其波动范围可按求个体 Y 值置信区间方法计算. 统计控制 (逆推理) 则正好与此相反. 统计控制中的常用方法是利用回归模型进行逆估计, 即根据回归模型的变换 $x=(\hat{y}-a)/b$, 由因变量 y 的取值反推自变量 x 的取值.

目前国内外文献中, 基本上都是上述的逆推理法[1~4]. 目前有的文献已经指出这种逆推理方法是不合理的. 但是这个问题没有引起足够重视, 在有关医学科研工作中基本都采用了逆推理方法[5]. 此处对传统的利用回归模型进行统计控制 (逆推理方法) 的理论提出质疑; 通过实例, 说明上述传统方法在理论及实用中都是不妥的.

一、用回归模型的逆推理做统计控制存在理论上的问题

记一组样本变量为 (X,Y). 把 Y 作因变量, X 为自变量, 作直线回归得

$$\hat{y}=a+bx. \tag{1}$$

今设应变量 Y 已给定, 试求自变量 X 的取值范围.

经典做法：由 (1) 解出

$$x=(\hat{y}-a)/b. \tag{2}$$

把因变量 Y 值代入 (2) 中的 $\hat{y}$, 再反推自变量 X 的取值范围.

实例分析[5]

美国某家医院为了预测低出生体重 (出生体重 ⩽2500g), 现收集一组数据用于建立预报公式. 测量 31 名临产孕妇的尿中雌三醇浓度 (Estriol, mm/24hr) 以及此后出生的婴儿体重 (Birthwei, 单位：g/100). 测得数据如下：

雌三醇浓度 (mm/24hr)：

7　9　9　12　14　16　16　14　16　16　17　19　21　24　15　16　17　25　27　15　15　15　16　19　18　17　18　20　22　25　24.

出生体重 (g/100, 与上顺序对应)：

25　25　25　27　27　27　24　30　30　31　30　31　30　28　32　32　32　32　34　34　34　35　35　34　35　36　37　38　40　39　43.

问题：雌三醇浓度取何值, 能预测临产孕妇将会有低出生体重的婴儿?

根据传统的方法是以 Estriol 为自变量 (x), Birthwei 为因变量 (y), 建立线性回归模型：

$$\text{Birthwei 的估计值} = 21.523 + 0.608 \times \text{Estriol}. \tag{3}$$

残差标准差 s_e=3.8211, $l_{xx} = 677.42$, $\bar{x} = 17.2258$.

把 Birthwei=25 代入回归模型式 (3), 得

$$25 = 21.523 + 0.608 \times \text{Estriol}.$$

解得雌三醇浓度值为

$$\text{Estriol} = 5.7178(\text{mm}/24\text{hr}).$$

一般预测法是：当孕妇尿中雌三醇浓度 ≤5.7178mm/24hr 时, 就预报该孕妇将出生的婴儿体重会低于 2500g.

问题：

(1) 上述问题中的 y 是随机变量, 它有正常波动范围：

Birthwei(y_0) 的 95% 置信区间 (双侧) 为

$$\hat{y}_0 \pm t_{31-2} se(\hat{y}_0), \text{ 其中 } se(\hat{y}_0) = s_e\sqrt{1 + 1/n + (x_0 - \bar{x})^2/l_{xx}}.$$

根据此公式, Estriol= 5.7178mm/24hr 时 Birthwei 的 95% 置信区间为

$$25 \pm 2.045 \times 3.821\sqrt{1 + 1/31 + (5.7178 - 17.2258)^2/677.42} = (16.3418, 33.6582).$$

此结果表明：当 Estriol>5.7178(mm/24hr) 时, Birthwei 值低于 2500g 的机会近似于 50%, 换句话说, Birthwei 值高于 2500g 的机会也有 50%!

(2) 上述的逆推理法求自变量 (x) 的值合理吗？即我们能否把回归公式当作普通的数学式子：比如 $1 + 2 = 3$, 自然地有 $2 = 3 - 1$ 那样逆推？答案是否定的. 理由是 $\hat{y} = a + bx$ 中 (a, b) 是按下述代数学原理求出：

$$\sum (y_i - \hat{y}_i)^2 = \min.$$

注意此公式仅考虑 "用 x 去拟合 y", 而不是同时拟合 (x, y). 也就是说, 回归公式的使用只能是单向的, 它不应该当作 "$1 + 2 = 3$, 自然地 $2 = 3 - 1$" 那样的可以双向使用!

二、一个严重的问题

利用回归模型做逆推理从而找出需要控制的阈值 (或称界值), 在国内外的实际工作中一直得到非常广泛的应用. 但从本附录可见, 目前国内外对于统计控制的应用普遍存在误区. 问题的严重性在于国内外一直都在用 (3) 的逆推法制定世界及国内的食物营养、药品、毒品、环境及各种标准! 而由上讨论可见, 已有的标准是多么的错误!

参考文献

[1] Arthur M, Glenberg. Learning from Data：An introduction to Statistical Reasoning. 2nd ed. Hillsdale：Lawrence Erlbaum Associates, Inc, 1996: 468

[2] Robert R, Pagano. Understanding Statistics in the Behavioral Sciences. 6th ed. Belmont：Wadsworth, a division of Thomson Learning, 2001: 139

[3] Richard C, Sprinthall. Basic Statistical Analysis. Boston：Allyn & Bacon, 1997: 351–352

[4] Mark Vernoy, Diana kyle. Behavioral Statistics in Action. Boston：The McGraw-Hill Companies, Inc, 2002: 210–211

[5] Bernard Rosner. Fundamentals of Biostatistics. 5th ed. Boston：Brooks, 2000: 433

附录 2　Hotelling T^2 的上侧百分位点

$\alpha = 0.05$

自由度 v	$p=1$	$p=2$	$p=3$	$p=4$	$p=5$	$p=6$	$p=7$	$p=8$	$p=9$	$p=10$
2	18.513									
3	10.128	57.000								
4	7.709	25.472	114.986							
5	6.608	17.361	46.383	192.468						
6	5.987	13.887	29.661	72.937	289.446					
7	5.591	12.001	22.720	44.718	105.157	405.920				
8	5.318	10.828	19.028	33.230	62.561	143.050	541.890			
9	5.117	10.033	16.766	27.202	45.453	83.202	186.622	697.356		
10	4.965	9.459	15.248	23.545	36.561	59.403	106.649	235.873	872.317	
11	4.844	9.026	14.163	21.108	31.205	47.123	75.088	132.903	290.806	1066.774
12	4.747	8.689	13.350	19.376	27.656	39.764	58.893	92.512	161.967	351.421
13	4.667	8.418	12.719	18.086	25.145	34.911	49.232	71.878	111.676	193.842
14	4.600	8.197	12.216	17.089	23.281	31.488	42.881	59.612	86.079	132.582
15	4.543	8.012	11.806	16.296	21.845	28.955	38.415	51.572	70.907	101.499
16	4.494	7.856	11.465	15.651	20.706	27.008	35.117	45.932	60.986	83.121
17	4.451	7.722	11.177	15.117	19.782	25.467	32.588	41.775	54.041	71.127
18	4.414	7.606	10.931	14.667	19.017	24.219	30.590	38.592	48.930	62.746
19	4.381	7.504	10.719	14.283	18.375	23.189	28.975	36.082	45.023	56.587
20	4.351	7.415	10.533	13.952	17.828	22.324	27.642	34.054	41.946	51.884
21	4.325	7.335	10.370	13.663	17.356	21.588	26.525	32.384	39.463	48.184
22	4.301	7.264	10.225	13.409	16.945	20.954	25.576	30.985	37.419	45.202
23	4.279	7.200	10.095	13.184	16.585	20.403	24.759	29.798	35.709	42.750
24	4.260	7.142	9.979	12.983	16.265	19.920	24.049	28.777	34.258	40.699
25	4.242	7.089	9.874	12.803	15.981	19.492	23.427	27.891	33.013	38.961
26	4.225	7.041	9.779	12.641	15.726	19.112	22.878	27.114	31.932	37.469

续表

$\alpha = 0.05$

自由度 v	$p=1$	$p=2$	$p=3$	$p=4$	$p=5$	$p=6$	$p=7$	$p=8$	$p=9$	$p=10$
27	4.210	6.997	9.692	12.493	15.496	18.770	22.388	26.428	30.985	36.176
28	4.196	6.957	9.612	12.359	15.287	18.463	21.950	25.818	30.149	35.043
29	4.183	6.919	9.539	12.236	15.097	18.184	21.555	25.272	29.407	34.044
30	4.171	6.885	9.471	12.123	14.924	17.931	21.198	24.781	28.742	33.156
35	4.121	6.744	9.200	11.674	14.240	16.944	19.823	22.913	26.252	29.881
40	4.085	6.642	9.005	11.356	13.762	16.264	18.890	21.668	24.624	27.783
45	4.057	6.564	8.859	11.118	13.409	15.767	18.217	20.781	23.477	26.326
50	4.034	6.503	8.744	10.934	13.138	15.388	17.709	20.117	22.627	25.256
55	4.016	6.454	8.652	10.787	12.923	15.090	17.311	19.600	21.972	24.437
60	4.001	6.413	8.577	10.668	12.748	14.850	16.992	19.188	21.451	23.790
70	3.978	6.350	8.460	10.484	12.482	14.485	16.510	18.571	20.676	22.834
80	3.960	6.303	8.375	10.350	12.289	14.222	16.165	18.130	20.127	22.162
90	3.947	6.267	8.309	10.248	12.142	14.022	15.905	17.801	19.718	21.663
100	3.936	6.239	8.257	10.167	12.027	13.867	15.702	17.544	19.401	21.279
110	3.927	6.216	8.215	10.102	11.934	13.741	15.540	17.340	19.149	20.973
120	3.920	6.196	8.181	10.048	11.858	13.639	15.407	17.172	18.943	20.725
150	3.904	6.155	8.105	9.931	11.693	13.417	15.121	16.814	18.504	20.196
200	3.888	6.113	8.031	9.817	11.531	13.202	14.845	16.469	18.083	19.692
400	3.865	6.052	7.922	9.650	11.297	12.890	14.447	15.975	17.484	18.976
1000	3.851	6.015	7.857	9.552	11.160	12.710	14.217	15.692	17.141	18.570
∞	3.841	5.991	7.815	9.488	11.070	12.592	14.067	15.507	16.919	18.307

续表

$\alpha = 0.01$

自由度 v	$p=1$	$p=2$	$p=3$	$p=4$	$p=5$	$p=6$	$p=7$	$p=8$	$p=9$	$p=10$
2	98.503									
3	34.116	297.000								
4	21.198	82.177	594.997							
5	16.258	45.000	147.283	992.494						
6	13.745	31.857	75.125	229.679	1489.489					
7	12.246	25.491	50.652	111.839	329.433	2085.984				
8	11.259	21.821	39.118	72.908	155.219	446.571	2781.978			
9	10.561	19.460	32.598	54.890	98.703	205.293	581.106	3577.472		
10	10.044	17.826	28.466	44.838	72.882	128.067	262.076	733.045	4472.464	
11	9.646	16.631	25.637	38.533	58.618	93.127	161.015	325.576	902.392	5466.956
12	9.330	15.722	23.588	34.251	49.739	73.969	115.640	197.555	395.797	1089.149
13	9.074	15.008	22.041	31.171	43.745	62.114	90.907	140.429	237.692	472.742
14	8.862	14.433	20.834	28.857	39.454	54.150	75.676	109.441	167.499	281.428
15	8.683	13.960	19.867	27.060	36.246	48.472	65.483	90.433	129.576	196.853
16	8.531	13.566	19.076	25.626	33.672	44.240	58.241	77.755	106.391	151.316
17	8.400	13.231	18.418	24.458	31.788	40.975	52.858	68.771	90.969	123.554
18	8.285	12.943	17.861	23.487	30.182	38.385	48.715	62.109	80.067	105.131
19	8.185	12.694	17.385	22.670	28.852	36.283	45.435	56.992	71.999	92.134
20	8.096	12.476	16.973	21.972	27.734	34.546	42.779	52.948	65.813	82.532
21	8.017	12.283	16.613	21.369	26.781	33.088	40.587	49.679	60.932	75.181
22	7.945	12.111	16.296	20.843	25.959	31.847	38.750	46.986	56.991	69.389
23	7.881	11.958	16.015	20.381	25.244	30.779	37.188	44.730	53.748	64.719
24	7.823	11.820	15.763	19.972	24.616	29.850	35.846	42.816	51.036	60.879
25	7.770	11.695	15.538	19.606	24.060	29.036	34.680	41.171	48.736	57.671
26	7.721	11.581	15.334	19.279	23.565	28.316	33.659	39.745	46.762	54.953
27	7.677	11.478	15.149	18.983	23.121	27.675	32.756	38.496	45.051	52.622

续表

$\alpha = 0.01$

自由度 v	$p=1$	$p=2$	$p=3$	$p=4$	$p=5$	$p=6$	$p=7$	$p=8$	$p=9$	$p=10$
28	7.636	11.383	14.980	18.715	22.721	27.101	31.954	37.393	43.554	50.604
29	7.598	11.295	14.825	18.471	22.359	26.584	31.236	36.414	42.234	48.839
30	7.562	11.215	14.683	18.247	22.029	26.116	30.589	35.538	41.062	47.283
35	7.419	10.890	14.117	17.366	20.743	24.314	28.135	32.259	36.743	41.651
40	7.314	10.655	13.715	16.750	19.858	23.094	26.502	20.120	33.984	38.135
45	7.234	10.478	13.414	16.295	19.211	22.214	25.340	28.617	32.073	35.737
50	7.171	10.340	13.181	15.945	18.718	21.550	24.470	27.504	30.673	33.998
55	7.119	10.228	12.995	15.667	18.331	21.030	23.795	26.647	29.603	32.682
60	7.077	10.137	12.843	15.442	18.018	20.613	23.257	25.967	28.760	31.650
70	7.011	9.996	12.611	15.098	17.543	19.986	22.451	24.957	27.515	30.139
80	6.693	9.892	12.440	14.849	17.201	19.536	21.877	24.242	26.642	29.085
90	6.925	9.813	12.310	14.660	16.942	19.197	21.448	23.710	25.995	28.310
100	6.895	9.750	12.208	14.511	16.740	18.934	21.115	23.299	25.496	27.714
110	6.871	9.699	12.125	14.391	16.577	18.722	20.849	22.972	25.101	27.243
120	6.851	9.657	12.057	14.292	16.444	18.549	20.632	22.705	24.779	26.862
150	6.807	9.565	11.909	14.079	16.156	18.178	20.167	22.137	24.096	26.054
200	6.763	9.479	11.764	13.871	15.877	17.819	19.720	21.592	23.446	25.287
400	6.699	9.341	11.551	13.569	15.473	17.303	19.080	20.818	22.525	24.209
1000	6.660	9.262	11.426	13.392	15.239	17.006	18.743	20.376	22.003	23.600
∞	6.635	9.210	11.345	13.277	15.086	16.812	18.475	20.090	21.666	23.209

注：$p =$ 变量个数.

附录 3　M 检验：检验等协方差阵的 $M(p,\nu_0,k)$ 表 ($\alpha=0.05$)

设 k 个总体 $N_p(\boldsymbol{\mu}^{(i)},\boldsymbol{\Sigma}_i)$, $i=1,\cdots,k$, 分别独立地抽取 $n_1,\cdots,n_k$ 个样品, 要检验 H_0：$\boldsymbol{\Sigma}_1=\cdots=\boldsymbol{\Sigma}_k$, 对立于 H_1：至少存在 $\boldsymbol{\Sigma}_i\neq\boldsymbol{\Sigma}_l$, $i\neq l$. 检验统计量见正文公式 (4.8.17).

下表仅适用于 $n_1=\cdots=n_k=n_0$, 记 $\nu=n_0-1$. 当样本的 $M>$ 表内值时否定 H_0.

v	$k=2$	$k=3$	$k=4$	$k=5$	$k=6$	$k=7$	$k=8$	$k=9$	$k=10$
					$p=2$				
3	12.18	18.70	24.55	30.09	35.45	40.68	45.81	50.87	55.86
4	10.70	16.65	22.00	27.07	31.97	36.75	41.45	46.07	50.64
5	9.97	15.63	20.73	25.57	30.23	34.79	39.26	43.67	48.02
6	9.53	15.02	19.97	24.66	29.19	33.61	37.95	42.22	46.45
7	9.24	14.62	19.46	24.05	28.49	32.83	37.08	41.26	45.40
8	9.04	14.33	19.10	23.62	27.99	32.26	36.44	40.57	44.64
9	8.88	14.11	18.83	23.30	27.62	31.84	35.98	40.05	44.08
10	8.76	13.94	18.61	23.05	27.33	31.51	35.61	39.65	43.64
11	8.67	13.81	18.44	22.85	27.10	31.25	35.32	39.33	43.29
12	8.59	13.70	18.30	22.68	26.90	31.03	35.08	39.07	43.00
13	8.52	13.60	18.19	22.54	26.75	30.85	34.87	38.84	42.76
14	8.47	13.53	18.10	22.42	26.61	30.70	34.71	38.66	42.56
15	8.42	13.46	18.01	22.33	26.50	30.57	34.57	38.50	42.38
16	8.38	13.40	17.94	22.24	26.40	30.45	34.43	38.36	42.23
17	8.35	13.35	17.87	22.17	26.31	30.35	34.32	38.24	42.10
18	8.32	13.30	17.82	22.10	26.23	30.27	34.23	38.13	41.99
19	8.28	13.26	17.77	22.04	26.16	30.19	34.14	38.04	41.88
20	8.26	13.23	17.72	21.98	26.10	30.12	34.07	37.95	41.79
25	8.17	13.10	17.55	21.79	25.87	29.86	33.78	37.63	41.44
30	8.11	13.01	17.44	21.65	25.72	29.69	33.59	37.42	41.21
					$p=3$				
4	22.41	35.00	46.58	57.68	68.50	79.11	89.60	99.94	110.21
5	19.19	30.52	40.95	50.95	60.69	70.26	79.69	89.03	98.27
6	17.57	28.24	38.06	47.49	56.67	65.69	74.58	83.39	92.09
7	16.59	26.84	36.29	45.37	54.20	62.89	71.44	79.90	88.30
8	15.93	25.90	35.10	43.93	52.54	60.99	69.32	77.57	85.73

续表

v	$k=2$	$k=3$	$k=4$	$k=5$	$k=6$	$k=7$	$k=8$	$k=9$	$k=10$
					$p=3$				
9	15.46	25.22	34.24	42.90	51.33	59.62	67.78	75.86	83.87
10	15.11	24.71	33.59	42.11	50.42	58.57	66.62	74.58	82.46
11	14.83	24.31	33.08	41.50	49.71	57.76	65.71	73.57	81.36
12	14.61	23.99	32.67	41.00	49.13	57.11	64.97	72.75	80.45
13	14.43	23.73	32.33	40.60	48.65	56.56	64.36	72.09	79.72
14	14.28	23.50	32.05	40.26	48.26	56.11	63.86	71.53	79.11
15	14.15	23.32	31.81	39.97	47.92	55.73	63.43	71.05	78.60
16	14.04	23.16	31.60	39.72	47.63	55.40	63.06	70.64	78.14
17	13.94	23.02	31.43	39.50	47.38	55.11	62.73	70.27	77.76
18	13.86	22.89	31.26	39.31	47.16	54.86	62.45	69.97	77.41
19	13.79	22.78	31.13	39.15	46.96	54.64	62.21	69.69	77.11
20	13.72	22.69	31.01	39.00	46.79	54.44	61.98	69.45	76.84
25	13.48	22.33	30.55	38.44	46.15	53.70	61.16	68.54	75.84
30	13.32	22.10	30.25	38.09	45.73	53.22	60.62	67.94	75.18
					$p=4$				
5	35.39	56.10	75.36	93.97	112.17	130.11	147.81	165.39	182.80
6	30.06	48.62	65.90	82.60	98.93	115.03	130.94	146.69	162.34
7	27.31	44.69	60.89	76.56	91.88	106.98	121.90	136.71	151.39
8	25.61	42.24	57.77	72.77	87.46	101.94	116.23	130.43	144.50
9	24.45	40.57	55.62	70.17	84.42	98.46	112.32	126.08	139.74
10	23.62	39.34	54.04	68.26	82.19	95.90	109.46	122.91	136.24
11	22.98	38.41	52.84	66.81	80.48	93.95	107.27	120.46	133.57
12	22.48	37.67	51.90	65.66	79.14	92.41	105.54	118.55	131.45
13	22.08	37.08	51.13	64.73	78.04	91.15	104.12	116.98	129.74
14	21.75	36.59	50.50	63.95	77.13	90.12	102.97	115.69	128.32
15	21.47	36.17	49.97	63.30	76.37	89.26	101.99	114.59	127.14
16	21.24	35.82	49.51	62.76	75.73	88.51	101.14	113.67	126.10
17	21.03	35.52	49.12	62.28	75.16	87.87	100.42	112.87	125.22
18	20.86	35.26	48.78	61.86	74.68	87.31	99.80	112.17	124.46
19	20.70	35.02	48.47	61.50	74.25	86.82	99.25	111.56	123.79
20	20.56	34.82	48.21	61.17	73.87	86.38	98.75	111.02	123.18
25	20.06	34.06	47.23	59.98	72.47	84.78	96.95	109.01	120.99
30	19.74	33.59	46.61	59.21	71.58	83.74	95.79	107.71	119.57
					$p=5$				
6	51.11	81.99	110.92	138.98	166.54	193.71	220.66	247.37	273.88
7	43.40	71.06	97.03	122.22	146.95	171.34	195.49	219.47	243.30
8	39.29	65.15	89.45	113.03	136.18	159.04	181.65	204.14	226.48
9	36.71	61.39	84.62	107.17	129.30	151.17	172.80	194.27	215.64
10	34.93	58.78	81.25	103.06	124.48	145.64	166.56	187.37	208.02

续表

v	$k=2$	$k=3$	$k=4$	$k=5$	$k=6$	$k=7$	$k=8$	$k=9$	$k=10$
					$p=5$				
11	33.62	56.85	78.75	100.02	120.92	141.54	161.98	182.24	202.37
12	32.62	55.37	76.83	97.68	118.15	138.38	158.38	178.23	198.03
13	31.83	54.19	75.30	95.82	115.96	135.86	155.54	175.10	194.51
14	31.19	53.23	74.05	94.29	114.16	133.80	153.21	172.49	191.68
15	30.66	52.44	73.01	93.02	112.66	132.07	151.29	170.36	189.38
16	30.22	51.76	72.14	91.94	111.41	130.61	149.66	166.53	187.32
17	29.83	51.19	71.39	91.03	110.34	129.38	148.25	166.99	185.61
18	29.51	50.69	70.74	90.23	109.39	128.29	147.03	165.65	184.10
19	29.22	50.26	70.17	89.54	108.57	127.36	145.97	164.45	182.81
20	28.97	49.88	69.67	88.93	107.85	126.52	145.02	163.38	181.65
25	28.05	48.48	67.86	86.70	105.21	123.51	141.62	159.60	177.49
30	27.48	47.61	66.71	85.29	103.56	121.60	139.47	157.22	174.87

注：当 k, p, n 较大时, 可用卡方统计量近似, 见式 (4.8.19).

部分数据资料(可下载)